미주 한인사회의
한국독립운동

김도형

국민대학교 국사학과 졸업하고, 동 대학원에서 문학석사·문학박사 학위를 받았다. 충남대학교·국민대학교·단국대학교·가천대학교·서경대학교·국제대학교에서 한국근현대사와 독립운동사 등을 강의하였다. 국민대학교 한국학연구소 상임연구위원, 하와이대학 한국학연구소 객원학자, 국가보훈처 독립유공자공적심사위원 등을 역임하였다. 독립기념관 연구위원으로 재직 중이며, 문화재청 문화재전문위원으로 활동하고 있다.

주요 저서
『권승렬 평전』(2021)
『일왕을 겨눈 독립투사 이봉창』(2011)
『일제의 한국농업정책사 연구』(2009)

표지 사진
대조선국민군단(사진 제공 최영호)
영문 3·1독립선언서(『The Pacific Commercial Advertiser』 1919년 3월 28일자)

미주 한인사회의 한국독립운동

김도형 지음

역사
공간

책머리에

　1941년 12월 7일 일제가 하와이 진주만을 기습하면서 미국을 상대로 전쟁을 일으켰다. 당시 미주의 한인들은 이를 '미일전쟁'이라 불렀다. 2021년은 '미일전쟁'이 일어난 지 80주년이 되는 해이다. 필자와 '미일전쟁'의 발원지 하와이는 인연이 있다. 지금부터 25년 전인 1996년 12월 하와이로 갈 수 있었던 것이 미주지역 독립운동사를 본격적으로 연구하는 계기가 되었다. 하와이 현지에 있는 독립운동 자료를 직접 찾아보면서 서서히 미주 독립운동사에 눈을 떴다. 특히 하와이대학 최영호 선생님의 배려로, 하와이 한인들이 분쟁을 벌였던 법정자료를 직접 찾고 수집할 기회를 가질 수 있었다. 그 외 하와이 문서보관소와 하와이대학 한국학연구소에 소장된 동지회 기록 등 각종 자료를 폭넓게 열람할 수 있었다.
　우리나라 독립운동의 역사에서 '미주'라고 하면 지역적으로 북미·하와이를 비롯하여 멕시코·쿠바까지 포함한다. 미주는 지리적으로 국내와 멀리 떨어졌고 또 한인들도 많이 살지 않았던 지역이라, 독립운동도 크게 일어나지 않았던 곳이라고 오해하는 경향이 있다. 그리고 미주지역의 독립운동은 기껏해야 자금을 모아 독립운동을 지원하는 활동이 대부분이었다고 알고 있다.
　미주지역 한인의 역사를 종합적으로 잘 정리한 김원용의 『재미한인오십년사』 서문에, "재미한인 사회와 단체 역사는 우리 민족의 해외 독립운동사이므로 민족역사에 없어서 아니 되는 한 부분"이라고 하였다. 이 말은 미주 한인의 역사에서 독립운동이 이민생활의 가장 중요한 부분이며, 이민 역사 그 자체였다는 사실을 웅변해 주고 있다. 미주 독립운동도 중국 만주나 러시아 연해주와 마찬가지로 한인사회가 기반이 되었다. 미주 한인들은 조국의 독립을 위하여 일하고 자고 먹고 살아왔다고 해도 결코 과언이 아니었다.

미주 한인들은 중국 만주나 러시아 연해주에서처럼 일제 군경을 상대로 직접 항전을 벌일 수는 없었지만, 자신들이 가진 물질을 모두 희생하여 독립운동에 참여하였다. 미주의 한인사회의 인구는 고작 1만 명에 불과하였지만, 금전으로 싸우는 것이 생명으로 싸우는 것만치 요긴하던 상황이었다. 곧 미주지역은 '한국독립운동 자금의 젖줄'이었다고 할 정도로 독립운동에 막대한 자금을 제공하였던 것이다.

미주지역 독립운동은 특히 중국 관내지방의 대한민국임시정부 활동과 상당히 비례하여 움직이고 있었다. 임시정부의 활동이 활발하게 전개되면 미주지역 독립운동도 역시 활기가 있었다. 반대로 임시정부의 활동이 침체되면, 미주의 독립운동도 위축되는 경향이 있었다. 그만큼 임시정부와 미주 독립운동은 서로 밀접하게 연계되어 있었다는 것을 말한다. 미주에서 오랜 역사를 가졌고 가장 강력한 조직을 가진 대한인국민회를 비롯하여 동지회·흥사단, 그리고 1940년대 재미한족연합위원회까지 대부분의 한인단체들은 임시정부를 옹호하고 지원하는 활동을 펼쳤다. 임시정부를 정확하게 이해하려면 미주지역 독립운동을 알아야만 하는 이유가 여기에 있다.

미주지역 독립운동의 역사에서 결코 간과해서 안 되는 대목은 이승만과 안창호가 펼친 활동이다. 아시다시피 이 두 인물은 미주 한인사회와 독립운동을 이끈 최고의 지도자였다. 이승만은 하와이 한인사회를 중심으로 그를 옹호하는 동지회가 있으며, 임시정부 대통령이라는 직책을 가지고 워싱턴의 구미위원부를 중심으로 대미 외교활동을 펼쳤다. 여기에 비해 안창호는 북미지역 한인사회를 중심으로 공립협회를 창설하여 국권회복운동을 이끌었고, 대한인국민회와 흥사단은 그의 독립운동 노선을 지지하는 단체이며 최대의 세력이었다.

이상에서 언급한 바와 같이 미주지역은 독립운동 당시 가장 중요한 자금의 젖줄이었고, 임시정부와 직접 연결되어 있다는 두 가지 점에서 중요한 역사적 의미가 있다. 또 미주는 이승만·안창호와 같은 우리 독립운동계 거목들의 주된 활동무대였기 때문에 이들 지도자들을 중심으로 지역, 단체 중심으로 독립운동이 전개된 특징이 있다.

이 책은 1882년 조미조약부터 1945년 해방 때까지 미주지역 한인사회와 독립운동의 역사를 연대기적으로 정리하여 '한국독립운동과 미국'이라고 이름한 서장을 비롯하여, 필자가 미주지역 독립운동사를 처음 시작할 때 썼던 논문부터 최근에 발표된 논문까지 모두 10편의 논문을 네 가지 대주제로 분류하여 실은 것이다.

필자는 이 책을 세상에 내놓기 위한 준비를 하면서 너무나 부끄럽고 부족한 점이 많다는 것을 새삼 깨닫게 되었다. 그렇지만 아직까지 많은 부분에서 연구가 되지 못했고, 또 앞으로 진행되어야만 하는 미주지역 독립운동사 연구에 조금이나마 일조할 수 있으면 하는 바램에서 감히 이 책을 내놓게 되었다. 그리고 여기서 담지 못한 미주지역 독립운동 인물들에 대한 논문들은 별도의 책으로 발간을 준비하고 있다.

필자는 독립운동사를 공부하면서 은사이신 조동걸 선생님을 비롯한 여러 선생님들로부터 가르침을 받았다. 미주지역 독립운동사를 오래도록 연구할 수 있었던 것은, 전적으로 필자가 근무하는 독립기념관에 관련자료가 풍부하게 소장되어 있기 때문이었다. 독립기념관이 아니었다면 도저히 접할 수 없었던 귀중한 자료들을 볼 수 있게 된 것은 커다란 행운이었다. 미주지역 독립운동사에 발을 딛게 해주신 최영호 선생님, 그리고 반병률 선생님께 감사를 드린다. 지면 관계상 일일이 언급하지 못하였지만, 필자에게 아낌없는 충고와 도움을 주신 독립운동사학계의 선배·후배, 그리고 독립기념관 한국독립운동사연구소에서 같이 근무했던 박민영 선생님과 동료들께 감사를 드린다. 마지막으로 '코로나 19'로 힘든 사정에 있지만, 기꺼이 출판을 맡아준 역사공간 주혜숙 대표님께 고맙다는 말씀을 드린다.

2021년 11월
독립기념관 흑성산 자락에서
김도형

차례

책머리에 4

서장 한국독립운동과 미국

1. 머리말   12
2. 우호적 대미관의 형성   15
3. 미주 한인사회의 성립   26
4. 미주지역 독립운동의 전개   42
5. 1930~1940년대 미주 독립운동   55
6. 태평양전쟁과 한인의 전시행동   62
7. 맺음말   72

1부 하와이 이민과 한인사회

1장 하와이 이민과 여행권(집조)

1. 머리말   76
2. 유민원의 설립과 하와이 이민   79
3. 유민원의 혁파와 여행권   90
4. 하와이 이민 여행권 분석   96
5. 하와이 이민의 성격   102
6. 맺음말   108

2장 하와이 대조선독립단의 조직과 활동

1. 머리말   112
2. 1910년 후반 한인사회의 분쟁   114
3. 대조선독립단의 조직   131
4. 1920년대 초반 한인사회의 분쟁   141
5. 대조선독립단의 활동   154
6. 1930년대 한인사회의 통합운동   169
7. 맺음말   190

3장 1930년대 초반 하와이 한인사회

1. 머리말 … 196
2. 하와이 한인사회 분쟁의 발단 … 200
3. 교민단 총단관 점령사건과 폭동사건 … 216
4. 하와이 국민회의 복구과정 … 239
5. 맺음말 … 246

2부　3·1운동과 미주 한인사회

1장 3·1운동기 미주 한인사회의 동향

1. 머리말 … 250
2. 3·1운동 이전 한인사회 … 252
3. 3·1운동과 재미한인의 대응 … 259
4. 3·1운동과 미주 한인의 독립운동 … 271
5. 미주 한인들의 3·1운동 인식 … 278
6. 맺음말 … 287

2장 하와이 한인사회의 3·1운동

1. 머리말 … 290
2. 3·1운동과 한인사회 … 293
3. 3·1운동과 하와이 지역언론 … 329
4. 하와이 한인사회의 통일과 분열 … 338
5. 맺음말 … 344

3장 3·1독립선언서의 국외 전파

1. 머리말 … 348
2. 중국지역에 전달된 독립선언서 … 350
3. 미주지역에 전파된 독립선언서 … 357
4. 영어로 번역된 독립선언서 … 366
5. 각국어로 번역된 독립선언서 … 377
6. 맺음말 … 384

3부 미주의 독립외교 활동

1장 안창호와 위임통치청원

1. 머리말　　　　　　　　　　　　　　　　　388
2. 이승만측 관련자료　　　　　　　　　　　391
3. 안창호측 관련자료　　　　　　　　　　　406
4. 위임통치청원에 대한 논쟁　　　　　　　413
5. 맺음말　　　　　　　　　　　　　　　　　423

2장 현순의 주미공사관 설립

1. 머리말　　　　　　　　　　　　　　　　　426
2. 주미공사관 설립의 배경　　　　　　　　429
3. 주미공사관 설립 추진 과정　　　　　　438
4. 주미공사관 설립 관련 논의　　　　　　459
5. 맺음말　　　　　　　　　　　　　　　　　468

4부 태평양전쟁과 미주 독립운동

1장 태평양전쟁기 재미한인의 동향

1. 머리말　　　　　　　　　　　　　　　　　474
2. 태평양전쟁의 발발과 재미한인　　　　476
3. 재미한족연합위원회의 활동　　　　　　486
4. 재미한인의 전시행동　　　　　　　　　　492
5. 전쟁특수와 재미한인의 경제　　　　　522
6. 맺음말　　　　　　　　　　　　　　　　　529

2장 하와이 포로수용소의 한인 전쟁포로

1. 머리말　　　　　　　　　　　　　　　　　534
2. 미군포로가 된 한인　　　　　　　　　　537
3. 하와이 포로수용소의 생활　　　　　　　545
4. 한인 전쟁포로 이용계획　　　　　　　　554
5. 하와이 포로의 귀환　　　　　　　　　　562
6. 맺음말　　　　　　　　　　　　　　　　　566

참고문헌 568
원제목 및 게재지 579
찾아보기 580

서장

한국독립운동과 미국

1 머리말

　　미국은 서양국가 가운데 최초로 우리나라와 통상조약을 맺은 나라이며, 현재까지 가장 영향력을 끼치는 나라이다. 그렇지만 우리 민족이 일제의 침략을 받고 있었을 당시 미국은 한국의 주권보존과 독립운동을 지지해 주지는 않았다. 그 시기 미국은 한국의 주권보존과 독립에 무관심하였을 뿐만 아니라, 오히려 일본의 대한정책을 적극 지지하는 입장을 가지고 있었다. 미국 국무부 공보국 역사정책 연구과에서 편찬한 『미국의 대한정책(United States Policy Regarding Korea 1834~195)』이라는 공식적인 문건에도, "제1차 세계대전과 제2차 세계대전 사이의 시기(1918~1941년)에 미국은 독립국가를 재건하려고 시도했던 한국 민족주의운동을 조금도 원조해 주지 않았다"고 고백하고 있다.

　그러다가 1941년 12월 일제가 태평양전쟁을 도발하면서 미국은 한국민과 그들의 독립운동에 대해 주목하기 시작하였다. 왜냐하면 국내외 모든 한인들이 일본을 적으로 간주하고 있었기 때문에, 한인들을 전쟁에 활용하면 일본과의 전쟁에서 매우 유리할 수 있다는 판단을 하였던 것이다. 태평양전쟁 이후 미국은 일본과 싸우는 한국독립운동 세력과 재미한인들에 대해 주목하기 시작하였고, 이들을 활용하는 방안을 모색하였을 뿐만 아니라 이들을 대일전에 끌어들이기 시작했다. 한국독립운동 세력들도 미국의 대일전 승리가 민족독립과 연결된다고 인식하고 적극적으로 미국의 전쟁 수행을 도울 수 있게 해달라고 요청하였으며, 미국은 이같은 한국인들의 요청을 적극 받아들여 전쟁에 투입하고자 하였다.

　미국은 태평양전쟁 이전까지 한국독립운동에 도움을 주지 않았지만, 전쟁 발발 이후부터 한국독립운동 세력과의 연계를 통한 전쟁수행 참여를 유도하는 입장으로 선회하였던 것이다. 이에 따라 한국독립운동 세력은 미국의 대일항전 승리를 돕기 위한 전시지원 활동을 전개하였으며, 재미동포들도 미·일전쟁을 자신들의 전쟁이라고 여겨 미국의 승리를 위해 온 전력을 쏟았다. 물론 미국의 대일전 승리가 한국의 독립을 가져다 줄 것이라는 희망을 가지고 있었기 때문에, 한국의 독립운동 세력과 재미한인들은 미국의 대일전 승리를 적극적으로 지원하였던 배경임을 부인할 수는 없다.

국외에 있는 한국 독립운동 세력은 미국의 대일전 승리를 위한 전시 비밀공작 활동에 동참하였으며, 대한민국임시정부는 미국의 전략정보국(OSS)과 함께 국내 침투작전에 기꺼이 참여하였다. 또한 재미한인들은 빈약한 경제력에도 불구하고 미국의 국방을 위해 전시공채를 매입하여 경제적으로 미·일전 승리를 지원하였다. 특히, 제2차 세계대전이 발발하자 미국에서 나서 자란 1.5세대와 2세대 한인청년들은 미군에 입대하여 목숨을 걸고 전쟁터에서 싸웠고 전장에서 희생당한 한인들도 적지 않았다. 이와 같이 한국의 독립운동 세력과 재미한인들의 헌신적인 희생에 의해 마침내 미국은 일본과의 전쟁에서 승리할 수 있었다.

한국인들은 1903년 하와이 이민을 통해 공식적으로 미주지역에 첫 발을 내딛었다. 물론 하와이 이민이 시작되기 전부터 고려인삼 상인들이 미주지역에 진출하여 상업활동을 하거나 혹은 유학을 목적으로 온 사람들이 있었다. 미주로 이민을 온 한인들은 사회적으로나 경제적으로 안정되지 못한 상태에서 1910년 망국이라는 통한을 당하였고 말았다. 1919년 국내에서 3·1운동이 일어나면서 미주 한인사회에는 독립을 위한 활동들이 폭풍같이 한인사회를 휩쓸고 나아갔다. 하와이와 미주에서는 한인합성협회·대한인국민회·교민단·흥사단·대조선독립단·동지회 등으로 나누어지기는 했지만, 모든 한인단체들은 독립운동에 온 정성과 노력을 다받쳤다.

이처럼 미주의 한인 이민 1세들에게는 조국의 독립을 위하여 일하고 자고 먹고 살아왔다고 해도 결코 과장이 아니었다. 이 책의 서장에 '한국독립운동과 미국'이라고 하여, 우리나라와 미국과의 역사적 관계, 미주 이민과 한인 사회, 미주 한인 독립운동사에서 주요한 내용들을 아주 간략하게 정리하였다. '서장'에 실린 내용은 미주지역 독립운동에 대해 필자가 기존 선학들의 연구를 바탕으로 정리하였기 때문에 일일이 각주를 붙일 수가 없었다.

2 우호적 대미관의 형성

1) 조미조약의 체결

한국인들이 미국에 대한 정보를 얻은 것은 중국에서 전해진 책자에 의해서였다. 중국은 서양 제국국의의 침략을 받고 아편전쟁과 같은 쓰라린 패배를 경험한 후 서양 여러 나라의 사정을 알리기 위원(魏源)의 『해국도지(海國圖志)』(1844년 초간)와 서계여(徐繼畬)의 『영환지략(瀛環志略)』(1850년 초간) 등을 간행하게 되었다. 이 책을 통해 중국은 서구세력의 침략을 방비하기 위해 서양을 널리 알리고자 하였고, 조선의 연행사절들도 서구세계를 소개한 책자를 통해 자연스럽게 미국에 대한 정보를 듣게 되었던 것이다. 조선에서 들여온 책자 가운데 『해국도지』에는, 서양의 다른 나라와 달리 미국에 대해 매우 우호적으로 기술되어 있다.

> 영이(英夷, 영국 – 필자)는 한 해에 아편 수천만으로 중국의 고혈(膏血)을 말리나, 오직 미리견국(彌利見國, 미국 – 필자)은 나라가 남주(南洲)에 이웃하여 금광(金鑛)이 넘쳐나는 까닭에 물화(物貨)로 교역(交易)하는 외에도 한 해에 금은 일백수십만을 실어다 중국의 피폐를 돕고 있으니 어찌 부(富)하다고 하지 않을 수 있겠는가? 부강하면서도 작은 나라를 능멸하지 않고 중국에 교만하지 않으며, 또 부당하고 분한 일을 당하면 원병(援兵)을 자청(自請)하기까지 하니 어찌 의롭지 아니한가.

위와 같이 『해국도지』는, 영국이나 프랑스 등의 서구세력과는 달리 미국에 대해 부강하면서도 공평한 나라로 묘사하고 있다. 『해국도지』에 기록된 내용은 조선의 지식인들에게 그대로 전달되어 미국이 비록 서양국가이지만 침략적이지 않다는 인식을 심어주게 되었다. 이에 따라 개화사상의 선구자라고 할 수 있는 박규수(朴珪壽)도 "미국은 지구 여러 나라 중에서 가장 공평하다 일컬어져 분쟁을 잘 해결하며, 또한 부(富)가 6주(洲)에서 으뜸이어서 영토 확장의 욕심이 없다"고 하였다.

한국인들에게 미국은 처음부터 매우 공평하고 욕심이 없는 나라로 각인이 되었으나, 1866년 미국 상선 제너럴셔먼(General Sherman)호가 대동강을 침입하였다. 제너럴셔먼호는 평양에 접근하여 평양중군을 납치하는가 하면 식료를 약탈하고 많은 인명을 살상하는 등 난동을 부렸다. 이 사건 이후에도 미국은 1871년 강화도의 광성보 등을 함락시키고 진무중군 어재연(魚在淵)이 전사하는 등 수많은 사상자를 내었다. 이처럼 미국은 제너럴셔먼호 사건과 신미양요 등으로 침략적인 모습을 보였다.

조선왕조는 대원군 집정기 쇄국정책을 견지하였지만 고종이 친정(親政)한 이후 대외정책이 일변하여 일본과의 조약을 체결하는 등 우호적인 정책으로 전환하게 되었다. 그리고 서양을 배우기 위해 그들과 문호개방과 조약을 관계를 맺을 필요성을 느끼게 되었다. 그 계기가 된 것은 1880년 제2차 수신사로 일본에 갔던 김홍집(金弘集)이 일본에 체류하면서 주일 청국공사 하여장(何如章), 참찬관 황준헌(黃遵憲)과 만나면서 시작되었다. 하여장은 김홍집에게 미국은 민주국가요, 국세가 넉넉한 데다가 여러 나라와 통호(通好)함에 있어 신의를 존중하고 있으며, 동양에 관대하다고 역설하였다. 그리고 미국은 조선과 조약체결을 희망하고 있다고 하였다. 당시 청국의 인사들은 수신사 김홍집에게 미국과 수교하여 러시아를 견제해야 한다는 '연미론(聯美論)'을 권고하였다. 그리고 참찬관 황준헌은 러시아의 남하에 따른 조선의 대외정책을 다룬『조선책략(朝鮮策略)』을 작성하여 김홍집에게 주었다.

『조선책략』은 러시아의 남하를 방비하기 위해 조선의 급무는 친중국(親中國), 결일본(結日本), 연미국(聯美國)하여야 한다고 하였다. 또『조선책략』에 미국은 예의로 나라를 세웠기 때문에 남의 나라의 토지와 인민을 탐내거나 정치에 간섭하지 않는다고 하면서, 국세가 태평양에 뻗치고 있기 때문에 늘 아시아에 친근하고 동양 여러 나라가 무사하기를 바란다고 하였다.

중국은 러시아의 침략을 견제하기 위해 조선으로 하여금 미국과 조약을 체결을 종용하였다. 이에 따라 1882년 5월 22일(음력 4월 6일) 제물포 연안인 인천부 화도진 만석동(현 인천광역시 동구 화수도)에 설치된 장방(帳房)에서 미국대표 슈펠트(Robert W. Shufeldt)와 조선대표 신헌(申櫶)·김홍집이 한문·영문으로 된 조약문 각 3통에 서명하여 조미조약이 조인되었다.

그런데 조미조약 제1조에 원호(援護)·중재(仲裁) 조관(條款)을 반영시킴으로써 조선에 분쟁이 발생하였을 때, 비교적 공평한 나라로 알려진 미국의 원조와 중재를 기대하였다. 그러나 미국은 거중조정(good offices)으로 이해하였는데 반하여, 조선에서는 유사시 미국의 개입도 서슴지 않는다고까지 확대 해석하였다. 그래서 중국이나 일본이 외압을 가할 때마다 조선은 이 조관에 근거하여 미국에 의존하려는 경향을 띠게 되었다.

2) 한말 미국과의 관계

조미조약 체결 이후 미국은 1883년 5월 조미조약 비준서를 교환하고 주한 미국공사관을 서울에 개설하였다. 당시 미국은 조선의 절대독립을 주장하고 반청·친일정책을 취하면서, 간접적으로 일본의 한반도 침략정책을 동조하는 입장을 가지고 있었다. 그런데 조선과 미국과의 관계를 급진전시키는 커다란 역할을 한 사람은 미국인 선교사 알렌(Horace N. Allen)이었다. 1884년 9월 의료선교사로 내한한 알렌은 그해 12월 4일 갑신정변시 민영익의 생명을 구해준 인연으로 외교관으로 변신하고 고종과 친교관계를 수립하였다. 알렌은 주한공사 재임기간 중 미국을 위한 이권 획득에 지대한 공헌을 하였기 때문에 그의 이권외교 활동을 가리켜 '부의 신(God of

Mammon)'이라 일컬었다.

조미조약 체결 이후 조선은 청국의 내정간섭에 반발하여 미국에 보빙사와 주미전권공사를 파견하고, 차관도입과 외교고문·군사교관 및 교사의 고빙을 추진하였다. 그 결과 조선정계내에 우호적인 미국관을 가지고 반청 자주외교와 개화·자강정책을 추진하려는 친미개화파가 대두하였다. 초대 주미공사 박정양(朴定陽)은 1888년에 『미속습유(美俗拾遺)』라는 미국의 역사와 문물·제도를 소개하는 책을 집필하는 등 미국에 매우 우호적인 입장을 가지고 있었다. 그는 이 책에서 미국이 영토가 광활하여 타국의 영토획득에는 관심이 없다고 하면서, 『해국도지』나 『조선책략』과 비슷한 미국에 대한 인식을 가지고 있었다. 박정양을 비롯한 친미개화파 인사들은 미국이 외세를 견제하고 조선의 자강과 자주를 지지해 줄 수 있는 나라라고 보았다.

1894년 청일전쟁 발발 이전까지 미국은 공평한 태도를 유지하고 조선을 독립국으로 간주함으로써 실제로는 일본의 입장을 지지하고 있었다. 청일전쟁 발발 이후 개화파 세력이 집권하게 되면서, 갑오개혁 당시 친미적인 개화파 인사들이 대거 정부의 요직에 들어가게 되었다. 아관파천, 독립협회·만민공동회운동에는 친미 개화파가 우호적인 미국관을 바탕으로 친미외교를 주축으로 삼아 반청·반일·반러의 세력균형 정책을 펼쳤다. 그러나 독립협회의 해산과 동시에 친미개화파들도 정계에서 점차 쇠퇴하게 되었고, 광무개혁기에는 친러적 성향의 황실파 관료들에게 밀리게 되었다.

청일전쟁 전후 미국은 동아시아에서 반청·친일정책을 취하며 일본의 한국침략을 방조하였고, 1905년 11월 을사늑약으로 인해 일본에 외교권을 빼앗기고 사실상 준식민지 상태에 들어갔다. 당시 미국은 동아시아에서 러시아의 침략을 방비하기 위해 일본이 일정한 역할을 수행해 줄 것을 바랬다. 그래서 1905년 7월 27일 「태프트 카츠라 밀약」을 체결함으로써 일본의 한국지배를 인정하고 말았다. 비밀리에 체결된 이 조약은 일본이 미국의 필리핀 경영을 양해하고, 미국이 일본의 한국 보호국화를 양해한다는 것이다. 그후 미국은 일본의 대한정책에 대해 적극 지지하였지만, 일본은 문호개방정책 준수를 폐기하고 말았다. 이제까지 친일정책을 고수하던 미국에서는 반일감정이 폭발하고, 심지어 미·일 간에 전쟁이 발발할 것이라는 위기감마저 고조되었다. 이에 일본정부는 이토 히로부미[伊藤博文] 통감의 제의로 대한제국 외교고문 스티븐스(Durham White Stevens)를 미국에 보내 반일감정을 무마시키기로 하였다. 그러나 스티븐스는 1908년 3월 23일 샌프란시스코 페리부두에서 장인환·전명운에게 총을 맞고 사망하고 말았다.

러일전쟁이 발발하자 한국정부와 한국인들은 미국에 상당한 기대를 가지고 있었던 것이 사실이다. 조미조약 제1조에 "타국이(체약국 중의) 한쪽 정부를 부당하게 또는 억압적으로 취급할 때에는, 다른 한쪽 정부가 사태에 관한 통지를 받은 즉시 원만하게 해결될 수 있도록 '거주조정'을 다하여 우의를 나타낸다"라는 내용을 담고 있었기 때문이다. 1904년 미국에 온 이승만과 윤병구는 미국의 친한파 의원인 딘스모어(Huge A. Dinsmore)를 통해 국무장관 헤이(John Hay)와 면담해 조미조약의 '중재' 조항을 근거로 미국이 대한제국의 주권보장을 요청하였다. 이승만은 1905년 8월 4일 뉴욕주 오이스터 베이(Oyster Bay)의 새거모어 힐(Sagamore Hill)에 있는 루즈벨트 대통령의 하계 백악관(The Summer White House)으로 찾아가 미국의 중재로 러일강화회의 때 한국의 주권을 보장해 달라고 요청하였다. 하지만 당시 미국과 일본은 국제적으로 이해를 같이하는 입장을 가지고 있었기 때문에 한국의 독립과 주권보장을 해 줄 수 있는 입장이 아니었다.

3) 하와이 이민 추진

태평양 한 중앙에 위치한 하와이 군도는 제임스 쿡(James Cook) 선장이 발견하기 훨씬 이전인 11세기 초 폴리네시아(Polynesia) 사람들이 발견하여 정착하여 원주민이 되었다. 그후 영국의 탐험가 쿡 선장이 레저루션(Resolution)호와 디스커버리(Discovery)호를 타고 북미주의 서해안 항로를 찾다가 우연히 1778년 1월 18일 하와이 군도를 발견하게 되었다. 하와이 군도가 발견되면서 무역선·고래잡이 어선들의 기항지가 되었으며 또 미국 선교사들의 첫 대외 선교 활동지역이 되었다. 하와이가 대외적으로 주목을 받게 된 것은 사탕수수가 본격적으로 생산되면서부터였다. 사탕수수는 하와이 각 섬에 야생으로 자라고 있었는데 1802년 경 누군가가 그것에서 사탕을 추출하였고, 1830년대 이후부터 사탕수수를 산업적으로 발전시켰던 것이다.

하와이에서 사탕수수가 본격적으로 재배되기 시작하면서 원주민들을 고용하여 사탕수수를 재배하였다. 당시에는 사탕의 수요가 많지 않았기 때문에 원주민 노동자들을 충분히 구할 수가 있었다. 그러나 점차 그 수요가 급증하면서 원주민만으로 노동력을 감당할 수가 없었고, 그에 필요한 노동력은 외부에서 공급받을 수밖에 없었다. 19세기 중반 노동력 부족으로 사탕수수농장주들과 하와이정부에서는 외국인 노동자를 불러들이기 시작하였다. 1852년에 아시아인으로는 중국 광둥[廣東] 출신 노동자 293명이 처음으로 하와이에 도착하였고, 그 후 비교적 적은 수의 중국인들이 도입되었다.

초기에 하와이 사탕수수 농장주들은 중국인들이 조용하며 유능하고 일할 의욕에 가득한 노동자로 평가하며 좋아하였다. 그러나 하와이에 온 중국 노동자들은 3년간의 계약기간이 끝나자, 대부분 새로운 일을 찾아 사탕수수 농장을 떠나 도시로 향하였다. 이에 따라 하와이에서는 중국인을 대신할 가장 적절한 노동자로 일본인들을 생각하게 되었다. 일본으로부터 첫 이민은 1885년에 시작되었고, 1890년 초반에는 가장 큰 노동이민 집단이 되었다. 하와이에 온 일본인들도 중국인들과 마찬가지로 농장을 떠나 다른 직종으로 옮겨갔고, 농장의 부당한 처우에 대해 동맹파업으로 대항하였다. 1890년대 후반에 이르러 일본인들은 노동 독점권을 확보하기 위한 노력을 단행하였다. 하와이 사탕수수농장에서 일본인 노동자들이 독점하게 되면서 단일 인종으로 노동을 독점하지 못하게 하는 대책을 세우게 되었다.

1898년 여름 하와이가 미국에 합병되었고 1900년 6월에 가서야 미국법이 적용될 수 있었다. 하와이 농장주들은 일본인들을 견제하기 위해 다른 인종이 필요하다는 것을 더욱 절감하게 되었다. 1900년 11월에 하와이 사탕수수농장주협회(The Hawaii Sugar Planters' Association)의 이사인 비숍이 수백 명의 흑인, 포르투갈인, 이탈리아인, 푸에르토르코인을 도입하였다. 그러나 이들은 농장주들이 만족할만한 노동력이 되지 못하였다. 농장주들은 한국인 노동자들의 도입에 관심을 가지게 되었다.

한국인의 하와이 이민에는 주한 미국공사 알렌의 역할이 지대하였다. 앞에서 언급한 바와 같이 알렌은 고종과 한국의 고위관료들과 친밀한 관계를 맺고 있었다. 알렌은 1902년 2월 고향에서 휴가를 보내고 한국으로 돌아가려고 샌프란시스코에 들렀을 때, 하와이의 사탕수수농장 주인 어윈(William C. Irwin)과 만나 한인 노동자의 도입에 대해 협의를 가졌다. 한국에 도착한 알렌은 한국인들이 하와이에 이민을 갈 수 있도록 승인을 받았다. 알렌은 고종황제에게 중국인들은 미국에 갈 수 없지만 한국인들은 미국에 갈 수 있다고 하면서 설득하였다. 이에 고종의 승인을 받고 이민 담당자로 데쉴러(Daivid W. Deshler)를 선택하였다.

1899년 대한제국은 심한 가뭄과 홍수로 큰 흉년이 들어 기근이 심화되었고, 1901년에도 전국적으로 혹심한 가뭄으로 노동자·농민은 극심한 생활난에 처해졌다. 이에 대한제국 정부에서는 방곡령을 내리고 수입 곡물에 대해서는 면세 조치를 하였고, 베트남 쌀[安南米] 30만 석을 수입하기로 결정하였다. 엎친 데 덮친 격으로 그해 8월경에는 전라남도에서 홍수가 발생하여 대규모의 인명피해와 이재민이 발생하였다. 1901년의 대가뭄으로 피해가 막심한 가운데 1902년에는 평안도 일대에서 콜레라가 유행하기 시작하여, 그해 9월경 전국적으로 확대되어 매일같이 사망자가 300~400명에 이르렀다. 이와 같이 하와이 이민이 시작되기 전 한국의 상황은 계속되는 가뭄과 홍수로 인해 기근이 심각하였다.

대한제국 정부는 하와이로 이민을 보내기 위한 임시기구로 '유민원(綏民院)'을 창설하였다. 유민원은 1902년 11월 16일 포달(布達) 제90호 「궁내부관제(宮內府官制) 중 유민원 증치(增置) 건」으로 궁내부 산하기구로 설치되었다. 하와이 이민의 모집과 송출에 대한 모든 업무는 미국인 데쉴러가 설립한 동서개발회사(East and West Development Company)에서 담당하였다. 그리고 이민에 관련된 재정적인 업무는 데쉴러은행(Deshler Bank)에서 맡았다.

데쉴러는 동서개발회사 본점을 인천 내동(內洞)에 설립하고, 원산·진남포·목포·부산에 등 개항장을 중심으로 지사를 두었다. 동서개발회사는 이민자 모집광고, 이민수속 및 승선 등에 이르기까지 하와이 이민 관련 일체의 업무를 담당하였다. 또 이민을 모집하기 위해 제물포를 비롯한 항구와 주요 대도시의 기차역, 시장 등에 이민 모집 광고를 1903년 8월부터 붙였다. 광고를 보고, "좋은 미국, 천당같은 미국에 가서 행복을 누린다"라는 희망에 부푼 사람들이 이민배에 몰리기 시작하였다.

하와이 이민자들은 1902년 12월 22일 일요일 하와이로 가는 일본우선회사의 켄카이마루[玄海丸]가 인천을 출발하였다. 일본으로 떠나기 전에 제물포에 모인 이민자들은 동서개발회사에서 마련한 곳에서 머물면서 일본배를 기다렸다. 일본으로 가는 켄카이마루는 1891년 영국 스코틀랜드에서 건조되어 일본우선에서 구입한 1,400톤급의 강철선이었다. 하와이 이민 제1진이 떠날 때 내리교회 존스(George H. Jones) 목사가 이민자들에게 용기를 북돋아주기 위해 천막집회를 열었고, 민영환 유민원 총재가 제물포항까지 전송나왔다.

인천을 출발한 이민배는 목포와 부산을 거쳐 12월 24일 크리스마스 이브에 일본 나가사키[長崎]항에 도착하였다. 한인 이민자들은 나가사키 검역소에서 신체검사를 받고 예방주사도 맞았다. 신체검사에서 19명이 탈락하고 남자 56명, 여자 21명, 13명의 아이들과 12명이 유아들, 모두 102명이 동서양기선회사(Occidental and Oriental Steamship)의 갤릭(S. S. Gaelic)호를 탔다. 갤릭호는 1885년에 건조된 4,206톤의 기선으로 미국 샌프란시스코와 홍콩 사이를 정기적으로 취항하였다. 하와이 첫 이민자들은 1903년 1월 2일 나가사키를 떠나 요코하마[橫浜]를 거쳐 호놀룰루로 향했다. 하와이 이민자들은 한국을 출발해서 일본의 요코하마나 고베[神戸]에서 며칠씩 머물며 하와이로 가는 배를 기다렸다.

한국인들은 요금이 싼 3등 칸을 타고 일본을 출발하여 하와이에 도착하였다. 이들이 탄 3등 선실은 매우 열악하였다. 하와이 이민 배들의 내부 구조는 거의 비슷했기 때문에, 이민자들은 3등 선실 맨 밑 칸에 탔다. 갤릭호는 항해한 지 열흘만인 1903년 1월 12일 화요일 밤 12시에 호놀룰루 외항에 입항하여, 다음날 새벽 3시 30분까지 외항에서 대기하다가 검역부두에 도착하였다.

1903년 1월 13일자 『하와이언 스타(The Hawaiian Star)』 영자신문에는 한인들의 도착기사를 크게 다루었는데, "이전에도 한인 이민이 있었으나 대여섯 명 정도였다. 이번에 102명이 집단으로 온 것은 아주 특이하다"라고 평하였다. 첫 번째 배가 하와이에 도착한 이후 두 번째 이민배 캡틱(Coptic)호로 63명, 세 번째 코리아(Korea)호로 72명이 왔다. 이민 첫 해인 1903년에 16척의 배로 1,133명이, 다음해인 1904년에 33척의 배로 3,434명이 왔으며, 1905년에 16척의 배로 2,657명이 왔다. 하와이로 이민을 온 총 이민 배는 총 65척이며, 이민자는 7,226명이었다. 그중 남자가 6,048명, 여자가 637명, 아이들이 541명이었다.

하와이에서 한인 노동자의 비율이 점점 높아가는 가운데 1905년 4월 대한제국 외부대신 이하영은 하와이 이민에 대한 '여행권(집조)' 발권을 금지하는 조처를 내렸다. 그후 한국인의 하외이 이민이 중단될 수밖에 없었다. 일본은 러일전쟁에서 승리가 확실시 되면서 일본의 정치적·군사적 우위권 확보를 배경으로, 대한제국 정부에 하와이 이민 중지 압력을 가해왔던 것이다.

4) 105인 사건 발발

한국인들이 미국에 대한 우호적인 인식을 가지게 된 데에는 기독교 선교사들의 영향도 적지 않았다. 미국 선교사들에 의해 기독교를 받아들인 한국인들에게 미국은 프로테스탄트의 나라이고, 기독교 신자들에게는 복음의 성지로 여겨졌던 것이다. 그러나 재한 선교사들은 정치에 관여하지 않는다는 것을 선교의 원칙으로 삼았기 때문에, 1905년 을사늑약 이후 1910년 강제병탄까지 선교사들과 일제측은 '밀월관계'를 유지하고 있었다. 초대 통감 이토 히로부미와 재한 선교사 해리스(M. C. Harris) 사이에 '조선의 정치는 총독이, 정신면은 선교사가 맡는다'는 밀담이 있은 후 일제와 선교사들 사이에는 밀월관계를 유지하였다. 그러나 1910년 일제에 의해 국권이 상실된 이후 민족운동 탄압의 첫 화살을 기독교측에 돌렸다. 일제는 한국의 기독교인들이 국권회복운동의 중심적 역할을 수행한다고 하여 이들에 대한 대대적인 탄압을 가하였는데 그것이 이른바 '105인 사건'이었다.

일제측에서는 1910년 12월 데라우치 마사다케[寺內正毅] 총독 모살미수사건의 배후에는 미국 선교사들이 있었다고 보았던 것이다. 그래서 일제는 선교사들의 가택을 수색하고 감시를 강화하게 되었다. 선교사들은 총독 암살 모의에 관련되지 않았다는 것을 강조하였으나, 일제는 기독계의 책임을 재한 미국 선교사들에게 돌렸던 것이다. 이에 선교사들은 이 문제를 본국의 해외선교본부측과 세계언론에 호소하기로 하고, 언더우드(Horace G. Underwood) 선교사를 미국 장로교 해외선교본부에 참석시키기로 하였다. 그러나 재한 미국선교사들의 노력에도 불구하고 해외선교본부의 태도는 매우 미온적이었다. 그래서 선교사들은 한국주재 미국총영사 시도모어(Scidomore)를 찾아 중재를 요청하였으나, "이 일에 미국인이 관심을 가질 아무것도 없다"고 거절당하였다. 일본주재 미국대사 브라이언(T. E. Bryan)도 같은 반응이었다. 이와 같이 해외선교본부나 미국정부에서 재한 미국선교사들의 요구에 대해 무관심하게 대응한 이유는 이 문제가 미·일간의 외교문제로까지 비화될 우려가 있기 때문에, 재한 선교사들의 요청을 관망하는 소극적인 자세를 취했던 것이다.

그러나 105인 사건에 대해 『뉴욕헤럴드(The New York Herald)』 1912년 2월 12일과 13일자에 일본이 한국의 기독교에 대해 가혹한 고문과 박해를 하고 있다는 것이 보도되었다. 이에 미국 해외선교본부측은 이 사건은 일본과 한인 사이의 문제이므로 미국 선교부측이 개입할 것이 못된다는 입장이었다. 또한 이 일에 미국정부가 개입하는 것을 원치 않으니 일본 스스로 해결해 주기를 바란다는 것이다. 아무튼 105인 사건은 1912년 4월 1일 윤치호를 비롯한 123인을 재판에 정식으로 회부하였다.

105인 사건에 대한 미국의 입장은 일본내에 문제이기 때문에 철저하게 개입하지 않겠지만, 미국 선교사들에 대해서는 우호적으로 대우해 달라고 하는 것이었다. 105인 사건으로 인해 한국에서는 미국 선교사들의 선교기지였던 북한지역에서 교인수가 크게 줄었다.

3   미주 한인사회의 성립

1) 하와이 이민

　　1903년 1월 13일 호놀룰루항에 도착한 한인 이민자들은 절차를 거쳐 하와이에 발을 디딜 수가 있었다. 이민을 온 한인들은 오아후섬을 비롯하여 하와이섬, 마우이섬, 카우아이섬 등 도처에 산재한 30여 곳의 사탕수수농장 및 커피농장으로 흩어져 힘든 일을 하게 되었다. 한 농장에 많게는 500~600명, 적게는 몇 십 명씩 고용되었다. 농장에는 인종별로 나뉘어져 있었는데 일본인, 중국인, 한인 캠프로 구분되었다.

　농장에 도착한 한인들은 큰 식당에서 농장 관리인의 주최로 환영식이 있었고, 사탕수수농장의 매점에서 필요한 물건을 신용으로 구입할 수 있었다. 막사에는 약 20동의 작은 오두막집이 있고, 그곳에 나무침대가 있었다. 결혼한 부부들은 방 한 개가 허용되었고, 독신자들은 3~4명이 한 방을 같이 사용하였다. 농장측에서는 거주지를 무료로 제공하고, 밀가루와 쇠고기를 나누어 주어 초기 정착생활을 할 수 있도록 도왔다. 사는 곳은 무료였지만 밥값은 내야했다. 보통 월 6달러 정도였고, 세탁비가 1달러 추가되었다.

　하와이 사탕수수 농장생활의 사정은 결코 쉬운 것이 아니었다. 실제로 노동과정은 매우 고된 작업이었는데, 사탕수수는 물을 많이 필요로 하기 때문에 관개시설을 설치하고, 넓이 1m 정도의 고랑에 높이 18cm의 두렁을 세워 고랑 속에 40cm 간격으로 종묘를 심는다. 하루에 경작하는 넓이는 보통 7에이커였고, 농사 때마다 1에이커당 1톤의 비료를 뿌렸다.

　하와이의 한인노동자들의 사탕수수밭에서 일과는 새벽 4시경에 시작되어 오후 4시경 끝이 났다. 노동자들이 아침에 모이면 백인 감독들이 인솔을

해 사탕수수밭으로 나갔다. 새벽 4시에 아침을 먹고 5시까지 밭에 나아가 약 10시간 정도 일을 하고 오후 4시 반경에 집으로 돌아왔다고 한다. 한인들은 주로 사탕수수농장에서 일을 하였는데, 사탕수수밭은 끝도 없이 넓었고 너무나 힘들었다. 사탕수수 밑둥을 자르고 물도 주고 잡초를 뽑는 일을 하였는데, 하루 종일 일을 하고 나면 등뼈가 끊어지는 것 같았다고 했다.

한인노동자들은 하루 10시간 일을 하고 빗 속에서 30분 동안 점심을 먹었는데, 농장에 나가면 백인 감독 '루나(Luna)', 한인들은 '십장(什長)'이라고 불렀다. 감독들은 먼저 온 순서대로 앞에서부터 줄을 세웠다. 누구나 번호가 있었고, 이름표는 쓰지 않았다. 일하는 동안 사사로운 잡담은 허용되지 않았고 담배도 못 피우게 되어 있었다. 보통 십장들은 매우 엄격했으나 반면 어떤 이들은 부드러웠다.

하와이 사탕수수농장 막사에 숙소를 정한 한인 노동자들은 지상의 낙원이라고 생각했던 곳에서 혹독한 노동을 해야만 했기 때문에 낙심이 매우 컸다. 대부분의 이민자들은 하와이 이민을 숲속에 금화가 만발해 있는 것으로 생각하고, 그 금화를 그들 주머니에 넣어 부자가 되는 것으로 생각했던 것이다. 그런데 하와이에는 누구라도 사탕수수밭에 가서 노동을 하지 않으면 생활을 할 수 없다는 것을 알게 되었다.

초기 하와이에 간 한인들은 대개는 사탕수수농장, 그 외에 파인애플농장, 커피농장 등에 흩어져 일을 하였다. 하와이 이민모집 광고에는 "월급은 미국 금전으로 매삭 십오원(일본 금화 삼십원, 대한 돈으로 오십칠원 가량)"이라고 하여, 월 15달러라고 하였다. 1905년경에는 한 달에 26일 정도 일을 하고 18달러의 임금을 받았으며, 쌀과 야채, 고기, 빵과 버터 등 먹거리를 구입하기 위해 한 달에 약 6~9달러가 소요되었다. 그 외 돈이 부족하여, 어떤 사람은 간장국에 밀떡제비만 먹고 일을 하기 때문에 얼굴이 퉁퉁 부은 사람도 많았는데, 이런 사람을 '밀가루 부대'라고 별명을 붙였다.

하와이에서는 1898년 미국령이 되면서 1900년부터 미국법이 적용되었기 때문에 채찍질을 하는 것은 불법화되어 있었다. 그러나 당시 하와이 한인들은 백인 감독에게 채찍질을 당했다고 기억하고 있다. 농장에 따라 차이가 있지만 이른바 '농장 순검'이라는 감독자가 한인들을 가혹하게 다루는 경우가 있었던 것이다.

백인들의 인종차별과 농장에서의 비인간적인 대우로 인해 농장을 떠나는 사람들이 많아졌다. 하와이의 한인들은 하와이를 떠나 더 나은 조건의 미국 본토로 가고자 하였다. 하와이 노동통계국(commissioner of labor statistics on Hawaii)의 자료에 의하면, 1903년 공식 이민이 시작되기 전인 1900년 7월 1일부터 1915년 6월 30일까지 하와이에 들어온 한인들은 모두 8,047명이었다. 이들 중 30.8%인 2,482명이 하와이를 떠나 고국이나 미국 본토로 갔다.

고국으로 돌아간 사람들의 대부분은 고된 노동을 견디지 못하였기 때문에 귀국했던 것으로 나타난다. 『공립신보』의 기사를 통해 보면, 건강이 악화되어 돌아가거나 향수병에 시달리다가 귀환하는 경우도 종종 보인다. 하와이 한인들의 귀국은 힘든 노동이 가장 큰 이유였던 것같고, 그 외에 건강악화, 향수병, 부모의 강권 등이었다.

1905년 2월 대북철도회사와 북태평양철도회사에서 한인 노동자들을 모집하였으며, 캘리포니아주의 과일농장에서도 한인들을 모집하였다. 이리하여 1905년에 400명의 한인들이 하와이를 떠나 캘리포니아로 갔고, 1906년에는 450명이, 1907년에는 150명이 떠났다. 미본토로 떠난 한인의 숫자가 줄어 든 것은 루스벨트 대통령이 1907년 5월 행정명령 제589호(Executive Order 589)를 발표하여 한국인과 일본인들이 하와이에서 본토로 가는 것을 금지하였기 때문이다. 아무튼 1903년 하와이에 온 한인들이 1907년 루스벨트가 행정명령을 발표할 때까지 약 1,100명의 한인들이 하와이를 떠나 미국 본토로 갔다.

2) 미주 한인단체의 조직

1903년 하와이에 온 한인들은 자신들의 단결과 질서유지를 위해 자치적 조직을 만들었다. 10명 이상 동포가 모여 사는 곳이면 동회(洞會)를 조직하고, 동장(洞長)과 사찰(査察)을 공선하여 공중질서와 친목을 유지하였다. 구성원들의 투표에 의해 선출된 동장이나 혹은 두목(Headman)이 있었다. 동장으로 선출되려면 첫째 나이가 많은 남성이어야 하고, 둘째는 올바른 행동을 해야 하며, 셋째는 정직하고 성실하며, 넷째는 교육을 받은 사람이어야만 하였다. 동장은 대외적으로 한인사회를 대변자였으며, 한인들 간의 모든 분쟁과 문제를 해결하고, 벌금과 벌을 과할 재판관의 권한이 있었다. 또한 두목 외에 150명 이상의 한인 캠프에는 동장을 보좌하는 사찰이 있었는데, 이들은 경찰과 같이 농장의 질서를 교란하는 행위를 미연에 방지하는 역할을 수행하였다.

동회와 더불어 초기 한인조직으로는 친목회가 있었다. 하와이에서는 1905년에 윤병구·정원명·강영소 등이 에와(Ewa)농장에서 결성한 친목회가 있다. '친목회'는 말 그대로 친목을 목적으로 성립되어 1906년까지 하와이 각처에서 이와 같이 친목회를 표방하는 단체나 조직이 여러 곳에서 결성되었다. 하와이에 통역으로 온 현순도 1903년 5월경에 친목회와 비슷한 성격으로 카후쿠(Kahuku)농장에서 한인 노동자들을 위해 자조회(自助會)를 조직하였다. 자조회의 규칙은 ① 상호친교를 강화하고, ② 부녀자들을 존중·보호하고, ③ 도박·음주를 금하고, ④ 수상쩍은 여자들의 막사 출입을 금하는 것 등이었다.

친목회는 한인들이 다른 민족의 노동자와 싸우거나 부당한 대우를 받았을 때, 혹은 매를 맞았을 때 회원들은 모두 함께 한인들을 도와주었다. 특히, 하와이 농장에서 일본인들과 마찰이 생겼을 경우 친목회가 일선에 나서기도 하였다. 1910년 당시에는 친목회가 친목만을 도모하는 것이 아니라 시국에 대해 강개 격절한 고담준론을 하고, 연무(鍊武)를 시재(試才)하고, 연합 대운동회를 개최하는 등 국권을 회복하기 위한 운동도 전개하였다.

하와이의 초기 친목회는 시간이 지날수록 국권회복운동 단체로서의 성격을 지니게 되었다. 하와이 이민 후 성립된 단체는 약 20여 개가 있었다. 1903년에 홍승하·윤병구 등이 호놀룰루에서 조직한 '신민회(新民會)'를 필두로, 에와한인친목회, 1906년 윤병구·이태수·강영소 등이 호놀룰루에서 결성한 공진회 등이 있었다. 그 가운데 하와이 최초의 한인 정치단체라고 할 수 신민회를 들 수 있다. 현순의 『포와유람기』에는 "1903년 11월에 포와군도(布哇群島)의 우수한 청년들이 모두 호놀룰루에 홍승하 지도하에 집합했다. 한국에서의 위험한 정세를 토론한 후 우리는 신민회를 조직하고 홍승하는 회장으로 피선되었다"고 하였다. 신민회는 호놀룰루에 중앙회를 두고 1903년 12월 2일 카우아이섬 카파아(Kapaa)에 지회를 설립하였다. 신민회의 목적은 구국정신을 고취하며, 일본의 침략행동을 반항함이며, 그 강령은 동족단결·민지개발·국정쇄신이었다.

또한 북미에 이주한 한인들도 자치적인 단체를 조직하였다. 미 서부지역의 한인들은 대개가 육체노동으로 생계를 유지하였기 때문에 같은 동포들끼리 어려움을 나눌 단체가 필요했다. 샌프란시스코에서 안창호는 이대위·장경·박영순·김성무 등과 더불어 1903년 9월 22일 미주 한인들의 환난상부(患難相扶)를 목적으로 '친목회'를 조직하였다. 이 단체는 북미 최초의 한인단체이지만, 이름 그대로 한인들 간의 단결과 친목을 목적으로 조직된 것이다. 1904년 러일전쟁을 전후한 시기 일제에 의해 국권이 노골적으로 침탈되어 가면서 미주의 한인들도 국권회복운동을 할 정치단체의 출현을 요망하였는데, 항일운동과 동족상애를 위해 1905년 4월 5일 '공립협회'를 창립하였다. 공립협회는 샌프란시스코 패시픽가(Pacific Street)에 회관을 두고, 미 서부 9개 지역에 지회를 설립하고 800여 명 회원을 확보하는 등 조직이 눈부시게 확대되어 갔다. 이와 더불어 1905년 11월부터 공립협회의 기관지로 『공립신보』를 발행하였다.

공립협회에서는 다양한 국권회복방략을 모색하였다. 그 가운데 하나가 통일연합기관의 설치였다. 한국을 비롯하여 한인이 거주하는 모든 지역에 독립운동을 담당할 기관을 설치하고, 이를 다시 하나로 통일한 후 독립전쟁을 수행하자고 하였다. 일종의 국내와 국외의 독립운동 단체를 통합적으로 지도하는 기관을 설립하자는 것이었다. 통일연합기관의 설치는 먼저 국내와 연계를 맺어야 한다는 견해로 집약되었다. 1907년 1월 초순 캘리포니아주 리버사이드(Riverside)에서 공립협회의 안창호·이강·임준기·신달윤·박영순·이재수 등이 미국에 본부를 두고 국내에 통일연합기관의 일환으로 국내에서 신민회를 설립하였다.

공립협회에서는 1907년부터 해외에도 지회의 설립을 추진하였으며, 원동지역에 최초로 공립협회 지회를 설립하였다. 1908년 2월에는 블라디보스토크에 지회가 설치되었으며, 본격적인 지회설립운동을 전개하기 위해 이강과 김성무를 러시아 연해주에 파견하였다. 이들의 노력으로 수청(Suchan)·신영동(Nikolaevka)·큰영(Vladimiro-Alesandrovskoe) 등 연해주 각 지역에 공립협회의 지회가 만들어졌다. 러시아지역뿐만 아니라 만주에도 8개의 공립협회 지회가 설립되는 등 공립협회는 미주지역의 독립운동단체일 뿐만 아니라 국외 독립운동을 대표하는 단체가 되었다.

한편, 공립협회가 활동을 시작할 무렵 또 하나의 한인단체가 결성되었는데 그것이 대동교육회였다. 대동교육회는 을사늑약 이후 국민계몽과 국권회복을 목적으로 1905년 12월 캘리포니아 파사디나(Pasadena)에서 결성되었다. 처음 대동교육회는 안정수·김찬일·장경·유성춘·김우제 등이 교육을 통한 실력양성을 목적으로 설립한 단체였다. 그러나 시국이 점점 일제에 의해 침탈당하자 1907년 1월 회명을 '대동보국회'로 고치고 본격적인 정치운동 단체임을 표방하였다.

하와이 한인들도 1907년 정미조약 이후 국망 사태임을 인식하고 국권 회복을 목적으로 김성권 등이 주동하여 각 섬에 여러 단체가 통일하여 '한인합성협회'가 탄생되었다. 한인합성협회는 하와이 각 지방에 조직되어 있었던 24단체 대표자 30명이 호놀룰루에 모여 회집하여 합동발기대회를 열고, 1907년 9월 2일 하와이의 모든 한인단체들이 한인합성협회로 통합하게 되었다. 하와이 한인들은 합성협회라는 단체를 결성하여 국권을 회복하기 위한 활동을 하기 위해 창설되었다고 하였다. 합성협회의 회장에는 임정수, 부회장에는 안원규를 선임하였다. 그리고 기존의『공진회보』와『친목회보』를 인수 통합하여 그해 10월 22일부터 기관지『한인합성신보』를 발행하였으며, 47개 지방에 지방회를 설립하고 1,051명의 회원을 확보하였다.

3) 미주로 간 사진신부

초기 하와이 이민의 특징 중에 하나는 대부분의 이민자들이 20대의 젊고, 단신으로 이민한 자가 많았으며, 남자들이 대다수였다는 점이다. 단신 이민자가 80.5%, 가족을 동반한 사람이 19.4%를 차지한다고 하였다. 이민자의 성비구성도 현저하게 남자가 많았다. 1910년 하와이 한인인구는 총 4,533명이고 그 가운데 남자가 3,931명이며, 여자가 602명에 불과하였다.

독신 남성들이 가정을 이루기 위해서는 여성들이 필요했지만, 하와이 현지에서 타국인과 결혼을 하는 것은 거의 불가능하였기 때문에 고국에서 이른바 '사진신부(picture bride)'를 데리고 올 수밖에 없었다. '사진결혼'이라는 것은 원래 미국에 있는 일본인 남자와 일본에 있는 여자 사이에 사진과 서신으로 왕복하여 서로 혼인하는 것을 말한다. 사진결혼의 절차는 하와이에 거주하는 홀아비나 총각이 자기 사진을 고국에 보내 선을 보게 하고, 마음에 드는 처녀가 나서면 신랑쪽에 수락의 편지를 보낸다. 이같은 사진결혼이 행해진 것은 미국과 일본 사이에 체결된 '신사협정'으로 일본인에 대한 비자가 발급되지 못하였지만 이민자의 가족들에게는 입국이 허용되었기 때문이다. 일본인 이민자들은 시간과 비용을 절약하기 위해 사진을 통해 결혼하는 편리한 방법이 고안되었던 것이다. 당시 같은 처지에 있던 한인들도 일본인들이 하는 방식을 그대로 모방하여 고국에서 사진결혼을 통해 여성들을 데리고 왔다.

하와이 이민 한인들 가운데 80% 이상이 15세에서 45세 사이의 독신 남자들이었다. 독신남들은 농장에서 노동자로서 안정성을 가지기가 어려웠다. 하와이 사진신부가 언제부터 왔는지는 정확하지 않지만 1910년 이전에도 있었던 것같지만, 본격화 된 것은 1911년 경부터였다. 하와이에 온 사진신부는 부산·대구·마산 등과 같은 경상도 출신자들이 유난히 많았으며, 교육을 받지 못한 경우가 대부분이었다. 그래서 당시 경상도 출신 신부들은 신랑을 처음 본 순간 아연실색하여 "저 문둥이가 내 문둥인가"라고 소리를 질렀다고 한다.

미국에 가고 싶은 소녀들은 도시로 나가 중매인의 소개로 우선 사진을 찍었다. 그리고 하와이에서 온 사진 중에서 남편감을 선택하고, 자신의 사진을 다시 미국으로 보내 예비신랑쪽에서 통고가 오기를 기다려야만 했다. 신랑될 사람이 사진을 보고 만족하면 미국으로 갈 여비를 보내게 된다. 신부를 데려오기 위해 예비신랑들은 75~300달러까지 여행경비와 결혼자금으로 지급해야만 했다.

사진신부들의 평균 나이는 17세 정도였고, 간혹 40세가 넘은 경우도 있었다. 40세가 넘은 신부들은 과부이거나 이혼녀였고, 14세를 갓 넘은 어린 신부도 있었다. 한인 신랑들은 신부를 불러 오기 위해 자신의 나이를 속이고, 사신은 젊고 희게 보이게 조작하였다. 또한 사진신부로 온 여성들도 하와이가 지상의 낙원이라는 중매쟁이의 달콤한 말에 속아서 들어오는 경우가 대부분이었다. 1915년에 사진신부로 하와이에 온 죄안나는 그녀의 나이 15세 때 46세의 남편을 만나 결혼하였다.

사진신부가 들어오면서 한인사회의 가장 커다란 문제점이었던 남녀 간의 성비 불균형이 해소되고 가정을 가진 남성들이 늘어나면서 안정성이 높아졌다. 또한 한인신부를 통해 가정과 자녀가 생기면서 혈통적으로 뿐만 아니라, 문화적 전통과 관습을 재생산할 수 있게 되었다는 점이다. 이로 인해 한인단체, 한인교회, 한인학교 등이 지속적으로 유지 발전할 수 있는 기반을 확대할 수 있었다는 점에서 '사진신부'는 미국 이민사에서 매우 중요한 의미를 가졌다고 할 수 있다.

또 한편으로 초기 이민자들이 한국의 각 지역에서 모집되어 왔던 반면, 사진신부는 경상도라는 특정지역에서 집중적으로 왔기 때문에 하와이 한인사회에 지역적 성격을 나타나는 경우도 있었다. 『개벽』에는 사진신부의 출신지를 도별로 기록되어 있는데, 경상남도 148명, 경기도 19명, 경상북도 9명, 강원도 8명, 평안남도 6명, 함경남도 3명, 황해도 2명, 충청남도 1명, 전라남도 1명으로 경상남도가 가장 많았다.

그런데 '사진결혼'으로 인해 미국내에 일본인이 증가한다는 점, 사진신부에 의해 태어난 2세들이 미국시민이 된다는 점, 일본인이 증가하면서 미국인의 일자리를 빼앗는다 점 등으로 미국에서 사진결혼에 대한 반대 여론이 일어나고 있었다. 특히, 동양인 배척을 절대적으로 주장하는 미국 이민국 총감 캐디네티가 일본인에 대한 사진혼인을 금지시키자고 주장하였다. 결국 1920년 2월 18일 일본은 사진신부들에게 여권 발급을 중지하는 합의서에 합의하였고, 1924년 동양인배척법으로 더 이상 사진신부는 미국에 들어올 수가 없게 되었다.

4) 북미에서의 벼농사

한인이 미 본토인 캘리포니아에 온 시기인 1900년 초반은 농산업이 확장되던 때여서 한인들의 경제적인 기초가 되었다. 그 시기에 동양인이 할 수 있던 일은 농장에서 오렌지, 레몬, 호두 같은 작물을 따는 것이었다. 1905년에서 1910년 사이, 많은 한인들은 새크라멘토 강 하부지역(Lower Sacramento River), 즉 프레즈노(Fresno) 근처의 포도농장과 리버사이드(Riverside)와 레드랜드(Redlands) 근처의 오렌지 과수원에서 노동자로 일하였다. 리버사이드의 중심 거주지를 기점으로 레드랜드, 업랜드(Upland), 클레어몬트(Claremont) 등에 소규모의 한인 거주지가 들어섰다. 오렌지 수확기 동안에 리버사이드는 미국에서 가장 규모가 큰 한인 거주지였다.

1907년 샌프란시스코에서 학교분규의 결과 나타난 「대통령령 589(Executive Order 589)」는 일본인 이민을 배척하려는 캘리포니아 주민들의 입장을 대변하기 위해 제정되었다. 그에 따라 하와이에서 북미로 들어오려는 한인들의 이민도 중단시키는 결과를 가져왔다. 1910년대 캘리포니아에 거주하고 있는 일본인들의 토지 소유를 봉쇄하기 위한 조치로서 캘리포니아 주법원이 주도해 제정한 1913년의 외국인토지법(Alien Land Act of 1913)은 한인들에게도 적용되었다. 이러한 법적 조치에도 불구하고 일본인과 한인들은 모두 이 법의 허점을 이용해 캘리포니아 지역에서 농지를 대규모로 소유할 수 있었고, 1912년 무렵부터 활성화된 캘리포니아의 벼농사에 편승해 경제적으로 크게 발전하였다.

캘리포니아의 벼농사는 1920년 11월 초, 이 지역에 예상치 않게 많은 비가 내리면서 붕괴되기 시작하였다. 캘리포니아에서는 11월에 추수가 시작되어 겨울 전에 종료되는 것이 일반적이었다. 그런데 1919년에는 0.58인치의 비가 내렸는데 비하여, 1920년에는 11월 중반까지 5.48인치나 되는 많은 양의 비가 내리자 쌀 재배자들은 추수를 할 수 없게 되었다. 11월에 이어 12월에도 비정상적으로 많은 비가 오자 어쩔 수 없이 추수를 연기할 수밖에 없었다. 결국 1921년 4월 중순까지도 추수를 재개할 수 없었기 때문에 1920년에 추수되지 않은 쌀은 썩게 되었다. 결국 많은 한인농민들은 심각한 손실에 직면하여 임차료를 지불하지 못하고, 재배기간 동안 빌린 융자도 갚기 어려웠다.

　원래 캘리포니아의 소작농들은 1910년대 중반에서 1920년대 초기까지, 북부 새크라멘토 계곡의 콜루사(Colusa), 그렌(Glenn), 버트(Butte), 유바(Yuba), 그리고 서터(Sutter) 카운티에서 쌀 재배를 위해 농지를 임차하였다. 한인들은 주로 콜루사와 그렌 카운티 지역에서 집중적으로 쌀을 재배하였다. 1916년부터 한인들은 윌로우스(Willows), 콜루사, 우드랜드(Woodland), 맨티카(Mantica) 등지에서 본격적으로 쌀농사를 시작하였다. 새크라멘토 계곡과 레드랜드에서 이미 쌀 재배를 확장하여, 새크라멘토에서는 1,400에이커의 쌀 농지를 운영하였다. 윌로우스에서 한인농민들이 경작한 쌀농지 면적만 4,200에이커였고, 수확량이 22만 석에 달하였다. 그 당시 쌀의 공정가격이 4달러 25센트이었으므로 수입이 93만 5천 달러에 이르렀다. 1919년에는 수확이 30만 석에 달하여 쌀 농업이 크게 발전할 것으로 기대되었다.

　그러나 1920년과 1923년에 제정된 외국인토지법(Alien Land Act)은 농업에 종사하고 있던 한인들의 경제적 위상에 커다란 타격을 입혔다. 게다가 1920년 이상기후로 벼농사에 실패한 한인들에게 외국인토지법은 더욱 불리한 악재로 작용하였다. 캘리포니아지역에서 벼농사가 실패하자 한인들은 쌀 재배지역을 벗어나 도시로 향하게 되었다. 1910~1920년 동안 캘리포니아 대도시의 한인인구 비중은 1930년에 이르러 급증하였다. 도시로 이주한 한인들은 대부분 자영업으로 전환하였다. 1920년대 캘리포니아 한인이 자영업은 식료품상, 도매업, 세탁소, 트럭운송업, 소매상 등 다양한 업종에 종사하였다.

5) 민족교육 기관의 설립

한국인들이 하와이로 이민을 가는 목적 가운데 커다란 부분을 차지하고 있는 것이 '교육'이다. 자신이나 혹은 자녀들에게 서구의 우수한 고등교육을 받기 위해 하와이 이민을 택하였다. 하와이정부가 한국내에 배포한 1903년 8월 6일자 이민홍보 전단지에 "하와이에는 학교 설립이 광대하여 모든 섬에 다 학교가 있어 영문을 가르치며 학비를 받지 아니함"이라는 문구가 들어 있었다. 당시 하와이 이민자들에게 있어 근대적 교육을 받는 것도 매우 중요하였지만, 그 보다 중요하다고 여긴 것은 민족적 정체성을 유지시키는 교육이 필요하다고 보았다. 비록 이역만리 타국에 살고 있지만 후세들에게 국어와 국사에 대한 교육을 통해 민족적 정체성이 이어져만 한다고 생각하고 있었다.

교육을 목적으로 하와이행을 택한 사람들에게 자녀들의 교육문제는 심각한 것이었다. 이 문제는 이민사회의 엘리트들인 교회 관련자들에 의해 제기될 수밖에 없었다. 1905년 7월 한인감리교회의 교인들은 동서개발회사의 사무원이었던 송헌주, 해관통역 박윤섭 등이 교육회를 설립하여 워드만(John W. Wadman) 감리사를 회장으로 선임하였다. 그리고 한인감리교회 내에 1906년 9월 한인기숙학교를 정식으로 개교하였다. 교사는 미국인 남자 교사 1명, 여자 교사 2명, 한인 교사 3명으로 시작하였다. 학생은 45명으로 미국 초등학교 정도의 교육과 국한문 등을 가르쳤다. 초대교장은 워드만 감리사의 부인이 맡았고, 교감은 남가주대학(USC)으로 유학가기 전까지 민찬호가 담당하였다. 이렇게 출발한 한인기숙학교는 1907년 정식 사립학교로 인정받게 되었다.

호놀룰루 시내에서 한인 자제들을 교육할 수 있는 한인기숙학교가 있었으나 그밖에 지역에서는 교육받을 기회가 없었다. 이민 초기부터 사탕수수 농장이 각 캠프를 중심으로 한인학교가 설립되었다. 카우아이섬 막카웰리

(Makaweli) 제4캠프에 수백 명 동포가 매월 몇십 전씩 찬조하여 한인공립학교를 설립하였으며, 노동협회에서 만든 노동공립학교 등이 있었다. 또한 막카웰리 제8캠프에서도 국권회복을 위해 교육을 실시하다가 1909년 2월 18일 융희학교를 설립하고 김중수를 교사로 초빙하였다. 카우아이섬 리후에(Lihue)에 연합융동학교, 콜로아(Koloa)지방에서도 신흥학교를 설립하여 청년자제를 교육하고자 하였다. 마우이(Maui)섬의 스프레클쓰빌(Spreckelsville)에는 동명학교를 설립하여 조국정신을 배양하고자 하였다. 하와이(Big Island)섬 힐로(Hilo)지방에는 1907년 4월 5일 힐로한인소학교가, 코나(Kona)지방에는 1911년 4월 7일 코나한인소학교가 설립되었다.

미 본토에서는 대동교육회라는 단체가 국민계몽과 국권회복을 목적으로 1905년 12월 9일 남부 캘리포니아 파사데나에서 결성되었다. 단체명인 '대동(大同)'이라는 용어에서 풍기는 바와 같이, 청말(淸末) 법법자강론자인 강유위(康有爲)의 사상에 일정 영향을 받았다고 할 수 있다. 대동교육회는 설립 이후 로스앤젤레스지역의 한인 40~50명이 회원으로 참여하게 되었고, 1906년 말에는 300명 정도의 회원을 확보하게 되었다. 그후 대동교육회는 남가주지역뿐만 아니라 샌프란스시코 지방에도 지방회가 설립되고 회원이 증가하자, 1906년 중반 중앙회를 이곳으로 옮겼다. 그러나 1907년에 들어 일제의 국권 침탈이 노골화되자 대동교육회는 교육의 발전만을 도모하는 것으로 국권의 유지가 불가능하다고 판단하고 '대동보국회'라고 회명을 고쳐 본격적인 정치운동 단체임을 표방하였다.

미본토에서 대동교육회와 더불어 쌍벽을 이루는 공립협회에서도 교육기관을 설립할 필요성을 느꼈다. 1908년 8월 공립협회 회원인 방화중·이순기·강영대·임정구·박춘식·정원현·조제근·임두화·한기갑·서예순 등 10명이 로스앤젤레스 클래어몬트지방에 학생양성소를 설립하였다. 클래어몬트 학생양성소는 정규 학교나 학원과는 다른 교육기관이었다. 학생들을 집중적으로 '양성'하는 교육기관으로 국내에서 유학 온 청년들과 미국에서 생장한 2세들에게 정체성 있는 한국인으로 키우고자 하였다. 클래어몬트 학생양성소는 1909년 2월 공립협회가 하와이 한인합성협회와 합동하여 '국민회'가 출범하면서 그 관할하에 '북미총회 소관 클래어몬트 학생양성소'라는 정식 명칭이 정해졌다.

학생양성소는 초기에 영어를 교습하는 것이 시급한 문제였지만 근본적으로는 한인 2세들에게 민족의식을 불어 넣을 수 있는 교육을 시킬 필요성이 증대되었다. 1914년부터 대한인국민회 북미지방총회에서 학생양성소에 정규 국어교사를 배치하여 국어교육을 의무화하였으며, 곽림대가 국한문 교사로 취임하여 국어를 담당하였다.

클래어몬트 학생양성소가 남부 캘리포니아지역에서 한인교육의 요람으로서의 역할을 수행하였다. 그러나 클래어몬트 보다도 샌프란시스코지역의 교육여건이 훨씬 좋아지면서 캘리포니아 남부지역에서는 더이상 학생이 모집되지 않았다. 학생양성소의 위치를 샌프란시스코로 옮겨가는 문제가 거론되면서 버클리(Berkeley)지방이 가장 적당하다고 보았다. 대한인국민회 북미지방총회에서는 1918년 1월 샌프란시스코 버클리 대중소학교의 중심지에 '버클리학생양성소'를 설립하였다. 그후 학생들이 입소하지 않자 그 운영이 정지되고 말았고, 1920년에 들어와 북미지방총회에서는 클래어몬트 학생양성소와 함께 버클리 학생양성소도 폐소하였다.

하와이에서도 호놀룰루 시내에는 한인 자제들을 교육할 수 있는 한인기숙학교가 있었으나 그밖에 지역에서는 교육받을 기회가 없었다. 이승만은 1912년 3월 미국 미니애폴리스에서 개최된 세계감리교선교대회에 참석하기위해 왔다가 다음해 2월 하와이에 왔다. 이승만은 하와이에 초청받은 이후 한인기숙학교의 교장으로 취임하였으며, 한인기숙학교가 하와이 한인교육의 중심에 있다고 하여 교명을 '한인중앙학원'으로 변경하였다. 교명을 바꿔면서 수업내용도 영문과·한문과·국문과·국한문과정으로 세분화하였으며, 성경과정을 신설하여 필수과목으로 지정하였다. 한인학교를 일신한 이승만의 노력으로 30여 명에 불과하던 학생수가 6개월 만에 3배가 넘는 99명으로 증가하였다.

그러나 문제는 한인중앙학원에는 남학생들에 대한 교육만을 실시할 뿐 여자들에 대한 교육을 할 수가 없었다. 이승만은 1913년도 가을학기부터 여학생을 받아들여 남녀공학으로 중앙학원을 바꾸어, 18명의 여학생이 한인중앙학원에 다닐 수 있었다. 이제까지 한인 여학생들은 호놀룰루에 있는 스잔나 웨슬리 홈(Susannah Wesley Home)에서 영어 및 한국어와 재봉틀 등의 실습교육이 고작이었다. 한인중앙학원에서 여학생을 받아들임으로써 정규교육뿐만 아니라 한국어 교육을 받을 수 있었다.

이승만이 하와이 한인사회의 지도자로 부상하고 있을 무렵인 1914년 7월 새로운 감리사에 프라이(William Henry Fry)가 임명되었다. 프라이 감리사는 한인감리교회 및 한인중앙학원의 운영에 깊숙이 관여해 온 이승만에게 제동을 걸기 시작하였다. 그는 이승만의 교회 재정운영에서 배제시켰으며, 중앙학원의 재정 또한 그의 감독을 받도록 하였다. 이승만은 한인들의 교육은 한인들이 맡아야 한다는 이유를 들어, 1915년 6월경 한인중앙학원의 여학생들을 중심으로 한인여학원을 설립하였다. 한인여학원 설립 이후 한인중앙학원은 미국인이 교장에 부임하였지만 한인학생들과 관계가 원만하지 못하였다. 이후 뉴욕에서 대학을 마친 송헌주를 중앙학원의 교사로 불러왔지만, 1916년 6월 당시 한인중앙학원의 학생수는 44명이었던 반면 한인여학원의 학생수는 62명이었다. 이에 따라 한인중앙학원의 교사 송헌주는 1917년 한인여학원 부교장으로 옮기기까지 하였던 것이다. 이처럼 학교의 운영이 부진에 빠지자 감리교 총회에서는 1918년 중앙학원의 운영을 한인들에게 맡겼지만, 그해 9월 결국 폐교되고 말았다.

그리고 대한인국민회 하와이지방총회의 지원을 받아 여자학원을 확장하여, 카이무키(Kaimuki)지역으로 이사하면서 남녀공학의 '한인기독학원'으로 바뀌었다. 이 학교는 남녀공학 초등학교로서 그 규모는 1918년 남학생 37명, 여학생 64명으로 시작하였다. 이승만은 학교를 확장하기 위해 1921년 카이무키의 땅을 팔고 칼리히(Kalihi) 계곡에 4천 에이커의 땅을 샀다. 재정곤란으로 학교건물을 곧 짓지 못하다가 1922년 9월 학교건물과 기숙사를 완공하여 개교하였다. 그러나 한인 학생수가 감소하면서 한인기독학원은 1928년 폐교되고 말았다.

4 미주지역 독립운동의 전개

1) 샌프란시스코 의거

미주 본토에서 공립협회와 대동보국회가 중심이 되어 활동하고 있던 시기인 1908년 3월 21일 대한제국의 외교고문인 스티븐스가 『샌프란시스코 클로니컬(San Francisco Chronicle)』지와의 인터뷰에서 일본이 한국을 보호한 후 한국에 유익한 일이 많다는 친일적인 발언을 하였다.

샌프란시스코지역 한인들은 3월 22일 오후 8시 공립협회와 각 단체가 참석한 가운데, 스티븐스의 망언에 대한 대책을 강구하는 회의를 개최하였다. 이 회의에서 최정익·문양목·정재관·이학현 4명의 대표들을 스티븐스가 투숙하고 있는 페어몬트호텔(Fairmont Hotel)에 보내기로 결정하였다. 대표 4명은 스티븐스에게 한국에 관한 신문기사를 정정하라고 요구하였으나, 이를 거절하고 계속해서 친일적 발언을 일삼았다. 한인 대표들은 격분한 나머지 그를 구타하였다. 스티븐스가 한인의 요구를 받아들이지 않자 다시 공동회가 개최하였는데, 이 자리에 공립협회 회원인 전명운이 "내가 해치워버리겠다"고 자원하고 나섰고, 대동보국회의 회원인 장인환은 묵묵히 듣고만 있었다.

3월 23일 9시 30분 스티븐스는 워싱턴으로 출발하고자 일본총영사와 함께 샌프란시스코 페리부두에 도착하였다. 전명운은 자동차에 내리는 스티븐스를 보고 권총을 발사하였다. 그러나 총이 격발되지 않았다. 그러자 전명운은 스티븐스에게 달려가 얼굴을 때렸는데, 갑자기 일격을 당한 스티븐스는 전명운를 잡으려 쫓아갔다. 이것을 지켜보고 있던 장인환이 총을 쏘았는데, 첫 발은 전명운을 맞추었으며, 연달아 발사한 두 발은 스티븐스를 맞추었다.

장인환의 총에 맞은 스티븐스는 이틀 후인 3월 25일 총탄 제거수술을 받던 중 사망하였다.

　미주 한인들은 스티븐스가 한국민의 자유를 빼앗은 '공리(公利)의 적'이기 때문에, 이 의거를 한국민들의 자유를 되찾기 위해 벌인 '자유전쟁'이라고 불렀다. 장인환·전명운 두 사람은 형사적인 의미에서 스티븐스를 죽인 '살인'이 아니라, '공리의 적'을 '정의의 이름'으로 처벌한 의거였던 것이다. 장인환과 전명운의 의거는 독립을 향한 '자유전쟁'의 시발점이 되었으며, 국내뿐 아니라 해외에 있는 모든 한인들에게 민족독립과 국권회복에 대한 열망을 불어넣었다.

2) 최고기관 '대한인국민회'의 결성

　샌프란시스코 의거 직후 미 본토에서는 공립협회와 대동보국회가 합동하기로 하였으며, 하와이에서도 모든 단체가 한인합성협회로 통일이 되었다. 미주에서의 단체 통합을 위한 구체적 노력이 1908년 7월 11일부터 15일까지 네브라스카주 덴버(Denver)에서 열린 북미애국동지대표회로 나타났다. 해외 각지의 한인단체 통합을 목적으로 한 이 대회에는 박처후·오흥영·이상설·이승만 등 각지의 한인대표가 참석하여 여러 한인단체를 하나로 통합하는 문제를 논의하였다. 북미애국동지대표회는 미주의 한인단체 통합운동의 계기를 마련하고 나아가 적극적인 조국의 독립운동을 전개하자고 하였다. 그리고 이 대회에서는 이전의 공립협회와 대동보국회 양 단체의 통합론에서 더 나아가 미주 본토의 공립협회와 하와이 한인합성협회 간의 대통합이 제기되었다. 드디어 1909년 2월 1일 공립협회와 한인합성협회가 하나로 통합되어 '국민회'의 탄생을 보게 되었던 것이다.

　국민회 창립 직후 한인합성협회는 하와이지방총회로, 공립협회는 북미지방총회로 변경되었다. 하와이 지방총회장에 정원명, 북미지방총회장에는 정재관이 선출되었으며, 양 단체의 기관지이던 『공립신보』와 『합성신보』는 각각 『신한민보(the New Korea)』와 『신한국보(the Korea Herald)』로 바뀌어 계속 발간되었다. 그리고 그해 3월 24일 국민회는 「국민회장정」을 발표하고 모든 해외 한인을 관장할 '중앙총회'의 설립을 규정하였다. 당시 형편상 중앙총회를 정식으로 조직·운용할 수 없게 되자, 임시로 북미지방총회에서 중앙총회의 역할을 대리하기로 하였다.

북미지방총회는 한인들이 거주하는 모든 지역에서 국민회의 지회를 건설하고자 하였다. 1909년 4월에는 황사용과 방화중을 멕시코 유카탄(Yucatan)로 파견하여 메리다지방회를 설립하게 하였으며, 그해 5월에는 정재관과 이상설을 만주와 러시아지역에 특파원으로 파견하여 그곳에 국민회 지회를 설립하도록 하였다. 이같은 국민회 지회 설립운동을 1909년 말까지 전개되어 러시아와 만주 일대에 13개의 지방회를 건설할 수 있었으며, 1만여 명 회원을 확보하게 되었다.

하지만 미본토에서 대동보국회가 국민회에 참여하지 않아 미주 한인사회가 완전히 하나로 통합된 것은 아니었다. 국민회는 교육과 실업의 발전을 내세우며 민족주의를 이념으로 조국의 독립을 최고의 목표로 삼고 있었고, 대동보국회는 황제존숭의 왕조복고적인 성격을 지니고 있었기 때문에 합동은 쉽지 않았다. 그럼에도 불구하고 당시 국권이 거의 상실된 상태에서 독립운동에 매진하기 위해서는 두 단체의 통합이 필요하였다. 국민회와 대동보국회의 통합문제는 급진전되어 갔으며, 1910년 2월 10일 대동보국회의 '대'와 국민회의 이름을 그대로 둔 '대한인국민회'가 탄생하게 하였던 것이다. 이로써 미주지역 한인단체는 대한인국민회로 완전한 통합을 달성하였으며, 해외 한인의 최고기관이 되었다.

대한인국민회의 이념은 민족주의였고, 제도와 운영은 민주주의를 구현하여 미주 한인사회의 안녕과 자치를 신장하면서 조국독립을 최고의 목표로 삼았다. 대한인국민회로 정착된 이후 만주 한인사회 및 러시아 시베리아·연해주 일대의 한인사회를 통할할 목적으로, 1911년 10월 시베리아지방총회, 1912년 2월 만주지방총회 그리고 그해 10월 수청지방총회를 설치하였다.

1910년 일제에 의해 국권이 완전히 상실되자 미국정부로부터 한인의 자치기관으로 공인받게 되었다. 미국정부는 한인을 대표하는 독립적 자치기관인 대한인국민회의 공인증서와 담보만 있으면 미국을 자유롭게 내왕할 수 있도록 조처하였다. 나아가 하와이지방총회에서도 1913년 5월 하와이 지방정부로부터 사단법인의 관허(官許)를 얻어 지방자치를 규정하였으며, 북미지방총회에서는 1914년에 자치규정을 정하는 등 재미한인사회의 자치결사로서 대한인국민회는 각 지방회를 중심으로 다양한 노력을 기울였다. 그리하여 대한인국민회는 국치 직후에 국권회복운동을 벌이면서도 민족교육과 실업권장을 통해 한인들의 권익을 신장시켰다.

대한인국민회는 미주뿐만 아니라 한인이 거주하는 모든 곳에 지방회가 설립되면서 명실공히 해외한인의 최고기관이었다. 대한제국이 망하였기 때문에 이를 대신하여 대한인국민회가 재미한인의 자치기관임을 천명하고 중앙총회를 설립하여 '임시정부'가 되고자 하였다. 1919년 중국에서 대한민국임시정부 수립 전 단계까지 민족 독립운동의 최고 중추기관으로 해외에서 성립한 임시정부의 역할을 수행해 갔던 것이다.

초대 중앙총회장에는 미주 한인단체 조직과 발전에 크게 기여하였던 윤병구가 선임되어 미주 한인사회의 발전과 조국 독립운동을 위해 활동하였으며, 부회장에는 박용만·홍언 등이 선임되었다. 미주 한인은 누구나 대한인국민회원으로 등록되었으며, 의무금이라 부르던 회비를 납부하고 있었다. 대한인국민회 중앙총회는 그 뒤 1923년 1월 '대한인국민회총회'로 된 때까지 미주지역 한인사회의 조국 독립운동을 주도한 핵심 기구로서의 역할을 수행하였다.

3) 군인양성운동 전개

한국 독립운동의 역사에서 독립군을 양성하려는 운동은 미주 지역에서 최초로 시작되었다. 일제강점을 전후한 시기 독립전쟁을 결행하기 위해 사관을 양성하려는 군사운동이 미주에서 활발히 일어났다. 미주에서 군인 양성을 위한 노력은 1909년 6월 네브라스카주에 한인소년병학교(Military School for Korean Youth)가 설립되면서 시작되었다. 박용만을 비롯해 박처후·이종철 등이 중심이 되어 그 지역 한인사회의 후원하에 미국인 소유의 커니(Kearney) 농장을 빌려 교련장으로 활용하면서 군사훈련을 시작하였다. 다음해 여름에는 헤이스팅스대학(Hastings Unversity)의 교사와 운동장을 사용할 수 있게 되었으며, 박용만을 교장으로 하는 27명의 한인 사관생도들이 군사교육을 받을 수 있었다.

이후 박용만은 하와이『신한국보』의 주필로 초빙되어 그곳에 가게 되었는데, 미본토에서와 마찬가지로 대조선국민군단과 사관학교를 세워 군인을 양성하고자 하였다. '대조선국민군단'이라는 것은 '국민군'이고, '무형의 정부'인 '대한인국민회'의 군대이며, 궁극적으로는 '국민을 위한 군대'라는 것이다. 대한인국민회가 국가 인민을 대표하는 무형의 정부로 인식하고 있었기 때문에 '국민군단'은 당연히 국민회 관하에 군대가 되며, '독립군'이 되어야 하며 나라를 되찾은 이후에는 나라와 인민을 지키는 '국민군'으로서 역할을 수행하여야 한다는 것이다.

박용만은 국민군단을 만들기 위해 먼저 하와이가 군단의 근거지가 되어야 한다고 보았고, '대조선국민군단 사령부'를 먼저 창설하고 각 지역에 사관학교의 설립을 통해 양성된 군인들 기반으로 '대조선국민군단'을 완성한다는 계획을 가졌다. 박용만은 미 본토에서 완성하지 못한 사관양성을 통한 무장투쟁 노선을 하와이에서 달성하고자 하였던 것이다. 그래서 하와이에서 대조선국민군단을 설립하고 군인양성은 둔전병식(屯田兵式)으로 운용되는 사관학교를 창설하였다.

　대조선국민군단의 소재지는 오아후섬 카할루우(Kahaluu)라고 불리는 곳으로 섬의 동북쪽 해안에 있다. 사관학교(병학교)는 동서로 8리, 남북으로 4리에 걸친 구역으로 호놀룰루 시내에서 약 13리 정도 떨어진 곳에 위치하고 있었다. 사관학교의 생도는 기록에 따라 약간씩의 차이가 있는데, 처음 광무군인 출신인 80여 명으로 시작해 나중에는 300여 명에 달했다고 한다. 일제의 정보자료에도 사관학교의 생도수는 1915년 3월 말 현재 약 280명이었고 이들 가운데 75명이 광무군인 출신이었다고 한다.

　대조선국민군단은 미국 군제를 모방하여 그 체제도 군단사령부, 군단경리부, 제복소, 병학교, 훈련대, 별동대, 곡호수와 고수로 나누고 병농일치(兵農一致)를 실현하고자 하였다. 군단의 경비는 주로 생도들이 노동을 하여 얻는 노임으로 충당하였고, 식비·의복비·담배값을 제외한 남은 임금 전액을 군단에 희사하였다. 대조선국민군단 사관학교의 교장은 박용만이고, 대대장은 박종수였다. 그리고 장교로서 교련을 담당한 교사가 8명이었다. 대조선국민군단의 군영은 호놀룰루시의 동북쪽 큰 산을 넘어 해안과 아후이마누(Ahuimanu)강을 낀 계곡에 위치하였으므로 '산넘어 아희들'이라는 별명이 붙여졌다. 박용만은 사관학교 생도들을 '우리 독립군'이라고 불렀다.

　사관학교 생도들의 일과는 새벽 4시에 기상하여 5시에 아침을 먹고, 7시부터 농장에 나아가 일을 하고, 오전 9시부터 11시까지 군사훈련을 받았다. 점심식사 후인 오후 1시부터 5시까지 파인애플 작업을 하고 저녁 식사 후인 오후 7시부터 학과를 진행하였다. 학과목은 필술(筆術), 지리(歐亞), 『군인수지(軍人須知)』, 일본어 등이었다. 사관학교의 교련장비는 사관용 권총(45식) 39정, 군도 10개, 나팔 12개, 북 6개, 목총 350정, 병학교용 교과서 영문서적 3종을 갖추고 있었다고 한다.

　그러나 대조선국민군단과 병학교 운영에 필요한 자금이 충분하지 않아 박용만과 박종수는 재정적으로 힘들었다. 이에 박용만은 하와이 주재 독일영사와 교섭하여 카우아이섬에 1천 에이커에 160여 명의 한인들을 이주시켜 둔전병식 병학교를 이전할 계획을 가지고 있었다. 그후 1915년 10월 카할루우의 파인애플 농장에서 카후쿠지방으로 사관학교를 이전하게 되었다.

박용만이 구상한 대조선국민군단과 사관학교의 창립은 하와이에 군단의 사령부를 두고 미주에는 한인소년병학교, 멕시코의 숭무학교, 대조선국민군단 사관학교를 통해 군인을 양성한다는 것이다. 그리고 중국과 러시아 등지에 대조선국민군단의 지단과 사관학교를 설립한다는 원대한 구상을 하였다. 그렇지만 이같이 하와이에서 대조선국민군단과 사관학교를 설치하여 군사훈련을 실시하였지만 1916년을 고비로 점차 쇠퇴하여 1917년 경에는 해체될 수밖에 없었다.

3·1운동 이후 미주의 한인들은 1920년 7월 5일 미국 북부 캘리포니아 윌로우스(Willows)에서 일제와 독립전쟁을 위한 비행기 조종사를 양성하는 한인비행가양성소를 정식으로 개교하였다. 이 비행가양성소는 비행 조종사를 양성하여 일제와 독립전쟁을 하려는 원대한 포부를 가지고 대한민국임시정부 군무총장 노백린과, 북부 캘리포니아 한인 재력가들의 열성으로 창립하게 되었다.

한인비행학교의 설립은 노백린의 지휘하에 윌로우스 재력가들의 재정적 후원으로 1920년 2월 말 퀸트학교(Quint School)의 건물을 임대하고, 김종림이 제공한 40에이커의 토지가 비행장으로 사용하였다. 그후 미주 각지에서 노백린의 비행학교에 입학하기 위해 한인청년들이 속속 윌로우스지방으로 모여들었다. 그래서 그해 3월 3일부터 일반교양과 이론을 중심으로 일반학과를 교습하였고, 4월 7일경부터 한인청년들을 상대로 본격적인 군사훈련과 영어 등을 가르쳤다. 그리고 6월 22일 첫 번째 비행기가 비행학교에 도착하였고, 6월 24일 두 번째 비행기가 도착하였다.

교육용 비행기 두 대와 교관 등을 갖춘 이후 1920년 7월 5일 '한인비행가양성소'를 정식으로 개교하게 되었고, 비행가양성소 개소와 함께 이를 운영할 '비행가양성사'라는 단체를 조직하였다. 한인비행가양성사는 실제적으로 비행학교를 운영하는 주최로서, 학교 운영의 모든 재정적 책임을 전담하였다. 비행사양성사는 재정적으로 공헌한 김종림이 총재를 맡았고, 윌로우스 지방의 한인 재력가들이 모두 동참하였다. 그러나 한인비행가양성소는 1920년 가을부터 시작된 대홍수로 이를 후원하는 김종림의 벼농사에 커다란 피해를 주었다. 그해 12월부터 김종림 등 한인 후원자들의 재정적 지원이 없어지면서 한인비행가양성소는 사실상 폐쇄될 수밖에 없었다. 한인비행가양성소에서 교육을 받던 한인청년들은 다른 비행학교로 전학을 가던가 아니면 학업을 포기하였다. 한인비행가양성소에서 교육을 받았던 박희성이 1921년 5월 항공면허시험을 보다가 추락하는 사고를 당하였다. 그럼에도 불구하고 박희성은 부상을 딛고 다시 항공면허시험에 응시하여 그해 7월 국제항공면허시험에 합격하였다. 국제항공면허시험에 합격한 박희성과 이용근은 대한민국임시정부 육군 비행병 참위로 정식 임명되었다.

4) 미주에서의 3·1운동

1910년대 미주 한인사회는 대한인국민회를 중심으로 국내외의 독립운동을 모색하고 있었지만 현실적으로 1914년 제1차 세계대전이 발발하면서 별다른 움직임이 없었다. 전쟁이 종결될 무렵인 1917년 10월 북미지방총회에서는 소약속국동맹회(the Conference of Small Nations)에 박용만을 대표로 파견하여 한민족의 독립의지를 표명케 한 바 있다.

제1차 세계대전이 끝나자 대한인국민회에서는 1918년 11월 18일 미국 윌슨(Woodrow Wilson) 대통령에게 승리축하문을 보냈으며, 그해 12월 뉴욕에서 개최된 소약속국동맹회에서 민찬호와 정한경을 대표로 파견하였다. 그리고 대한인국민회에서는 1918년 11월 25일 열린 파리강화회의에 파견할 대표로 이승만·정한경을 선출하였다. 하지만 미국정부가 이들 대표들에 대한 여행권을 발급하지 않아 파리강화회의에 참가할 수가 없게 되었다. 이렇게 되자 이승만과 정한경은 한국문제에 관한 위임통치청원서를 윌슨 미국 대통령에게 제출하였다. 그리고 이들은 한국을 일제로부터 해방시켜 국제연맹의 위임통치하에다 둘 것을 청원하는 이른바 '위임통치 청원'을 제출하였던 것이다.

제1차 대전 이후 미주지역에서는 외교적 노력을 통해 한국의 독립을 달성하려는 운동이 전개될 무렵, 국내에서 독립을 선언하였다는 소식이 전해졌다. 독립 선언 소식을 외부세계에 알리기 위해 중국 상하이[上海]에 파견된 현순이, 미주시간으로 1919년 3월 9일 상오 11시 대한인국민회 중앙총회장 안창호 앞으로 3·1운동의 소식을 알리는 전보를 보냈다. 상하이에서 보낸 전보를 받은 샌프란시스코의 중앙총회에서는 곧바로 독립선언에 대한 후원 방침을 협의하고, 각 지역 지방총회에 소식을 전하였다. 오후에는 상항한인감리교회에 한인들이 모여 미친 듯 만세를 불렀다. 대한인국민회 기관지 『신한민보』도 호외를 발행하여 "장쾌하여도 이렇게 장쾌하고 신기하여도 이렇게 신기한 일은 진실로 무엇에 비할 데 없으니"라고 하여, 한인들에게 3·1운동의 역사적 의미를 전하였다.

3·1운동 이후 미주지역 한인들의 독립운동은 주로 선전외교 활동과 재정지원에 집중하게 되었다. 미주 한인들은 자신들이 할 수 있는 가능한 방법으로 우선 재정모금과 외교활동을 전개하고자 하였다. 중앙총회장 안창호는 "우리가 금전으로 싸우는 것이 생명으로 싸우는 것만치 요긴하다. 매삭 매주일 수입에서 20분의 1을 거두어 들이게 합시다. 중앙총회에서는 이번의 재정 확보책을 '독립의연'이라고 이름하고, 중앙총회에서 직접 북미·하와이·멕시코 각 지방에 출장소를 두고 3월까지 매명 10달러의 의연금을 거두게 하였다. 이와 함께 4월부터는 매삭·매주일 혹 1년 수입의 20분의 1을 내게 하는 '21례'를 실시하기로 하였던 것이다. 이처럼 대한인국민회는 3·1운동이 일어나기 전인 1918년 11월 24일부터 1919년 12월 15일까지

88,013.12달러의 독립운동 자금을 거두었다.

또한 3·1운동의 소식이 전해진 이후 재미한인들의 두 번째 행동목표는 미국정부와 미국민에게 한국독립의 정당성과 3·1운동에 대한 국제적 동정을 얻는데 있었다. 이 때문에 윌슨대통령에게 파리강화회의에 한국대표가 참가할 수 있게 해 달라고 하였으며, 국제연맹에서 한국문제가 토론주제가 되도록 해달라고 탄원하는 등 3·1운동에 대한 국제적 동정을 얻고자 하였다. 일제의 폭압적 식민지배와 한국민의 독립의지를 대대적으로 알리기 위해 미국의 주요 신문사에 독립선언서를 보냈으며, 국내에서 일어난 3·1운동을 알리기 위한 방책을 강구하였다. 이승만은 정한경·서재필과 함께 3·1운동을 대대적으로 선전할 필요가 있었기 때문에 4월 14일부터 16일까지 필라델피아 리틀극장에서 제1차 한인회의(First Korean Congress)를 개최하여 일제의 야만적인 식민지배와 한국민의 자유독립 의지를 알리는 한편, 각종 결의문과 호소문을 작성하여 미국민과 미국정부, 파리강화회의에 보냈다.

제1차 한인회의 이후 미 국민을 상대로 선전과 홍보를 하기 위해 필라델피아에 한국통신부를 설치하였다. 미주 한인들은 3·1독립선언에 고무되어 직접적인 외교 선전활동과 더불어 경제적 원조에도 많은 노력을 쏟고 있었다. 각종 단체와 조직을 통해 독립의연금을 거두어 국내외의 독립운동을 지원하였다.

5) 구미위원부의 외교활동

재미한인들이 3·1운동 후원활동에 열중하고 있을 무렵인 1919년 4월 5일사 『신한민보』를 통해 대한공화국 임시정부가 수립되었다는 소식을 미주한인 사회에 전파하였다. 그러던 가운데 중국 상하이에서는 4월 10일과 11일 임시의정원을 개최하여 대한민국임시정부를 성립시켰으며, 4월 13일에는 이를 내외에 정식으로 공포하였다. 그리고 대한인국민회 중앙총회에서는 안창호를 중국 상하이에 파견하기로 하였고, 그는 샌프란시스코를 출발하여 마닐라를 경유하여 5월 24일 상하이에 도착하였다.

각 지역에서 임시정부가 선포된 이후 이승만은 이른바 '한성정부'의 집정관총재로 선출되었다는 문건을 받고, 곧바로 대한공화국의 대통령을 자임하면서 대한제국과 국교를 맺은 나라와의 외교관계 회복을 공표하고, 정식 정부로서의 국제적 승인을 얻고자 외교활동을 전개하였다. 그는 8월 25일 「집정관총재 공포문」 제2호를 발하여, 집정관총재 직권으로 '대한민국 특파 구미주차위원부(Korean Commission to America and Europe for the Republic of Korea)'를 출범시켰다. 이 공포문 제2조에 "본 위원부의 책임은 대한민국 임시정부를 구미 각국에 대표하여 임시정부 지휘를 수(受)함"이라고 규정하였다. 이에 따라 워싱턴의 구미위원부가 미주와 유럽지역 외교 및 재무 등을 관할하게 되었다. '구미위원부'는 유럽과 미국지역에서 외교선전활동을 담당하였지만, 주로는 미국정부와 미국민들에게 한국독립의 정당성을 알리고 그들로부터 동정과 협조를 얻기 위해 노력하였다.

미주지역에서 독립운동자금 모집을 둘러싸고, 대한인국민회와 구미위원부 간에 애국금과 공채금 모집 문제로 갈등이 있었다. 1920년 2월 24일 임시정부 재무총장 이시영이 재무부 훈령 제1호로, 미주에서 대한인국민회 중앙총회에서 주관하던 애국금을 폐지하라고 지시하고 독립공채로 정부 재정을 통일하였다. 이와 같이 임시정부의 결정에 의하여, 미주지역에서 독립운동 자금을 거두는 일이 구미위원부로 넘어가게 되었다. 더 이상 대한인국민회 중앙총회에서는 독립운동 자금을 거두는 활동을 할 수가 없었다. 구미위원부는 독립운동 자금을 거두어 임시정부 지원 등 독립운동을 지원하였지만, 수입금의 대부분은 구미위원부 자체 운영과 외교활동 등에 대부분 지출되었다.

구미위원부의 외교 선전활동은 미국내에 한국 독립에 대한 우호적인 여론을 조성하고, 이를 통해 미국 의회를 움직여 미국정부의 대한정책에 영향을 미치게 한다는 전략이었다. 한국문제에 대한 동정적 여론을 조성하려고 한국친우회(League of the Friends of Korea)를 미국 21개 지역에 조직하였으며, 영국 런던과 프랑스 파리에도 한국친우회를 각각 조직하였다.

1921년 7월 초 미국 대통령 하딩(Warren G. Harding)의 동아시아·태평양지역의 중요한 현안을 포괄적으로 다루기 위한 워싱턴회의의 개최를 제의하였고, 이 지역에 직간접적인 이해관계를 갖고 있던 일본·영국·프랑스·이탈리아·네덜란드·벨기에·포르투갈·중국 등이 미국의 제의를 받아들임으로써 세계의 이목은 국제회의의 장래에 쏠리게 되었다. 워싱턴회의 개최에 한국인들은 대단한 기대를 걸고 있었는데, 이승만을 단장으로 하는 한국대표단을 구성하였다. 워싱턴회의 한국대표단은 1921년 10월 1일 미국대표단에 청원서를 내어, 한국문제를 제출해 주거나 아니면 직접 참석하여 설명할 기회를 주선해 달라고 요청하였으나 회답이 없었다. 한국대표단은 여러 차례 청원서를 보냈지만 아무런 성과 없이 1922년 2월 6일 워싱턴회의는 폐회되었다.

워싱턴회의에서 외교 실패 이후 구미위원장 서재필은 더 이상 독립운동에 관여하기 않겠다는 뜻을 표명하였고, 독립운동 자금이 수합되지 않아 구미위원부는 급속한 재정난에 봉착하게 되었다. 구미위원부는 미국내의 여론과 국회를 움직임으로써 정부의 대외정책에 영향을 미치고자 하였으나, 미국정부나 국회를 상대로 한 독립청원운동에 주력했지만 실질적인 성과는 없었다. 그러다가 상하이 임시정부에서는 1925년 3월 이승만을 대통령직에서 면직시키고, 구미위원부에 대한 폐지령을 반포하였다. 이에 따라 구미위원부는 더 이상 임시정부의 외교기관이라고 할 수 없게 되었던 것이다. 이후 구미위원부는 이승만을 추종하는 하와이 교민단과 동지회의 자금 지원에 의하여 워싱턴 사무소를 유지하면서 명맥을 이어나갔다.

구미위원부는 대한민국임시정부의 국무회의나 임시의정원의 동의 절차를 받은 공식 외교기관은 아니지만, 임시대통령 이승만의 직접적인 관할하에 미주지역의 자금을 모집하여 중국 상하이에 있는 대한민국임시정부를 재정적으로 지원하는 중추적인 역할을 수행하였다. 그런데, 문제는 구미위원부가 대미외교를 담당하고 있기는 하였지만, 임시정부의 공식 외교기관은 아니라는 점이다. 그래서 초창기부터 그 존재의 불법성에 대해 논급이 되어 왔지만, 실제적으로 임시정부의 자금을 구미위원부에서 보내오기 때문에 묵시적으로 인정하고 있었다.

임시정부의 주요 외교대상은 구미열강 특히 동아시아와 태평양지역에 있어서 일본의 팽창을 견제하고 있었던 미국에 집중될 수밖에 없었다. 구미위원부의 외교선전활동은 철저히 미국, 그것도 워싱턴에 집중되어 있었다.

5 1930~1940년대 미주 독립운동

1) 대한인국민회의 재건과 흥사단

　　미주지역에서 가장 오랜 역사와 전통을 지닌 단체는 대한인국민회이다. 대한인국민회는 미주지역뿐만 아니라 한인이 거주하는 모든 곳에 지방총회 혹은 지방회를 설립하여 명실공히 해외한인의 최고기관이었다. 중국 상하이에 대한민국임시정부가 수립되고 재미 한인들을 대표하던 대한인국민회는 그 위상이 재조정될 수밖에 없었다. 임시정부가 수립된 후 워싱턴에 공식 외교기관인 구미위원부가 설치되면서, 미주지역에서 정부적 역할을 담당했던 대한인국민회는 민간단체로 전락하고 말았다.

　미주지역 대한인국민회의 위상이 실추되면서 중앙총회가 폐지되고 북미·멕시코·쿠바지역의 지방회로만 '북미 대한인국민회'로 개편되어 활동하게 되었다. 중앙총회 폐지 이후 대한인국민회는 침체를 거듭하고 미주지역 한인사회에서의 영향력도 상실되어 갔고, 조직도 또한 축소되어 갔다. 이밖에 1924년 동양인배제법으로 인하여 한국인들의 이민이 완전히 금지되어 인구이동이 줄고 운동자 간의 세력교체가 원활히 이루지지 않아 한인사회 내부에 활력을 잃어가고 있었다.

　1930년대 들어 대한인국민회는 사분오열되어 있던 미주한인 단체를 국민회의 깃발 아래로 묶어 세우고자 하였다. 1936년 5월 17일 우파적 인사들과 좌파적 인사들 22명이 모여 대한인국민회 부흥책을 협의하고 기존 단체들이 합동할 것을 결의하였다. 이같은 결정에 따라 그해 7월 5일 샌프란시스코 대한인국민회 총회관에서 열린 대의회에서 미주 한인단체들의 합동과 임시정부에 재정후원을 하자는 결의안을 채택하였다. 이어 헌장을 수정하고 대한인국민회 총회관을 로스앤젤레스로 옮길 것을 결정하였다. 헌장이 변경되면서 총회관을 로스앤젤레스에 새로 건축하였으며, 기존의 총회장제도에서 집행위원장체제로 변경하여 김호를 집행위원장에 선임하는 등 대대적인 조직과 인사개편을 단행하였다.

여기서 주목해야 할 것은 김호·김형순·한시대 등과 같은 인물들이 대거 참여하고 있다는 점이다. 이들은 지금까지 한인사회 단체의 전면에 나서기보다는 주로 재정적 후원하였던 세력들이다. 대한인국민회가 침체에 빠졌을 때 막강한 재력과 민주적 지도력으로 독립운동을 후원하는 일과 동포기관을 지원하는 사업에 적극 동참하게 되었다. 김호를 비롯한 새로 재건 국민회의 주도세력은 기존에 미주지역 한인사회가 봉건적 지도력과 빈약한 경제력에 의지하여 전개되었다고 하면서, 미국적 실용주의에 입각한 민주적 방안과 현실적 실천으로 독립운동을 모색하였다.

새로운 임원진들은 대한인국민회 부흥책의 일환으로 1937년 9월에는 임시정부를 후원하기 위해 특별의연금과 중국항일전쟁후원금을 모금하기 시작하였다. 그리고 대한인국민회는 1938년 4월 17일 로스앤젤레스에 총회관을 신축하고 한인사회에 대한 영향력을 확대시키고자 하였다. 당시 로스앤젤레스는 한인들이 가장 많이 거주하는 곳으로 모든 한인단체들의 총부가 이곳에 있었다. 그래서 대한인국민회는 로스앤젤레스로 총회관을 이곳으로 옮기고, 또 대한인국민회의 기관지『신한민보』를 발간하였던 것이다.

미주지역에서 도산계열의 인사들은 주로 대한인국민회를 중심으로 중국에서 활동하는 안창호를 지원하고 있었다. 그러나 1932년 4월 29일 중국 상하이에서 일어난 윤봉길의거로 안창호가 국내로 압송되었고, 1938년 3월 그가 서거함에 따라 흥사단을 비롯한 도산계열은 크게 위축되었다. 흥사단은 안창호가 1926년 3월 미국을 떠난 이후 송종익이 흥사단의 주인이요, 후견인 역할을 하고 있었다. 송종익은 도산의 가르침을 그대로 간직한 채 보수적인 입장에서 민족운동을 하는 입장이었다. 그러나 1930년대 후반에 들어 미주 한인사회에는 사회주의에 관심을 보이는 진보적인 세력이 형성되고 있었다. 1938년 3월 10일 도산이 서거한 이후 흥사단 내부에서 최능익 등 주로 청장년층에서 사회주의에 적극 동조하는 진보적인 세력이 나타나기 시작하였다. 최능익·신두식·곽림대·이경선·김강·최봉윤 등은 1930년대 후반 주로 로스앤젤레스의 흥사단 단소를 중심으로 활동하였다.

진보적이고 사회주의에 기울어진 흥사단원들을 흥사단 좌파라고 불리기도 한다. 흥사단에서는 중일전쟁이 발발한 이후 비상시기를 맞이하여 이에 대응하기 위해, 도산 서거 이후 이사부 결정으로 시사연구부를 설치하고 11명의 연구위원을 두었고, 그해 10월 이경선이 단우회에서 「혁명방략대요」라는 방략을 발표하였다. 조선의용대를 후원하는 등 좌파 단체를 지지하던 흥사단원은 기존의 지도부에 의해 출단을 당하거나 경고를 받게 되었다.

2) 조선민족혁명당 미주지부의 조직

1937년 중일전쟁 발발 이후 중국내에서 무장세력을 양성하려는 군사운동이 일어나게 되었다. 중국관내의 대표적인 무장 항일단체로 1938년 10월 10일에 조선의용대가 창설되었다. 중국 우한[武漢]에서 결성된 조선의용대는 미주의 한인사회에도 많은 영향을 미쳤다. 왜냐하면 중일전쟁 발발 이후 미주에도 무장부대의 조직을 확대해 혈전을 통해 독립을 쟁취해야만 한다는 여론이 일고 있었기 때문이다. 일제가 중일전쟁을 일으키자 미주의 한인들은 1937년 말 중국의 난민과 재중 한인들을 구제하기 위한 목적으로, 뉴욕·시카고·로스앤젤레스에서 중국후원회(The China Aid Society)라는 단체를 조직하였다.

중국후원회는 조선의용대의 상실 소식이 전해진 이후인 1938년 11월 이후 대한인국민회를 통하지 않고 독자적인 활동을 추진하였다. 1939년 6월 나성한인연합중국후원회의 변준호 등은 조선의용대를 후원하고자 하였으나, 기존이 국민회측에서는 임시정부를 지원할 것을 주장하였다. 1939년 들어 각 지역의 중국후원회는 조선의용대후원회(The Korean Volunteers Corps Aid Society in China)로 개편하면서 독자적인 길을 걷기 시작하였다.

조선의용대후원회가 처음 결성된 곳은 1939년 4월 뉴욕지방에서 시작되었다. 그리고 그해 8월 27일 로스앤젤레스에서는 안석중 등 40여 명이 조선의용대후원회 성립 선언문을 발표하였고, 10월 시카고의 중국후원회가 그 조직을 조선의용대후원회로 개편되었다. 1940년 4월에는 기존 3개 지역의 중국후원회가 로스앤젤레스에서 조선의용대 미주후원회연합회(The League to aid Korean Volunteers in China)로 결성되었다. 여기에는 기존의 국민회와 동지회의 중립적인 인사들이 참여하면서 1940년 3월 현재 회원은 약 70명, 1941년 1월 현재 3개 후원회의 총원은 150여 명으로 증가하였다.

중국후원회의 활동과 비슷한 시기에 하와이에서는 한길수가 정식으로 1938년 12월 2일 중한민중동맹단의 이름으로 외교활동과 순행강연을 하고 있었다. 조선의용대 미주후원회는 회세가 증가하자 하와이·멕시코·쿠바지역까지 그 사업이 확대되었고, 한길수의 중한민중동맹단과 중국후원회는 같은 사업을 추진한다고 하면서 그를 워싱턴 대표로 임명하게 되었다. 그리고 조선의용대 미주후원회의 기관지인 『의용보』도 1941년 4월부터 국문판은 중한민중동맹단과 공동으로 발행하는 형태를 취하였으며, 영문판의 명칭은 '중한의용보(Sino-Korean Volunteer News)'로 바꾸었다.

1941년 12월 태평양전쟁이 발발하자 조선의용대 미주후원회연합회의 활동은 더욱 활발하게 전개되었다. 중국에 있는 조선혁명당이 1941년 11월 임시정부 참여를 의결하고, 조선의용대도 1942년 7월 광복군에 합류하는 등 독립운동 세력의 좌우 통일전선이 추진되었다. 중국에서 상황이 변화되자 미주의 조선의용대 미주후원회는 1942년 6월 26일 '조선혁명당 미주지부'로 「개편선언문」을 발표하고 그달 30일 선포하였다. 조선민족혁명당 미주총지부(North America Branch of the Korean National Revolutionary

Party)로 개편되면서 그해 10월 6일자로 기관지로 『독립』을 창간하였다.

　조선혁명당 미주지부와 하와이의 중한민중동맹단 등이 공동으로 조선민족전선연맹 미주지부라는 연합체로 '한중민중동맹단 민족전선련맹'이 결성되었다. 조선민족혁명당 하와이지부는 1943년 7월 16일에 창립되었는데, 현순과 민찬호·홍치범을 비롯한 반이승만 세력이 주축이었다. 중국내에서 조선민족혁명당이 임시정부에 참여한 이후 하와이에서도 이에 응하여 기존의 조선의용대 후원회를 '조선민족혁명당 하와이지부'로 개편하였다. 조선민족혁명당 하와이 총지부에 참여한 인사들의 첫 번째 공통점은 반이승만계라는 점이다. 하와이총지부에서 주도적인 활동을 하는 민찬호나 현순 등은 이승만에게 버림받고 정치적으로뿐만 아니라, 개인적으로 많은 사감을 가진 사람들이었다. 두 번째로는 태병선·문또라 등 대조선독립단에 참여했던 박용만계의 인사들로 이승만과는 완전히 정치적 견해를 달리하는 사람들이다. 이들은 이승만이 하와이 한인사회를 독단적으로 이끌고 가는 것에 대해 반대하며, 또한 그의 외교노선에도 반대한다는 것이다. 따라서 이들은 정치적으로 임시정부를 지지하지만 그렇다고 김구를 지지하지는 않는다. 이승만을 지지하는 김구 등에 대해서도 반대하는 입장을 가지고 있었던 것이다. 조선민족혁명당 하와이 총지부에 참여하는 인사들은 정치적 노선으로 충칭(重慶)의 조선민족혁명당과 같은 입장을 가진 인사들도 물론 있었다. 그렇지만 이들 대부분의 성향은 진보적인 입장을 가진 김원봉계열에 동조하는 것이 아니라, 이승만에 반대하는 정치세력을 지지한다고 보는 것이 정확하다.

3) 한국독립당 하와이지부의 설립

　　한국독립당 하와이지부의 역사적 연원을 찾아보면, 1932년 이봉창·윤봉길의거까지 거슬러 올라갈 수밖에 없다. 왜냐하면 이봉창과 윤봉길의 의거에 자금을 대어 준 단체가 하와이애국단이기 때문이다. 이봉창의 '동경의거'에 사용된 자금은 1931년 11월 15일 하와이에서 특무공작에 대한 지원금으로 1천 달러를 보내 온 것이 있었다. 『백범일지』에 따르면, 하와이 와히아와(Wahiawa) 지방에 있던 중립적 성향의 인사들인 임성우·안창호 등이 "우리 민족에 큰 도움이 되는 일이라면 돈을 주선하겠다"는 연락이 김구에게 왔다. 백범은 "무슨 사업을 하겠다고 말할 필요는 없으나 간절히 하고 싶은 일이 있으니 조용히 자금을 모았다가 보내달라는 통지가 있을 때에 보내라"고 하였다. 이와 같이 하와이의 한인들은 김구에게 특무공작이 있으면 후원을 하겠노라고 약속했던 것이고, 1931년 9월 김구가 계획한 특무공작에 찬성을 하였다. '이봉창의거'를 계획한 김구는 하와이의 한인들에게 특무공작에 필요한 자금을 요청하였고 그해 11월 15일 1천 달러의 자금을 보냈던 것이다.

이봉창의거와 윤봉길의거를 위해 김구에게 자금을 지원한 '하와이애국단'은 1934년 4월 하와이애국단으로 공식화된 이후 김구의 독립운동 노선을 적극 후원하고 있었다. 1940년 5월 9일 원동에서 대대적 광복운동을 강화하기 위하여 3당통일이 성공함에 따라 대당통일의 명칭을 '한국독립당'이라고 하였다. 이에 따라 하와이애국단도 그해 8월 10일 '한국독립당 하와이 총지부'라고 개칭하고, 한국독립당 중앙집행부의 지부가 된 것이다.

한국독립당 하와이총지부의 본부는 와히아와에 두었고, 총지부에는 고문부·집행부·평의부를 두었다. 고문부는 사법부 역할을 담당하였으며, 평의부는 입법부의 역할을 하였다. 집행부는 행정사무를 담당하며, 집행부내에 서기·재무·선전위원·훈련원·감찰원을 두었다.

한국독립당 하와이지부의 주도자들은 하와이애국단 때부터 주도적인 역할을 해 왔던 인사들이며, 1933년 하와이 국민회를 복설하고 국민회와 동지회의 통합운동에도 적극적인 인물들이었다. 1935년 10월 13일 중도파의 주도하에 국민회측 인사들과 동지회측 인사들이 모임을 갖고 합동에 대해 논의하였다. 그 과정에서 하와이 한인사회의 합동에 찬성하면서 임시정부를 지지하는 인사들의 조직이 필요하다고 느낀 부류들이 한국독립당 하와이지부로 결집하게 되었다. 한국독립당 하와이지부에 참여한 인사들의 성향은, 첫 번째로 박용만을 지지하여 대조선독립단에 참여하였다가 박용만 사망 이후에는 국민회를 지지하는 인사들이다. 두 번째는 조병요·임성우·안창호 등 하와이 한인사회의 중립적인 인사들이다. 한국독립당 하와이지부의 주도적인 인물들은 대체로 보수적이며 반이승만적인 성향을 가지고 하와이 한인사회의 통합을 주도하는 인사들이라는 것이다.

한국독립당 하와이 총지부는 광복 직전인 1945년 5월 9일 '한국독립당 하와이 총지당'이라고 명칭을 변경하였다. 한국독립당 하와이 총지당은 근본적으로 중국내의 한국독립당 본부의 당헌에 따른다고 하여, 김구의 독립운동 노선을 후원하고 지원하는 조직임을 분명히 하고 있다.

6 태평양전쟁과 한인의 전시행동

1) 재미한족연합위원회 결성

한국인이 미주지역에 발을 디딘 이후 한인사회는 분열과 통일이 지속적으로 반복되면서 역량 분산으로 인해 독립운동에 집중하지 못하는 경향이 있었다. 1930년대 후반부터 1940년대 초 재미 한인사회의 뿌리 깊은 파벌싸움이 엷어지면서 새로운 독립운동 방안을 모색되기 시작하였다. 1940년 3월 북미 대한인국민회에서는 하와이 국민회에 합동을 제의하였고, 하와이 국민회에서도 이에 원칙적으로 동의하였다. 그후 로스앤젤레스 대한인국민회에서 하와이 국민회에 한인사회의 합동과 시국대책을 강구하기 위한 회의를 개최하자고 하였다. 하와이 국민회는 동지회 중앙부의 동의를 얻은 후 그해 11월 5일부터 시국문제로 3개 단체가 하와이 호놀룰루에서 협의하자고 하였다.

하와이에서 미주 한인을 대표하는 북미 국민회, 하와이 국민회, 동지회의 3개 단체가 유사 이래 처음으로 모여 독립과 광복운동을 위해 '해외한족대회'를 개최하기로 하였다. 해외한족대회에는 북미에서 대한인국민회와 조선의용대 미주후원회연합회가 참가하였으며, 하와이에서는 하와이 국민회를 비롯한 7개 단체가 참가하였다. 9개 단체 15명의 대표들이 1941년 4월 19일부터 5월 1일까지 13일 동안 호놀룰루에 회집하여 해외한족대회를 개최하였다.

호놀룰루에서 열린 해외한족대회에서는 역사적으로 중요한 두 가지 사항이 결의되었다. 하나는 미주지역 독립운동을 추진하기 위해 재미한족연합위원회를 설치하기로 하고 13개조의 「재미한족연합위원회 규정」을 결의하였다. 두 번째로는 외교활동을 위해 워싱턴에 주미외교위원부를 설치하기로 하고 이승만을 대미외교의 대표로 선정하였다. 해외한족대회에서는 미주지역 한인사회의 최고기관으로 재미한족연합위원회를 탄생시킨 것이 최대의 성과라고 할 수 있다.

재미한족연합위원회의 결성목적은 재미 한인단체를 규합하여 모든 독립운동에 집중시키는 데에 있었다. 재미 한인사회의 최고기관인 재미한족연합위원회에는 크게 세 그룹의 한인단체들이 참여하였다. 첫째로 김호·김형순·한시대 등의 재미한족연합위원회의 지도층들이다. 이들은 비교적 보수적 인사들이지만 민주적 지도력과 막강한 경제력을 가진 그룹이다. 둘째로 재미한족연합회에 형식적으로 참가하면서 조선혁명당미주후원회에 참여한 이경선·김강·권도인 등의 진보적 인사들이다. 이들은 재미한족연합위원회에 몸을 담고 있지만 적극적인 군사운동을 통해 독립운동을 추진하고자 하는 그룹들이었다. 셋째로 이승만을 중심으로 한 동지회 인사들로 재미한족연합위원회와 주미외교위원부의 핵심인물들이었다. 세 부류는 태평양전쟁을 전후한 시기 이합집산을 거듭하면서 미국의 전시지원과 독립운동을 추진하고 있었다.

재미한인의 최고기관으로 재미한족연합위원회가 성립되었지만 파벌적 양상은 상존하고 있었지만, 1941년 12월 7일 일본의 진주만 기습폭격으로 미·일전쟁이 발발하자 한인사회는 더 이상 시끄러운 문제가 일어나지 않았다. 일본과의 전쟁에 모든 관심이 쏠렸기 때문에 재미한인단체들은 곧바로 전쟁지원에 총력을 기울이기 시작하였다. 북미의 재미한족연합위원회 집행부는 전쟁이 발발한 12월 7일부터 9일 사이에 매일같이 회의를 열어 재미한인의 안녕 보장을 위한 일과 미국 국방을 협조할 사항을 결의하였다.

재미한족연합위원회 집행부는 광복사업을 비롯하여 재미동포의 안녕보장과 미국국방에 대한 협조를 현 단계의 시급한 과제로 삼았다. 이에 따라 연합회 집행부는 조직을 보완하여 6명의 임시위원을 선정한 뒤, 사무처·재무과·국방과·선전과 등 4과로 업무를 세분하였다. 국방과는 과장에 송헌주, 과원으로는 김호·김성락을 임명하고, 미국방 후원을 위한 국방공채 및 스탬프 구입, 미적십자사 모금활동을 후원하였다. 태평양전쟁이 일어남에 따라 우선 동포들의 안녕을 유지하는 것이 시급하였기 때문에 재미한인의 최고기관으로서 재미한족연합위원회에서는 한인증명을 발급하였으며, 미국정부와 교섭하여 한인이 적국인 대우를 받지 않게 하였다. 뿐만 아니라 한인의 재산동결도 일부 해제되었으며, 적성외국인이 아닌 '우호적 외국인(friendly alien)'의 대우를 늦게나마 받게 되었다.

2) 태평양전쟁기 한인들

1941년 12월 7일 일제의 진주만 공격으로 하와이는 전쟁터로 변했으며 곧바로 계엄령이 발동되었다. 그날이 일요일이었기 때문에 한인들은 대부분 교회에 갔다. 하와이와는 달리 전쟁 발발 소식을 간접적으로 접하였지만, 미국 본토 한인들은 조국의 독립이 가까워졌다고 기뻐하였다. 재미한인들은 미국과 일본 간에 전쟁이 발발하면 일본이 반드시 패할 것이고 그렇게 되면 우리의 독립도 달성된다고 생각하였기 때문이다.

그러나 그러한 기쁨도 잠시 뿐 이었다. 재미한인들이 상상도 못한 일이 발생하였다. 그것은 재미한인들이 자신들의 원수인 '일본인'으로 간주된다는 점이다. 태평양전쟁 당시 미주 본토 및 하와이의 한인은 모두 약 1만여 명에 달하였는데, 그들은 전쟁이 발발하면서 자신들이 '일본인'으로 처우되고 있다는 점에 심한 수치감과 모멸감을 느꼈다. 재미한인 단체는 최우선적으로 '적국 국민'이라는 오명을 벗기 위한 자구책을 강구하지 않을 수 없었다.

미주 한인의 최고기관인 재미한족연합위원회에서는 1941년 12월 7일부터 '비상시국회의'를 개최하여 한인들의 신분문제를 논의하게 되었다. 재미한인들의 안녕을 위해 우선 일본인이 아닌 한국인임을 나타내는 것이 시급하였기 때문이다. 이에 한인증명을 발급하여 동포들의 안전을 보장하고 자 하였다. 전시하에 모든 한인들에게 4종의 증명이 발급되었는데, ① 사진이 붙어 있는 증명권(identification), ② 옷깃에 달고 다니는 증명패(button), ③ 자동차에 붙이는 증명지(sticker), ④ 집과 가게의 창문에 붙이는 증명표(poster)가 발급되었다. 한인단체에서 발행한 증명에는 "We are Koreans"라고 쓰여져 있었고, 집과 가게에 포스터와 사인을 걸었다. 이같은 한인증명은 재미한인들의 생활 안녕을 도모하는데 지대한 영향을 미쳤다.

또한 재미한인단체 가운데 가장 긴 역사와 지방조직을 가진 대한인국민회도 「미일전쟁 중 우리의 급무」라는 포고를 관하 미주·멕시코·쿠바 각 지방회 당국과 일반회원에게 발송하였다. 그리고 12월 14일 오후 3시 로스앤젤레스의 국민회 총회관에서 민중대회를 개최하여 전시지원에 총력을 기울일 것을 결의하였다.

태평양전쟁기 미주 한인들은 미일전쟁을 곧 '우리전쟁'이라고 하면서, 'Korea for Victory with US'라고 쓴 동그란 배지를 달고 다니며 전시지원에 총력을 기울였다. 미주지역 한인들은 자신들이 일본에 대항하여 싸우고 있다는 사실을 미국을 비롯한 연합국에 알릴 필요가 있었기 때문에 미국의 전쟁수행을 후원하는데 최선의 노력을 경주하였다. 왜냐하면 전시행동 여하에 따라 재미한인들의 위상이 달라질 뿐만 아니라, 독립운동 전반에 대한 미국의 지원을 이끌어낼 수 있었기 때문이다. 한인들과 한인단체는 ① 청년 남자로 하여금 국방경위군에 참가하도록 하였으며, ② 여성들로 하여금 적십자대의 수용품을 제조하여 공급하게 하였으며, ③ 장년동포로 하여금 순행 경찰대에 참가하게 하는 등 육해군 국방공사에 봉사하게 하였고, ④ 남녀동포로 하여금 전시공채(war bond) 발매에 봉사하게 하였다. 이외에 정보사무에 득장이 있는 동포들로 하여금 미국 정보국 사무를 협조하게 하였다.

1941년 6월 중국 충칭의 임시정부는 이승만을 주미외교위원장으로 임명하고 그에게 대미교섭의 전권을 위임하였다. 이승만은 대한민국임시정부에 대한 미국의 승인 획득과 군사적 지원을 확보하는데 총력을 기울였다. 그는 1942년 2월 27일부터 3월 1일까지 워싱턴에서 개최된 자유한인대회에서 임시정부에 모든 정성을 다하여 지원하고 유지해 나갈 것, 임시정부가 연합국의 일원이 될 수 있도록 미국무부에 요청할 것, 임시정부의 승인을 요구하는 청원서를 미국대통령과 의회에 제출할 것 등을 결의하게 하였다.

이후 이승만은 미국의 정계, 언론계, 학계 및 종교계 인사들로 구성된 한미협회와 기독교인친한회 등을 통해 임시정부를 승인해 줄 것을 요청하였으며, 미국의회를 통하여 행정부, 특히 대통령과 국무부에 압력을 넣는 등 가능한 모든 방법을 동원하여 임시정부의 승인을 받고자 하였다. 이승만은 대미외교에 있어 임시정부 승인 획득을 무엇보다 우선시하였으며 주미외교위원부와 한미협회는 미국무부와 대통령을 상대로 끈질기게 승인을 요구하였다. 그럼에도 불구하고 태평양전쟁기 미국은 기본적으로 충칭 임시정부에 대한 불승인정책으로 일관하였기 때문에 커다란 외교적 성과를 거두기는 힘들었다.

재미한인들은 전쟁으로 인해 정치·경제·사회·문화적으로 고통을 받았다. 그렇지만 태평양전쟁기 재미한인들은 개인과 각 단체를 불문하고 미국의 전시후원에 적극적으로 협조하였으며, 전시공작에도 참여하여 강도높은 훈련을 받았으며, 전장에 나가 목숨을 바치기도 하였다. 비록 1만 명의 작은 수이지만 재미한인들은 통일된 행동으로 미국의 전쟁승리와 대한정책에 영향을 미치고자 하였다.

3) 미군에 입대한 한인청년

1930년 이후 한인사회에서 2세들의 자기 정체성은 한인계 미국인(Korean American)이라는 것이다. 제1세대 한인들이 일제가 진주만을 공습하였을 때 이 전쟁을 조국광복의 기회로 생각했던 것과는 달리, 2세들은

'미일전쟁'으로 인식하였던 것이다. 따라서 전쟁이 시작되면서 "미일전쟁은 곧 우리 전쟁으로 인정"하고 한인 청년들은 미군에 입대하였다. 전쟁이 일어나자 미국에서 나서 자란 한인 2세 청년들은 미군에 입대하여 직접 전쟁터에 나가 싸우기를 원하였다.

    1940년 9월 미국은 징병법을 개정하여 징병등록은 21세에서 36세까지 하기로 하였다. 그런데 태평양전쟁 발발 이후 병력이 부족이 발생하자 미국 정부는 다시 징병법을 개정하여 연령을 18세 이상 65세 이하의 남자는 모두 등록하고, 45세의 남자는 군사훈련을 받게 하였다. 한인단체들은 미군에 입대하라는 캠페인을 벌여 한인 1.5세 및 2세들이 이에 적극 호응하였다. 당시 미국에서 태어난 한인 2세들은 미국 본토에만 200명 가까이 미군으로 복무하고 있었고, 하와이에서는 훨씬 많은 2세들이 미군에 종군하였다. 이민 1세들은 언어와 관습 등 모든 면에서 미주사회에 안정적으로 정착하지 못하였지만, 미국에서 교육받고 자란 한인 2세들은 심리적 불안감이 없기 때문에 이민 1세들에 비하여 안정적으로 미국사회에 정착한 미국시민이 되어갔다.

    진주만 폭격 이후로 한인 청년들이 미군에 자원한 이도 적지 않았으며, 징병에 합격되어 복무하는 청년들도 많았다. 굳이 군대에 가지 않아도 되는데 목숨을 걸고 위험한 전쟁터에 자원하여 미국에 입대하는 경우도 많았던 것이다.

    재미 한인 2세들이 미군에 입대하면서 한인들이 미국사회에 필요한 사람들이라는 인식을 각인시켜 주었다. 이에 재미한족연합위원회 집행부 사무과에서는 미군에 종군한 한인 2세들을 위해 '종군기'를 만들어 대한인국민총회관 벽상에 걸고 용사 스타를 붙여 종군을 표시하였다. 또한 한인교회에서도 교회안의 전면에는 미국기와 태극기 외에 써비스기(Flag of Service)를 걸었다. 써비스기에는 출전지의 수를 따라 별을 붙였으며, 전사자는 금색 별로 표시하였다.

    미군에 입대한 한인 청년들 가운데에는 전투중 전사자도 적지 않았다. 재미한인들은 전쟁에 나가 미국의 대일전 승리에 도움을 주었지만 희생자도 적지 않았다. 남태평양에서 전사한 김성용, 이태리에서 전사한 김제춘, 영국서 전사한 이원규, 레이테전선에서 전사한 전정교, 필리핀에서 전사한 장이삭, 한로벗명교, 양윌리암 등 한인청년들이 전쟁에 희생되었다.

전쟁기간 중 무엇보다도 가장 두드러진 활동이었다고 할 수 있는 것은 캘리포니아주 경위군에 한인중대가 별도로 편성되어 활동하였다는 점이다. 태평양전쟁 발발 이후 캘리포니아 경위군과 협의하여 한인 남자 18세부터 65세 가운데 지원자에 한하여 한인경위대를 1941년 12월 29일 창설하였다. 군복과 군기는 미국정부에서 공급하고, 매주 하루 군사훈련을 받았다. 한인경위대를 일반적으로 '맹호군'이라고 불렀는데, 그해 12월 29일부터 로스앤젤레스에서 훈련을 시작하였다. 그 목적은 재미한인도 미군과 같이 항일전쟁에 참가하여 연합국의 승전에 이바지하는 동시에 조국의 독립을 위하여 생명을 내놓고 싸우겠다는 것이었다.

4) 미국의 전시공채 구입

태평양전쟁기 재미한인 대부분이 참가한 전시활동으로는 미국의 전시공채를 매입한 것이다. 재미한인들은 제1차 세계대전 당시에도 미국정부가 발행하는 전시공채와 전시저축표를 구입하였으며, 그 외 적십자회와 기타 전쟁에 관한 보조금을 낸 적이 있었다. 태평양전쟁 발발과 동시에 전비를 마련하기 위해 미국정부에서는 국방공채를 발행하게 되었다. 미 재무부 '국방공채'라는 이름으로 처음 발행하였으나 이를 '전시공채'라고 개정하였다. 미국은 전쟁수행을 위해 1943년에 450억 달러의 예산이 필요할 것으로 예상하고 그 가운데 약 25%인 180억 달러를 전시채권을 판매하여 충당하기로 하였다. 그렇기 때문에 1943년에 미국인들은 소득의 25% 가량 전시공채를 구입하여야만 했다.

미국정부에서는 한인들에게도 공채를 판매하고 있었다. 미공채국 캘리포니아지국에서는 한인에게 공채와 스탬프를 판매하는 사무를 재미한족연합위원회 국방과에 위임하였다. 그래서 재미한족연합위원회에서는 공채를 개인적으로 구입하는 것보다는 모아서 구입하는 하고자 하였는데, 그 이유는 한인들이 미국의 대일전 수행을 위해 경제적으로 공헌하고 있다는 것을 보여주고 또 한인들이 얼마만큼의 공채를 구입하였는가를 정확하게 파악하기 위해서였다.

태평양전쟁 발발 직후 『신한민보』 1942년 1월 15일자 기사에는 시카고 한인들이 국방공채를 매입한 사실을 『시카고 타임즈』에서 보도하였다. 이에 따르면 당시 시카고에 거류하는 한인은 남녀노소 합쳐 100명으로 공채를 1만 달러나 매입하여 한 명당 평균 100달러에 달하였다. 그리고 한인들이 미국의 국방공채를 구입한 의미는 '국방공채의 몽둥이로 (일본인들이) 한 대 마져 보라는 것'이라고 해석하고 있었던 것이다.

1943년 1월 11일까지 보고된 하와이 한인의 공채매입 총액은 151,250달러였다. 태평양전쟁이 본격화되어 가면서 한인들의 전시공채 매입은 더욱 늘어만 갔는데, 1943년 2월 1일까지 보고된 공채 매일 총 누계는 311,910달러로 단지 두 달 사이에 무려 두 배 이상의 전시공채를 구입하였다. 그리고 4월 초에는 479,925달러, 5월 초에는 533,000달러로 늘었다. 미 본토의 재미한족연합위원회 집행부에서도 공채 발매에 대한 집계를 하고 있었는데, 1943년 4월에 13만 3천여 달러를 한인들이 구입하게 하였고, 9월 30일까지 230,130달러의 공채를 구매하였다.

또한 전시공채의 구입과 판매는 전쟁에 직접 참여할 수 없었던 여성들이 매우 열성적이었다. 하와이에서는 1942년 2월 한인부인호상회에서 국방공채를 구입하였고, 3월 8일 부인구제회 중앙 지방 임원회에서는 적립금 1,500달러로 국방공채 1,150달러를 사고 그 나머지는 독립금으로 사용하기로 하였다. 미본토의 대한여자애국단 총부에서도 각 지부의 결의를 경유하여 총부의 명의로 국방공채 2천 달러치를 구입하였다.

또한 미국정부는 제2차 대전의 전비를 마련하기 위해 전시우표(stamp)를 발행하여 발매하고 있었다. 25센터짜리 우표를 물건사고 거스름돈으로 준 었던 것이다. 이때 한인들은 미국이 발행한 전시우표 구입에도 매우 열성적이었다. 재미한인의 공채와 스탬프 구입액수는 한인의 인구와 재산 비례상 적은 액수는 아니다. 한인들이 공채와 스탬프를 사는 것은 일종의 전시 의무요, 전시 의무는 재미한인이면 누구나 지는 것으로 보았던 것이다. 태평양전쟁기 재미한인이 어느 정도의 공채와 스탬프를 구입하였는지에 대한 정확한 통계는 없다. 다만, 『신한민보』와 『국민보』에 실린 기사를 참조하여 보면 대략 어느 정도의 공채를 구입하였는지를 가늠할 수는 있다. 예를 들면, 북미의 경우 1943년까지 대략 약 30만 달러 정도의 공채를 구입하였을 것으로 판단된다. 당시 한인 인구 1천 명으로 보았을 경우, 1인당 약 300달러의 공채를 구입한 것이 된다. 그리고 하와이의 경우에도 1943년까지 대략 100만 달러의 공채를 구입한 것으로 추정되기 때문에, 하와이 재류 한인 전체 6천 명으로 보았을 때, 1인당 170달러를 구입한 것이 된다.

그런데, 1945년 태평양전쟁이 끝났을 무렵까지 재미한인들이 어느 정도의 공채와 스탬프를 구매하였는지에 대해서는 알 수가 없다. 약 200만 달러는 넘었다고 생각된다. 왜냐하면 1943년까지 약 130만 달러라고 가정하였지만, 전쟁특수로 인해 재미한인들의 경제적 수준이 급격히 향상되었다. 따라서 한인들의 공채 구입은 경제력의 향상에 따라 더욱 늘어났을 것으로 추정되기 때문이다.

또한 재미한인들의 전시공채 구입만이 아니라, 공채 판매에 대해서도 살펴보아야만 한다. 한인들은 미국인들에 비해 경제적으로 비교가 되지 않았다. 재미한인들은 자신들의 경제적 여건 때문에 직접 공채를 구입할 수가 없는 경우, 미국인을 상대로 공채를 판매함으로써 미국의 대일전 승리에 공헌하고자 하였던 것이다. 차경신은 공채를 판매하기 위해 여자 혼자 50만 달러의 공채를 판매하여, 그 공적으로 전후 미국 재무성으로부터 감사장과 메달을 받았다. 이와 같이 재미한인들 가운데에는 미국의 전시공채를 판매하기 위해 엄청나게 노력한 분들이 적지 않다. 이들이 판매한 공채까지 합한다면, 적어도 500만 달러 이상의 전시공채를 구매 혹은 판매한 것으로 판단된다.

7 맺음말

　　미주지역은 독립운동의 정치사상적 측면이나 독립운동 노선 면에서 보아도 가장 선진적인 지역이었다. 미주의 한인들은 미국의 민주주의적 제도하에서 생활하다 보니 일찍부터 공화주의를 받아들여 국민국가를 건설해야 된다고 보았다. 그렇기 때문에 초기에 독립전쟁 준비론에서 독립전쟁론으로 발전해 갔으며 외교적 방법론과 의열투쟁, 그리고 직접적인 대일항전을 주장하게 되었다.

　미주지역 독립운동은 그 특징에 따라 크게 네 가지로 구분하여 설명해 볼 수 있다.

　첫 번째는 한인들이 대한인국민회를 중심으로 단결하여 한인사회를 안정시키는 독립운동의 중추기관이 되었다는 점이다. 1909년 2월 1일 국민회가 조직되면서 미주 본토에는 북미지방총회를, 하와이에는 하와이지방총회를 설치하였으며, 1909년 4월에는 다시 멕시코에 메리다지방회를 조직하였다. 1911년 8월에 대한인국민회 중앙총회가 건설되면서 대한인국민회는 사실상 해외 한인 독립운동의 최고기관으로 자리매김하였다.

　두 번째로는 군인양성운동을 들 수 있다. 1908년 7월 박용만은 네브라스카주에서 한인소년병학교를 시작하였고, 헤이스팅스에서도 소년병학교를 설치·운영하였다. 하와이에서는 1914년 6월 박용만을 중심으로 오아후지방에서 대조선국민군단과 사관학교를 설립하였다. 심지어 멕시코 메리다지방에서도 숭무학교가 설립되어 군인을 양성하여 원동지역의 독립군으로 보낼 계획을 추진하였다.

　세 번째로 미주지역에서는 외교선전 활동을 전개해갔다. 3·1운동 이후인 1919년 8월 이승만이 중심이 되어 워싱턴에 구미위원부를 설치하였다. 그리고 미국 내의 필라델피아와 프랑스 파리, 영국의 런던에 각각 한국통신부를 두고 '한국친우회'의 결성하였다. 한국통신부에서는 각종 선전책자의 발행을 통해 한국민의 독립 열망에 대한 우호적 지지를 확산시켰다. 태평양전쟁기에도 재미한족연합위원회와 주미외교위원부에서는 미국정부와 미국민을 상대로 대한민국임시정부의 승인과 한국광복군에 대한 군사적 지원을 적극 요구하는 등 줄기찬 외교선전활동을 펼쳤다.

네 번째로 미주지역은 '한국독립운동의 젖줄'이었다고 할 정도로 독립운동에 막대한 자금을 제공하였다. 3·1운동 후 미주의 한인들은 독립의연금, 공채금, 애국금, 혈성금, 국민부담금, 독립금 등의 명목으로 최소 수십만 달러를 모집하여, 중국·러시아 및 구미 각지의 독립운동을 지원하는 활동을 전개하였다. 그리고 중일전쟁 이후 미주 한인들은 독립운동을 위해 수십만 달러의 독립운동 자금을 모집하였으며, 그 가운데 많은 금액이 임시정부의 사업을 위한 자금으로 제공되었다.

미국은 태평전쟁기 대일전을 수행하면서 자신들이 가진 인적·물적 모든 역량을 총 투입하여 전쟁에서 승리하고자 하였다. 그런데 미국의 부족한 인적·물적 역량을 보충한 것이 한국독립운동 세력이었다. 미국은 대일전을 수행하면서 전쟁에 필요한 인적 역량 부족 때문에, 대한민국임시정부를 비롯한 한국독립운동 세력과 연대를 요구하게 되었다. 그리고 재미 한인사회는 미국이 실질적으로 전쟁 수행에 필요한 병력, 후방지원, 경제적 지원 등을 제공한 덕분에 대일전에서 승리할 수 있게 하였다. 백범 김구도 1948년 3월 10일 「안도산선생 애도문」에서, 조국이 해방된 것은 70%가 애국선열의 혈투의 결과이고, 30%는 연합국의 힘으로 되었다고 말한 바 있다. 미국이 대일전 승리에는 국내외에서 한국독립운동 세력의 끊임없는 대일항전과, 미국의 전쟁 승리를 위한 미주 한인들의 희생과 지원이 있었다는 것을 반드시 기억해야만 한다.

1부

하와이 이민과 한인사회

1장

하와이 이민과 여행권(집조)

1 머리말

외국에 여행하는 자국 국민들에게 정부가 발급하는 증명서류를 '여권(旅券, passport)'이라고 한다.[1] 현재와 같이 '여권'이라는 용어를 사용하기 전에는, '여행권(旅行券)' 혹은 '집조(執照)' 혹은 '빙표(憑標)' 등으로 불렸다. '여권'이라는 용어는 1878년 2월 20일 일본에서 제정된 「해외여권규칙(海外旅券規則)」에서 나온 것을 그대로 사용하고 있다.[2] 일본의 「해외여권규칙」서문에 따르면, "여권은 일본국민임을 증명하는 도구로서 해외 각국에서 요용(要用)이 적지 않음으로 외무성에서 그것을 발행한다"라고 하여, 이때부터 법률적으로 '여권'이라는 명칭을 처음으로 사용하게 되었다.[3]

조선왕조는 개국 이래로 외국에 문호를 개방하지 않은 정책을 견지하였기 때문에 근대적인 의미의 '여권'과 같은 증명서가 따로 없었다. 중국이나 일본과의 외교교섭에 필요한 공적인 문서 외에 오늘날의 '여권'은 없었다고 보아야 한다. 그렇지만 개항 이후 외국과의 국교가 빈번해지면서 외국인이 국내에 들어오는 경우도 있었지만 내국인이 외국으로 가는 경우도 많았다. 그래서 '여권'을 발급하여 내국인이 자유롭게 해외여행을 할 수 있게 만들 필요가 있었다. 개항과 더불어 진전된 외국과의 빈번한 교류에 따라 조선정부에서도 '여행권'을 발급하였다. 그러나 언제부터 어떤 절차로 여행권이 발급되었는지는 현재까지 제도사적인 측면에서 논증된 바가 없다. 따라서 본고

---

1 '여권'이라는 용어에 대해서는 김도형, 「여권은 일제 잔재… 여행권으로 바꿔야」, 『경향신문』 2011년 1월 10일자 참조.
2 일본 외무성에서는 「해외여권규칙」에서 처음으로 '여권'이라는 용어가 사용되었기 때문에, 일본에서는 이 규정이 제정된 지 120년이 되는 1998년 2월 20일을 '여권의 날'로 정하였다.
3 일본의 「해외여권규칙」은 7개조로 되어 있는데, 주로 여권의 발급과 수취, 그리고 수수료, 반납 등에 대해 규정해 놓았다(『布令便覽』正(外交 二), 1886, 1~5쪽).

에서는 우리나라의 '여행권제도'의 성립과 추이에 대해 역사적인 측면에서 정리될 필요가 있다.[4]

필자가 '여행권(집조)'에 대한 관심을 가지게 된 이유는 초기 하와이 한인들이 어떠한 '여권'을 가지고 이민을 갔을까라는 의문에서 시작되었다. 주지하다시피 대한제국 정부는 하와이로 이민을 보내기 위해 임시기구로 '유민원(綏民院)'을 설치하고, 여기에서 '여행권'을 발급하였다. 현재 최초의 이민선을 타고 1903년 1월 13일 하와이 호놀룰루항에 도착하였던 이민자들의 여행권을 비롯하여 그후 이민자들의 여행권이 남아있다. 초기 하와이 이민자들은 모두 유민원에서 발급된 여행권을 소지하고 이민을 갔을 것으로 생각되었다. 그러나 현존하는 여행권(집조)을 검토해 보면 유민원에서 발급한 여행권을 소지하고 하와이에 도착한 이민자들도 있고, 같은 배를 타고 온 이민자들 가운데는 대한제국 외부(外部)에서 발급한 '집조'를 가지고 도착한 사람들도 있었다. 심지어 한 사람이 유민원과 외부에서 발급한 여행권 두 종류를 소지하고 하와이로 이민을 가기도 하였다.

현존하는 하와이 이민에 사용된 여행권을 수집하여 분석한 결과, 하와이 이민에서 기본적으로 밝혀지지 않았거나 혹은 잘못 알려진 점이 많다는 점이다. 이 글에서는 현재 남아있는 여행권(집조)을 분석하여 초기 하와이 이민에 대해 재검토 하고자 한다. 왜냐하면 이민이란 받아들이는 측의 입장(pull)과 더불어 보내는 측의 배경(push)이 동시에 밝혀져야만 하기 때문이다.[5] 그런데 지금까지 하와이 이민에 대한 연구는 받아들이는 측의 입장에서 이민사를 보고자 하는 측면이 주를 이루었다. 보내는 측의 입장, 즉 국내에서의 문제도 반드시 짚어보아야만 한다.

---

4   김도형, 「한국 근대 旅行券(旅券) 제도의 성립과 추이」, 『한국근현대사연구』 77, 2016 참조.
5   한국인의 이민을 받아들이는 쪽의 대표적인 연구로는 Wayne Patterson, 『The Korean Frontier in America: Immigration to Hawaii, 1896–1910』(University of Hawaii Press, Honolulu, 1988)가 있다.

앞에서도 언급한 바와 같이, 대한제국에서는 하와이 이민 '여행권' 발행을 주목적으로 하는 '유민원'이라는 이민추진 기구가 별도로 설립되었다. 그러나 '유민원'은 '여행권' 발행이라는 역할이 없어지면서 폐지되는 등 '여행권'의 역사가 곧 '하와이 이민의 역사'라고 할 수 있다. 따라서 여기에서는 여행권을 통해 유민원의 설립과 폐지, 하와이 이민사의 실제적인 절차와 과정을 현존하는 여행권을 검토하여 하와이 이민의 성격을 살펴보고자 한다.

2   유민원의 설립과 하와이 이민

대한제국 정부는 하와이로 이민을 보내기 위한 임시기구로 '유민원'을 창설하였다.[6] 유민원은 1902년 11월 16일 포달(布達) 제90호 「궁내부관제(宮內府官制) 중 유민원 증치(增置) 건」으로 궁내부 산하기구로 설치되었다.[7] 유민원은 이민뿐만 아니라 민간인의 모든 해외여행에 관련된 업무를 담당하게 하였으며, 총재 1명, 부총재 1명, 감독 1명, 총무국장 1명, 참서관 3명, 주사 6명, 위원은 수시로 둘 수 있었는데 실제로 여행권을 발급하고 여행목적을 심사하는 권한을 행사하였다. 유민원 총재에는 당시 표훈원총재(表勳院總裁)였던 민영환(閔泳煥)이, 통신원총판(通信院總辦) 민상호(閔商鎬)가 부총재에, 서병규(徐丙珪)가 총무국장에 임명되었다. 하와이 이민을 위해 창설된 유민원에는 세계를 여러 차례 유람한 바 있는 민영환의 지식과 경험이 일정한 역할을 하였을 것이다.

유민원의 조직은 비서과 · 총무국 · 문서과 · 회계과를 두고 위원을 각 항구에 파견하여 여행권을 선급하고 여행목적을 심사하는 일을 하였다. 유민원의 사무소는 서울의 계동(桂洞) 초입 서편 한옥에 마련되었다.[8] 유민원의

---

6   하와이 이민을 추진하기 위해 설치된 기구인 '綏民院'은 '유민원'과 '수민원' 두 가지로 읽을 수 있지만, 이 기구의 설립 당초부터 '유민원'으로 읽었다. 『제국신문』 1902년 12월 3일자의 「綏民院 定處」라는 기사에 "유민원은 계동 초입 서편 집으로 작정이 되어 장차 수리한다 더라"라고 하였다. 그리고 『윤치호 일기』에도 '유민원(Yu Min Won)'이라고 읽고 있다("A new independent bureau with its pact of presidents, secretaries, chusas and agents has been hatched under the feathers of the vulture of Korea, the Household Department, Yu Min Won or People-Easing Bureau, or Emigration Department, is name of the new concern whose business is to sell to Koreans going abroad." 『尹致昊 日記』 5, 국사편찬위원회, 1975, 370~371쪽).
7   『고종실록』 광무 6년 11월 16일자.
8   『제국신문』 1902년 12월 3일자, 「綏民院 定處」.

설립목적과 사업내용을 「유민원규칙(綏民院規則)」을 통해 살펴보면 다음과 같다.[9]

> 제1조 본원에서는 정당한 직권(職權)을 장(將)하여 본국 인민이 수학(修學)·유람(遊覽) 및 농공상업으로 외국에 여행하는 자에게 여행권을 선출(繕出)하되 해(該) 여행자(旅行者)에게 관한 방한(防限)도 엄정(嚴定)할 사.
>
> 제2조 본원에서 하방방(何坊方)이든지 해국(該國) 법률(法律)에 역부(役夫)를 계약고용(契約雇用)함을 금집(禁戢)하는 국(國)으로 본국인민이 계약역부(契約役夫)로 출왕(出往)함은 여행권을 불선출(不許繕出할)지니 약시행위(若是行爲)는 불법(不法)으로 인(認)할 사.

「유민원규칙」은 총 21개조로 되어 있으나 목적과 사업은 제1조와 제2조에 제시되었다고 할 수 있다. 제1조에 의하면, 유민원의 설립목적은 여행권 발급 및 여행목적 심사가 주목적이었다. 그 가운데서 외국 여행목적 심사보다는 '여행권'의 발급이 있었다고 할 수 있다. 왜냐하면 심사에 합격해야만 여행권이 발급되기 때문이었다. 또 여기에서 주목해 볼 점은 우리 역사상 법률로서 현재의 '여권(passport)'에 대한 명칭을 '여행권'이라고 칭하였다는 점이다. 물론 그 전에도 '여행권'이라는 용어가 사용되지 않은 것은 아니지만, 중요한 것은 「유민원규칙」이라는 국가가 정한 법률적 용어로서 이러한 명칭이 사용되었다는 점이다.

다음으로 「유민원규칙」 제2조인데, 유민원에서는 '계약고용'을 금지하는 나라에 '계약노동'으로 가는 사람들에게는 여행권을 발급하지 않는다고 분명히 규정하고 있다는 점이다. 제2조의 규정을 보아, 유민원 설립 당시 대한제국 정부는 계약노동을 법으로 금지하는 나라가 있다는 것을 알고 있었다.

---

9   『고종실록』 광무 6년 11월 16일; 『구한국 관보』 광무 6년 11월 20일자.

한국인의 하와이 이민을 주선했던 알렌(Horace N. Allen)이 1902년 12월 10일 미국 국무장관 존 헤이(John Hay)에게 보낸 서신에 보면, 그는 고종 황제에게 "중국인 배제법 및 계약노동자에 대해서 설명을 해주었다"고 하였다.[10] 이로 보아 대한제국 정부에서는 미국에서 계약노동을 금지한다는 것을 이미 알고 있었던 것이다.

미국은 남북전쟁 이후 노예매매와 반노예적 계약노동자 수입을 금지하고 있었다. 그러나 하와이에서는 '주인(主人)과 소사법(召使法)'이라고 하는 봉건적인 법률이 있어 노동자는 계약이 만료될 때까지 절대적으로 의무를 지켜야만 하는 법률이 있었다.[11] 그런데, 1898년 미국이 하와이를 병합함에 따라 1900년부터 속령제(屬領制)가 실시되면서 하와이에도 미국의 모든 법률이 그대로 적용되게 되었고, 기본법과 계약이민을 금지할 뿐만 아니라 기존의 노동계약도 무효화되었던 것이다.

어쨌든 한국인의 하와이 이민을 추진한 유민원이 설립될 당시 계약노동을 법으로 금지하는 나라가 있었고, 그런 나라에 가는 한국인들에게는 '여행권'을 발행하지 않는다고 명문화시켰던 것이다. 「유민원규칙」제2조는 대한제국 정부가 불법적인 노동이민은 허가하지 않겠다는 것을 밝힌 것이라고 할 수 있다. 「유민원규칙」은 일본에서 1894년 4월 12일 칙령 제42호로 공포된 「이민보호규칙(移民保護規則)」에서 차용한 것이다.[12] 하와이 사탕수수 농장주협회에서 한국에 파견한 비숍(Eden Faxon Bishop)이 일본에 들렀을 때, 1894년에 공포된 「이민보호규칙」사본을 얻어서 그것을 기초로 「유민원규칙」초안을 마련하였다고 한다.[13] 아무튼 비숍이 마련하였다는 「유민원규

---

10 「알렌이 미국 국무장관 존헤이에게 보낸 편지(1902. 12. 2); 崔永浩, 「韓國人 初期 하와이 移民」, 『全海宗博士 華甲紀念史學論叢』, 一潮閣, 1979, 704쪽.
11 中嶋弓子, 『ハワイ·さまよえる樂園』, 東京書籍株式會社, 1993, 140쪽.
12 일본에서 「이민보호규칙」은 1894년 칙령 제42호로 공포되었는데, 1896년 법률 제70호로 「이민보호법」이 시행되면서 폐지되었다.
13 「알렌이 미국 국무장관 존헤이에게 보낸 편지(1902. 12. 2); Wayne Patterson, 『The Korean

칙」은 일본의 「이민보호규칙」과 약간 유사한 점도 있지만, 근본적으로 차이가 있다. 일본의 「이민보호규칙」 제1조에 의하면, "본령에 있어 이민이라고 칭하는 것은 노동에 종사할 목적으로 외국에 도항하는 자를 일컫는다. 이민취급인이라고 칭하는 것은 어떤 명의로써 하든지 이민을 모집하고 또는 이민의 도항을 주선함으로써 영업하는 자를 일컫는다"라고 하였다. 즉, 일본에서는 '노동'을 목적으로 외국에 가는 것을 '이민'이라고 하였던 것이다. 「이민보호규칙」의 주목적은 이민자와 이민취급자에 대한 규정을 마련한 것이라고 할 수 있지만,[14] 「유민원규칙」은 해외 이민을 관장하는 이민기구의 조직과 역할에 대한 것이다. 따라서 「유민원규칙」은 일본의 「이민보호규칙」과 「해외여권규칙」 두 가지를 일정하게 참조하여 만들어졌을 것으로 보아야 한다.

1898년 하와이가 미국에 합병된 후 신이민법에 따라 계약이민은 불법이며, 계약이민은 미국 실정법에 위배되었던 것이다. 일반적으로 아시아인들의 하와이 이민은 크레디트 티켓(Credit Ticket) 제도에 의해 이루어지고 있었는데, 도항비용을 전차(前借)하고 목적지에 도착한 후 지불하는 방식이었다. 이 경우 이민자는 빌린 돈을 갚을 때까지 농장에서 노동을 해야만 하고, 이것을 이 시기에는 계약노동제도(Contract Labor System)와 구별하여 '자유노동(Free Labor)'이라고 칭해졌다.

현순의 『포와유람기』에 의하면, 하와이 이민은 이민을 희망하는 사람에게 일본 고베[神戶]항에서 호놀룰루항까지의 선박비로 70원을 전대(前貸)해주고 하와이에 도착한 후 10개월로 나누어 분할 지불토록 하였다고 한다. 그

Frontier in America: Immigration to Hawaii, 1896 - 1910』, p.43.

14   일본에서는 「이민보호규칙」이란 법령을 마련하였음에도 불구하고 악덕 이민취급업자가 발생하여 이민자에게 피해를 끼침으로 이를 보호하기 위해 1896년에 「이민보호법」이 공포되었다. 이 법에 의해 이민도항 허가제, 노동계약에 의해 도항하는 이민계약의 허가제, 이민취급자 나라의 보증금 납부 의무 등의 제도를 만들어 이민송출을 일정 제한하였다.

리고 미국에 입국하려면 매인당 100달러의 지참금이 있어야만 했다. 그러나 입국 지참금도 매인당 100달러를 이민자들에게 은행표로 1장씩 분급하여 전대하였다.[15] 또한 하와이 이민사업을 전담하였던 동서개발회사(East and West Development Company)의 사무원으로 있었던 육정수도 "미국의 법령에 외국인이 입국할 때에는 소지금(所持金) 100불(당시 일본돈 200엔)이 있어야 입국을 허가하기 때문에 소지금 100불도 개발회사에서 대부"하였다고 한다.[16] 초기 미주지역 이민사를 정리한 윤여준의 글에도 "선비(船費)와 지참금을 합해서 100달러를 약간 상회하는 금액을 전대받은 것같다"라고 전대금제도는 동서개발회사가 이민모집을 시작할 때부터 마련한 것이라고 하였다.[17]

당시 미국으로 들어온 중국인들도 현지의 이민회사로부터 70달러를 빌려 50달러는 선박운임으로 20달러는 기타 비용으로 사용되었고, 빌린 돈은 미국에 건너온 후 200달러를 갚아야 했다고 한다.[18] 대한제국과 광무황제에게 하와이 이민을 주선한 알렌은 미국 국무장관 존 헤이에게 보낸 서한에, "대부분의 사람들은 너무 가난해서 거리의 원근(遠近)을 막론하고 이민에 필요한 경비를 마련할 수 없다"고 하였다. 또 알렌이 하와이 총독 샌포드 돌(Sanford B. Dole)에게 보낸 편지에서도, "한국인들은 너무 가난해서 돈을 주지 않고서는 도저히 가족과 함께 이민가는 데 필요한 돈을 가지고 있지 못하다"고 하였다. 이처럼 알렌의 편지에서와 같이 하와이 이민에 드는 모든 경

---

15 玄楯, 『布哇遊覽記』, 日韓印刷株式會社, 1909, 5쪽; 高承濟, 『韓國移民史硏究』, 章文閣, 1973, 209쪽.
16 陸定洙, 「開發會社進出史, 四十年前 옛 時代의 南方進出秘話」, 『大東亞』 제14권 제3호, 1942년 3월호, 125쪽.
17 尹汝雋, 「美洲移民七十年(5)」, 『경향신문』 1973년 10월 19일자.
18 Roger Daniels, 『Coming to America – A History of Immigration and Ethnicity in American Life –』, Harper Perennial, 2002, p.241.

비를 전대할 필요성이 있음을 암시하고 있었던 것이다.[19]

한국인의 하와이 이민사를 학문적으로 정리한 웨인 패터슨의 연구에서도 언급되는 것과 같이, 요코하마[浜濱] 주재미국영사가 일본인들도 그 같은 방식을 통해 하와이로 이민을 하고 있다는 것을 미국 국무부에 보고하여 워싱턴정부도 잘 알고 있었다고 한다. 분명 초기 한국인의 하와이 이민도 이 같은 방식으로 이루어졌다. 이민과정에서 사용된 선박비와 숙박비·지참금 등 제반 여행경비는 1인당 100달러가 훨씬 넘었다.[20] 그러나 이민자들이 경비를 지불할 능력이 없기 때문에 하와이사탕수수경작주협회에서 미리 동서개발회사의 데쉴러가 운영하는 데쉴러은행에 2만 5천 달러를 보내어 여행경비로 사용하게 하였다는 것이다. 동서개발회사는 하와이 이민을 실시하면서 선박비 등 필요경비 일체를 이민자들에게 전대해 주었던 것이다.

현재 하와이 이민비용과 관련하여 정확한 실상을 말해주는 자료는 없다. 다만, 한국에서 활동하였던 무어(S. F. Moore) 선교사의 하와이 방문기를 통해 약간의 암시를 받을 수 있다고 생각한다. 무어 선교사는 샌프란시스코에 있을 때 하와이로 이민을 간 한국인들이 이민비용을 갚기 위해 무상으로 2년 동안 노예와 같이 노동을 하고 있다는 소문을 들었다. 그래서 그와 같은 소문의 진상을 조사하기 위해 하와이를 들렸는데, 그는 오아후섬에 있는 카후쿠 농장에서 한국인들이 어떻게 생활하고 있는가를 직접보고 그것을 『코리아리뷰(The Korea Review)』에 게재하였다. 무어 선교사의 글 말미에 하와이 이민과 관련하여 다음과 같은 매우 의미심장한 말을 하고 있다.

내가 언급하지 않은 한 가지는 한국인들이 그들의 이민비용을 갚기 위해 회사에서 일을 해야 한다는 어떤 계약도 하지 않았다는 것이다. 그러나 그들은 기꺼이 갚

19　玄圭煥, 『韓國流移民史』下, 三和印刷株式會社, 1976, 801쪽.
20　玄圭煥, 『韓國流移民史』下, 801쪽.

을 것이고, 그들을 하와이에 데리고 오기 위해 회사에 빚진 비용을 보상하기 위해 그들의 임금에서 한 달에 1달러씩 갚고 있다. 그 문제는 그들이 갚아야할 권리가 있는 전대금으로 간주되고 있다는 것이다.[21]

위 무어 선교사의 기록이 하와이 이민의 실상에 근접하였는지 아닌지는 확언하기 어렵지만, 이민에 드는 모든 비용과 지참금 등은 회사에서 지불되었다는 것이다. 그러나 그 같은 전대금 때문에 농장에서 일을 해야만 한다는 계약을 체결한 적이 없다고 한다. 하지만 위의 글은 매우 모순된다. 왜냐하면 전차금은 회사에서 지불되었는데, 회사에는 전대금을 꼭 갚아야 한다는 계약이 체결된 일이 없다는 것이다. 하와이 이민경비를 한인 노동자들은 반드시 갚아야만 하는 전대금으로 인식하고 있고 한 달에 1달러씩 꼬박꼬박 갚고 있다는 것이다. 당시 하와이에는 선박비 등 전대금을 지불하는 것도 '계약노동'에 해당되기 때문에 한인들은 회사와는 별도의 계약이 체결된 것은 아니었다. 하지만 하와이 이민에 드는 모든 제 비용은 한인노동자들이 반드시 갚아야만 한다는 것이다.

그 후 동서개발회사의 이민비용을 지원하기 위해 설립된 데쉴러은행의 사무원이었던 테일러(A. W. Taylor)가 에와(Ewa)농장으로 돈을 받으러 다니다가 한인들에게 몰매를 맞는 등 데쉴러은행측에서 하와이 이주경비를 청구한 일이 있다. 그렇지만 지금까지 초기 이민자들의 구술자료 가운데 이민경비를 갚았다고 하는 사람들이 거의 없는 것으로 보아, 이민조건에 노동기간을 정하고 그 기간 동안 농장에서 일을 하면 이주경비를 면제해 주는 방법이 취해진 것 같다. 즉, 초기 하와이 이민을 온 백광선(白廣善, Mary Paik Lee)은 이에 대해, "하와이까지 배를 무료로 태워준다고 했지만 사실은 무료가 아니

---

21 Moore, 「One Night with Koreans in Hawaii」, 『The Korea Review』, December 1903(RAS Korea Reprinting Series, Kyung-in Publishing Co., pp.531~532).

었어. 1년 계약을 조인하면 그 후에는 자유"였다고 하여 1년간 농장에서 노동을 한다는 조건으로 선박비에 대신하였다고 하였다.[22] 미주 한인사회 지도자 가운데 한 사람인 양주은도 100달러를 3년간 일하면서 매월 조금씩 갚아 나가도록 되어 있었다고 기억하고 있다.[23] 또한 1905년에 하와이에 온 김성진(女)도 비용은 농장에서의 노동하는 것으로 선박비를 대신했다고 증언하고 있다.[24] 위의 내용으로 보아 미리 지급된 이민경비는 각 이민자들의 형편을 고려하여 하와이 사탕수수경작자협회가 굳이 받으려 하지 않았기 때문에 갚지 않아도 되었던 것이다.[25]

그러나 하와이에 입항하려면 반드시 소지해야만 하는 지참금의 경우에는 내용이 다를 수도 있다고 생각된다. 왜냐하면 미국에 들어오려면 1인당 100달러 이상의 소지금이 있어야만 했다. 미국에 입국하는 사람은 이민국에서 100달러를 확인한 후 들여보냈던 것이다. 초기 하와이 이민도 마찬가지였다. 1인당 100달러를 현금으로 소지하여야만 했는데, 이 같은 거액의 현금을 가지고 하와이 이민을 갔다는 사람들이 거의 없었다.『재미한족독립운동실기』를 쓴 정두옥(鄭斗玉)은 그의 글에서 지참금에 대해 다음과 같이 매우 구체적으로 서술하고 있다.

> 미주 하륙 시에 일화(日貨) 백원을 휴대하게 마련되었다. 또한 실상 가지지 않고는 하륙하지 못하게 되는 것이 조건이 되어 있었다. 그럼에 불구하고 그네들은 이민이 하륙 당시에 적수공권으로 하륙하게 만들고, 다만 말로만 "일화 백 원을 가졌소?" "네 가졌소" 하게 만들어 가지고 하륙을 시켰던 것이니 사실상 명실이 상부치

---

22 신성려,『하와이 移民略史』, 고려대학교 민족문화연구소, 1988, 155쪽.
23 최봉윤,『미국속의 한국인』, 종로서적, 1983, 252쪽.
24 Sonia Shinn Sunwoo,『초기이민; Korea Kaleidoscope』, Korean Oral History Project No.1, Sierra Mission Area United Presbyterian Church, USA, 1982, p.193.
25 이덕희,『하와이 이민 100년: 그들은 어떻게 살았나?』, 중앙M&B, 2003, 20쪽.

않는 사기 이민의 조건이 되었던 것이다. 대저 이 돈 일화 백 원 사건은 어찌된 이면의 사실인지 아는 사람이 없다. 미국정부에서 입국인이 소불하 백 원을 휴대하여야만 하륙을 시킨다는 조건에 대하여 하와이 사탕경주동맹회에서 휴대금을 주지 아니하고 준 것 같이 빈 말로만 답을 하게 하며 정부를 속이는 수단인가? 그렇지 아니하면 경주동맹회에서는 지출하였는데 중간에서 협잡이 되었나 알 수 없는 일이라.[26]

위와 같이 하와이 이민자들에게는 처음부터 지참금 100원은 없었던 것이다. 호놀룰루 이민국에서는 형식적으로 돈을 가졌는가를 질문하였고, 이에 대해 또 형식적으로 대답하였던 것이다. 이는 하와이 사탕수수경작자협회와 이민국 당국의 묵계가 없이는 불가능한 일이었다. 하와이의 사탕수수농장협회에서 한인 노동자의 도입이 시급했고, 이를 잘 알고 있던 하와이 이민당국은 사탕수수경작자협회의 입장을 십분 이해하고 한국인 이민자들이 지참금이 없다는 것을 알고도 입국시켰던 것이다.

1900년 이후 하와이에 들어오기 전에 이민자와 계약을 맺는 것은 불법화되었으며, 또한 이민자를 위해 고용주가 미국행 여비를 제공하는 것 역시 불법화되었다.[27] 하와이 이민을 주선한 알렌 미국공사도 한국인 이민자들에도 전대금이 필요하다는 것을 잘 알고 있었다. 알렌 미국공사는 샌포드 돌 하와이 총독에게 한인들을 하와이로 이민시키기 위해 1902년 12월 10일자로 전대금제도의 사용이 필요하다는 공한(公翰)을 보낸 바 있다.[28] 그런데, 이 같은 전대금제도를 통한 이민이 '계약노동'에 해당되는지 아니면 '자유이민'인지, 당시 미국정부에서도 '계약이민'과 '자유이민' 사이의 시스템과 법적문

26 鄭斗玉,『在美韓族獨立運動實記』(『한국학연구』3(별집), 인하대학교 한국학연구소, 1991 所收), 38쪽.
27 Wayne Patterson,『The Korean Frontier in America』, p.23.
28 高承濟,『韓國移民史硏究』, 210쪽.

제에 대한 확실한 선이 분명하게 없었던 것 같다.

왜냐하면, 1903년 4월 30일 닛폰마루[日本丸]로 한국 이민 113명이 통역 강대근의 인솔하에 호놀룰루항에 도착하였다. 통역 강대근은 이민심사관의 문답에서 한국이민은 계약노동 조건으로 왔다는 식으로 답변을 하였던 것이다. 웨인 패터슨의 책에 의하면, "그는 한 달 임금으로 15달러를 받기로 한 사람들(한인노동자들 – 필자)을 위한 통역으로 여기(하와이 – 필자)에 왔고, 그의 보상은 매달 임금으로 25달러씩을 받기로 하였다"라고 답변하였다고 한다.[29] 계약노동이 금지되어 있는 상황에서 5월 6일 이 문제는 곧 '외국이민 특별조사위원회'에 회부되어 적법한 이민으로 판결을 받으면서 한국 이민자들이 하선을 할 수 있었다.[30]

강대근 사건은 하와이 현지의 영자신문에도 대대적으로 보도되었음에도 불구하고, 하와이 이민당국은 당시 관행적으로 실시되고 있던 여비보조와 같은 '전대금제도'에 대해서는 '자유이민'으로 간주하였던 것 같다. 다시 말해, 한국인의 하와이 이민에서 '전대금제도'까지는 '계약이민'에 속하지 않는다고 보았던 것이다. 하와이 이민은 표면적으로는 '자유노동'이지만 실제로는 '전대금제도'에 의한 '계약노동'의 형식을 띠고 있었다.

'전대금제도'는 불법이 아니지만, 그러나 전대금으로 인한 기타의 조건이 붙는다면 '계약이민'으로 간주될 수가 있었던 것이다. 한국 이민자들에게 강제적인 근로기간, 근로조건 등을 명시한 계약을 체결한다면 명백한 불법이었다.[31] 『황성신문』 1903년 7월 13일자에, "하와이 법률을 접한 즉 계약노동자를 이입한 자는 매노동자 1인에 벌금 천불씩 징수하는 규정"이 있다는 기

---

29 Wayne Patterson, 『The Korean Frontier in America』, p.83.
30 盧載淵, 『재미한인사략』 상, 4쪽; 金源模, 「韓國의 對美 依存政策과 民族運動」, 『開化期 韓美 交涉關係史』, 단국대학교 출판부, 2003, 918~919쪽.
31 Wayne Patterson, 『The Korean Frontier in America』, p.73.

사가 실렸다.³² 이와 같이 미국 이민에 있어 계약노동은 불법적이라는 것은 국내에서도 이미 잘 알고 있었던 것이다. 이로 말미암아 '계약이민'과 '자유이민' 사이에서 문제도 발생하였는데 그것이 이른바 '최동순(崔東順) 사건'이다.³³ 인삼상인 최동순은 하와이 당국에 계약노동을 고발하면 1인당 1천 달러를 받을 수 있다는 것을 알고, 한인들을 노동계약으로 이민시킨 하와이 사탕수수 경작자협회의 비숍을 고발하였던 것이다. 최동순은 하와이의 한인이민이 불법적인 '계약이민'이라는 것을 고발함으로써, 보상금을 챙기려고 하였던 것이다. '최동순 사건'은 음모를 통해 한인들의 하와이 이민이 계약노동으로 불법이민임을 밝히려고 하였지만 실패하고 말았다. 또한 하와이 이민을 주선한 알렌의 일기에 의하면, 하와이사탕수수경작주협회 회장인 비숍을 상대로 '한국인 이민의 불법성'을 고발하여 소송이 발생하였다고 한다. 즉, 하와이의 일부 젊은 변호사가 비숍 회장을 상대로 1903년 3월 이민법 위반 소송을 제기하였다는 것이다. 그러나 이 소송을 맡은 에스티(Morris M. Estee) 판사는 비숍의 이민 교섭이 동법(同法) 시행 이전에 행했기 때문에 아무런 법적 구속력이 없다고 판시하였다.³⁴ 이리하여 한국인 불법이민이라고 소송한 변호사들의 이민법 위반 소송제기는 패소하고 말았다.

　　대한제국에서도 유민원 설립 당시 미국에서 '계약이민'이 불법이라는 것을 이미 알고 있었기 때문에 제2조의 규정을 만들었던 것이다. 하와이 이민은 '계약이민'과 '자유이민'의 중간에 있어 합법도 불법도 아닌 애매한 위치에 있었다. 그렇지만 대한제국 정부의 유민원에서는 계속하여 하와이 이민자들에게 '여행권'을 발급하면서 하와이 이민이 '합법적인' 것으로 인정해 주었던 것이다.

32　『황성신문』1903년 7월 13일자,「布哇所聞」.
33　金源模,「韓國의 對美 依存政策과 民族運動」, 919쪽.
34　金源模 역,『알렌의 日記』, 단국대학교 출판부, 1991, 293쪽; Wayne Patterson,『The Korean Frontier in America』, p.90.

3 유민원의 혁파와 여행권

　　유민원의 업무 중에 가장 중요한 것이 하와이 이민자들을 위한 '여행권'의 발급이었다. 이 여행권의 발급을 통해 유민원은 세수(稅收)를 늘릴 수가 있었다. 『윤치호 일기』에 따르면, 유민원 설립의 주목적은 하와이 이민을 보내는 사무를 담당한 것이 아니라 순전히 외국으로 가는 사람들에게 집조(passport)를 파는 데 관심을 가지고 있었다고 한다. 세금의 형식으로 거둔 여행권 판매비는 대한제국 '외부'의 부수입이 되었던 것이다. 윤치호는 여행권 한 장에 500냥(淸錢)을 받고 200냥은 유민원(Yamen)으로 가고, 300냥은 외부(外部)로 갔다고 한다.[35]

　　유민원은 「유민원규칙」에 따라 여행권을 발행하고 있었지만 문제는 외국으로 가는 여행권(집조)은 그동안 정부의 외교사무를 담당하는 '외부'의 고유권한에 속한 것이었다는 점이다. 포달 90호로 「유민원관제 및 규칙」이 반포됨에 따라 외국으로 가는 여행권의 간발권(刊發權)이 유민원에 있음을 각 항구의 감리와 재외 영사에게 훈칙하였다.

> **유민원에서 위원을 각 항구에 파송하여 여행권을 주관하되 외국에 유람 차 발행할 시에 외부 집조를 휴대한 자는 불허하고, 여행권만 유(有)하면 발행케 한다고 각 감리가 시행여부를 외부에 보고하였다더라.**[36]

---

35 『尹致昊日記』 5, 국사편찬위원회, 1975, 371쪽; 崔昌熙, 「韓國人의 하와이 移民」, 『국사관논총』, 국사편찬위원회, 1988, 188쪽.
36 『황성신문』 1903년 1월 13일자, 「只憑旅券」.

각 항구의 감리들이 '외부'에 이와 같은 보고서를 올렸다. 그러나 문제는 유민원에서 수학·유람 및 농공상업으로 외국에 가는 사람에게 여행권을 발급하는 것은 외부에서 '집조'를 발행하는 것과 꼭 같다는 점이다. 그래서 인천감리(仁川監理) 하상기(河相驥)는 이제부터 '외부' 대신에 '유민원'에서 집조를 간발하는 것이 '외부'와 달라 어떻게 해야 될지 모르니 속히 지칙(指飭)해 달라는 보고서를 외부대신 조병식(趙秉式)에게 올렸던 것이다.[37] 이로 보아 유민원이 설립되면서 각 개항장에 위원이 파견되어 여행권 발행 사무를 담당하게 하였는데, 여행권 간발권이 유민원에 있었기 때문에 기존 '외부'와 마찰이 불가피하게 되었다는 점이다.

유민원이 설립된 이후에도 「외부관제분과규칙(外部官制分課規則)」에 집조 간발(執照刊發)에 대한 규정이 그대로 있었기 때문에, '외부'에서도 계속해서 집조를 발행하고 있었다.[38] 따라서 당시 해외로 나아가기 위해서는 외부 및 유민원에서 발급한 집조(여행권)를 가지고 가야만 했다. 1903년 6월 중국 베이징[北京]에 갔던 김석호(金石湖) 등 15명은 외부와 유민원에서 발행한 두 가지 집조를 모두 소지하고 갔다고 한다.[39]

대한제국 '외부'는 하와이 이민을 위해 설립된 유민원에 여행권(집조) 발행권이 빼앗겼다. 그러나 집조의 발행권은 '외부'의 고유한 권리이기 때문에 여러 차례 집조의 '간발권' 문제로 논의가 있었다.[40] 그래서 1903년 3월에는 해외 여행권은 유민원이 전담하되 외부대신이 연서(聯書)하게 하는 방도가

---

37 『仁川港案(奎 17863-2)』 제8권, 「仁川監理 河相驥(1903년 1월 3일) → 議政府贊政外部大臣 趙秉式」.

38 『2仁川港案(奎 17863-2)』 제8권, 「仁川監理 河相驥(1903년 1월 3일) → 議政府贊政外部大臣 趙秉式」.

39 『각2사등록(外部訓令附報告)』 「이후 紳士와 상민으로 청국에 오는 자는 신상 조사를 확실하게 하여 집조를 발급해달라는 보고(1903. 7. 7)」

40 『宮內府案(奎 17801)』 제9책, 「議政府贊政外部大臣 趙秉式(1902년 12월 16일) → 議政府贊政宮內府大臣署理宮內府協辦 趙鼎九」.

고안되었다.⁴¹ 그러나 그것도 절차상 번거롭기 때문에 외부대신의 연서조항을 없애기에 이르렀다.⁴² 그러다가 그해 5월 '외부'의 강력한 견제에 의해 외국으로 가는 집조의 간발권에 상당한 제약이 가해졌고, 정확하지는 않지만 현존 유민원 여행권을 통해 볼 때 1903년 10월 초까지만 유민원에서 여행권을 발급하였다.

하와이에 이민을 보내기 위해 설립된 유민원은 창설 이후 가장 중요한 업무인 여행권 발행권 업무가, 6개월 만에 '외부'로 돌아가게 되면서 사실상 유명무실한 존재로 되고 말았다. 설립된 지 1년도 못된 1903년 10월 13일자로 유민원은 폐지되고 말았다. 그리고 유민원의 관원들은 중추원 의관으로 발령받았다. 당시의 『황성신문』에도, 유민원은 '무슨 사고(事故)인지'라고 하여 폐지에 대한 분명한 이유를 모른 채 문을 닫고 말았다고 하였다.⁴³ 하와이 이민을 관장했던 유민원이 폐지되기 사흘 전인 10월 10일 총재 민영환은 모든 관직에서 사직한다는 사직소를 올렸는데, 그 가운데 유민원 총재직만 받아들여졌다.⁴⁴ 이로 보아 유민원이 폐지되기 이전에 혁파에 대한 논의가 있었고 민영환의 총재직 사직과 더불어 공식적으로 폐지된 것으로 보아야만 한다.

그러면 왜 하와이 이민을 위해 설립된 유민원이 폐지될 수밖에 없었는가? 그 이유는 분명하게 나와 있지 않지만, 웨인 패터슨은 이민 반대론자인 이용익(李容翊)에 의하여 소멸되었다고 하고,⁴⁵ 현규환과 윤여준은 대한제국 정부의 재정상태가 악화되었기 때문이라고도 한다.⁴⁶ 그러나 유민원의 존립 이

---

41 『황성신문』1903년 4월 7일자, 「訓明聯署」.
42 『宮內府案(奎 17801)』제9책, 「議政府贊政外部大臣 李道宰(1903년 5월 1일) → 兼任綏民院總裁表 閔泳煥」.
43 『황성신문』1903년 10월 14일자, 「綏民院停廢」.
44 민홍기 편, 이민수 역, 『閔忠正公遺稿』, 일조각, 2000, 56쪽.
45 Wayne Patterson, 『The Korean Frontier in America』, pp.79~82.
46 玄圭煥, 앞의 책, 804~805쪽; 尹汝雋, 「美洲移民七十年(6)」, 『경향신문』1973년 10월 24일

유는 '여행권'의 발급이 가장 중요하다는 점이다. 따라서 유민원의 혁파와 관련하여서도 여행권(집조) 발행권을 둘러싸고 '유민원'과 '외부' 사이에는 충돌이 가장 큰 원인이었다고 생각된다.

이민업무를 관장하는 유민원에 대한 재정적인 지원이 없다는 것도 문제였지만, 더 근본적으로는 여행권 발행권이 유민원의 고유 업무가 됨에 따라 '외부'에서는 자신들의 업무를 빼앗긴 셈이 되었던 것이다. 따라서 원래 여행권 발행을 담당하였던 '외부'가 이민업무 전체를 다시 넘겨받는 형태로 유민원이 폐지되었을 것으로 판단된다. 사실상 여행권 발행권이 '외부'로 돌아가면서 유민원의 폐지는 어쩔 수 없는 것이었다.

유민원 폐지 이후 이민을 담당할 관서가 없는 상태에서 1905년 4월 초 하와이 이민이 금지될 때까지 대한제국 '외부'에서 담당하였다. 적어도 '을사늑약'으로 외교권이 박탈될 때까지는 '외부'에서 해외 이주문제를 담당하였다. 그 후 이민업무가 한국정부의 일이기 때문에 내부(內部)에서 담당하다가 「이민보호법」이 공포된 1906년 7월 12일부터 농상공부에서, 1907년 다시 '내부'로 이민업무가 넘어 가게 되었다.[47] 을사늑약 이후 여행권(집조)의 발행은 의정부 외사국(外事局)이 2과로 분과(分課)되면서 외사(外事) 2과에서 담당하게 되었다.[48] 그렇지만 일제의 통감부가 설치된 이후 여행권은 통감부에서 주관하기로 하고 일본의 외사국과 협의를 하고 집조의 견본을 보냈고,[49] 1906년 9월 12일 여행권의 발행업무는 통감부에서 맡게 되었다.[50]

자.
47 한국에서 「이민보호법」은 광무 10년 6월 29일 법률 제2호로 발포되었으며, 「이민보호법시행세칙」은 광무 10년 7월 19일 농상공부령 제44호로 발포되었다. 그후 「이민보호법」은 융희 2년 4월 14일 법률 제7호로 개정되었으며, 「이민보호법 시행세칙」은 융희 2년 4월 18일 내부령 제8호로 개정되었다(『한말법령자료집』 IV, 588쪽, V 43~47쪽, VI 373·374쪽). 玄圭煥, 『韓國移民史硏究』, 805쪽; 尹汝雋, 「美洲移民七十年(6)」, 『경향신문』 1973년 10월 24일자.
48 『황성신문』 1906년 2월 16일자, 「官廳事項」.
49 『황성신문』 1906년 3월 5일자, 「執照見本」.
50 『황성신문』 1906년 9월 12일자, 「統監府 旅券」.

유민원은 폐지되고 1905년 4월경에 하와이 이민이 완전히 중단되고 말았다. 하와이 이민이 중지된 이유에 대해 웨인 패터슨은 미국에서 일본인의 이민 금지법 제정을 하지 못하게 하기 위한 목적이 있다고 하였다.[51] 다시 말해 미국 내의 일본인 이민을 반대하는 여론을 누그러뜨리기 위해 한국인의 이민을 희생양으로 삼았다는 것이다. 한국인의 하와이 이민은 일본인의 기득권을 침해하기 때문에 그것을 중단시켜야만 했던 것은 사실인 것 같다. 한국인의 하와이 이민 중단 배경을 알려주는 유력한 자료를 하나 소개하고자 한다. 일본 도쿄[東京]에 거주하는 모리오카[森岡眞]라는 사람이 1904년 8월 2일 고무라 쥬타로[小村壽太郎] 일본외무대신에게 올린 「포와(布哇)에 대한 한국이민의 건 상신서」가 그것이다. 여기에 보면, 일본은 약 20년간에 걸쳐 하와이 이민을 통해 경제적으로 상당한 이익을 가져다주었는데, 한국인의 이민이 단행됨으로써 일본의 기득권이 심대하게 침해되었다고 한다.[52] 이와 같이 한국인의 하와이 이민은 웨인 패터슨이 주장하는 바와 같이 미국 내에 일본인 이민반대 여론을 잠재우기 위해 어쩔 수 없이 선택한 측면도 있었다. 그렇지만 궁극적으로는 한국인의 이민은 하와이내에서 일본인들이 구축해 온 20여 년간의 유망한 이민지를 하루아침에 잃어버릴지도 모른다는 위기의식이 잠재되었기 때문이었다.

해외 이민이 사실상 금지된 상황에서 하와이 현지의 신문인 『하와이안 스타』 1906년 8월 7일자에는 "현 규정하에서 농상공부 대신의 허가나 동의가 없이 어느 한국인도 어떤 나라이든간에 근로취업을 목적으로 하는 이민을 갈 수 없다…. 전적으로 농상공부 대신의 관할하에 있는다는 것은 일본정부의 통제에 있다는 의미한다"[53]고 하여 한국의 주권상실로 인해 하와이 이민

---

51   Wayne Patterson, 『The Korean Frontier in America』, p.148.
52   「布哇ニ對スル韓國移民之件ニ付ノ上申(1904. 8. 2)」, 『駐韓日本公使館記錄』 제22권, 국사편찬위원회, 1993, 230~231쪽.
53   『The Hawaiian Star』 1906년 8월 7일자, 「Korean Emigration」.

이 불가능하다고 하였다.

1905년 4월 하와이 이민이 금지된 이후 하와이 이민의 유리함에 대해 윤치호는 세 가지 이유를 들어 이민이 재개되어야 함을 역설하였다. 그가 주장하는 이유의 첫째는 수토기후(水土氣候)와 음식거처(飮食居處)가 한인에게 매우 적당하다는 것, 둘째로는 한국에서 유식지민(遊食之民)이 저들 나라에 이주해서는 노동을 안 하면 굶어 죽기 때문에 자연히 근면하게 되어 좋다는 것, 셋째는 견문을 넓혀 신세계의 활발한 기격(氣格)을 학습하게 되어 좋다고 하였다. 따라서 윤치호는 하와이가 한민실업학교(韓民實業學校)라고 하여도 과언이 아니니, 하와이 이민을 금지할 필요가 없다고 하였다.[54]

또한 하와이 이민을 주선했던 존스(George Heber Jones) 선교사는 그가 하와이의 한인캠프를 시찰하고 난 후 쓴 글에서 "만일 1년에 천 명씩 뽑아 하와이로 보낼 수 있다면 몇 년 안에 그들은 되돌아가 한국의 자연자원을 개발할 것이며 몇 곱절의 가치나 재정적 자원을 개발하게 될 것"이라고 하면서 계속해서 한인들의 하와이 이민을 실시할 것을 주장하였다.[55]

---

54 尹致昊,「布哇情形」,『대한매일신보』 1906년 1월 16일자 및 17일자.
55 George Heber Jones,「The Koreans in Hawaii」,『The Korean Review』 1906년 11월호(RAS Korea Reprinting Series, Kyung-in Publishing Co., p.404).

4 하와이 이민 여행권 분석

   유민원 설립에 대해 살펴본 바와 같이, 「유민원규칙」제1조에 유민원의 설립 목적 중 가장 큰 것이 여행권을 발급하는 일이었다. 이민이 시행되면서 하와이에 가기 위해서는 여행권이 필요하였던 것이다. 그러면 하와이 간 사람들은 어떤 여행권을 가지고 갔을까. 필자는 한국인의 하와이 이민에 사용된 여행권(집조) 27종을 수집하여 〈표 1〉로 정리하였다.

 1902년 12월 22일 제1차 하와이 이민자들이 국내를 출발하여, 1903년 1월 13일 호놀룰루항에 도착하여였다. 이들 첫 이민자인 이경도의 여행권이 현재 호놀룰루 비숍박물관(Bishop Museum)에 소장되어 있다. 이경도의 여행권은 유민원에서 발행된 것으로 번호는 제41호로, 1902년 12월 21일 인천항에서 발급되었다. 이경도는 이민 당시 나이 32세로 경기도 파주(坡州) 문산포(文山浦) 출신으로, 유민원에서 발급한 여행권을 소지하고 하와이로 가는 첫 배를 탔다. 유민원에서 발행한 여행권은 「유민원규칙」에 그 양식이 규정되어 있다.[56] 유민원 발급 여행권은 왼쪽에 국한문 혼용으로, 오른쪽에는 영어와 프랑스어로 되어 있다. 그리고 앞쪽 위에는 '대한제국(大韓帝國) 해외여행장(海外旅行章)'이라는 인장이 찍혀 있고, 유민원 총재 민영환 밑에 '유민원총재지장(綏民院總裁之章)'이라는 인장을 찍었다. 제1차 하와이 이민의 경우에는 이경도의 여행권에서 보다시피 인천에서 승선하기 직전에 발급되었다.

 그리고 현재까지 남아있는 유민원 발급 여행권으로는 1903년 3월 3일

---

[56] 宮內府 편, 『綏民院設置規則(奎 26414)』, 1902년(광무 6).

<표 1> 하와이 이민에 사용된 현존 여행권(집조)

이름	발급일	도착일	발급기관	출발항	발급가격표시	영불문	영어 수기	비고
이경도 (李景道)	1902. 12. 21	1903. 01. 13	유민원		없음	있음	이름, 도착지 (Hawaii)	유민원 제41호
이재수 (李在洙)	1903. 02. 09	1903. 03. 03	유민원	仁港	없음	있음	이름, 도착지 (Hawaii)	
이춘길 (李春吉)	1903. 03. 03	1903. 03. 30	유민원		없음	있음	이름, 도착지 (Hawaii)	
최춘근 (崔春根)	1903. 03. 06	1903. 03. 30	유민원		없음	있음	이름, 도착지 (Hawaii)	
김순건 (金順健)	1903. 03	1903. 03. 30	외부 (구)	仁港	없음	없음		恨回日繳銷, 한문
고덕화 (高德化)	1903. 04. 07	1903. 04. 30	유민원		없음	있음	이름, 도착지 (Hawaii)	
이애라 (李愛羅)	1903. 10. 05		유민원		없음	있음	이름, 도착지 (Hawaii)	유민원 제975호, 경기도 인천 다소면 전동
정태성 (鄭泰相)	1903. 11. 27	1903. 12. 28	외부 (구)	仁港	없음			
박병원 (朴丙元)	1903. 12. 6		외부 (구)	仁港	없음			
고영휴 (高永休)	1903. 08. 23	1903. 09. 21	외부 (구)	仁港	없음	없음	없음	恨回日繳銷, 한문
고영휴 (高永休)	1903. 08. 23	1903. 09. 21	유민원	仁港	없음	있음	이름 (Ko Myung Hyoo), 도착지 (Hawaii)	유민원 제796호, 전라도 제주군 판내면. 보증인 李汝三 인천 우각동
김봉기 (金奉基)	1903. 12. 29	1904.	외부 (신)	元港	定價金葉 十兩	원형	이름 (Kim Bong Ki), 도착지 (Hawaii)	
유서화 (劉碩化)	1904. 03. 06	1904. 03. 30	외부 (신)	仁港	定價金葉 十兩	원형		恨一年繳銷

이름	발급일	도착일	발급기관	출발항	발급가격 표시	영불문	영어 수기	비고
김만수 (金萬守)	1904. 11. 09	1904. 12. 09	외부 (신)	木港	定價金葉十兩	원형		
박기오 (朴基五)	1904. 12. 09	1905. 01. 06	외부 (신)	仁港	規費金葉十兩	원형 추가	없음	恨一年繳銷
권성재 (權聲載)	1904. 11. 23	1904. 12. 24	외부 (신)	群港	規費金葉十兩	원형 추가	없음	恨一年繳銷
김도삼 (金道三)	1904. 06	1907. 07. 11	외부 (신)	仁港	定價金葉十兩	원형 추가		恨一年繳銷
김성운 (金成云)	1904. 04. 02	1904. 04. 26	외부 (신)		定價金葉十兩	원형	이름	恨一年繳銷
엄시운 (嚴時文)	1904. 12. 03		덕원 감리		없음	원형		
김대근 (金大根)	1904. 12. ??	1095. 01. 26	외부 (신)	三港	定價金葉十兩	원형 추가	없음	恨一年繳銷
박남수 (朴南壽)	1904. 12. 30	1905. 01. 26	외부 (신)	仁港	規費金葉十兩	원형	없음	恨一年繳銷
조익주 (曹益周)	1904. 11. 01		외부 (신)	三港	定價金葉十兩	원형 추가	없음	恨一年繳銷
차의석 (車義錫)	1905. 03. 27	1904. 12. 09	외부 (신)		定價金葉十兩	원형 추가	이름, 도착지 (America)	恨一年繳銷
백신구 (白信九)	1905. 04. 10	1905. 05. 08	외부 (신)	鎭南浦	定價金葉十兩	원형 추가	이름	恨一年繳銷
이선일 (李善一)	1905. 04. 10	1905. 05. 08	외부 (신)	鎭南浦	定價金葉十兩	원형 추가	없음	
이승무 (李承茂)	1905. 04. 10		외부 (신)	鎭南浦	定價金葉十兩	원형 추가	없음	
김병달 (金炳達)	1905. 04. 10		외부 (신)	鎭南浦	定價金葉十兩	원형 추가	없음	

제283호로 발급된 강원도 삼척 출신 이춘길의 것이 있고,[57] 그 다음으로는 1903년 3월 6일 유민원에서 발급된 최춘근의 것이 남아 있다.[58] 그런데, 이상한 점은 1903년 3월 30일 갤릭호를 타고 하와이에 도착한 이춘길과 김순

---

57 閔丙用, 『美洲移民 100年: 初期人脈을 캔다』, 한국일보사 출판국, 1986, 79쪽 所收.
58 동아일보사, 『寫眞으로 보는 韓國百年』 1, 1991 所收.

건의 집조이다. 이춘길은 유민원에서 발급한 여행권을 가지고 왔고, 같은날 같은 배로 들어온 김순건은 대한제국 '외부'에서 발급한 집조를 가지고 이민을 왔다는 것이다. 대한제국 정부에서는 하와이 이민을 추진하기 위해 유민원을 설립하였기 때문에, 당연히 유민원에서 발행한 여행권을 가지고 모두 하와이로 이민을 가야만 한다. 그러나 당시 사용된 여행권을 검토하였을 때, 대한제국의 '외부'에서도 여전히 외국으로 갈 수 있는 집조를 발행하였고, 유민원을 통하지 않고 하와이 이민도 가능했다는 사실이다.

위와 같이 유민원에서 발급한 여행권이 아니더라도 하와이 이민이 가능하였고, 또 유민원 설립 이후에도 '외부'에서는 계속해서 집조를 발행하고 있었다. 위의 이춘길과 김순건의 경우보다도 더 이상한 점은, 1903년 9월 21일 호놀룰루항에 도착한 고영휴의 여행권(집조)이다. 고영휴는 유민원 발급 여행권과 외부 발급 집조를 동시에 가지고 하와이로 이민을 왔던 것이다.[59] 왜 한 사람이 두 종류의 여행권을 가지고 왔을까하는 점이다. 고영휴는 1903년 8월 23일자로 '인천항(仁川港) 유민원(綏民院) 위원(委員) 파주소(派駐所)'에서 여행권을 발급받았고, 또 같은 날짜에 '외부'에서 발행된 집조도 발급받았다.

유민원의 여행권 간발권이 형식상으로는 1903년 5월로 '외부'에 이양되었다고 하지만, 실제로는 10월까지도 계속 발급되었던 것이다. 왜 그렇게 되었는지는 정확하게 설명할 수는 없지만, 여행권 발급에 따른 수수료를 챙기기 위해 발행되었을 수도 있다고 생각된다. 고영휴는 하와이 이민을 가기 위해 '외부'에서 집조의 양식을 구입하였으나, 당시 유민원에서도 계속 여행권을 발급하기 때문에 이중으로 구입하였을 가능성이 있다. 그러면, 외부와 유민원의 것이 발급일자가 같은 이유는 어떻게 설명할 수 있을까. 미리 구입한 외부의 집조 양식에 일자(광무 7년 8월 29일자)를 적었을 수도 있다. 왜냐하

---

59 한국이민사박물관, 『한국이민사박물관 도록』, 2010, 29쪽.

면 현재 인천에 있는 '한국이민사박물관'에 소장된 원본을 확인해 보면 '외부지인(外部之印)' 위에 발급일자와 이름, 나이를 기입하고 있기 때문이다. 원래 발급날짜와 이름 등을 기재한 후 인장을 찍는 것이 정상이지만, 현존 원본에는 인장 위에 글씨가 쓰여져 있다. 따라서 이 같은 가능성도 매우 높다.

현존하는 여행권을 통해 볼 때, 하와이 이민에는 유민원에 발급된 여행권만을 가지고 간 것은 아니고, 하와이 이민 이전부터 '외부'에서 발급되었던 순한문으로 된 집조를 가지고도 하와이로 이민을 갔다는 것을 알 수 있다. 유민원이 운영되고 있을 당시에도 김순건과 고영휴는 '외부'의 집조를 가지고 하와이로 이민을 갔던 것이다. 그러면, 하와이 이민을 가는데 왜 '외부' 발급 집조와 유민원 발급 '여행권'이 함께 사용되었는가라는 의문이 생긴다. 현재까지 그에 대한 정확한 이유를 밝힐 수 있는 자료는 발견되지 않는다. 필자의 추측으로는 하와이 이민을 위해 유민원이 설립되었을 때 발급된 것은 동서개발회사를 통한 단체이민 즉, 노동이민을 위해 집단으로 발급된 여행권이었을 가능성이 높다. 반면에 동서개발회사를 통하지 않고 개인 차원에서 이민을 갈 경우 '외부'에서 발급한 집조를 소지하였을 가능성이 있다. 다시 말해 유민원은 지금으로 치면 '국제협력단(구 해외개발공사)'에 해당한다고 할 수 있고, 여기에서는 하와이 이민을 위해 단체로 여행권을 발급할 수 있었다. 하지만 개인 차원에서 이루진 하와이 이민의 경우에는 외부의 집조를 발급받아 가야만 했던 것이다.

하와이 이민을 위한 여행권이 두 가지 유형만 있었던 것은 아니다. 유민원의 여행권 간발권이 '외부'로 넘어간 이후, '외부'에서는 새로운 형식의 집조를 발행하게 되었다. 외부에서 발행된 집조에 대해 『황성신문』 1903년 11월 12일자에 의하면, 왼쪽에는 한문으로, 오른쪽에는 영어·불어를 붙인 집조를 발급해 주었던 것이다. 이후 하와이로 이민을 가고자 하는 사람들은 '외부'에서 새롭게 제작된 한문·영문·불문으로 된 집조를 소지하여야만 한다.

하와이 이민이 시작되면서 미국으로 갈 수 있었던 집조는 크게 세 가지 형태가 있었다는 것을 알 수 있다. 첫째는 외부에서 발급한 구 집조로 독립기념관에 소장되어 있는 안창호·이혜련 부부가 소지하고 미국으로 갔던 형태이다. 두 번째는 유민원에서 발급한 여행권으로, 대개 동서개발회사를 통해 초기 하와이로 노동이민을 간 사람들이 소지하고 갔다. 세 번째로는 1904년 이후 '외부'에서 발급된 새 집조이다. 이처럼 현재 남아있는 여행권(집조) 가운데 유민원의 것은 적어도 1903년 10월 초까지 발급되었으며, 그 이후에는 순한문으로 된 '외부'에서 발행한 구 집조가 1903년 말까지 사용되었고, 1904년 초부터는 외부에서 새로 제작한 집조가 사용되었다는 것을 알 수 있다.

하와이 이민을 위해 임시로 유민원에서 여행권을 발행하고 있었으나, 여행권의 발행이 '외부'의 고유의 업무이기 때문에 그 업무를 '외부'에서 시행하게 되었다.[60] 1904년 초부터 제작된 집조는 여러 형식이 있지만 기본적인 형태가 크게 변한 것은 아니며, 이 형식은 1905년 멕시코 이민자들도 그대로 소지하고 이민을 갔다.

---

60   오인환·공정자, 『구한말 한인 하와이 이민』, 인하대학교 출판부, 2004, 62쪽.

5 하와이 이민의 성격

'여권'이라는 용어를 사전적 의미에서 보면, 외국을 여행하는 사람의 신분이나 국적을 증명하고 상대국에 그 보호를 의뢰하는 문서를 말한다. 그러나 하와이 이민에 사용된 여행권을 살펴볼 때, 현재의 '여권'으로서의 기능을 한 것같지 않다. 왜냐하면, 이민자들에게 발급된 여행권은 국내를 출발할 때도, 하와이 이민국을 통과할 때도 전혀 사용되지 않았기 때문이다. 만약 하와이 이민국에서 이민자의 여행권을 검사하였다면 확인한 인장(stamp)이 찍혀 있어야만 한다. 그런데 하와이 이민자들이 소지하였던 여행권 27종을 확인해 보면, 하와이 이민국과 관련된 인장은 전혀 찍혀 있지 않을 뿐만 아니라, 어떠한 이민국 관련자의 서명도 발견되지 않는다.

우리나라에서 미국에 입국하려면 반드시 이민국을 거쳐야만 하고, 입국 담당자들은 여행권을 확인하는 과정에서 입국 인장을 찍는다. 독립기념관에 소장되어 있는 안창호의 집조에는 캐나다 밴쿠버 이민국의 인장이 있고, 미국 샌프란시스코 이민국의 인장이 찍혀 있다. 이와 같이 하와이 이민자들의 여행권에도 하와이 이민국의 인장이 있어야만 하는데 현존하는 하와이 이민을 위한 여행권에 인장이 찍힌 것은 한 장도 없다.

이로 보아 초기 하와이 이민자들이 소지했던 '여행권(집조)'의 용도는 무엇이었겠는가 하는 점이다. 유민원이든, '외부'이든 대한제국 정부기관이 발급한 여행권은 국내에서 이민선을 탈 수 있는 용도였지, 하와이에 입국하는 용도가 아니었을 것으로 추측된다. 그렇다면 하와이 이민을 담당한 동서개발회사에서 별도의 이민관련 서류를 만들었던 것 같고, 그 서류에 입국 관련 인장을 찍은 것으로 보아야 한다. 초기 이민자의 구술자료에도 "우리는 노동자로 이민을 들어와도 집조에 보면 사업가로 되어 있어요"[61]라고 하는 것으로 보아, 여행권은 국내를 떠나는 하나의 절차상의 요식행위였던 것 같다.

또 하와이 이민에 사용된 여행권에는 이름조차 영문으로 기재되지 않은 경우가 많다. 하와이에 입항할 때 이민국에서는 여행권을 보고 이민자의 신분을 확인해야만 한다. 그런데 위에서 언급한 것과 같이 하와이 이민국에서는 이민자의 신분을 여행권을 통해 확인하지 않았다. 왜냐하면 하와이 이민자가 사용했던 여행권에는 이민자의 신분을 확인할 수 있는 내용이 영문으로 기재되어 있지 않은 경우가 대부분이다. 하와이에 들어갈 때 여행권을 확인하지 않기 때문에 굳이 영문으로 기재할 필요성이 없었던 것이다. 다만, 초기 하와이 이민을 관장한 유민원에서 발급한 여행권의 경우에는 이름과 도착지(Hawaii)를 영문으로 기재하였지만 '외부'에서 발급된 집조에는 도착지조차 영문으로 기재되어 있지 않은 경우가 많았다.

그러면, 현존 여행권을 통해서 확인되는 의미는 여행권이 이민을 보내는 측보다는 받아들이는 측(하와이 사탕수수농장주협회)의 입장이 주로 반영된 것으로 보인다. 하와이 사탕수수농장주협회에서는 한국인 노동자들을 받아들이는데 관심이 있었지, 오는 노동자들이 어떠한 절차를 거쳐 하와이에 들어오는지는 관심조차 없었던 것이다. 다시 말해 하와이에서는 한인 노동자들을 받아들이는데 목적이 있었기 때문에 여행권에 영문 이름조차 기재가 되지 않은 상태로 입국을 해도 무방하였던 것으로 해석된다.

현존하는 여행권을 보면, 대개 발급일자로부터 한 달 내에 하와이에 도착하였다. 따라서 여행권은 이민선을 타기 직전에 발급되었던 것이다. 현재 남아있는 하와이 이민 여행권에서 주목되는 것은 차의석의 것이다. 그의 여행권 발급일은 광무 9년(1905) 3월 27일자로 기재되어 있는데, 실제로 그가 호놀룰루항에 도착한 날짜는 1904년 12월 9일이었다. 이는 여행권의 발급일자가 도착일자보다도 3개월 이상 늦었다. 이민자가 하와이에 이미 도착하

---

61 姜信杓, 『檀山社會와 韓國移住民』, 韓國研究院, 1980, 「사례」, 98쪽.

었는데, 여행권 발급일자가 훨씬 늦은 경우 이를 어떻게 볼 것인가? 이에 대한 정확한 이유는 알 수 없지만, 앞에서 설명한 '여행권'의 기능을 볼 때, 다음과 같은 두 가지 해석이 가능하다. 첫 번째는 차의석이 여행권을 구입할 당시에 날짜를 잘못 기재된 경우이고, 두 번째는 날짜를 기재하지 않은 빈 여행권에 그가 나중에 날짜를 기재하였는지는 알 수 없다. 다만, 하와이 이민자가 소지했던 여행권에는 기본적으로 기재되어야만 하는 발급날짜, 이름 등 아무 것도 중요하지 않다는 것이다. 심지어 이민자의 나이도 임의로 기재되어 있다. 위의 차의석의 집조에 의하면, 그가 하와이에 올 때 실제 나이는 15세로 미성년자에게도 집조가 발급되어 미성년자가 단신으로 하와이 이민을 왔다. 그리고 차의석은 하와이 이민국에 입항 당시 나이를 18세로 신고하고 들어왔다.

또 다른 구술자료에 의하면, 초기 하와이에 이민을 온 이남순은 그녀의 남편이 차의석과 같은 15세에 단신으로 하와이로 왔다고 한다.[62] 그러나 지금까지 미성년자는 단신으로 하와이 이민을 갈 수 없다고 하였지만 사실은 미성년자의 단신 이민도 가능하였던 것이다. 이로써 다시 한 번 확인할 수 있는 것은 하와이의 사탕수수경작자협회와 이민국에서는 이민자의 실제 나이를 자세히 묻지 않고 미성년자라도 성년이라고 속이고 입국이 가능하였다는 점이다.

한편, '외부'에서 발급된 집조에는 국내에서의 출발 항구를 기재하게 되어 있는데, 인천·부산·삼화항·목포항·진남포 등 다양하였다. 동서개발회사 사무원이었던 육정수의 회고에 의하면, "조선 각지의 응모자는 자기 고장에서 제일 가까운 개항장의 지점에 모여서 배를 타고 내지(內地, 일본 – 필자)의 고베항으로 가게 되었다. 함경남도나 북부 강원도 지방의 이민부대는 원산항의 지점에 모여서 배를 타고 부산을 거쳐 고베로 갔으며, 평안도는 진남

---

62 姜信杓,『檀山社會와 韓國移住民』,「사례」153쪽.

포항에서, 경기도는 인천항에서 각각 그 지방의 개항장에 모여서 출발"하였다고 한다.[63] 하와이 이민이 금지된 직후인『황성신문』1905년 4월 3일자 기사에는 "재작일 '외부'에서 삼화·인천·부산·옥구·무안·평양 각항시(各港市) 감리(監理)에게 전훈(電訓)하되 본국인민이 포와(布哇, 하와이 – 필자) 급(及) 묵서가(墨西哥, 멕시코 – 필자)로 이거(移去)함을 엄금하라"고 하였다.[64] 또 4월 5일자에도 "외부에서 인천·진남포·옥구·평양 사처(四處) 감리에게 훈령하였다. … 십백성군(十百成群)하야 솔처자(率妻子)하고 청집조(請執照) 어든 절무특허(切無特許)뿐더러 엄행금집(嚴行禁戢)"케 하였다.[65]

하와이로 이민을 가는 과정은 인천 등의 국내 항구에서 배를 타고 일본의 요코하마나 고베항으로 가야만 했다. 국내에서의 출발항은 대부분 인천인 경우가 많았다. 현존하는 여행권에 기재된 출항지로 보아, 출항지에서 발급받았을 것으로 추측된다. 따라서 앞의 표에 나타난 삼화항·덕원항·진남포는 여행권(집조)의 발행지로 보는 것이 타당하다고 생각된다. 하와이로 이민을 가고자 하는 사람은 인천에 있었던 동서개발회사 및 지방에 있었던 지점에 신청을 하면, 그 곳에서 10여 일 정도 머물다가 배를 타고 일본으로 갔다. 1904년 하와이로 온 이홍기는, "인천 개발회사에서 열하루를 묵었지요"[66]라고 하여 동서개발회사에서 대기하다가 이민배를 탔다고 한다.

하와이 노동이민은 유민원이 설립된 이후 이민 사무를 대행하던 동서개발회사를 통해 여행권(집조)이 단체로 발급되었다. 데쉴러가 창설한 동서개발회사에는 장경화(張景化)·안정수(安鼎洙)·육정수·송언용·현순 등 영어를 할 수 있는 한국인 통역들이 이민사무를 돕고 있었다.[67] 동서개발회사는 이

---

63 陸定洙,「開發會社進出史, 四十年前 옛 時代의 南方進出秘話」, 125~126쪽.
64 『황성신문』1905년 4월 3일자,「電禁移民」.
65 『황성신문』1905년 4월 5일자,「訓禁多數」.
66 姜信杓,『檀山社會와 韓國移住民』,「사례」223쪽.
67 玄楯,『布哇遊覽記』, 5쪽.

민 희망자들이 많아지면서 인천뿐만 아니라, 서울·평양·원산·부산 등지에 지사를 설치하였다. 그리고 일본 고베항에는 이민유숙소를 설립하여 하와이 이민선을 타기 전까지 머물게 하였다.[68] 당시 19살의 나이로 동서개발회사에서 사무원으로 있었던 육정수는 인천의 본점에서 1년간, 원산지점에서 2년, 다시 부산지점에서 1년간 근무하였다고 한다. 그는 훗날 회고에서 다음과 같이 말했다.

정부로서는 유민원이라는 것을 창설했지만 실제에 있어서는 동서개발회사라는 것을 인천에 본점을 두고 익년부터는 조선 내 각 개항장에 지점을 두어서, 이를테면 당시 정부의 후원하에 동서개발회사 자신이 집무케 되었던 것이다. 동서개발회사의 목적은 하와이 군도개발이 주안(主眼)이였으나 당시는 광물개발 등에는 착안치 않던 때요, 단지 농업이 주안이 되어 농작물 경작으로 포와군도(布哇群島)를 개발코저 했던 것이다. 농작물 경작이라 해도 포와군도에서는 사탕농사가 농작물의 전부를 차지했으며, 이 사탕농사를 하기 위해서 조선에서 4년간에 5,300여 명이나 하와이로 이민했었다.[69]

하와이로 가는 첫 이민배를 탔던 이경도의 여행권 발급일이 1902년 12월 21일로 되어 있는 것으로 보아, 동서개발회사에서 일괄적으로 여행권을 신청하여 발급받았던 것같다. 발급비용은 얼마였는지 정확히 알려지지 않았지만, 동서개발회사에서 일을 한 현순의 『포와유람기』에는 "여행권 대금 2원에 매급(賣給)"하였다고 하며,[70] 고승제의 책에도 "매인당 2원을 징수하고 여권을 발급하였다"[71]라고 하였지만 그것에 대한 증거는 없다.

---

68 玄楯, 『布哇遊覽記』, 5~6쪽.
69 陸定洙, 「開發會社進出史, 四十年前 옛 時代의 南方進出秘話」, 125쪽.
70 玄楯, 『布哇遊覽記』, 4~5쪽.
71 高承濟, 『韓國移民史研究』, 208쪽.

당시 유민원에서의 여행권 발급비용은 알 수 없지만, '외부'에서 발급한 집조에, '정가금엽십양(定價金葉十兩)'이라고 기재되어 있어 비용은 10냥이었던 것 같다. 따라서 유민원에서 발급된 여행권 발급비도 10냥이었을 것으로 생각된다.

6 맺음말

'이민'이란 자신이 살던 곳을 떠나 다른 나라로 이주하여 정착하는 행위를 말한다. 그 같은 이민에도 일정한 법칙을 발견할 수 있다. 이민의 법칙이 존재한다는 가설은 영국의 사회학자 라벤스테인(E. G. Ravenstein)에 의해 제기되었는데, 그는 그것을 '이주의 법칙(Laws of Migration)'이라고 하였다. 라벤스테인의 가설을 통해 이주에 대한 대체적인 경향성을 밝힌 것이지만, 그가 일반화한 법칙은 오늘날에도 유효한 점이 많다. 이주를 일으키는 요인을 세 가지 측면에서 본다면 첫째는 이주하게 하는 요인(push)으로, 기근이나 지진과 같은 천재지변이나 정치적 정변, 인구의 증가 등이다. 둘째로는 이주를 받아들이는 요인(pull)으로 경제적인 것과 함께 비경제적으로는 정치적·종교적 자유, 기후, 병역으로부터의 자유 등이다. 세 번째로는 이주할 수단(means)으로, 이동할 수 있는 교통수단과 이동에 제한을 두지 않는 환경, 목적지로 가는데 아무런 장벽이 없는 것 등이다.[72] 한국인의 하와이 이민도 이 세 가지의 측면이 모두 존재하였다. 실제로 이민이란 국경을 넘어 이동하고 이동선에서 장기간에 걸쳐 정주하는 것을 말하기 때문에 이를 이행시키는 데는 복잡한 과정과 절차가 존재하였다. 이민을 담당할 기구를 설치하고, 이민을 실질적으로 이행시킬 조직이 필요하였으며, 또 국경을 넘기 위해서는 반드시 여행권(집조)이 필요하게 된다.

필자는 초기 하와이 이민에 사용된 27종의 여행권(집조)을 분석하여 다음과 같은 사실을 확인할 수 있었다. 하와이 이민을 실행시키기 위해 설립한 유민원의 가장 중요한 목적은 여행권을 발급하는 것이었다. 그렇지만 여행

---

[72] Roger Daniels, 『Coming to America』, pp.16~17.

권의 발급은 어느 국가나 외교업무를 담당하는 기관의 고유업무이다. 대한제국 정부도 외국과의 관계를 담당하는 '외부'에서 여행권을 발급하는 것이 당연하다. 그런데 하와이 이민을 추진시키기 위해 궁내부 산하에 '유민원'을 설립하면서 여행권의 간발권이 '외부'에서 '유민원'으로 옮겨갔다. 유민원에서 여행권 간발권을 가져갔지만, '외부'에서도 여전히 외국으로 갈 수 있는 집조를 계속하여 발급하고 있었다. 한 국가의 여행권을 '외부'에서도 발급하고 '유민원'에서도 발행하면서 '여행권 간발권'을 두고 분쟁이 발생할 수밖에 없었다. 두 기관의 '여행권 간발권'은 결국 '외부'의 고유업무이기 때문에 다시 '외부'로 돌아갔다. 이에 따라 하와이 이민에 필요한 여행권 발급을 목적으로 설립된 유민원은 더 이상 존재할 이유가 없었고 결국 폐지될 수밖에 없었던 것이다. 이처럼 여행권을 통해 살펴볼 때 유민원의 설립과 폐지 문제에는 '여행권의 발급권'이 그 중심에 있었던 것이다.

또한 초기 하와이 이민에 쓰인 여행권(집조)을 분석하면 세 가지 형태의 것이 사용되었다는 것을 알 수 있다. 첫째는 유민원에서 발급한 것, 둘째는 순한문으로 되어 '외부'에서 옛부터 사용하던 것, 셋째는 외부에서 새로 제작된 한문·영문·불문으로 된 것 세 종류가 있었다. 하와이 이민 초기에는 '유민원'에서 발급된 여행권을 사용하였지만, 그 후에는 '유민원'과 '외부'에서 발급된 것 두 종류가 같이 사용되었고, '유민원'의 여행권 간발권이 정지된 이후에는 '외부'에서 새로 제작된 집조만을 사용하게 되었다.

한편, 초기 하와이 이민에 사용된 여행권은 이민사의 실제적인 성격이 그대로 드러나기도 한다. 단적인 예로, 하와이로 이민을 가는데 이민자의 신분을 나타내는 내용이 모두 기재되어 있지 않고 심지어 이민자의 이름조차도 영문으로 기록되지 않은 여행권이 대부분이었다. 특히, 이민자의 여행권에는 하와이 이민국의 스탬프가 전혀 찍혀 있지 않았으며 여행권의 발급일자가 입국일자보다 약 3개월 정도 늦은 경우도 있었다. 이를 통해 볼 때, 하와이 이민에 사용된 여행권은 이민을 보내는 국가의 여행권이지, 받아들이는 국가의 여행권이 아니라는 점이다. 이민자들은 하와이에 가기 위해 정부로부터 여행권(집조)을 구입하였던 것이고, 이민을 받아들이는 하와이쪽에서는 이민자의 신분을 여행권을 통해 확인하는 것이 아니라 단순히 소지 유무만을 판단하고 이민을 받아들였던 것이다.

　이처럼 하와이 이민을 국내적인 관점에서 더욱 자세히 파악한다면 새로운 역사적 사실들이 발견될 수 있으며, 하와이 이민사를 재해석할 수 있는 여지가 많다는 점이다. 따라서 필자는 하와이 이민과 관련한 국내적 과정과 절차를 좀 더 분석하여 하와이 이민의 본질에 보다 접근하고자 하였다. 그러나 자료의 제약으로 인해 해명되지 못한 측면도 있기 때문에, 이 점은 앞으로 새로운 자료의 발굴과 다각적인 해석을 통해 해결하고자 한다.

2장

하와이 대조선독립단의 조직과 활동

1 머리말

하와이는 한국인들이 공식적으로 첫 번째 이민이 시작된 곳이다. 하와이 이민 한인들은 각 농장마다 동회(洞會)를 조직하였고, 교회를 세우고 국어학교를 만드는 등 민족적 정체성을 지켜나갔다. 이민자들은 아직 사회적으로 안정을 얻지 못한 1910년, 망국(亡國)의 통한(痛恨)까지 겹치면서 조국의 독립에 모든 힘을 쏟았다. 하와이 한인들은 사탕수수농장이나 파인애플·커피농장에서 하루 10시간 이상의 고된 노동을 하면서 번 돈을 조국의 독립을 위한 사업에 바쳤다.

국외 한인사회와 독립운동의 역사에서 유난히 분쟁이 심하게 일어난 곳이 하와이지역이었다. 대개 정치적 분쟁의 발생은 대립적 세력 간에 팽팽한 힘의 균형을 이루고 있을 때, 그 평형상태를 무너뜨리려는 시도에서 일어난다고 할 수 있다. 하와이 한인사회의 분쟁도 대립적 세력 간의 균형 상태를 깨고 이민사회의 주도권을 차지하려는 과정에서 주로 일어났다.

하와이 한인사회에는 늘 대립하는 세력이 존재하면서 한쪽이 균형을 잃을 때마다 다른 한쪽에서 분쟁을 야기하였다. 분파투쟁을 일으킨 단체는 대한인국민회(교민단)를 중심으로 이승만의 동지회와 박용만의 대조선독립단(이하 '독립단'으로 줄임)의 두 세력이 있었다. 지금까지 이승만과 그의 조직들에 대해서는 일정 정도 연구되었지만, 그에게 적대적인 독립단에 대해서는 구체적으로 연구되지 못하였다. 그 이유는 박용만이 일찍 사망함으로써 하와이가 이승만의 아성되었다는 점도 있지만, 독립단의 활동상을 구체적으로 알려줄만한 자료가 부족하다는 점도 한 몫을 하고 있다고 보인다.

독립단은 이승만의 유아독존적 행동양식과 외교독립노선에 거부감을 가진 박용만을 중심으로 하는 하와이 한인들에 의해 1919년 3월 조직되었다. 결성 이후 독립단은 줄곧 이승만세력과 경쟁하면서 한인사회를 이끌던 양대세력 가운데 하나였다. 여기에서는 독립단이 결성된 1919년 3월부터 1939년까지 약 20년간 독립단의 조직과 활동을 통해 한인사회의 대립양상을 살펴보고자 한다. 왜냐하면 하와이에서 발생하였던 분열과 대립은 이승만을 축으로 하는 세력과 그에 반대하는 세력이 힘의 균형을 깨뜨리려는 현상으로 표출되었기 때문이다. 또한 하와이 한인사회의 빈번한 분쟁과정에서도 독립운동을 위한 통합노력도 지속적으로 진행되고 있었음을 확인하고자 하며, 분파투쟁의 원인을 어디에서 찾아야 할 것인가에 대한 물음에 답하고자 한다.

2   1910년 후반 한인사회의 분쟁

1) 분쟁의 발단 배경

1915년의 분쟁이 마무리되면서 하와이 한인사회의 주도권은 이승만의 지지세력에게 넘어갔다. 1916년도 1월 17일에 치러진 대한인국민회 하와이지방총회 총부회장 선거에서 총회장에 홍한식, 부회장에 정인수가 선출되었다. 그리고 임원으로는 총무에 안현경, 서기 겸 재무에 이종홍, 학무원에 윤계상, 법무원에 정운서, 구제원에 승룡환, 군무부원에 손창희, 농상부원에 김광옥이 임명되는 등 모두가 이승만을 지지하는 인물들로 구성되었다.[1]

1915년 제1차 분쟁 이래 하와이 한인사회는 이승만계가 주도하였고 국민회의 임원들도 그의 측근들이 임명될 수밖에 없기 때문에 이에 반발하는 박용만계에서 불만이 나오기 시작하였다. 그것이 표면화된 것은 1917년 초에 들어서부터 이다. 1917년 4월 12일자 『신한민보』에 따르면, "현금 공동회를 열고 통문을 돌리는 고로 그 질서가 자못 혼란하다"[2]라고 한인사회가 술렁이고 있다고 보도하였다. 이어서 『신한민보』 다음호에는 "하와이지방총회는 각 지방의 본년도 의회 입안 불복에 대하여 4월 25일 통신의회를 열기로 결정하였고, 카우아이 4개 지방은 교과서 기숙사 사건은 아직 정지하기로 건의

---

1   『신한민보』 1916년 2월 8일자, 「총부회장선거」, 「총회장책임 임원 조직」. 1916년도 총회장 홍한식은 그해 4월 12일 종교상의 문제와 신분상의 부득이한 문제로 사면을 청원하였다(『신한민보』 1916년 4월 27일자, 「하와이 총회장 사임서 제출」).
2   『신한민보』 1917년 4월 12일자, 「하와이 한인의 공동회」.

하였다"³고 보도하고 있다. 그리고 5월 3일자 제1면에는 「하와이 국민회 정국의 암담한 풍운」이라는 제목으로, 하와이 힐로(Hilo)구역에서는 이승만을 재정고문으로 선정하기로 하였다고 하였다. 또한 코나(Kona)구역에서도 교육기관은 학무부에 의탁하지 않고 이승만에게 의탁하기로 가결하였으며, 국민보는 통신의회를 준비하고 있고 하와이지방총회의 기관지『국민보』가 정간되고 있는데 그 이유를 알지 못한다고 한다.[4] 문제는 대한인국민회 하와이지방총회의 재정·교육·행정 등 모든 권한이 자의로 처리되는 등 공식기관인 하와이지방총회 위에 이승만이 군림하게 되었던 것이다. 이에 대해 일제의 정보자료에도, "실권은 완전히 이승만 개인의 장중에 들어"[5]갔다고 할 정도로 하와이 한인사회에서 이승만은 초법적인 존재가 되었던 것이다.

이와 같이 이승만은 대한인국민회의 헌장과 자치규정에 구애되지 않고, 자신이 하고자 하는 사업에 모든 전력을 투입하면서 하와이 한인사회에서 최고의 위치를 점하게 되었다. 이승만은 국민보를 5천 명의 기관으로 두자고, 교육사업은 총회임원이 간섭치 못하게 하며, 한인공보를 따로 발간하자[6]고 하였다. 이같은 견해는 하와이 국민회 당국자들의 의견이라기 보다는 대개가 이승만의 견해를 받아들인 것이었다. 하와이 당국과 이승만의 전횡에 대해『신한민보』에서는 6회에 걸친 논설을 통해 "이미 고명한 신사로 하여금 헌장을 보고하기로 작정하였을진대, 왜 고명한 신사를 국민회 간부에 모셔드려 한 임원을 시키지 안나뇨?"[7]라고 하여 국민회 규정을 무시한 초법적인 행위를 비판하고 나섰다.

이승만의 전횡으로 인해 하와이 한인사회에는 더 이상 하와이지방총회

3 『신한민보』1917년 4월 19일자,「하와이총회의 통신의회」.
4 『신한민보』1917년 5월 3일자,「하와이 국민회 정국의 암담한 풍운」.
5 金正柱,『朝鮮統治史料』제7권, 韓國史料硏究所, 1971, 954쪽.
6 『신한민보』1917년 5월 17일자,「누가 국민회를 없이코져 하나뇨(三)」.
7 『신한민보』1917년 5월 10일자,「누가 국민회를 없이코져 하나뇨(속)」.

를 따르지 않는 사람들이 나타나기 시작하였다. 이에 따라 하와이 국민회를 장악한 이승만계에서는 박용만측 인사들을 국민회에 끌여들일 필요가 있었다. 1916년 6월 12일 국민회 임원과 각 구역 참의원, 이승만과 박용만이 국민회관에 모여 국민공동의 사업증진 방침을 협의하였다. 이 자리에서 이승만측은 박용만에게 『국민보』의 주필을 다시 맡아줄 것을 권하였고, 박용만 또한 하와이 한인사회의 분열을 원치 않았기 때문에 국민보의 주필을 맡게 되었다.[8] 이로써 표면적으로는 한인사회는 통일적인 분위기가 이루어지면서 1917년도 총회장에 안현경이, 부회장에 이종홍이 선출되었다. 그리고 임원으로는 총무에 김광옥, 서기 겸 재무에 백운택, 학무원에 손창희, 법무원에 박원걸, 구제원에 박승준, 농상부장에 오운, 군무부장에 정두옥이 임명되는 등 박용만측의 인사들도 소수이지만 국민회의 운영에 참가하게 되었다.[9]

하와이 한인사회의 분쟁에 대해서는 홍선표의 연구로 얼마간 그 전개과정이 드러났지만 당시 『신한민보』외에 별다른 자료가 없는데서 나온 성과이기 때문에 그 내용이 상세히 밝혀지지 못한 부분이 많았다. 그래서 여기에서는 그후 자료들의 정리하여 그 전개과정 및 사건의 전반적으로 밝혀 보고자 한다.

이승만을 지지하는 세력들이 국민회의 교육사업과 재정권 일체를 이승만에게 넘겼기 때문에 국민회의 정당한 절차를 걸칠 필요가 없어지게 되었던 것이다. 이에 대해 이덕희는 엠마기지를 이승만 개인에게 양도한 것이 아니라 한인여학교 이사 이승만에게 양도한 것이며, 이승만은 학원의 이사로서 학원을 위하여 토지 사용 내지 처분권을 확보한 것이라고 하였다.[10] 엠마기지 양도증서는 1915년 7월 5일 국민회 총회장 홍한식, 서기 이종홍, 회계 안

---

8 『신한민보』 1916년 6월 29일자, 「박용만씨 국민보 주필을 재임」.
9 『신한민보』 1917년 3월 1일자, 「하와이 총회의 의회 휘보」.
10 이덕희, 『하와이 국민회 100년사』, 연세대학교 대학출판문화원, 2013, 65쪽.

현경이 날인하고 그해 7월 27일 하와이정부에 등록을 마쳤다.

아무튼 엠마기지가 한인여학원 이사 이승만에게 양도되면서 하와이 한인사회를 대표하는 국민회의 권위가 무시되고 이승만의 사적인 기관으로 전락하고 만 것이다.[11] 예컨대, 1916년에 대의원회의에서 남자기숙사를 건축하기 위해 국민회의 명의로 토지와 가옥을 구입하였는데, 그후 이것은 이승만 개인의 이름으로 되었다. 앞서 엠마의 토지가 이승만의 이름으로 문서가 꾸며진 것과 같이 남자기숙사 건축용으로 구입한 땅도 정인수·안현경의 서명만으로 이승만의 명의로 변경되었던 것이다.[12] 이같은 독재적 양상에 대해 『신한민보』에서는 '하와이 국민회의 정국은 암담한 정형'이라고 보았고,[13] 6회에 걸친 논설을 통해 하와이 한인들의 반성을 촉구하고 이승만의 전횡을 비판하였다.[14]

1917년 6월 11일에 개최된 하와이지방총회 임시의회에서 남자기숙사를 건축하기로 하였으며, 궐임된 재무 겸 서기를 이승만이 맡기로 하였다.[15] 그리고 1918년도 총부회장을 선출하기 위한 후보를 추천받아 총회장에는 이승만과 안현경, 부회장에는 이종홍과 송헌주가 추천되었다.[16] 그리고 다음해 1월 대의원회에서 총회장에는 안현경, 부회장에는 윤계상이 선출되었다.[17]

앞에서도 언급한 바와 같이 국민회의 재정권은 이승만에 의해 완전히 장악하게 되면서 하와이 한인사회의 불만이 쌓여 있었던 상황에서 1918년 분쟁이 발단이 되었다. 1918년 1월 15일 국민회 제10차 대의회에서 박용만계

---

11 洪善杓, 「1910年代 후반 하와이 韓人社會의 動向과 大韓人國民會의 活動」, 『한국독립운동사연구』 8, 1994, 161~162쪽.
12 「공고서」 제20호, 1918년 4월 29일.
13 『신한민보』 1917년 5월 3일자, 「하와이국민회 정국의 암담한 징형」.
14 『신한민보』 1917년 5월 3일~6월 7일자 「논설」.
15 『신한민보』 1917년 7월 5일자, 「하와이 임시의회 결안」.
16 『신한민보』 1917년 12월 6일자, 「총부회장을 추천」.
17 『신한민보』 1918년 2월 14일자, 「총선거의 확정」.

의 조사원이 재정문부조사를 실시할 때 문부에 오착이 많고 은행 적립금의 증명자료가 없음을 발견하였다. 이에 당시 국민회 재무를 맡고 있던 이승만으로 하여금 그 해명을 요구하였다. 그러나 이승만은 총회장인 안현경으로 하여금 대언(代言)시켜 말하기를, 시재금(時在金)이 은행에 적립되어 있으며 만일 재무가 변동될 경우 신임 재무에게 재정을 인계할 것이니 염려 말라는 식으로 답변을 하였다는 것이다.[18] 이처럼 이승만과 그의 추종자들에 의해 국민회가 독단적으로 운영되면서 반대파들의 불만이 많았다. 김원용의 『재미한인오십년사』에 의하면, 이승만이 '재정보관인'이라는 규정에도 없는 직임을 만들어 국민회 공금을 임의로 처리하였다는 것이다. 이로 인해 국민회의 회원들이 줄고 재정수입도 3분의 1이나 되었다고 하였다.[19] 하와이 한인사회에서 이승만을 일컬어 부르는 '고명한 신사'에게 재정을 맡겼기 때문에 이에 반대하는 측에서는 의심의 눈초리를 거둘 수가 없었다.

제10차 대의회가 끝난 후 1917년도 총회장 안현경의 행정상 과실과 재정상 불미한 사건에 대해 별다른 해명이 없었다. 오히려 안현경은 "신문사 재정의 흠축이 있어서도 다시 물어 놓으면 그만이오. 총회관 방세는 받아 먹어서도 다시 문부에 올리면 그만이라 하며, 또 학생의 재정 500원을 잘라 먹은 사건에 대하여 말하기를 이는 학생의 돈이 아니라, 다만 미국에 있는 한인들과 사사로 거래하던 샘이라"고 답변을 하였던 것이다.[20] 이에 오아후 동부구역 이내수·김석률·김현구 전권위원 3명과 오아후 서부구역 신용문·안영칠 전권위원 2명을 대의원에 파견하여 대의원에서 논의된 사항에 대해 설명을 요구하였다. 5명의 전권위원들은 소약속국동맹회의 연조금에 대한 문제, 총회관 집세문제, 유상기의 소약속국동맹회 연조금 문제 등에 세 가지에 대

---

18 李元淳, 『世紀를 넘어서: 海史李元淳自傳』, 新太陽社, 1989, 152쪽.
19 김원용, 『재미한인오십년사』, Reedley, 1959, 149~150쪽.
20 『신한민보』 1918년 3월 7일자, 「연합회 공고서」.

해 질문하였고, 이어서 다시 여섯 가지 문제에 대해 질문하였으나 대의원회에서는 사흘이 지나도록 대답을 해주지 않았다.[21]

그러나 2월 9일 대의원 회의에서 반이승만계에 속하는 박원걸·김진호·유동면·이정근·이원희·박유권 등은 국민회 재정상 흠축과 행정상 과실에 대해 추궁하였다. 이에 안현경 총회장을 옹호하는 이종관·김성기·최흥위·정도원·송공선·장성욱·김연구·김창수·김순성·한영순 등은 재정흠축은 문부상의 착오이며, 총회관 집세를 횡령한 것은 잠시 잊어버린 것이라고 하였다. 그리고 미본토로 가는 학생의 휴대금을 횡령한 것은 개인상의 사건이라고 하면서 안현경을 엄호하기에 급급하였다. 다음날 10일 오아후 동서부 지역 전권위원들은 와이알루아에 모여 '오아후 전도연합회'를 조직하였다.[22] 연합회의 회장은 안영칠, 서기는 차병수, 재무는 김구로 하고 기관지로 「공고서」를 발행하기로 하였으며, 연합회에서는 안현경의 불신임안을 대의회에 제출하였다.[23]

오아후 전도연합회의 안현경의 불신임안에 대해 이승만은 「선언서」를 발표하였는데, 그는 이같은 풍파가 일어난 원인이 '못된 인도자들'이 ① 1915년 김종학의 원수를 갚고, ② 박용만을 해치려는 세력이 있다는 낭설에 선동되었기 때문이라고 하였다.[24] 나아가 이승만은 안현경의 재정흠축, 집세의 횡령, 학생 휴대금의 횡령, 박용만을 해친다는 소문 등에 대해 하나씩 해명하면서, "우리는 그 단처를 버리고 그 장처를 쓰고져 함"이라고 하여 안현경을 지원하였다.

국민회 총회장 안현경은 이승만의 충실한 하수인이었기 때문에 반대파들로부터 여러 비판을 받아야만 했다. 예건대 "안현경으로 말하며 무식한 놈은

---

21 「공고서」 제1호(UCLA 도서관 소장 진희섭 자료).
22 「공고서」 제3호.
23 「공고서」 제4호, 1918년 2월 20일.
24 『신한민보』 1918년 3월 14일자, 「이박사의 선언」.

똥도 눌 줄 모른다. 국민회 소위 총회장이란 자가 기숙사의 아이들 거두는 최 과부를 통간하였다"고 비난하였다.[25] 이처럼 연합회측에서는 하와이지방총회 대의회에 들어와 총회장 안현경의 재정 흠축한 사건과 소약속국동맹 재정의 없어진 것, 학생의 휴대금 횡령한 사실 등을 밝히려고 하였던 것이다. 조사원들이 당시 재무 이승만에게 그 해명을 요구하였는데, 그는 총회장 안현경으로 하여금 해명하도록 하였다. 그러자 조사원은 질문서를 만들어 재차 해명을 촉구하고 2월 11일 이승만의 태도를 둘러싸고 대책회의를 하던 중 유혈극이 일어나자, 이승만이 대의원 중에 흉기를 가지고 사람을 살해하려 한다고 하면서 이들을 경찰에 고발하였다.[26] 이에 대해 연합회측에서 발간하는 「공고서 호외」에 실린 '재판 소식'에 따르면, "이박사와 안현경이 정부에 고발하되 이 사람들이 당을 지어 교육사업을 반대하며 국민회를 전복코저 할 뿐더러, 흉기를 가져 사람을 모해한다"[27]라는 이유로 고발하였다는 것이다. 1915년에 이어 두 번째로 국민회 문제를 법정에서 다루게 되었다. 3월 8일 열린 법정에서 이승만의 고소사건은 증거가 없다는 이유로 기각되었으며 이승만의 고소는 모함으로 인정되었다.

이렇게 되자 국민회측에서는 안현경 재정흠축 사건을 다른 데로 돌리고자 반국민회측 사람들을 경찰에 고발하기에 이르렀다. 제1차로 3월 11일 대의회가 파한 후에 유동면이 구타죄로 유상기의 고발에 의해 경찰에 체포되었으며, 제2차로 15일에는 안현경의 고발로 유동면·김석률·김한경·이찬숙이 난동죄로 형사재판을 받게 되었으며, 같은 날 제3차로 안현경이 김순기를 모살범으로 고발하여 체포되었다.[28] 안현경으로부터 고발을 당한 김순기

---

25 「김두한 → 황청일·이병운(1918. 10. 19)」,『이승만 동문 서한집』상, 연세대학교 출판부, 2009, 203~204쪽.
26 김원용,『재미한인오십년사』, 149~150쪽.
27 「공고서 호외」(UCLA 도서관 소장 진희섭 자료).
28 『신한민보』1918년 3월 21일자,「하와이 연합회 공서」.

는 1918년 2월 19일자로 안현경을 하와이 제1순회재판소에 고발하였다.²⁹ 당시 김순기의 고소장에 의하면, 안현경은 김순기가 "내가 너를 죽이겠다(I will kill you)"라고 하였다는데, 이에 대해 배심재판을 요구하였다.

안현경의 재정흠축 사건에서 발단이 된 이 사건으로 그를 지지하는 파에서는 무죄를 주장하였고, 그와 반대로 안현경을 반대하는 파에서는 그의 불신임을 주장하게 되었다. 이로 인해 하와이 한인사회 저변에까지 분열시키고 있었는데, 일례로 하와이섬 코할라구역에서는 다섯 지방에서 안현경을 불신임하였지만 김경순만이 그를 옹호하였다.³⁰

2) 국민회 임시 연합회중앙회의 조직

안현경의 공금횡령으로 발생한 문제는 유혈 난투극으로 발전하였으며 결국 법정에서 판결을 기다리게 되었던 것이다. 유동면을 구타죄로 고발한 유상기는 미본토로 가는 학생의 휴대금을 안현경이 횡령하였다는 학생들의 편지를 보여 달라고 하였다. 이에 유동면은 그것을 보여주는 순간 유상기가 그것을 가지고 달아났고, 유동면이 그것을 빼앗는 사이에 싸움이 발생하였던 것이다. 유상기가 경찰에 가서 유동면이 구타하였다고 고발하자 그 자리에서 유동면이 체포되어 갔고, 김석률은 박래선에게 구타를 당한 것이 분하여 경찰에 재판을 청하였고, 또 김한경은 한영숙·문순의와 재판을 청하였다.³¹ 이렇게 하여 재판이 진행되었는데 재판의 광경에 대해 1918년 3월 3일자 연합회의 「공고서」에는 다음과 같이 말하고 있다.

---

29 김순기의 법정자료는 국사편찬위원회, 『대한인국민회와 이승만(1915~36년간 하와이 법정자료)』(1999)에 수록되어 있다.
30 『신한민보』 1918년 4월 4일자, 「큰 풍파의 요사이」.
31 「공고서」 제5호, 1918년 2월 23일.

그 재판을 시작하였는데 안현경 씨가 이미 이렇게 일을 만든 바에는 이승만 씨는 불가불 그 뒤를 보아 주어야 할 것인 고로 자기가 친히 재판소에 들어가 안씨를 대신하여 말하는데, 재판소에서는 위선 2월 11일에 싸움나던 정형과 또 그 싸움의 근인을 묻기 시작하여 필경에는 금년 국민회 풍파가 소약국동맹회 재정으로 말미암아 생긴 까닭까지 미친지라. 재판소에서는 그 재정을 누가 거둔 것을 묻고 또한 국민회 이름이나 국민회 인장을 쓴 일이 없느냐함에 이승만 씨는 대답하기를 그 재정은 자기와 안현경 개인에 이름으로 거뒀고 국민회 이름이나 국민회 인장은 쓴 것이 없다고 하는대, 유동면 씨의 변호사는 인장이 벌거케 마신 총회장에 청연문을 내여놓고 이승만 씨를 면박하며 국민회 풍파는 모두 이승만 씨가 만들어 놓았다 하였다 하니 대저 안씨로 말미암아 이박사가 그런 모양을 당하는 것은 우리 5천 동포의 일반 수치라. 우리는 실로 심히 가석한 줄로 아노라.[32]

안현경의 재정 횡령에는 배후에 이승만이 있음을 대외적으로 밝혔다. 그 후 고등재판소에서 재판을 하여 유동면·김석률·김한경·이찬숙은 재판장에서 11일 동안 심문을 받고 3월 8일 배심원의 무죄로 석방이 되었다.

오아후연합회측에서는 안현경의 횡령사건을 확대시키기 위해 다른 섬 지방회의 참석을 유도하였다. 이에 '오아후연합회'를 확대시키기로 하고 3월 3일 칼리히지방회관에서 '하와이 국민회 임시연합회중앙회'를 조직하였다. 연합회중앙회에서는, "우리는 현임 총회장을 도저히 불복함으로 이후부터 새로 총회장이 피선될 때까지는 일체 공문상 거래와 공무의 교통을 총회장에게 하지 않고 그것을 다 임시연합회 회장에게로 할 일"[33]이라고 선언하였다. 그리고 안현경 총회장을 불신임할 것, 의무금을 총회에 보내지 말 것, 『공고서』를 발행할 것 등을 결의하였다. '국민회 임시 연합회중앙회'가 조직될

---

32 「공고서」 제6호, 1918년 3월 2일.
33 「공고서」 제8호, 1918년 3월 6일.

때 가와일로아의 노명식, 기파파의 서태호, 칼리히의 유동면·이경호·김한근, 막카웰리의 진진포, 부푸기의 임창진, 에와의 정극선·김란수, 와이알루아의 정두옥·이정근, 와이파후의 강순종, 와이피오의 이렬연, 캐스너의 이강렬, 팔리의 공한만, 호놀룰루의 이내수·정병선·신홍균 등이 참석하였다.

국민회 임시 연합회중앙회는 회장에 김진호, 부회장에 이종홍, 서기에 차병수, 재무에 송진헌, 사법원에 이내수, 검사원에 정두옥·정극선·안영칠, 규칙기초위원에 신홍균·정병섭·유동면 등이 피선되었고, 연합회의 일체 행정은 국민회와 동일하게 처리하며 하와이지방총회의 자치규정을 따를 것을 결정하였다.[34]

이처럼 연합회는 처음 오아후섬의 반국민회 대표들이 국민회 운영상의 문제를 해결하기 위해 조직된 임시기구였다. 처음 와이알루아지방의 반국민회 세력들의 조직이었으나 그후 하와이섬 코할라의 5개 지방회가 반국민회 운동에 동참하였다. 또 3월 4일 하와이섬 힐로항에서 정몽룡·장봉희·백명서·맹정호·김경문·최윤민·정성구·양의서·이성호·장경백·김치욱·임성의·한기룡·김경하·김수영·강영효·이자도·이영선 등이 '국민보안공동회'라는 이름으로 조직되어 반국민회 운동에 동참하였다.[35] 이같이 반국민회 세력이 결집되어 감에 따라 안현경 총회장을 옹호하는 측에서는 호놀룰루지방회에 따로 나와 별도의 '팔라마·릴리하지방회'를 조직하고 「릴리하 공포서」도 따로 발행하였다.[36] 이에 3월 24일 팔라마지방의 반국민회 성향의 조병요 등에 의해 '팔라마지방회'를 조직하고 별도로 공고서를 발행하였다.[37]

---

34 「공고서」제10호, 1918년 3월 15일;『신한민보』1918년 3월 21일사,「임시연합중앙회 조직」.
35 「공고서」제10호, 1918년 3월 15일;『신한민보』1918년 4월 4일자,「큰 풍파의 요사이 언제나 침식될고?」.
36 『신한민보』1918년 4월 18일자,「팔라마지방이 또 분립」.
37 「공고서」제13호, 1918년 3월 27일;『신한민보』1918년 4월 18일자,「팔라마지방이 또 분립」.

총회장 안현경의 흠축과 행정불미 사건을 둘러싸고 한인사회가 급속히 분열되면서, 반국민회측에서는 4월 8일 안현경의 재정흠축 및 행정불미 12개조를 들어 하와이총회 관하 이춘서·주원여·정극선 등 13개 지방 대의원들이 5월 15일에 임시의회를 개최하자고 요청하였다. 이에 총회장 대리 윤계상은 안현경 총회장이 부재중임으로 임시의회를 개최할 수 없다고 답변하였다.[38] 13개 지방 대의원들은 변호사를 통해 직접 안현경에게 임시의회를 소집해 달라고 편지를 보냈으나,[39] 안현경은 변호사를 통해 임시의회 소집을 하지 못하는 이유를 설명하게 하였다. 그러자 13개 대의원들은 유동면·주원여·정극선을 교섭위원으로 선정하여 안현경과 교섭케 하였으나 그는 여전히 변호사를 통해 임시의회를 개최하지 못한다고 답변하였다.[40]

3) 출운호 논쟁과 한인사회의 분열

1918년 2월 11일의 유혈사건으로 반국민회 세력들이 경찰에 고발당하고 결국은 법정에 서게 되었고 무죄로 방면되게 되면서, 연합회측에서는 이승만에 대해 '스파이' 혹은 '고발꾼' 등의 용어를 사용하여 맹공을 가하였다. 총회장 안현경 재정흠축사건으로 발단되었기 때문에 국민회측에서는 안현경의 개인적인 비리와 행정상의 문제에 초점을 맞추면 자신들에게 절대로 유리할 것이 없다고 판단하고 문제의 방향을 다른 곳으로 몰고 갈 필요가 있었다. 방향전환에 대해 반국민회의 기관지인「공고서」제11호에서는 "안현경 씨의 공전을 흠축하고 사재를 속여먹은 사건은 감어두고 이제 딴 문제로 공연히 떠들어 일반 시비하던 조건은 다 잊어 버리게 하고저 함"[41]이라

---

38 『신한민보』 1918년 5월 2일자,「하와이총회 임시의회 소집의 판국」.
39 『신한민보』 1918년 5월 9일자,「하와이총회 임시의회 소집의 판국」.
40 『신한민보』 1918년 5월 24일자,「임시의회 소집의 교섭」.
41 「공고서」제11호, 1918년 3월 19일.

고 하여, 국민회측에서 사건의 본질을 다른 방향으로 호도시켜 비켜가려 한다고 하였다.

안현경의 국민회 재정남용의 책임을 진 이승만은 그 책임을 다른 데로 돌림으로써 이같은 위기를 모면하고자 하였다. 이승만측에서는 하와이 한인사회의 풍파 책임을 박용만의 대조선국민군단 문제에 돌렸던 것이다.[42] 수세에 몰린 이승만은 법정에서 살인미수혐의로 고소한 대의원에 대해 박용만의 대조선국민군단과 사관양성운동이 평화를 방해하는 행위였다고 비난하고 나온 것이다. 안현경의 공금횡령으로 궁지에 몰린 이승만측에서는 박용만의 대조선국민군단 문제와 일본군함 출운호(出雲號) 폭파사건을 들고 나온 것이다. 출운호는 하와이 호놀룰루항에 자주 출입하는 일본군함이었다. 이승만측에서 출운포 폭파 문제를 들고 나오면서, 사건은 단순한 공금유용 혹은 재정남용의 문제가 아닌 정치적 투쟁으로 몰고 가고 있었던 것이다.

그들이 박용만 패당이며, 미국 영토에 한국 국민군단을 설립하고 위험한 배일 행동으로 일본 군함 출운호가 호놀룰루에 도착하면 파괴하려고 음모하고 있는 무리들이며, 이것이 미국과 일본 사이에 중대사건을 일으키어 평화를 방해하려는 것이니 저들은 조처하여야 한다.[43]

이승만은 박용만의 대조선국민군단과 사관양성운동과 출운호 폭파사건에 대해 물고 늘어지면서 문제의 핵심을 피해가려한 것이다. 국민회측을 대변하는 「릴리하 공포서」 제14호에 "왜병선 출운호를 때려 부실 양으로 폭발약을 샀으면 그만두되"라고 하여 은근히 박용만측에 출운호를 폭파하려 하였다는 듯이 쓰던 것이다. 이같은 정치적 공세에 대해 연합회측의 「공고서」

42 「공고서」 제9호, 1918년 3월 12일.
43 김원용, 『재미한인오십년사』, 151쪽.

제20호에서는 사실무근임을 강조하였다.

> 군함을 폭발하자는 말로 어찌 남을 의심하며 부근지실을 지어 놓느뇨. 오늘 일본은 미국과 제일 친한 나라요. 또 연합국이라. 이 말을 왜 지어내느뇨. 이 말이 근거가 있는 말 같으면 본 공고서도 어디까지 이 위험한 주의와 음모를 품고 계획하는 놈을 대하여 연합회 군법으로 다스리기를 찬성할 것.[44]

하와이 국민회 13개 지방 대의원들은 안현경에게 소집을 요청하였다. 그러나 안현경은 여러 이유를 대면서 의회소집에 응하지 않다가, 5월 28일 저녁에 갑자기 경찰들이 와서 국민총회관에 있었던 대의원 8명과 안현경을 연행해 갔다. 당시 릴리하의 여학교에 있던 이승만이 28일 오후 9시경 경찰서에 전화를 걸어 "이제 당장 사람을 상한다"라고 고발하여, 경찰이 출동하여 유동면·김진호 등 대의원들을 잡아갔던 것이다.[45] 경찰서장이 끌려온 대의원들에게 묻기를 "당신네들이 총회관에 와서 야료하니 무슨 일로 그리하오?"라고 하니, 유동면이 "우리가 행정상 부정한 과실을 들어 의회를 소집하던지 문부를 조사하는지 두 가지 중에 하나를 하라고 두 달 동안 총회장에게 청원하였다"고 하였다. 이 말을 들은 경찰서장은 안현경에게 3주내로 의회를 소집하던지 아니면 문부를 조사하게 하던지 둘 중에 하나를 선택하라고 하였다.[46]

이로 인해 안현경은 3주내로 대의원회를 개최하지 않으면 안되게 되었다. 그런 가운데 하와이 한인사회가 진흙탕 싸움이 되었다. 이렇게 되자 박용만은 6월 11일자로 발행된 「공고서」 제30호에, 「선언서」를 통해 하와이 국민

---

44 「공고서」 제20호, 1918년 4월 29일.
45 『신한민보』 1918년 6월 27일자, 「하와이 총회 때에 대의원을 포박한 대사건」.
46 『신한민보』 1918년 6월 13일자, 「이박사가 대의원을 포박」.

회의 존립을 위협하는 행위를 하지 말 것을 다음과 같이 선언하였다.

> 만일 싸움을 다시 계속하는 경우에는 비록 정치상 싸움을 할지로되 개인상 싸움은 하지 말지며 또는 비록 개인상 싸움까지 할지로되 결단코 국가 민생에 방해되는 일을 하지 않을 것이라. 나는 비록 천만가지 욕설을 다 들어도 오히려 다 용서하고 참을 수 있으되, 출운호를 침몰시키라 하였다는 말이나 일본과 싸우기를 준비한다 하는 말 같은 것은 비록 근거 없는 일이나, 이는 곧 국가 전도에 관계되는 일인 고로 누구던지 함부로 말하여 우리의 원수를 도와주는 것이 불가할 줄로 아노라.[47]

반국민회적 성향을 가진 연합회측 13개 지방 대의원들은, 연명으로 총회장 안현경에게 대의회의 소집을 요구하였다. 이같은 요구에 대해 국민회측에서도 대의회를 열어 연합회측의 요구를 거절하는 정식 공문을 보내 대응하였다.

5월 28일 안현경이 경찰서에 갔을 때 3주내로 임시의회를 개최한다고 경찰서장에게 약속한 마지막 날이 6월 18일이었다. 그러나 안현경은 대의회의 개최를 거절하였는데, 그 이유는 하와이지방총회 대부분의 지방회가 임시의회를 부인하기 때문이라고 하였다.[48]

> 임시의회 소집을 각 지방에 문의한 즉, 현재 행정하는 지방회가 52지방인데, 그중 7개 지방은 의회를 열겠다 하고, 38개 지방은 열지 않겠다 하고, 대답없는 곳이 한 지방이니 총 다수하면 의회를 열어 줄 수가 없노라[49]

---

47 「공고서」 제30호, 1918년 6월 11일; 『신한민보』 1918년 6월 27일자, 「박용만씨의 선어서」; 『신한민보』 1918년 7월 4일자, 「하와이 풍파주 박용만씨의 선언」.
48 「李鍾鴻이 安昌浩에게 보낸 서신; 1918. 6. 24」.
49 『신한민보』 1918년 7월 11일자, 「연합중앙회의 결심」.

6월 19일 연합회측에서는, 회장에 이내수, 부회장에 이종홍 등 임원을 선출하고 13개 지방의 연합회가 대의회를 개최하여, 행정기관을 완전히 세울 것, 의무금을 수합하여 전시 저축표를 사둘 것, 일체 공무에 시정방침을 결정한 것 등 22개조의 결의안을 채택하였다.[50]

이와 같이 한인사회의 분쟁이 계속되는 과정에서 반국민회파가 중심이 되어 1918년 7월 1일 '하와이 국민회 임시 중앙연합회'를 정식으로 결성하였다. 그런데 당시 갈리히지방의 연합회가 중심이 되었기 때문에 이를 대개 '갈리히연합회'라고 불렀던 것이다.[51] 연합회의 사무실은 호놀룰루 시내에 두고 기관지로 기존의 『연합회 공고서』 제호를 『연합회보』로 변경하여 7월 16일 제1호를 발행하였다.[52]

그러면 왜 박용만이 연합회를 결성하였을까. 앞에서 언급한 바와 같이 국민회의 재정흠축사건을 계기로 국민회의 주도권을 상실한 박용만을 중심으로 한 반국민회 세력들이 자신들의 세력을 결집시키기 위해 결성한 것이다. 따라서 연합회의 회원은 박용만을 지지하는 안영칠·차병수·김현구·유동면·이경호·김한근·김진호·임창진·정국선·김난수·이철연·이강열·이내수·정병섭·신홍균·정두옥·이정근·노병식·송진언·이종홍·이춘서·마준영·이순화·주원여·김규섭·박여규 등이었다. 현재 연합회에 대한 별다른 자료가 발견되지 않아 구체적인 사정을 알 수 없지만, 『재미한인오십년사』에 다음과 같은 「연합회 발기문」이 실려 있어 대체적인 조직목적과 활동을 알 수 있다.

사회 풍파에 쇠잔한 원기를 소생하여 사회를 부흥하려면, 먼저 동포 간에 시비를

---

50 「공고서」 제34호, 1918년 6월 27일; 『신한민보』 1918년 7월 14일자, 「연합회 대의회 결의안」.
51 김원용, 『재미한인오십년사』, 156쪽.
52 『신한민보』 1918년 8월 1일자, 「연합회보의 발행」.

피하고 화목을 증진함에 노력할 것인데, 적어도 국민회의 질서가 정돈되는 때까지는 임시적 조직을 결성하고, 필요한 사업을 진행하며 서로 충돌하지 않기를 힘쓸 것이다. 국민회 임원과 각 지방 대의원 간의 시비는 반 년 이상의 시일을 끌고 있는데, 총회장 안현경이나 재무 이승만과는 이해를 통할 수 없으며, 그들의 무경우하고 부정직한 처사로 인하여 동료 간에 시비가 계속되고 화기를 손상하므로, 이것을 피하기 위하여 연합회를 조직하는 것이다.

연합회는 국민회와 이승만계열의 전횡으로 한인사회가 분열되었기 때문에 국민회의 질서가 정돈되는 때까지 임시적으로 조직한다고 명시하였다. 그리고 그 주목적은 이승만과 직접 대립함으로써 한인사회를 분쟁으로 몰아가지 않겠다는 의도라고 하였다. 그럼에도 불구하고 연합회의 조직은 하와이 한인사회를 뚜렷이 두 당파로 나뉘어지게 하는 시발점이 되었던 것이다. 왜냐하면 하와이 한인사회는 한인합성협회 결성된 이후 대한인국민회 하와이지방총회로 통일되어 있었는데, 국민회 외 또 하나의 단체를 결성하는 것은 분명히 분파투쟁을 더욱 가중시킬 수 있는 가능성을 더욱 높여준 것이 분명하다. 이 때문에 국민회 중앙총회장 안창호는 1918년 11월 1일 「연합회 당국에게 권고하는 글」을 통해, 먼저 연합회를 해산하고 하와이 국민회 총회의 불법성을 탄핵하는 것이 순서일 것이라고 하였다.[53] 안창호는 미주의 국민회가 한인들을 대표하는 통일기관이기 때문에 국민회 이외의 다른 조직을 만드는 것은 있을 수 없는 일이라고 하면서 연합회의 해산을 촉구하였다.

박용만은 연합회 결성 이후 1918년 11월 28일에 『태평양시사(The Pacific Times)』를 발행함으로써 이승만과 국민회에 대항할 준비를 본격적으로 갖추어 가고 있었다.[54] 연합회는 처음 『연합회보』를 기관지로 발행하였으나 샌

---

53 『신한민보』 1918년 11월 7일자, 「중앙총회장께서 하와이에 보내는 공문」.
54 『신한민보』 1918년 12월 19일자, 「태평양시사는 새 면목으로 출세」. 『태평양시사』는 대조선

프란시스코 『신한민보』의 고활자를 인수받아 『태평양시사』로 제호를 변경하였다. 이승만이 『태평양잡지』라는 제호로 자신의 주장을 펴기 때문이었다. 『태평양시사』는 매주 8면으로 발간되었는데, 1919년 1월 1일과 9일호는 4면으로 줄여 발간되었다.[55] 연합회는 기관지 『태평양시사』를 통해 박용만의 무장투쟁적 독립운동노선을 선전하면서 자파세력의 확대를 꾀하였을 것으로 판단된다.

독립단의 기관지로서 1926년까지 7년 4개월 동안 301호까지 간행되었다(李元淳, 『世紀를 넘어서』, 142쪽).
55 『국민보』 1919년 1월 11일자, 「태평양시사 폭원 변경」.

3 대조선독립단의 조직

박용만은 연합회를 조직하여 이승만의 국민회에 대응하고 있었지만, 그 세력은 아직 이승만을 상대로 분쟁을 야기할 수 있는 단계에까지 이르지 못한 상태였다. 그런 상황에서 1919년 2월 하와이 국민회는 총부회장과 새 임원을 선출하였는데, 총회장에 이종관, 부회장에 손창희가 선출되었으며, 총회 대표원에는 안현경·윤계상·유상기 3명이 임명되었다. 기타 임원으로는 총무에 김광재, 서기 겸 재무에 김영우, 학무원에 이승만, 법무원에 서상홍, 구제원에 정윤필, 군무원에 손덕인, 농상부원에 신성일 등이 임명되는 등 이승만파 일색이었다.[56]

그무렵 박용만은 국외 독립운동세력과 긴밀히 연락을 하고 있었으며 하와이내에서도 세력 만회를 위해 상당한 준비를 하고 있었던 것같다. 국내에서 3·1운동의 소식이 들려오지 않았던 1919년 3월 3일 박용만은 오아후섬·하와이섬·카우아이섬의 지지자들을 호놀룰루 한인 자유교회에 모아 '대조선독립단 하와이 지부'를 결성하였다.[57] 박용만이 굳이 3월 3일에 독립단을 창립한 것과 국내에서 3·1운동이 발발한 것과 일정한 관계가 있는 것 같다.[58] 왜냐하면 3월 10일자 하와이의 영자신문 『호놀룰루 스타 뷰레틴』지에 "호놀룰루의 한국신문 『태평양시사』의 주필 박용만은 지난 주(last week) 한 장의 편지를 받았는데, 그것은 독립운동에 관한 이 전보를 확인하는 것이

---

56 『신한민보』 1919년 2월 13일자, 「하와이 총회 명년도 총부회장과 새 임원」.
57 『신한민보』 1919년 5월 1일자, 「대조선독립단의 예식 거행」.
58 하와이지역 3·1운동에 대해서는 김도형, 「3·1운동과 하와이 한인사회의 동향」, 『한국근현대사연구』 21, 2002 및 Do-hyung Kim&Yong-ho Choe, 「The March First Movement of 1919 and Koreans in Hawaii」 『From the Land of Hibiscus』, University of Hawaii Press, 2007 참조.

었다"라는 기사가 있기 때문이다.[59] 이 『스타 뷰레틴』 기사에 의하면 누군가 박용만에게 국내에서 3·1운동이 일어날 것이라는 것을 미리 알려준 것이라고 볼 수 있다. 3·1운동 발발 직전 국내를 탈출하여 중국 상하이[上海]에 도착한 현순이 미주시간으로 1919년 3월 9일 상오 11시경 대한인국민회 중앙총회장 안창호 앞으로 전보를 보냈다.[60] 그리고, 이와 동시에 똑같은 내용의 전보를 하와이 국민회에도 보내, 하와이에서는 3월 9일 아침에 3·1운동의 소식을 알게 되었다.

그러나 위의 신문기사에서 보면, 박용만에게 보낸 편지가 누가, 어디서 보냈다는가에 대한 발신인이 없기 때문에, 발신자를 확인할 수가 없다. 그런데, 박용만의 추종자인 정두옥의 「재미한족독립운동실기」에서, "1919년 3월 1일 한국의 독립운동의 전기하여 현순 목사가 박용만 씨에게 편지하기를 한국안에서 미구에 독립운동이 일어날 것을 통지하면서 나는 장차로 파리 경의 강화회에 갈려하니 당신도 파리에 오시오 하는 독립운동의 첫 소식이라."[61]라고 하여 『스타 뷰레틴』지의 기사 내용을 확인해 주고 있다.

『스타 뷰레틴』지에 언급된 편지가 상하이에서 현순이 보냈다면 3월 10일이 월요일이니까, '지난 주'라고 할 때 빠르면 월요일인 3일, 늦으면 토요일인 8일이 될 것이다. 즉 현순이 상하이에 도착한 날짜가 3월 1일이고, 상하이 도착한 후인 3월 4일 공식적으로 3·1운동이 일어났다는 소식이 중국현지 신문에 실렸다. 그런데 위의 신문기사에 따르면 '지난 주 한 장의 편지'라고 하였는데, 편지는 보통 국내 혹은 상하이에서 적어도 20일 정도가 소요된다. 따라서 국내에서 3·1운동이 일어나기 전에 현순 혹은 다른 사람이 박용

---

59 『Honolulu Star Bulletin』 1919년 3월 10일자, 「Cable says Korean people now assert their independence」; 방선주, 「3·1운동과 재미한인」, 『한민족독립운동사』 3, 국사편찬위원회, 1988, 498쪽.
60 『신한민보』 1919년 3월 13일자 호외, 「대한독립선언」.
61 鄭斗玉, 「在美韓族獨立運動實記」, 『한국학연구』 3 별집, 인하대학교 한국학연구소, 1991 재수록, 67쪽.

만에게 편지를 보냈다는 것이 된다. 그렇지만, 박용만과 특별한 관련이 없는 현순이 하와이의 박용만에게 전보를 보냈을까에 대한 의문이 있다.

아무튼, 하와이에는 어떤 경로인지는 모르지만, 박용만에게 국내에서 독립선언을 할 것이고 알려 왔다고 할 수 있다. 이것은 적어도 3·1운동의 소식이 하와이에 전해지기 전인 3월 3일 박용만에 의해 독립단이 조직되었다는 사실과 밀접한 관계를 가지고 있다고 할 수 있다. 독립단은 3·1운동 발발 소식이 하와이에 정식으로 알려지기 전에 조직되었기 때문에, 독립단측에서는 국내에서 독립을 선언하였다는 소식을 듣고 매우 반겨 맞을 수밖에 없었다. 박용만은 3월 30일 하오 1시 반 호놀룰루시내에서 '대조선독립단 하와이 지부' 발회식을 정식으로 거행하였다. 발회식에는 하와이 각 지역에서 박용만을 지지하는 각 지방 대표 등 약 350여 명이 참석하여 성대히 거행되었다.

3·1운동의 소식이 전해진 후 박용만과 독립단에서는 그동안 반목했던 국민회와 보조를 맞추면서 독립운동을 후원하려는 모습을 보여 주었다. 국민회 주최로 4월 12일 호놀룰루시 카이무키에 있는 한인기독학교에서 개최된 '독립축하식'에 박용만도 참석하여 연설을 하였다.[62] 그후 박용만은 중국과 연해주지역에서 자신의 무장독립노선을 실행하기 위해 5월 19일 호놀룰루를 떠나 블라디보스토크로 갔다.

한편, 3·1운동 소식을 들은 하와이의 한인들은 독립운동을 지원하면서, 미국정부와 시민들에 대해 한국독립의 정당성과 3·1운동에 대한 국제적 동정을 얻고자 하였다. 마침 6월 11일 하와이에서는 「카메하메하(Kamehameha) 대왕(大王) 백년제(百年祭)」가 개최되었는데, 하와이의 한인은 이를 통해 독립운동을 선전하고자 하였다.[63] 한인중앙학원의 학생들은 퍼레이드를 준비

---

62 『The Pacific Commercial Advertiser』 1919년 4월 13일자, 「Koreans Observe Independence Day on Every Island」.

63 하와이 왕조의 카메하메하(Kamehameha) 1세가 1819년 5월에 죽고, 그의 장남이 왕위를 계승하였는데, 1919년은 카메하메하 2세(1819-1824)가 즉위한지 100년이 되는 해이다.

하였고, 국민회에서는 유희를 준비하였으며, 독립단의 기관지 태평양시사에서는 국기행렬을 하였다.[64] 특히 태평양시사 관계자들이 행사 때에 '조선독립만세'라고 쓴 깃발을 가지고 퍼레이드에 참가한 것이 주목을 받았다.[65] 태평양시사의 깃발행사는 하와이 현지 일본인들의 반대로 도리어 한인들에게 도리어 동정을 표하는 계기가 되었다.

그러면, 박용만이 독립단을 결성한 목적을 「대조선독립단 하와이지부 약장」[66]을 통해 살펴보자.

> 하와이에 거류하는 우리 조선사람들은 동포 간 복리를 증진케 하고 학술상 지식을 발달케 하며, 또한 조선국가의 독립운동을 향상 원조하기 위하여 이에 오아후·하와이·카우아이 각 지방에서 대표자를 파송하여 4252년(1919년 – 필자) 3월 3일에 호놀룰루에 회동하여 한 단체를 조직하고 거룩하신 하나님 이름과 공정한 합중국 법률앞에 이 약장을 제정함.[67]

조직의 결성목적은 하와이 한인들의 복리증진과 독립운동을 원조하기 위해 결성되었다고 하였다. 그리고 「약장」은 전체 제6장 제58개조로 구성되었는데, 그 가운데 제1장 「강령」만을 살펴보자.

제1조 본 조직체는 조선내지와 원동의 각 단체로 조직된 대조선독립단의 한 부

---

64 『신한민보』 1919년 6월 24일자, 「가미하미아 백년 기념일」.
65 『Honolulu Star Bulletin』 1919년 6월 16일자, 「A tactless blunder」(이 기사에 대한 전문번역은 『신한민보』 1919년 7월 1일자, 「왜놈들이 한인의 독립행렬을 반대타가 쓴 망신」).
66 「대조선독립단 하와이지부 약장」의 원문은 국가보훈처에서 간행한 『해외의 한국독립운동사료 (XXII)』 美洲編(4)』(1998, 609~619쪽)에 수록되어 있다. 이 문서에는 1919년 5월 1일 태평양시사사에서 간행되었다고 한다.
67 국가보훈처, 『해외의 한국독립운동사료(XXII) 美洲編(4)』, 609쪽; 김원용, 『재미한인오십년사』, 187~189쪽.

분으로 이름을 대조선독립단 하와이 지부라 함.

제2조 본단의 위치는 미령 하와이 수부 호놀룰루에 정하고 각 지부는 하와이 군도 각 섬에 지방에 설치함.

제3조 본단의 관할구역은 하와이 군도로 원위를 삼으되 만일 다른 땅 다른 곳 동포가 개인이나 혹 단체로 본단에 단원이나 혹 지부되기를 청원하는 때에는 그것을 다 일체로 허락함.

제4조 본단의 종지는 각처에 산재한 일반 동포의 생활상 복리를 증진케 하고 학술상 지식을 발달케 하며 또 한인사회에 심리를 민주주의로 지도하고 대소 인민의 사상을 자유정신으로 함양코저 함.

제5조 본단의 목적은 조선민족의 독립운동을 항상 원조하기로 위주하여 일반기관을 그 방면으로 사용하며 또 원동본부와 기타 각 단체로 더불어 대동단결이 주의를 지켜 조선국가가 완전히 독립을 얻기까지는 그런 주의에 대하여 정신과 물질을 일체로 희생하기로 하며 원동본부에 대하여는 일체의 의무를 지휘대로 시행함.

제6조 본단의 주요되는 사무는 대강 이상 종지와 목적을 관철하기 위하여 위선 재정을 모집하고 교통을 민속히 하고 또 출판사업을 전력하며 외교활동을 시험함으로 제일 급무로 인정함.

제7조 본단의 조직체는 대의부와 협리부와 행정부와 또 위원부로 성립하되 협리부는 곧 대의부의 대리로 호놀룰루에 항상 있어 대소사를 협의하게 함이요. 위원부는 실로 독립함이 아니라 다소간 행정부에 부속하여 행정부를 방조함이라 함.

제8조 본단의 가급적 수단을 다하여 왜놈과 교제를 끊고 왜놈의 물화를 배척하여 한인사회의 상업상 이익이 한인에게로 돌아오게 하며 또 동포의 환란을 구원하여 불행한 생명이 없게 하도록 전력코저 함.

제9조 본단은 기원 4252년 3월 1일을 조선독립 반포한 경절로 지킴,

「강령」은 모두 9조로 구성되어 있는데, 하와이 독립단은 원동과 국내의 각 단체들과 더불어, 하와이뿐만 아니라 원동지역에 이미 조직되었거나, 조직될 예정이었던 '대조선독립단'의 한 지부라는 것이다. 단체의 주목적은 원동의 각 단체와 독립운동자금을 모집하여 '군사운동'을 후원하는데 있었다. 물론 출판과 외교사업도 병행한다고 하였지만, 그 주도적인 운동방법은 군사운동을 하는데 있었다. 다시 말해 독립단의 조직목적은 하와이에서 군사운동을 주도하던 박용만의 독립운동노선을 제고시켜야만 한다는 것을 기정사실로 조직된 단체였다.

「강령」제7조를 통해 독립단의 조직을 보면, 대의부·협리부·행정부·위원부를 4부를 두고 있었다. 4개의 주요조직 가운데 대의부와 협리부는 입법기관으로서의 역할을 수행하였다. 대의부는 각 지방단원들이 직접 투표하여 뽑은 지방대표들로 구성되었으며, 각 지방대표가 추천한 2명을 대상으로 다시 한 명을 선출하여 협리부를 구성하였다. 대의부는 매년 한 차례 이상 회의를 개최하고, 호놀룰루에 상주하는 협리부원들은 매달 회의를 개최토록 「약장」에 명시하였다. 이로 보아 독립단의 입법기관은 상원적 성격의 대의부와 하원적 성격의 협리부 양원제를 채택하고 있었다고 할 수 있다.

행정부는 단장 1명, 부단장 1명, 총무 1명, 서기 1명, 재무 1명, 외교원 1명, 법무 1명, 구제원 1명을 두게 하였다. 위원부는 위원총회, 탁지·교통·출판·사교·구제·실업·특무위원으로 구성되었으며, 각각 3명 혹은 5명의 위원을 두었다. 행정부와 위원부는 같은 행정기관이지만 행정부는 내각적 성격의 실행기관이며, 위원부는 행정부의 국무회의적 성격을 가지고 있었다. 이처럼 독립단이 조직체계를 이중적으로 구성한 이유는 견제와 균형을 통해 지도자 1인의 독단적 전횡을 방지하고자 하는 의도가 있었다고 하겠다.

독립단은 중앙조직과 더불어 지방조직도 갖추고 있었다. 하와이 각 섬에 거류하는 한인들을 중심으로 조선독립에 뜻이 간절한 자 10인 이상이 모여 청원하면 지방조직을 설립할 수 있었다. 지방단의 조직체계도 중앙단과 같았으며, 다만 지방조직의 경우 위원부를 특별히 설치할 필요는 없었다. 지방단의 조직체계에서 특기할 점은 중앙조직과 달리 단장이 중심이 되는 것이 아니라 해당지방의 목사가 단원들을 통솔하게 되어 있다는 점이다. 이는 한인들이 대부분 하와이 각 섬에 산재한 농장에 거주하기 때문에 그곳의 목사가 중추적인 역할을 할 수밖에 없었기 때문이라고 할 수 있다.

독립단의 단원들은 독립운동에 뜻이 있는 18세 이상이면 누구나 가입할 수 있었고, 단원이 되려면 반드시 다음과 같은 선언을 하여야만 했다.

조선국가의 독립을 위하여 생명과 재산을 다 희생하기로 결심하고 또 대조선독립단에 몸을 받쳐 그 종지와 그 목적을 죽는 때까지 보호하며 이후부터는 나의 몸을 다른 목적이나 다른 단체를 위하여 쓰지 안키로 작정이고, 이것을 거룩하신 하나님과 사랑하는 동포앞에 엄숙히 맹서하며 또 그것을 증거하기 위하여 나의 이름을 나의 손으로 친히 이 종이에 쓰노라.

그리고 독립단에서는 단원들에게 '독립준비금'이라는 명목으로 매월 1원을 받는데, 그 가운데 15%는 지방단에, 85%는 중앙에서 사용하였다.

「약장」을 보면, 독립단은 조직 초기부터 거의 완벽한 조직체계를 명문화하고 있었다. 하지만 「약장」에 규정된 것과 같이 조직이 운영된 것같지는 않다. 왜냐하면 박용만이 1919년 5월 19일 호놀룰루를 떠나 블라디보스토크으로 감에 따라 하와이에서 그 세력이 점차 감퇴될 수밖에 없었기 때문에 「약장」과 같이 조직이 활발히 운영될 수 없었다. 또한 3·1운동에 전력을 쏟고 있던 하와이 한인사회에서 독립단만의 독자적인 활동이 쉽지 않았을 것으로 판단되기 때문이다.

처음 독립단을 결성할 때 신흥균을 총단장에 강영효를 부단장으로 뽑았으며, 총무에 김윤배, 협리부에 양기준, 태평양시사 사장에 조용하를 선출하였다. 일제의 정보자료에 의하면, 조직초기 독립단의 단원은 하와이 전도에

1,600명 정도였다고 한다.[68] 독립단은 결성 후 얼마안되어 독립단의 단장 신홍균이 단비(團費) 사용(私用)의 혐의로 퇴직하고, 부단장 강영효가 그 후임이 되었다.

1918년 하와이 한인사회는 국민회측과 이에 반대하는 연합회 사이의 분쟁으로 완전히 두 조각이 났고, 결국은 앞에서 본 바와 같이 국민회를 반대하는 측에서 대조선독립단을 조직하게 되었다. 그럼에도 불구하고 대부분의 한인들은 한인사회의 분열과 반목보다는 통일을 바랐기 때문에 통일에 대한 논의는 수면 밑에서 계속되고 있었다. 독립단이 결성된 이후인 1919년 4월 12일 호놀룰루 한인감리교회에서 각 사회 대표자들이 회집하여 절대 통일을 주장하였지만 성공하지 못하였고, 다시 4월 19일 한재명의 집에서 모여 통일을 논의하고자 하였지만 대표자들이 모이지 않아 실패하고 말았다.[69]

한편, 3·1운동이 일어난 후 대한인국민회 중앙총회에서는 독립운동의 연락과 일치된 행동방침을 마련하기 위해 강영소와 황사용을 하와이에 특파하였다. 이들은 1919년 6월 2일 하와이에 도착하여 그동안 분열되어 있던 한인사회의 통일을 도모하였다. 하와이에 온 강영소와 황사용은 국민회측과 그에 반대파인 독립단과의 합동을 통해 독립운동을 확대시킬 것을 강조하였다. 국민회 특파원의의 설득에 의해 양쪽 간에 합동에 합의가 이루어져 7월 18일 역사적인 합동식이 거행되었다.

하와이 국민회와 독립단이 합동이 이루어진 배경은 국민회측에도 독립단측에도 그만한 이유가 있었기 때문이었다. 한인사회와 독립운동을 주도권을 쥐고 있던 국민회측에서는 3·1운동을 후원해야 한다는 거대한 명분하에 독립단과 분열되어 있다는 것이 자못 부담스러웠을 것이다. 또한 독립단측에서도 국민회와 합동에 동의하지 않을 수 없는 자체의 사정도 적지 않았던 것

---

68 「布哇在留鮮人團體의 情況」, 『不逞團關係雜件 - 朝鮮人의 部 - 在歐米(6)』.
69 『韓人協會公報』 제7호, 1930년 4월 7일(UCLA도서관 소장 진희섭 자료).

같다. 일제의 정보자료에 의하면, 독립단은 박용만이 하와이에 없기 때문에 세력이 위축되어 가자 합동에 동의한 것으로 판단하고 있다.[70]

양 단체의 합동이 이루짐에 따라 독립단에서는 각 지방단에 공문을 발송하여 단을 해소하고 단의 기관지인 『태평양시사』를 폐간할 수밖에 없었다.[71] 하지만 국민회측과 독립단의 합동은 오래 지속되지 못하였다. 가장 큰 이유는 3·1운동의 열기가 식어가고 독립운동을 적극적으로 지원해야겠다는 공동의 목표가 사라지면서 독립단과 국민회와의 충돌이 발생하였기 때문이었다. 합동한 지 두 달만인 1919년 9월 드디어 다시 분립하게 되었다. 왜 국민회와 독립단이 통합에 합동한 지 두 달도 되지 않아 다시 갈라서게 되었는가? 이에 대한 해답을 줄 수 있는 자료가 1919년 8월 12일자로 중앙총회의 대표로 온 강영소의 편지에 보면 잘 나타난다.

포총(布總, 하와이지방총회-필자)은 종시(終是) 중총(中總, 대한인국민회 중앙총회-필자)의 실시하는 조건을 법정의안(法定議案)이 아니라 빙자하고 응종(應從)치 아니하여 해산된 독립단을 관용하여 합동하기를 무도(務圖)치 안을 뿐 아니라, 『국민보』는 소위 기서(奇書)라고 하고 중총을 모욕(侮辱)함이 막심함으로 해산중에 재(在)한 독립단원 전부는 다시 와해하는 상태를 노현(露現)하여 중총 법령을 불복하는 포총으로는 도저히 합동치 않겠다 함으로 장차 귀순(歸順)시킬 희망과 또는 당장(當場)에 의무를 행(行)케 하여야 되겠는 고로 독립단 해산한 구역마다 지방회를 조직하라고 정식으로 지휘하였나이다.[72]

---

70 「布哇에 있어 鮮人의 現狀」, 『不逞團關係雜件-朝鮮人의 部-在歐米(4)』.
71 「ハワイにおける抗日獨立運動に關する件」 金正明 編, 『朝鮮獨立運動』 I 分冊, 734쪽, 1919년 10월 2일 高警第2763號.
72 「강영소 → 이승만?(1919. 8. 12)」 『李承晩 東文 書翰集』 中, 연세대학교 현대한국연구소, 2009, 3쪽.

강영소는 하와이 한인사회의 최대의 단체인 국민회가 독립단을 포용하지 못하기 때문에 합동이 실질적으로 이루어지지 못하였다고 하였다. 이에 중앙총회의 대표인 강영소는 독립단으로 하여금 해산된 지방단을 국민회의 지방회로 다시 부활시킬 것을 명령하였던 것이다. 그럼에도 불구하고 양 조직 간의 해소되지 않은 감정을 앙금은 여전하기 때문에 합동을 실패로 돌아갔던 것이다. 모처럼 마련된 합동은 깨짐에 따라 독립단은 다시 지방조직을 부활하고 『태평양시사』를 재간시켰다. 조용하는 이종홍·조병요·강영효 등과 상의하여 재조직에 착수하여 전 하와이에 26개 지부와 단원 1천여 명을 획득할 수 있었으며,[73] 그해 12월 조용하가 총단장과 태평양시사 사장에 취임하였다. 조용하가 1916년 12월 하와이에 온 직후에는 이승만과 친하게 지냈던 인물이었다.[74]

---

[73] 「조용하 청취서(제2회)」(국사편찬위원회, 『韓民族獨立運動史資料集』42, 2000, 116쪽).

[74] 「이내수가 안창호에게 보낸 편지(1917. 3. 8)」에 의하면, "上年 12月 本國서 同船에 渡布한 조용하씨는 李氏(이승만 – 필자)와 同和하엿"다라고 한다(『도산안창호전집』, 제3권, 2000, 396쪽).

4   1920년대 초반 한인사회의 분쟁

1) 국민회관 탈취사건

1919년 7월 국민회와 독립단의 합동식을 거행하고 하와이 한인사회의 통일이 이루어졌지만 그같은 물리적 결합은 곧바로 결렬되고 말았다. 독립단에서는 결렬의 책임을 국민회에, 국민회에서는 독립단에 그 책임을 전가하고 있었다. 당시 독립단 단원이었던 정두옥은 "진실로 대의에 견지에서 오직 통일의 한 생각으로 독립단의 해소와 통일을 결심하고 각 지방단에 공문을 발송하여 합동운동을 전개하였던 결과 투표의 가결을 얻어 가지고 국민회 하와이 지방총회에 제시하고 합동을 교섭하였으나 하와이 국민회 총회장 이종관 씨는 이것을 수약지 아니하고 거부하고 말았던 것이다"라고 하여 국민회측에 책임을 돌리고 있었다.[75]

이런 가운데 독립단에서는 정한경이 작성하여 이승만의 승인하에 윌슨 대통령에게 제출된 이른바 '위임통치청원' 문제를 들고 나왔다. 위임통치청원은 정한경이 국민회 중앙총회와 협의하고, 이승만이 동의하여 1919년 3월 3일 백악관에 제출한 것이다.[76] 이에 대해 독립단에서는 기관지인 『태평양시사』를 통해, 이승만에게 위임통치안을 소환하라는 요구를 하였다. 그러나 이에 따르지 않자, 태평양시사 주필 조용하는 "탄고문을 발포하여 일반국민에게 발포하였던 것이다."[77] 조용하는 「탄고문」에서 이승만이 제창한 위임통

---

75 鄭斗玉, 「재미한국독립운동실기」, 68쪽.
76 유영익, 『이승만의 삶과 꿈 – 대통령이 되기까지 –』, 중앙일보사, 1996, 138쪽.
77 鄭斗玉, 「재미한국독립운동실기」, 68쪽.

치의 주장은 절대로 용납할 수 없다고 하면서, 이는 전 조선민중의 의사가 아니라는 점을 분명히 밝혔다. 또한 이승만이 대한민국임시정부의 대통령으로서 인격, 식견 모두 그 적임이 아니라는 것을 통렬하게 지적하고, 이승만 성토 팜프레트 1,500권을 인쇄하여 상하이 임시정부 요인 및 전미, 블라디보스토크, 북만주, 기타 각국 단체 요인에게 발송하였다.[78]

국민회와 독립단 양파의 합동이 깨짐에 따라 1919년 말 양 세력 간에 대립은 현저해져 가기만 하였다. 국민회 측에서는 워싱톤에 있는 이승만을 지원하는 활동에 주력하였으며, 독립단에서는 이에 불만을 가지고 하와이 국민회를 장악하려고 노리고 있었다. 그러던 가운데 1920년 1월 8일 하와이 국민회의 총회가 개최되어, 총회장에 이종관이 연임되었고, 부회장에는 김광재가 당선되었다.[79] 문제는 이 대의회에서 입법부와 행정부가 대한인국민회 중앙총회에 불복을 공결 입안하였던 것이다. 즉, 새로 성립된 하와이 지방총회의 대의회에서는 중앙총회에 예납금을 보내지 않기로 하고, 대표원도 뽑지 않기로 하고 중앙총회와 연락을 끊기로 결의하였던 것이다.[80]

그러면 왜 하와이 국민회에서 샌프란시스코의 중앙총회와의 모든 것을 끊으려고 하였는가? 이는 근본적으로 3·1운동으로 인해 임시정부가 수립되면서 해외 한인의 최고기관임을 자처하였던 국민회 중앙총회의 위상이 재조정될 수밖에 없었기 때문이었다. 다시 말해 임시정부가 국외 한인 즉, 미주한인들의 최고 통치기관이 되었기 때문에 하와이지방총회는 굳이 중앙총회의 명령하에 있을 필요성이 현저하게 줄어들었다. 따라서 하와이 국민회에서

---

[78] 이 당시 독립단에서 제작한 탄고문은 「布哇에서의 한국인의 爭鬪와 李承晩의 不人氣에 관해 1921년 10월 12일자로 朝鮮總督府警務局長이 外務大臣에 通報한 要旨」(國會圖書館, 『韓國民族運動史料』 中國編, 1976, 347~348쪽)에 실려있는 내용이 아닌가 생각된다. 하지만 이 글의 말미에 "紀元 4254년 4월 19일 姜卿文 이하"라는 내용으로 보아 1921년에 같은 내용을 다시 제작하여 국내외에 발송된 것으로 판단된다.
[79] 『신한민보』 1920년 1월 29일자, 「하와이 총회선거 결과」.
[80] 『신한민보』 1920년 3월 19일자, 「민찬호 목사에게」.

거두어들인 독립운동 자금의 대부분은 임시정부나 중앙총회로 보내지 않고, 워싱턴의 이승만 앞으로 보내고 있었기 때문에 굳이 중앙총회에 관계될 필요가 없었던 것이다. 이에 하와이 국민회에서 중앙총회에 반대하기로 하면서 독립단의 거센 반발을 받았다. 이같은 상황에 대해 국민회측의 김성기가 이승만에게 보낸 편지에 다음과 같은 의견을 개진하였다.

> 소위 중앙총회는 없이 하기로 작정하였삽더니 독립단이라 하는 데서 시비하기를 준비하는 고로 다시 의론하기를 이 때에 분요(紛擾)하는 것이 필요치 못하니 아직 그대로 두고 동포들이 신임치만 마자고[말자고 - 필자] 의로[의론 - 필자]하고 소위 중앙총회는 그대로 두기로 작정하였사오며 중앙총회 대표원은 윤계상·손창희·김성기 3인이 되었사오니 장차 법으로 물시(勿施)하기로 의론중이옵나이다.[81]

독립단의 반발 때문에 당분간 중앙총회에 복종하는 것처럼 하지만 결국에는 중앙총회와의 관계를 일절 끊겠다는 것이다. 다시 말해 이승만계의 국민회에서는 당장은 아니지만 앞으로 중앙총회와의 단절을 준비중이었다. 그런 가운데 범이승만계라고 할 수 있는 승룡환이 당시 총회장 이종관과 불화가 생기면서 승룡환은 반국민회계인 독립단 세력을 통해 국민회를 장악하고자 하였다. 그는 반국민회의 독립단 지도세력들에게 하와이 국민회 총회 임원 자리를 주고 자신이 국민회에 실권을 잡으려고 대의원들을 설득하고 있었다.[82]

이종관의 하와이 국민회에 반대하는 승룡환과 독립단의 주도세력인 이내수·안영칠·김진호 등 100여 명은 1920년 1월 22일 밤 국민회 총회관에 모였다. 여기서 이내수·황사용·방화중·조용하·정칠래 등 30여 명은 '한

---

81 「김성기 → 이승만(1920. 1. 17)」,『李承晩 東文 書翰集』中, 26쪽.
82 「김성기 → 이승만(1920. 1. 12)」,『李承晩 東文 書翰集』中, 24쪽.

인공동회'를 조직하고 공동회장에 승룡환, 서기에 김진호를 선출하였다.[83] 그리고 공동회측에서는 하와이지방총회의 중앙총회 불복조건에 반대하였다.[84] 공동회측의 인사들인 황사용·이내수·정원명·안원규·정칠래·이종홍 등은 한인감리교회의 목사들과 독립단의 중심세력들이었다. 이들은 반국민회 혹은 반이승만의 기치하에 뜻을 합쳐 국민회를 장악하고자 하였던 것이다.

국민보 주필 승룡환과 김진호 등 공동회측에서는 1920년 1월 26일 샌프란시스코 중앙총회에 하와이 지방총회 현행정부를 해산해 달라고 요구하였다. 공동회측의 이같은 요구를 받은 중앙총회에서는 1월 31일 하와이 국민회에 대해 조직체와 헌장을 위반하였다고 하면서 현행 행정부를 재조직하라고 하였다. 그리고 황사용·정칠래·안원규·정원명·이내수·윤계상·승룡환·김진호·안영칠 9명을 '특명위원'으로 임명하여 하와이 국민회 행정부를 다시 조직할 전권을 위임하였던 것이다. 특명위원 9명 가운데 윤계상을 제외하고는 모두 독립단과 일정관계를 맺고 있는 사람들이었다.

공동회파에서는 2월 1일 새로운 국민회 임원 취임식을 거행하고, 그 다음 날 이른 아침부터 국민회관에 돌입하여 강제 점령하였다. 이 사건이 1920년에 일어난 '국민회관 탈취사건'이다. 자신들을 국민회 '개혁파'라고 주장하는 공동회측에서 2월 2일 상오 7시 국민회관을 접수하였던 것이다. 당시 하와이의 영자신문 『스타 뷰레틴』의 기사에 따르면, 국민보의 주필인 승룡환이 회관에 강제로 들어가 총회장 이종관을 잡아 묶고, 그에게 회의 문서와 돈이 들어 있는 금고의 열쇠를 줄 것을 강요하였다고 한다.[85] 이 급보에 접한 국민회측 사람들이 달려와 양편 간에 폭행사건이 발생하여 태평양시사 사장

---

83 『우남문서(동문편)』제16권, 1998, 394~399쪽; 「김영우 → 이승만(1920. ?. 5)」, 『李承晩 東文 書翰集』中, 44쪽.
84 『신한민보』1920년 2월 24일자, 「하와이 국민회 혁명의 후문」.
85 『Honolulu Star Bulletin』1920년 2월 2일자, 「Police quell rival factions of Koreans」.

조용하가 철봉으로 안면을 구타당해 경찰병원에 실려 갔다.[86] 이밖에 공동회쪽의 주명건 등이 폭행을 당하였으며, 폭행을 가한 국민회측 사람들 10여 명은 경찰에 체포되었다.[87] 이에 피해를 당한 조용하와 주명건은 폭력을 행사한 국민회측 사람들을 고발하였다. 즉 조용하와 주명건을 폭행한 윤한명·윤계상·최순오·김정집과 길버트 정(Gilbert Chung), 인건신(In Kun Shin), 재임스 신(James S. Shin), 월터 최(Walter Choy) 등에 대해 '폭행구타죄'로 2월 3일 영장이 발부되었다. 그리고 같은 장소에서 서로 폭행사건을 일으킨 죄로 이종홍, 조용하, 노중현, 주명건, 차영근, 조갑용, 황사용, 승룡환, 송영걸 등에 대해서도 같은날 영장이 발부되었다.[88] 그러나 주명건을 폭행한 국민회측의 인건신, 재임스 신, 월터 최 등은 한인기숙학교의 학생들로서 18세 이하의 미성년자 임으로 소년재판소로 보내졌고,[89] 그 외의 사람들은 배심재판을 요구하였기 때문에 제1 순회재판소에서 다시 재판을 받게 되었다. 국민회를 지지하는 김영우는 공동회파의 목적은 "화성돈(華盛頓-워싱턴) 외교부(外交部)를 철폐하고 기독교회(基督敎會)와 학교를 물시(勿施)하자 함에

---

[86] 『신한민보』 1920년 2월 26일자, 「태평양시사 사장의 중상」.

[87] 이들은 경찰에 체포되어 1천 불의 보석금을 내고 곧 석방되었다(『신한민보』 1920년 2월 26일자, 「난류배들이 법안에 들어」).

[88] 이 폭행사건에 대한 고소·고발에 대한 법정자료는 다음과 같다.
* Circuit Court First Judicial Circuit Territory of Hawaii(Docket No.007590, Type Criminal), 「Territory of Hawaii VS Gilbert Chung, Kim Chun Chip, In Kun Shin, James S. Shin, Walter Choy」, 1920년 2월 2일.
* Circuit Court First Judicial Circuit Territory of Hawaii(Docket No.007591, Type Criminal), 「Territory of Hawaii VS Yoon Han Myung」, 1920년 2월 2일.
* Circuit Court First Judicial Circuit Territory of Hawaii(Docket No.007592, Type Criminal), 「Territory of Hawaii VS Yoon Kei Sang, Choi Soon Oh」, 1920년 2월 2일.
* Circuit Court First Judicial Circuit Territory of Hawaii(Docket No.007593, Type Criminal), 「Territory of Hawaii VS Lee Chong Hong, Cho Yong Ha, Lo Choong Hyun, Choo Myung Kun」, 1920년 2월 2일.
* Circuit Court First Judicial Circuit Territory of Hawaii(Docket No.007594, Type Criminal), 「Territory of Hawaii VS Cha Young Kun, Cho Kap Yong, Whang Sa Yong, Seung Yong Whan and Song Young Kul」, 1920년 2월 2일.

[89] 『Honolulu Star Bulletin』 1920년 2월 5일자, 「Police court notes」.

재(在)"⁹⁰한다고 생각하고 있었다. 다시 말해 이승만에 대항하는 세력들의 도발이라는 것이다.

그렇지만 당시 하와이 한인사회를 살펴보면, 공동회파가 국민회관을 강제 점령한 배경에는 국민회와 독립단 사이의 합동이 곧바로 결렬되자 독립단측에서 이승만의 부재를 이용하여 국민회를 장악하려는데 목적이 있었던 것이다.⁹¹ 즉, 당시 국민회측에서 보면, "황사용·이내수·정원명·안원규·정칠래·이종홍 등과 미이미교회 목사들과 독립단이라 하는 자들이 국민회의 주권을 잡지 못하여 별별 수단을 다 쓰는 중이"라고 보았다. 공동회쪽에서는 자신들을 '개혁파'라고 하여 「공동회」를 개최하여 이승만의 비행을 고발하여, 국민회측에 타격을 주고자 하였다.

반면에 국민회측은 이 기회를 이용하여 "선생님[이승만—필자]께옵서 무삼 모책으로던지 중앙총회를 해산시켜야 하와이국민회가 완전하겠사오니 통촉하시옵쇼서. 선생님께서 김영우를 시켜서 미주 각 지방동포들에게 말씀하여 중앙총회를 없이하고 하와이와 미주 국민총회는 대통령의 직할하에 두고자 운동하오면 되겠습니다"⁹²라고 하여 대통령 이승만에게 국민회를 관할할 것을 촉구하였던 것이다.

이러한 폭행사건이 발생하였음에도 불구하고 국민회 회관을 점령한 공동회측에서는 손창희를 국민회 총회장에, 정완서를 부회장에, 이창훈을 서기에, 정원명을 재무에, 승룡환을 이사로 선출하였다. 이에 대해 국민회측에서는 자신들이 정당한 국민회의 임원임을 주장하고 2월 25일 변호사를 통해 공동회파가 불법적으로 임원을 선출하였음을 주장하였다. 국민회 총회장인 이종관, 부회장 김광재, 재무 및 서기 최순주, 그리고 이사들인 안원규·김정

---

90 「김영우 → 이승만(1920. ?. 5)」, 『李承晩 東文 書翰集』 中, 45쪽.
91 『신한민보』 1920년 2월 5일자 호외, 「國民會中總別報 – 하와이 국민회 개혁에 관한 통신」.
92 「김성기 → 이승만(1920. 2. 28)」, 『李承晩 東文 書翰集』 中, 28~29쪽.

집·민한옥·양홍엽 등은 공동회파의 손창희·정완서·이창훈·정원명·승룡환 등을 상대로 '국민회 반환소송'을 벌이게 되었다. 요컨대 현 국민회 임원들은 자신들이 정당하게 국민회 자치규정에 의해 선출되었음을 주장하면서, 손창희를 비롯한 피고들이 2월 2일 불법적으로 회관을 습격하여 사무실을 점령하였으며, 임원으로 행세했다는 것이다. 이에 따라 하와이 제1 순회재판소 프랭클린(Franklin) 판사는 2월 26일 심문영장(Quo Warranto)을 발급하였다. 심문영장이 발부되어 손창희를 비롯한 피고들에 대해 3월 5일 오후 2시까지 법정에 출두할 것을 명령하였다. 그러자 공동회파에서는 그것에 불복하여 3월 5일 항소장 제출하였으나 기각되었다. 이에 피고측인 공동회파는 다시 「재답변서」(Answer)를 준비하여 3월 8일 법정에 제출하는 등 법적대응을 하였다.

국민회측과 공동회측에서는 자신들의 정당성을 둘러싸고 법정투쟁이 벌어졌는데, 중앙총회에서도 그 분쟁에 일정정도 책임이 있었다. 따라서 중앙총회에서는 그 해결을 위해 총회장 윤병구가 하와이 분규에 대한 처리 방침을 2월 19일 하와이에 있는 민찬호에게 편지를 보내었다. 여기서 총회장 윤병구는 자신이 하와이 지방총회를 해산한 배경과 이유를 설명하면서, "하와이 지방당국의 불법과 능욕 주는 것만 생각하면 힘껏 나아갈 수밖에 없으나, 다시 생각함에는 국가사업을 먼저할 수밖에 없고 국가사업을 제일로 힘쓰는 경우는 사사경위를 위하여 다툴 수 없는 고로"라고 하면서, 그 대책으로 두 가지 방책을 내놓았다. 즉 첫 번째는 연합 행정부를 조직할 것, 둘째는 헌장을 따를 것을 주장하였다.[93]

위와 같은 양쪽 간에 폭력사건과 법정투쟁으로 인해 하와이 한인사회는 물론 미주지역 한인들에게 미치는 영향이 적지 않았다. 당시 이 사건을 목격한 하와이 한인들은 "심지어 국민회 총회관 앞에서 주먹다짐까지 있었

---

93 『신한민보』 1920년 3월 19일자, 「민찬호 목사에게」.

어! … 경찰이 왔고, 우리는 들었는데 하와이의 영자 신문인 『애드버타이저』에 보도되었고, 미국인들이 우리끼리 싸웠다는 것을 알았을 때 나는 매우 부끄러웠다"고 하였다.[94]

그후 3월 12일 제1 순회재판소에서 프랭클린 판사의 판결이 내려졌는데, 그 결과 현 임원진들이 1월 8일 정기대의회에서 정당하게 선출되었다고 판결하였다. 즉 법적평결에서 국민회측이 승리한 것이다. 그렇지만 공동회측에서는 이에 불복하고 재심을 청구하였다. 그때 중앙총회에서는 4월 8일에 재미국민대회[95] 임시평의회를 소집하여 하와이 사건을 토의한 후 독립운동을 위해 단합과 협력이 필요함을 들어 하와이 문제를 조기에 해결하고자 하였다. 여기에서 하와이 지방총회 각 지방 대의원들과 중앙총회 특명위원들에게 다음과 같은 「조정안」을 내놓아 양파 간에 소송을 일체 철회할 것을 권유하였다.

> 귀 대표원부에서는 중총위원부를 걸어 정소한 일체 소송을 취소하는 동시에 중총위원부는 회관에 봉쇄한 것을 열게 하소서.
> 귀 특명위원부에서는 회관의 봉쇄한 것을 여는 동시에 지방 대표원부는 귀위원부를 걸어 기소한 일체 소송을 뽑아내게 하소서.[96]

그리고 국민대회 임시평의회에서는 이것을 확실히 이행케 하기 위하여 양방 변호사와 소관 재판장에게 공문을 발하였다. 이같은 중앙총회의 중재로 인해 양쪽 간에 일체의 소송이 철회되었다.[97] 이로써 이 사건은 표면상으로

94　Margaret K. Pai, 『The Dreams of Two Yi-min』, University of Hawaii Press, Honolulu, 1989, p.37.
95　1919년 12월 미주지역의 여러 문제를 해결하기 위해 「재미국민대회」를 조직하였다.
96　『신한민보』1920년 4월 16일자, 「하와이 보내 공문」.
97　盧載淵, 『在美韓人史略』上卷, 『독립운동사자료집』8, 1974, 519쪽.

중앙총회의 중재로 해결된 것이지만, 실제적으로는 경제력을 갖춘 국민회측에서 소송비용을 충당하여 결국 승리하였던 것이다.[98] 중재의 결과 4월 26일 그동안 봉쇄되었던 국민회 총회관 문을 다시 열고 국민회측에서 사무에 착수하였다. 그리고 양쪽 간의 일체의 소송을 철회할 것을 결의하고 소송이 철회되었다.[99]

이 사건은 중앙총회의 조정으로 양자 간에 화의가 이루어졌지만 1920년 4월 말까지 양쪽 집단이 분쟁을 야기하였으며 법정소송이 벌어져 많은 시간과 돈을 낭비하였으며, 하와이 한인사회와 국민회의 위상을 현격히 축소시켰다.

2) 태평양시사 습격사건

국민회 습격사건이 있은 후인 1921년 4월 독립단은 하와이 정부로터 정식법인으로 등록되면서 흩어진 조직을 다시금 정비한 1921년 8월 국민회와 제2차 분쟁이 발생하였다. 그것이 이른바 '태평양시사 습격사건'이다. 사건의 발단은 독립단의 기관지 『태평양시사』에 이승만에 대한 기사가 게재되면서 시작되었다. 1920년 11월 임시정부 대통령으로 중국 상하이에 갔던 이승만은 그곳에서 있지 못하고, 1921년 5월 27일 콜롬비아호로 상하이를 출발하여 하와이로 향했다. 그는 6월 4일 루손섬에 당도하여 15일 그래닛스테호를 타고 마닐라항을 출발하여, 31일 호놀룰루항에 도착하였다.[100]

상하이에 갔던 이승만이 다시 하와이로 돌아오자 독립단측에서는 총무 김

---

98 在ホノルル帝國總領事館, 「布蛙朝鮮人事情」, 956~957쪽.
99 『신한민보』 1920년 5월 11일자, 「하와이 지방총회관의 개관」.
100 「이승만 → 신규식(1921.7.6)」, 『李承晩 東文 書翰集』 上, 45쪽.

윤배가 7월 31일에 '국민대회'라는 것을 개최하였다. 자유교회에서 열린 이 대회에는 170여 명의 한인 동포들이 참석하였는데, 독립단의 김윤배·이상호·신홍균이 임시정부를 비판하는 연설을 하였다. 이에 이승만계의 주장으로 임시정부를 옹호하자는 결정으로 국민대회가 종결되고 말았다.[101]

이에 앞서, 이승만이 하와이 온 것에 대해 독립단의 기관지 『태평양시사』 7월 23일자(제109호)에 '도망자(逃亡者) 탐문(探聞)'이라는 제목하에, 이승만을 모욕하는 기사를 게재하였던 것이다. 이 기사의 경위는 상하이 대한적십자사의 서병호가 하와이 적십자사 문도라 앞으로 "경일(頃日) 이승만 씨의 행선(行先)이 불명(不明)하게 되므로써 기(其) 동정(動靜)을 탐지(探知)하여 지급(至急) 회보(回報)하기 바란다"라는 편지를 보내 왔다. 이를 『태평양시사』에서 "사실은 세상에 알려지지 않았으나 운운(云云)"이라는 기사를 내보냈다. 태평양시사의 이같은 자구가 이승만을 모욕하였다고 판단한 국민회측에서 태평양시사에 항의를 하면서 사건이 발생되었다.[102] 그 당시 『태평양시사』에 게재된 내용은 『재미한인오십년사』에 다음과 같이 실려있다.

이승만씨가 다사하고 다난한 이때에, 임시정부에 왔다가 내부의 분열을 일으켰으며, 시국을 정돈하지 못하여서 민중에게 실망을 주고, 간다는 말도 없이 없어진 까닭에 민중의 의혹이 더욱 심합니다. 이런 사람을 어찌 영도자라고 믿을 수 있습니까. 이제는 민중의 뜻을 따라서 상당한 인도자를 구하는 수밖에 다른 도리가 없습니다.[103]

---

101 「국민대회의 실패」, 『이승만문서(동문편)』 제8권, 1998, 505쪽.
102 「布哇에서의 李承晚과 朴容萬派와의 爭鬪에 관해 1921년 8월 6일자로 在호놀룰루 總領事가 外務大臣에 報告한 要旨」, 國會圖書館, 『韓國民族運動史料』中國編, 1976, 344~345쪽.
103 김원용, 『재미한인오십년사』, 192쪽.

이같은 기사내용에 대해 국민회측에서는 회의를 열어 기사의 취소를 요구하기로 결정하였다. 1921년 8월 2일 이승만을 지지하는 부인구제회측 김해나, 김차득, 이점순, 조매륜, 백인숙 등이 태평양시사에 찾아가 사장 함삼여에게 기사내용을 취소하라고 요구하였다.[104] 이에 함삼여는 기사를 조속히 취소할 것이라고 하고 돌려 보내려고 하였다. 그러나 분을 참지 못한 부인들이 계속해서 무례를 범하자, 함삼여 등 사원들이 이들을 문밖으로 몰아내어 쫓아 버렸다. 쫓겨난 부인들은 그들의 남편들에게 이 사실을 고하였고, 그날 하오 5시에 정윤필·김봉서·민한옥·장원여·양재준·황용익·정시준·손덕신 외에 장정 30여 명이 다시 태평양시사에 난입하여 태평양시사 사원들에게 폭행을 가하였던 난입자들은 함삼여에게 심한 중상을 입었으며,[105] 이상호·허용·정국선·김한경 등 사원들에게도 폭행을 가하고 창문을 파괴하고 집물을 훼손하였다. 이 소식에 접한 경찰들이 달려와 폭행을 가한 10명을 현장에서 구인하고, 부상자를 경찰병원에 수용하였다.

그런데 현장에서 도망한 국민회측 사람들이 다시 다른 사람들을 규합하여 철봉 등 무기를 가지고 오후 8시경 다시 태평양시사로 찾아와 사원들을 끌어내고, 인쇄기를 파괴하고, 철추를 휘둘러 리이노타입 활판기계를 손상시켰다. 또 다시 난동 소식을 접한 경찰들이 와서 난입한 국민회측 사람들 23명을 체포하였다. 이날 경찰에 구인된 사람들은 모두 33명에 달하였으며, 다음날 다시 3명이 추가로 체포되어 모두 36명이나 되었다. 이 폭행사건으로 상해를 입은 사람이 8월 2일 5명, 다음날 5명 모두 10명에 달하였다.[106] 제1차 습격사건으로 구인된 10명은 보석금을 내고 석방되었고, 나머지 26명은 경

---

104 「ハワイにおける獨立運動者の內訌に關し報告の件」, 金正明 編, 『朝鮮獨立運動』 1 分冊, 原書房, 1967, 773쪽.
105 『New York Times』 1921년 8월 4일자, 「Honolulu Koreans Riot」.
106 『Honolulu Advertiser』 1921년 8월 4일자, 「Riot Roster Grows: Three More Jailed」.

찰에서 재조사를 받고 수감되어 있었다.[107]

이 사건은 8월 3일자 하와이의 영자신문 『애드버타이저』와 『스타 블레틴』에 다음과 같이 그 내용이 자세히 보도되었다.[108] 먼저 『애드버타이저』에 실린 기사이다.

> 그 당파싸움이 하와이 시초된 지가 이미 오래되었으니 곧 1915년에 이박사가 대륙으로부터 이곳에 온 때부터라. 1919년 3월 1일에 한국이 독립을 선언할 때에 이박사가 비록 미국에 있었으나 임시대통령으로 선정된지라. 대조선독립단과 그의 기관지 태평양시사는 그 대통령 후원을 거절하였고 이박사는 민단을 조직하고 국민보의 후원을 받았더라. 지난 겨울에 이박사는 상해있는 정부 본부에 얼마동안 있다가 한두어달 전에 하와이로 돌아왔는데 떠날 때에 아무리 적어도 상해있는 대한적십자사는 이박사가 어디로 갔다는 편지가 이곳 한인 적십자사에 도달함이더라. 이박사를 돕는 파의 감정이 심한데 그 두 정치파 사이의 소란이 이보다 더 있을까 염려더라. 지난 밤에 그 소란중 쟁투와 소요범들이 피체된 이는 5인 화요일 아침에 경찰 재판을 당하리라 하더라.

위 기사에서 태평양시사 습격사건의 근본적인 원인은 이승만파와 반이승만파의 정치적 쟁투가 그 원인이라는 것이다. 다음은 『스타 블레틴』에서는 「난당 폭행은 원치 아니한다(No mob violence wanted)」라는 제목으로 쟁투사건의 내용을 정리하고 있다.

> 어제 밤에 난당의 양차 습격으로 태평양시사 신문사 사무소와 출판기계를 파상한 것은 용서할 수 없는 무법 패악한 행동이니 이는 아무리 적어도 한인 한 부분의 스

---

107 『신한민보』 1921년 8월 18일자, 「태평양시사신문 습격 상보」.
108 『신한민보』 1921년 8월 11일자, 「태평양시사신문 습격 후문」.

스로 관할하는 힘이 부족한 것을 표시함이라. … 그 신문에서 대한부인구제회 회원을 공격한 것이 그 습격의 긴급 원인이라 하지만은 그 속살 원인은 한인 간에 정치상 충돌이 있은 지가 오래였더라. 만일 그것이 사실이면 어제 밤 난당행동은 더욱 용서할 수 없는 것이라. 저들이 이곳 재류지방의 정치상 관계로 소요를 일으키지 아니하였을 것은 사실일 듯한데, 한국 국민의 정치상 의견부동으로 이곳에서 무법한 난당의 일을 일으키는 것은 한인사회에 반사라. 이곳에 거류하는 한인중 책임을 가진 이는 관리와 합력하여 특별히 활동하여 법률에 복종하게 만들기를 바라노라. 호놀룰루는 난당들이나 난당의 폭행을 원치 아니 하노라.

태평양시사 습격사건의 본질적인 원인은 『애드버타이저』와 마찬가지로 정치적 파벌투쟁에 있음을 지적하였다. 이 사건으로 인하여 하와이 한인사회 전체는 막대한 피해를 입혔고, 국민회와 독립단의 분쟁이 폭력으로 나타남으로써 양쪽 진영 간의 대립양상은 더욱 격화될 수밖에 없었다.

태평양시사 습격사건의 발단은 『태평양시사』의 기사에서 비롯되었지만, 본질적으로는 박용만의 부재로 독립단의 세력이 약간 위축되었다고 판단한 국민회측에서 도발한 사건이었다. 다시 말해 독립단과의 힘의 균형에서 약간 힘의 우위에 있다고 생각한 국민회측에서 일으킨 사건이었다.

5 대조선독립단의 활동

1) 1920년대 전반기의 활동

1919년 3월 결성된 독립단은 영수인 박용만이 그해 5월 원동 지역으로 떠남에 따라 세력의 위축을 느끼고 국민회와 합동하였으나 본질적 차이로 인해 곧 분열되고 말았다. 이에 독립단에서는 조용하를 중심으로 재조직에 착수하여, 『태평양시사』를 재발간하고 선전활동을 하였다. 조용하는 기본적으로 이승만의 독립운동노선에는 반대하였지만, 그렇다고 박용만의 노선에도 절대적으로 찬동하는 편은 아니었다. 반이승만적 노선과 중도적인 입장을 가진 조용하로서는 더 이상 독립단을 이끌 수 없었다. 왜냐하면 당시 대부분의 독립단 단원들은 박용만의 독립운동노선을 절대적으로 지지하며 정기적으로 군자금을 거두어 그에게 보내고 있었기 때문이다. 독립단에서는 박용만의 군사통일회 사업에 많은 자금이 필요로 하였고 단원들의 헌신적인 원조가 있어야만 했다. 이에 독립단에서는 하와이에서 의연금을 거두는 한편, 국내에도 도움을 요청하지 않을 수 없었다.[109] 1920년 9월에 조직된 군사통일촉성회는 1921년 4월 17일 군사통일주비회 군사단체 통합운동을 위한 모임을 열었고, 회의 명칭을 '군사통일회의'로 명명한 후 대표를 선정하였다. 하와이에서는 국민군 대표로 김천호·박승선·김세준이 선출되었고, 대조선독립단 대표로는 권승근·김현구·박건병이 선출되는 등 하와이의 박용만계열 인사들이 대거 참여하고 있었다.[110]

---

[109] 「在布哇 獨立團의 狀況에 關한 件(1921. 11. 1)」, 『不逞團關係雜件 – 在歐美(5)』.
[110] 『大同』 제3호, 1921년 7월 9일자.

1920년대 초반 하와이 독립단의 주 활동은 주로 박용만의 지시를 수행하고, 그의 군사활동을 후원하는데 있었다고 해도 과언이 아니었다. 당시 중국에 있던 박용만은 1921년 11월 개최될 워싱턴회의를 대비하여, 하와이 독립단에 한인들의 통일을 위한 방책을 강구하라고 지시를 내렸다. 워싱턴회의는 1921년 11월 12일 미국, 일본, 영국, 프랑스, 이탈리아, 중국, 네덜란드, 벨기에, 포르투칼 등 9개국이 참가하여 해군 군축과 극동태평양문제를 토의하기 위해 개최되었다. 이 회의에 대비하여 독립단에서는 1921년 10월 23일 한민족의 구체적 방침 통일할 목적으로 하와이에서 시험적으로 '한인회의(조선인 콘그레스)'를 소집하기 위한 준비회를 개최하였다.[111] 이 대회에는 1천여 명의 독립단원들이 참석하여 '한인 회의'에 출석할 대의원 5명을 선출하였다.

한편, 1921년 3월에 '대한인국민회 하와이 지방총회'가 임시정부 교민단령에 따라 '대한인교민단'으로 변경되었다. 이승만에 의해 주도되고 있던 하와이 '국민회'가 '교민단'으로 개칭된 이유는 국민회 중앙총회의 간섭에서 벗어나려는 의도와 1920년 초 독립단측의 '국민총회관 점령사건'과 1921년에 일어난 '태평양시사 습격사건' 등 하와이에서 이승만의 위상에 도전하는 세력들을 근본적으로 배제시키기 위해서였다. 이승만은 임시정부 교민단령에 따라 대한인국민회 하와이지방총회를 하와이 대한인교민단으로 변경한 가장 큰 목적은, 이승만이 하와이에 왔을 때부터 그의 일거수일투족을 관리해 오고 그의 의중을 가장 정확히 알고 있었던 이창규는 "이대통령은 민단을 위원부 관리 아래 두워 질서를 따라 정치적 계급을 의향(意向)함"에 있었다고 보았다.[112] 다시 말해 이승만은 하와이 국민회를 교민단으로 변경하여 구미위원부 산하에 두고 계층적으로 만들려는 의도가 가장 컸다고 할

---

111 「在布哇 獨立團의 狀況에 關한 件(1921. 11. 1)」, 『不逞團關係雜件 – 在歐美(5)』.
112 「이창규 → 신형호(1923. 1. 19)」, 『이승만 동문 서한집』 상, 연세대학교 출판부, 2009, 311쪽.

수 있다. 대한인국민회 하와이지방총회와 교민단의 자치규정 등은 비슷하나 다만 다음의 3개 사항만이 변경되었다.[113]

1. 본단의 명칭은 하와이 대한인교민단이라 함.
2. 본단은 하와이에 체류하는 교민을 통솔하며, 구미위원부에 예속된 정치기관으로 활동함.
3. 본단의 단장과 부단장은 구미위원부 위원장의 인준을 얻어 행정함.

하와이 교민단이 발족하면서 이승만은 자기세력을 규합함과 동시에 하와이 국민회를 운영하는 것이 훨씬 편리해졌다. 또한 하와이 교민단의 단원들은 이승만이 설립한 구미위원부의 활동을 지원하기 위해 인구세를 염출하여 지원하였다. 이같이 하와이 국민회를 교민단으로 변경시켰음에도 불구하고 이승만이 신규식에게 보낸 편지에 보면, "포와(布哇) 교민단이 성립된 후로 조직체는 변경이되 인심이 고미정(姑未定)하여 전(前) 국민회와 기(其) 소위(所謂) 중립자(中立者)들과 반대파들이 호상(互相) 관망하는 중에서 더욱 재정이 불입(不入)"하다고 하여 자신의 뜻대로 되지 않고 있음을 토로하고 있다.[114] 특히, 하와이의 설탕가격이 하락하면서 전황(錢荒)이 심한 데다가 한인사회의 이른바 '중립자'들이 교민단의 실무적인 역할을 수행하면서 지방에서 재정이 수합되지 않았다.[115]

태평양시사 습격사건이 일어나기 전에 독립단은 1921년 4월 하와이 당국으로부터 정식 인가를 받아 법인단체로 하고 본부를 호놀룰루에 두고 각 섬에 지부를 설치하였다.[116] 이 시기 하와이 한인사회의 논쟁점으로 부상한 것

---

113 李元淳, 『世紀를 넘어서』, 154쪽.
114 「이승만 → 신규식(1921. 7. 6)」, 『이승만 동문 서한집』 상, 45쪽.
115 「이승만 → 장붕(창남)(1921. 7. 16)」, 『이승만 동문 서한집』 상, 146쪽.
116 一記者, 「하와이에 사는 六千同胞의 實況」, 『開闢』 36호, 1923년 6월호, 37쪽.

이 국민대회 개최문제였다. 박용만은 베이징[北京]에서 신숙 등과 군사통일 주비회(軍事統一籌備會)를 조직하고 1921년 4월 17일 상하이 임시정부와 의정원에 대한 불신임안을 가결하고 결의문을 채택하여 국민대표회의 소집을 결정하였던 것이다. 이에 대해 동지회는 국민대표회의 개최 반대 여론을 일으키면서 독립단과 대립각을 세우고 있었다.[117] 독립단은 베이징에 있던 박용만의 의향에 동조하여 1921년 10월 23일 호놀룰루에서 대조선국민대표회기성회를 조직하고 국민대회의 개최를 요구하였던 것이다.[118] 하와이 국민대표회기성회의 회장에는 황사용, 부회장에는 신흥균, 총무에는 조병요, 재무에는 강영효, 서기에는 김진호, 임원에는 임춘호 등 11명의 독립단 주요인사들이 참여하였다. 그리고 독립단에서는 이상호를 국민대표회의 대표로 상하이에 파견하였다.[119]

1923년 독립단과 교민단의 분쟁이 어느 정도 가라앉으면서 차병수가 독립단장이 되었다.[120] 이 시기 구미위원부 위원장에서 해임되어 상하이에서 활동하던 현순이 1923년 2월 24일 하와이에 와서 독립단과 결합되어 활동을 시작하였다.[121] 현순은 하와이 도착한 지 얼마안 되어 독립단과 접촉을 하였다. 이를 유심히 지켜본 이승만의 심복 이창규가 1923년 3월 3일 구미위원부의 신형호에게 보낸 편지에 "수일 전에 현순 씨가 도착하였는데 필시 독립단에 의회를 주장할 모양이 뵈입니다"[122]라고 하여, 독립단의 의회격인 대의부에서 활동을 시작하였다고 하였다. 이창규의 또 다른 날짜에 보낸 편지에는 "수주일 전에 내도한 현순 씨는 미이미교회에 총목사에 택정되어 방금

117　李明花, 「대한민국임시정부와 국민대표회의」, 『대한민국임시정부 수립 80주년 기념논문집』 하, 국가보훈처, 1999, 468쪽.
118　『독립신문』 1922년 7월 15일자, 「布哇同胞의 宣言」.
119　『신한민보』 1923년 5월 31일자, 「독립단 대표 이상호씨의 회환」.
120　「이창규 → 신형호(1923. 3. 29)」, 『이승만 동문 서한집』 상, 318쪽.
121　「玄楯自史」(『My Autobiography』, Yonsei University Press, 2003, 322쪽).
122　「이창규 → 신형호(1923. 3. 3)」, 『이승만 동문 서한집』 상, 315쪽.

시무 중인데 씨에 말을 들은즉 이전보담 마음을 바꾼 모양이나 하여간 기회를 어떻게 만들런지 아직 알 수 없다"[123]고 하였다.

반이승만의 기치를 들고 있던 현순이 하와이에 오게 됨에 따라, 하와이 한인사회는 이승만과 박용만파라는 기존의 분파에 미묘한 분요가 일어나게 되었다. 즉 현순은 독립단에 들어가 어느 정도 세력을 형성하면서 그를 지지하는 사람들이 생겨나고, 하와이 한인감리교회 내부에서도 현순을 지지하는 파가 생겼다. 그러면서 박용만의 독립단과 흥사단은 서로 원수같이 지냈지만, 반이승만이라는 기치하에 독립단과 흥사단이 힘을 합치는 것과 같은 현상을 보이게 되었다.[124]

또한 독립단 내부에서도 전통적으로 박용만을 지지하는 세력과 현순을 지지하는 파로 나뉘어지게 되었다. 독립단의 일부는 현순을 거의 단장격으로 대접하는 등 현순은 독립단내에서 상당한 세력을 부식하게 되었다. 이에 중국에 있던 박용만은 현순이 더 이상 독립단에서 세력을 확장시키지 못하도록 지시하였고, 여전히 박용만의 영향력이 절대적이었던 독립단에서 현순은 운신의 폭을 넓히지 못하고 있었다.[125] 현순이 하와이에 오면서 한인사회의 판도가 약간씩 달라지며 세력 간에 긴장이 고조되는 양상이었고, 이승만계도 현순의 동정을 파악하느라고 혈안이 되었다. 특히 이승만의 심복인 이창규는 현순의 동향을 구미위원부의 신형호에게 "현순씨가 근일에는 좌우편을 분석하여 말치는 안으나 필시 이박사(이승만 – 필자) 없으면 사건을 만들 것 같습니다"[126]라고 보고 하는가 하면, "근일에 현순 공사께서 무슨 연설회를 열어놓고 아니할 말없이 다하는 모양인데 장차는 어떻게 하면 좋을지 미상

---

123 「이창규 → 신형호(1923. 3. 13)」, 『이승만 동문 서한집』 상, 316쪽.
124 「이창규 → 신형호(1923. 3. 29)」, 『이승만 동문 서한집』 상, 318쪽.
125 「이창규 → 신형호(1923. 3. 29)」, 『이승만 동문 서한집』 상, 318쪽.
126 「이창규 → 신형호(1923. 3. 29)」, 『이승만 동문 서한집』 상, 318쪽.

이외다"[127]라고 매우 우려하는 보고를 하고 있다.

이같은 사정하에 독립단 내부에서 임원 교체가 이루어지면서 박용만을 절대적으로 지지하는 김윤배가 새로운 단장이 되었으며, 서기 함삼여가 사임하고 강영효로 교체되었다.[128] 그리고 박용만은 1923년 말 자신의 군사운동에 필요한 긴급자금 1,500달러를 하와이에서 모집하여 줄 것을 독립단원 김거근에게 요구하였다. 이에 김거근·이상호·강영효 등 독립단원들은 서로 갹출하여 우선 600여 달러를 보냈다.[129] 이와 같이 당시 독립단의 가장 주요한 임무는 중국에 있는 박용만을 재정적으로 지원하는 일이었다고 할 수 있다.

한동안 잠잠했던 하와이 한인사회는 1923년 초부터 다시 독립단과 교민단과의 마찰이 발생하였다. 그것은 다름 아닌 하와이 학생들의 고국방문을 둘러싸고 독립단에서 교민단과 동지회 측을 맹비난하면서 일어났다. 이승만 측에서 학생들의 고국방문을 추진하는 표면상 이유는 하와이에 세울 성경학원의 기금 5만 6,000원 중 부족한 3만원을 모집하려는 것이었다. 이를 위해 하와이 고국방문단은 1923년 6월 20일 호놀룰루를 떠나 요코하마를 경유하여 7월 2일 부산에 도착하여 모금활동을 하는 한편 각지의 초빙을 받아 강연회와 야구경기를 하고 9월 18일 돌아왔다.[130]

이와 같이 교민단이 중심이 되어 고국방문단을 추진시킨데 대해 독립단에서는 교민단과 동지회측을 매우 의심스러운 눈길로 바라보았다. 왜냐하면

---

127 「이창규 → 신형호(1923. 5. 13)」,『이승만 동문 서한집』상, 323쪽.
128 『신한민보』1923년 7월 26일자,「독립단의 간부 임원 변경」;「布哇에 있어서 朝鮮人의 現狀態에 關한 報告의 件(1922. 8. 11)」,『不逞團關係雜件 – 在歐美(6)』.
129 「富호놀룰루 鮮人 獨立團 團圓 行動에 關한 件(1923. 11. 30)」,『不逞團關係雜件 – 在歐美(6)』.
130 하와이 고국방문단에 대해서는 김도훈,「하와이 학생 고국방문단의 결성배성과 싱격」,『미주한인과 독립운동』, 한국근현대사연구회 미주한인이민100주년기념학술세미나, 2003년 12월 12일 발표요지문 참조.

고국방문단이 국내에 가기 위해서는 호놀룰루 주재 일본총영사관의 협조가 없으면 불가능하였기 때문이다. 그런데 교민단 측이 일본영사관을 통해 도항허가 및 이에 필요한 절차를 수행하였던 것이다. 독립단 측에서는 교민단과 일본총영사관 사이에 일정 협력관계가 이루어지는 것으로 판단하고 매우 분개하게 된 것이다. 하와이 고국방문단에 대해 독립단에서는 다음과 같은 내용의 격문을 각지에 보내 이승만과 교민단측을 맹비방하였다.[131]

1. 이승만 박사가 경영하는 학교는 일본의 원조를 받아 학생으로 하여금 일본내지 및 조선을 방문시키려고 한 일.
2. 교민단은 교회당 창설의 때 일영사를 불러 기부금을 얻어 무명씨(無名氏)라고 하여 국민보에 등재시킨 일.
3. 민찬호 목사는 국민보 확장을 목적으로 일영사를 방문하여 그것을 의뢰한 일.
4. 3·1운동 이래 재외 각 신문지상에 왜인의 광고를 등재한 일은 없어도, 국민보는 일인 하원모(河原某)의 금물상(金物商) 광고를 등재한 일.

독립단측에서는 학생고국방문단을 계기로 호놀룰루 일본총영사관이 중심이 되어 한인사회를 회유와 분열정책으로 이끌고 간다고 판단하였고, 이를 계기로 교민단의 유화적 태도를 비난하는 활동을 전개하였던 것이다. 독립단측의 이러한 비난에도 고국방문단이 돌아온 이후, 하와이 교민단에서는 중앙기독교청년회 운동부원 중 야구단을 하와이에 초청하기로 하였고, 하와이 야구원정단은 1924년 5월 30일 서울을 출발하여 6월 17일 호놀룰루에 입항하였다.

하와이에서 교민단과 독립단의 분쟁이 어느 정도 식어가던 1924년 2월 26일에 개최된 독립단 연례 통상대표회에서 새로 임원을 선거하였는데, 여

---

[131] 「布哇鮮人 獨立團의 內訌(1924. 2. 12)」, 『不逞團關係雜件 - 在歐美(7)』.

기에 총단장 후보자로 김윤배·강영효·이원순·유동면·김하진 5명이 출마하였다. 결선투표를 거쳐 총단장에 김윤배, 부단장에 강영효, 총무에 이상호, 서기에 김규섭, 재무에 차병수, 법무원에 천진화, 군무원에 최봉래, 외교원에 이원순, 구제원에 김하진, 노동부원에 김원삼 등이 결정되었다.[132]

앞에서 언급한 바와 같이 하와이 국민회는 1922년 3월 교민단으로 변경되었지만 독립단을 비롯한 하와이 한인들 사이에는 '국민회'를 '교민단'으로 변경한 것에 상당한 불만을 가지고 있었다. 이들을 중심으로 하와이 각지에서는 1925년부터 국민회를 복설하려는 운동이 일어나기 시작하였다. 우선 마우이섬에서 1925년 3·1절 기념식을 계기로 국민회를 부활하여 회장에 함호용, 부회장에 오응택, 총무에 강재우, 서기에 이선명 등을 선출하였다.[133] 하와이섬 힐로지방에서도 4월 10일 국민회를 복설하고 회장에 차윤종, 부회장에 최홍수, 총무에 표상옥, 서기에 이정근을 선출하였다.[134] 이처럼 오아후섬을 제외한 지역에서 반교민단 분위기가 일어나기 시작하였던 것이다.

하와이에 온 현순은 독립단측과 가까이 지내게 되는데 1925년 4월 1일에는 그가 중심이 되어 상하이 임시정부를 지원하기 위한 '임시정부후원회'를 조직하였다. 임시정부후원회의 회장에는 정원명, 부회장에는 강영효, 재무에는 함삼여, 이사부원에는 현순·임준호·정봉관·강영각 등 독립단측 인물들이 주축이 되었다.[135] 임시정부후원회는 약 70여 명의 하와이 동포들이 참여하였으며, 1925년 6월부터 기관지로 『단산시보』를 간행하였다. 『단산시보』에 실린 「임시정부후원회 취지서」에 보면 이들이 임시정부를 후원하는

132 『신한민보』1924년 2월 28일자, 「독립단 총부임원 선정」.
133 『신한민보』1925년 3월 26일자, 「마위에 국민회 부활」.
134 『신한민보』1925년 4월 23일자, 「힐로 임시국민회」; 6월 4일자, 「국민회 복설 발기」.
135 『신한민보』1925년 5월 12일자, 「정부 후원회」; 6월 11일자, 「단산시보 간행」.

목적이 설명되어 있다.[136]

2) 1920년대 후반기의 활동

1925년에 들어 하와이 한인사회에는 몇몇 지역에서 국민회가 복설되는 등 교민단측에 반대하는 세력이 생겨났다. 이 무렵 태평양지역의 민족문제를 다루는 태평양회의가 호놀룰루에서 개최되었다. 제1차 태평양회의는 1925년 6월 30일부터 7월 15일까지 호놀룰루에서 열렸는데, 여기에는 미국과 하와이 · 필리핀 · 일본 · 조선 · 중국 · 캐나다 · 오스트레일리아 · 뉴질랜드 등지에서 파견된 140여 명이 참석하였다. 국내에서도 신흥우(조선기독교청년회) · 송진우(동아일보) · 김양수(조선일보) · 유억겸(연희전문) · 김종철(보성전문) 5명이 파견되었다.[137] 그리고 미본토에 있던 서재필도 이들과 합류하였다.

태평양회의를 계기로 독립단의 지도자인 박용만이 1925년 6월 28일 호놀룰루항에 입항하였다.[138] 하와이를 떠난 지 6년만에 다시 돌아온 자신들의 영수를 맞기 위해 독립단에서는 대대적인 환영행사를 하였다.[139] 7월 11일 독립단 주최로 서재필과 박용만에 대한 환영만찬회가 열렸고, 12일에는 팔라마연극장에서 환영연설회를 개최하였는데 500여 명의 청중이 참석하는 등 대성황을 이루었다.[140] 박용만이 하와이에 온 이유는 명목상 태평양회의에 참석하기 위해서였지만, 실제 목적은 중국과 만주에서 군사통일회 등을

---

136 『단산시보』 1925년 10월 14일자, 「임시정부후원회 취지」.
137 『신한민보』 1925년 6월 18일자, 「범태평양대회에 우리 대표 7일」.
138 『단산시보』 1925년 7월 8일자, 「朴容萬氏 來到」.
139 『단산시보』 1925년 7월 8일자, 「박용만씨 내도」. 박용만은 6월 28일 호놀룰루에 도착하였으나 여권 및 비자 문제로 7월 8일 정식으로 입항하였다.
140 『단산시보』 1925년 7월 15일자, 「徐朴 환영회의 일동」.

통해 군사운동을 하는데 필요한 재정적 원조를 강화하기 위해서였다고 보인다. 당시 박용만은 그의 운동자금 대부분이 하와이 독립단에서 지원되고 있었기 때문에 독립단을 더욱 강화할 필요가 있다고 판단하였던 것이다. 하와이를 다시 찾은 박용만은 자신의 활동에 대한 재정 지원을 촉구함과 더불어 독립단을 결속시키기 위한 다음과 같은 정책을 내놓게 되었다.[141]

(1) 중령에 대본공사를 설립하되 자본금을 제1차에 2만 달러로 정하고, 국민군단의 여재금을 그 사업에 사용할 것이며, 그로부터 일반 단원이 형세대로 얼마씩 출자하여 합자회사를 만들 것.
(2) 대본공사는 중령에 미간지를 매득하고, 개척 사업을 하여서 원동 군사운동의 근거지를 만들며 그 운동의 자금을 담당할 것.
(3) 독립운동에 관한 일은 원동에 일임하고, 하와이에서는 신문 출판과 아동 교육에 노력하며 상조계를 조직하여 단원 간의 환난을 상구하는 데 힘쓸 것.

박용만은 하와이 독립단의 역할을 두 가지로 정리하였다. 하나는 원동에서 자신의 군사활동을 원조하는 운동이고, 둘째는 하와이 현지에서 교육과 출판에 열중하게 하는 운동이라고 할 수 있다. 이러한 방침과 더불어 박용만은 그가 없는 동안 독립단 단원들이 이산하는 등 일부의 이탈 현상이 있었기 때문에 흩어진 단원들을 모으고 회관을 설치하는 등 독립단을 재건하고자 하였다.[142] 특히, 경제적 지원활동을 강화하기 위해 독립단원 300여 명은 1925년 9월 20일 갈리히지방에 모여 기본금 7천 원의 사업을 하기로 하였다.[143] 그리고 여기에서 얻어지는 이익금을 박용만의 군사운동에 후원하기로

---

141   김원용, 『재미한인오십년사』, 189~190쪽.
142   『신한민보』 1925년 9월 10일자, 「독립단이 부흥하여」.
143   『신한민보』 1925년 10월 15일자, 「독립단 활동이 점점 진흥」.

한 것이다.

한편, 태평양회의를 계기로 1925년 7월 16일 서재필의 초대형식으로 이승만·김영기·현순·황사용·안원규·박용만·민찬호 등 하와이의 대표자들이 모두 모여 지나간 일을 타협하고 단결을 위한 회의가 진행되었다. 그 동안 반목해 왔던 동지회를 대표하는 이승만과 독립단을 대표하는 박용만이 한 자리에 있었는데, 이 자리에서 두 사람은 다음과 같이 날선 공방을 주고 받았다.[144]

> 박용만: 우리는 다 실패한 사람이요. 실패한 사람은 물러가는 것이 이치에 상당하니 실패한 우리는 물러가고 청년들에게 맡겨서 이를 진행합시다.
> 민찬호: 나는 말은 좋아 아니하고 일만 좋아하는 사람이 올시다.
> 이승만: 모이기는 무엇을 모인단 말이요. 마음을 고치지 않고 모이면 무슨 일이 되요. 그런즉 여러분이 회개를 하시오.

박용만은 이승만이 하와이 한인사회에서 물러날 것을 주장하였던 것이고, 이승만은 자신에 대한 반감을 없애지 않으면 안된다고 답한 것이다. 이 모임은 원래 하와이 지도자들의 타협과 단결을 도모하기 위한 자리였으나 결과적으로 양 단체의 감정의 골이 깊다는 것을 다시 한번 확인해 주는 것에 지나지 않았다.

박용만이 하와이에 돌아오면서 독립단은 단원 모집과 새로운 사업 등으로 새 희망을 얻은 단원들은 활기에 넘치고 있었다. 이즈음 제2대 임시대통령 백암 박은식이 별세를 하자 박용만은 독립단원들과 임시정부후원회 회

---

[144] 『단산시보』 1925년 7월 22일자, 「서박사 오찬회의에서」; 『신한민보』 1925년 8월 6일자, 「서박사 오찬회의에서」.

원 100여 명을 모아 추도회를 개최하였다.[145] 또한 활기를 되찾은 독립단은 1926년 3월에 들어 그동안 폐간되었던 『태평양시사』를 재간하였다. 그리고 2월 20일 총단 대표회에서 새로 임원을 선출하였는데 단장에는 김윤배가 그대로 연임되었으며, 부단장에는 황인환이 피선되었다. 이 대표회의에서는 새로 「약장」을 수정하고 새로운 「장정」을 채택하였으며, 기본금 1만 달러를 8월 말까지 거두기로 하고, 임시정부를 후원하기로 하였다.[146]

이때 수정된 「장정」의 내용은 알 수 없지만, 현재 남아있는 「대조선독립단 당강」이 그것이 아닌가 판단된다. 「당강」의 내용상 「약장」의 강령부분이 대폭 수정된 것이다. 「당강」은 전문 7조로 되어 있는데 독립단의 노선상 변화를 확실히 보여주고 있다.[147] 「당강」은 제1조에서 "소위 내정자치나 위임통치같이 완전치 않은 주권은 결코 원치 않고 오직 완전한 독립 회복하기를 주장하며, 또 이 주장을 군사행동으로 실행하기를 도모한다"라고 하여 절대독립론과 군사행동론을 주장하고 있다. 제2조에서는 만주·시베리아·몽고 등에 독립운동기지를 개척할 것을 주장하였으며, 제3조에는 민족주의를 이념으로 공산주의를 배격한다고 하였으며, 제4조에는 토지혁명론을, 제5조에는 가로쓰기의 국문혁명을 주장하였다.

1926년 후반부터 하와이 한인사회는 분쟁이 없이 평온한 시기라고 할 수 있다. 이시기 이승만이 동지촌 건설에 매진하고 있는 동안 독립단의 활동은 그다지 활발한 편이 아니었던 것같다. 이승만은 1925년 말부터 1931년까지 5년반 동안 동지식산회사에 전력을 기울이고 있었던 것이다.[148] 그러던 1927년 4월 11일부터 태평양교육대회가 호놀룰루에서 개최되었고, 제2차

---

145 『신한민보』 1925년 12월 10일자, 「백암 박선생의 추도회」.
146 『신한민보』 1926년 3월 25일자, 「태평양시사가 다시 출세」.
147 「대조선독립단 당강」의 원문은 국가보훈처에서 간행한 『해외의 한국독립운동사료(XXII): 美洲編(4)』(1998, 620쪽)에 수록되어 있다.
148 이덕희, 「이승만과 하와이섬의 동지촌」, 『북미주한인의 역사(하)』, 국사편찬위원회, 2007, 12쪽.

태평양회의는 7월 15일부터 30일까지 호놀룰루에서 열렸다. 당시 조선지회에서는 유억겸·김활란·백관수 등이 하와이에 파견되었다.

한편, 만주지역에서는 민족유일당운동이 전개되고, 국내에서도 신간회가 결성되는 등 독립운동 전반에 걸쳐 민족통일전선이 형성되고 있었다. 이와 같은 국내외적 분위기는 하와이에도 나타나기 시작하였던 것이다. 하와이에서 독립운동 진영의 합동을 위한 모임은 1928년 2월 26일 호놀룰루의 한 식당에서 열렸다. 조용하의 초청형식으로 열린 모임에서 교민단측 인사들과 독립단측 인사 등 29명이 참석하였다. 김영기, 김윤배, 김유실, 김유택, 이상호, 이복기, 이원순, 이태성, 이성신, 오계상, 문또라, 민찬호, 박상하, 박인양, 신국겸, 손덕인, 안현경, 안원규, 양유찬, 정인수, 정운서, 조광원, 조병요, 황혜수, 홍한식, 김경준, 정원명 등 참석자 29명은 모두 하와이 한인사회의 지도급 인사들이 망라되어 있다. 이 모임에서 각파 인사들은 '대한민족통일촉성회'라는 조직을 결성하기로 의결하였다.

대한민족통일촉성회의 설립목적은 대한 민족의 통일을 촉성하여 독립운동의 단일기관을 창설함에 있다고 하여, 최종 목표는 독립운동의 단일기관을 만드는 데에 있다고 하였다. 그래서 우선 대한민족통일촉성회를 조직하기 위한 촉성회 준비회를 만들었다. 회장에는 조용하, 서기에는 최창덕, 취지서 제정위원에는 박상하·안현경·이상호 3명으로 정하였다.[149] 이어 1928년 3월 18일에는 촉성회 준비회 제2차 회의가 누아누우청년회관에서 개최되었고,[150] 정식으로 준비회가 꾸려지면서 회장에 조용하, 서기에 최창덕, 집행위원에 김영기·김윤배·김유실·김유택·이상호·이복기·이원순·이태성 등 27명이 선출되었다.[151] 촉성회준비회에는 교민단과 독립단의 주

---

149 『신한민보』 1928년 3월 15일자, 「한민통일을 위하여」.
150 『신한민보』 1928년 3월 22일자, 「통일촉성회 제2차 개회」.
151 『신한민보』 1928년 4월 19일자, 「통일촉성회의 소식」.

요 인사들이 모두 포함되어 있어 명실공히 통일적 기관이라고 할 수 있었다. 그런데, 여기서 주목해 보아야할 점은 당시 『신한민보』에서 통일촉성회 집행위원 21명의 정치적 성향을 명시하였다. 여기서 교민단이나 독립단에 속하지 않은 '중립측'으로 분류한 인사들이 있는데, 조용하, 이태성, 오운, 안창호, 문또라, 황혜수, 박상하, 홍한식, 정운수 9명으로, 전체 집행위원 21명 가운데 약 43%를 차지한다.[152] 이를 볼 때 촉성회의 성격은 이승만의 동지회나 박용만의 독립단에 속하지 않은 중립적인 인사들의 정치적 결사라고 해도 과언이 아니다. 이때 이승만도 축하의 전문을 보냈는데, 그는 "여러분의 주창하시는 통일운동은 시기와 인심의 요구를 순응함인듯"하다고 하면서 하와이 한인들이 융합하기를 바란다고 하였다.[153]

통일촉성회준비회의 조직은 서무부·선전부·의사부로 구성되었는데, 서무부에는 교민단장 최창덕, 독립단장 이복기가 포함되어 있었다. 선전부에는 전 교민단장 김영기와 전 독립단장 김윤배가 있었으며, 의사부에는 독립단 총무 이상호와 전 국민회장 안현경이 있었다.[154] 마치 1907년 '한인합성협회'가 다시 부활하는 듯한 모습을 보여준다. 그리고, 이들은 「한국민족통일촉성선언서」를 대내외에 발표하고 다음과 같은 3대 강령을 제정하였다.[155]

1. 전 민족의 정신을 단결하여 운동의 전선을 일치케 함.
2. 전 민족의 역량을 집중하여 대업의 담책(擔責)을 함께지게 함.
3. 전 민족 이상(理想)을 종합하여 국가의 건설을 신미(愼微)케 함.

'대한민족통일촉성회' 제1차대회가 1928년 5월 20일 개최되어 하와이

---

152 『신한민보』 1928년 5월 3일자, 「합성시대를 다시 만난 한족통일독립당촉성회」.
153 『신한민보』 1928년 4월 19일자, 「히외이: 통일촉성회의 소식」.
154 『신한민보』 1928년 5월 3일자, 「합성시대를 다시 만나」.
155 『신한민보』 1928년 5월 24일자, 「한민족통일촉성회 선언서를 독하고」.

한인사회에서 대립과 분쟁을 청산하고 통일과 단결을 역설하였으며, 민족 독립을 위해 분투하자는 결의를 하였다.[156] 이때 이승만은 축하문을 보냈고, 『국민보』에 자신의 입장을 밝히는 글도 게재하였다. 당시 그가 썼던 『국민보』가 남아 있지 않다. 그러나 손세일은 허정이 이승만에게 보낸 1928년 5월 2일자 편지를 근거로, 이승만은 "교민단의 일이나 한인기독학원과 한인기독교회 운영에서 손을 떼겠다는 뜻을 표명했던 것같다"고 추측하였다.[157] 만일 손세일의 추단이 맞다면, 이승만은 하와이의 한인사회에서 은퇴하기로 한 것이라고 볼 수가 있다.

 이 시기 독립단에서는 계속해서 베이징의 박용만과의 관계를 유지하며 재정적 지원을 하고 있었는데, 단장 이복기는 실업부 사업을 하기 위해 1928년 4월 27일 베이징으로 떠나, 7월 19일 귀환하였다.[158] 그는 베이징에서 대본공사의 사업을 직접 시찰하고 박용만으로부터 독립단의 사업 전반에 대하여 지시를 받았던 것같다.[159] 그렇지만 하와이 한인사회의 통일적 분위기가 무르익어 가는 중인 1928년 10월 16일 독립단의 영수 박용만이 피살을 당하였다. 하와이 한인사회의 통일이 이루어져 가던 시기 독립단 영수의 사망소식은 매우 충격적이었다. 독립단에서는 10월 21일 저녁에 팔라마 집회실에서 400명이 모여 추도식을 열고 성금을 거두어 대표 한 명을 베이징으로 파송하여 암살사건을 상세히 조사하기로 하였다. 그들의 지도자 박용만의 피살에 대한 진상을 조사하기 위해 이상호를 현지에 급파하였다.[160]

---

156 『신한민보』 1928년 6월 7일자, 「대한민족통일촉성회」.
157 손세일, 『이승만과 김구』 제4권, 조선뉴스프레스, 2015, 142쪽.
158 『신한민보』 1928년 5월 17일자, 「하와이 독립단장 북경 여행」.
159 『신한민보』 1928년 8월 2일자, 「독립단장 이복기씨 회환하여」.
160 李元淳, 『世紀를 넘어서』, 177쪽.

6   1930년대 한인사회의 통합운동

1) 교민단과 대조선독립단의 통합

박용만의 피살사건은 교민단과 독립단으로 힘의 균형을 이루었던 한인사회를 한 쪽으로 기울게 하는 결정적 계기가 되었다. 하와이 한인사회에서 오랫동안 대립해 오던 양 단체의 힘의 균형이 붕괴되면서 오랜만에 마련된 통일적 기관인 '대한민족통일촉성회'의 활동도 위축되었다. 다시 말해 박용만의 죽음은 독립단을 위축될 수밖에 없었고, 동지회쪽으로 무게가 실리면서 촉성회의 활동도 현격하게 기울어졌다.[161]

박용만의 피살 이후 지도자를 잃은 독립단은 날이 갈수록 단체가 붕괴위기에 직면했고 임원들도 맥이 풀려 그 기능이 마비상태에 빠지고 말았다.[162] 그럼에도 불구하고 하와이 한인사회에는 새로운 통일운동이 일기 시작하였다. 그 동안의 분열상에서 탈피하여 통일을 지향하는 운동으로 전환하지 않으면 안된다는 의식이 서서히 자라나고 있었다. 이러한 때에 국내에서 광주학생운동의 소식이 전해졌고, 이와 더불어 하와이에는 기존의 교민단이니, 동지회니, 독립단이니 하는 구별이 희미해져 가면서 한인 사회단체 사이에 통일을 이루려는 현상이 뚜렷하게 나타나고 있었다. 이런 가운데 독립단계열의 사람들이 주축이 되어 1930년 1월 13일「한인협회」를 조직하였다. 처음에 목적을 고국에서 일어난 광주학생운동을 도우려는 목적이었기 때문에 주의와 강령을 만들고 조직은 위원제를 채택하고, 회비는 1년에 5달러로,

---

161 「조용하 청취서(제2회)」(『韓民族獨立運動史資料集』42, 2000, 117쪽).
162 李元淳,『世紀를 넘어서』, 178쪽.

1달러는 인두세, 2달러는 경비, 2달러는 독립운동 적립금으로 하였다.[163] 한인협회의 목적으로 대해 박상하는 다음과 같이 말하고 있다.

> 지금 우리 대중의 간절한 마음은 대한민족의 독립운동을 촉진함이 긴절타 함으로 봉건제의 구(舊) 인물인듯한 그네들이나, 민주제의 신(新) 인물인듯한 그네들이 각각 그 동지를 합하여 길은 비록 나누어 갈지로되 목적지는 하나라는 양해가 있으니 이를 전일 시비쟁투뿐에 비교하면 그 얼마나 깨였는고 궁리하여 교민단의 유지인사는 한인협회의 착착 발전을 기대하고 한인협회의 유지인사는 교민단의 장수무강을 기도하나니 만일 뜻이 같은 이들이 서로 뭉치어 우(右)로 지나 좌(左)로 지나 다만 목적할 날이 있으리니 이곳이 이른바 나누는 것이 합한 것인져.[164]

한인협회는 민족독립을 위해 독립단과 교민단 인사들이 독립운동에 매진하기 위해 모인 단체라고 하였다. 처음 한인협회의 위원장은 조용하, 서기는 김진호, 재무는 김윤배 등 40여 명의 독립단 사람들로 시작하여 한 달만에 80명으로 늘었다.[165] 그런 가운데 1930년 6월 15일 독립단의 임원이 새로 선출되었는데, 단장에 이상호, 부단장에 김경옥, 총무에 이원순, 재무에 천진화 등이 임명되었다.[166]

그러나 독립단의 영수가 없는 상태에서 한인협회에 참가한 사람들 가운데 11명이 대거 동지회로 들어가는 이탈현상이 발생하였다. 이같은 현상에 대해 이승만은 동지회 기관지『동지별보』1930년 10월 15일자에 다음과 같이 말하고 있다.

---

163 『한인협회 공보』제5호, 1930. 3. 20, 「동포의게 통고」.
164 박상하, 『한인협회 공보』제3호, 1930. 2. 28, 「난호이는 것이 곳 합ᄒ 는 것이뎌」.
165 『신한민보』1930년 3월 6일자, 「한인협회를 조직하여」; 4월 3일자, 「한인협회가 진흥되어」.
166 『신한민보』1930년 7월 3일자, 「독립단 임원 체임」.

년래로 독립단원으로 우리와 수차 상극같이 싸우던 동포들이 이번 합동운동 결과로 40여 명 사람이 고개를 숙이고 들어와서 모든 사람 앞에서 손을 들고 광복대업을 같이 진행하자고 선서하고 차차로 모든 단원들로 하여금 같은 언조를 취하도록 힘쓰려는 결심이니, 약간 공심을 가진 자야 누구나 감복한 눈물을 머금지 않으리요만은 홀로 김씨와 민단당국들은 극히 냉담하여 싫어하는 태도가 발표되며 신문상 언론이 점점 불찬성하는 논조를 일으키고 김씨는 합동을 찬성하는 민단단원들도 함께 대면하기를 싫어하며 말하기를 그 사람들이 다른 계책을 속에 묻어놓고 민단과 국민보를 빼앗으려 들어오는 것이라 하니 그 뜻이 어디 있는 것을 가히 알 것이라.[167]

이승만이 언급한 바와 같이 독립단원 40여 명(실제로는 30여 명)이 동지회로 들어가면서 한인협회의 활동은 위축될 수밖에 없었다. 심지어 독립단의 핵심인물이며 한인협회 서기를 맡고 있던 김진호가 1930년 2월부터 재간된 동지회의 기관지 『태평양잡지』의 주필로 갔으며,[168] 독립단 총무 이원순도 동지회로 들어갔던 것이다.[169] 독립단의 핵심 인물들이 동지회에 들어가면서 독립단 내부에도 이에 대한 논의가 있었다. 이원순은 그의 회고록에서 "우선 나만 대한인동지회에 입회하되 대조선독립단은 그대로 존속시킨다는 결정이었다. 그러나 외교문제에 국한해서는 대조선독립단도 이박사 정책에 동조한다는 사항이 아울러 합의되었다"[170]라고 하고 있지만, 어느 정도의 사실인지는 알 수가 없다. 독립단원 30여 명이 동지회로 들어갔음에도 불구

---

167 이승만, 「동지회내정」 『同志別報(1930. 10. 15)』(『우남문서(동문편)』 제12권, 1998, 305쪽).
168 김진호가 정확히 언제 『태평양잡지』의 주필이 되었는지는 확인할 수 없었다. 다만, 『신한민보』 1930년 3월 20일자의 「태평양잡지 다시 계속 간행」이라는 기사내용으로 보아 『태평양잡지』가 재간되면서 김진호가 주필이 되었을 것으로 추측된다.
169 李元淳, 『世紀를 넘어서』, 179쪽 및 183쪽.
170 李元淳, 『世紀를 넘어서』, 178~179쪽

하고,[171] 한인협회는 조용하·강영효·이정두·태병선·편성원·정원명 등이 중립적인 입장에서 회를 끌고 갔다.[172]

하와이 한인사회의 무게중심이 동지회쪽으로 넘어가기는 하였지만 전반적으로 파벌의식이 약해지는 것만은 사실이었다. 일례로 하와이 와히아와 지방에 있는 동지회 회원과 독립단 단원들은 1930년도부터 3·1절 기념행사를 합동으로 치루었으며, 이를 계기로 독립운동 후원도 같이하기로 하고, 한글학교도 합하기로 하였다.[173] 또한 한인사회의 통일을 목적으로 하는 조직체도 생겨났다. 카우아이섬의 한인들은 1930년 3월 9일 '가와이 대한인단합회'를 조직하여 1개월에 1원 25전씩 저축하여 독립운동을 후원하고자 하였다. 단합회의 회원은 40여 명으로 회장에 이홍기, 부회장에 김상호, 서기에 한미경, 재무에 정호영 등이었다.[174]

이처럼 미주 한인사회의 통일현상은 비단 하와이에만 국한된 것은 아니고 1930년 초반 해외 한인운동의 일반적 경향이었으며, 특히 미주 곳곳에서 한인공동회(韓人共同會)가 설립되어 합동운동이 활발히 전개되고 있었다.[175] 어쨌든 하와이 한인사회에도 이런 영향과 더불어 기존의 분열과 파벌주의를 청산하고 통일을 지향하는 운동이 서서히 일어나고 있었다. 요컨대 1930년 초반 하와이 한인사회는 독립운동사적으로 보면 침체기로 보일 수도 있지만, 그것은 대내외적 조건의 변화에 대응하여 사회조직 내부의 전반적인 조

---

171 이상호,「풍파에 밀려오는 소리를 듣고」,『同志別報(1930. 10. 15)』(『우남문서(동문편)』제 12권, 1998, 314쪽.
172 『신한민보』1930년 7월 3일자,「한인협회 절대 계속하여」.
173 『신한민보』1930년 4월 3일자,「와히아와에 통일현상」.
174 『신한민보』1930년 7월 24일자,「가와이 단합회 진흥」. 카우아이 단합회의 제2대 임원 선거는 1931년 3월 1일 개최되었는데, 회장에는 김상호, 부회장에는 정춘영, 서기에는 채인영, 재무에는 전록영 등이 선출되었다(『The American-Korean』1931년 3월 21일자,「Kauai Koreans Enjoy Patriotic Program at Lawai Beach」).
175 洪善杓,「1930년대 在美韓人의 統一運動」,『한국독립운동사연구』10, 한국독립운동사연구소, 1996 및 Sun-pyo Hong,「The Unification Movement of the Hawaii Korean Community in the 1930s」,『From the Land of Hibiscus』, University of Hawaii Press, 2007 참조.

정이 필요한 시기였다라고 할 수 있다.

　이승만은 동지회의 경제적 기반을 강화하기 위해 동지식산회사를 설립하였으나, 1929년에 들어 모두 실패로 돌아가 7만 달러의 손해를 보았다. 이승만은 회사를 구하기 위해 미본토로 가서 6만 달러를 모집하여 왔으나 커다란 도움이 되지는 못하였다. 그런데 그 당시에 마침 국내에서 광주학생운동이 일어났다. 그는 즉각 그의 모든 시간을 독립운동에 투신해야만 한다고 선언하고는 1930년 2월 하와이섬에서 호놀룰루로 오게 되었고, 이때까지 명목만 유지하고 있던 「동지회」를 재건하는데 착수하였다.

　이승만은 그 첫 발로서 1930년 2월 그동안 휴간되어 있던 『태평양잡지』를 다시 발행하면서 동지회를 재편시키고자 하였다. 이승만이 개인적 조직이라고 할 수 있는 동지회를 통해 하와이 한인사회를 재편하고자 근본적인 이유는, 하와이교민단이 임시정부의 교민단령에 의해 조직된 하와이 한인들의 자치단체라는 점이다.[176] 따라서 이승만 개인의 정치적 목적을 달성하기 위해 그해 3월부터 김현구를 비롯한 하와이교민단의 중심인물들에게 하와이 한인사회의 합동을 촉구하는 활동을 전개하도록 요구하였다. 그리고, 독립단과 중립적인 인사들로 구성된 한인협회의 핵심적인 멤버들을 동지회로 끌어들이려고 하였다. 이때 이승만이 구사한 전술은 의구심을 없애기 위해 교민단 등의 자치단체들은 신뢰가 구축된 다음에 합동을 하지만, 독립운동은 당장 급하기 때문에 동지회를 중심으로 합동한다는 논리를 내세웠다.

　그리고 그해 4월 3일 동지회·독립단·한인협회의 세 단체 대표들이 모임을 갖고 하와이 한인사회의 통합에 원칙적으로 합의를 하였다. 구체적인 교섭을 진행하기 위해 한인협회에서는 박상하·김진호를, 독립단에서는 이상호·김윤배를, 동지회에서는 이종관·정인수를 교섭위원으로 선출하였다. 이승만이 동지회를 중심으로 합동하자는 의견은 당시 독립단과 한인협회의

176　홍선표, 「해방이전 대한인동지회의 조직과 활동」, 『한국독립운동사연구』 33, 2009, 423쪽.

중심인물들에게도 상당한 영향을 미쳤던 것같다. 왜냐하면 6월 8일 한인기독학원에서 개최된 동지회간친회(同志會懇親會)에는 교민단·독립단 단원들과 더불어 중립적인 성향의 인사들도 상당히 많이 참석하였기 때문이다. 이 자리에서 독립단 단장 이상호는 한 인도자의 수령 명령에 복종하여 동지회원들과 같이 일해 볼 생각으로 동지회 회원이 되었다고 하였다. 독립단과 교민단의 핵심적인 단원들이 동지회에 집단으로 입회하였는데, 5월 26일에는 28명이 신입회원이 되었으며, 간친회 개최되던 날에는 독립단의 초대 단장을 역임한 신홍균 등 9명이 가입하였다.[177] 선서식은 애국가에 이어 이용직의 기도로 시작하여, 새로 입회한 박상하의 신입 동지원 자격검사 보고가 있었다. 이용직이 동지회 임시이사장 자격으로 선서를 주례하였다. 한인중앙기독교회 찬양대와 한인기독학원 합창단의 창가에 이어 안현경의 환영사, 이승만의 권설, 그리고 국민보 주필 김현구, 교민총단장 손덕인, 새로 입회한 이상호의 감상담 등이 이어졌다.[178]

대공황이 하와이를 강타하는 가운데 1930년부터 이러한 평화가 사라지고 이른바 '전쟁'이라고 할 만한 분쟁이 일어나게 되었다. 동지촌 건설에 열중하던 이승만의 동지식산회사 경영이 나빠지면서 하와이 한인사회에서는 불만의 목소리가 일어나기 시작하였다. 또한 이승만의 독선적인 행동으로 인하여 한인사회에는 그에 대한 염증이 일어나고 있었다. 1930년부터 시작된 교민단과 한인기독교회 내의 풍파는 결국 하와이 한인사회의 대전쟁을 예견하는 것이었다.

동지회를 중심으로 합동을 하기로 결의한 이후 사업을 확대시키기로 하였는데, 우선 『태평양잡지』에 영문난을 마련하고, 원동에 선전부를 두고, 청년

---

[177] 『태평양잡지』 1930년 7월호, 「동지회간친회 후문」, 부록, 5쪽; 홍선표, 『재미한인의 꿈과 도전』, 연세대학교 출판부, 2011, 39쪽.
[178] 손세일, 『이승만과 김구』 제4권, 207쪽.

부를 설치하며, 인물을 집중시키기로 하였다. 이를 위해 이승만은 그해 7월 15일부터 21일까지 7일간 호놀룰루에서 약 800여 명이 참석하는 '동지회미포대표회(同志會美布代表會)'를 선언하였던 것이다.[179] 이때 호놀룰루 각지에서는 물론 북미 각지에서도 18명의 정대표가 참가하였고, 그밖에 일반회원들도 많이 참여하였다. 동지회 미포대회에는 미주 각지에서 대표들이 참석하였는데, 시카고 대표로는 김원용이, 로스앤젤레스 대표로는 최영기, 하와이에서는 이상호·김진호·이원순·김윤배 등이 대표로 참가하였다.[180] 이 대회에서 동지회는 그들의 「행동강령」 등을 정하였으며, "동지회는 오직 독립사업에 유일한 정치단체로 정함"이라고 선언하였다.[181]

아무튼 동지미포대표회를 통해 하와이 한인사회가 동지회를 중심으로 단합된 모습을 보여주게 되었다. 이승만도 "미포동지대표가 처음으로 열리자 마침 하와이 몇 단체의 합동운동이 생겨서 원만한 효과를 이루었으며, 이번에는 동지회 중앙부로 우리 민족운동의 최고기관으로 삼아 미포(美布 – 북미와 하와이)에 산심(散心)된 동포를 다 합"하게 되었다고 고무되었다.[182] 즉, 그는 이 대표회를 계기로 동지회가 독립운동을 위한 유일한 단체가 되었다고 보았다. 그러나 문제는 동지회가 독립운동의 중심단체가 됨에 따라 교민단은 그 존재가 유명무실하게 되었다는 점이다. 교민단은 임시정부의 법령에 따라 설립된 합법적인 공식기관인데 비해 동지회는 이승만을 지지하는 정치단체에 불과하다는 것이다. 미포대표회가 폐회할 즈음에 교민단의 역할이 없어지는 것이 아닌가 하는 불만을 가진 교민단 단장 손덕인이 동지회 이

---

179 '동지미포대표회'에 대해서는 洪善杓, 「李承晩의 統一運動 – 1930년 하와이 同志美布大會를 前後로 – 」, 『한국독립운동사연구』 11, 1997, 274~277쪽 참조.
180 『동지별보』 1930년 11월 14일자, 「국민보기자에게」; 鄭斗玉, 『재미한족독립운동실기』, 「在美韓族獨立運動實記」, 『한국학연구』 3 별집, 인하대학교 한국학연구소, 1991, 78~79쪽.
181 『신한민보』 1930년 7월 31일자, 「동지회의 입안」; 金東煥, 「興士團과 同志會」, 『平和와 自由』, 三千里社, 1932, 151쪽; 『태평양잡지』 1930년 9월호, 「공포서」.
182 『동지별보』 1930년 10월 22일자, 「미포동포에게」.

사원을 사임한다고 선언하였다.

한편, 동지미포대표회를 통해 하와이의 한인사회가 동지회로 단합되는 것같이 보였지만, 이승만 자신이 데리고 온 한인기독교회 목사 이용직과 국민보 주필 김현구가 그의 뜻에 동조하지 않았다. 이용직은 동지회 중앙이사부 이사장을 맡는 등 이승만의 총애를 받았었다. 또한 김현구는 워싱턴DC에서 구미위원부 사무를 담당하다가 1929년 10월 이승만의 초빙으로 하와이에 오게 되었다. 이승만이 초빙해온 한인기독교회 목사 이용직과 교민단 재무 겸 국민보 주필 김현구는 이승만의 독단적인 행동에 반기를 들고 나왔다. 이에 대해 1930년 9월 4일 이승만은 「동지회와 교민단」이라는 글을 통해 그의 비민주적이고 가부장적인 생각을 그대로 드러내게 된다.

나도 공화제도를 하와이 모모 인사들 만치 사랑하는 터이나 공화보다 독립을 더 사랑하나니 공화를 희생하고 독립을 찾겠느냐, 독립을 희생하고 공화를 찾겠느냐 하면 나의 대답이 어떠할 것을 나를 아는 사람은 다 알 것이라. 그런데 오늘 우리 처지에 공화제도로 민족 대단결을 이루어서 공화제로 독립운동을 성공하려면 오랜 세월을 요구한 후에 그 자리에 이를 것이라. … 지금 우리 형편은 이만한 세월을 허비할 수도 없고 시험할 자리도 될 수 없는 중이니, 차라리 군인조직체로 국민 대단결을 이루어서 언권이니 의견이니 하는 모든 것을 다 버리고 국권을 먼저 회복하는데 일심 합력하여 적국에게 빼앗긴 민족 전체의 자유와 독립을 찾아 놓고 그 후에 공화제도를 우리 형편에 적당하게 제정하여 행하는 것이 지혜로운 줄로 나는 확실히 깨달은 바라.[183]

이승만은 하와이 한인사회의 통합을 위해서 민주적인 절차를 걸쳐 시간을 허비하는 것보다는, 그의 명령을 일방적으로 받는 조직을 선호한다는 점

---

183 「동지회와 교민단(1930. 9. 4)」, 『우남 이승만문서』 제12권, 300쪽.

을 분명히 하였다. 반면에 국민보 주필 김현구는 한인사회의 민주화를 요구하였던 것이다. 이에 대해 이승만은 김현구가 "이박사가 민단을 없이 하자는 뜻으로 신문에 선전하라 했다"고 하는 거짓 광고를 신문에 냈다고 반박하였다.[184]

이밖에 1930년 말 교민단측과 동지회측의 대립이 첨예화되면서 동지식산회사의 파산에 대해 교민단측 주주들은 회사의 회계감사를 요구하였다. 앞에서 언급한 바와 같이 이승만이 동지촌을 건설하려고 하와이섬에 동지식산회사를 설립하여 사업을 시작하였으나, 1929년 이것이 모두 실패로 돌아가 7만 불의 손해를 보았으며, 1931년 1월에 발표한 보고를 보면 고본금이 4만 달러이고 부채가 5만 5천 달러로 사실상 파산상태였다.[185]

1931년 1월 12일과 26일 및 27일에 걸쳐 일어난 교민총단관 점령사건은 교민단과 동지회간의 싸움이었지만 전체적으로 보았을 때, 박용만의 사망 이후 이승만 세력에 대항할 세력이 완전히 배제되면서 그가 독점적으로 한인사회를 이끌면서 일어난 사건이라고 할 수 있다.[186] 이같은 전쟁에도 불구하고 이 기간 하와이 한인사회의 동지회와 독립단이라는 파쟁의식은 상당히 사라진 것같다. 독립단원의 일부가 동지회로 가고, 이승만측의 인사들이 교민단으로 가는 등 하와이 한인사회의 풍파가 잠잠해지고, 이 분쟁의 근본 원인이었던 구세력과 신세력 간의 대립이 진정되어 가면서 한인사회의 통일문제가 제기되었다. 즉 이 분쟁의 발생과 폭력사태, 나아가 법정투쟁은 분명 부정적인 것이었지만, 이를 계기로 그 간의 분파를 해소하자는 주장이 대두되었다.

교민단사건으로 법정싸움이 계속되는 중인 1931년 4월 4일 독립단 총부

---

184 『동지별보』 1930년 10월 15일자, 「동지회 내정」(『우남 이승만문서』 제12권, 306쪽).
185 김원용, 『재미한인오십년사』, 291쪽.
186 1931년에 일어난 교민단총단관 점령 사건에 대해서는 김도형, 「1930년대 초반 하와이 한인사회의 동향 – 교민총단관 점령사건을 통해서」, 『한국근현대사연구』 9, 1998 참조.

단장 취임식이 거행되어 총단장에 이상호가 취임하였다. 그런데 이 자리에 동지회 총재 이승만이 참석하여 연설을 하였던 것이다.[187] 법정재판이 벌어지는 가운데 이승만의 이같은 행보는 자신의 불리함을 만회하고 독립단 세력을 끌어안으려는 모습이 아닌가 생각된다. 그렇지만 이승만은 '교민총단관 점령사건' 재판에서 패하면서 1931년 11월 21일 로스앤젤스호(City of Los Angeles)로 하와이를 떠나게 되었다.

이승만이 하와이를 떠난 뒤 동지회 중앙이사부는 안현경과 이원순을 서무대판으로 선정하여 임시정부에 보낼 인구세 수합과 구미위원부 지원을 위한 의연금을 거두었다. 그후 이승만이 국제연맹 참가를 위한 여행경비를 거두고 있었다. 그리고 이승만은 1932년 12월 23일 오후 5시에 영국의 리버풀로 향하는 라코니아(S. S. Laconia) 호를 타고 뉴욕항을 떠났다.

교민단이 승리한 후 하와이 한인사회에는 독립단측이 교민단과 협조하여 통일전선으로 나가는 명분이 생겼다. 이제 더 이상 교민단, 동지회, 독립단으로 나뉘어 분파투쟁을 일삼는 다는 것은 명분적으로나 실리적으로나 유리할 것이 없었다. 이에 독립단원들도 교민단에 들어가 자유롭게 활동을 하게 된 것이다.

교민총단관 사건이 일단락 된 이후 하와이 한인사회에는 독립운동에 매진해야 한다는 여론이 일어났다. 그런 가운데 교민단은 1932년도 1933년도 임원을 선출하기로 하였다. 1931년 10월 총부단장 후보자 추천기를 각 지방단에 발송하였으며,[188] 이어 11월 21일 총단장 후보자에 손덕인·차신호, 총부단장에 이정건·안영찬을 정하고, 1932년 1월 4일 제12회 교민단 통상의사회를 개최하여 총단장에 손덕인, 총부단장에 이정건을 선출하였다. 그런데 총단장에 선출된 손덕인이 「자치규정」 제66조 하단규정과 개인의 사

---

187 「독립단 총부단장 취임식」, 『태평양주보』1931년 4월호, 8쪽.
188 「교민단 총부단장 추천기」, 『新韓民報』1931년 10월 22일 1면.

정이 있다고 하면서 총단장의 자리를 고사하였다. 이에 따라 의사회에서는 즉시 총부단장 후보자를 투표를 하였는데 차신호 9표, 정두옥 7표, 김현구 1표, 전익주 2표, 서진수 2표가 나왔다. 이에 따라 최다수를 얻은 차신호와 정두옥이 후보자가 되어 이를 지방단에 투표지와 공문을 발하였다.[189] 이어 1월 15일 투표결과를 점검한 결과 차신호가 총단장이 되었으며, 이정건이 총부단장이 되었고, 총무에 한길수, 서기 겸 재무에 김현구, 법무에 김원용, 학무에 서진수, 군무에 송진중, 실업부에 유명옥, 구제원에 김백수를 선거하였다.[190]

1932년 말에 접어들어 '국민회'로 복구하자는 여론이 일어났고 1933년 1월 3일 하와이 교민단 대의회 결의안에 의하여 교민단을 해체한 후에 「하와이 대한인국민회」를 복구하기로 하였다. 새로 복구된 국민회의 총회장 후보자로는 이정건과 정두옥이, 부회장 후보자로는 강영효와 승룡환이 선출되어 지방단의 선거에 붙였다.[191] 그후 1월 31일 새로운 회장에 이정건, 부회장에 강영효가 선출되었다.[192] 재건된 국민회에는 독립단의 핵심인물인 강영효가 부회장이 되는 등 한인사회의 중심에 들어가게 되었다. 이와 같이 교민단의 중심세력이 된 독립단측은 박용만이 없는 독립단의 존속에 별다른 의미를 두지 않게 된 것이다.

하와이 한인사회의 파벌타파운동은 국민회 복설 이후에도 계속되었는데, 특히 외교문제를 통일할 필요가 있었다. 이를 위해 1933년 4월 9일 '한인연합협의회'를 조직하게 되었다.[193] 협의회는 기관지로 『협의회보』를 발간하였으며, 동지회·임시정부후원회·독립단·동생회·조미구락부·와히아와

---

189 『신한민보』 1932년 1월 28일자, 「하와이 교민총단의 선거」.
190 『신한민보』 1932년 2월 4일자, 「교민단 총부장과 신임원」.
191 『신한민보』 1933년 2월 2일자, 「국민회 총선거」.
192 『신한민보』 1933년 2월 16일, 「하와이 국민회 총부회장 선거」.
193 『신한민보』 1933년 8월 10일자, 「한인연합협의회 조직」.

공동회 등이 참가하였다.[194] 협의회의 목적은 "조선 독립을 기성코자 하는 민중의 역량을 연락 집중케 하며 운동의 전선을 협의케 하기" 위해 결성된 것이다. 한편 1933년 3월 김규식이 미국에 왔는데, 그의 도미 목적은 미주지역 한인단체의 대일전선통일동맹에 가입시키는 것과 재미 한·중 양 민족의 연합을 통한 중한민중대동맹 미주지부를 결성하는 것, 그리고 미주지역 동포들에게 독립운동 자금 모집과 선전활동에 있었다.[195] 김규식은 약 4개월 간의 짧은 방미기간동안 국민회를 비롯한 북미지역 대부분의 단체들을 대일전선통일동맹에 가입시켰고, 하와이의 국민회와 동지회에서도 그해 7월 22일과 10월 30일 김규식의 대일전선통일동맹에 가입하였다.[196]

1934년에 들어 독립단원들이 국민회의 운영에 적극 참여할 필요성이 증대되기 시작하였다. 그러나 국민회의 재정상태가 극도로 어려워지면서 그해 4월 26일 이정건·강영효 등의 국민회 임원이 총사면하게 되었다. 이에 5월 27일 와이키키공원에서 야유회를 열어 오창익 등 국민회 대의원들이 하와이 한인사회의 문제를 연구할 목적으로 '하와이 사회문제연구대회'를 개최하였다.[197] 이를 통해 어떤 결론을 얻었는지는 알 수가 없지만, 독립단의 핵심인물들이 국민회에 적극 참여하는 것이 아니었는가 추측해 볼 수 있다. 왜냐하면, 이 모임 이후 국민회 임원선거에 독립단계열의 인사들이 출마하고 있기 때문이다. 국민회 총회장 후보에는 김윤배와 정두옥이 출마하였고, 부회장 후보에는 이호직과 태병선·박종수가 출마하여 김윤배가 총회장, 이호직과 태병선이 부회장에 선출되었다.[198]

이와 같이 독립단원들이 국민회 운영에 대거 참여하면서 '독립단'이라는

---

194 『신한민보』 1933년 6월 29일자, 「외교운동을 각 단체에서 따로」.
195 홍선표, 『재미한인의 꿈과 도전』, 132~133쪽; 『신한민보』 1933년 5월 18일자, 「김박사의 사명」.
196 『신한민보』 1934년 4월 5일자, 「대일전선통일동맹은 각 단체 대표회의로」.
197 『신한민보』 1934년 6월 7일자, 「하와이 사회문제연구대회」.
198 『신한민보』 1934년 6월 21일자, 「국민회 임시 총선거 진행」.

명칭으로 굳이 또다른 단체가 존재할 필요가 없어지면서, 1934년 8월 26일 독립단 통상대회에서 국민회와의 합동이 본격적으로 논의되기 시작하였다. 이에 국민회 총회장 김윤배와 독립단장 김경옥 사이에 합동에 대한 협의가 수차례에 걸쳐 진행되었다. 독립단에서는 1934년 10월 14일 일요일에 팔라마 스트리트(Palama Street) 1221호의 대조선독립단 사무실에서 통합을 위한 '대조선독립단 특별회'를 개최하였다. 이 특별회의에서 국민회와의 합동에 대해 투표한 결과 35명이 찬성하고, 5명이 반대하였기 때문에 통합안은 가결되었다. 이어 유동면과 조병요를 통합위원으로 임명하였다.[199] 다음날인 10월 15일 국민회와 독립단 두 단체 합석회의를 열어 양 단체가 합동하기로 최종 결정하였다. 이 합석회의에서 두 단체는 빠른 시일내에 국민회 임원을 재선출하기로 하고 합동에 합의하였던 것이다. 그리고 합동을 마무리 짓기 위해 10월 21일 와이키키공원에서 합동축하식을 거행하면서 합동을 선언하였다.[200]

국민회와 독립단의 합동 때 약속된 바와 같이 국민회 임원을 개선하기로 하였기 때문에, 재선거를 실시하여 총회장 후보로 김윤배와 임성우, 부회장 후보로 이호직과 유동면이 출마하였다. 그리고 1935년 1월 결선투표를 거쳐 총회장에 임성우, 부회장에 유동면이 당선되었다.[201] 이로써 두 단체는 중립적 성향의 임성우 총회장과 독립단 성향의 유동면이 국민회를 운영하게 되었으며, 총무에 박상하, 서기에 황인환, 재무에 조병요, 법무에 이호직, 학무에 차윤종, 사교에 승룡환, 연무에 태병선, 실업부에 김백수, 외교에 박승준, 청년부에 정덕중 등 대부분 독립단원들이 임명되었다. 재건 국민회에는 기존의 부서외에 연무부와 청년부를 두고 있었는데 특히, 연무부의 설치는

---

199 국사편찬위원회, 『대한인국민회와 이승만(1915~36년간 하와이 법정자료)』, 1999, 589~593쪽.
200 『신한민보』 1934년 11월 1일자, 「하와이 두단체 합동 축하회」.
201 『신한민보』 1935년 1월 31일자, 「하와이 국민회 총부회장 선거」.

하와이에서 다시 기회가 있으면 군사훈련을 실시할 것이라는 말하는 것이다. 연무부장에 취임한 태병선은 "현상에 있어서 우리가 군사운동을 못하나마 만주에서 원수를 대항하여 피를 흘리는 우리 독립군을 위하여 매일 매씨 쌀 한종주기씩 저축할 수는 있으니 만일 여러분이 그것을 실행한다면 내가 취임하고 그렇지 않으면 나의 직무를 사면하겠소"[202]라고 하니, 군중들이 모두 찬성을 하였다고 한다. 또한 통합된 국민회에서는 독단적 회운영을 막기 위해 입법기관인 참의부를 설치하고 참의원으로 김윤배·김진호·정인수·정두옥·송진홍·박종수·안원규·박봉집·인봉규 등 9명을 임명하였다.[203]

아무튼 국민회와 통합을 반대한 독립단이라는 조직은 많은 단원들이 국민회에 들어갔지만 일부는 그대로 유지되었던 것같고, 국민회와 법정다툼을 벌릴 당시인 1936년에 단장에 박태권, 부단장에 박성달, 총무에 노필규, 서기에 김만수, 재무에 양문서, 이사에 김경수·차용근·정태영 등이었다. 그리고 이들 독립단 세력들은 조직을 그대로 유지하면서 1941년 4월 하와이 호놀룰루에서 개최된 해외한족대회에 재미한족 9개 단체의 하나로 참여하였다. 해외한족대회 당시 대조선독립단의 대표로는 강상호로 되어 있는데, 1934년 양 단체의 합동 이후에도 상당한 정도의 조직을 가지고 있었던 것으로 판단된다.

2) 국민회와 동지회의 합동운동

하와이에 교민단과 독립단이 통합을 할 무렵 이승만이 프란체스카(Francesca Donner)와 결혼을 하고 1935년 1월 24일 하와이에 돌아왔

---

202 『신한민보』 1935년 2월 21일자, 「총회장 취임식과 연설의 대요」.
203 『신한민보』 1935년 2월 7일자, 「하와이 국민회 총임원과 재정보고」.

다.²⁰⁴ 이승만이 외국인 신부를 데리고 호놀룰루에 도착하자 항구에서 그를 기다리던 그의 지지자들은 쇼크를 받았다. 그는 그동안 타인종과의 결혼에 반대한다고 설교해 왔었는데, 그러나 지금 이승만 자신이 나쁜 선례를 남기게 된 것이다.²⁰⁵ 이승만을 여전히 지지하는 기독학원과 기독교회에서는 대대적인 환영회를 개최하였지만 기전의 권위는 많이 손상되었다고 할 수 있다. 재건 국민회로 통합이 되었지만 이승만의 동지회는 따로 3·1절 행사를 진행하는 등 별도로 활동을 하고 있었다.²⁰⁶ 이에 하와이 한인사회의 중도적 인사들인 김성옥·최선주·조병요·안창호 등이 국민회와 동지회의 합동을 주선하였다. 1919년에 잠시 합동된 이후 16년만에 다시 통합이 논의되던 것이다. 1935년 10월 13일 중도파의 주도하에 국민회측 인사들과 동지회측 인사들이 모임을 갖고 합동에 대해 논의를 하였고, 동지회측에서 단체로 합동하는데 어려움을 표시하였으나 이 문제도 차후 논의하기로 하였다.²⁰⁷

그러나 국민회와 동지회 양 단체의 통합에 대한 논의는 별다른 진전이 없이 1936년도 국민회 임원선거가 있어 총회장 후보에는 조병요와 임성우가, 부회장 후보에는 유동면과 안원규가 출마하여,²⁰⁸ 총회장에는 조병요 부회장에는 안원규가 당선되었다.²⁰⁹ 그리고 1월 20일 개최된 대의원회에서 임시정부를 후원하기 위해 인구세를 수봉하기로 결정하였다.²¹⁰

1937년도 하와이 국민회 총부회장을 뽑는 선거에서 총회장 후보자 박상하·김윤배·양유찬과, 부회장 후보자 박종수·김윤배가 사양하고, 총회장

---

204 『신한민보』 1935년 2월 21일자, 「이승만 박사가 귀포」.
205 Kingsley K. Lyu, 「Korean Nationalist Activities in Hawaii and Continental United States, 1900–1945」 Part II, Amerasia 4:2, 1977, p.75.
206 『신한민보』 1935년 4월 11일자, 「삼일절 경축 성황」.
207 『신한민보』 1935년 10월 31일자, 「합동문제 토의」.
208 『신한민보』 1936년 1월 30일자, 「국민총회 총부회장 후보자」.
209 『신한민보』 1936년 2월 6일자, 「국민총회 총부회장 당선 발표」.
210 『신한민보』 1936년 2월 13일자, 「국민회 대의원회 폐회」.

후보 조병요와 부회장 후보 안원규만이 승낙을 하였다. 이에 대의장 안원규가 각 대의원들에게 후보자 1명씩을 더 추천하라는 공문을 발송하였다.[211] 그리고 다음해 2월 대의회에서 총회장에 조병요, 부회장에 안원규를 정식으로 승인하고, 서기에 김현구, 재무에 황인환, 실업부원에 권도인, 연무부원에 이정건, 청년부원에 양유찬, 외교원에 조세은, 법무원에 김원용, 학무원에 김윤배, 사교원에 박봉집을 각각 임명하였다.[212]

중일전쟁이라는 새로운 상황의 변화에 맞추어 하와이 국민회에서는 1937년 8월 7일과 15일 두 차례에 걸쳐 회의를 개최하여 독립운동에 방향에 대해 집중적으로 토의를 하였다. 중일전쟁의 발발로 인해 정세가 변하면서 하와이 한인사회에도 합동을 해서 독립운동을 지원해야만 한다는 여론이 높아만 갔다. 즉 1937년 8월 21일 국민회에서는 이정근·김원용·정봉관·유동면·박상하를 교섭위원으로 선임하였으며, 동지회에서는 이원순·안현경·이종관·조석진·김이제를 교섭위원으로 선임하였다. 두 단체의 교섭 결과, 혈성금을 거두어 임시정부를 후원하기로 하였고 이를 위해 재무관리부를 결성하기로 하였다.[213]

10월 8일 국민회와 동지회의 지도자들은 시세에 순응하여 공적 사적으로 합동교섭을 진행하는 동시에 국민회 총회 임원과 참의원, 찬무원 등은 동지회에 대해, 임시정부를 봉대하여 독립운동을 극력 후원하려는 이유로 무조건적으로 절대 합동을 국민회는 주장하였다.[214] 그리고 10월 9일 국민회에서는 박종수·박상하·정인수 3인을 교섭위원으로 하여 합동을 요구하는 공문을 동지회에 발송하였다. 이에 동지회에서는 안현경·이종관·차신호 3명

---

211 『신한민보』 1936년 12월 1일자, 「총부회장 후보자를 다시 천거」.
212 『신한민보』 1937년 2월 25일자, 「국민 총회 대의회」.
213 홍선표, 『재미한인의 꿈과 도전』, 91~92쪽.
214 『신한민보』 1937년 11월 11일자, 「하와이 동포의 합동운동」.

을 대표로 선정하여 국민회와 협상을 진행하기로 하였다.[215] 이후 힐로의 국민회·동지회 회원들이 합동을 적극 지지하는 공동회를 개최하였다. 그리고 두 단체의 교섭위원 대표들은 10월 10일 합동 3개조의 「결의안」을 작성하였다.[216]

국민회는 그해 10월 12일 결의안을 수용하기로 하고 5명의 위원을 선임하였다. 그리고 10월 31일 국민회와 동지회 대표 28명이 참석한 가운데 합동을 완성하자고 결의하였다. 국민회의 각 지방회에서도 동지회와의 합동에 찬성을 하였기 때문에 11월 26일 임시대의회를 개최하였다. 그러나 임시대의회에서 「합동결의안」의 제3안은 관허장 취소 부분을 받아들일 수 없다고 하면서 결의안을 부결시켰고, 동지회에 대해 합석회의를 할 것을 제의하였다. 이에 대해 동지회에서는 단체의 합동을 하기 위해서는 해체문제부터 결의한 후 합석회의를 할 수 있다고 하였다. 이와 같이 양 단체의 합동은 국민회가 관허장 취소문제를 둘러싸고 합의를 이루지 못해 더 이상 논의를 진척시킬 수가 없었다.[217]

중일전쟁을 계기로 일어난 하와이 한인사회는 국민회와 동지회 간의 합동운동이 신속하게 진행되었지만 관허장 취소문제로 한 동안 논의가 중지될 수밖에 없었다. 그런 가운데 1938년 6월 20일 중국에서 김구가 하와이 『국민보』 편집인 황인환에게 해외 한인들의 대동단결을 촉구하는 간절한 호소문을 보냈다. 1938년 7월과 8월 사이에 세 차례에 걸쳐 회합을 가졌다.[218] 그리고 1938년 8월 13일 하와이 국민회에서 다시 합동교섭을 시작하기로 결의하고 다음날 동지회에 합동에 관한 공함을 보냈다. 이에 대해 동지회측에서는 즉각적으로 합동 찬성을 결의하였고 아울러 중립적인 인사들도 참여시

---

215 『신한민보』 1937년 11월 25일자, 「하와이 한인 국민동지 양회에 합동운동」.
216 『신한민보』 1937년 11월 25일자, 「희외ㅅ 한인 국민 동지 양회에 합동운동」.
217 홍선표, 『재미한인의 꿈과 도전』, 94~97쪽.
218 홍선표, 『재미한인의 꿈과 도전』, 99~101쪽.

키자고 하였던 것이다. 이에 8월 22일 양회의 당국자가 모여 합동의 절차를 협의하고 각 회에서 3명의 위원을 선정하여 합동수속을 진행하기로 하였다. 이에 국민회측에서는 김진호·정인수·김현구를 위원으로, 동지회측에서는 이원순·차신호·이종관을, 중립측에서는 민찬호·최창덕·최선주로 선임하였다.[219] 합동을 위한 제1차 회의는 8월 23일 오후 7시 반 합동을 위한 회의가 국민회 총회관에서 개최되었는데, 합동단행의 성의를 보이기 위해 '국치기념대회'를 공동으로 거행하기로 합의하였다.[220] 8월 25일 제2차 합동진행위원회는 양회의 대표와 중립자측 등 10명이 출석하였다. 이 회의에서 국민회와 동지회의 합동에 대해 원칙적으로 합의를 하였으며, 아울러 법률과 재정적 문제를 조사하기 위해 이원순과 김현구를 조사위원으로 임명하였다.[221] 8월 28일 국민회와 동지회 공동으로 국치기념대회 행사를 오후 2시 선교기념관에서 거행되었다.[222] 대회는 동지회 중앙부장 김이제와 국민회 총회장 조병요 등 양회의 인사가 고루 행사를 진행하였다.

제3차 합동회의는 8월 30일 합동진행위원 6명과 그 외 4인 등 10명이 참석한 가운데 이원순·김현구 두 조사위원들의 보고를 들었다.[223] 그리고 양 단체의 합작을 위해 국민회 대의회와 동지회 대표회의 연합의회를 연합 소집하기 위해 국민회 총회장과 동지회 중앙부장에게 「청구서」를 보내기로 결의하였다.[224] 9월 3일 국민회 총임원회의에서 양 단체의 연합의회 개최일자를 9월 26일로 정하여 이 내용을 공함으로 동지회측에 발송하기로 하였다.[225] 이같은 공함을 받은 동지회측에서는 양 단체의 합법적인 합동수속 절

---

219 『국민보』 1938년 8월 31일자, 「제1차 회의」.
220 『신한민보』 1938년 9월 15일자, 「하와이 사회 합동운동 다시 진행」.
221 『국민보』 1938년 8월 31일자, 「제2차 회의」.
222 『국민보』 1938년 8월 31일자, 「국치기념대회」.
223 『국민보』 1938년 8월 31일자, 「제3차 회의」.
224 『국민보』 1938년 8월 31일자, 「청구서」.
225 『국민보』 1938년 9월 7일자, 「총임원회록」; 「공함 제9호」.

차가 마무리되지 못하였고, 또 합동에 대한 전체 회원들의 의사를 반영하지 못하였기 때문에 연합의회 소집을 유보해 달라고 요구하였다.[226]

이같은 합동적 분위기 속에서 미주 본토에서도 북미 대한인국민회를 중심으로 독립운동을 추진해 나아가고 있었다. 1937년 9월에는 임시정부를 후원하기 위해 특별의연금과 중국항일전쟁후원금을 모금하기 시작하였다. 그리고 1938년 9월에 들어서는 대한인국민회에 중앙상무부부 안에 시사위원회를 설치하여 원동정세와 재미한인의 임무 및 대내외 선전방침을 연구하게 하였다.[227]

이에 따라 제4차 합동회의가 9월 7일 국민총회관에서 개최되었는데 역시 기존의 관허장 문제로 의견에 진척을 보이지 못하였고, 다음날에 합동회의가 이어졌다.[228] 「합동진행위원회」에서 여러 차례 회의를 거쳐 다음과 같은 절차에 합의하게 되었다.

양 단체 법인 관허장은 그대로 두고 합동하되 이름을 공결하고 규칙을 수정하며 임원을 공선하고 회원의 권리와 의무를 꼭 같이 할지며, 이후에 어느 법인 관허장을 취소할 필요가 있을 때에는 법인 관허장을 없이할 단체의 민국 20년도 임원의 동의를 얻지 못하면 관허장을 취소하지 못함.[229]

위와 같이 양 단체의 관허장을 그대로 둔 채 임원과 장정을 같이 하자는 방안으로 계속 협의를 진행하기로 하였다. 이틀 뒤인 9일에 제5차 회의에서

---

226 홍선표, 『재미한인의 꿈과 도전』, 104쪽; 『태평양주보』 1938년 9월 10일자, 「합동수속에 대하여」; 「답함」.
227 홍선표, 『재미한인의 꿈과 도전』, 155~156쪽.
228 『국민보』 1938년 9월 14일자, 「제4차 회의」.
229 『신한민보』 1938년 10월 6일자, 「동지 국민 양회의 합동운동」.

도 별다른 성과를 얻지 못하였다.[230] 동지회측에서 일반회원들의 의견을 들어야만 한다는 것이었고, 국민회도 각 지방회의 결의를 얻도록 하였다. 그리고 9월 17일 제6차 회의에서는 10월 10일 합동수속위원회를 개최하기로 하였다.[231] 그동안 분열과 반목을 지속하던 하와이 한인사회는 국민회와 동지회가 합동을 결의하고, 1938년 9월 20일자로 국민회 총회장 조병요와 동지회 중앙부장 김이제의 이름으로 「합동선언서」를 발표하였다.

이 「합동선언서」에 따라 지방회의 동의를 얻은 후 국민회는 대의원회에, 동지회는 대표원을 통하여 국민회는 총회로 동지회는 중앙부로 통지하기로 하였다.[232] 10월 10일 국민회 총회관에서 제7차 합동위원회를 개최하여 양회 지방회의 투표를 심사하였는데, 대개의 지방회에 3분의 2 이상이, 회원 수도 4분의 3 혹은 5분의 4 이상이 합동에 찬성하였기 때문에 11월 11일 「임시연합의회」를 개최하기로 하였다.[233] 11월 18일 국민총회관에서 제1차 연합의회를 개최하여 대의원·참의원·대표원 전부를 그대로 인정하고, 의장에는 안원규 찬의에는 이종관을 선정하였다. 다음날 제2차 회의에서 카우아이의 단합회와 호놀룰루의 독립단도 합석하도록 하였으며, 합동 명칭에 관해서는 양 단체 관허장을 그대로 두고 다시 명칭을 정하도록 하였다. 11월 21일 제3차 연합의회에서 회체를 민주제로 가결하고 헌법을 제정하기로 하였으며, 다음날 제4차 회의에서 기관보로 『국민보』로 하고 『태평양주보』는 영문으로 발행하기로 하였다.[234]

연합의회에서 회명은 제7차 회의에서 '국민당(國民黨)'과 '한민회(韓民會)'가 제청되었지만 모두 적당하지 않다고 하여, 이어서 열린 제8차 회의에

---

230 『국민보』 1938년 9월 14일자, 「제5차 회의」.
231 『국민보』 1938년 9월 21일자, 「제6차 회의」.
232 『신한민보』 1938년 10월 20일자, 「하와이 한인 양회 합동선언서」.
233 『신한민보』 1938년 10월 27일자, 「투표로 진행하는 하와이 한인 양회 합동」.
234 『국민보』 1938년 11월 23일자, 「연합의회」.

서는 투표에 의해 '대한인회(大韓人會)'로 결정하였다.[235] 각 단체에서 총부회장 후보자를 합 1인씩 천거하여 최다점자를 총회장에, 차점자를 부회장으로 하기로 하였다. 12월 2일까지 제10차 회의에서 총회장 후보로 국민회에서 조병요를, 동지회에서는 김이제를 추천하였다.[236] 그러나 동지회측에서는 공동투표에 부쳐 다수로 선정하자 하고, 국민회측에서는 의무를 이행한 자에게 권리가 있다고 하면서 동지·국민 양회 회원에 한하여 투표를 받아 다수로 선정하자 하였다. 양측 간의 이견이 팽팽하게 대립되자 국민회 측에서 투표날까지의 의무금을 내면 동일한 권리를 주자고 하였으나, 동지회측에서 일반투표를 주장하면서 투표가 진행되지 못하였다.[237]

12월 4일 제12차 연합의회가 개최되어 공동투표와 법적투표의 토의가 계속되었으나 타협점을 찾지 못하였다. 12월 7일 제13차 회의가 개최되었으나 동지회 대표원들이 출석을 하지 않아 국민회·동지회의 합동은 성사되지 못하였다. 1939년에 들어서도 국민회와 동지회의 합동은 결코 간단한 문제가 아니었기 때문에 별다른 발전이 없다.

---

235 『국민보』 1938년 12월 7일자, 「연합의회」.
236 『신한민보』 1938년 12월 22일자, 「하와이 합동 진행의 경과」; 『국민보』 1938년 12월 7일자, 「연합의회」.
237 『국민보』 1938년 12월 7일자, 「연합의회」.

7 맺음말

하와이 한인사회는 국외 한인사회와 독립운동의 역사에서 유난히 대립과 분쟁이 많이 일어났던 지역이다. 하와이 분쟁의 중심에는 이승만과 박용만이라는 독립운동계의 두 거목이 있었고, 이들 두 지도자를 절대적으로 지지하는 단체가 직접적인 파쟁을 일으켰다. 이승만을 중심으로는 하는 동지회와 박용만을 지지하는 독립단이라는 두 세력은 끊임없이 대립·갈등하면서, 하와이 한인사회의 주도권을 두고 분쟁을 일으켰다.

하와이 국민회와 독립단은 1934년 10월 공식적으로 합동되었으나, 독립단의 일부는 통합에 반대하여 그 활동과 조직을 유지하려고 하였다. 이들은 '대조선독립단'이라는 단체명을 그대로 사용하며 독립단의 재산을 소유하고 있었기 때문에, 양 단체간에 소유권을 둘러싸고 법정 싸움이 벌어지기도 하였다.[238] 아무튼 통합에 반대하던 독립단 세력들은 조직을 그대로 유지하면서 1941년 4월 하와이 호놀룰루에서 개최된 해외한족대회에 재미한족 9개 단체의 하나로 참여하였다. 해외한족대회 당시 대조선독립단의 대표로는 강상호로 되어 있는데, 1934년 양 단체의 합동 이후에도 상당한 정도의 조직을 가지고 있었던 것으로 판단된다.

대조선독립단은 1919년 3월 결성되어 이승만의 교민단 및 동지회와 더불어 대립·갈등하면서 하와이지역 독립운동을 주도하여 왔던 대표적인 단

---

[238] 국사편찬위원회, 『대한인국민회와 이승만(1915~36년간 하와이 법정자료)』, 참조. 독립단의 핵심 단원이었던 이원순의 회고에 의하면, 독립단이 국민회에 통합될 당시 독립단의 재산은 우성학교 건물과 대지가 남아 있었을 뿐이었다. 이를 국민회에 넘겨 주려하자 일부 단원들이 반대하여 법정소송이 일어났다. 그래서 결국 재산을 독립단원들에게 분배해 주고 말았다고 한다(李元淳, 『世紀를 넘어서』, 144쪽).

체라고 할 수 있다. 미주지역 한인역사를 정리한 김원용의 『재미한인오십년사』에는 독립단에 대해 다음과 같이 언급하고 있다.

> 대조선독립단은 박용만과 그 동정자들이 독립운동 후원을 목적하고 하와이 호항에서 결성한 것이다. 이때에 제1차 세계대전이 끝나고, 파리에 평화회의가 열리며, 국내에 3·1운동이 일어나고, 내외 각지에 독립운동이 전개되는데, 하와이에는 박용만 파와 이승만 파간의 싸움이 극렬하였다. 대한인국민회 중앙총회가 그들을 융합하려고 최선의 노력을 하였으나, 이승만이 중대한 시국을 불구하고 박용만과 합작하기를 거절하므로, 합동을 이루지 못하고, 하와이 동포의 운동역량을 분열하였던 것이다.[239]

박용만에 매우 우호적인 입장에 서있는 김원용 조차도 결과적으로 이승만파의 국민회와 박용만파의 독립단이 파벌싸움을 벌여 하와이지역 독립운동역량을 분열시켰다고 평하였다. 그러면, 독립단의 조직결성 이후 교민단 혹은 동지회와 1934년 10월까지 15년간에 걸친 분쟁과 대립이 일어났던 근본 원인은 어디에 있었겠는가. 이에 대해 필자는 이승만을 영수로 하는 국민회(교민단)세력과 박용만을 영수로 하는 독립단 두 세력의 팽팽한 세력균형에 주목하였다. 양 세력은 서로 길항하면서도 한인사회와 독립운동을 주도하였는데 대체로 박용만이 피살되기 이전까지 힘의 균형이 유지되었다. 하지만 1928년 박용만 피살 이후 독립단 세력은 크게 위축되면서 반이승만 세력과의 결탁하고, '교민총단 점령사건'을 통해 하와이 한인사회의 주도권을 차지할 수 있었다. 따라서 하와이 한인사회의 분쟁은 팽팽한 힘의 균형이 기울어질 때 그 과성에서 폭발적으로 일어난다는 것을 확인할 수 있었다.

이와 더불어 하와이 한인사회의 분쟁의 원인은 여러 측면에서 찾아질 수

---

[239] 김원용, 『재미한인오십년사』, 187쪽.

있다고 보인다. 즉 하와이 한인사회는 근본적으로 이민으로 형성된 사회라는 점에서도 찾아질 수 있다. 환경적인 측면에서 보면, 하와이 한인사회에 분쟁이 발생하는 그 첫 번째 배경은 하와이 이민의 특수성과도 매우 밀접하게 연계되어 있다는 점이다. 하와이 온 이민 온 사람들은 언제든지 기회가 주어지면 국내를 떠나 신세계를 찾아 간다는 열린 생각을 가지고 있었던 매우 역동적인 성향을 지닌 사람들이었다. 그런데, 초기 하와이 이민자들의 역동적인 성향은 고립되고 협소한 하와이에서 그들의 역동성이 제대로 발휘될 수 없었다. 다시 말해, 하와이는 섬이라는 고립된 환경적 조건으로 인해 외부적 접촉이 매우 제한되고 내부적 순환이 원활하지 못한 곳이었다. 하와이라는 폐쇄적 환경적 조건에서 동종적 성격의 결합은 더욱 강화되고 이질적 요소들은 더욱 배타시키려는 경향이 자연스럽게 발생하면서, 정치적 분파투쟁이 빈번히 발생하였다고 할 수 있다.

　두 번째로, 하와이 한인사회의 분쟁의 배경에는, 하와이 이민사회의 특성상 지도적 지식층이 광범위하게 존재하지 않았다는 점에서도 찾을 수 있다. 하와이 초기 이민자들은 대부분 노동자층이었기 때문에 지식층이 매우 얇았다고 할 수 있다. 한인사회의 지도적 역량은 몇몇 지도자에 의지할 수밖에 없었고, 지도자의 빈곤한 지도력은 빈번히 하와이 한인사회의 분쟁을 야기시켰다. 그리고 분쟁의 발생원인도 이성적·합리적 이유에서 발생하는 것이 아니라 감정적·우발적 측면이 많았다. 그렇기 때문에 분쟁의 양상도 논쟁의 차원을 넘어 폭력적·파괴적 양상을 띠게 될 수밖에 없었다고 할 수 있다.

　세 번째로, 하와이 한인들의 분쟁 배경에는, 하와이라는 협소한 지역에 서로 다른 지도노선을 가진 두 지도자가 팽팽하게 대립하였다는 점이다. 이승만을 영수로 하는 국민회(교민단)세력과 박용만을 영수로 하는 독립단 두 세력이 세력균형을 이루며 대립하였던 것이다. 이승만의 외교노선과 박용만의 군사운동노선은 서로 길항하면서도 한인사회와 독립운동을 주도하였는데, 대체로 박용만이 피살되기 이전까지 힘의 균형이 유지되었다. 하지만 박용만 피살 이후 독립단 세력은 크게 위축되었지만 반이승만 세력과의 결합하여 '교민총단 점령사건'을 통해 하와이 한인사회의 주도권을 차지할 수 있었다.

국민회(교민단)와 독립단 혹은 동지회 사이에 하와이 한인사회를 파벌투쟁으로 몰아넣었던 것만은 사실이지만, 그렇다고 대립과 분쟁만 있었던 것은 아니다. 국민회나 독립단·동지회 등은 사회단체이기도 하지만 또한 독립운동 조직이기도 하였다. 따라서 이들 단체들이 대립과 분쟁을 심하게 일으켰지만, 민족독립을 위해 합동을 하고 통일을 모색하기도 하였던 것이다. 1930년대 후반 북미와 하와이에 독립운동을 위해 미주지역 한인사회가 하나로 뭉쳐져야 한다는 분위기 속에서 1941년 '해외한족대회'가 열리게 되었던 것이다.

3장

1930년대 초반 하와이 한인사회

1 머리말

          1930년대 들어 민족운동은 국내뿐만 아니라 국외에서도 노선이나 방략상에 커다란 변화를 겪었으며, 특히 운동의 주도권이 새로운 세대로 이양되게 되었다. 이점은 최초의 합법적 이민이 시작되었던 하와이 지역에서도 대공황의 여파 등으로 그 현상은 마찬가지였다. 1930년대 들어 초기 이민세대가 노령화되어 가면서 하와이에서 태어나거나 교육을 받은 이른바 1.5세 및 2세들이 성장하면서 한인사회에 변화를 요구하게 되었다. 이로 말미암아 1929년 말부터 1933년 초까지 하와이 한인사회 내부에 상당한 풍파가 일어나게 되었는데, 그것의 총괄이 1931년 초에 발생한 이른바 '교민총단관 점령사건'[1]이었다. 교민총단관 점령사건은 거의 '폭동'에 가까운 집단폭력을 야기하면서 한인들끼리 두 주일동안이나 무법행동을 벌였으며, 결국 이 문제는 미국 법정에까지 가서 해결을 보아야만 했던 대사건이었다.

  1920년대 말부터 1930년대 초 하와이 한인사회의 대표적 분쟁인 '교민총단관 점령사건'의 발단과 전개과정과 그 수습과정을 통해 우선 한인사회의 실상과 동향을 파악하고자 한다. 즉 이 사건을 중심으로 1930년대 초반 한인사회의 동향을 충실히 재현시키는 동시에 하와이 이민사회의 갈등구조를 살피고자 한다.[2] 사실 지금까지 1930년대 초반 하와이 한인사회는 '교민

---

1 본고에서 '교민총단관 점령사건'이라고 한 것은 『재미한인 오십년사』에서 '교민총단 강제 점령과 폭동사건'이라는 표현에서 원용하였다(김원용, 『재미한인오십년사』, Reedley, 1959, 162쪽).

2 1920년대 말 30년대 초 하와이 한인사회에 대해서는 이미 洪善杓, 「李承晩의 統一運動 - 1930년 하와이 同志美布大會를 前後로 -」(『한국독립운동사연구』 제11집, 독립기념관 한국독립운동사연구소, 1997)이라는 논문이 발표된 바 있었다. 이 논문은 『太平洋雜誌』・『太平洋週報』・『同志別報』・『구미위원부통신』 등 동지회측의 자료들을 광범위하게 이용하여 이승만

단측'과 '동지회측' 간에 극렬히 상쟁하였기 때문에,[3] 이에 대한 자료나 기록 또한 양편의 입장을 절대 지지하는 것과 그와 반대로 상대편을 철저히 비방하는 것만 남아있다. 예컨대 교민단측 입장에서 쓰여진 기록에는 "이승만의 절대 독재체제가 붕괴되고 민주화(Democratization Revolt)가 시작되었다"고 주장하는,[4] 반면에 동지회측에서는 이 사건을 교민단측이 자신들의 지도자를 제거하려는 음모라고 주장하고 있다.[5]

이 사건이 발생하기 전인 1925년과 1929년 사이 하와이 한인사회는 독립운동사적으로 볼 때는 침체기인 반면, 분쟁이 상대적으로 적었던 가장 평화로운 기간이었다. 하지만 대공황이 하와이를 강타하는 가운데 1930년부터 평화가 사라지고 한인사회에 분쟁이 발생하게 되었던 것이다. 이같은 분쟁이 발생하게 된 원인은 한인사회 내부에서 그동안 잠재되어 있던 갈등과 지도력 부재 등을 들 수 있지만, 그 가운데 중요한 점은 하와이에서 태어나거나 교육을 받은 이른바 1.5세 및 2세들이 성장하였다는 점이다. 특히나 미국식의 정규교육을 받은 젊고 현실적인 의식과 사고양식을 가진 이들은 전통적인 이민사회의 지도력에 만족할 수 있는 세대가 아니었다. 이런 세대 간의

이 진행한 한인단체의 통일운동을 중심으로 미주 및 하와이의 한인사회를 자세히 다루고 있어 본고의 내용과 상당 부분 중첩되는 면이 많다. 그러나 필자는 1931년에 발생한 '교민총단관 점령사건'을 중심으로 사건의 발단 배경과 전개과정, 그리고 이 사건이 끝난 후 한인사회의 동향을 동태적으로 살펴보았기 때문에 상당부분 시각이 다르다. 즉 1930년대 초반 한인사회 분쟁의 원인을 위의 글은 이승만이 전개한 통일운동의 실패 결과로 본 반면, 필자는 사건 발생의 원인을 한인사회의 전반적인 세력교체에 있다는 점을 밝히고자 하였다.

3 본고에서는 '교민단측' 혹은 '민단측' 이라는 표현을 사용하였고, 그의 반대편을 '동지회측'이 라는 용어를 사용하였는데, 이는 당시 『신한민보』에서 주로 표현하는 것을 사용하였다.
4 교민단측 입장에서 쓰여진 기록으로는 다음과 같은 것이 있다.
김원용, 『재미한인오십년사』, Reedley, 1959; Dae-Sook Suh(ed), 『The Writings of Henry Cu Kim』, Univ. of Hawaii Center for Korean Studies, Honolulu, 1987; John K. 玄, 洪性傑 譯, 『國民會 略史』, 고려대학교 민족문화연구소, 1986; 鄭斗玉, 「在美韓族獨立運動實記」, 『한국학연구』3 별집, 인하대학교 한국학연구소, 1991 재수록.
5 동지회측 입장에서 쓰여진 기록은 다음과 같다.
허정, 『우남 이승만』, 태극출판사, 1970; 林炳稷, 『林炳稷回顧錄』, 女苑社, 1964; 李元淳, 『人間 李承晩』, 新太陽社, 1965.

차이 그리고 새로운 지도력에 대한 요구 등이 1930년대 초반 한인들 간에 분쟁을 발생시켰다고 할 수 있다.

'교민총단관 점령사건'으로 인해 당시 하와이 지역사회에서 미국언론의 비난을 받아야만 했으며, 독립운동에 열중하던 다른 미주지역 한인들에게도 상당한 피해를 주면서 하와이 이민사에 오점을 남겼다. 그럼에도 불구하고 필자가 이것에 주목한 이유는, 비록 사건의 전개과정이 분파적이고 폭력적이었지만 이를 계기로 하와이 한인사회가 다시금 민족운동의 전열을 가다듬으면서 통일운동으로 나아가게 되었다는 점 때문이다. 다시 말해 하와이에서 '국민회'가 복구되면서 미주지역 민족운동의 중심지로 성장해 가게 되었다. 요컨대 1930년대 초반 하와이 한인사회는 이같은 풍파를 겪었지만 그 내부적 진통을 겪은 후 다시 민족운동의 중심지로 자리잡아 갔다.

한편 하와이 한인사회와 독립운동이라는 면에서 이승만은 제외할 수 없는 가장 중심에 서 있는 인물이다. 하지만 이승만의 1930년대 초반 활동에 대해서는 그의 전기들이 대부분 '불운의 1930년대' 혹은 '성과없는 외교'라고 하면서 이 당시 그의 활동을 거의 적지 않고 있다. 예컨대 동지회 총무로서 1930년 초반 이승만의 자문역할을 담당한 이원순 조차도 이에 대해서는 거의 언급을 회피하면서 지나갔다.[6] 그리고 로버트 올리버의 『이승만 전기』에서도 이 무렵을 "이승만에게는 암흑의 시절이었다"라고 하면서 대체로 이를 거론하지 않고 넘어가고 있다.[7] 이처럼 1930년대 한인 간의 분쟁은 하와이 이민사에서 가장 부끄러운 일 가운데 하나였으며, 18년 동안 그의 아성이었던 하와이 한인사회에서 그의 위상이 축소되고 그를 '암흑의 시절'로 몰아넣었던 시기였다. 따라서 이것은 이승만을 이해하는데 매우 중요한 사건이다.

본 연구의 자료는 주로 미주 및 하와이에서 발간되었던 신문자료와 법

6　李元淳,『人間 李承晚』, 199~200쪽.
7　Oliver Robert,『Syngman Rhee, the man behind the myth』, New York, Dodd Mead, 1954.

정기록을 이용하였다. 즉 신문자료로는 미 본토에서 발간되었던 『신한민보』와 하와이 현지에서 발간된 『호놀룰루 애드버타이저』(The Honolulu Advertiser) 및 『호놀룰루 스타 뷰레틴』(The Honolulu Star Bulletin) 등의 영자신문과, 『니퓨지지』(日布時事, The Nippu Jiji) 등의 일본계 신문 등도 이용하였다. 그리고 법정 재판기록으로는 하와이 제1 순회재판소(First Judicial Circuit Court Territory of Hawaii)에 보관중인 마이크로 필름 가운데 '교민총단관 점령사건'에 대한 것을 주로 이용하였으며,[8] 그밖에 하와이주 문서보관서(Achives of Hawaii)에 소장된 자료도 일부 이용하였다.[9]

---

8   자료의 소재지인 제1 순회재판소(Circuit Court First Judicial Circuit of Hawaii)는 호놀룰루시 Punchball Street 772번지 Kaahumanu Hale에 있다.
9   이 자료는 1931년 3월 27일 교민단측에서 자신들의 입장을 법정에 밝히기 위해 제출한 것으로 원명은 「The Case of the Korean National Association」이며, 하와이주 문서보관소(Archives of Hawaii)의 Case of Hist & Misc 부분에 소장 중이다(이하 「Brief」로 약함).

2 하와이 한인사회 분쟁의 발단

하와이 이민이 공식적으로 시작된 1903년 이후 일제로부터 해방되던 1945년까지 한인사회는 많은 시련과 변화를 겪었다. 대체로 하와이 한인사회를 국내외 민족운동의 발전양상에 짝하여 1900년대, 1910년대, 1920년대, 1930년대, 1940년로 시기구분하여 왔다. 하지만 이것은 단순히 시기적으로 구분하였을 뿐 실제 이민사회의 변화·발전상과는 차이가 있다. 하와이 한인사회의 변화를 이해하려면 우선 이들이 이주민이라는 것을 전제로 하여야 하며, 이민사회인 하와이의 상황과 조건이 가장 우선 고려되어야 할 것이다. 따라서 필자는 한국독립운동의 발전양상과 하와이 한인사회의 변화라는 것을 두 축으로 하와이 이민사회를 크게 두 시기로 구분하여 보았다. 전기는 합법적 이민이 시작된 1903년부터 1924년까지의 시기로 그 특징적 성격은 정식 이민이 시작되면서 하와이 사회 정착과 독립운동을 전개하기 위해 여러 단체들이 조직되어 활동하던 시기이다. 둘째 시기는 한인들의 이민이 공식적으로 배제된 1924년 7월 이후인 1925년부터 1945년까지로 한인들의 미주 이민이 더 이상 허가되지 않아 국내와의 교류가 단절되면서 독립운동 또한 정체적인 모습을 띄던 시기이며, 이때의 가장 큰 특징은 이민 1.5세 혹은 2세들이 성장해 가면서 한인사회와 독립운동에 변화가 보이기 시작하던 시기이다.

하와이 한인사회는 1910년대 두 차례에 걸친 이승만과 박용만의 쟁투의 결과 이승만이 승리하면서, 대한인국민회 하와이지방총회(이하 '국민회')의 주도권이 그에게 넘어가게 되었고, 독립운동사적 측면에서는 별다른 성과를 거두지는 못하던 시기였다. 그후 1920년대 전반기는 국내에서 일어난 3·1운동의 여파로 그 활동이 가장 활발히 전개되었던 시기이며, 중국 상하이[上海]에서 대한민국임시정부가 성립되어 국외 독립운동의 구심점으로 작용하였다.[10] 그후 하와이에서는 이승만이 임시정부의 대통령이 되면서 그에 대한 지지와 후원을 하는 국민회(교민단) 및 동지회파와, 박용만을 지지하는 대조선독립단,[11] 안창호를 지지하는 한미보파로 나뉘어 각각 상호 경쟁적으로 독립운동을 전개하게 되었다. 하지만 중국 상하이 임시정부에서 국무위원들과 의견충돌을 일으킨 이승만이 1921년 6월 다시 하와이 호놀룰루에 도착하여, 그해 7월 그를 지지하는 민찬호·안현경 등과 협의하여 '대한인동지회'를 결성하였다. 동지회의 설립목적은 명목상 임시정부를 옹호한다고 하였지만, 실질적인 면에서는 이승만 자신을 강력히 지지할 조직체를 결성하고자 하였다. 동지회가 조직된 이후 하와이에는 동지회와 박용만의 대조선독립단(이하 '독립단') 간에 상호 경쟁적으로 하와이 한인사회를 이끌고자 하였으며, 그로 인해 서로 간에 대립과 쟁투가 끊이지 않았다. 그러다가 1921년 3월에 '대한인국민회 하와이지방총회'가 임시정부 교민단령에 따라 '대한인교민단'으로 변경되었다. 이승만에 의해 주도되던 '국민회'가 '교민단'으로 개칭된 이유는 대한인국민회 중앙총회의 간섭에서 벗어나려는 의도와 1920년 초 독립단측의 '국민총회관 점령사건'과 1921년에 일어난 '태평양시사 습격사건' 등 하와이에서 이승만의 위상에 도전하는 세력들을 배제하기 위해서였다고 보인다.

그후 상하이 임시정부가 분열되면서 하와이에서도 독립운동 노선상의 차이와 방략상의 차이 등으로 이승만파의 교민단·동지회와 박용만을 지지하는 독립단과의 사이에 분요가 항상 끊이지 않게 되었다.[12] 그러던 것이

---

10 김도형, 「하와이 3·1운동과 한인사회의 동향」, 『한국근현대사연구』 21, 2002; Do-hyung Kim & Yong-ho Choe, 「The March First Movement of 1919 and Koreans in Hawaii」, 『From the Land of Hibiscus』, University of Hawaii Press, Honolulu, 2007 참조.
11 김도형, 「하와이 대조선독립단의 소식과 활동」, 『한국독립운동사연구』 37, 2010 참조.
12 「米國およびハワイにおける抗日獨立運動者狀況報告の件」 金正明 編, 『朝鮮獨立運動』 1 分冊, 原書房, 1967, 1920년 3월 25일 高警第9189號, 738쪽.

1924년 동양인배제법(Oriental Exclusion Act)에 의해 한인들의 이민이 완전히 금지된 이후 하와이 한인사회는 또 다른 양상을 띠게 되었다. 이시기까지 비록 양파 간에 끊임없이 대립과 분쟁이 발생하였지만 1920년대 초반까지 상호 경쟁하면서 독립운동은 활기를 띠었었다. 그러나 1920년대 후반에 들면서 독립운동이 침체하기 시작하게 되었다. 그것의 근본 원인은 임시정부의 분열과 독립운동 노선상의 차이로 인한 운동 전반의 침체에 그 원인이 있었지만, 하와이에서 민족운동이 침잠하게 된 원인은 동양인배제법으로 인해 본국에서 들어오는 새로운 운동자를 받아들이지 못하게 되었고, 인구이동이 줄어들면서 운동자 간의 세력교체가 원활히 이루지지 않아 활력을 잃어가고 있었기 때문이다. 이와 더불어 이승만은 1924년 11월 호놀룰루에서 동지회 전체회의를 열고 종신총재로 추대되면서, 1925년 3월부터 동지식산회사(Dongji Investment Company Ltd.)를 설립하여 산판을 사들이는 등 하와이 한인사회의 막강한 지도자로 군림하였다. 특히나 1928년 10월 박용만의 피살은 하와이에서 이승만 세력에 대항할 세력을 완전히 배제하게 되었으며 이로 인해 그가 독점적으로 한인사회를 이끌면서 독립운동도 침체되어 갔다.

이런 가운데 1930년대 한인사회의 뚜렷한 현상의 하나는 이민 2세 한인의 출현이었다. 초기 이민들의 강인한 개척정신과 민족의식에 의해 한인사회는 언제나 활기찬 생활양상을 보존해 왔었다. 그러나 이민 온지 20~30년이 지난 1930년대 들어 한인사회의 젊은이들은 미국사회에서 성장하고 교육받은 한인계 미국인들이었다. 그들의 문화의식과 사고양식은 그의 부모들의 그것과는 다른 새로운 형태의 의식을 가진 세대였다. 그렇기 때문에 전통적인 이민사회의 지도력에 만족하고 적응할 수 없는 세대들이 나타나게 된 것이 다.[13] 이는 당시 한인사회의 구성을 보면 쉽게 알 수 있다. 즉 다음의 자

---

13   유동식, 『하와이의 한인과 교회』, 그리스도연합감리교회, Honolulu, 1985, 158쪽.

〈표 1〉 하와이 한인 인구(1910~1930)

연도	시민권자	영주권자	총계	하와이 전인구
1910*			4,533	191,909
1920**			4,950	255,912
1921. 6***			5,327	
1924**			5,817	307,177
1925**	2,916	3,040	5,956	306,551
1926**	3,122	2,956	6,078	328,444
1927**	3,318	2,896	6,214	333,420
1928**	3,500	2,818	6,318	348,767
1929**	3,643	2,750	6,393	357,649
1930****	3,627	2,829	6,456	362,509

* : 연방 인구조사, ** : 매년 6월 30일 회계연도 조사, *** : 「하와이에 사는 육천동포의 실황」, 『개벽』 제36호, 1923년 6월호, **** : 1930년 1월 1일.

료는 1930년 1월 하와이 미육군 정보국(United States Army Hawaii Dept. Office of the Assistant Chief of Staff for Military Intelligence)에서 조사한 「하와이령의 한국인에 대한 조사」이다.[14]

〈표 1〉에서 보면 1925부터 1929년 사이 미국 시민권자가 727명 늘어나고, 대신에 영주권자가 290명 줄어들었다. 즉 1925년 이후 하와이 한인들 사이에 영주권자의 숫자는 줄어들고, 시민권자의 수가 증가한다는 사실이다. 이를 달리 표현하면 하와이 태생의 한국인(Hawaiian-born Korean)이 늘어났으며, 이로 인해 이민 1세와 1.5세 및 2세 간에 갈등이 생기기 시작하였다. 당시 하와이대학에서 사회학을 전공한 김봉희(Bernice Bong Hee Kim)는 그의 논문에서 이민 1세와 하와이 태생의 세대 간에 세 가지 문제를 들고 있다. 첫째는 언어문제, 둘째로 효도, 셋째로 사회적인 자유 등 때문에 갈등

---

14 United States Army Hawaii Dept. Office of the Assistant Chief of Staff for Military Intelligence, 「A Survey of the Korean in the Territory of Hawaii」, January 1930(Microfilm Washington D.C. National Archives, 1985), p.3.

을 일으키고 있다고 지적하고 있다.[15] 이처럼 1925년 이후 하와이 한인사회는 시민권을 가진 새로운 세대가 늘어나면서 근본적인 변화를 갈구하였으며, 이들은 이민 1세의 민족의식 보다는 현실적 문제에 관심이 더 컸고, 그동안 독립운동의 지도자들로 추앙을 받아오는 사람들에 대한 근본적인 의문이 제기되기 시작하였다. 확실히 그들의 의식은 이민 1세대가 가졌던 민족의식은 아니었다.

 이민 1.5세 및 2세들은 자신들의 의식에 적응하는 지도력을 갈망하고 있었으며, 특히 이런 현상은 1920년대 말부터 1930년대 초에 나타나기 시작하면서 기존의 지도력이 봉건적이며 비민주적이며, 파벌주의적인 것으로 인식되었다. 이에 따라 그 동안의 분열상에서 탈피하여 통일을 지향하는 운동으로 전환하지 않으면 안된다는 의식이 서서히 자라나고 있었다. 사실 1920년대 말반 하와이 한인사회에는 기존의 교민단이니, 동지회니, 독립단이니 하는 구별이 희미해져 가면서 한인 사회단체 간에 통일을 이루려는 현상이 뚜렷하게 나타나고 있었다. 일례로 하와이 와히아와(Wahiawa) 지방에 있는 한인들은 1930년도부터 3·1절 기념행사를 합동으로 치루었으며, 이를 계기로 독립운동 후원도 같이하기로 하였고, 한글학교도 합하기로 하였다.[16] 이처럼 한인사회의 통일현상은 비단 하와이에만 국한된 것이 아니고 1930년 초반 국외 한인운동의 일반적 경향이었으며, 특히 미주 곳곳에서 한인공동회(韓人共同會)가 설립되어 활동하였다.[17] 어쨌든 하와이 한인사회에도 이런 영향과 더불어 기존의 분열과 파벌주의를 청산하고 통일을 지향하는 운동이 서서히 일어나고 있었다. 요컨대 1930년 초반 하와이 한인사회는 민족운동사적으로 보면 침체기로 보일 수도 있지만, 그것은 대내외적 조건

---

15 Kim Bernice Bong Hee, 「The Koreans in Hawaii」, 『Social Science』 Vol.9, No.4, October 1934, p.412.
16 『신한민보』 1930년 4월 3일자, 「와히아와에 통일현상」.
17 洪善杓, 「1930년대 在美韓人의 統一運動」, 『한국독립운동사연구』 10, 1996 참조.

의 변화에 대응하여 사회조직 내부의 전반적인 조정이 필요한 시기였다라고 할 수 있다.

그럼 1930년대 초반 하와이 한인사회를 이해하는데 필수적인 것이 당시의 사회경제적 조건이다. 우선 우리의 관심을 끄는 것은 1929년 대공황의 발생이었다. 이런 예기치 않았던 상황의 도래는 한인사회 뿐만 아니라 하와이 경제 전체에 상당한 충격이었다. 특히나 하와이는 공황으로 인해 주 수입원인 사탕수수의 가격이 하락하면서 그 수입이 급격히 줄어들었으며, 또한 관광객 숫자가 줄었기 때문에 경제공황은 다른 미주지역 보다도 더욱 심각하였다.[18] 하와이의 한인들도 10명의 노동자 중 9명이 실직하게 되었으며, 정부에서 하는 공공사업으로 연명하고 있었다. 이에 따라 기존에 한인사회와 독립운동에 투여해 오던 각종 운동자금이 원활하게 모금될 수 없었으며, 공황으로 인한 생활상의 곤란 때문에 사회단체의 후원이나 독립운동에 대한 재정적 지원은 생각하기 어려웠다. 이런 생활상의 변화가 1930년대 초반 하와이 한인사회에 변화를 초래하는데 배경으로 작용하였던 것이다.

앞에서 언급하였듯이 하와이 한인사회의 역사에서 1925년과 1929년 사이는 민족운동적으로 볼 때는 침체기인 반면, 분쟁이 상대적으로 적었던 가장 평화로운 기간이었다. 대공황이 하와이 사회를 강타하는 가운데 1930년부터 이러한 평화가 사라지고 이른바 '전쟁'이라고 할 만한 분쟁이 일어나게 되었다.[19] 그럼 이런 '전쟁'이 시작되는 조짐은 언제부터인가? 대체로 1929년부터 시작된다고 할 수 있는데, 이승만의 독선적인 행동으로 인하여

---

18 『신한민보』 1933년 4월 6일자, 「하와이 경제 공황도 심하여」.
19 1925년부터 1929년 사이에 하와이 한인사회가 평화로왔던 이유로 '교민단측'에서 주장하는 바는, 그동안에 이승만이 하와이를 떠나 워싱턴이나 혹은 하와이섬의 올라아(Olaa)에 있었기 때문이라는 것이다(「Brief」 참조). 즉 이승만이 하와이에 同志村을 건설하려고 하와이섬 올라아에 同志殖産投資會社를 설립하여 석탄과 목재사업을 하였기 때문에 한인사회에 간섭하는 일이 없었다는 것도 하나의 이유가 되겠지만, 이것은 이승만을 공격하기 위해 하와이 한인사회 분쟁의 원인을 개인적 차원으로 끌어내렸을 뿐이지, 근본적인 분쟁의 원인이 되지는 못한다.

한인사회에는 그에 대한 염증이 일어나고 있던 차에 1929년 7월 24일 교민단 총단장인 최창덕이 사면을 청원하여, 그 대리로 부단장 손덕인이 대리하게 되었다.[20] 이 사건은 한인사회에 실질적인 실력자인 이승만이 최창덕을 사임시키기 위해 대중 앞에서 그를 험담하기 때문에 그가 총단장의 자리를 내놓게 되었다. 그후 다시 교민단 임원선거를 그해 12월에 실시하였는데, 총단장에 이종관과 손덕인, 부단장에 안영찬과 최홍위가 후보자가 되었으며,[21] 1930년 1월 13일 제10회 의사회를 통해 손덕인이 총단장에 안영찬이 부단장에 선출되었다. 이 선거에서 이승만이 지지하는 이종관이 총단장에 당선되지 못했다는 것은 이승만에 대해 하와이 교민사회가 반발하고 있다는 확실한 증거였다. 즉 그동안 이승만의 독단적 지도에 염증을 느낀 교민사회가 그에 반발한 것이라고 할 수 있다. 이렇게 되자 이승만은 1930년 봄 "공적인 것은 아무것도 없다. 내가 곧 공적이다"라고 선언하는 데까지 이르렀다.

한편 하와이 한인사회의 중심축은 한인 사회단체와 더불어 교회조직이었다. 하와이 한인사회에서 교회는 단순히 종교단체일 뿐만 아니라, 한인들의 사교단체이며 독립운동을 후원하는 정치모임이기도 하였다. 1920년대 말 1930년대 초 하와이 한인사회의 내분은 한인단체 뿐만 아니라 한인기독교회 안에서도 일어나고 있었다. 주지하다시피 한인기독교회는 1915년 이승만이 하와이 한인감리교회에서 기숙학교의 경영권 문제로 의견이 대립되자, 감리교의 조직에 불만을 가지고 설립한 교회로서 1918년 12월에 평신도회에서 정식으로 '한인기독교회'로 명명하게 되었다.[22] 이 교회는 창립 이래 줄곧 이승만의 감독·지도를 받아왔으며, 그의 활동을 적극적으로 지지하여 왔고 교회의 초대목사로 활약한 사람이 민찬호였다.[23] 민찬호 목사는 이승만

---

20 『신한민보』 1929년 8월 22일자, 「교민단장 최창덕 씨 사임」.
21 『신한민보』 1929년 12월 19일자, 「민단 총부단장 후보자 선거」.
22 유동식, 『하와이의 한인과 교회』, 109쪽.
23 『신한민보』 1929년 12월 19일자, 「새 목사를 연빙하여 부임」. 파직된 민찬호 목사는 1930년

과 함께 배제학당을 졸업한 후 평생토록 그와 친분을 맺어 왔다.[24] 이에 따라 일제의 자료에도 그를 '이승만 복심(腹心)의 자(者)'라고 표현할 정도였다.[25] 그런데 그가 1929년 3월 초에 갑작이 교회에 사면청원서를 내놓았다.[26] 그가 사면청원서를 내놓게 된 이유는 다름이 아니라 그가 교회 일을 보는 동안 캐슬(W. R. Castle) 부동산회사에 1만 7천 달러의 빚을 지불해야 했으며, 게다가 그해 6월 말까지 나머지 빚이 3천 달러에 달하였다.[27] 이 때문에 이승만은 민찬호를 파직하고 이명우를 새 목사로 임명하였다가, 다시 그해 말 뉴욕에서 이용직(William Y. Lee)[28]이 목사로 초빙되어 왔으나, 그가 이승만과 마찰을 빚게 되었다.

새로 초빙된 이용직 목사는 부임한 이래로 교회의 부채를 청산하기 위해 스쿨 스트리트(School Street)에 있던 교회를 처분하여 청산하였으며, 교회

11월부터 와히아와 한인기독교회의 초빙강사로 활동하였다가(Barbara Kim Yamashita, 『Wahiawa Korean Christian Church History 1919 – 1987: 와히아와 한인교회 역사』, Honolulu, 1987, 8쪽), 은퇴하고 오랜 와병생활 끝에 1954년 77세를 일기로 별세하였다(유동식, 『하와이의 한인과 교회』, 52쪽).

24 유동식, 『하와이의 한인과 교회』, 51쪽.
25 在ホノルル帝國總領事館, 『布哇朝鮮人事情』, 1925(『朝鮮統治史料』 7, 1971 所收), 984쪽.
26 『신한민보』 1929년 3월 7일자, 「두 교회 목사가 한꺼번에 사면」.
27 「Brief」 참조.
28 이용직 목사는 1929년 12월 하와이에 오게 되었는데, 그는 기독교 가정에서 태어나고 자랐으며, 한국에서 미션스쿨을 나왔다. 미국에서는 파크 대학(Park College), 조지 워싱톤 대학교, 콜롬비아 대학교, 유니온 신학교 등에서 고등교육을 받았다(「Brief」 및 『The Honolulu Star Bulletin』 1931년 2월 28일자, 「Korean Church Members State Their Troubles」). 한편 그는 3·1운동 당시 파크 대학 재학 중 국내에서 보낸 「독립선언서」가 그에게 배달되어 이를 『신한민보』에 보낸 사람이었다(방선주, 「3·1운동과 재미한인」, 『한민족독립운동사』 3, 국사편찬위원회, 1988, 504쪽). 그리고 그해 우리의 독립운동을 세계에 소개하며 각 종교단체와 교섭하여 운동의 도덕적 원조를 얻기 위한 조직인 「미주 한인학생 원동선교회」의 회장으로 선출되었다(『신한민보』 1919년 7월 22일자, 「미주 한인학생 선교회 교서」). '교민총단관 점령사건'이 끝난 후 이용직은 1935년에 그의 동생 이용로(1902~1935)가 상하이에서 피살되자 그 소식을 듣고 고향인 평양에 돌아갔다. 그거서 그는 안경점을 경영하였으며 해빙시까지 4차례 투우되었고 1945년 8월 16일까지 투옥되었다가 석방되었다(방선주, 「韓吉洙와 李承晩」, 『재미한인의 독립운동』, 방선주선생님저작집간행위원회, 선인, 2018, 639~640쪽).

의 신도수를 늘렸으며, 젊은이들의 모임을 새로이 조직하는 등 많은 활동으로 교인들의 신망을 얻어 가고 있었다.[29] 이처럼 이용직이 교회운영을 성실히 수행하던 가운데 이승만이 예산이 없는데도 불구하고 교회 예배당을 신축해야 한다고 주장하였다.[30] 그러한 주장에 대해 이용직이 반대하자, 그를 축출하기 위해 이승만은 자신을 지지하는 교인들을 통해 그에 대한 험담을 퍼뜨렸다. 그후 1930년 9월에 한인기독교회의 임원선거에서 대거 이용직 목사를 지지하는 교인들이 중앙부의 임원으로 당선되었으며, 반대로 쫓겨난 임원들에 의해 이용직 목사에 대한 흠담과 비방이 쏟아졌다. 이같이 한인기독교회 안에서도 이용직 목사를 지지하는 파와 이에 반대하는 파로 평신도와 이사원회 사이에 의견충돌이 일어나 교회안에서 주먹싸움이 일어나고, 예배도 두 곳에서 나누어 진행되었다.[31]

    1929년부터 시작된 교민단과 한인기독교회 내부에서 분열의 조짐은 1930년대 초반 극렬한 대립으로 발전하게 되었다. 앞에서도 언급한 것처럼 한인사회는 이민 1세들과 달리 하와이에서 성장한 세대들로서 이들은 기존의 한인사회의 지도력에 만족하지 못하였다. 이민 1세가 거의 맹목적일 정도로 민족 독립을 위해 매진하며 동조하는 반면, 이들은 미국식 교육을 받은 자들로서 민주적이며 합리적인 한인사회가 되기를 갈망하는 세대였다. 그러던 가운데 한인사회 분쟁의 결정적인 계기가 된 것은 무엇보다도 미본토에서 고등교육을 받은 지식인들이 대거 유입되면서 그들의 지도력이 설득력을 얻어가고 있으면서 부터이다. 대체로 그 시기는 1930년 '동지회미포대회(同志會美布大會)'[32]를 전후하여 하와이에 온 김현구·김원용·이용직 등이다.

---

29   『The Honolulu Star Bulletin』 1931년 2월 28일자, 「Korean Church Members State Their Troubles」.
30   『신한민보』 1931년 3월 19일자, 「기독교회의 내홍을 발표」.
31   『신한민보』 1930년 10월 16일자, 「기독교회 안에 무슨 내홍이 있는가?」 및 『신한민보』 1930년 11월 6일자, 「기독교회 안에도 문제가 복잡해」.

이들은 기존 하와이 한인사회에서 지도력을 발휘해 왔던 이승만을 중심으로 한 구세력에 대항하기 시작하였다. '동지회미포대회'를 전후하여 본토에서 온 정치적 야망을 가진 청년들인 김현구·김원용 등은 이승만을 등에 업고 그의 명성을 이용하여 정치적 입지를 얻고자 하였다. 즉 김현구(Henry Cu Kim)는 원래 이승만의 구미위원부 위원장으로 있다가 그의 초청으로 1929년 11월 하와이에 와서 교민단의 서기 겸 재무와, 국민보 주필로 활동하였다. 그런데 그는 처음 이승만과의 관계가 원만하였으나, 그의 표현에 따르면 그에게 불가능한 요구를 하였다는 것이다. 즉 그에게 『국민보』를 통해 극단적으로 동지회를 선전하라고 하였으며, 교민단에 유리한 말은 전혀 하지 말 것을 요구하였다고 한다. 이러한 요구를 김현구가 자주 거절하자, 교민단의 재무와 국민보 편집인을 자신에게 넘길 것을 요구하는 등 김현구는 이 같은 일로 이승만과 대립하게 되었다.

또한 김원용(Warren Y. Kim)은 원래 동지회 시카고 대표로서 미포대회를 위해 하와이에 왔으나, 이승만의 독선적인 지도노선에 반발하였다. 그리고 앞에서 본 한인기독교회의 이용직 목사도 이승만의 초빙으로 교회내부의 문제 때문에 하와이에 오게 되었다. 1930년대 초반 분쟁의 출발은 이들이 하와이 한인사회에서 새로운 지도력을 발휘하면서 시작되었다는 점이다. 그동안 한인사회를 주도하던 이른바 '동지회측'에서는 새로 미본토에서 온 사람들을 "직업적인 도둑들(professional thieves)과 양의 옷을 입은 늑대들"이라고 하였으며, 심지어 "도둑, 간부(姦夫), 일본인 스파이"로 간주하였다. 이에 대해 김현구 등은 기존의 사람들에 대하여 "하와이에 거주하는 대다수의 한국인들과 교민단의 회원들은 그들의 입장을 표명했을 뿐"이라고 하였다. 나중에 분쟁이 일어나 법정에서 다투게 되었을 때, 하와이 온 새로운 인물들은

---

32 同志美布代表會에 대해서는 洪善杓, 「李承晩의 統一運動 – 1930년 하와이 同志美布大會를 前後로 – 」, 274~277쪽 참조.

자신들의 입장을 다음과 같이 법정에 제출하였다.

(전략) 그들은(김현구·김원용·이용직 등 - 필자) 새로 온 사람들이며, 교민단의 회원들이다. 또한 그들은 교민단의 임원일 뿐만 아니라 한인기독교회의 임원이기도 하다. 그런데 교회에도 교민단에도 문제가 있다. 그러나 그 문제가 무엇이든 간에 확실히 이들 새로 온 사람들에 의해 일으켜진 것은 아니며, 이것은 이승만 박사의 사회적인 전횡에 대한 불만이 자란 것 때문이다. 이박사는 부끄러움 없이 자신을 자랑하는 것 외에 기대되고 예상되는 어떤 결과를 보여주지 않았고 다만 그들의 주머니를 비게하였다. 심지어 그것에 대한 무거운 이자(mortgage)에 대한 언급 없이 재산의 가치를 크게 과장하였다. 그런데 왜 이박사는 새로 온 사람들만 난타하고, 그들에게 현재 문제에 대한 모든 비난을 퍼부으려고 시도하고 있으며, 심지어 지도자로서 그 자신의 실패를 그들을 비난하는데 두고 있는가? 이것들은 그 자신의 스타일대로 '게임의 명수'로서 모두 그의 술책이다. 즉 한국인들 사이에 사회적·정치적 갈등을 야기시키려는 술책이다. 아마도 수많은 다중을 다루는 것보다도 어떤 경우에는 한 번에 한 사람을 다루는 것이 쉬웠을 것이다. 또한 그는 여전히 전과 같이 자만에 빠져 있는데 하와이에 거주하는 한국인들은 - 거의가 원래 이민을 온 사람들로 그가 '돼지 무리들'이라고 했던 사람들이다 - 본토에서 조금 교육을 받은 새로 온 사람들의 도움이 없이는 아무런 힘이 없다고 생각하고 있다. 그러나 그는 슬프게도 하와이에 농업이민을 온 이민자들이 미국의 원칙과 사회구조를 흡수한 사람들이라는 것을 놓치고 있다. 그들은 백성들을 무지하게 만들기 위해 책을 불태우고, 학자들을 죽이는 시황제(始皇帝)와 같은 방법을 사용하는 사람, 마치 자신들을 노예 취급하는 사람을 싫어한다. 그 사람들은 자유로워야만 한다.[33]

---

33 「Brief」 참조.

위와 같이 이승만이 하와이 교민사회를 독선적으로 지도하면서 한인들로부터 많은 반발을 살 소지를 가지고 있었다고 하였다. 또한 문제가 된 것은 동지식산회사의 파산문제였다. 이 회사는 1924년 11월 23일 이승만이 하와이 동지회를 확장하려던 목적으로 호놀룰루에 동지대회를 열고 경제운동을 발표한 것이 회사 설립의 동기였다. 그래서 1925년 3월에 자본금 총액을 7만 달러로 정하고, 매주 1백 달러씩 7백주를 모집하기 시작하였는데,[34] 하와이섬 올라아(Olaa)에 미간지(산판) 990에이커를 구입하여 숯을 구워 만들고 야채를 재배하여 이곳에서의 이익금으로 독립운동 자금을 조달하려 하였다. 그러나 1929년 이것이 모두 실패로 돌아가 7만 달러의 손해를 보았다. 이 회사는 처음에 그런대로 잘 유지해 나갔지만 비가 너무 많이 와 작업 능률이 떨어져 수지가 많지 않았기 때문에 파산 상태에 빠졌다.[35] 회사를 구하기 위해 이승만은 1929년 겨울 본토에 여행을 떠나, 약간의 자금을 얻어왔지만 커다란 도움이 되지 않았고 문제가 있는 상태로 있었다. 그런데 그 당시에 마침 국내에서 광주학생들의 봉기가 있었다. 그것이 그에게 그 계획을 뒤로 돌릴 수 있는 구실을 주었다. 그는 즉각 그의 모든 시간을 독립운동에 투신해야만 한다고 선언하고는 1930년 2월 하와이섬에서 호놀룰루로 오게 되었고, 이때까지 명목만 유지하고 있던 그의 개인 조직인 '동지회'를 재건하는데 착수하였다. 이를 위해 이승만은 그해 7월 호놀룰루에서 이른바 '동지회미포대표회'를 개최하여 그의 정치활동 재개를 선언하였던 것이다.[36] 즉 그는 동지식산회사의 도산(倒産)과 기타 자신의 주변 제 사건으로 의기저하한 동지회원의 사기를 북돋는 한편, 박용만이 죽고 안창호가 부재중인 미주에서 모든 정치단체를 자신을 정점으로 동지회의 영향하에 두어 보려는 원대한 꿈

---

34   김원용, 『재미한인오십년사』, 291쪽.
35   『한국일보』 1978년 1월 14일자, 「하와이 移民 75周年」.
36   洪善杓, 「李承晚의 統一運動 – 1930년 하와이 同志美布大會를 前後로 – 」, 274~277쪽.

을 가지고 전미주 동지회대표회를 1930년 7월 16일 개최한 것이다.[37] 이 때 호놀룰루 각지에서는 물론 북미 각지에서도 18명의 정대표가 참가하였고, 그밖에 일반회원들도 많이 참여하였다.[38] 이 대회에서 동지회는 그들의 「행동강령」 등을 정하였으며, 독립사업을 위한 유일 정치단체임을 선언하였다.[39] 이 대회에서 시카고 대표로 온 김원용이 동지회 중앙이사부 재무 겸 상무원이 되었으며, 박상하가 태평양주보의 편집자가 되었다. 그후 8월 1일에 쿠아키니 스트리트(Kuakini Street)에 동지회 회관을 두고 지방에는 지방회까지 두었다.[40]

미포대표회 당시 교민단도 동지회의 조직을 재건하는 일에 많은 도움을 주었던 것은 물론이다. 그런데 1930년 초반 교민단과 동지회 간에 불화의 발단은 교민단이 동지회의 파산을 구제하기 위해 교민단과 교회의 재산을 저당잡히라는 이승만의 요구를 거절하면서 시작되었다. 이승만은 1930년 7월 첫 번째 일요일 한인기독교회 설교를 자기가 한다고 하였는데, 그의 설명 내용은 교회를 미국인에게 매도한다는 것이다. 이승만은 이날 연설 내용을 『태평양주보』 7월호에 실을 것을 요구하였다. 태평양주보 주필인 김현구는 그의 설교내용을 『태평양주보』 7월호는 실을 수 없으니, 다음 호에 게재하겠다고 하면서 이를 거절하였다.[41]

또한 이승만은 한인기독교회 목사인 이용직을 해임하기 위해 이용직 목사와 교회에 반역자가 있다는 것을 고발하는 기사를 『국민보』에 실을 것을 국

---

37 방선주, 「1930년대의 재미한인 독립운동」, 439쪽.
38 동지회 미포대회에는 미주 각지에서 대표들이 참석하였는데, 시카고 대표로는 김원용이, LA 대표로는 김호가, 뉴욕 대표로는 김현구가 참석하였다. 그리고 하와이에서는 이상호·김진호·이원순·김윤배 등이 대표로 참가하였다(鄭斗玉, 「재미한족독립운동실기」, 79쪽).
39 『신한민보』 1930년 7월 31일자, 「동지회의 입안」; 金東煥, 「興士團과 同志會」, 『平和와 自由』, 三千里社, 1932, 151쪽.
40 김원용, 『재미한인오십년사』, 208쪽.
41 Dae-Sook Suh(ed), 『The Writings of Henry Cu Kim』, p.222.

민보 주필인 김현구에게 요구하였으나 이것도 거절당하였다. 이로 인해 김현구와 이승만 사이에는 많은 갈등이 있었다. 한인기독교회에 대해서도 이승만은 동지회에 필요한 자금 조달을 위해 그 재산을 매각하라고 강력히 지시했으나 교회측에서 이를 거절하였다.[42] 그후 계속해서 본토에서 온 사람들인 김현구와 이용직이 이승만의 요구를 거절하자, 이승만은 김현구를 '임시정부 대통령'의 이름으로 파면하기까지 하였다. 이 때문에 김현구는 그의 사임서를 교민단 이사회에 제출하게 되었으며, 이사회는 이 사안을 지방회에 묻기로 하였다. 그러나 지방회에서 돌아온 투표의 4분 3이 김현구가 교민단 재무와 국민보 주필을 유지하라는 것이었다. 이에 따라 김현구는 임원의 자격을 유지할 명분이 생겼다.[43] 그럼에도 불구하고 이승만은 김현구 등 본토에서 온 신입자들이 자신의 요구를 들어 주지 않자, 김현구 등이 교민단의 공금을 횡령하였으며, 일본 영사관과 연결되어 있으며, 음탕하고 비도덕적인 행동을 하였으며, 심지어 그들 가운데는 마약을 하는 친구도 있다고 하면서 비방전을 전개하였다.

이렇게 되자 이승만은 국민보 주필인 김현구를 합법적으로 파직하기 위해 그해 10월 9일 한인기독교회 목사인 이명우로 하여금 교민단의 기관지인 국민보사를 걸어 명예훼손으로 고발하게 하였다. 이 사건의 발단은 주상빈이라는 자가 그의 아내와 이명우 목사가 호놀룰루에 자주 출입하여 가정이 파괴된다는 것을 『국민보』에 기서(寄書)하였다.

와일루아(Waialua) 주상빈 씨 부인은 맹장염으로 입원하였다가 인하여 종적을 알 수 없다는데, 주상빈 씨는 말하기를 이명우 목사가 관계자로 그 부인을 숨긴 것

---

42 John K. 玄, 洪性傑 譯, 『國民會 略史』, 25~26쪽.
43 『신한민보』 1930년 10월 2일자, 「국민보 주필 김현구 씨 유임」.

이라 하여 이명우 목사를 따라 다닌다더라.⁴⁴

이같은 『국민보』의 기사에 대해 이명우는 명예훼손으로 교민단과 국민보사를 상대로 5만 달러를 요구하는 소송을 제기하였다.⁴⁵ 이명우가 국민보사를 걸어 소송을 제기한 이유는 만일 국민보사가 배상금을 지출하지 못할 경우 신문사를 차압하여 신문을 정간하려 하였던 계획이었다.⁴⁶

이밖에 1930년 말 교민단측과 동지회측의 대립이 첨예화되면서 동지식산회사의 파산에 대해 교민단측 주주들은 회사의 회계감사를 요구하였다. 앞에서 본 바와 같이 이승만이 하와이섬에 동지촌을 건설하려고 동지식산회사를 설립하여 사업을 시작하였으나, 1929년 이것이 모두 실패로 돌아가 7만 달러의 손해를 보았다. 1931년 1월에 발표한 보고를 보면 고본금이 4만 달러이고 부채가 5만 5천 달러로 사실상 파산상태였다.⁴⁷ 교민단측에서는 이승만 등이 회사를 운영을 잘못하여 파산하였다고 하면서 지난 4년간 회사의 회계장부를 조사하고자 하였다. 그래서 1930년 12월 4일 교민단측의 안영찬 등은 회사 장부와 일체의 기록을 검토하게 하여 달라고 서면으로 요구하였다. 이어 12월 8일 이승만과 동지식산회사 사장 신성일은 12월 22일 정기주주총회에서 회계내역을 밝히겠다는 편지를 안영찬에게 보내왔다. 그러나 안영찬은 12월 9일 다시 12월 22일날 회계장부를 검토할 수 있게 해달라고 편지를 보냈고, 그날 회사에 가서 회계장부의 조사를 요구하였으나 거절 당하였다.⁴⁸ 그동안 실질적인 경영인인 이승만이 회사를 독단적으로 경영함

44　Circuit Court First Judicial Circuit Territory of Hawaii(Docket No.012997, Type Law), 「Lee Myueng Woo(Plaintiff) VS The Korean National Association of Hawaii(Dependant)」, 1930년 10월 9일. 증거 'A' 『국민보』 인용.
45　『신한민보』 1930년 11월 6일자, 「재판사건이 허다하여」.
46　김원용, 『재미한인오십년사』, 160쪽.
47　김원용, 『재미한인오십년사』, 291쪽.
48　Circuit Court First Judicial Circuit Territory of Hawaii(Docket No.000168, Type Special

으로써 주주들의 재산을 탕진하였기 때문에 이에 대한 불만이 쌓여 있던 상태였다. 그후 동지식산회사의 감사문제는 동지회측이 교민총단관을 점령하는 하나의 이유가 되었으며, 교민총단관 점령사건이 발생하면서 또 하나의 빌미가 되어 법정문제로 옮겨지게 되었다.

Proceedings), 「Y. C. Ahn(Petitioner) VS Syngman Rhee(Respondent)」, 1931년 1월 13일.

3. 교민단 총단관 점령사건과 폭동사건

1) 제1차: 교민총단관 점령사건

하와이 한인사회는 1920년대 말부터 기존 지도자들의 지도력 감퇴와 새로운 지도력을 요망하는 상황이었다. 새로운 세대가 성장하면서 구세력과 신세력 간에 대립갈등이 지속되다가, 분쟁을 폭발시키게 된 계기가 된 것이 '1931년도 교민단의 의사회 개최 건'이었다. 즉 교민총단측에서는 「자치규정」 제10조에 의하여 1931년도 의사회를 개최하게 됨을 12월 10일 각 지방단 임원들에게 통보하였으며, 주의사항으로 다음과 같은 규정을 명시하여 공문을 보내었다.

1. 의사회 일자는 1931년 1월 5일부터 10일까지로 정함.
2. 의사회 장소는 규정에 의하여 교민단 집회실로 정함.
3. 각 지방단은 본단 자치규정 제39조에 의하여 건의서를 제출하는 사건은 그 지방에서 공개하여 결정한 것이라야만 가납함.
4. 의사원의 자격은 반드시 본단 자치규정 제90조에 범과가 없는 이라야 가납하겠음.
5. 어떠한 지방단이던지 그 지방에서 적어도 10명 이상에 단원이 금년도 의무금을 납입치 아니하였으면 그러한 지방에서는 의사원은 가납치 않겠사오며, 만일 납입치 못하였으면 의사원이 출석할 때에 납입하여도 가함.
6. 각 의사원은 반드시 의사회가 열리기 전에 본 총단장에게 그 지방단 소개서를 제출할 것을 바라나이다.[49]

위와 같이 교민총단측에서는 1931년 1월 5일부터 10일까지 호놀룰루 밀러 스트리트(Miller Street)에 있는 교민총단관 집회실에서 의사회가 개최되며, 분명히 의사원을 낼 수 있는 지방단의 '자격'을 명시하였다. 이에 따라 1월 5일 정기의사회가 개회되었는데, 이때의 상황은 그후 법정문제로 비화되면서 동지회측이 재판소에 증거로써 제출한「교민단 의사회 일지」에 잘 기술되어 있는데, 이를 참조하면 다음과 같다.

각 지방의사원들이 총회관에 회집하여 의사회를 개최한즉 총단장 손덕인 씨와 서기 겸 재무 김현구 씨가 법률사와 사립정탐군으로 문을 막고 총회집회실에 들어감을 허락지 않고 자기들이 원하는 의사원들만 허입하고 개회하라 할 즈음에 20인 의사원들이 반대함으로 부득이 의사회를 한 주일 연기하기로 총회장이 선포하다.

위의 자료는 물론 동지회측의 입장에서 작성된 자료이지만, 그 당시 상황을 아주 잘 설명해 주고 있다고 보인다. 이것을 통해 우리가 알 수 있는 것은, 교민단측이 동지회측 의사원을 배제시키고 자신들의 의사원들만 회장에 입장시켰다는 것이다. 이에 따라 동지회측에서는 의사회 진행을 막고자 하였고, 어쩔 수 없이 교민단의 임원들은 의사회를 일주일 연기하여 1월 12일 다시 개최하기로 하였다.

그후 1월 12일 교민단측에서는 전날과 같은 사태를 미연에 방지하기 위해 동지회 회원 가운데서도 의사원 자격을 가지고 회의장에 참석하지 못하게 미리 티켓을 분배하여 입장권이 있는 자들만 들어오게 하였다. 그 명분

---

49 Circuit Court First Judicial Circuit Territory of Hawaii(Docket No.000171-1-171, Type Special Proccedings),「Shon Duk Yin ETAL(Plintiffs) VS Kim Chung Hyun and Choy Baik Yurl(Defendants)」, 1931년 3월 30일. 피고인에 대한 소환장(Subpoena)의 증거자료에서 인용함(이하「손덕인 대 김정현·최백열 사건」이라 약함).

은 "각 지방에서 나온 의사원 29인 중 건과가 없고, 의무를 이행하고 확실한 권리가 있는 지방단 선출 의사원 15인은 의사회에 참석하게 되었고, 그 나머지 14인은 교민단 자치규정에 위반임으로 참석을 허락지 아니한다"고 하였다.[50] 이처럼 의사원 중 동지회측 의사원의 입장을 불허하였던 것이다. 이리하여 교민단측의 의사원들만으로 구성된 교민단 의사회는 1월 12일 상오 9시 각 지방 선출 의사원들이 교민총단 집회실에 회집하여 의사장 서진수의 사회로 개회하고 사건처리에 들어가서 구사건을 토의한 후, 신사건으로 각 지방 성적보고와 건의안을 심사하였고, 교민총단의 각항 문부와 재정을 조사하였다.[51]

교민단 의사원들만으로 의사회가 진행되고 있다는 소문을 들은 동지회측에서는 40~50명이 총단관으로 가서 본즉 이미 의사회가 끝이 나고 총단관의 문이 잠긴 상태였다. 즉 교민단측에서는 이미 자신들이 선정한 의사원 자격을 갖춘 14명을 입장시킨 다음 회의를 개최하여 지난해의 회계를 조사·감사하였고, 서둘러 회의는 정오에 폐회시켰다. 이에 흥분한 동지회측 사람들은 오후 5시에 총단관에 와서 문을 두들겨 부시고는 침입하여 총단관을 점령하였다.[52] 이 사건이 이른바 '교민총단관 점령사건'의 시작이었다. 총단관을 점령한 동지회측에서는 자신들만으로 임시의사회를 개최하여 임시의사장에 정태화[53]를 피선하였고, 기록서기는 신중현을 선출하였다. 이때 참석한 동지회측 의사원은 모두 19지방 대표 21인 이었다.[54] 이렇게 되자 양파 간의

---

50 『신한민보』1931년 2월 5일자, 「교민단의 내용」.
51 『신한민보』1931년 2월 5일자, 「의사회 소식」.
52 『신한민보』1931년 1월 29일자, 「동지회에서 교민단 총단관을 점령한 후 하와이 호항의 인심은 자못 흉흉」.
53 정태화는 동지회측의 법정통역으로 나왔다(Dae-Sook Suh(ed), Dae-Sook Suh(ed), 『The Writings of Henry Cu Kim』, p.234).
54 이때 동지회측 의사원은 19개 지방에서 21명이 참석하였는데 그 명단은 다음과 같다(동지회측이 법정에 증거로 제출한 「의사회 일지」에 의함). 와히아와(Wahiawa, Oahu) 신중현, 호나우나우(Honaunau, Hawaii) 김정현, 케이아우후(Kaiauhou, Kona) 홍진표, 마이레(Hawaii,

무력충돌을 우려한 호놀룰루 경찰당국의 패트릭 글리슨(Patrick Gleason) 서장은 부서장 윌리암 후파이(William Hoopai)를 교민총단관에 파견하여 사건을 조사하라고 명령하였고, 후파이 부서장은 8명의 경찰관을 데리고 총단관에 들어갔다.[55] 이때 총단관을 점령한 동지회측 의사원들의 상황을, 영자신문인 『호놀룰루 애드버타이저』(The Honolulu Advertiser)에서는 "어제 회의 진행 중에 사건이 발생하여 거의 폭동에 가까운 결과를 초래하였다"고 하였다.[56] 그리고 『호놀룰루 스타 뷰레틴』(The Honolulu Star Bulletin)에는 다음과 같이 상황을 자세히 기술하여 보도하였다.

> 한국 교민단의 멤버라고 주장하는 14명의 한국인들이 화요일 오후 5시 30분 밀러가 1306번지의 교민단 총단관을 점령했다. 그리고는 밤새 회의를 개최하였으며, 오늘도 그곳에 있다. 경찰이 만일에 있을 폭동에 대비하여 총단관의 입구를 경비하고 있다. 교민단의 총단장인 손덕인에 따르면 정직한 의사원들인 15명이 화요일 그곳에서 정기 의사회를 개최하였는데, 14명의 비공식적인 의사원들이 와서는 회의에 참석할 것을 요구하였다. 그러나 그것이 거부되었다. 그날 정오에 회의가 휴회되고 정당한 의사원들은 문을 닫았다. … 외관상은 아무렇지 않았으며, 더 이상의 농성은 그후에 없었다.[57]

교민단측에서는 동지회에 의해 졸지에 총단관을 점령당하자, "자기 집을

Maile) 이은구, 마우이 푸우네(Maui Puunene) 김연규, 마우이(Maui) 구역 김인규, 와히아와(Wahiawa, Oahu) 정도원, 코코리아(Kokolia, Oahu) 민한옥, 아마우루(Amaulu, Hawaii) 김교연, 와이나쿠(Wainaku, Hawaii) 삼동 김광연, 와이나쿠(Wainaku, Hawaii) 하돌 주자문, 하카라우(Hakalau, Hawaii) 배일진, 힐로(Hilo, Hawaii) 김성재, 이재면, 정인수, 호항(Honolulu) 이종관, 쿠카이아우(Kukaiau, Hawaii) 김일만, 몰로카이(Molokai) 최봉조, 쿠니아(Kunia, Wahiawa) 정태화, 카파호(Kapaho, Hawaii) 양의성, 파이아(Paia, Maui) 최유근

55 『The Honolulu Star Bulletin』 1931년 1월 14일자, 「Koreans over property of Association」.
56 『The Honolulu Advertiser』 1931년 1월 14일자, 「Koreans Battle to Determine official Staff」.
57 『The Honolulu Star Bulletin』 1931년 1월 14일자, 「Koreans over Property of Association」.

빼앗겼다 하여 릴리하 거리(Liliha Street)에서 특별공동회를 소집하고 대전쟁을 준비"하였다.[58] 앞에서 본 것과 같이 교민단측에서 지방단에 보낸 공문에 분명히 '의사원 자격'을 명시하였다. 따라서 교민단측에서의 주장은 동지회측 의사원들이 정식 의사원 자격을 가지지 않은 반란파들임을 내세웠다. 즉 임시 의사장이 된 정태화는 그의 첫 해 회비를 내지 않다가 의사회가 시작되기 2시간 전에 의무금 5원을 내고 두 시간 후에 쿠니아(Kunia, Wahiawa) 지방단 선출 의사원이라고 의사회에 참석하기를 청하였다. 이에 교민단측에서 주장하기를 쿠니아지방에는 교민단의 지방단도 없고 또 그 지방에는 교민단에 의무금 낸 동포가 없어 의사원을 보낼 권리가 없다고 하였다. 또한 동지회측 의사원 김인규는 마우이(Maui) 구역단 대표로 왔다고 의사회에 참석하기를 청하였으나, 교민단 자치규정에 구역단 대표가 의사회에 참석할 자격이 없는 것이다. 또한 동지회 의사원인 김성기는 힐로(Hilo) 선출 의사원이라고 자청하였는데 힐로지방단에서는 이미 유서기를 정식 의사원으로 파송하여 의사회에 참석하였다고 주장하였다.[59] 이처럼 교민단측에서는 동지회측의 의사원들 중에는 자치규정상으로 의사원이 될 수가 없는 사람들이 있기 때문에 의사회에 참석시키지 않았다고 하였다.

그럼에도 불구하고 지금 당장 총단관을 점령당한 교민단측에서는 이에 대한 대책을 합법적으로 처리하기 위해 우선 앞에서 본 것과 같이 작년 12월부터 제기되어 있던 동지식산회사 문제를 걸어, 회사의 실질적인 감독을 맡고 있는 이승만에게 회계감사를 요구하는 소송을 제기하였다.[60] 즉 교민총단관 점령사건이 발생하자 교민단 고문변호사 래이 오브리언(Ray J. O`Brien)을

---

58 『신한민보』 1931년 1월 29일자, 「동지회에서 교민단 총단관을 점령한 후 하와이 호항의 인심은 자못 흉흉」.
59 『신한민보』 1931년 2월 5일자, 「교민단의 내용」.
60 Circuit Court First Judicial Circuit Territory of Hawaii(Docket No.000168, Type Special Proceedings), 「Y. C. Ahn(Petitioner) VS Syngman Rhee(Respondent)」, 1931년 1월 13일.

통해 1월 13일 안영찬 등은 동지식산회사의 주주로서 장부와 일체의 기록을 검토하게 하여 달라고 소송을 제기하였다. 이와 같이 교민단측에서는 합법적으로 총단관을 되찾기 위해서 오브리언 변호사[61]를 통해 민사소송을 준비하는 외에, 형사소송으로는 가택침입죄·협박죄·구타죄 등으로 법정소송을 준비하고 있었다.[62] 이에 반하여 동지회측에서도 전 임원들을 압박하는 법정 행동을 취하기 위해 프레드 패터슨(Fred Patterson)을 그들의 변호사로 선임하여 법정대응을 하고자 하였다.[63]

한편 교민총단관은 4명의 경찰 순찰대가 만일 있을지도 모를 폭력사건에 대비하여 총단관을 지키고 있었다.[64] 이같이 경찰들이 하루에 3교대로 4명의 경찰관이 총단관을 지키는 행위는 이전에도 없었고 이후에 없었던 일이었다. 이에 따라 교민단측에서는 글리슨 경찰서장이 이승만으로부터 뇌물을 받았다고 의심하였다.[65] 교민총단관을 점령한 동지회측에서는 밤새 회의를 계속하였으며, 자신들만으로 의사회를 개최하여 교민단측 총임원을 불신임하고 총단장인 손덕인에게 정식으로 개회해 달라는 공문 제1호를 발하기로 하고,[66] 교섭위원으로 김정현·김일만·김연규 3명을 선정하였다. 그리고 동지회측에서는 정식절차를 취하기 위해 교섭위원들을 손덕인 총단장에게 파송하였으나, 교섭이 성사되지 못하고 돌아왔다. 이에 따라 동지회측에서는 그들만으로 의사회 임원을 선정하는데, 의장에 정태화, 찬의에 이종관, 서기

61　오브리언 변호사는 당시 하와이 법조계에서 영향력이 있는 거물 변호사였다(Dae-Sook Suh (ed), 『The Writings of Henry Cu Kim』, 233쪽).
62　『日布時事』 1931년 1월 23일자, 「오늘 아침 경찰법정에 朝鮮人으로 가득차다」.
63　『The Honolulu Advertiser』 1931년 1월 16일자, 「Korean Faction may resort to Court Action」.
64　『The Honolulu Star Bulletin』 1931년 1월 15일자, 「Korean faction holds session as cops guard」.
65　Dae-Sook Suh(ed), 『The Writings of Henry Cu Kim』, 233쪽.
66　공문 제1호의 내용은 다음과 같다. "경계자 자본원 등이 민국 13년도(1931년-필자) 정기요무를 위하여 임시 개회하였사오니 각하께서 내임하시와 정식개회하여 주심시기를 천만경요함. 임시의장 정태화, 임시서리 신중현 민국 13년 1월 13일 총단장 손덕인 각하."

에 신중현, 통신서기에 정도원, 조역서기에 김교연을 피선하였다. 이들은 교민단측 총임원들을 불신임하기 위해 우선 총부단장 임기 2년의 규정을 폐기하고, 그 전의 「자치규정」에 의해 1년으로 정하고 의사회를 정회하였다.[67] 또한 동지회측에서는 다시 의사회를 개최하여 총단장 손덕인에게 공문 제2호를 발하였는데, 작년도 총단 사업성적을 요구하기로 하였다. 그러나 이 공문에 대한 답변이 없자, 다시 총단의 재정문부 전부를 자신들 의사회에 넘겨달라는 제3호 공문을 발하기로 하였으나, 또한 접수가 거부되었다. 그러자 동지회측에서는 변호사와 교섭하여 다시 공문을 발송하였는데, 그 내용은 다음과 같다.

> 경계자 우리 하와이 한인국민회(교민단) 회원 일동을 대표한 우리는 당신 여러분에게 일제히 통고하며 우리 공회에 모든 문서와 제반 문부를 조사할 권리로 요구하나니, 우리의 요구하는 바 책(book-필자)은 회원명록과 재정수입한 문부와 재정지출부와 은행의 월동보고와 은행 체크(check-필자) 쓴 버리(vetict-필자)와 회환한 은행표와 국민회나 교민단명으로 진행한 모든 사업성적보고 등 모든 서류이며, 모든 회록 전부를 다 조사할 터인데, 이 일을 위하여 금년 1월 22일 상오 9시에 본단 밀러(Miller) 거리에 있는 총단관 집회실에서 만나기로 결정이니, 당신들이 만일 이 시간에 준비하기가 불편하거든 가급적 속히 날짜를 정하여 알려주면 그날로 물릴 수 있으나, 그렇지 않으면 이날로 상약한 것이며, 우리가 문부조사할 권리를 여러 번 요구하였으되 당신들이 허락치 아니하였으니 이번에는 이 통고서가 마지막으로 알 것입니다.
> 주자문, 배일진, 최봉조
> 1931년 정월 13일 손덕인, 안영찬, 김현구, 차신호, 김원용 제씨 좌하[68]

---

67 1925년도에 입안된 총부단장 임기는 2년으로 하였는데, 그동안 「자치규정」에 등록시키지 못하였었다.

이러한 동지회측 의사회의 요구에 대해 불법이라고 간주한 교민단측에서는 이에 대한 응답을 일체 하지 않았다. 그러자 동지회측에서는 각 지방에 이를 발송하고 '교민총단 재정조사위원'으로는 최유근·김정현·홍진표 3명을 임명하였다. 그리고 따로 김현구에 대한 재정조사를 위해 '구미위원부 재정조사위원'으로는 김일만·정도원·이은구 3명을, '인쇄부 재정조사위원'으로 김교연·주자문·김연규 3명을 선정하였으며,[69] 외교원으로는 이원순을 선정하고 정식 위임장을 주었다. 이밖에 교민단 기관지 『국민보』는 금번 풍파가 정돈될 때까지 정간시키기로 결정하였다.

다음날 동지회측 의사원들은 하오 7시에 다시 제3차 의사회를 개최하여, 「자치규정」 제6장 65조대로 총부단장 임기는 1개년으로 실행하고, 국민보 주필인 김현구를 파면키로 하였다. 또한 하와이 5도공동대회를 대표한 '호항공동대표' 소집을 제안하였으며, 이를 위해 당석에서 122달러를 거두었다. 그리고 15일에 총단장에게 제5차 공문을 발송하여 손덕인과 안영찬이 「자치규정」의 5조건에 의하여 그들을 파면하기로 하였다는 다음과 같은 통보를 보냈다.

경계자 하와이 한인 교민단 의사회에서 본월 15일에 의사원 전수가결로 통과한 법안이 아래와 같으니, 작년도 민단 행정 임원 일동이 민단헌장 제1장 23조와 2장 9조와 10장 90조와 11장 93조를 범하였고, 겸하여 총단 문권을 권한외에 전당함으로 일병 탄핵 면직함.

이처럼 동지회측에서는 교민단측 임원들의 파면장을 파송하고, 임시 총

---

68 「교민단 의사회 일지」 1931년 1월 13일.
69 김현구에 대한 특별조사회를 만든 이유는 김현구가 구미위원부 위원장으로 있을 때, 위원부의 공금을 횡령하였다는 것이다. 이에 대해 김현구는 그의 자서전에서 이때 사용한 자금 가운데 자신이 쓴 것은 다 공적인 곳에 사용하였다고 주장하였다.

단장에 김정현을 과반수 투표로 선임하였으며, 임시서기에는 최백렬을 선임하였다. 그리고 그날 하오 7시 회의를 속회하고 총부단장 선거를 거행하여 후보자 각 2인씩 예비선거하기로 하고, 총단장 후보자로 이종관 26표, 김광재 11표, 부단장 후보자는 정인수 15표, 안현경 14표를 얻었다. 이에 이를 각 지방에 선포하기로 하였으며 교민단원에게 20일내로 투표한 것을 조사하기로 하였다. 그리고 총단관을 점령한 동지회측의 임시의사원 의장 정태화는 1월 21일자로 다시 편지를 통해 교민단측의 총단장 손덕인과 부단장 안영찬의 탄핵과 해임이 결정되었음을 통보하였다.

1. 국민보를 정간케 전수 가결.
2. 주필 김현구 씨를 파면시키다.
3. 총단임원을 다시 선택한 바 총단장 후보자는 이종관 · 김광재, 부단장은 안현경 · 정인수 제씨로 선택하고 당장 총단사무를 진행키 위하여 임시 총단장은 김정현 씨로, 서기 겸 재무는 최백렬 씨로 택정하다.
4. 작년도 총단장 손덕인 씨의 죄책 여섯 가지를 선포하고 총 · 부단장을 파면시키다.
5. 의사회 외교원은 이원순 씨로 선택할 사.
6. 총단관에 관한 각항 재정문부를 조사키 위하여 최유근 · 김정현 · 홍진표 3씨를 조사원으로 선택.
7. 의사회 외교경비를 위하여 당석에서 123원을 거두었으며, 각 지방에도 통지하여 다소간 연조를 청하기로 가결하다.[70]

동지회측 의사원들의 이같은 주장에 대해, 교민단측은 "염치없는 저들은

---

70 『신한민보』1931년 1월 29일자, 「동지회에서 교민단 총단관을 점령한 후 하와이 호항의 인심은 자못 흉흉」.

교민단 반란파를 충동하여 성군작당의 난투행세로 교민단 앞에 회집하였다가 백주에 문을 파쇄하고 돌입하여 저희끼리 짓거리며 회장내고, 무엇내고 소요를 일으켰다"고 하였다. 즉, 불법적인 소위 '반란파'에 의해 총단관이 점령당하였고 하였다. 그리고 교민단측에서 법정에 제출한 「브리프(Brief)」를 통해 보면, 동지회측은 "비공식적으로 모인 회의에서 공식임원들을 아무런 공지와 알림 없이 탄핵했다. 그리고 그들은 어떤 형식 없이 새로운 임원들을 선출하였다"고 주장하였다.[71] 요컨대 교민단측의 주장은 동지회측이 어떤 공식적인 절차나 권리가 없이 총단관을 점령하였고, 의사회를 구성하여 현 임원진을 탄핵하였다는 것이다. 반면 동지회측 주장은 자신들의 정당한 요구가 관철되지 않기 때문에 그리고 현 임원진들이 부당하기 때문에 비법적인 행동을 취할 수밖에 없었다는 것을 강조하였다. 이처럼 동지회측에서는 교민단측의 부도덕한 점을 부각시키고 자신들의 정당성을 축적하기 위해, 교민단측 임원인 재무 김현구가 매년의 회계감사를 위한 장부의 생산을 거부했고, 심지어 의사원들의 요구에도 불구하고 거부했다고 하였다. 그리고 총단장 손덕인과 재무 김현구가 지난해 12월 4일 총단관 집문서를 비숍 신탁회사(Bishop Trust Company)에 잡히고 의사원들이나 회원들의 인가 없이 빚 1,050달러를 주었다는 것을 그 예로 들었다.[72] 이에 동지회측은 앞에서 본 것과 같이 1931년 1월 22일 아침 8시 45분부터 오후 1시까지 총단관에서 문부조사를 위해 기다릴 것임을 제3호 공문으로 발하였다. 그러나 이러한 공문에 대해 교민단측 사람들 중 누구도 그 시간에 총단관에 나타나지 않았다.

그러는 사이 법정소송은 시작되었는데, 이들 간의 재판은 1월 24일 경찰

---

71 「Brief」 참조.
72 『The Honolulu Advertiser』 1931년 1월 16일자, 「Korean Faction may resort to Court Action」.

법정에서 개정되었으나, 프란시스 브룩스(Francis Brooks) 판사가 한국인들 간에 분파투쟁은 경찰법정에 적합하지 않다고 판결함으로써 이 문제는 순회재판소로 옮겨졌다.[73] 브룩스 판사는 경찰법정이 더 이상 교민단 내부의 투쟁을 잠재울 수 있는 곳이 아니라고 하면서 그러한 것은 몇 년동안 계속 되었기 때문에 이것을 기각한다고 하였다. 이러한 결정이 있은 이후 『호놀룰루 애드버타이저』는 "그러나 그의 결정이 어떻든 다시 불꽃에 부채질을 할지 모르겠다"고 하면서 앞으로 더욱 큰 사건으로 발전하지 않을까 염려하였다.[74]

2) 제2차: 폭동사건

경찰의 교민총단관 경비로 인하여 교민단측과 동지회측 간에 물리적 접촉은 없었으나, 내부적으로는 교민단측과 동지회측 간의 법정소송이 제1 순회재판소(Circuit Court First Judicial Circuit Territory of Hawaii)에 계류 중인 상태였다. 그러던 중 1월 26일에 태평양잡지 주필 김진호[75]와 인쇄인들이 국민보사의 인쇄소를 열고 들어가 출판기구를 사용한다는 소식이 교민단측 사람들에게 들리게 되었다. 이 소식에 접한 교민단측 사람들 약 30~40명이 총단관으로 몰려가 방안에 앉은 동지회원들을 폭행하는 사건이 발생하였다. 이 급보를 접한 경찰은 후파이 부서장을 비롯한 20명의 경관대

---

[73] 교민단측에서는 브룩스 판사가 재판에서 사실에 대한 조사나 법적은 해석은 하지 않고 동지회측의 주장을 합당한 것이라고 평결하였다고 하면서, 뇌물을 받았다는 의심을 받아 더 이상 한인사회 재판을 맡지 못하게 되었다(Dae-Sook Suh(ed), 『The Writings of Henry Cu Kim』, 233쪽).
[74] 『The Honolulu Advertiser』 1931년 1월 26일자, 「Koreans' Private War no concern of Judge Brooks」.
[75] 김진호는 원래 대조선독립단계에 속했던 사람으로, 1919년 3월 독립단이 조직될 때부터 열성적으로 활동하였으며, 1920년 2월 2일 독립단에 의해 국민회총회관 점령사건이 발생하였을 때 '개혁파'의 주역이었다. 그후에도 독립단 계열의 단체인 「한인협회」가 1930년 1월 13일 조직되었을 때, 위원장 조용하 밑에서 서기로 활동하였다(『신한민보』 1930년 3월 6일자, 「한인협회를 조직하여」). 그후 한인협회의 이사원들 11명이 동지회로 들어갔는데, 그 또한 이때 동지회에 들어갔다(『신한민보』 1930년 7월 3일자, 「한인협회 절대 계속하여」).

가 달려와 싸움은 더 이상 일어나지 않았지만, 동지회원 중 신중현·서봉기·최유근 3명이 중상을 입어 즉시 병원으로 실려 갔다. 그리고 이정건을 비롯한 수모자 5~6명 민단 단원들은 폭행구타죄로 경찰에 체포되었다. 경찰에서는 또 다른 분란이 발생할까 하여 스쿨 스트리트에 있는 한인기독교회를 주시하였으며, 밀러가에 있는 총단관의 문을 봉쇄하였고, 열쇠를 그리슨 경찰서장이 보관하였다.[76]

이 사건에 대해 동지회측에서는 경찰서장에게 말하기를, "자신들은 조용히 앉아 있었는데 '공식자'들에게 맞았다고 하고, 싸우기 보다는 맞았다"고 하였다.[77] 반면에 교민단측에서는 "태평양주보의 편집인인 김진호 씨는 갱들을 이끌고 창문을 통해서 국민보의 인쇄실로 들어가, 국민보를 간행하였다"고 주장하였다.[78] 이제 사건은 폭력사태로 발전하면서 양파 간의 감정대립은 절정으로 치닫고 있었다. 이에 습격을 받은 동지회 측에서는 한인기독교회에서, 공격을 가한 교민단측에서는 비네야드 스트리트(Vineyard Street)에 있는 천도교당에서 각각 모여 소위 '전쟁'을 준비하였다. 그리고 동지회측 사람들도 교민단측의 불시 기습으로 인해 3명이 부상을 당함에 따라 이에 대한 대응을 하려고 하였다. 양파 간의 무력충돌이 있은 다음날 또 다시 폭력사건이 발생하였는데, 즉 1월 27일 하오 7시 경 릴리하 스트리트와 스쿨 스트리트 근처에서 다시 폭력사건이 발생하였던 것이다. 26~27일 이틀에 걸쳐서 연속적으로 한국인들에 의한 폭력사건이 발생한 것이다. 27일의 사건은 교민단원 김이후의 집에서 나오던 정달수가 동지회측 사람인 민근호에

---

76   총단관이 봉쇄된 후 동지회측 의사원들은 "총단관 뒤에서 저녁밥을 짓다가 순사들의 사정없는 명령하에 썰은 밥솥과 주방 제구를 트럭에 싣고 쫓겨나 깔고 자던 자리와 가방 등을 가지고 축출을 당하였다. 이에 동지회측 의사원 서봉기는 총단관에서 축출당한 것을 분하게 생각하고, 쇠몽치를 가지고 교민단원을 해하리다가 1월 26일 밤 10시 경에 경관에게 체포되었"던 일도 있었다 (『신한민보』 1931년 2월 12일자, '영수늘을 축출한나고」).

77   『The Honolulu Advertiser』 1931년 1월 30일자, 「Deportation of rioters threatened」.

78   「Brief」 참조.

의해 쇠몽치로 그의 뒷덜미를 격상당하였다. 그리고 동지회측의 김영성(계명성)이라는 자는 총으로 정달수를 쏘아 죽이려고 하다가 곁에서 구경하던 일본인 후루가와(44세)라는 자의 바른 다리를 맞추는 소동이 벌어졌다. 이 급보를 접한 경관대는 즉시 현장에 출장하여 김영성·민근호외 14명의 남자와 1명의 여자를 체포하여 카운티 감옥에 가두었으며, 정달수와 구경꾼 일본인이 즉시 병원으로 실려 갔다.[79]

이처럼 1월 12일과 26일 및 27일에 걸쳐 하와이의 한인들이 거의 폭동에 가까운 행동이 벌어지자, 사건을 담당하고 있던 프란시스 브룩스 판사는 두 적대적인 요소들의 계속적인 폭동은 "미국의 법정신에 극단적인 이방인"이라고 하면서 한인사회를 비방하였다.[80] 또한 치안을 담당한 글리슨 경찰서장도 한인사회를 안정시키기 위해 1월 29일 하오(Hao) 부서장의 사무실에서 양 조직의 지도자 19명을 초치하여 설득하고자 하였다. 이 자리에서 글리슨 서장은 양파의 지도자에게 한인들 사이의 분파 문제가 더 이상 지난 몇 주와 같이 병원에서 보낸다든지, 무고한 사람이 다리에 총을 맞아 고통을 받는다든지 하는 행동을 한다면 '불원하는 외국인(undesirable aliens)'이라는 조건하에 국외추방으로 대처할 것이라고 엄중 경고하였다.[81] 이에 대해 양파의 한인 지도자들은 교민단 사건을 통신투표로써 결정하겠노라 하고, 모두 '무장해제'를 하고 각각 집으로 돌아가겠다고 약속하였다. 또한 글리슨 경찰서장은 두 당파에서 휴전조약이 있기 전에는 호놀룰루에서 한인들의 집회를 절대 허락할 수 없다고 경고하였다.[82] 한인 지도자들끼리 약속을 한 이후에도 1월 31일 동지회측 의사회에서는 정식절차를 취하기 위해 21인의 의사

79　1월 27일 총기사건으로 인해 민근호와 김영성은 2월 12일 '持凶器毆打罪'로 縣그랜드 쥬리(Grand Jury)로부터 고발되어 750달러씩의 벌금형을 선고받았다.
80　『The Honolulu Advertiser』 1931년 1월 28일자, 「Judge Scores Korean Fred Disorders」.
81　『The Honolulu Advertiser』 1931년 1월 30일자, 「Deportation of Rioters threatened」.
82　위와 같음.

원이 출석한 가운데 각 지방에서 돌아 온 총부단장 투표지를 검사하였다. 그 결과 총단장에는 김광재, 총부단장에는 정인수가 당선되었다. 이에 동지회 측에서는 이를 구미위원부에 보고하여, 위원부장과 서기의 승낙을 받고 총단 각 임원을 선거하였는데, 총무에 손창하, 서기에 최백렬, 재무에 박규임, 법무에 정운서, 학무에 한공국, 군무에 방언, 구제원에 신용희, 외교원에 정태화, 상무에 서기준을 각각 임명하였다.

양파 간의 상호 비방전과 폭력전이 계속되는 가운데 법정을 통한 교민단의 주인을 가리는 법정소송이 본격화되어 갔다. 동지회측은 앞에서 본 바와 같이 교민단측 임원진이 부정을 저질렀으며, 비도덕적이기 때문에 총단관을 점령하여 임원을 교체하지 않을 수 없다는 것이었다. 따라서 자신들을 이른바 '정의파(正義派)'라고 하면서 배일진·주자문·최봉조가 주동이 되어 패터슨 변호사를 통해서 순회재판소에 총단장 손덕인, 부단장 안영찬,[83] 재무 김현구, 서기 겸 지배인 김원용 4명에 대해 소환영장(Writ of Mandamus) 집행을 신청하였다.[84] 패터슨 변호사가 제출한 「소환영장요구 이유서」에 의하면 다음과 같다.

> 피고인(손덕인 등 - 필자)들은 교민단의 모든 돈과 계좌, 그리고 단의 장부에 계상되지 않은 것들 모두를 가지고 있다. 돈을 쓴 전표와 영수증들을 가지고 있으며, 그들이 단의 이름으로 사용한 것들도 단의 회계장부의 총액과 맞지 않았다. 그리고 단의 단원들과 세입자들로부터 거둬들인 많은 돈들이 단의 이름으로 어느 은행에도 입금되어 있지 않으며, 단의 계좌에 계상하지도 않았으며, 단의 장부에 넣지도 않았다. 1930년 12월 24일 위의 피고인들을 포함하여 단의 어떤 임원들이

---

[83] 안영찬은 경북 대구출신으로 여관업을 경영하였는데, 그는 처음 이승만을 도와 동지회 회원으로써 이승만에게 설내복종하였던 사람이다. 그래서 그는 1924년에 동지회 회장이 되었다(在ホノルル帝國總領事館,『布蛙朝鮮人事情』, 1925, 996쪽).

[84] 『日布時事』1931년 2월 4일자, 「鮮人協會의 粉擾 드디어 法廷問題가 되다」.

은행, 회사, 혹은 저당으로 교민단의 재산 3,800달러를 집행하였는데, 단이나 단원들의 이익이나 권리에 반대되게 사용하였다. 고발인들은 그렇게 들었고, 믿고 있으며, 총액의 대부분이 피고인들에 의해서 교민단의 헌장이나 자치규정에 의해서가 아니라 자신들의 사용과 이익 그리고 그런 목적을 위해 쓰여 졌다. 총액의 계정은 피고인들에 의해 만들어졌기 때문에 단이나 단원들의 전표나 영수증이 파일되지 않았고, 그래서 단의 장부에도 들어가지 않았다.[85]

동지회측은 교민단측 임원들이 단의 명의로 막대한 돈을 모아, 그것을 사사로이 소비한 혐의가 있다고 하였다. 그럼에도 불구하고 회계장부의 공표를 거부하고 자치규정에 의해 총회의 개최를 거부하고 있다는 것이다. 이러한 이유로 동지회측 사람들은 회계장부와 기록 및 은행수표의 부본과 영수증과 은행장부와 모든 기록들을 포함해서, 재판소에서 지시하는 시간과 장소에서 조사·감사할 수 있게 허가하여 달라고 신청서를 내었던 것이다. 위의 신청서를 수리한 순회재판소의 알버트 크리스티(Albelt M. Cristy) 판사는 즉일 피고인 4명에 대하여 다음 2월 7일 오전 9시부터 오후 5시까지 사이에 재판소 건물내에서 고발인들에게 장부검사를 허가하던가, 아니면 동일 오전 9시까지 순회재판소에 출두하여 크리스티 판사에게 어떤 연고로 장부를 공개할 수 없는지의 이유를 설명할 것을 요하는 출두명령서(Alternative Writ of Mandamus)를 발하였다.[86] 이러한 출두명령서가 발동되자 교민단측에서도 이에 대응하여 고발을 당한 손덕인·안영찬·김경준·김현구·박연

---

85 Circuit Court First Judicial Circuit Territory of Hawaii(Docket No.000170, Type Special Proceedings), 「In The Matter of Application of Pai Yil Chin, Choo Char Moon and Choi Bong Cho(Petitioners), For a Writ of Mandamus against D. Y. Shon, Ahn Young Chan, Henry Kim and Warren Y Kim(Respondents)」, 1931년 2월 3일.(이하「배일진 대 손덕인 사건」이라 약함).

86 「배일진 대 손덕인 사건」Alternative Writ of Mandamus against D. Y. Shon, Ahn Young Chan, Henry Kim and Warren Y Kim(Respondents), 1931년 2월 3일.

호·차신호·이정건·박성군·조문질 등은 2월 4일에 순회재판소에 영장에 대한 탄원서(Petition on Quo Warranto)를 제출하는 동시에 동지회측 임시 단장인 김정현과 임시서기 겸 재무인 최백렬에 대한 소환영장 집행을 요구하였다.

> 위의 고발인은(손덕인 등 – 필자) 1929년 12월 18일 정기총회의 선거에서 교민단의 임원으로 선출되었고, 이 선거는 하와이 교민단에 의해 정당하게 개최된 것이었다. 이 선거로 인한 교민단의 단원들과 임원들은 교민단의 법과 자치규정에 따라 정당하게 선출되었고 1930년, 1931년의 교민단의 임원과 이사들로서 정당하게 정규적으로 선출되었다.[87]

교민단측에서는 그들이 합법적인 교민총단의 임원들임을 주장하는 동시에, 지금 교민단의 임원들이라고 주장하는 자들은 1월 13일 불법적으로 의사회를 개최하여 교민단의 총단장과 서기·재무의 자리를 강탈하였다고 하면서 이들의 법정출두를 요구하였다.[88] 이에 크리스티 판사는 즉일로 김정현과 최백렬에게도 영장을 발행하였는데,[89] 2월 21일 오전 9시까지 김정현과 최백렬은 순회법정에 출두할 것을 명령하였다.[90] 이에 대해 동지회측은 패터슨 변호사를 통해 2월 17일 영장의 취하를 위한 신청서를 제출하였으며, 이어 2월 28일 고발인들의 주장은 영장을 구성하는데 불충분하다는 항소장(Demurrer)을 법원에 제출하였다. 순회재판소 법정에서는 3월 3일 동지회측의 취하재정신청(取下裁定申請, Motion to Quash)을 기각하는 결정을 내

---

87 「손덕인 대 김정열·최백열 사건」 1932년 2월 4일. 영장에 대한 탄원서(Petition on Quo Warranto).
88 『The Honolulu Advertiser』 1931년 2월 6일자, 「Korean Row Results in Civil Suit」.
89 「손덕인 등 대 김정열·최백열 사건」 1932년 2월 4일. 명령서(Order).
90 「손덕인 등 대 김정열·최백열 사건」 1932년 2월 4일. 영장(Writ of Quo Warranto).

렸으며,[91] 이에 동지회측에서는 3월 5일 답변서(Answer)를 통해 그들이 정당하게 교민단을 차지하였으며, 손덕인 등은 정당한 절차를 통해 교민단에서 추방되었다는 것을 주장하였다.[92] 이러한 답변서에 대해 교민단측은 오브리언 변호사를 통해 3월 9일 원고의 재항변서(Reply)를 제출하였다.[93] 이처럼 양측 간의 법정투쟁이 치열하게 전개되고 있었는데, 이들의 주장을 한마디로 정리한다면, 동지회측에서는 교민단 사람들이 문부를 감추고 내놓지 않는 까닭에 그렇게 하였다고 하였다. 그리고 교민단측에서는 동지회 회원들이 아무 권리 없이 남의 소유물과 총단관을 함부로 탈취하였다는 것으로 요약된다.[94] 이렇게 법정에서 변호사를 통한 상쟁이 계속되다가 재판이 4월 2일로 연기되게 되었다. 이에 크리스티 판사는 3월 30일에 김정현과 최백렬에 대해 4월 2일 오전 10시까지 법정에 증인으로 출두해 달라는 소환장(Subpoena)을 발급하였다.

이처럼 양파 간에 법정투쟁이 계속되는 가는 가운데 앞에서 본 바와 같이 글리슨 경찰서장이 양파의 지도자를 모아 국외추방도 불사할 것임을 엄중 경고하고, 다시 더 이상의 집회를 하지 못하게 하였으나 2월 7일 오후 동지회측 사람들 약 125명이 포트 스트리트(Fort Street)와 베레타니아 스트리트(Beretania Street) 모퉁이의 모이스 홀에서 집회를 가졌다. 이에 경찰에서는 카시와라[柏原] 캡틴이 출동하여 해산을 명령하였지만, 출석자 몇몇은 미리 글리슨 서장으로부터 허가를 얻었다고 주장하였다.[95] 이같이 경찰의 집회금지 경고에도 불구하고 양측 간에 투쟁을 위한 집회는 계속되었던 것이다.

---

91 「손덕인 등 대 김정열·최백열 사건」 1932년 3월 3일. 고발인의 영장신청에 대한 취하 재정신청을 기각하는 주문(Order overruling Motion to Quash Petition for Writ of Quo Warranto).
92 「배일진 대 손덕인 사건」 1932년 3월 5일. 피고인의 답변서(Answer).
93 「손덕인 등 대 김정열·최백열 사건」 1932년 3월 9일. 원고의 재항변서(Reply).
94 『신한민보』 1931년 2월 19일자, 「양파의 감정은 극도에 달함」.
95 『日布時事』 1931년 2월 7일자, 「서장의 경고를 무시하고, 조선인 등 집회하다」.

한편, 교민단과 동지회의 분쟁이 진행되는 와중인 2월 19일에, 한인기독교회의 13번째 정기총회가 14개 지방교회에서 온 대의원들이 참석한 가운데 개최되었다.[96] 이 회의에서 새로운 한인기독교회의 중앙부를 선출하였으며, 목사 이용직이 한인교회를 감독교회에 부속하려고 하였다는 이유로 정식 파직시켰다.[97] 그런데 문제는 당시 교민단의 임원들은 대부분 교회의 임원이기도 하였기 때문에, 교민단을 둘러싼 분쟁은 교회에까지 확대될 수밖에 없었다. 한인기독교회의 정기총회에서는 새로운 임원진이 모두 동지회계의 인물들로 선출되었다. 이 때문에 교민단측 교인들이 중심이 된 교회의 평신도회 임원들은 칼리히(Kalihi) 계곡에서 따로 회의를 개최하여 동지회측에 의해 선출된 중앙부에 반대하는 성명서를 발표하였다. 이 성명서에서 이승만과 김광재의 문제를 거론하는 한편, 한인기독교회의 목사인 이용직 목사의 '훌륭한 목회'를 칭송하는 장문의 성명서를 발표했다. 그 내용의 요지가 『스타 뷰레틴』지에 다음과 같이 게재되었다.

> 우리는 호놀룰루와 하와이에 거주하는 교회의 정규 멤버를 대표하는 사람들로 아래에 서명하였다. 우리들은 이승만 박사와 그의 새로운 임원들과 민찬호 목사(2년 전 이승만에 의해 쫓겨난 사람) 등에게 공개적으로 기록하기를 원한다. 그들은 그들 자신의 목적을 달성하기 위해 자신들이 만들었던 규칙과 관습적인 규정을 버렸고, 그들은 한인교회가 직면할지도 모를 운명에 피할 수 없는 책임이 있다. 한인교회의 정규 멤버의 리스트를 부록으로 달았으며, 그리고는 "이(이용직 – 필자) 목사를 충심으로 지지한다"라고 하였다.[98]

---

96 『The Honolulu Star Bulletin』 1931년 2월 20일자, 「Korean Mission has Conference」.
97 『신한민보』 1931년 2월 12일자, 「영수들을 축출한다고」.
98 『The Honolulu Star Bulletin』 1931년 2월 28일자, 「Korean Church Members State Their Troubles」.

성명서를 주도한 사람들은 교회 평신도회의 회장인 안영찬을 비롯한 교민단측 교인들로서 평신도회의 재무 유명옥, 서기 김현구, 최영기, 인봉주, 손덕인, 김경준, 박영호, 박성군 등 9명과 225명 교인들이 연명으로 발표하였다. 여기서 교민단측 교인들의 주장은 이승만이 교인들 과반수의 의견에도 불구하고 신망이 많은 이용직 목사를 축출하였으며 예산이 없는데도 불구하고 예배당을 건축하자고 주장하였다는 것이다.[99] 이러한 성명서를 내게 된 배경은 앞에서 본 바와 같이, 이승만을 비롯한 동지회측이 1930년 1월 정기총회 이래로 이용직 목사에 의해 교회의 중앙부가 점령당한데 불만을 가지고 그를 파직하려고 온갖 방법을 동원하였기 때문이다. 그 결과 정기총회에서 이용직을 정식으로 파직하고 동지회 회원들을 중심으로 교회의 중앙부를 구성하였다. 이에 대해 이용직 목사를 지지하는 파들이 그에 대한 반격으로 이 성명서를 내게 되었던 것이다.

법정분쟁이 계속되는 가운데 동지회측과 교민단측의 쟁패가 심해지자 상호 간에 비방전이 전개되었는데, 동지측과 교민단측의 상호비방전은 자신들의 기관지를 이용하고 있었다. 동지회측에서는 주간 등사판 『태평양주보』를, 교민단측에서는 『태평양시사』와 등사판 주간 『민중공보』를 주로 이용하였다. 동지회측에서는 『태평양잡지』의 편집인이 된 박상하[100]가 주동이 되어 김현구를 일본인 스파이로 몰았으며, 그후 『태평양주보』의 편집자인 송필만과 박상하가 함께 이러한 비방전에 가세하였다.[101] 심지어 『태평양잡지』에 '사냥개 김현구'라는 제목하에 김현구가 왜놈의 사냥개 노릇을 하였다는 것과 중국의 원세개처럼 아내를 여러 명을 두었다고 인신공격을 하였다. 교민

---

99 『신한민보』1931년 3월 19일자, 「기독교회의 내홍을 발표」.
100 김현구에 따르면 박상하는 전라도에서 태어나 서울에 와서 이근택의 집에서 자랐다고 하면서, 한 마디로 才勝薄德하다고 표현하고 있다(Dae-Sook Suh(ed), 『The Writings of Henry Cu Kim』, p.229).
101 Dae-Sook Suh(ed), 『The Writings of Henry Cu Kim』, p.123.

단측에서도 『태평양시사』를 통해 이승만을 정신병자니, 까터필드 사건이니, 왜영사관에 출입하였다는 등의 인신공격이 극도에 달하였다.[102] 상호 비방전이 더해지면서 결국 폭력테러로 발전하기도 하였다. 즉 김현구의 「자서전」에 따르면, 이승만은 불량청년들과 몰지각한 여자들을 꼬드겨서 '여자동지회'와 '청년동지회'를 조직하여, 이용직과 김원용·김현구 등을 공격하였다고 하였다. 특히 자기가 집에 돌아오는 길에 골목길에서 누군가에 의해 공격을 받았으며,[103] 이승만은 김현구를 급진 공산주의라고 하였다.[104]

앞에서 보았다시피 양파 간의 법정공방이 치열해지면서 교민단의 재판은 4월 2일로 연기되었다가, 4월 16일 하오 4시에 제1순회재판소 크리스티 판사 법정에서 개정되었다. 여기서 교민단측이 정식임원임을 판결하였는데,

제출된 모든 증거를 참고한 바 피고 최백렬 교민총단 서기로 됨이 적법이라고 할 증거는 없고, 다만 피고가 아무 권리가 없이 직임을 강탈하라고 교민총단 사무소를 불법적으로 점령하라는 증거를 법정에서 확실히 찾았음. 이사회를 부르고 의사원을 해임하고 안히 하는 군제가 교민총당국에게 권리가 확실히 있는 증거가 분명함으로 옳고 그른 것을 물론하고 총단장과 총임원에게 허락을 받지 못한 사람들이 따로 교민총단 의사회를 열 권리가 없다고 판명되었음. 설사 불법적으로 원통하게 거절을 당하였다 할지라도 최백렬 등의 진행한 행사를 법적이라고 할 수 없고, 또한 이러한 행동이 교민총단 자치규정상으로나 공회의 관한 법률상 원리로도 적당치 않음. 그럼으로 최백렬의 주장한 의회는 임원의 직임에 관한 사건을 처리할 권리가 없음이 모든 증거에 의하여 판결되었음. 그러함으로 인하여 최백렬의 당파에 의사회나 집회에서 지정하는 바 교민총단 서기의 사무실이나 그

---

102 『신한민보』1931년 2월 26일자, 「하와이」.
103 이같은 폭력 테러에 대비하기 위해 김현구와 긴원용은 경찰로부터 총기 소지면허를 받았다고 한다(Dae-Sook Suh(ed), 『The Writings of Henry Cu Kim』, p.143).
104 Dae-Sook Suh(ed), 『The Writings of Henry Cu Kim』, p.228.

외에 다른 사무실을 쓰지 못하게 금지함으로 이 법정에서 판결하였음.
(원고) 교민 총임원 손덕인·안영찬·김경준·헨리 김(김현구)·박영호·차신호·이정건·박성군·조문질
(피고) 김정현·최백렬
법정 넘버 171-1-171
4월 16일 제1순회 재판소 판사 크리스티의 훈령[105]

위와 같이 법률 제2720호와 제2721호에 의하여 교민단의 법적 임원 권리문제 소송건에서 김정현은 임시 총단장의 직임을 사면하였다는 이유로 그 사람에게 대하여는 소송건을 면제하였고, 서기 최백렬의 대해서만 사건에 피고판결을 하였다. 결국 교민단측이 법정싸움에서 승리한 것이다. 재판에서 승리한 교민단 총단과 호놀룰루 지방단은 연합으로 대회를 열고, 교민단 사업의 발전책을 토의하는 등 자축 분위기였다.

교민총단관 점령사건은 법률상 재판소의 판결로 교민단측의 승리로 결말이 지어졌다. 하지만 양파 간의 상쟁으로 인한 감정상의 골은 깊어 서로를 적으로 간주하면서, 또 한번의 대전을 준비하는 것같았다. 즉 이에 대해『신한민보』는 다음과 같이 상황을 묘사하고 있다.

하와이로부터 오는 소식에 의하면 동지회 사무실내와 교민단 사무실내에는 종종의 회의가 있어서 무슨 전쟁에 군사회의나 하는 듯이 낯은 사람들의 면회를 의심하며 혹 거절하여 자못 전쟁시기의 공기를 뵈이고 있다 한다. 호항에는 수십명의 결사대가 있다는 풍설이 자자한 고로 일반 인심은 매우 불안한 상태에 있다고 하였다.

---

[105] 『신한민보』 1931년 4월 30일자, 「교민단 재판의 판결서」.

재판이 끝난 이후에도 교민단원과 동지회원 간의 상쟁은 여전하였다. 일례로 교민단원과 동지회원들과 칼부림을 하는 일도 있었으며,[106] 한인기독교회도 양파로 갈려져서 상쟁하였으며 예배마저 정지되었다가 7월 5일 교민단측의 교인들이 교민총단 집회실에서 예배를 시작하였으며, 동지회파 교인들은 신흥국어학교에서 예배를 보기 시작하였다.[107] 이처럼 양파 간의 대립은 교회에까지 이어졌고, 재판에서 패소한 동지회측은 다시 이를 상고하였으나 6월 6일 기각되었다. 이에 다시 재정신청을 하여 7월 7일 크리스티 판사의 사무실에서 양편의 변호사들의 변론이 있은 후, 7월 21일로 연기되었다.[108] 그후 배일진 등 동지회측의 고발사건은 1931년 12월 29일 법원 결정문에서 '증거불충분'으로 기각되면서 법정에서의 교민단 점령사건은 끝나게 되었다.

미주 한인사회에서 맹렬한 비판을 받아야 했던 이 사건은 결국 미국 법정의 판결로 교민단측이 승리한 것으로 결말이 나는 형국이었다. 그렇지만 이것은 표면상의 문제였을 뿐 근본적인 문제에 대한 해결을 아니었다. 교민단사건의 재판이 끝이 나자마자 또 한인기독교회 문제를 걸어 동지회측 교인들과 민단측 간의 재판으로 이어졌으며,[109] 그후 재판에 패배한 이승만은 1931년 11월 21일 로스 엔젤스호(City of Los Angeles)로 하와이를 떠나게 되었다.[110]

재판에서 승리한 교민단측에서는 법정소송을 주도한 동지회 총무인 이원순을 제거하기 위해 그가 불법적으로 미국에 입국하였다고 하면서 그를 조

---

106 『신한민보』 1931년 7월 2일자, 「하와이」.
107 『신한민보』 1931년 7월 23일자, 「기독교회는 아주 갈리는 샘인가?」.
108 『신한민보』 1931년 7월 23일자, 「동지회 대 교민단 소송사건」.
109 『신한민보』 1931년 11월 19일자, 「사회재판 끝나자 교회재판」.
110 방선주, 「3·1운동과 재미한인」, 439쪽.

사해 달라고 이민국에 조사 의뢰하는 일도 있었다.[111] 이처럼 법정판결을 받은 이후에도 양쪽 간의 감정의 골은 깊어졌으며 법정투쟁을 하는 동안 많은 경비를 소진하여 양파 간의 경제적 손실도 막심하였다. 동지회의 경우 이른바 '재판대송부비'라 하여 회원들에게 재판비용을 갹출시키고 있었다. 즉 〈한인 동지회와 기독교회 대송사건 특연 수입지출 임시재무연인수〉를 보면 1931년 1월 17일부터 1월 28일까지 약 10여일 동안에 399명이 특연금을 내었고, 그 총금액은 2,106.95달러이었다.[112] 이를 보면 교민단측에서도 약 10일 간에 2천 달러 이상을 거두었을 것으로 판단된다. 이처럼 많은 소송경비는 모두 한인 노동자들의 '과부 돈'(Widow's Mites)을 받친 것들로, 그동안 양편에서 법정소송으로 소모된 것이 25만 달러에 달하였다고 한다.[113]

---

111 『The Honolulu Star Bulletin』 1931년 12월 29일자, 「Petition seeks to get Korean sent from U.S.」. 이 청원에 대해 이민국에서는 이원순이 적법입국이라 하여 출국문제를 부인하였다(『신한민보』 1932년 2월 4일, 「이원순 씨 축출운동 실패」).
112 하와이대학 한국학연구소(Center for Korean Studies)가 소장하고 있는 동지회 관계자료 가운데, 「한인 동지회와 기독교회 대송사건 특연 수입지출 임시재무연인수」를 참조하였다(#J-56: CourtSuit 재판대송부비, 1931, 장부).
113 John K. 玄, 洪性傑 譯, 『國民會 略史』, 26쪽. 그러나 鄭斗玉은 그의 저서에서 2만 달러라고 하였다(79쪽).

4 하와이 국민회의 복구과정

하와이 교민총단관 점령과 폭력사건은 하와이 사회에 큰 충격을 던져준 일대사건으로, 1921년에 일어났던 '태평양시사 습격사건'[114] 이후 최대의 사건으로 한인들에 대한 지역사회의 여론을 악화시켰을 뿐만 아니라 미주지역 한인사회에서도 이를 둘러싸고 맹렬한 논쟁을 일으켰다. 특히 미국 법정까지 가서 수치적 판결을 받게 되었다는 데 대하여, 뉴욕의 한인사회에서는 미주지역 한인 사회전체에서 여론을 환기하여 "공개적 판결을 당연히 처분할 것"이 아니냐는 맹렬한 토의가 있었다.[115] 또한 『신한민보』는 사설을 통해 10년 동안 선전한 것이 하와이 풍파로 인하여 막대한 손해를 받았다고 하면서, "우리 동지끼리 개인적 감정 싸움과 같은 싸움을 외국인의 법정에까지 가서 합니까"라고 개탄하였다.[116] 그리고 신한민보 시카고 지국에서도 3월 15일 한인 예배당에서 하와이 시국에 관한 대강연회를 열었는데, 그 이유는 하와이의 망신을 북미 동포가 함께 쏟아 쓴다는 이유에서였다.[117] 하와이의 이러한 분규는 국내에까지 전달되어 문필가인 변영로 또한 이 소식을 듣고 시조 4수를 지어 『신한민보』에 보냈는데, 그중 한 수를 잠시

---

[114] 태평양시사 습격사건은 1921년 8월 2일 동지회파의 김해나, 김차득, 이점순, 조매륜, 백인숙 등이 『태평양시사』 편집인 함삼여를 찾아가 이승만에 대한 기사정정을 요구하였으나 거절하자, 동지회의 장정 30여 명이 태평양시사 사원들을 구타하고 집기를 파손한 사건이다. 이로 인해 대조선독립단 총단장 이하 3, 4인이 중상을 입었고, 또 법정에 고소하여 韓人들 간에 풍파를 일으켰다. 이 때문에 미국일 시무·잡지사에 대서특필되어 '韓人暴行' 또는 '暴動'이라 하였고, 이에 따라 한인들이 계속해서 하와이에 체류하는 것이 옳은가라는 비난을 받았나(「ハワイにおける獨立運動者の内訌に關し報告の件」金正明 編, 『朝鮮獨立運動』 1 分冊, 773쪽).

[115] 『신한민보』 1931년 2월 5일자, 「하와이 시국문제 토의」.
[116] 『신한민보』 1931년 2월 5일자, 「하와이 풍파에 대하여(사설)」.
[117] 『신한민보』 1931년 4월 9일자, 「하와이 시국 강연」.

살펴보자.[118]

> 한 조상 후예되어 한 계례 되었가니
> 무삼일 밤과 낮에 동근상쟁 일시는다
> 힘과 뜻 한데 모도와 휴수병진 어더리

이같은 비판아래 앞에서 분쟁의 원인이었던 구세력과 신세력 간의 대립이 진정되어 가면서 한인사회의 통일문제가 제기되었다. 즉 이 분쟁의 발생과 폭력사태, 나아가 법정투쟁은 분명 부정적인 것이었지만, 이를 계기로 그 간의 분파를 해소하자는 주장이 대두되게 되었던 것이다. 즉 방사겸은 『신한민보』의 기서에서 다음과 같이 주장하였다.

> **풍파가 하와이 한인에게 불행한 일이 아니고 다행한 일이라고 필자가 말한 것은 하와이에 이러한 이번 풍파는 그리 의미가 없는 싸움이 아니고 이런 풍파를 종종 일으키던 모든 인도자의 최후 운명에 종국을 짓는 사회혁명으로 보는 것이다. … 금일에 일어난 포와 한인사회 풍파는 포와에 모든 당파를 다 통일할 기회인 줄로 믿는다. 하와이 사회도 통일이 되야 이 종종 일어나는 풍파가 침식되겠으며, 또 통일이 되야 독립운동이 대대적으로 되겠으니, 포와 동포는 이때에 통일을 힘쓰라.**[119]

방사겸은 이 분쟁을 "이런 풍파를 종종 일으키던 모든 인도자의 최후 운명에 종국을 짓는 사회혁명"이라고 하면서, 이를 한인사회 통일의 호기회로

---

118 『신한민보』 1931년 10월 29일자, 「포와동포 분규를 듣고」.
119 방사겸, 「한인통일의 이해관계 - 하와이 사회풍파는 혁명으로 볼 수 있다」, 『신한민보』 1931년 8월 13일자.

이용하자고 주장하였다. 1931년 9월 18일 일제가 만주를 침략하는 사건은 한인사회를 다시 단결시킬 수 있는 호기로 작용하였다. 교민단에서는 10월 25일 카피올라니(Kapiolani) 공원에서 「공동회」를 개최하여 교민단 총단장 손덕인, 부인구제회 회장 김선균, 조선청년동맹단 회장 송아더, 이용직·홍한식·조광원 목사 등 6명의 명의로, 일본의 만주침략을 규탄하는 탄원서를 미국 후버(Hoover) 대통령에게 보내기로 하였다.[120]

하와이 한인사회 통일주장과 아울러 기성세대의 파벌싸움에 염증을 느낀 청년들과 당시 세력 간의 갈등에 불만을 가진 그룹들에 의해 통일운동이 추진되었다. 특히 이러한 운동의 기폭제 역할을 담당한 사람은 강영각이라는 청년이었다. 그는 하와이의 한인분쟁이 진행되고 있을 당시 미본토 각지를 순방하면서 그곳 청년들에게 통일정신과 의견을 교환하고 돌아왔다. 그리고는 우선 청년들 간의 통일운동을 전개하기 위해 그것에 찬동하는 10여 명과 9월 7일 모임을 갖고, 임시 임원을 선출하였는데, 회장에는 이용직 목사, 서기에는 강영각, 재무에는 한길수, 사교원에는 김의택으로 결정하였다.[121] 이 일이 있은 후 9월 17일 누우아누(Nuuanu) 청년회관에서 이것에 찬성하는 사람들 약 150여 명이 모여 청년운동을 후원하기로 하였다. 그리고 10월 3일에는 청년지도자 40명이 모여 조직체를 결성하기로 하였으며, 10월 23일 여자청년회관에서 '조선소년동맹단'(Federation of Young Korean)이라는 청년운동 조직체를 결성하였다. 다음은 이 동맹단의 임원들이다.[122]

회장 송아더, 부회장 박성조, 서기 홍매리, 재무 김현옥, 사교원 김홉, 학무원 남마티, 음악원 김성칠, 연극부장 김바니스, 회원검사원 이헨리, 운동부장 김영희

---

120 『The Honolulu Star Bulletin』 1931년 10월 29일자, 「Koreans here in Protest to Hoover on Manchuria」.
121 『신한민보』 1931년 10월 1일자, 「청년운동의 대활동」.
122 『신한민보』 1931년 11월 5일자, 「청년운동의 진보 착착」.

'조선소년동맹단'에서는 단원의 자격을 "미국의 깃발 밑에서 성장한 청년으로 조국을 사랑하며, 민족을 귀히 여기는 15세 이상 30세까지 된 이로 통상회원으로 정한다"라고 하고 하였으며, 통상회원외에 찬성회원과 찬성원을 두었다. 이처럼 하와이 한인사회에는 기존의 파벌에 물들지 않은 청년들을 중심으로 통일운동이 대대적으로 전개되었다. 1930년대 들어 미주 본토를 중심으로 한인단체 간의 연합과 통일에 대한 여론이 높아가면서, 1931년 12월 5일부터 7일까지 대한인국민회·나성한인공동회·중가주한인공동회·묵경자경단 등 4개 단체대표가 '임시정부로 집중하자'는 표어를 내걸고 「미주한인연합회」를 결성하였다.[123] 이같은 영향은 하와이 한인사회에도 미치게 되었는데, 카우와이(Kauai)섬의 가파아(Kapaa)와 리후에(Lihue) 두 지방에 거류하던 한인들이 1931년 4월 9일 '단합회'를 조직하여 하와이 풍파에 중립적인 태도를 취하면서 임시정부에 대한 지원을 시작하였다.[124]

이처럼 하와이 한인사회에 통일 기운이 일기 시작하고 교민단 재판사건이 종결된 이후인 1932년 초 교민단에서는 일제의 만주침략 행위를 선전하기 위해 '선전부'를 조직하였는데, 선전부장에 정두옥, 각부 비서에 김현구·이용직·김원용, 교섭위원에 한길수, 재무에 차신호를 임명하였다.[125] 교민단 선전부에서는 제네바 국제연맹 의장인 아리스티드 브리앙(Aristide Briand)에게 일본의 만주침략을 규탄하는 호소장을 선전부 국장 정두옥, 구미부위원 한길수, 한국부위원 승룡환, 원동부위원 김현구의 이름으로 보냈다.[126] 이어서 1932년 1월에는 미국 대통령에게도 같은 내용의 호소문을 발송하였다.[127] 또한 1932년 2월 14일에는 임성우 등의 발기로 하와이 애국단

---

123 洪善杓, 「1930년대 在美韓人의 統一運動」, 209쪽.
124 김원용, 『재미한인오십년사』, 216~217쪽.
125 鄭斗玉, 「재미한족독립운동실기」, 81쪽.
126 『The Honolulu Star Bulletin』 1931년 11월 3일자, 「Koreans here voice Protest to the League」.
127 『The Honolulu Star Bulletin』 1932년 1월 20일자, 「Koreans send Hoover word」.

이 설립되었는데, 이 단체는 원동의 특무공작을 후원하였다.[128] 동지회측에서도 비록 재판에서는 패배하였지만, 만보산사건을 계기로 독립운동 재개를 통해 조직의 통일과 단결을 도모하기 위해 11월 18일 와이키키(Wakiki) 공원에서 '공동회'를 개최하였다. 이 집회에는 305명이라는 많은 인원이 참가하여 일제의 침략행위를 규탄하는 한편 일제의 만주정책을 비난하였다.[129] 위와 같이 하와이 한인사회에는 독립운동의 재개와 통일운동이 진행되고 있는 중에도 아직까지 교민단과 동지회 간에는 감정적 골이 깊어 1932년 3·1절 기념행사를 민단은 민단대로, 동지회는 동지회대로 치루고 있었다.[130]

그런 가운데 교민단은 1932년도 1933년도 임원을 선출하기로 하였는데, 이를 위해 1931년 10월 총부단장 후보자 추천기를 각 지방단에 발송하였다.[131] 11월 21일 총단장 후보자에 손덕인·차신호, 총부단장에 이정건·안영찬을 정하고, 1932년 1월 4일 제12회 교민단 통상의사회를 개최하여 총단장에 손덕인, 총부단장에 이정건을 선출하였다. 그런데 총단장에 선출된 손덕인이 「자치규정」 제66조 하단규정과 개인의 사정이 있다고 하면서 총단장의 자리를 고사하였다. 이에 따라 의사회에서는 즉시 총부단장 후보자를 투표를 하였는데 차신호 9표, 정두옥 7표, 김현구 1표, 전익주 2표, 서진수 2표가 나왔다. 이에 따라 최다수를 얻은 차신호와 정두옥이 후보자가 되어 이를 지방단에 투표지와 공문을 발하였다.[132] 1월 15일 투표결과를 점검한 결과 차신호가 총단장이 되었으며, 이정건이 총부단장이 되었고, 총무에 한길수, 서기 겸 재무에 김현구, 법무에 김원용, 학무에 서진수, 군무에 송진

128 김원용, 『재미한인오십년사』, 216쪽.
129 『신한민보』 1931년 11월 19일자, 「동지회 주최의 공동회」.
130 『신한민보』 1932년 3월 17일자, 「두 단체 三一 기념식」.
131 『신한민보』 1931년 10월 22일자, 「교민단 총부단장 추천기」.
132 『신한민보』 1932년 1월 28일자, 「하와이 교민총단의 선거」.

중, 실업부에 유명옥, 구제원에 김백수를 선거하였다.[133]

한편 비록 재판을 통해 교민단의 주인임을 인정받은 교민단측도 한인사회에 문제를 일으킨데 대한 책임이 있었다. 그래서 국민보 주필 김현구가 사면청원서를 제출하였고 당분간 총단장 차신호가 이를 겸임하기로 하였으며,[134] 그후 총단장 차신호도 사면청원서를 의사회에 제출하였다.[135] 그러나 1932년 8월 23일 총단 임원회 제15회 특별회를 개최하여 김현구를 다시 국민보 주필 겸 서기로 임명하였으며,[136] 총단장 차신호의 사직은 지방단 의사원들이 받아들여 그의 사면이 허락되었다.[137]

이처럼 1932년 말에 접어들어 문제를 일으킨 주체인 차신호 등의 교민단측 총단장이 사면하는 등 분쟁의 발단이 되었던 인물들이 사라진 후, 하와이 한인사회는 다시 평화가 찾아왔다. 이에 하와이에서는 한인단체의 조직을 개조하여 다시 독립운동의 중심체로 서게 하는 일이 무엇보다도 시급하였다. 그것의 출발점으로 우선 조직의 명칭을 '교민단'에서 '국민회'로 복구하자는 여론이 일어나고 있었는데, 이것이 '국민회 재건운동'이었다. 1933년 1월 3일 하와이 교민단 대의회 결의안에 의하여, '하와이 대한인국민회'를 복구하기로 하고 각 지방단에 의견을 물은 결과 복구에 찬성하였다. 그리고 총회장 후보자로는 이정건과 정두옥이, 부회장 후보자로는 강영효와 승룡환이 선출되어 지방단의 선거에 붙였다.[138] 그후 1월 31일 투표결과 새로운 회장에 이정건, 부회장에 강영효가 선출되었다.[139]

하와이 국민회로 복구된 다음 1월 6일에 국민대회를 열어 시국에 대한 문

---

133 『신한민보』 1932년 2월 4일자, 「교민단 총부장과 신임원」.
134 『신한민보』 1932년 7월 7일자, 「국민보 주필 사면과 후임자」.
135 『신한민보』 1932년 9월 29일자, 「교민총단장 사직 청원」.
136 『신한민보』 1932년 9월 8일자, 「김현구 씨 다시 국민보 주필로」.
137 『신한민보』 1932년 10월 20일자, 「교민 총단장 차신호 씨 사직 허시」.
138 『신한민보』 1933년 2월 2일자, 「국민회 총선거」.
139 『신한민보』 1933년 2월 16일자, 「하와이 국민회 총부회장 선거」.

제와 독립운동에 관한 문제를 토의하였다.[140] 이로써 1930년 초반의 하와이 한인사회의 분쟁은 마무리되었으며, 이제부터 다시 국민회가 하와이 한인사회의 독립운동 중심 단체로 다시 서게 되었다. 하와이 한인들의 국민회로의 복구에 대해 북미 대한인국민회에서는 축하전과 축하문을 발송하여 미주지역 민족운동에 일치단결하자고 하였으며,[141] 『신한민보』에서도 사설로 하와이 국민회로의 복구는 시대에 부합하는 행동으로 미주지역에서 통일전선으로 나가는 행동이라고 하였다.[142]

---

140 『신한민보』 1933년 1월 5일자, 「교민단 주최에 국민대회」.
141 『신한민보』 1933년 2월 2일자, 「하와이 국민회에 축전」.
142 『신한민보』 1933년 2월 2일자, 「하와이 국민회 복구를 축하」.

5 맺음말

1930년대 초반 하와이 한인사회는 격동의 시대였으며, 한인들 간의 폭력과 분쟁으로 얼룩진 미주 이민역사에서 가장 부끄러운 역사의 일 단면이었다. 그럼에도 불구하고 1930년대 초반 하와이 한인사회를 살펴본 이유는, 이 사건을 통해 1920년대 말 1930년 초 하와이 이민사회의 제 대립양상이 극명하게 표출되기 때문이다. '교민총단관 점령사건'은 표면적으로는 하와이 한인사회 내부의 교민단측과 동지회측 간의 주도권을 둘러싸고 첨예하게 대립하였지만, 그 속에는 구세력과 신세력, 지역간의 갈등, 세대간의 갈등 등 이민사회의 전반적인 문제점이 속속들이 들어 있었다.

'교민총단관 점령사건'의 발생원인은 이른바 구원(舊怨)이 재연되거나, 혹은 새로운 분파가 만들졌기 때문이 아니다. 이러한 분쟁이 발생하게 된 근본적인 원인은 한인 이민자들의 세력교체가 그 근본원인이었다고 할 수 있다. 즉 하와이 이민 초기세대들은 대부분 노동이민으로 온 사람들로 교육을 제대로 받지 못한 사람들이었으며, 그들은 오직 자신들이 떠나온 나라의 독립을 열망하는데 집중되었던 세대들이었다. 하지만 그들의 후손들은 하와이에서 태어나거나 교육을 받은 세대들로서, 이들이 한인 이민사회의 주류를 형성하기 시작하면서 한인 사회조직에 변화를 갈구하였다. 그 과정에서 폭력과 분쟁 그리고 법정싸움 등 추악한 모습을 드러내게 되었다. 하지만 이 사건의 처리과정은 독립운동의 재개와 하와이 한인사회의 통일과 단결을 지향하는 운동으로 나타났으며, 그동안 분쟁의 핵이었던 '교민단'이 해체되고, '국민회'가 다시 복구되는 계기가 되었다. 따라서 이 사건은 지금까지의 분열상에서 탈피하여 통일을 지향하는 운동으로 전환하게 되는 계기가 된다는 점에서 중요한 의의가 있다.

또한 1930년대 하와이 분쟁의 원인은 다만 세대교체의 의미뿐만 아니라 기존세력에 불만을 가진 집단과의 대립이었다고 할 수 있다. 기존 이승만을 중심으로 한 구세력들의 봉건적·비민주적 조직운영과 독단적 행위는 한인사회에 불만을 초래케 하였으며, 여기에는 세대 간의 갈등과 더불어 지역적 갈등도 일정하게 역할을 하였다. 이처럼 이승만에 반대한 제 세력들이 이에 대항하여 결집한 것이 '교민총단관 점령사건'의 발단이었다. 따라서 기존에 하와이 한인사회의 문제를 이승만파와 박용만파의 오랜 '구원'의 결과로 이해하는 경향이 있지만, 이러한 시각은 당시의 사회에 대한 이해보다는 양파의 정치적 대립만을 강조한 이해라고 할 수 있다. 사실 1930년대 초반 한인사회는 여러 측면에서 양파 간의 갈등이 해소되어 가던 상황이었으며, 한인사회의 통일과 단결이 당시 가장 큰 과제로 떠오르던 시기였다. 그에 대한 반증으로써 보다 흥미로운 사실은 이시기 이승만파의 사람들이 그에 반대하여 교민단측에 서는가 하면, 그 반대로 대조선독립단에 속했던 인물들이 동지회로 대거 입회하는 현상을 보여주고 있다. 이런 현상은 하와이 한인사회에 그러한 갈등구조가 사라져 가고 있다는 것을 보여 준다. 이같이 1920년대 말 1930년대 초 하와이 한인사회는 크게 변화하고 있었으며, 이러한 변화가 결집되어 나타난 사건이 '교민총단관 점령사건'이었다.

2부

3·1운동과 미주 한인사회

1장

3·1운동기
미주 한인사회의 동향

1 머리말

　　1919년 3월 1일 서울 태화관에서 민족대표 33인의 이름으로, 우리 민족이 일제의 식민지배로부터 벗어나 독립국과 자주민임을 선포하였다. 그리고 독립선언 이후 전국적으로 만세시위가 전개되었으며, 국외 한인사회에도 독립을 선언하였다는 소식이 전해졌다.

　독립선언을 준비하였던 기독교측에서는 이를 외부세계에 알리기 위해 현순을 중국 상하이[上海]로 파견하기로 하였다. 현순은 국내에서 거족적인 독립운동이 일어났다는 소식을 중국내에서 발간되는 신문을 통해 확인하고, 3월 9일 미국 샌프란시스코 대한인국민회 총회장 안창호에게 독립선언 소식을 알렸다. 국내에서 독립을 선언하였다는 소식을 처음 접한 미주의 한인들은 서로 얼싸안고 눈물을 흘리며 만세를 불렀다. 사실 미주지역의 한인들은 대부분 자신의 의지로 고국을 등진 사람들이었다. 이유야 어떠하든 간에 조국을 떠나 새로운 삶을 찾아갔던 사람들이 일제에 빼앗긴 조국을 찾겠다고 일어났던 것이다.

　새로운 땅으로 이주하였던 미주지역 한인들이 왜 3·1운동기 자신들의 모든 것을 다 받쳐 독립운동에 적극적으로 참여하였을까. 제1차 세계대전이 끝날 무렵부터 1919년 한 해 동안 미주의 한인들은 민족의 독립을 위해 헌신하게 한 원동력은 어디에 있었는가. 그 이유는 자신들의 행동여하에 따라 민족의 독립을 쟁취할 수도 있고, 계속해서 일제의 압제하에 살 수 있다고 생각하였기 때문이었다. 미주의 한인들은 자신들의 활동 여하에 따라 민족의 명운이 달려있다고 보았기 때문에 온갖 어려움 속에서도 독립을 쟁취하기 위한 투쟁에 매진하였던 것이다.

　또한 3·1운동기 미주지역 한인들을 독립투사로 만들어 적극적으로 독립운동에 참여케 한 배경은 무엇이었던가. 미주의 한인들에게 있어 국내에서의 3·1독립선언은 곧 독립된 민족이 된 것으로 인정하였고, 독립된 민족으로서 독립국가를 수호하기 위해 독립투쟁에 전념하였던 것이다. 3·1독립선언에 이어 임시정부가 수립된 것에 고무된 미주의 한인들은 독립된 국가의 국민으로서 책임과 의무를 다하고자 더욱 더 독립운동에 전념할 수밖에 없었던 것이다.

한편, 미주지역 한인들은 1909년 2월 하와이의 한인합성협회와 미본토의 공립협회가 통합하여 국민회로 탄생시켰고, 그후 1910년 2월 대동보국회와 통합되어 대한인국민회로 발전하면서 사실상 해외 한인 독립운동의 최고기관이 되었다. 3·1운동이 일어난 1919년은 미주지역에 한인들이 공식적으로 발을 내디딘 지 16년이 되는 해이며, 독립운동의 지도기관인 '대한인국민회'가 창립된 지 10주년이 되는 해이다. 내부적 갈등과 대립이 점증하던 미주 한인사회에 3·1운동은 내적 문제를 해소하고 새롭게 전개된 상황하에 맞추어 한인들을 독립운동 전열로 추동하게 하였던 것이다.

3·1운동과 미주 한인의 동향과 독립운동에 대해서는 기왕의 연구를 통해 어느 정도 이해가 높아졌지만,[1] 그와 더불어 재미한인 이민사적인 측면에서도 그 의미와 영향을 확장시킬 필요가 있다고 생각된다. 따라서 본고에서는 3·1운동 소식이 미주에 전해지기 직전부터 한인사회의 동향을 살피고, 3·1운동의 발발과 더불어 초기 한인들의 움직임에 주목하고자 한다.

---

[1] 미주지역 3·1운동에 대해서는 다음의 글이 참조된다.
孫寶基,「三·一運動에 대한 美國의 反響」,『三·一運動 50周年 紀念論集』, 동아일보사, 1969; 兪炳勇,「3·1運動과 韓國獨立問題에 대한 美國言論의 反響」,『金哲俊博士華甲紀念 史學論叢』, 知識産業社, 1983; 고정휴,「3·1운동과 미국」,『3·1민족해방운동 연구』, 청년사, 1989; 방선주,「3·1운동과 재미한인」,『한민족독립운동사』 3, 국사편찬위원회, 1988; 김도형,「하와이 3·1운동과 한인사회의 동향」,『한국근현대사연구』 21, 2002; Do-hyung Kim & Yong-ho Choe,「The March First Movement of 1919 and Koreans in Hawaii」,『From the Land of Hibiscus』, University of Hawaii Press, Honolulu, 2007.

2 3·1운동 이전 한인사회

1918년 11월 제1차 대전이 끝날 무렵 미주지역 한인들은 우리 민족이 독립할 좋은 기회라고 보았다. 그 이유는 당시 세계적 시대사조로 등장한 민족자결주의가 우리 민족의 독립과 긴밀히 연관되어 있다고 판단하였기 때문이었다. 주지하다시피 원래 민족자결주의는 전후 유럽에서 폴란드와 체코 등을 독립시키고자 등장하였으나, 제1차 대전이 끝나면서 민족자결과 영구평화가 화두로 떠오르고 이같은 세계적 사조의 변화는 식민지 피압박 민족에게도 세계 대개조의 시대가 도래하였음을 알리는 신호탄으로 인식되었다. 다시 말해 식민지 약소민족들은 미국의 윌슨대통령이 제창한 14개조의 민족자결이 선포되면서 독립이 될 수 있다는 희망을 품게 되었던 것이다. 이처럼 세계개조의 시대에 발맞추어 미주의 한인들도 한국이 자유를 얻을 수 있는 천재일우의 기회라고 생각하였다.[2]

세계 각 민족이 자기의 의향에 따라 자유를 얻을 수 있다는 희망에 부푼 시기, 미주지역 한인들은 이같은 기회를 놓치지 말아야 한다는 것이다. 그 기회란 다름아닌 소약속국동맹회에서부터 파리강화회의까지 한국의 독립을 국제사회에 호소한다는 것이다. 우선 뉴욕에서 개최된 소약속국동맹회에 대표를 파견하고 이를 이용하여 파리강화회의에서 우리의 독립을 호소해 보고자 하는 것이 미주한인들의 일반적인 인식이었다.

미주지역 한인들의 움직임은 제1차 대전이 실질적으로 종결되는 1918년 11월 중순 경부터 뉴욕에서 개최될 소약속국동맹회의에서 시작되었다. 이

---

[2] 「북미총회에서 각 지방회에 통첩(1918. 11. 15)」(도산안창호선생기념사업회·도산학회, 『미주 국민회 자료집』 11, 경인문화사, 2005, 473쪽).

회의와 관련하여 가장 일찍 반응을 보인 것은 김헌식(金憲植) 등이 중심이 되어 뉴욕에서 활동하고 있던 신한회(新韓會) 사람들이었다. 신한회는 국제정세의 변화를 감지하고 1918년 11월 30일 비밀리에 총회를 개최한 뒤 미국 대통령 윌슨과 상·하원 의원 및 파리강화회의 미대표단들에게 한국독립을 위한 청원문을 작성하여 본격적인 외교활동을 전개하였다. 신한회의 명의로 보낸 문서를 보면, "한국은 미국정부를 향하여 이왕 한미조약을 의지하여 한국의 독립을 보호하며 일본의 통치권에서 벗어나게 하여 달라"고 청원하였던 것이다.[3] 즉, 윌슨의 민족자결주의 원칙이 식민지 한국에게도 적용되어야 함을 강조하는 등 12개의 결의항목을 제시하여 한국독립의 당위성에 대해 역설하였다.[4] 또한 신한회에서는 결의문을 작성하여 12월 3일 김헌식과 신성구(申聲求)가 미국 국무부와 상원을 각각 방문하여 전달을 시도했으나 거부당하자 파리에 가있던 랜싱(Robert Lansing) 국무장관에게 직접 우송하였다. 이같은 신한회의 외교활동은 12월 4일자 워싱턴『연합통신(Association Press)』을 통해 소개됨으로써 한국인의 독립열망을 전 세계에 알리는 성과를 거두었다.

또한 미주 한인을 대표하는 대한인국민회(이하 국민회로 약칭)에서는 1918년 11월 11일 뉴욕의 소약속국동맹회로부터 대표를 파송해 달라는 연락을 받았으나, 국민회에서는 대표를 파송할 자금이 없어 고민하던 중이었다. 하지만 당시 미주한인들은 이같이 중요한 국제회의에 한인 대표자를 파견하지 않을 수 없다는 반응을 보였으며, 국민회는 여론에 힘입어 대표를 파견하기로 결정하였다. 당시 대표로 거론되던 인물로는 하와이의 박용만과 이승만, 북미의 윤병구·이대위·민찬호·정한경 등이었다. 이때 국민회쪽에

---

3 『신한민보』1918년 12월 12일자, 「한국독립 보장 청원 미정부에 제출」.
4 方善柱, 「金憲植과 3·1운동」, 『在美韓人의 獨立運動』, 한림대학교 아시아문화연구소, 1989, 321쪽.

서는 1917년에 열렸던 소약속국동맹회 회의 때에 하와이의 박용만이 참석하였기 때문에 그를 보내고자 하였으나 일정이 촉박한 관계로 대표자로 선정할 수가 없었다. 그래서 북미대륙에 있는 민찬호와 정한경을 대표자로 선정하였다. 그 후 1918년 11월 25일 하오 8시 샌프란시스코에서 개최된 국민회 중앙총회 제1차 임시협의회에서, 총회장 안창호가 주재하고 20여 명이 참석한 가운데 뉴욕의 소약속국민동맹회의 대표자로 이승만·민찬호·정한경 3명을 선출하였다.[5] 또한 파리강화회의 대표자 파견문제가 겹치면서 외교사무와 관련하여 많은 논의와 여론이 비등하여 처음에는 정한경 한 명을 파견할 것으로 하였다가 12월 24일 중앙총회 임시위원회에서 이승만을 추가하여 2명을 파견하기로 하였던 것이다.[6]

이에 따라 뉴욕 소약속국동맹회의 국민회 대표 민찬호와 정한경은 뉴욕으로 가서 그곳에서 외교활동을 펼쳤다.[7] 그러나 민찬호와 정한경은 이미 활동을 개시한 김헌식과 대립할 수밖에 없었다. 왜냐하면 먼저 활동을 개시한 신한회의 김헌식이 국민회 대표를 정식 대표가 아니라고 주장하였고, 또 국민회 대표단보다 앞서 청원운동을 전개하면서 김헌식이 소약속국동맹회의 임원으로 선출되기까지 하였기 때문이다.

한편, 1918년 한 해동안 심한 분파투쟁을 일삼았던 하와이에서도 국제정세의 변화를 모를 리가 없었다. 비록 정치적 쟁투로 만신창이가 되었지만 우리민족이 독립할 기회가 찾아왔고 이같은 호기를 이용해야만 한다는데 대해서는 하와이 한인들도 모두 공감하고 있었다. 당시 이같은 기회를 잡기 하와이 한인사회에서도 일정한 모임이 있었던 것 같다. 1918년 11월 18일 송헌주가 이승만에게 보낸 편지에 의하면, "한국의 천재일시(千載一時)되는 기회

---

5 도산안창호선생기념사업회·도산학회, 『미주 국민회 자료집』 6, 경인문화사, 2005, 269~271쪽.
6 도산안창호선생기념사업회·도산학회, 『미주 국민회 자료집』 6, 282~283쪽.
7 민찬호는 1918년 11월 30일 로스앤젤레스를 출발하여 시카고로 가서 정한경과 만나 뉴욕으로 향하였다(『신한민보』 1918년 12월 5일자 호외).

가 내(來) 평화회(平和會)에 재(在)하기로 조국 장래사 의논하기" 위한 모임이 호놀룰루 누우아누청년회관에서 있었다.[8]

국민회 중앙총회로부터 파리평화회의 대표로 선임된 이승만은 1919년 1월 6일 하와이를 떠나 미본토로 향하였고 1월 15일 엔터프라이스호로 샌프란시스코 도착하여 저녁에 한인예배당에서 성대한 환영회가 개최되었다.[9] 그 후 그는 다시 필라델피아로 가서 정한경과 서재필을 만났다. 그리고 이들 3인은 당시 정세로 보아 한인 대표자들이 파리평화회의에 참석할 수도 없고 설령 출석하여도 뾰족한 해결방법이 없을 것으로 인식하고 선후책을 협의할 것을 결정하였다.[10] 즉, 이승만과 정한경은 현실적으로 여행권을 받지 못할 상황에서 미국정부를 통한 단계적 독립을 달성할 수 있는 점진적 방법을 채택하였던 것이다. 그것이 국제연맹에 위임통치를 청원하는 방법이라고 생각하였던 것같다. 이승만과 정한경이 작성한 이른바 '위임통치청원'은 1919년 2월 25일로 3·1운동이 일어나기 전의 시점에서, "우리는 일본의 지배로부터 한국을 해방하기 위해 장래 한국의 완전한 독립이 보장된다는 전제하에 한국을 국제연맹의 위임통치하에 둘 것을 죽기를 각오하며 청원합니다"라고 하였다.[11] 이같은 내용은 정한경이 국민회 중앙총회에 보고한 내용을 통해 짐작해 볼 수 있다.

> 정한경 보고내 왈 "이박사 승만씨는 수일 전 퇴원하야 워싱턴에 전왕하야 출경을 주선하는 중이라. 본원도 불일에 워싱턴으로 향할 터이올시다. 전자에 건설한 바 한국을 국제연맹회(League of Nations) 관할하에 부속하야 중립국(中立國) 자격

---

8 「송헌주 → 이승만(1918. 11. 18)」, 『李承晩 東文 書翰集』中, 연세대학교 현대한국학연구소, 2009, 346쪽.
9 『신한민보』1919년 1월 16일자, 「리박사 도미」.
10 方善柱, 「李承晩과 委任統治案」, 『在美韓人의 獨立運動』, 한림대학교 아시아문화연구소, 1989, 213~214쪽.
11 方善柱, 「李承晩과 委任統治案」, 243쪽.

으로 향유케 하여 달라고 미국에 청원하면 미국은 반듯이 비난(非難)히 협조할 것이오. 만일 한국이 중립국 자격을 향유케 되면 독립은 자재기중(自在其中)이라. 차(此)는 본 대표원의 의견뿐만 아니라 워싱턴 정객의 의견이 모두 여차(如此)합니다.[12]

정한경은 국민회 중앙총회에 국제연맹에 위임통치를 청원할 것이라고 정식으로 보고를 하였다. 당시 병원에 입원치료를 받고 있던 이승만은 한국이 독립을 하는 방법으로 국제연맹의 관할하에 중립국의 위치에 두고자 하였던 것이다.[13] 한국이 국제연맹의 위임통치를 받기 위해서는 우선 미국의 협조가 필요한데 이에 대해 미국은 적극적으로 협조해 줄 것이고, 이같은 전략은 워싱턴에 있는 정객들의 의견을 참조하였다고 한다. 이에 따라 이승만과 정한경은 2월 25일 윌슨 미대통령에게 "평화회의에 참석한 연합국들로 하여금 한국을 현재의 일본지배로부터 자유롭게 하여, 앞으로 완전한 독립을 보장한다는 조건으로, 국제연맹의 위임통치아래 두는 조치를 취하도록 해주시기를 간절히 청원하는 바입니다"[14]라는 요지의 청원서를 작성하였으며, 이는 3월 3일 윌슨대통령에게 제출되었다.

그런데 3·1운동이 발발한 이후 이승만의 위임통치청원에 대한 문제가 발생하자 1919년 4월 27일자로 이승만이 현순에게 보낸 편지에 의하면, '위임통치청원서'를 정한경이 작성하였으며, 당시에는 외국인들에게 한국의 즉각적인 독립을 요구할 분위기가 아니었다고 해명하고 있다.

---

12 「대한인국민회 중앙총회 제4차 임시위원회 1919년 3월 5일 회록」, 『미주 국민회 자료집』 6, 경인문화사, 2005, 406~408쪽.
13 중국 상하이에 있는 현순은 위임통치안을 두고 이를 해명해 달라고 이승만에게 요구하였다(「이승만 → 현순(1919. 4. 27)」, 『李承晩 東文 書翰集』 上, 연세대학교 출판부, 2009, 170~171쪽).
14 方善柱, 「李承晩과 委任統治案」, 219쪽에서 재인용.

맨데토리로 언(言)하오면 제(弟)가 병원에 체류할 시에 정우한경(鄭友漢京[翰景])이 (미국-필자)대통령께와 법경(法京)에 보내는 청원서(請願書)를 지어가지고 와서 보라 하는 바, 기시(其時) 형편(形便)으로는 독립을 달라하면 세인(世人)이 비소(鼻笑)할만 하게 되었으나, 미국정부의 맨데토리로 얼마 두었다가 독립을 완전히 하겠다 하는 것이 미인(美人)의 동정도 얻을 것이오. 개구(開口)하기도 교이(較易)하다 하기로 제(弟) 역(亦) 기연(其然)히 사(思)하고 서명(署名)하여 일장(一章)을 미통령(美統領)께 송교(送交)러니 통령(統領) 발행(發行) 후(后)에서 도백궁(書到白宮)이라 하여 회래(回來)하였고 평화회에 소거서(所去書)는 미국무부(美國務部)로 달(達)하여 부송(付送)하였으나 차(此)가 법경에 갔는지도 미상(未詳)이오.[15]

그러나 문제는 이승만과 정한경은 자신들이 작성한 '위임통치청원서'가 국민회 중앙총회에서 승인이 되었다고 주장한다는 점이다. 중앙총회로부터 승인을 받았는지 안받았는지는 매우 중요한 문제이다. 왜냐하면 '위임통치청원'과 같은 중대한 문제가 승인되었다면 당시에 커다란 논란을 일으켰을 것이 분명하기 때문이다.[16] 정한경은 분명히 위임통치안에 대해 중앙총회장 안창호에게 보고를 했으며, 국민회 임원회의 승인을 받은 공함을 받았다고 하였다.[17]

그러면 이승만과 정한경은 왜 이같은 위임통치청원을 구상하고 실천에 옮겼던 것인가. 당시 국제정세로 보아 이승만과 정한경은 민족자결주의 원칙이 한국에는 적용되기 어려울 것이라는 점이 보다 분명해졌기 때문에 국제

---

15 「이승만 → 현순(1919. 4. 27)」, 『李承晩 東文 書翰集』上, 170~171쪽.
16 이승만·정한경의 '위임통치청원' 제출에 대한인국민회 중앙총회와 안창호와의 관련성에 대해서는, 필자의 다음 논문이 있다. 김도형, 「안창호의 위임통치청원 관련자료 검토」, 『한국근현대사연구』 46, 2014.
17 「정한경 → 현순(1921. 5. 28)」, 『우남이승만문서』 8, 중앙일보사·연세대학교 현대한국학연구소, 1998, 317쪽.

연맹에 '위임통치론'을 들고 나왔던 것이다. 이승만과 정한경이 제출한 「위임독립청원서」의 요지는 한국을 제3국의 보호하에 두고 국제연맹이 한국자치의 기운이 성숙되었다고 인정될 때 나라를 독립시켜 달라는 것이었다. 이같은 위임통치 청원에 대해 미주 한인사회는 그것에 동조하는 쪽과 그에 반대하는 쪽으로 나뉘어 맹렬히 대립되었으며, 하와이에서도 즉각적인 무장독립론을 주장하던 박용만계에서는 이에 극력하게 반발하였다.[18] 그러던 가운데 일본 유학생들이 독립선언을 하고, 3·1독립선언 소식이 전해지면서 위임통치론과 자치론은 자취를 감추었다.

이같이 시국이 급박하게 전개되는 와중에서도 북미지방총회에서는 1918년 12월 9일 제10차 총선거를 실시하여 이대위가 총회장에, 임정구가 부회장에 당선되었다.[19] 또한 하와이지방총회에서도 1919년 2월 총부회장과 새 임원을 선출하였는데, 총회장에 이종관, 부회장에 손창희가 선출되었다.[20]

---

18 정두옥의 글에 따르면, "이 소문을 들은 즉시로 독립단 기관지 태평양시사는 즉시 리승만 씨에게 위임통치안을 소환하라는 통고를 역권하였으나, 종시 불청함으로 조용하 씨는 태평양시사에 주필로서 탄고문을 발포하여 일반국민에게 발포하였던 것이다"(鄭斗玉, 「在美韓族獨立運動實記」, 『한국학연구』 3 별집, 인하대학교 한국학연구소, 1991 재수록, 68쪽).
19 『신한민보』 1918년 12월 12일자, 「총선거 보고」.
20 『신한민보』 1919년 2월 13일자, 「하와이 총회 명년도 총부회장과 새 임원」.

3   3·1운동과 재미한인의 대응

        3·1운동 발발 전인 1919년 1월 말 미주지역에도 광무황제가 승하하였다는 소식이 전해졌다. 하와이 국민회의 기관지 『국민보』 1919년 1월 25일자 1면에, 하와이 현지의 일본인 신문 『니퓨지지(日布時事)』 1월 22일자 기사를 인용하여 보도하였다. 그리고 샌프란시스코에 발간되는 『신한민보』 1월 30일자에도 「전 광무황제는 1월 20일에 붕어」라 하여 황제의 어진과 함께 대서특필하였다.

    광무황제의 승하소식과 더불어 일본 도쿄[東京]의 조선기독교회관 강당에서 한국 유학생들이 「독립선언」을 했다는 소식이 미국 본토와 하와이 한인사회에 전해졌다. 미주한인들이 이러한 소식을 알 수 있었던 것은 2월 17일경 샌프란시스코에 있는 일본신문을 통해서였다. 이 신문의 기사내용을 보도한 『신한민보』에 따르면 일본유학생 9명이 일본 경찰에 피체되었으며, 이들이 피체된 자세한 이유는 알 수 없지만 독립선언과 관련되어 있다는 것이었다.[21] 그리고 하와이의 『국민보』 2월 12일자에는 도쿄에서 유학생 60여 명이 독립운동과 관련하여 경찰에 체포되었다는 기사가 실렸다.[22] 이러한 일련의 소식이 미주 한인사회에 전파되자 미주의 한인들은 1919년에 들어 국제정세와 관련하여 시국이 긴박하게 돌아가고 있음을 짐작하고 이에 상응하는 무엇인가를 준비해야 한다는 분위기가 형성되어 갔다. 이는 하와이에 있던 박용만의 움직임을 통해 알 수 있다. 국외 독립운동세력과 긴밀히 연락을 취하고 있던 박용만은 3·1운동의 소식이 하와이에 전파되기 이전인

---

21   『신한민보』 1919년 2월 27일자, 「일본에 한국 유학생이 무슨죄로 피착!」.
22   『국민보』 1919년 2월 22일자, 「동경서 조선 유학생이 피착」.

1919년 3월 3일 오아후·하와이·카우아이섬의 지지자들을 호놀룰루 한인 자유교회에 모아 '대조선독립단 하와이 지부'를 결성하였다.²³ 박용만이 굳이 3월 3일에 대조선독립단을 창립한 것은 국내에서 3·1운동이 발발한 것과 일정한 관계가 있었다.²⁴

3·1운동 이전 하와이에서 일어나고 있던 독립운동의 기운과는 달리 미국 본토에서는 암담한 소식이 전해졌다. 샌프란시스코에서 발행되는 『일미보』 3월 3일자 논설에 "윌슨대통령의 민족자결주의는 세계 각 국민에게 다 적용하자 함이 아니오. … 조선인의 독립운동과 같은 것은 전혀히 오해라"²⁵는 기사가 그것이다. 민족자결주의 원칙에 한국이 적용되지 않는다는 소식이 한인사회에 전해지자 이에 기대를 걸었던 한인들의 실망감은 형용할 수 없었다. 이러한 우울한 소식에도 불구하고 한인들은 광무황제가 승하하고, 도쿄 유학생들이 독립을 선언하였다는 소식을 접하였던 것이다. 이런 분위기 속에서 국내에서 독립을 선언하였다는 소식이 미주 한인사회에 전해졌다. 3·1운동이 일어나기 직전 중국 상하이로 탈출하였던 현순이 1919년 3월 9일 오전 12시 45분에 보낸 국민회 총회장 안창호 앞으로 다음과 같은 내용의 영문전보를 보냈다.²⁶

To Anchangho Korean, San Francisco

Korean National Independence Union Composed of three million people

---

23 『신한민보』 1919년 5월 1일자, 「대조선독립단의 예식 거행」; 『국민보』 1919년 3월 10일자, 「박용만은 왜놈의 말을 이용하야 민심을 선동」이라는 기사에는 박용만이 '대한독립단'을 조직하여 국민회에 반대하였다고 비난하였다.
24 대조선독립단에 대해서는 김도형, 「하와이 대조선독립단의 조직과 활동」, 『한국독립운동사연구』 37, 2010 참조.
25 『신한민보』 1919년 3월 6일자, 「일미보 기자는 색안경을 꼈는가」.
26 중국 상하이에서 현순이 보낸 전보의 원본은 로스앤젤레스 대한인국민회 자료에 포함되어 있고, 현재 독립기념관에 소장되어 있다.

including three thousand Christian Churches five thousand churches of Heaven Worshipers all colleges schools other bodies declared independence of Korea one PM March first at Seoul Pyengyang other cities we sent delegate representatives Sonpyunghi Pheesangchai Kilsunchu. Where Dr. Rhee anser.

Hyunsoon special Representative Shanghai.

현순이 보낸 3·1독립선언 소식은 『신한민보』 3월 13일자 기사를 통해 한인사회 전체로 전파되었는데, 그 내용은 다음과 같다.[27]

3월 1일 발 전보에 가라대 독립단은 예수교회 3천과 천도교회 5천과 각 대학교와 모든 학교들과 및 각 단체들이 일어나 조직한 자라. 독립단은 3월 1일 하오 1시에 서울, 평양과 및 그밖에 각 도시에서 대한독립을 선언하고 대표자는 손병희, 이상재, 길선주 3씨로 파송하였오, 이승만박사는 어디 있오. 회전하시오.
상해특별대표원 현순.

현순은 샌프란시스코 국민회 중앙총회장에서 전보를 보내고, 또 3월 9일 오전 12시 53분에 하와이지방 총회장에게도 같은 내용의 전보를 보냈다.[28] 현순이 보낸 3·1운동 발발 전보는 하와이에 3월 9일 새벽 12시 53분에 도착하였고, 오전 10시 국민보 기자 승룡환이 전보를 받아서 총회장 이종관에서 전화로 알렸다. 현순이 하와이 국민회에 보낸 영문전보 내용은, 『국민보』

---

27 『신한민보』 1919년 3월 13일자 호외, 「대한독립선언」.
28 중국 상하이에서 현순이 하와이 국민회로 보낸 영문전보 원본은, 미국 UCLA대학교 Charles Lee Young Research Library의 「진희섭 컬렉션(Chin Hei Sop, Archival Collection)」에 소장되어 있다.

3월 12일자에 다음과 같이 번역되어 실렸다.[29]

> 대한국에 300만 애국당은 3,000곳 예수교회와 5,000곳 종교단체와 전국에 있는 소·중·대학교 급 각종 단체들이 대동 단결한 후 3월 1일 하오 1시에 평양, 서울, 기타 각도, 각읍, 각시에서 대한독립을 광포하옵고, 이미 손병희, 길선주, 이상재 3인으로 국민대표를 정하였으니, 하처에 이박사가 있는지 회답을 요구.
> **상해한인대표원 현순.**

중국 상하이의 현순으로부터 3·1독립선언의 소식이 미주에 전해진 3월 9일은 마침 일요일이기 때문에 대부분의 한인들은 한인교회에서 이 소식을 접하였다. 현순을 통해 독립선언의 소식을 접한 미주한인들은 마른하늘에 굴러 떨어지는 벽력같았으며, 미친 듯 만세를 부르는 소리가 천지를 진동시켰다.[30] 3·1운동의 소식을 접한 미주 한인사회에서는 "3월 9일 오늘에 와서 3개월이 몽상이 일조에 사실을 이루었다. 장쾌하여도 이렇게 장쾌하고 신기하여도 이렇게 신기한 일은 진실로 무엇에 비할데 없으니 기쁨에 겨운 우리는 눈물을 뿌렸노라"고 하였다.[31] 하와이에서도 전보를 받은 이후 국민공동회를 소집하였고, 호놀룰루에 있는 국민회 회원 500여 명과 학생들 100여 명이 모였다.[32] 국내에서 독립을 선언했다는 소식을 들은 '비하생'이라는 필명의 한 논자는 「독립선언 후의 나의 감상」이라는 글에서, 조국에서 '독립선언'하였다는 너무나 심한 충격으로 인해 그것이 현실로 다가오지 않았던 것이다.

---

29 『국민보』 1919년 3월 12일자, 「大韓獨立 廣布」.
30 『신한민보』 1919년 3월 13일 호외, 「중앙총회의 독립선언 전보를 받은 후 활동」.
31 『신한민보』 1919년 3월 13일 호외, 「대한독립을 선언하고」.
32 『국민보』 1919년 3월 12일자, 「국민공동회를 소집」.

나의 한국 독립선언의 첫 소식을 듣기는 3월 12일이었다. 듣던 당시의 감상은 어떠하다고 말할 수 없다. 기뻐하여야 할지 슬퍼하여야 할지 모르고, 다만 가슴이 먹먹하여 꿈이냐 생시냐 하고 의심할 뿐이었었다. 두 귀를 기울이고 더 자세한 소문 오기만을 기다렸다. 신문이란 동서양 것을 물론하고 첫 머리부터 끝까지 뒤지기를 시작하였다.[33]

위의 글 필자인 '비하생'과 같이 대부분의 미주지역 한인들은 거의 비슷한 느낌을 가졌을 것이라고 판단된다.

3·1운동의 소식이 하와이 한인사회에도 전파되자 국민회 하와이 지방총회에서도 즉각적인 반응을 보였다. 총회장 이종관은 자신의 명의로 중앙총회장 안창호에게 외교의 전권을 맡긴다고 하였다.[34] 3·1운동 소식을 접한 후 국민회 총회장 안창호는 곧바로 사무실에 나아가 임시의장 백일규와 대한독립선언 후원의 방침에 대하여 논의하였으며, 상하이의 특별대표원 현순, 이승만·정한경 등에게도 전보를 보냈다. 특히, 안창호는 서재필에게 전보를 보내 국내에서 독립선언을 한 것을 기회로 그가 한인사회에 나와 도와줄 것을 요청하였고,[35] 북미 각지 및 멕시코 각 지방회에도 전보를 보내어 독립선언의 소식을 전하였다. 그리고 3·1운동을 미주 전 지역에 널리 알리기 위해 국민회의 기관지 『신한민보』는 주보를 간일로 간행하게 되었다.

3·1운동의 소식이 전해진 이후 안창호를 중심으로 한 국민회 중앙총회는 3월 9일 하오 7시 30분경 한인감리교회에서 중앙총회 임시협의회를 개최하였으며, 3·1운동 이후 국민회가 시급히 해야 할 안건 6가지를 선정하여 통

---

33 『신한민보』 1919년 4월 22일자, 「독립 선언 후에 나의 감상」.
34 『국민보』 1919년 3월 12일자, 「국민총회 위원회를 소집」; 『신한민보』 1919년 3월 13일 호외, 「하와이 총회에서 보낸 전보」.
35 「독립선언의 포고(1919. 3. 9)」, 『도산안창호전집』 5, 2000, 898쪽.

과시켰다. 그 가운데 중요한 세 가지 안건은 다음과 같다.³⁶

1. 평화회 파견 대표자 이승만, 정한경 양씨가 여행권을 얻지 못하는 경우에는 서재필 박사를 파견할 일.
2. 미국 각 종교계와 및 각 단체에 교섭하여 대한 독립에 대한 동정을 얻을 것.
3. 전항에 기록한 교섭위원은 윤병구, 정인과 양씨로 선정한 일.

국민회 중앙총회는 3·1운동 이후 독립운동의 중요한 수단으로 파리강화회의를 지목하였으며, 이에 파견할 한인의 대표로 이승만과 정한경을 선정하였다. 또 대표단의 여권을 발급받기 위해 노력할 것이며, 이것이 실현되지 않을 경우 서재필을 대신 파견할 것을 결정하였다. 이와 같이 미본토에서는 국내 3·1운동에 대한 후속 대책을 논의하고 있는 가운데, 하와이에서도 국민회가 중심이 되어 「국민공동회」를 소집하였는데 하와이 한인들이 순식간에 600여 명이 모였다.³⁷

한편, 국내에서 독립선언이라는 커다란 사건이 일어났다는 것을 미주지역에 알리기 위하여 미국 유력 신문에 글을 기고하기도 하였다. 국민회 중앙총회가 있었던 샌프란시스코의 대표적인 신문인 『샌프란시스코 엑사이머(San Francisco Examiner)』와 『샌프란시스코 클로니클(San Francisco Chronicle)』 등에 상하이에서 온 전보의 초록을 보내어 게재해 줄 것을 요구하였다. 그리고 하와이에서도 그곳에 대표적인 영문보인 『호놀룰루 스타 뷰레틴(Honolulu Star Bulletin)』과 『패시픽 커머셜 어드버타이저(The Pacific Commercial Advertiser)』에 3·1운동의 소식을 기고하였다. 미국 유력신문에 3·1운동에 관한 소식이 전해졌음에도 불구하고 미본토에 거주하던 일

---

36 『신한민보』 1919년 3월 13일자 호외, 「大韓獨立宣言」.
37 『The Pacific Commercial Advertiser』 1919년 3월 10일자, 「Koreans Assert Independence」.

부 한인들은 아직 그 소식을 접하지 못했다. 미본토의 신문들이 한국에서 3·1운동을 보도하기 시작한 것은 3월 11일 연합통신을 통하여 전하여 졌고, 『뉴욕 타임즈』가 3월 13일자로 보도하면서 널리 알려지게 되었다.[38] 따라서 미주지역에서 늦어도 3월 14일 정도면 대부분의 한인들이 3·1운동의 소식을 전해들을 수가 있었을 것으로 판단된다.

　미주의 한인들은 국내에서 일어나고 있는 3·1운동의 실상을 비교적 자세히 알았기 때문에 이에 대한 대책을 마련하기에 부심하게 되었으며, 한인단체와 한인들의 움직임은 분주해지기 시작하였다. 3·1운동의 소식이 전해진 후 샌프란시스코에 있는 한인들은 일과가 끝나는 오후 7시 이후 국민회관이나 예배당에 모여 후속대책을 협의하였으며, 하와이에도 매일 오후 5시 이후 국민회관 혹은 교회 등지에서 회집하고 대책을 마련하고자 하였던 것이다.

　3·1운동의 소식을 접한 이후 국민회 중앙총회는 우선 세 가지의 행동목표를 설정하고 이에 대응하기로 하였다. 첫째 파리강화회의 대표 파견문제, 둘째 3·1운동에 대한 미국민과 미국정부에 대한 외교, 셋째 독립후원을 위한 재정을 마련하는 일이었다. 이 세 가지 문제는 국민회가 단독으로 행할 수 있는 것이 아니었고, 미주 전체 한인들의 단결과 응원이 필요하였다. 따라서 중앙총회는 매일같이 회의를 열고 이에 대한 대책을 마련하였던 것이다. 그런 가운데 가장 쉽고 빠르게 할 수 있는 것은 파리강화회의에 대표자 파견과 외교활동에 필요한 자금을 마련하는 일이었다. 중앙총회에서는 3월 29일 총회장 안창호 명의로 평화회의에 참석한 윌슨대통령에게 "우리는 각하로 더불어 민족자결주의를 믿으며, 국제연맹 활동을 믿으며 큰 나라나 적은 나라가 동등권을 가지는 것을 믿나이다"[39]라는 간절한 전보를 보내는 등 한국인 대표가 파리강화회의에 참석할 수 있게 해달라고 요청하였다. 또한 국민회

38　『New York Times』 1919년 3월 13일자, 「Koreans Declare for Independence」.
39　『신한민보』 1919년 4월 3일자, 「중앙총회가 각국평화대사에게 전보」.

중앙총회에서는 4월 5일 파리강화회의의 미국, 영국, 프랑스, 이탈리아 대사들에게 3월 1일에 반포한 「독립선언서」의 영문 번역본을 보냈다.[40] 이와 더불어 국민회 중앙총회는 각 지방회에 연락하여 우선 시급한 자금 7만 6천 달러를 모금하기로 하였다.[41]

위에 언급한 세 가지 과제 가운데 북미, 하와이, 멕시코의 한인들의 가장 큰 책임은 재정을 공급하는 데 있다는 것을 인식하게 되었던 것이다. 일례로 국내에서의 3·1운동 발발 소식은 들은 다음날인 3월 10일 하와이의 한인들은 그 대책을 마련하기 위해 다시 국민회 총회관에 모였는데, 어떤 학생은 통곡하고 어떤 부인은 금지환을 바쳤다.[42] 독립선언의 소식이 전해진 이후, 미주의 한인들은 가장 먼저 독립자금을 모집하기로 하였던 것이다. 이와 같이 재미한인들은 독립선언에 고무되어 각종 집회를 열렸고, 특히 경제적 원조가 가장 시급한 문제이며 미주에 있는 자신들이 실천할 수 있는 독립운동의 후원방법이라고 인식하고 있었던 것이다.

이같은 인식을 구체적인 실천에 옮긴 것이 3월 13일에 개최된 국민회 중앙총회 임시위원회의 결정이었다. 중앙총회장 안창호는 "우리가 금전으로 싸우는 것이 생명으로 싸우는 것만치 요긴하다. 매삭 매주일 수입에서 20분의 1을 거두어 들이게 합시다. 실시하려면 4월부터 시작하게 되리니 이 달에는 미주·멕시코·하와이 재류동포 전체가 10원 이상의 특별의연을 내게 합시다"라고 호소하였다.[43] 중앙총회에서는 이번의 재정 확보책을 '독립의연'이라고 이름하고, 중앙총회에서 직접 북미·하와이·멕시코 각 지방에 출장소를 두고 3월까지 매명 10달러의 의연금을 거두게 하였다. 이와 함께 4월부터는 매삭·매주일 혹 1년 수입의 20분의 1을 내게 하는 '21례'를 실시하

---

40 『신한민보』 1919년 4월 10일자, 「중앙총회에서 4대국 정부에 발한 공첩」.
41 『신한민보』 1919년 3월 22일자, 「중앙총회보」.
42 『국민보』 1919년 3월 12일자, 「국민공동회를 소집」.
43 『신한민보』 1919년 3월 20일자, 「대한독립선언에 대한 중앙총회장 안창호의 주장」.

기로 하였던 것이다.⁴⁴ 이처럼 국민회는 3·1운동이 일어나기 전인 1918년 11월 24일부터 1919년 12월 15일까지 88,013.12달러의 독립운동 자금을 거두었다.⁴⁵

또한 3·1운동의 소식이 전해진 이후 재미한인들의 두 번째 행동목표는 미국정부와 미국민에게 한국독립의 정당성과 3·1운동에 대한 국제적 동정을 얻는데 있었다. 이 때문에 윌슨대통령에게 파리강화회의에 한국대표가 참가할 수 있게 해 달라고 하였으며, 국제연맹에서 한국문제가 토론주제가 되도록 해달라고 탄원하는 등 3·1운동에 대한 국제적 동정을 얻고자 하였다. 이와 더불어 3·1 독립만세 시위에 대해 무자비한 탄압을 행하여 한국민의 귀중한 인명을 살해하였다는 등 일제의 식민통치의 부당성과 3·1운동에 대한 무자비한 폭력의 행사 등을 집중적으로 알리려고 하였던 것이다. 이같은 목적을 두고 3·1운동 소식을 접한 초반부터 중앙총회장 안창호는 대미국 외교를 생각하고 서재필에게 도움을 적극적으로 원하였던 것이다.⁴⁶

3·1운동기 대미외교는 주로 서재필과 이승만·정한경에 의해 추진되었다. 상하이에서 현순의 전보를 받은 안창호는 바로 이승만과 서재필에게 전보를 보내 소식을 전하고 도움을 청하였다. 전보를 받은 서재필·이승만·정한경은 외교적 활동이 필요함을 느끼고 바로 뉴욕에 큰 연회를 열고 각국 신문 기자를 초대하여 연설회를 개최하려고 하였다.⁴⁷ 그러나 이들 3인은 국내

44 『신한민보』 1919년 3월 22일자, 「중앙총회 포고서」.
45 『신한민보』 1919년 12월 15일자, 「대한국민회중앙총회 재정결산서 제1」. 또한 「대한국민회 중앙총회 독립운동 의연록」에는 1918년 11월 24일부터 1919년 12월 15일까지 대표의연, 독립의연, 21례, 애국금, 공채표 5가지 종류의 재정의 총수입금이 88,013.50달러였다고 한다 (도산안창호선생기념사업회·도산학회, 「대한국민회 중앙총회 독립운동 의연록」, 『미주 국민회 사료집』3, 경인문화사, 2005, 361쪽).
46 『신한민보』 1919년 3월 13일자 호외, 「大韓獨立宣言」. "서재필 박사에게는 공전을 발하여 이번 일에나와 도움기를 요구하고"라고 하여, 국민회측에서는 3·1운동 발발과 더불어 대미외교에 대해 서재필의 역할을 크게 기대하고 있었다.
47 『신한민보』 1919년 3월 29일자, 「리박사가 중앙총회장 안창호씨에게」.

에서의 3·1독립선언이 마치 미국의 독립선언을 연상시킴으로 이를 보다 극적으로 연출하기로 하였던 것이다. 이리하여 이들이 결정한 것이 독립관이 있는 필라델피아에서 미국의 독립선언과 같은 방식으로 '대한인총대표회의'를 개최하는 것이었다. 이승만 등 3명은 미국의 옛 수도인 필라델피아에서 미국의 각 사업계, 교회계, 교육계, 신문잡지계 등 대표될만한 인사들을 초청하여 성대한 회의를 개최하고자 하였던 것이다.[48]

이 회의는 일반적으로 '제1차 한인회의(the First Korean Congress)'로 불리는데, 1919년 4월 14일부터 16일까지 3일간 필라델피아에서 개최되었다. 회의는 3일 동안 매일 오전과 오후로 나뉘어 진행되어 여러 결의문을 채택되었는데, 「대한민국임시정부에 보내는 메시지」, 「미국에의 호소문」, 「한국인의 목표와 열망」, 일본의 지각있는 국민들에게」, 「미국정부와 파리평화회의에 보내는 청원서」 등이 그것이다. 그 가운데 「한국인의 목표와 열망」은 총10개조로 구성되었는데 독립 후의 국가건설에 대한 구상이 담겨 있다.[49]

다음으로 세 번째 행동목표는 독립운동을 지원하기 위한 재정을 마련하는 것이었다. 그러나 이같은 과제를 실행하기 위해서는 무엇보다도 미주지역 한인들의 인구를 파악하여 등록할 필요가 있었다. 인구가 정확히 등록되어야만 이를 토대로 독립운동 자금을 수합할 수 있기 때문이었다. 국민회는 1909년 2월에 창립되어 '무형의 정부'라고 자부하였고 그같은 역할을 수행하였지만, 10주년이 되는 1919년까지 관하의 인구조차도 정확히 파악하고 있지 못하였던 것이다. 따라서 국민회에서는 중앙총회 차원에서 이같은 문제를 언젠가는 해결해야만 할 과제였기 때문에, 3·1운동이 발발하면서 이것을 시급히 해결하지 않으면 안되게 되었다. 왜냐하면 '독립의연금'과 '21례'를 등 각종 독립운동 후원금을 거두기 위해서는 절대적으로 인구파악

---

48 『신한민보』 1919년 4월 3일자, 「대한인총대표회의 청첩」.
49 고정휴, 『이승만과 독립운동』, 연세대학교 출판부, 2004, 325~333쪽 참조.

이 필요하였기 때문이었다.

국민회의 인구등록에 대해 정식으로 거론된 것은 1919년 4월 21일에 개최된 중앙총회 위원회에서였다. 이 회의에서 "인구등록을 구체적으로 실시하기 위하여 등록에 대한 제반서류를 출판하고 그 출판물이 필역되는대로 등록위원 1인을 각 지방에 파견"하기로 하고 김성권을 등록위원으로 임명하였으며,[50] 국민회 중앙총회 위원회에서는 인구등록과 21례 수납을 위해 사무원 1명을 채용하기로 하였다.[51] 중앙총회는 5월 24일자로 「인구등록규정」을 공고 제2호로 공포하고 중앙에 등록총부를 두고 각 지방에는 파출소를 설치하였다.[52] 인구등록에 매진한 결과 6월 10일까지 북미지방에서만 약 950여 명이 등록할 수 있었다.[53] 원래 인구등록사업은 1919년 7월 5일까지 마무리지려고 김성권을 북미 각 지역에 순행시키는 등 인구등록을 권장하였다. 하지만 광활한 미주지역 전체를 단기간에 등록시키는 것은 불가능하였기 때문에 북미주는 8월 5일까지, 멕시코는 9월 5일까지, 하와이는 특파위원에게 위임하여 인구등록을 하게 하였다.[54]

하지만 인구등록사업이 국민회 중앙총회 관하의 모든 한인들을 대상으로 전체가 완전히 등록하였는지는 알 수 없지만 현재 남아있는 「인구등록표」를 볼 때 북미와 멕시코에서는 대체로 인구등록이 이루어진 것같다.[55] 「인구등록표」는 1919년 당시 국민회에 등록된 회원들 각 개인의 나이, 가족관계, 원적지, 직업, 거주지 등의 신상명세가 구체적으로 기록되어 있다. 따라서 이를

---

50 『신한민보』 1919년 4월 24일자, 「중앙총회보」; 도산안창호선생기념사업회·도산학회, 『미주국민회 자료집』 6, 경인문화사, 2005, 533쪽.
51 도산안창호선생기념사업회·도산학회, 『미주 국민회 자료집』 6, 경인문화사, 2005, 53쪽.
52 『신한민보』 1919년 5월 24일자, 「중앙총회 공고」.
53 『신한민보』 1919년 6월 14일자, 「중총등록에 대하여」.
54 『신한민보』 1919년 7월 5일지, 「중앙총회 광고」.
55 도산안창호선생기념사업회·도산학회, 「재미동포인구등록」, 『미주 국민회 자료집』 4, 경인문화사, 2005.

분석함으로써 3·1운동 당시 미주지역 한인들의 구체적인 생활상을 살필 수 있는 가장 기초적인 자료라고 판단된다.[56]

---

[56] 필자는 북미지역 「재미한인인구등록표」에 대해서는 분석하지 못하였지만, 멕시코 대한인국민회의 「재묵동포인구등록표」 성인남자 386명, 성인여자 126명, 여자아이 115명의 재묵한인에 대해 분석한 바 있다(김도형, 「멕시코 이민과 독립운동」, 『멕시코 移民 100년의 回想』, 인천광역시 역사자료관 역사문화연구실, 2005).

4 3·1운동과 미주 한인의 독립운동

1) 일본상품 배척운동

3·1운동의 소식을 전해들은 미주지역 한인들은 자신들이 할 수 있는 가능한 방법으로 우선 재정모금과 외교활동을 전개하고자 하였다. 직접적인 독립투쟁을 할 수 없었던 미주지역 한인들에게 재정모금, 외교활동 못지않게 중요한 것은 미주 현지에서의 배일운동이었다. 미주지역에서의 실천적인 독립운동의 시작은 재미 일본인과의 단절과 일본상품에 대한 배척운동에서부터 시작될 수밖에 없었다.

미주 한인들에게 있어 독립을 선언한 것은 일본과의 독립전쟁을 선언한 것과 같은 의미를 지니고 있었다. 따라서 전쟁이 선언되면 반듯이 국교의 단절이 있고 통상이 금지되기 마련이기 때문에 미주한인 개개인이 일본인과 단절하고, 개인간의 통상을 끊는 것은 당연하다고 인식하였던 것이다.[57] 또한 미국이 독립전쟁 당시 영국의 상품을 배척한 것과 같이 미주의 한인들도 일본상품에 대해 보이코트를 하여야 한다는 것이다. 하지만 이같은 보이코트는 미주 한인들에게 있어 생활상의 문제와 직결되어 있었기 때문에 쉽지 않은 것이었다. 왜냐하면 미주지역의 많은 한인들은 재미 일본인과 함께 생활을 영위하고 있었기 때문이었다.

그럼에도 불구하고 미주지역 한인들은 생활 속에서 실천할 수 있는 배일운동으로 '일(왜)화배척운동'을 전개하였던 것이다. 3·1운동이 일어난 이

---

57 『신한민보』 1919년 4월 15일자, 「일화배척과 동맹 파공」.

후 국민회 중앙총회에서는 일화배척과 일본인과의 교제를 절단할 것을 지시하였는데, 4월 21일에 개최된 중앙총회 위원회에서 국민총회 관하 전체 동포로 하여금 일본물화를 배척케 할 것을 지시하였다.[58] 그리고 국민회에서는 이런 사항을 각 지방회에 권고하는 훈시를 내렸다.[59] 이후 미본토, 멕시코, 하와이에 거주하는 한국인들은 일본이 한국의 독립을 인정할 때까지 일본상품에 대한 보이코트를 결의하였다.[60] "왜놈의 물건 한푼어치라도 쓰면 이는 다 역적"이라고 하면서 강력하게 보이코트를 하였던 것이다.[61] 특히 하와이에서 한인들은 일본인들과 같은 농장에서 일을 하고 있었고 일본제 식료품을 사먹고 있었다. 그렇기 때문에 일본인과의 관계 단절이나 일본상품에 대한 보이코트는 쉬운 문제가 아니었다. 그럼에도 불구하고 하와이 한인들은 국민회의 특별한 지시가 없었음에도 불구하고 일본상품에 대한 불매운동이 자연적으로 일어나고 있었다.[62]

국민회에서 구체적인 배일운동의 실천 방향으로는 ① 매매, ② 노동관계, ③ 사업동사, ④ 친밀교제 등을 금지하라고 하였다.[63] 지방회에서도 지방 차원에서 일화배척과 일본인과 교제를 단절하는 운동이 벌어졌다. 그럼에도 불구하고 일화배척과 일본인과의 단절은 쉽지 않았다. 위에 잠시 설명한 바와 같이 미주지역 한인들 가운데 많은 사람들이 일본인과의 교제 및 사업상의 관계를 맺고 있었으며, 일본상품을 주식으로 먹고 있었다. 미본토의 서부

---

58 『미주 국민회 자료집』 6, 경인문화사, 2005, 533쪽.
59 「북미지방총회장 훈시」, 『미주 국민회 자료집』 12, 경인문화사, 2005, 178~179쪽.
60 『The Pacific Commercial Advertiser』 1919년 4월 23일자, 「Koreans decide to boycott Japanese goods to force recognition」.
61 『신한민보』 1919년 4월 17일자, 「미국의 8년 독립전쟁을 생각합시다」.
62 "하와이 호놀룰루 한인 및 하와이인 약 6천 명이 일본물화를 배척하기로 결의하였다더라"(『신한민보』 1919년 5월 1일자, 「하와이 6천 동포의 왜화 배척」) 및 "當市 조선인의 조선독립운동으로써 그것에 의해 일절 일본인 상점 및 일본상품에 대해 보이코트를 시작하였다"(『日布時事』 1919년 4월 25일자, 「鮮人のボイコット何處迄影響する」).
63 『신한민보』 1919년 4월 26일자, 「공문조목」.

지역에는 일본인들이 경영하는 농장에서 노동을 하는 한인 노동자들이 꽤 많았으며, 일본인이 경영하는 여관에서 장기 투숙하며 노동을 하는 한인들도 상당수 있었다. 그리고 하와이에는 일본인의 식품점에서 간장 등의 생활필수품을 구입하기 때문에 일화를 배척하는 것은 말만큼 쉽지 않은 형편이었다. 이에 따라 국민회 등 한인단체에서는 강력하게 일화배척운동을 전개하기 위해 노력을 하였는데, 다뉴바지방회에서는 일화배척에 대한 규칙을 정하고 경찰원으로 하여금 이를 단속하게 하는 등 강력한 조치를 취하기도 하였다.[64]

또한 3·1운동과 더불어 미주의 한인들은 국내의 독립운동을 후원하기 위한 생활상의 각 가지 방법을 강구하였다. 국민회 중앙총회에서는 독립선언을 기념하고 자랑스런 한국인임을 표시하기 위해 패표(button)를 제작하여 동포들에게 배포하였다. 이 패표는 옷깃에 차는 것으로 바람에 날리는 태극기와 미국 성조기를 교차하게 만들었으며, 독립을 선언한 3월 1일과 건국기원의 단년(檀年)을 새겨 넣었다.[65] 이와 더불어 「독립선언서」 원문이 미주에 전달되면서 원문 그대로 출판하여 팔아 독립운동 후원금으로 사용하고자 하였다. 국민회 중앙총회에서는 국한문으로 된 「독립선언서」 원문을 출판하여 25센트에 판매하고 있었다.[66] 대한부인구제회에서는 독립운동을 지원하기 위해 국내에서 선포된 「독립선언서」를 다시 인쇄하여 그 사본을 판매하여 독립운동자금으로 지원하였다.

---

64 『신한민보』 1919년 6월 10일자, 「다뉴바 대한공화국민의 엄죽한 자치제도」.
65 『신한민보』 1919년 5월 22일자, 「중앙총회 광고」.
66 『신한민보』 1919년 5월 22일자, 「중앙총회 광고」.

2) 3·1운동 후원 단체의 결성

3·1운동의 소식이 미주지역에 전해지면서 한인을 대표하는 단체인 대한인국민회 산하에 각종 단체들이 새롭게 조직되어 독립운동을 후원하고자 하였다. 그같은 단체들 가운데 가장 대표적인 것이 청년혈성단(靑年血誠團)이다. 청년혈성단은 3·1운동이 발발하면서 1919년 5월 미주에서 독립운동을 하기 위해 결성된 단체로서 그 목적은 "국혼이 있는 충의 용감의 열혈남녀를 단합하여 우리민족의 독립을 광복함에 혈성을 다하기로 목적함"이라고 하였다.[67] 청년혈성단에서 3대 강령으로 ① 본단은 새로 건설된 우리 공화정부를 위하여 군사적 특별공헌이 있을 일, ② 본단은 군사상 필요한 학술과 및 기예를 수련 학득할 일, ③ 본단은 단결의 정신과 충무적 본성을 함양하여 우리민족의 정기를 발휘할 일 강령을 정하였다.[68] 이로 보아 혈성단의 사업은 크게 임시정부를 위한 군사적 활동을 하기 위한 조직으로 구성되었다는 것을 알 수 있다. 그리고 이 단체의 기관은 임원부와 의사부를 두고, 구성원은 김정진(김호), 이용근, 이용선, 이초 등 청년들로서 결성되었는데 창립된 지 일주일만에 단원이 50여 명이 될 정도로 그 호응이 대단하였다.[69] 이에 따라 국민회 중앙총회에서는 청년혈성단의 규칙을 조사하게 하기 위해 검열위원을 파견하는 등 상당한 관심을 가졌고,[70] 그후 7월 31일 정식으로 인허장을 발급하였다.[71]

한편, 국내에서 3·1운동이 일어나면서 일제의 탄압으로 희생자가 속출하면서 이에 대한 후원과 구원을 위한 단체가 조직되었다. 하와이에서는 '대

---

67 「대한인국민회 청년혈성단 규약」; 『신한민보』 1919년 5월 31일자, 「청년혈성단 취지서」.
68 「대한인국민회 청년혈성단 규약」 제1장 총칙.
69 『신한민보』 1919년 6월 7일자, 「청년혈성단의 대진흥」.
70 도산안창호선생기념사업회·도산학회, 『미주 국민회 자료집』 6, 경인문화사, 2005, 537쪽.
71 『신한민보』 1919년 8월 2일자, 「중앙총회보 제413호」.

한인부인 적십자회'를 조직하고, 회장에는 송매리(송헌주 부인), 부회장에서는 김마줄, 서기에는 김유실을 선출하였다.[72] 부회장 김마줄은 적십자회를 조직하고, 적십자대를 뽑아 내외국인에게 보내 구휼금을 모집하고, 장차 국내에 들어가 독립운동 희생자들을 구원하자고 주장하였다.[73] 그리고 마우이 섬에서도 3월 22일 하오 7시부터 다음날 상오 10시까지 파이아지방에 모여 '마우이 부인적십자임시회'를 조직하였다.[74] 4월 1일 하와이에 있는 모든 단체의 여성대표들이 모여 다음과 같이 「대한부인구제회」를 정식으로 결성하였다.[75]

국내에서 3·1운동의 소식이 전해진 이후 하와이 대한부인구제회에서는 독립운동을 후원하기 위해 독립운동자금 모집에 전력을 쏟았다. 부인구제회가 결성된 이후 한 달만에 국민구휼금·입회금 등 모금된 금전이 550달러에 달하였으며,[76] 6월 말까지 1,100달러를 모금하였다. 이 가운데 500달러는 임시정부에 보냈고, 500달러를 워싱턴의 이승만에게 보냈다.[77] 3·1운동 당시 부인구제회에서 모금한 독립운동자금은 하와이 한인 남자들보다 부인들이 앞서는 것이었다.

3·1운동의 소식이 전해진 이후 북미지역의 한인 여성들은 독립운동을 후원해 오다가, 여성들의 대동단결하여 임시정부를 지원할 목적으로 대한인국민회 중앙총회의 인준을 받아 '대한여자애국단'을 조직하게 되었다.[78] 북미지역에서도 다른 지역과 마찬가지로 지역별로 '부인회'들이 조직되어 있었으나, 통일성을 이루지 못하고 있었다. 그래서 『신한민보』에서는 각 지방의

---

72 『국민보』1919년 3월 19일자, 「적십자회를 조직」.
73 『국민보』1919년 3월 19일자, 「김녀사의 연설」.
74 『국민보』1919년 3월 29일자, 「마위도 부인적십회 취지서」.
75 『국민보』1919년 4월 2일자, 「대한부인들의 대동 단결 기초 완성」.
76 『국민보』1919년 5월 17일자, 「대한부인국민구제회 구휼금 수입 총액이」.
77 『국민보』1919년 7월 2일자, 「호항부인구제회에서는 금화 500원을 또 부송」.
78 『신한민보』1919년 8월 7일자, 「여자 애국단의 대동단결」.

부인회들이 국민회 중앙총회 산하에서 동일한 사업을 하기 위해, 조직의 명칭라고 통일하라고 요청하였다. 즉, 다뉴바부인회, 새크라멘토부인회 등과 같이 지방의 명칭을 따라 조직명을 통일하라고 하였다. 이전에 중앙총회장 안창호는 '부인애국단'이라는 명칭을 제안한 바가 있었다.[79] 이에 따라 '대한부인애국단'이라는 명칭으로 각 지방에 산재한 여성단체들이 존재하였다. 대한부인애국단에서는 1919년 7월 9일 단장 양제현과 서기 김석은의 이름으로, 국내에서 만세운동으로 일제에 의해 학살을 당하는 동포들을 위해 미국 윌슨대통령에서 청원서를 보내기도 하였다.[80]

북미 각지에서 독립운동을 지원하던 여성단체들의 통합운동이 일어나게 되었다. 그래서 신한부인회는 1919년 5월 18일 새크라멘토 한인부인회와 연합을 도모함으로써 북미지역 부인회의 통합운동을 촉발시켰다. 8월 5일 다뉴바 신한부인회, 로스앤젤레스 부인친애회, 새크라멘토 한인부인회, 샌프란시스코 한국부인회, 윌로우스지방부인회 네 단체 대표자들이 다뉴바에 모여 합동을 결의하고 '대한여자애국단'을 결성하였다. 여자애국단은 총회를 조직하고 총부위원에는 한성신·임원덕·김혜원·강원신·한영숙으로 선정하였고, 행정임원으로는 단장 김혜원, 서기 한영숙, 회계 강원신, 고문 박선을 선임하였다.[81] 여자애국단 조직에 참여하였던 다뉴바·새크라멘토·샌프란시스코·로스앤젤레스·윌로우스 등의 부인회가 소재하였던 지방에는 곧바로 지부가 설립되었다. 그리고 캘리포니아주의 한인들이 많이 거류하였던 맥스웰·델라노·오클랜드지방에도 여자애국단 지부가 설립되었다.

북미지방에서는 대한여자애국단이 정식으로 결성되기 이전부터 각 지방 부인회들에서 이미 기존 부인회라는 명칭을 사용하지 않고 '대한부인애국

---

79 『신한민보』 1919년 4월 10일자, 「우리 부인회에게」.
80 『신한민보』 1919년 7월 12일자, 「대한부인애국단은 대통령에게 청원」.
81 『신한민보』 1919년 10월 4일자, 「대한여자애국단 총회 조직」.

단'이라는 이름을 사용하고 있었다. 그래서 각 지방의 여성들은 '부인애국단' 이름으로 50~100달러, 많게는 300~400달러의 애국금을 모집하여 중앙총회로 보냈다. 그래서 당시 『신한민보』에는 '부인애국단'이라는 명칭으로 애국금을 기부자들의 명단이 게재되었다. 3·1운동 소식이 전해진 이후인 3월 24일부터 7월 31일까지 약 150명의 여성들이 독립운동자금을 내었다. 그 가운데 10달러 이상을 낸 사람이 90여 명이며, 30달러 이상을 낸 사람도 13명이나 되었다.[82] 이처럼 대한여자애국단은 결성 이후 임시정부의 외교·선전·군사운동을 재정적으로 후원하였으며, 자녀들의 한국어교육과 대한인국민회 사업을 후원하고, 국내외 재난민을 위한 구제금 송금 등의 활동을 전개하였다. 다뉴바지방 여자애국단은 500달러를 모금하여 중앙총회를 경유하여 임시정부에 보냈다.[83]

이처럼 3·1운동기 미주지역에서는 여성단체들이 새롭게 결성되는데 그 이유는 미주에 이민 온 지 16년만에 여성들의 사회적 지위가 향상된 것과 깊은 관련이 있다고 할 수 있다.

---

[82] 박용옥, 「미주 한인여성단체의 광복운동 지원 연구 – 대한여자애국단을 중심으로」, 『진단학보』 78, 1994, 279쪽.
[83] 『신한민보』 1920년 4월 20일자, 「여자애국단의 굉장한 성적」.

5 미주 한인들의 3·1운동 인식

　　　　　　미주지역 한인들에게 3·1운동은 어떠한 역사적 의미를 지니는가? 여기에서는 두 가지 측면에서 이를 조명하려고 한다. 하나의 측면은 미주 한인의 독립운동에 대한 인식문제이다. 미주지역에 이민 온 한인들에게 국내에서의 독립선언과 임시정부의 수립이라는 외부적 조건변화가 미주 한인과 한인사회 전체에서는 어떻게 받아들였지를 파악하는 것이다.

　3·1운동은 미주 한인 한 사람 한 사람을 모두 조국의 충성스러운 애국자로 만들었다. 미주에 온 대부분의 한인들은 절망에 빠진 나라를 등지고 지상낙원이며 신세계로 생각하고 이민을 단행하였던 사람들이었다. 그런 사람들에게 조국은 떠나올 당시의 그 모습 그대로의 가련하고 애달프고 게다가 국권까지 상실한 비참한 상태로 기억되고 있었다. 그렇기 때문에 조국은 미주의 한인들의 도움이 절실히 필요한 나라였다. 어떠한 변화도 생기지 않을 것 같은 조국에서 스스로 독립을 선언하였고 나아가 임시정부까지 건설하였던 것이다. 3·1운동은 미주 한인들에게 희망이 없어 보이던 조국에서 새로운 국가가 건설될 것같은 희망을 보았던 것이다.

　이에 따라 3·1운동 당시 미주의 한인들은 자신들의 행동 여하에 따라 조국의 독립을 쟁취하느냐 아니면 계속해서 일제의 압제하에서 신음하느냐 하는 기로에 서있다고 보았다. 따라서 자신들이 할 수 있는 모든 노력과 열정을 쏟아 붓는다면 조국의 독립도 쟁취할 수 있다는 희망을 품고 있었기 때문에, 당시 미주의 한인들은 "조국에 있는 힘이 없는 사람들을 위해 무엇인가 해야만 한다고 생각"[84]하게 되었던 것이다. 당시 파크대학(Park College)에 재학

84　Easurk Emsen Charr, 『The Golden Mountain』, University of Illinois Press, 1996, Urbana

중이던 차의석은 그의 책에서 당시를 회고하기를, 한국과 한국민을 위해 어떤 도움될 일을 하지 않으면 안될 것같은 생각이 들었다고 한다. 그래서 그는 수백만 명의 미국 기독교인들, 특히 기독교 대학생의 원조와 기도를 요청해야 한다고 생각하였고, 이에 수백의 교회와 학교에 그가 작성한 「To Our Christian Friends」라는 유인물을 보냈다.[85] 이처럼 국내에서 3·1운동이 일어났다는 소식을 접한 미주지역 한인들은 자신이 위치한 환경과 조건속에서 고국의 독립을 위해 할 수 있는 최선의 노력을 경주하였고, 경제적·물질적 원조뿐만 아니라 자신이 처한 곳에서 한국독립을 선전하고 일제의 비인도적인 만행을 고발하고자 하였던 것이다. 또한 다뉴바 지방회장을 맡고 이범영(李範寧)도 조국에서 3·1운동 소식을 듣고, "우리도 가만히 있어서는 안되겠다고 일어나 이 지역 200여 교포들을 모아 대회를 갖고는 독립을 거두었"다.[86] 다뉴바에 거주하였던 최학선은 3·1운동 소식을 듣고 거금 400달러를 냈고, 다음에 400달러를 더 내겠다는 약정을 하고 이를 이행하였다고 한다.[87]

그러면 왜 미주의 한인들은 3·1운동 당시 독립운동에 매진하게 되었는가 하는 점이다. 미주 한인들을 독립운동에 헌신케 한 배경은 어디에 있는가를 살펴보자. 미주의 한인들은 「독립선언서」에서 "독립국임과 자주민임"을 선언한 것을, 마치 현실 그대로 '독립국가의 국민'이 된 것으로 인식하고 있었다.[88] 3·1독립선언으로 독립국가의 국민이 되었다고 인정한 미주의 한인들

and Chicago, p.203.
85 Easurk Emsen Charr,『The Golden Mountain』, pp.204~206.
86 민병용,『미주이민 100년 – 초기인맥을 캔다』, 한국일보사, 1985, 51쪽.
87 민병용,『미주이민 100년 – 초기인맥을 캔다』, 52쪽.
88 3·1운동의 독립선언에 대해 미주지역 한인들은 즉각적으로 독립국민이 될 것으로 인식하였다. 미주 한인들이 이같이 인식하는 배경에는 한빌부디 대한제국정부와 황실은 부인하고, 대한국민회가 국가 인민의 대표히는 무형이 국가로 인식하였던 것과 관련이 있다고 보인다(한말 일제초기 임시정부 건설론에 대해서는 김도훈,「한말·일제초 재미한인의 민족운동론」,『미주 한인의 민족운동』, 혜안, 2003, 137~144쪽 참조). 또한 대한제국의 황제가 주권을 포기함으로써

은 그에 따른 책임과 의무를 다하고자 하였던 것이다.

미주지역 한인들은 3·1독립선언에 이은 임시정부의 선포를 독립된 국가가 수립된 것으로 인식하게 되었다. 미주지역에 원동지역에서 신정부가 조직되었다는 소식이 제일 먼저 전해진 곳은 미주지역이었다. 3·1운동 직후 상하이에 모인 인사들을 중심으로 본격적으로 임시정부의 조직에 대해 논의를 하고 있었다. 그러던 중 임시독립사무소 총무 현순이 1919년 3월 29일 전보로 '임시정부안 조직안'을 처음으로 미국 샌프란시스코의 국민회 중앙총회와 하와이지방총회에 알렸다. 현순이 3월 29일자로 알린 최초의 임시정부 조직안은 물론 실재하지 않는 잘못된 것이었지만,『국민보』 4월 2일자에 대서특필되었다.[89] 그러나 현순이 샌프란시스코의 국민회 중앙총회에 보낸 전보는 4일 후인 4월 3일에 전달되었다.

위와 같이 상하이에 있었던 현순은 1919년 3월 29일자로 미주지역 국민회에 임시정부가 조직되었다는 것을 알렸다. 현순이 미주에 알린 것이 우리 역사상 최초의 임시정부 조직안으로, 이후 미주에서는 주로 '대한공화국 정부조직안'이라고 명명되었다. 현순의 정부조직안이 미주지역에 도착하였을 때, 새로 조직된 임시정부를 하와이에서 발간되는 『국민보』는 '대한국민공화정부'라고 이름을 붙였으며, 샌프란시스코에 발간되는 『신한민보』에서는 '대한공화국 임시정부'라고 불렀다.

현순의 영문전보에는 "Provisional Government organised by Representatives"라고 하여, "대표자들에 의해 임시정부가 조직되었다"고만 하였다. 그런데,

---

고유한 주권이 해외에 있는 한인들에게 이전되었다고 인식한 1917년의「대동단결선언」에서 언급된 주권불멸론(고유주권설)과도 일맥상통한다고 할 수 있다(「대동단결선언」에 나타난 주권설에 대해서는 趙東杰,「臨時政府 樹立을 위한 1917년의〈大同團結宣言〉」,『韓國民族主義의 成立과 獨立運動史硏究』, 지식산업사, 1989, 316~317쪽 참조). 즉, 대한제국의 융희황제가 주권을 포기함에 따라 그 주권의 행사권은 민족에게 귀속되고 그 주권의 담지자는 해외에 있는 독립운동가들이 가지게 된다는 것이다.

89 『국민보』 1919년 4월 2일자,「대만국민공화정부를 조직」.

하와이와 샌프란시스코에서는 현순의 영문원본 전보에는 들어있지도 않은 '공화정부' 혹은 '대한공화국'이라는 정부의 명칭을 만들어서 붙였다. 미주에서는 왜 현순이 보낸 영문전보 원문에 들어있지도 않은 '정부 명칭'을 임의로 작명하였는가 하는 점이다. 분명히 현순은 '임시정부'라고만 했지 정부의 명칭을 알리지 않았는데, 미주에서는 '공화'라는 용어를 붙였다. 이는 현순이 보낸 임시정부 수립 전보를 받아 본 미주 국민회에서는 새로 조직된 임시정부가 '공화제'의 정부라는 것으로 바로 인식하고 있음을 뜻한다. 영문전보에는 없지만, 미주에서는 정부각원 명단에 '대통령'과 '부통령'이라는 직책이 있는 것을 보고, 임시정부는 '공화제'의 정부이라고 판단하였음에 틀림없다. 그렇기 때문에, 미주에서 발간되었던 『신한민보』와 『국민보』에는 영문전보 원문에도 없는 임시정부의 명칭을 작명하여 보도하였던 것이다.

대한공화국은 현순의 '착오'에 의해 생긴 '실재하지 않았던 임시정부'였다.[90] 그럼에도 불구하고 대한공화국의 내각이 조직되었다는 것이 『신한민보』를 통해 알려진 후 국민회 중앙총회는 미국을 비롯한 4대국 정부에 임시정부가 수립되었다는 사실을 전보로 알렸다.[91] 그리고 4월 10일에 개최된 국민회 중앙총회 위원회에서는 대한공화국 건설과 신정부 조직에 관한 경축일은 4월 15일로 정하여 국민회 전체에 공포하여 정식 경축회를 개최하도록 지시하였다.[92]

대한공화국이라는 임시정부가 수립되었다는 사실이 알려진 후 미주지역 한인들의 인식은 3월 1일 독립국민이 되었으며 완전한 국가가 건설되는 이 날부터 대한공화국의 국민이오, 자유정부의 용장한 인민이 되었다고 생각하

---

90 대한공화국정부에 대해서는 고정휴, 「세칭 한성정부의 조직주체와 선포경위에 대한 검토」, 『한국사연구』 97, 한국사연구회, 1997; 고정휴, 「3·1운동과 임시정부 수립 구상」, 『이승만과 독립운동』, 연세대학교 출판부, 2004; 정병준, 「1919년 이승만의 임정 대통령 자임과 '한성정부' 법통론」, 『한국독립운동사연구』 16, 한국독립운동사연구소, 2001 참조.
91 『신한민보』 1919년 4월 8일자, 「중앙총회에서 4대국 정부에 발한 전보」.
92 도산안창호선생기념사업회·도산학회, 『미주 국민회 자료집』 6, 경인문화사, 2005, 531쪽.

였다.[93] 그렇기 때문에 미주 한인들의 사명은 독립국의 국민으로서 ① 공화국의 정부가 우리 강토에 들어가 주권을 행사하게 하는 일과, ② 대한공화국이 독립하여 있음을 세계열국에 알리는 데 있다고 보았다.[94]

그후 현순은 4월 10일자 전보로, 3월 29일자로 보낸 임시정부 조직안은 잘못된 것이라고 하였다. 현순이 보낸 이 전보는 하와이 국민회에는 4월 10일 오전 3시 55분에 도착하였다.[95] 그러나 샌프란시스코 국민회에는 해저전신 문제로 4월 16일에 도착하였다.[96] 그리고 4월 11일 상하이에서 이승만을 국무총리로 하는 대한민국임시정부가 정식으로 성립되었다. 현순은 4월 14일 샌프란시스코 북미지방 총회장 이대위에게 전보로 대한민국임시정부가 수립되었다는 것을 다음과 같이 알렸다.[97]

David Lee

Korean National Association

Real Provisional government of the Republic of Korea has been organized by Provisional Congress and officials announced as follows: premier Rhee Syngman, home An Changho, foreign Kim Kyusik, finance Choi Cheihyung, Justice Lee Siyoung, war Lee Tongwhi, Communication Moon Changbum. Two thousand received and continual help necessary.

Hyunsoon.

---

93 홀로살음, 「대한공화국 건설 정부와 우리」, 『신한민보』 1919년 4월 8일자.
94 홀로살음, 「우리의 기쁨과 자각」, 『신한민보』 1919년 4월 19일자.
95 「현순이 하와이로 보낸 전보(1919. 4. 10)」(UCLA대학교 Charles Lee Young Research Library의 「진희섭 컬렉션(Chin Hei Sop, Archival Collection)」 소장자료).
96 「현순이 이대위에게 보낸 전보(1919. 4. 16)」(로스앤젤레스 대한인국민회 소장자료, 현재 독립기념관 소장).
97 「현순이 이대위에게 보낸 전보(1919. 4. 14)」(로스앤젤레스 대한인국민회 소장자료, 현재 독립기념관 소장).

위와 같이 현순은 이대위에게 대한민국임시정부가 임시의정원에 의해 수립되었고 이승만이 국무총리로 선임되었으며, 그 외 각원의 명단까지 알려주었다. 그리고 4월 15일 같은 내용의 전보를 이승만에게도 보냈다.[98] 대한공화국 성립이 전해진 이후 국민회 중앙총회의 지시에 따라 관하의 각 지방회에서는 '대한공화국 축하식'이 거행되었고, 4월 29일에 개최된 중앙총회에서는 서재필이 제의한 필라델피아에 '대한공화국 외교통신부 설치안'이 인가되었다.[99] 3·1운동 직후 서재필은 미주의 유일한 한인단체로 국민회의 권위를 인정하고 국민회를 중심으로 단결하여 독립운동을 전개할 것을 주장하였다. 이를 위해 서재필은 "이제부터 마땅히 전력을 다하여 통일적으로 조직적으로 우리의 외교를 진행하여 일반 미인(美人)의 동정을 일으킬 뿐만 아니라 나중에는 우리의 조직하는 미국인의 유력한 기관으로부터 자기정부 다려 대한공화국의 임시정부를 승인하고 찬조하라고 권고하게 할지라"라고 하고, 이를 위한 외교기관으로 필라델피아 통신부가 중요한 역할을 수행할 수 있다고 하였다.[100]

이후 미주의 한인들은 1919년 5월 13일경 상하이에서 대한민국임시정부가 수립되었다는 소식이 전해졌다. 『태평양시사』의 기사를 인용한 『신한민보』에 따르면, 4월 11일에 상하이에서 임시대회를 열고 국회를 조직한 후 국회의 명칭은 '의정원'이라 하고 의장은 이동녕이 피선되었다고 하였다.[101] 일주일 후 미주의 한인들은 이승만이 상하이 임시정부의 국무총리에 피선된 것을 알았고,[102] 임시헌법이 공포되어 그 내용이 『신한민보』를 통해 알려

---

98 「현순이 이승만에게 보낸 전보(1919. 4. 15)」, 『The Syngman Rhee Telegrans』 vol I, 124쪽.
99 도산안창호선생기념사업회·도산학회, 『미주 국민회 자료집』 6, 경인문화사, 2005, 536쪽.
100 『신한민보』 1919년 5월 6일자, 「서재필박사의 편지」.
101 『신한민보』 1919년 5월 24일자, 「대한공화국 임시국회가 조직되어」.
102 『신한민보』 1919년 5월 31일자, 「임시국회에서 수상을 임명」.

졌다.[103] 그리고 1919년 5월 오하이오의 클리브랜드에서 열린 감리선교회 100주년기념대회에 참석하러 가던 신흥우는 이승만을 방문해 그가 한성정부의 선포문건 일체를 전달하였다.[104] 이로써 13도 대표가 국민대회를 열어 이른바 '한성정부'가 선포되었고 이승만이 집정관총재로 추대되었다는 것을 알았다.

미주의 한인들에게 대한공화국이던, 상하이의 대한민국임시정부이던, 한성정부이던 간에 임시정부가 수립되었다는 사실에서 독립국의 국민이 되었다는 의식을 갖게 되었고, 이같은 의식은 자연스럽게 국민으로서의 책임과 의무감으로 이어지게 되었던 것이다. 그리고 해외에 거주하는 국민으로서의 책임과 의무의 출발은 "임시정부의 세납을 전수 담부하여야 될 것은 사실상에 피치못할 의무"라고 생각하였다.[105] 그렇기 때문에 미주지역 한인들은 3·1운동의 소식이 전해진 후 독립운동 자금의 모금에 총력을 기울이게 된 것이다.

다음으로 또 미주 한인사회 내부에 있어 3·1운동의 의미는 어떤 측면에서 찾아질 수 있는가. 3·1운동이 일어난 1919년은 미주지역에 한인들이 공식적으로 발을 내디딘 지 16년이 되는 해이며, 1919년 2월 1일은 미주 한인을 대표하는 국민회가 창립된 지 10주년이 되는 해이다. 이처럼 미주이민 16년이면 이제 어느 정도 정착을 위한 시기라고 할 수 있고, 국민회 창립 10주년은 단체가 전반적으로 조직을 재정립해야만 하는 시기이기도 하다. 이와 같이 이민사회 내부에서도 어느 정도 변화와 재조직이 필요했던 시기 3·1운동이 발발하였던 것이다.

우선 미주 한인사회를 이민사회라는 측면에서 보면, 이민 온 지 16년이면

---

103 『신한민보』 1919년 6월 10일자, 「대한공화국 임시헌법」.
104 고정휴, 『이승만과 독립운동』, 275쪽.
105 『신한민보』 1919년 6월 10일자, 「대한공화국민에게」.

초기 이주기를 지나 정착과 경제적 안정을 찾아가는 시기이기도 하며, 또 한 편으로는 이민사회 내부에서 갈등이 심화되면서 어떤 형태라도 다시금 재조 정될 필요성이 점증되어 가던 시기라고도 할 수 있다. 예컨대 1910년대 하 와이에서는 두 차례에 걸친 분파투쟁으로 한인사회가 완전히 두 조각이 나 있었던 상태에서 3·1운동이 일어났다. 따라서 3·1운동은 분열된 하와이 한 인사회를 어떤 식으로든지 봉합하여 독립운동으로 나아가게 할 수 있는 유 일한 원동력으로 작용될 수 있었다. 3·1운동 이전 하와이 한인사회는 두 차 례의 분쟁과 갈등으로 한인들 간에 서로 대립·반목하고 있었으며, 그로 인 해 민족운동의 전개나 지원 등은 생각할 수조차 없었던 상황이었다. 3·1운 동을 맞이하여 한인사회는 그동안의 대립과 반목을 접어두고 독립운동을 후 원하기 위한 통일된 모습을 보여 주게 되었다. 즉 국내에서 거족적인 독립운 동의 발발은 민족독립이라는 대과제 앞에 서로 간의 대립 보다는 단결과 통 일이 절실하였다. 이에 파벌 간의 대립은 뒤로 제쳐 두었으며, 당면한 독립운 동에 대한 지원에 온 힘을 쏟게 되었다. 그 결과 하와이 국민회와 대조선독립 단은 1919년 7월 18일 합동식을 거행하여 양파의 합동을 이루어지면서 독 립역량을 확대시킬 수 있었다. 이와 같이 3·1운동은 하와이 한인사회 내부 에서 일시적이나 갈등을 봉합하고 통일을 통한 독립운동 지원에 총력을 기 울이게 하였다. 따라서 3·1운동은 한인사회의 분열을 막고 통일을 도모하 게 하는 데 중요한 역할을 하였다고 할 수 있다.

또한 미주 한인사회의 정부적 역할을 수행하고 있었던 대한인국민회도 창립된 지 10년이 되는 1919년에는 어떤 식으로든지 변화를 겪을 수밖에 없었던 상황이었다고 할 수 있다. 국민회는 1909년 창립 이래로 해외 한족 의 무형의 정부로서의 역할을 수행해 왔던 것이다. 미주의 한인들은 대부분 3·1운동 이전까지 '무형의 정부'로서 미주 한인사회에서 절대적인 지도력 을 발휘하던 국민회는 어떤 식으로든지 조종이 필요히였다.

3·1운동과 더불어 등장한 임시정부와의 관계를 통해 새로운 권위를 가진

조직과 단체가 등장함으로써 국민회의 역할과 위상은 약화될 수밖에 없었다.[106] 임시정부의 대통령이 된 이승만은 이같은 상황 변화에 대해 임시정부가 국민회의 위에 있다고 인식하였던 것이다.

> 대저(大抵) 국민[會]중앙총회가 연래(年來)로 전후(前後) 국사(國事)를 다 주장(主張)하여 왔다 할지라도 정부(政府)가 조직 성립된 이후로는 정부가 통일(統一)을 함이 가(可)하고 국민회는 민간(民間)에 일개(一個) 단체 자격으로 행(行)[함]이 가하지 않으리까.[107]

지금까지 미주지역 한인의 정부적 역할을 수행하였던 대한인국민회는 그 위상이 축소될 수밖에 없었고 임시정부와 국민회가 각각 역할 분담을 하여야만 하는 입장이 되었다. 그와 더불어 국민회의 절대적인 지도력을 발휘하던 안창호가 3·1운동과 더불어 중국 상하이로 감에 따라 안창호의 지도력에만 의지하던 국민회에 다양한 지도력을 갈구하게 되었으며 국민회의 역할과 위상을 새롭게 정립하지 않으면 안될 상황이 도래하였던 것이다.

이에 따라 국민회는 상황 변화에 맞추어 조직을 재정리하지 않을 수 없었고 국민회의 위상이 현격히 저하되면서 결국은 하와이 국민회가 중앙총회의 영향력에서 떨어져 나가는 결과를 가져올 수밖에 없었던 것이다.

106　고정휴, 『이승만과 독립운동』, 333쪽.
107　「이승만 → 현순(1920. 2. 28)」, 『李承晩 東文 書翰集』上, 179쪽.

6 맺음말

　　미주지역에 3·1운동의 소식이 전해진 1919년은 이민 온 지 16년이 되는 해로서, 미국문화에 일정정도 적응되면서 본국과의 연계가 약간씩 탈각되어 갈 무렵이었다. 이같은 시기 3·1운동은 미주의 한인들을 독립운동에 헌신케 하면서 다시금 본국과의 적극적인 연계선상에 놓이게 하는 계기를 만들었다. 따라서 3·1운동은 독립운동사적인 측면에서 뿐만 아니라 재미한인사적으로도 중요한 의미를 가지는 대사건이었다.

　　제1차 세계대전 이후 시국이 급박하게 전개되면서 미주지역 한인들은 이 기회를 틈타 민족의 독립을 국제적으로 호소하기 위해 분주하게 움직이고 있었다. 또한 1919년에 들어 광무황제가 승하하고, 일본 도쿄 유학생들이 독립을 선언하는 등 어떤 큰 사건들이 연속적으로 일어났던 것이다. 이같은 분위기 속에서 국내에서 민족독립을 선언하였다는 소식이 미주지역에 전달되었다. 처음 국내에서 독립선언의 소식을 접한 한인들은 기쁨과 슬픔으로 피가 끓어올라 마음을 진정하기 어려웠다. 하지만 마음을 진정시키고 현실을 냉정하게 돌아보면서 자신들이 처한 상황에서 어떻게 독립운동을 전개해 나갈 것인가를 판단하였다. 그 결과 미주의 한인들은 세 가지의 행동목표를 정하고 독립운동을 전개하였는데 첫째는 독립운동을 후원하기 위한 재정을 마련하는 일이었고, 둘째는 자신들이 처한 곳에서 배일운동을 전개하는 것이고, 셋째는 미국민과 미국정부를 상대로 우리의 독립의지를 선전하고 동정을 구하는 일이었다. 이와 같은 목표아래 미주의 한인들은 3·1운동기 독립운동에 전념을 다하였다.

　　또한 미주의 한인사회는 이민 온 지 상당 시간이 경과하면서 내부적 갈등과 분쟁이 발생되었는데, 3·1운동은 이같은 내부적 갈등을 봉합하고 분쟁과 대립을 청산하고 한인사회를 일치 단결시켰다. 특히, 미주의 한인들은 3·1운동 발발과 동시에 독립운동을 지원하기 위한 모금활동을 전개하였는데, 3·1운동을 계기로 미주 한인사회는 독립운동 자금의 풀(pool)로서 위상을 정립할 수 있게 되었다.

　3·1운동이 미주에 전해진 이후 한인들이 독립운동에 노력을 경주하였던 이유는 국내에서 독립선언이 미주 한인들에게는 즉각적인 독립국가의 선포로 받아들였다는 점 때문이었다. 따라서 독립국가의 국민으로서 미주의 한인들은 그 책임과 의무를 다하려고 하였기 때문에 1919년 한 해동안 독립운동에 헌신하였던 것이다. 다시 말해 3·1운동 시기 미주의 한인들은 자신들의 행동여하에 따라 민족의 독립을 달성할 수 있다는 희망을 안고, 그 책임과 의무를 다하려고 하였다. 3·1운동 이후 미주 한인들의 이같은 노력은 광복이 되어 조국에 온전한 독립된 국가가 건설될 때까지 그 같은 책임과 의무를 다하는 해외 한인으로서의 각인되게 되었던 것이다.

2장

하와이 한인사회의
3·1운동

1 머리말

　　　　　　1919년은 하와이 왕조의 카메하메하(Kamehameha) 2세가 즉위한 지 100주년이 되는 뜻깊은 해이기도 하지만, 하와이 한인들에게도 1919년은 3·1운동이 일어났다는 점에서 더욱 의미 있는 해였다. 한국인들의 공식적인 미주지역 이민은 1903년 1월 13일 하와이에서 시작되었다. 하와이 이민자들은 고국을 떠나 올 때 자신들의 나라가 있었으나, 그후 일제에 국권이 빼앗기면서 국제사회의 미아가 되어야만 했다. 그렇기 때문에 하와이의 한인들은 나라 없는 민족으로서 갖은 냉대를 받았으며, 국권을 되찾기 위한 독립운동에 헌신하였던 것이다. 이들은 열대의 사탕수수농장에서 노동 착취와 열악한 노동조건을 견디며 하루 10시간 이상의 노동을 하였다. 그럼에도 불구하고 이들은 피땀 흘려 번 모은 한푼 한푼을 독립운동 자금으로 제공하였다.

　하와이에서는 1914년 박용만을 중심으로 대조선국민군단이 편성되었고, 또 그 핵심체인 국민군단사관학교가 설립되어 일제와의 독립전쟁을 준비하고 있었다.[1] 그후 1910년대 후반기 하와이 이민사회에 두 차례에 걸친 풍파를 겪으면서 민족운동면에서 다소 침체되었다. 그런데 제1차 세계대전이 끝나면서 윌슨 대통령이 제창한 민족자결주의는 그동안 잠잠했던 미주지역의 한인들을 자극하였고, 미국이 식민지 약소국가의 독립을 도와줄 것이라는

1　이에 대해서는 다음의 논문이 참조된다. 尹炳奭,「1910年代 美洲地域 韓人社會의 動向과 祖國獨立運動」,『斗溪李丙燾博士 九旬紀念 韓國史學論叢』, 지식산업사, 1987; 서대숙,「박용만과 그의 혁명과제」,『한국민족학연구』제4집, 단국대학교 한국민족학연구소, 1999; 김도훈,「1910년대 박용만의 정치사상」,『한국민족학연구』제4집, 단국대학교 한국민족학연구소, 1999.

기대감에 일말의 희망을 걸고 있었다. 미주의 한인들은 이같은 세계정세의 변화에 잘 대응하면 국제사회로부터 민족독립을 인정받을 수 있는 기회가 될 것으로 기대하였다. 그런데 1919년 국내에서 3·1운동의 발발소식이 전해지면서 그 활동은 활기를 띠기 시작하였다.

국내에서 독립을 선언하였다는 소식이 미주지역에 전해지자, 미주 한인들은 미국정부와 미국인들에게 우리의 독립을 선전하였으며, 독립의연금을 모집하여 독립운동을 지원하는 활동을 시작하였다. 그리고 3·1운동의 소식은 그동안 대립과 파쟁을 일삼았던 하와이 한인사회의 분위기를 일신함과 동시에 독립운동 지원을 통해 한인단체가 통일되어 가는 출발점을 제공하였다. 1919년 한 해 동안 하와이 한인사회는 비록 다소 간의 분쟁은 있었지만 대체로 한인사회 내부의 통일을 지향하면서 3·1운동의 산물인 대한민국임시정부에 대한 지원과 독립운동을 선전하는 일에 단결된 모습을 보여주었다. 하지만 1919년 말부터 독립운동에 대한 열기가 식어가면서, 단합된 모습이 사라지고 다시 대립과 분쟁이 발생하여 하와이 이민사회에 또 하나의 오점을 남기기도 하였다.

이처럼 3·1운동은 1910년대 분열되었던 한인사회를 통합시키고 하와이 동포들에게 민족 독립의 희망을 가지고 독립운동에 매진시켰다. 국외 독립운동은 필연적으로 한인사회와 함께 움직일 수밖에 없다. 그렇기 때문에 하와이지역 3·1운동의 전개과정과 더불어 한인사회의 동향을 파악하고자 한다. 또한 3·1운동은 제1차 대전이 끝난 후 식민지 약소국가들이 독립을 부르짖은 대표적인 운동이었기 때문에 국제적 여론과 반향을 일으켰다. 따라서 당시 하와이에서 발행된 영자신문과 일본계 신문을 통해 국내 3·1운동과 하와이 한인의 독립운동에 대한 미국내의 여론을 살피고자 한다.

이 연구는 주로 미주 및 하와이에서 발간되었던 신문자료와 법정기록을 이용하였다. 신문자료로는 하와이 현지에서 발행되었던 『국민보』와 북미에서 발간되었던 『신한민보』, 하와이의 영자신문 『퍼시픽 콤머셜 애드버타이저』(The Pacific Commercial Advertiser)와 『호놀룰루 스타 뷰레틴』(The Honolulu Star Bulletin) 등과, 『니퓨지지』(日布時事, The Nippu Jiji)·『하와이 호치』(布哇報知, The Hawaii Hochi) 등의 일본계 신문을 이용하였다.

2   3·1운동과 한인사회

　　　　　　　　제1차 대전이 종결되고 국제적으로 식민지 약소국가 문제가 대두되면서 미주지역 한인들의 동향은 민족독립을 향해 활발히 움직이기 시작하였다. 특히 전후 세계최대의 강국이 된 미국의 윌슨 대통령은 식민지문제 처리의 원칙으로 '민족자결주의'를 주창하였다. 1918년 1월 8일 윌슨대통령은 상·하원 합동회의에서 한 연설에서 세계평화를 위해 유일하게 취할 수 있는 방책은 14개 조(Fourteen Points)의 실현에 있다고 하였다. 그 가운데 식민지 및 약소국 문제와 관련된 조항은 다음과 같다.[2]

　제5조　모든 주권문제를 결정함에 있어서 당해 식민지 주민의 이해는 권리관계를 가지고 있는 정부의 정당한 요구와 동등한 비중을 가져야 한다는 원칙을 엄격히 준수하는 기초 위에서, 모든 식민지의 요구를 자유롭고도 공정하게 조정한다.
　제10조　우리는 국제적으로 오스트리아-헝가리제국 내에 있는 민족들의 지위가 보호되기를 바라며, 각 민족에게는 자치를 위한 가장 자유로운 기회가 부여되어야 한다.
　제12조　현재 오스만투르크제국 내에서 투르크인이 거주하는 지역에는 확고한 주권이 보장되어야 하지만, 현재 투르크의 지배하에 있는 다른 민족들에게는 확실한 안전보장과 절대 방해받지 않는 자치 기회가 보장되어야 한다. 그리고 다르다넬스(Dardanelless) 해협은 국제적 보장하에 모든 국

---

[2] 나카타 아키후미 지음, 박환무 옮김, 『일본의 조선통치와 국제관계』, 일조각, 2008, 79~81쪽에서 재인용.

가의 선박 및 통상을 위한 자유통로서 영구히 개방되어야 한다.

제13조 독립된 폴란드 국가가 수립되어야 하고 독립된 폴란드 국가는 명백히 폴란드인들이 거주하는 지역을 포함해야 한다. 또한 해양으로의 자유롭고 안전한 출입구가 보장되어야 하고 정치적·경제적 독립과 영토보전도 국제규약에 의해 보장되어야 한다.

제14조 대국이든 소국이든 동등하게 정치적 독립과 영토보전을 상호 간에 보장하기 위한 특별한 규약하에 모든 국가가 가입하는 일반 단체가 조직되어야 한다.

여기에서 제5조가 윌슨이 민족자결주의를 제의했다고 해석되어졌으나, 나카타 아키후미의 연구에서 민족자결주의라고는 해도 윌슨은 모든 피지배민족이 독립하는 형태를 상정한 것이 아니었다고 한다. 오히려 14개 조가 한국에 유리하게 적용될 가능성은 처음부터 낮았다고 하였다.[3] 그럼에도 불구하고, 민족자결주의에 고무된 미주지역 한인들은 이 기회를 이용하여 국제적으로 우리의 독립을 인정받고자 하였다. 파리강화회의를 전후하여 약소민족들의 움직임 또한 활발하게 전개되었는데, 예컨대 1918년 12월 14일 뉴욕에서 개최된 소약속국민동맹회의(小弱屬國民同盟會議, Conference of Small Nations)는 그 대표적인 사례이다. 이 회의에는 미주의 한인들도 참가하였는데, 뉴욕 신한회의 김헌식과 대한인국민회에서는 민찬호·정한경이 참가하였다.[4] 또한 윌슨의 민족자결주의는 하와이의 이승만을 자극하여 1919년 1월 15일 엔터프라이즈 호를 타고 호놀룰루를 떠나게 하였으며,[5] 파리강화

---

3 나카타 아키후미 지음, 박환무 옮김, 『일본의 조선통치와 국제관계』, 82~87쪽.
4 『신한민보』 1919년 1월 16일자, 「민찬호 씨를 환영」; 방선주, 「3·1운동과 재미한인」, 『한민족독립운동사』 3, 국사편찬위원회, 1988, 490쪽.
5 이승만은 샌프란시스코에 도착하여 시국문제를 토론하고(『신한민보』 1919년 1월 16일자, 「리박사 도미」), 26일에 로스앤젤레스를 경유하여 워싱톤으로 갔다(盧載淵, 『在美韓人史略』 上卷, 羅城, 1951, 134쪽).

회의에 임박해서 대한인국민회 중앙총회에서는 이승만과 정한경을 정식 대표로 파견하기로 결정하였다.

또한 오하이오 주에 있는 한인 유학생들은 제1차 대전이 종결된 이후 국제적 정세가 변함에 따라, 한국독립운동을 선전할 수 있는 영문월보를 발행하고자 하였다. 1914년부터 『한인학생보』라는 영문잡지를 발행한 경험이 있었던 김현구 등 유학생들은, 1918년 말 오하이오주에서 미주한인학생단(The Korean Students' League of America)이라는 단체를 조직하였다. 한인 유학생들은 미국민들에게 우리 민족의 실정을 알릴 '영문월보'의 필요성이 있다고 하여 학생들이 10달러 혹은 20~30달러를 내어 1919년 2월 말경 제1호의 잡지를 발간하였다.[6] 월보는 소책자식으로 안정수의 집에서 자주 회합하고, 김현구를 비롯하여 신형호·윤영선·홍승국·옥종경(개명 玉進)·이춘호·노정일 등과, 박진섭·여운홍·임두화·송세인 등이 발간에 참여하였다.[7] 그후 미주한인학생단에서는 1919년 3월 『자유와 평화(Freedom and Peace)』라는 제목으로 영문 월보 제1권 1호(1919년 3월)를 발행한 이후, 『영코리아(Young Korea)』라는 제목으로 제1호(1919년 3월)와 제2·3호(1919년 5월)를 발간하였으며, 『극동의 지속적인 문제(A Persistent Problem of the Far East — What Shall Become of Korea? —)』 제1호(1919년 4월) 등을 발행하였다.

그러면 1919년 초 하와이 한인사회의 동향을 먼저 살펴보기로 하자. 주지하다시피 하와이에서 독립운동론은 1910년대 박용만을 중심으로 한 이른바 '독립전쟁론'과 이승만을 중심으로 한 '외교론'이 대립하고 있었다. 특히나 1910년대 후반 한인사회의 분쟁으로 인해 이승만은 하와이에서 확고한 위

---

6 『신한민보』 1919년 2월 6일자, 「오하요주 한인 학생의 활동」; 『신한민보』 1919년 3월 6일자, 「한인 학생의 영문보」.
7 김현구, 『김현구의 자서전(필사본)』 권2, 57쪽.

치를 차지하게 되었으며, 그 반면에 박용만은 그 세력이 위축되어 있었다. 그런 상황에서 1919년 2월에 들어 하와이 대한인국민회 하와이지방총회는 총부회장과 새 임원을 선출하였는데, 총회장에 이종관, 부회장에 손창희가 선출되었으며, 총회 대표원에는 안현경·윤계상·유상기 3명이 임명되었으며, 임원으로는 총무에 김광재, 서기 겸 재무에 김영우, 학무원에 이승만, 법무원에 서상홍, 구제원에 정윤필, 군무원에 손덕인, 농상부원에 신성일 등이 임명되었다.[8]

국내에서 3·1운동이 발발하였다는 소식이 전해지기 전인 1월 말 미주지역에도 광무황제가 승하하였다는 소식이 전해졌다. 하와이에는 『국민보』 1919년 1월 25일자 1면에, 하와이의 일본인 신문 『니퓨지지(日布時事)』 1월 22일자 기사를 인용하여 보도하였다. 그리고 하와이의 일본계 신문인 『니퓨지지』 3월 3일자 기사에도 「조선(朝鮮) 고제(古制)에 의해 이태왕(李太王) 국장(國葬)」이라는 제목하에 광무제가 붕어하였다는 소식을 전하고 있다.[9] 그렇지만 하와이 한인들에게 광무황제의 죽음은 대대적인 3·1운동의 발발과는 연관을 짓지 못하고, 다만 불행하게 생을 마감한 왕의 죽음으로만 전해진 것같다.

재미 한인들이 3·1운동 발발 소식을 전해들은 것은, 독립선언 소식을 국외 한인사회로 전하기 위해 중국 상하이[上海]로 파견된 현순을 통해서였다.[10] 3·1운동 발발 직전 국내를 탈출하여 상하이에 도착한 현순은 미주시

---

8 『신한민보』 1919년 2월 13일자, 「하와이 총회 명년도 총부회장과 새 임원」.
9 『日布時事』 1919년 3월 3일자, 「朝鮮の古式に則る李太王國葬」.
10 현순은 1919년 2월 22일 서울에서 개최된 회의에서 외부 세계로 운동상황을 알릴 외교특사로 선정되어, 국경을 넘어 중국 상해에 3월 1일 도착하였다. 상하이에서 그는 여러 운동자들과 접촉하였으며, 「독립선언서」를 중국어와 영어로 번역할 필요가 있어, 현순은 이광수와 더불어 선언서를 영어로 번역하였으며, 조동호가 중국어로 번역하였다고 한다. 그리고 3월 4일 공식적으로 한국에서 3·1운동의 발발 소식을 공표하여 세계 곳곳에 알려지게 되었다(「玄楯自史」, Soon Hyun, 『My Autobiography』, 연세대학교 현대한국학연구소, 2003, 293쪽; Peter Hyun, Peter Hyun, 『Man Sei!』, University of Hawaii Press, Honolulu, 1986, pp.93~96).

간으로 3월 9일 상오 11시경 대한인국민회 중앙총회장 안창호 앞으로 전보를 보냈다.[11] 그리고 현순은 하와이 국민회에도 샌프란시스코 중앙총회에 보낸 것과 같은 내용의 영문전보를 보냈다. 하와이 국민회에 보낸 영문전보 내용은 다음과 같다.[12]

> To Korean National Association, Honolulu
> Korean National Independence Union Composed of three million people including three thousand Christian Churches five thousand churches of Heaven Worshipers all colleges schools other bodies declared independence of Korea one PM March first at Seoul Pyengyang other cities we sent delegate representatives Sonpyunghi Pheesangchai Kilsunchu. Where Dr. Rhee anser.
> Hyunsoon special Representative Shanghai.

현순이 보낸 3·1운동 발발 전보는 하와이에 3월 9일 새벽 12시 53분에 도착하였고, 오전 10시 국민보 기자 승룡환이 전보를 받아서 하와이지방 총회장 이종관에서 전화로 알렸다. 그리고 현순이 보낸 영문전보의 번역문은, 『국민보』3월 12일자에 다음과 같이 번역되어 실렸다.[13]

> 대한국에 300만 애국당은 3,000곳 예수교회와 5,000곳 종교단체와 전국에 있는 소·중·대학교 급 각종 단체들이 대동 단결한 후 3월 1일 하오 1시에 평양, 서울,

---

11   『신한민보』1919년 3월 13일 호외,「대한독립선언」.
12   중국 상하이에서 현순이 하와이 국민회로 보낸 영문전보 원본은, 미국 UCLA대학교 Charles Lee Young Research Library의「진희섭 컬렉션(Chin Hei Sop, Archival Collection)」에 소장되어 있다.
13   『국민보』1919년 3월 12일자,「大韓獨立 廣布」.

기타 각도, 각읍, 각시에서 대한독립을 광포하옵고, 이미 손병희, 길선주, 이상재 3인으로 국민대표를 정하였으니, 하처에 이박사가 있는지 회답을 요구.
상해한인대표원 현순.

현순이 샌프란시스코의 국민회 중앙총회에 이어 하와이 지방총회에 전보를 보낸 이유는 그가 일찍이 1903년에 하와이 노동이민을 인솔하여 와서 자치회를 조직하는 등 여러 활동하다가 1907년에 귀국하였기 때문이다. 현순의 전보를 받은 하와이 국민회에서는 곧 바로 다음과 같이 답전을 보냈다.[14]

대한독립 광포의 특전을 받은 재포(在布) 6,000명 국민회원은 크게 축하하옵고, 다시 대한독립을 광포한 2천만 내지 동포로 연합 활동하기를 이에 맹서하나이다.

국내에서 독립을 선언하였다는 소식이 전해진 3월 9일은 일요일이기 때문에 교회집회를 통하여 그 소식이 널리 전해졌고, 오후에는 국내에서 독립을 선언하였것에 고무되어 하와이 국민회에서 「국민공동회」를 소집하였는데 순식간에 600여 명의 한인들이 모였다.[15] 그리고 현순의 전보는 하와이 영자신문인 『퍼시픽 콤머셜 애드버타이저』 3월 10일자 제1면 머릿 기사로 「한국인들 독립을 주장하다」라고 하여 3·1운동의 소식을 전하였다.

3월 1일 오후 1시에 서울, 평양과 한국의 다른 도시에서 한국의 독립이 한국민족 독립단(Korean National Independence Union)에 의해 선언되었다. 이 연맹은 300만 명의 사람들로 구성되고, 3,000의 기독교회와 5,000의 천도교회 그리고 모든 동지와 학교들 기타 단체들이 속해 있다. 일요일(9일 – 필자) 아침 상하이에

---

14 『국민보』 1919년 3월 12일자, 「대한 독립의 대한 상해 특전의 답전」.
15 『The Pacific Commercial Advertiser』 1919년 3월 10일자, 「Koreans Assert Independence」.

있는 독립단의 특사인 현순 박사(Dr. Hy Unsoon)로부터 하와이 국민회에 전해진 전보에 따르면, 새 정부의 세 대표자들의 명단이 게재되어 있는데, 그들은 손병희·이상재·길선주로서 이들은 한국에 있는 기독교의 모든 지도자들과 수백 만 한국인들을 대표한다.[16]

『애드버타이저』 신문은 독립선언을 하였다는 현순의 전보 내용과 더불어 한국이 일제에 의해 지배를 받게 된 역사를 자세히 다루었다. 그런데, 위의 신문기사에서 주목해 볼 것은, "새 정부의 세 대표자들의 명단이 게재되어 있는데, 그들은 손병희·이상재·길선주"라고 한 내용이다. 하와이 국민회에서는 현순의 전보에 담긴 '손병희·이상재·길선주' 대표자들을 '임시정부'의 대표자라고 간주하고 있다는 점이다. 다시 말해, 현순의 전보를 하와이 국민회에서는, 3백만 애국당이 독립을 광복하고, 손병희·이상재·길선주 세 명의 대표자로 '임시정부'를 조직하였다고 이해하고 있다. 따라서 독립선언과 더불어 임시정부가 성립된 것으로 보았던 것이다. 그래서, 현순의 전보를 받은 하와이 국민회에서는 3월 9일 저녁 9시에 국민총회관에서 제2차 총임원회를 개최하였는데, 이 회의에서 "본국 임시정부에 대한 선후 방침을 밤이 다하도록 협의하였는데, 위선 연금(捐金) 수전위원을 각도 각 지방으로 급파하기로 결정"하였던 것이다.[17] 그리고 하와이 각 지역의 한인들도 국민공동회를 개최하여 시국 문제에 관한 긴급한 일과 '임시정부'의 전도방침을 위하여 각각의 의견을 교환하였으며, 또한 의연금 모집을 자원하는 사람들도 있었다.[18]

현순의 전보를 받은 이후 국민공동회를 소집하였고, 호놀룰루에 있는 국

16 위와 같음.
17 『국민보』 1919년 3월 12일자, 「제2차 총임원회의」.
18 『국민보』 1919년 3월 12일자, 「두 국민총임원 급행」.

민회 회원 500여 명과 학생들 100여 명이 모였다.[19] 국민회 하와이 지방총회장 이종관은 자신의 명의로 중앙총회장 안창호에게 외교의 전권을 맡긴다고 하였다.[20] 한편 현순의 전보를 받은 샌프란시스코의 국민회 중앙총회에서도 곧바로 독립선언에 대한 후원방침을 협의하고, 각처 지방총회에 소식을 전하였다. 또한 샌프란시스코의 영자신문에도 이 사실을 전하였으며, 하오에는 한인 예배당에서 샌프란시스코에 거주하는 한인들이 모여 미친 듯 만세를 불렀는데 그 소리는 천지를 진동하였다고 한다.[21]

또한 3월 10일자 하와이의 또 다른 영자신문인 『호놀룰루 스타 뷰레틴』지에는 "호놀룰루의 한국신문 『태평양시사』의 주필 박용만은 지난 주(last week) 한 장의 편지를 받았는데, 그것은 독립운동에 관한 이 전보를 확인하는 것이었다."[22] 기사 내용으로 볼 때 누군가 박용만에게 국내에서 독립운동이 일어날 것이라는 것을 미리 알려준 것이라고 볼 수 있는데, 누가, 어디서 보냈다는지 발신인이 없다.[23] 정두옥의 『재미한족독립운동실기』에는, "1919년 3월 1일 한국의 독립운동의 전기하여 현순 목사가 박용만 씨에게 편지하기를 한국안에서 미구에 독립운동이 일어날 것을 통지하면서 나는 장차로 파리 경의강화회에 갈려하니 당신도 파리에 오시오하는 독립운동의 첫 소식이라"[24]라고 하여 『스타 뷰레틴』지의 기사를 확인해 주고 있다.

19　『국민보』 1919년 3월 12일자, 「국민공동회를 소집」.
20　『국민보』 1919년 3월 12일자, 「국민총회 임원회를 소집」; 『신한민보』 1919년 3월 13일 호외, 「하와이 총회에서 보낸 전보」.
21　「중앙총회의 독립선언 전보를 받은 후 활동」, 『신한민보』 1919년 3월 13일 호외.
22　『Honolulu Star Bulletin』 1919년 3월 10일자, 「Cable says Korean people now assert their independence」; 방선주, 「3·1운동과 재미한인」, 498쪽.
23　만일 위의 편지를 현순이 보냈으면 3월 10일이 월요일이니까, '지난 주'라고 할 때 빠르면 월요일인 3일, 늦으면 토요일인 8일이 될 것이다. 즉 현순이 상하이에 도착한 날짜가 3월 1일이고, 상해 도착한 후 3월 4일 공식적으로 3·1운동이 일어났다는 소식을 공표하였다. 그런데 위의 신문기사에 따르면 '지난 주 한 장의 편지'라고 하였는데, 편지는 보통 국내 혹은 상하이에서 적어도 20일 이상이 소요된다.
24　鄭斗玉, 「在美韓族獨立運動實記」, 67쪽.

박용만은 국내에서 3·1운동의 소식이 들려오지 않았던 1919년 3월 3일 오아후섬·하와이섬·카우아이섬의 지지자들을 호놀룰루 한인 자유교회에 모아 '대조선독립단 하와이 지부'를 결성하였다.[25] 이것은 적어도 3·1운동의 소식이 하와이에 전해지기 전에 박용만에 의해 대조선독립단이 조직되었다는 사실과 현순이 발송했다는 편지내용을 볼 때 상하이와 국내에 밀접한 관계를 가지고 있던 박용만이 국내에서 3·1운동이 폭발할 것을 어느 정도 예지하고 있었을 지도 모른다.[26]

하와이에서는 『애드버타이저』 3월 10일자를 통해 한국인들이 독립을 선언하였다고 널리 보도되었다. 이어서 일본계 신문인 『니퓨지지』 3월 12일자에는 '독립 청원서 제출'이라는 제하에 중국 베이징[北京]에 있는 조선인들이 북경주재 미국공사관을 찾아가 미국이 강화회의에서 조선독립을 위해 알선해 달라는 청원서를 제출하였다는 기사를 싣고 있다.[27] 상하이에 있던 현순은 3월 14일 영문전보를 하와이 국민회로 보내, "대한 예수교인과 천도교회와 남녀 학생과 독립운동 대표원들이 대동단결하야 매일 100여 처에서 크게 활동하는데 발써 500명은 일인에게 참살한 바 되고 5천 명은 잡혀 갇힌 중 동맹절교운동을 따라 파공이 발생한다"고 하여 국내 독립운동 소식을 비교적 정확하게 알렸다.[28]

또한 국내에서 대대적인 시위가 벌어지고 있다는 보도가 매일 현지의 영자신문들에 의해 보도되고 있었으며, 그 소식을 들은 하와이 한인들은 이에 대한 대책을 마련하기에 부심하게 되었으며, 한인단체와 한인들의 움직임이

---

25 대조선독립단에 대해서는 김도형, 「하와이 대조선독립단의 조직과 활동」, 『한국독립운동사연구』 37, 2010 참조.
26 방선주, 「3·1운동과 재미한인」, 497~498쪽.
27 『日布時事』 1919년 3월 12일자, 「朝鮮獨立請願書提出」.
28 「현순이 하와이 국민회에 보낸 전보(1919. 3. 14)」(「진희섭 자료」 소장본); 김영우, 『대한獨立血戰記』, 34쪽.

분주해지기 시작하였다. 하와이의 일본계 신문에 따르면 "영자지 애드버타이저가 조선독립선언이라는 제하에 대대적 기사를 게재한 이래 재류 조선인 중에는 매일 오후 5시 경부터 곳곳에서 집회를 개최하고 있다"[29]라고 보도하고 있는 것으로 보아, 하와이의 한인들은 국내에서의 독립선언에 대한 대책을 강구하기 위해 매일 오후 5시에 집회를 갖고 독립운동의 후속조치에 대해 협의를 계속해 나갔다.

일제측 자료에 의하면 "각 섬에서 한국인들이 호놀룰루에 모여 국민회관 혹은 교회·공원 등에서 자주 연설회를 개최하여 병합 당시 이상의 소요를 일으켰다"고 하면서, 이를 위해 독립자금을 염출하고 심지어 일본인에게 폭행을 가하는 일도 있었다고 표현하고 있다.[30] 실제로 독립선언의 소식을 전해들은 하와이에서는 국민회가 중심이 되어 독립운동 지원책을 강구하고자 하였으며, 현순의 「전보」에 전해진 '새 정부'를 지지하고 일제의 압제에서 벗어나기 위해 미국정부에 지원을 요청하였다.[31] 국내에서의 독립선언 소식을 들은 다음날인 3월 10일 하와이의 한인들은 그 대책을 마련하기 위해 다시 국민회 총회관에 모였는데, 이때의 상황은 하와이의 일본계 신문인『하와이 호치』(The Hawaii Hochi)에 의하면, 하와이 한인들은 국민회 총회관을 중심으로 모임을 갖고 독립운동을 지원하기 위해 운동자금을 모집하고 있었다.

> 독립운동을 위하여 작금 조선인이 빈번하게 집회를 열고 있다. 저번 월요일(3월 10일 – 필자)의 집회에서는 재류 5,000의 조선인으로부터 독립자금을 모집하기로 결의하였다. 나아가 全島에 걸쳐 모금을 할 뿐만 아니라, 그 집회에 참석한 자들은 모두 소지한 바를 기부하였다. 또 어떤 부인은 금가락지를 빼서 주었다.[32]

---

29 『日布時事』1919년 3월 12일자, 「ヘン！野心家の腹を肥すのみだ」.
30 在ホノルル帝國總領事館, 「布哇朝鮮人事情」(1925), 『朝鮮統治史料』7, 1971, 974쪽 所收.
31 김영우, 『대한獨立血戰記』, 32쪽
32 『布哇報知』1919년 3월 13일자, 「獨立の運動費：指輪迄出す朝鮮人」.

독립선언의 소식을 들은 하와이 국민회와 한인들은 독립운동 자금을 모집하는 일에 열성을 다하였다. 의연금 수전위원을 각 지역에 파견하여 독립운동 자금을 모집하였으며, 호놀룰루에 있는 부인들도 공동회를 개최하여 238달러 이상을 모금하였다.[33] 이외에 3월 9일 현순의 전보를 받은 이후 3월 26일자 『국민보』에 실린 독립운동비는 호놀룰루에서 482달러, 와히아와에서 67달러, 모두 549달러를 모집하였다.[34] 일본계 신문인 『니퓨지지』에는 하와이 한인들의 동향을 다음과 같이 보도하고 있었다.

> **하와이에 재류하는 조선인의 총수는 2천 명이다. 지금의 독립운동에 궐기하고 있는 자는 그 가운데 200~300명에 지나지 않는다. 분위기가 자연히 이렇게 되자 어린이를 제외한 남녀 1인에 5불씩을 운동비로 강제 징수하였다. 그 금액은 3,000불에 충당된다. 그외 특별기부를 한 자도 있다.**[35]

위 기사를 통해 하와이의 한국인들이 독립선언에 고무되어 각종 집회를 열고 있으며, 특히 독립운동 자금 모금을 위해 성인들에게 5불씩 거두었다는 사실을 알 수 있다. 하와이의 한인들은 국내외의 독립선언에 고무되어 직접적인 외교 선전활동 보다도 경제적 원조에 특히 많은 노력을 쏟고 있었다. 그 이유는 하와이는 섬이라 폐쇄되어 있고 교포들 대부분이 사탕수수밭의 보스 밑에 묶여 살았기 때문에 그 경제력은 다소 약하였으나, 의무금과 기타 연조를 받아들이기는 광막한 미국본토에 사는 한인들 보다 훨씬 편하고 효율적이었기 때문이다.[36]

3·1운동 당시 하와이 한인들이 거둔 독립금 혹은 애국금의 규모를 대체

---

33 『국민보』 1919년 3월 26일자, 「호항부인공동회 후문」.
34 『국민보』 1919년 3월 26일자, 「독립운동비」.
35 『日布時事』 1919년 4월 4일자, 「在布朝鮮人は二千人」.
36 방선주, 「3·1운동과 재미한인」, 492쪽.

적으로 추산하면 다음과 같다. 1920년 6월 30일 회계연도 당시 하와이의 한인인구가 4,950명이었던 것으로 보아,[37] 약 5천 명으로 추산하여 1가구 4인 가족에 성인 2명으로 한다면 성인 1인에 5달러씩 총 1만 2,500달러를 거둔 것으로 추산된다. 그외 특별기부금까지 모집되었다. 이 금액은 당시 한국인의 한 가족 한 달 생활비가 30달러 내외였던 것을 감안한다면 한달 수입의 3분지 1에 해당하는 것이었다. 1919년 11월 23일에 발표된 독립운동 수입·지출 통계표에 의하면 하와이의 한인들이 실제로 더 많은 독립의연금을 낸 것을 알 수 있는데, 그해 10월 말까지 모금한 독립의연금이 3만 5,034달러 5센트였으며, 출연인은 2,907명이었다. 이는 한 사람이 12달러 20센트를 낸 것이라고 한다.[38] 또한 방선주의 계산에 의하면 하와이 한인 공공단체 즉 학교·국민회·군단 등이 1년에 필요로 하는 돈이 2만 달러로 간주되고, 사탕수수밭 노동자 임금이 월 26달러 생활비 월 20달러를 빼고도 1919년에 하와이 한인들이 낸 액수는 6만 달러 정도가 된다면 3,000명이 1인당 20달러, 즉 거의 한달 수입을 한인 공공사업과 독립의연에 사용한 것이 된다고 하였다.[39] 이처럼 정확한 통계를 낼 수는 없으나 큰 돈이 모금되어 독립운동 자금으로 공급되었음을 알 수 있다.

한편 국내에서 만세시위 운동으로 많은 희생자가 발생하였다는 소식이 연합통신을 통해 전해지게 되었다. 국내에서 3·1운동이 일어나면서 일제의 탄압으로 희생자가 속출하면서 이에 대한 후원과 구원을 위한 단체가 조직

---

[37] United States Army Hawaii Dept. Office of the Assistant Chief of Staff for Military Intelligence, 「A Survey of the Korean in the Territory of Hawaii」, January 1930 (Microfilm Washington D.C. National Archives, 1985), p.3.
[38] 『신한민보』 1919년 12월 16일자, 「하와이 재정 보고 발표」. 또한 정확하지는 않지만 『신한민보』의 기사에 따르면 하와이에서 3·1운동이 발발한 이후 독립운동 지원비로 거두어 들인 돈이 7만 불이라고 하여 위의 발표보다 2배 정도 더 거두어들인 것으로 나타나 있다(『신한민보』 1919년 10월 11일자, 「하와이에서 원동청구를 거절」).
[39] 방선주, 「3·1운동과 재미한인」, 511~513쪽.

되었다. 하와이에서는 '대한인부인 적십자회'를 조직하고, 회장에는 송매리(송헌주 부인), 부회장에서는 김마줄, 서기에는 김유실을 선출하였다.[40] 하와이 현지의 일본계 신문도 하와이 한인들이 적십자사를 조직한 목적은 거액의 기부금을 모집하여 독립운동에 참가하였다가 희생된 동포들을 구제할 목적이었다라고 하였다.[41]

하와이 한인여성들이 적십자회를 조직하였다는 것은 하와이 현지의 영자신문 『애드버타이저』에도 소개되었다.[42] 적십자회 부회장 김마줄은 적십자대를 뽑아 내외국인에게 보내 구휼금을 모집하고, 장차 국내에 들어가 독립운동 희생자들을 구원하자고 주장하였다.[43] 그리고 마우이섬에서도 3월 22일 하오 7시부터 다음날 상오 10시까지 파이아지방에 모여 '마우이 부인 적십자임시회'를 조직하였다.[44] 4월 1일 하와이에 있는 모든 단체의 여성대표들이 모여 다음과 같이 대한부인구제회를 정식으로 결성하였다.[45]

1. 본회의 이름은 대한부인국민구제회라 함(장차 워싱턴정부와 협의하여 적십자회로 변경)
2. 본회의 목적은 내지에서 죽은 동족을 구원하고 즉금 조직된 우리 정부를 협조하기로 정함
3. 본회는 하와이 대한인국민회에 한 분자로 항상 헌장 범위안에 있을 일
4. 관하 각처에 산재한 우리 부인들의 편리를 위하야 본항에는 총무부를 설치하고 다소를 따라 지방회를 둘 일

---

40 『국민보』 1919년 3월 19일자, 「적십자회를 조직」.
41 『布蛙報知』 1919년 3월 17일자, 「朝鮮人赤十字を組織せりと」.
42 『The Pacific Commercial Advertiser』 1919년 3월 17일자, 「Honolulu Koreans organize Red Cross Society to help members of race in Korea」.
43 『국민보』 1919년 3월 19일자, 「김녀사의 연설」.
44 『국민보』 1919년 3월 29일자, 「마위도 부인적십회 취지서」.
45 『국민보』 1919년 4월 2일자, 「대한부인들의 대동 단결 기초 완성」.

5. 본회의 조직은 회원의 과반 투표를 얻은 자로 택함
6. 본회의 임원은 좌와 같함

회장 1인, 부회장 1인, 총무 1인, 서기 2인, 재무 1인, 외교원 1인, 구제원 1인, 사찰 3인
7. 입회금은 1원, 월연금은 25전으로 함
8. 국사에 관하야 무슨 일이던지 국민총회 행정부와 직접 교섭 처리할 일

위와 같은 결정에 따라, 4월 4일 다시 부인공동회를 개최하여 부인구제회 총무부 행정 임원을 다음과 같이 선출하였다.[46]

회장 손(이)마리아(손덕인 부인), 부회장겸 외교원 김마주리, 총무 김보배, 서기 김유실·김복술, 재무 송마다, 학무 백인수, 법무 정혜린, 구제원 안득은, 사찰 정마태

대한부인구제회의 총무부 행정 임원을 선출한 후 다음과 같은 결의를 하였다.[47]

1. 불일간 완성하는 부인구제회 입회증서를 각 지방으로 분급할 일
2. 부인구제회 인장과 입회증서 경비로 15원 즉금 지출할 일
3. 만일 우리 부인구제회 공문과 총회의 소개서가 없이 각 지방으로 다니며 혹 의연하는 사람이 있으면 대한부인들이 일심하야 배척할 일
4. 본회 재무부에 임치하였던 금화 백원을 국민총회 위탁하야 곧 원동으로 부송

---

[46] 『국민보』 1919년 4월 5일자, 「대한부인구제회 총무부 행정임원록」; 『국민보』 1919년 4월 9일자, 「부인구제회 재무 송마다 여사」.
[47] 『국민보』 1919년 4월 5일자, 「대한부인구제회 총무부 행정임원록」.

케 할 일

5. 와히아와 부인회에서 청함을 의지하야 회장 손마리아 씨가 주일(4월 6일)에 들어가기로 공포할 일

위와 같은 결의안에 따라, 하와이의 여성들은 독립운동 후원에 모든 역량을 집중시키고 하였다. 특히, 4월 11일 이후 중국 상하이에서 대한민국임시정부가 성립되었다는 소식이 하와이에도 전해졌다.

중국 상하이에서 임시정부가 조직되었다는 소식이 하와이 전역에 알려지면서, 하와이 여성들의 독립운동 지원활동도 더욱 체계적으로 전개되기 시작하였다. 예를 들면, 마우이섬의 여성들은 모든 사치를 일절 금하고, 음식을 절약하며, 또한 여러 가지 잔치를 하지 않고, 험한 음식으로 생명을 유지하며 남은 재정을 모아 국내 동포들을 구원하고자 하였다.[48] 하와이섬 호노카아(Honokaa)지방 여성들은 4월 12일 부인구제회를 조직하고, 회장에 김공도, 부회장에 박보광, 총무에 김신일, 서기에 김정숙, 재무에 김유희, 사찰에 정함내·이선의를 선출하였다.[49] 그리고 하마구아(Hamakua)의 한인들은 4월 12일 호노카아공원에서 독립축하식을 거행하고 부인구제회를 위해 금전을 출연하였다.[50] 부인구제회가 결성된 지 두 달만에 회원이 260여 명에 달하였으며, 하와이 4개 섬에 모두 부인구제회가 조직되었다.[51]

국내에서 3·1운동의 소식이 전해진 이후 하와이의 대한부인구제회에서는 독립운동을 후원하기 위해 독립운동자금 모집에 전력을 쏟았다. 부인구제회가 결성된 이후 한 달만에 국민구휼금·입회금 등 모금된 금전이 550달

---

48 『국민보』 1919년 4월 12일자, 「마위노 대한부인들의 분발」.
49 『국민보』 1919년 4월 30일자, 「대한부인구제회 회록」.
50 『국민보』 1919년 4월 19일자, 「하마구아 국민들은 부인국민구제회를 위하야 단순한 금전을 출연 보고」.
51 『국민보』 1919년 5월 7일자, 「대한부인국민구제회의 세력이 넓어진다」.

러에 달하였으며,[52] 6월 말까지 1,100달러를 모금하였다. 이 가운데 500달러는 임시정부에 보냈고, 500달러를 워싱턴의 이승만에게 보냈다.[53] 3·1운동 당시 부인구제회에서 모금한 독립운동자금은 하와이 한인 남자들보다 부인들이 앞서는 것이었다.

하와이의 여성들은 처음에 '적십자사'를 조직하여 한인 독립운동자들과 기타 이화자(罹禍者)들을 구제하려고 하였다. 그렇지만 '적십자사'는 국가별로 지부를 설립할 수 있었다. 한국은 당시 독립국이 아니므로 적십자회를 둘 수가 없고, 일본의 속국이기 때문에 일본적십자사에 소속되어야만 했다. '적십자회'는 조직하지 못하나, 그와 같은 사업을 하자는 뜻에서 '부인구제회'를 만들었던 것이다.[54] 부인구제회에서는 하와이 각 섬에 지방회가 설립되면서, 1919년 9월 4일 각 지방회 대표들이 호놀룰루에 모여 「대한부인구제회 장정」을 다음과 같이 제정하였다.

> 하와이 군도에 우접(寓接)하는 대한인 부인 우리들은 본국 2천 만 민족의 대표 손병희 선생 이하 33인 어른께옵서 상천(上天)의 명령을 받아 일본의 속박을 벗고 대한의 독립과 민족의 자유를 1919년 3월 1일(대한건국 4252년) 위시하야 천하에 선언하시고, 드디어 건장하고 용맹한 2백 만 오라바님을 지휘하여 전국으로 더불어 평화적 독립 혈전을 시작하였다는 확실한 소식을 듣는 때에 단기 혈족의 일분자가 된 우리 여자들도 하늘이 주옵신 국민의 고유한 의무 권리를 다함이 천직인 줄로 자각하고 이에 분기하야 대한부인구제회를 조직한 후 오아후, 하와이, 카우아이, 마우이 4도에 성립된 본 구제회 지방회 대표들이 대한민국 원년 9월 4일에 호항(湖港)으로 대한부인구제회 대표회로 모여 전능하시고 거룩하신 하나님

---

52 『국민보』 1919년 5월 17일자, 「대한부인국민구제회 구휼금 수입 총액이」.
53 『국민보』 1919년 7월 2일자, 「호항부인구제회에서는 금화 500원을 또 부송」.
54 『국민보』 1951년 4월 4일자, 「부인국민회의 역사」.

이름 아래 이 장정을 제정함.[55]

    1919년 3월 9일 독립선언의 소식이 하와이에 전달된 이후부터, 하와이의 한인 여성들은 열성적으로 독립운동을 후원하는 활동을 전개하였다. 부인구제회에서는 독립운동을 지원하기 위해 국내에서 선포된 「3·1독립선언서」를 다시 인쇄하여 그 사본을 판매하여 독립운동자금으로 지원하였다.[56] 『국민보』 1919년 7월 5일자에 의하면, "본항 부인구제회에서 그것을 양제로 잘 만들어 일반동포에게 분급한다는데, 그 가치는 대개 35전이라 하며 누구던지 원하는대로 곧 보낸다"[57]라고 하였다. 즉, 호놀룰루 부인구제회에서는 3·1독립선언서 인쇄본을 35센트에 판매하였다.

    부인구제회에서는 위와 같이 「독립선언서」를 다시 인쇄하여 그 사본을 판매하여 독립운동자금으로 지원하였으며,[58] 심지어 "매일 매일 부인회들이 점심 한 끼를 굶고 그 쌀 한줌씩을 집어내어 그것으로 떡을 해가지고 또한 묵을 해가지고 팔고요. 그리고 대한민국의 국기를 그려서 집집마다 걸어야 되겠다고 생각하고, 또 손수건을 해서 팔아"[59] 독립운동을 지원하고자 하였다. 또 구제회에서는 영국·미국·프랑스 각국의 부인단체에 서신을 보내 한국의 독립운동에 동정을 표해 달라는 호소를 하였으며, 그러한 내용을 당시 파리에 가 있던 윌슨 대통령의 부인에게도 발송되었다.[60] 그리고 그해 10월에

---

55 「대한부인구제회 장정」(독립기념관 소장자료 1-001186-000).
56 John K. 玄, 洪性傑 譯, 『國民會 略史』, 고려대학교 민족문화연구소, 1986, 14쪽.
57 『국민보』 1919년 7월 5일자, 「부인구제회에서 대한독립선언서를 분급」.
58 John K. 玄, 洪性傑 譯, 『國民會 略史』, 14쪽.
59 姜信杓, 『檀山社會와 韓國移住民』, 韓國研究院, 1980, 「부록」 44쪽.
60 『신한민보』 1919년 7월 5일자, 「하와이 대한부인회는 열강 여자에게 청원」 및 『The Star Bulletin』 1919년 5월 28일자, 「Koreans girls of Hawaii appeal to women of world for aid against Japan」(國史編纂委員會, 『韓國獨立運動史』, 211쪽에는 「布蛙에 있어서의 朝鮮 婦人의 各國 婦人에 대한 獨立運動 援助 哀訴」라 하여 발행일자가 1919년 5월 23일자로 되어 있지만, 필자가 확인한 결과 발행 날짜가 5월 28일이었다).

는 동족 구휼금으로 1,000달러를 본국에 보낸 일도 있었다.[61] 이밖에 하와이의 한인 여학생들 조차 4월 20일 「하와이 조선 여학생회」를 조직하여 회장에 최순희 등 6명의 임원을 선출하고, 모국의 부녀동포들이 선언한 독립선언서의 정신을 받들고자 하였으며,[62] 그 가운데 파리평화회의에 가 있는 김규식을 원조하기 위해 편지와 더불어 60달러의 경비를 보내기도 하였다.[63]

하와이의 한인들이 분주하게 국내에서의 3·1운동을 지원하는 운동을 전개하고 있을 즈음 지역신문에는 매일같이 일제의 만행이 폭로되었다. 일제 헌병이 미국인 선교사를 총으로 구타한 일이 보도되었다. 또 서울에서 중국으로 탈출한 미국인 선교사들이 일제의 야만적인 진압에 대하여 "그들은 어린이들이 매를 맞는 것과 노인들이 내쫓기고, 여인들이 일본관헌들에 의해 칼로 찌르는 것을 보았다"고 증언하는 기사가 보도되고 있었다.[64] 국내의 소식이 매일 전해지면서 하와이 국민회에서는 일제의 만행을 고발함과 동시에 하와이 현지인에게도 동정을 얻기 위한 활동이 병행되었다. 그 결과 한국의 독립운동에 동조하는 여론이 하와이 현지에서 일어나면서, 3월 28일자 『애드버타이저』지에는 서울에서 발행된 「독립선언서」의 영문번역 전문이 게재되었고, 같은 날 『새크라멘토 비(Sacramento Bee)』의 소유주인 맥클래취(V. S. McClatchy) 부부가 호놀룰루에 들렸을 때 한국에서의 독립만세시위에서 보고들은 것을 증언하는 기사가 실렸다.[65] 이같은 소식이 전해질 무렵 프랑

---

61 『신한민보』 1919년 11월 11일자, 「하와이 부인회의 좋은 성적」.
62 『신한민보』 1919년 5월 15일자, 「녀학생의 새단체가 일어」.
63 『신한민보』 1919년 6월 19일자, 「김대사에게 글월을 올리며」.
64 『The Pacific Commercial Advertiser』 1919년 3월 19일자, 「Missionary Returning to China from Korea reveals indignities heaped upon Americans by Japanese military officials」 및 『The Honolulu Star Bulletin』 1919년 3월 19일자, 「Americans in Korean beaten by Japanese」.
65 『The Pacific Commercial Advertiser』 1919년 3월 28일자, 「McClatchy sees Koreans clubbed as revolt opens」 및 『The Honolulu Star Bulletin』 1919년 3월 26일자, 「Japanese torture Korean girls in suppressing riot」.

스 파리에 파견된 대표들이 강화회의에 참석하는 것이 어렵다고 전해왔다.[66]

3·1운동의 소식을 전해들은 이후 하와이의 한인단체와 기관들은 거의 매일 국민회 총회관에 모여 3·1운동 이후의 운동방향에 대해 토의를 계속해왔다. 하와이 국민회에서는 이러한 한인들의 열기를 결집하기 위한 행사를 가지기로 하고, 4월 5일 한인 대표들인 방화중·정윤필·신성일 등이 페른(Fern) 호놀룰루 시장을 찾아가 와이키키에 있는 카피올라니(Kapiolani) 공원에서 '독립축하회'를 개최하려고 한다는 「집회신청서」를 제출하였다.[67] 그러나 호놀룰루 시참사회에서는 한인들의 집회가 자칫하면 하와이 거주의 한국인과 일본인 사이에 국제문제를 야기할 수 있다고 하여 공원에서의 집회를 허가하지 않았다.[68] 이에 하와이 국민회에서는 행사장소를 변경하여 4월 12일 카이무키 스트리트(Kaimuki street)에 있는 한인기독학교에서 축하회를 개최하기로 하였다. 이 행사를 위해 하와이의 한인들은 한복을 착용하고 손에 손에 태극기와 미국의 성조기를 들고 밀러가(Miller Street)에 있는 국민총회관에서 모여, 대오를 이루어 전차를 타고 카이무키에 있는 행사장에 모여 독립축하회를 개최하였다.[69] 이때 호놀룰루에는 하와이 한인의 4분의 1인 1,200여 명이 회집하여 시위를 벌였다.[70] 이때의 상황이 『애드버타이저』지 4월 13일자 1면에 여러 장의 사진과 함께 대대적으로 보도되었다.

---

66 『The Honolulu Star Bulletin』 1919년 4월 2일자, 「Korean envoy in Paris has difficult job」.
67 『The Honolulu Star Bulletin』 1919년 4월 5일자, 「Koreans want to celebrate; Mayor wavers」 및 『日布時事』 1919년 4월 9일자.
68 「Koreans' appeal for celebration spurned by board」, 『The Pacific Commercial Advertiser』 1919년 4월 9일 1면.
69 『日布時事』 1919년 4월 12일자, 『今朝の朝鮮人獨立祝賀騷はせ』.
70 『신한민보』 1919년 4월 15일자에는 하와이 지방총회장의 전보에 의해 1,200여 명의 한인들이 회집하였다고 하였으나, 『스타 뷰레틴』지에는 800명 이상의 사람들이 모였다고 하여 숫자에 있어 다소 차이가 있다(『The Honolulu Star Bulletin』 1919년 4월 14일자, 「Independence of Korea observed」).

매우 이른 아침 남자들 여자들 소년소녀들이 회의에 참석하기 위해 여러 섬을 떠나서 시(市)로 들어왔다. 각자 국기와 자신들이 채택한 나라의 국기 즉 성조기를 가지고, 밀러가에 있는 국민회 총회관으로 몰려갔다. 천명 이상의 사람들이 와이아래 가(Waialae Road)에 있다. … 한국기와 성조기로 장식된 연단에는 20여 명 이상의 지도자들이 도열해 있었다. 그들은 다른 섬에서 연설과 노래를 위해 선발된 사람들이다. 국민회 총회장 이종관에 의해 회의가 시작되자마자, 밴드가 한국과 미국 양국가의 선율을 연주하였다. 다음에 영어로「독립선언서」가 송매리 여사(Mrs. Marry Song - 송헌주 부인 - 필자)에 의해 낭독되었으며, 한국어로는 임(Yim Y. W. - 김영우? - 필자)에 의해 낭독되었다. 윤계상(K. S. Yoon)이 기도를 하고 여학생이 한국과 미국 국기를 증정하였다. 감사의 연설이 하와이에 있는 뛰어난 한국인과 미국인 친구들에 의해 행해졌고, 전 국민회 총회장 안현경이 연설을 하였다. 그리고 송박사(Dr. H. J. Song - 송헌주 목사 - 필자), 안원규(W. K. Ahn), 승룡환(Y. W. Seung) 주필, 방화중(W. C. Pang) 목사, 박박사(Dr. Y. M. Park - 박용만? - 필자), 애드버타이저 편집인 에드워드 어윈(Edward P. Irwin) 등이 연설하였다.[71]

위와 같이 하와이의 한인들 1천여 명이 모여 대대적인 '독립축하회'를 개최하였고, 여기서「결의문」이 채택되었다. 그 내용은 미국무부가 한국의 대표들이 파리 강화회의에 갈 수 있게 허가해 달라고 요청하였으며, 미국은 한국에서 자행된 일본인들의 잔학상을 알려야 한다는 등의 결의안을 채택하였다.[72] 이 결의문은 필라델피아에 있는 미국의「독립기념관」에 보내졌다. 그리고 미본토에서도 4월 14일 필라델피아에서 제1회 한인회의가 3일간 개최

---

71 『The Pacific Commercial Advertiser』 1919년 4월 13일자,「Koreans observe independence day on every island」.
72 『The Honolulu Star Bulletin』 1919년 4월 14일자,「Independence of Korea observed」.

되어 미국정부와 국민들에게 협조를 청원하기로 하고, 임시정부의 지지와 국제연맹에서 임시정부의 승인을 요구하는 결의안을 통과시켰다.

3월 1일 국내에서 독립을 선언하였다는 보도에 이어 임시정부가 수립되었다는 소식이 미주지역에도 왔다. 중국 상하이에 있던 현순이 1919년 3월 29일 샌프란시스코의 국민회 중앙총회와 하와이 국민회에 임시정부 수립을 처음으로 알렸다. 현순이 하와이 국민회로 보낸 영문원문 전보에 의하면, 현순이 보낸 전보문은 1919년 3월 29일 오전 4시 5분(4. 5. AM)에 도착하였다는 스탬프가 찍혀 있다.[73] 만일 현순이 상하이에서 보낸 전보가 정확하게 곧바로 하와이에 도착하였다고 가정하였을 경우, 현순이 전보를 보낸 시간은 상하이시간으로 3월 29일 오후 10시 5분이 된다. 그러나 현순이 샌프란시스코의 국민회 중앙총회에 보낸 전보는 4일 후인 4월 3일에 전달되었다.

현순이 하와이 국민회에 보낸 영문전보는 '전보'라는 매체의 특성상 내용을 간략하게 압축하여 전달하기 위해 불필요한 부호나 접촉사 등이 생략되어 있다. 현순의 영문전보에도 마침표와 콤마, 접촉사 등이 생략되어 내용이 완벽하게 전달되지는 않는다. 다음은 현순이 3월 29일자로 하와이 국민회에 보낸 영문전보로, 전보문은 모두 영문 대문자로 되어 있고 마침표도 없다. 그러나 이해의 편의를 위해 필자가 다음과 같이 문장을 정리하였다.[74]

Korean National Association

Honolulu

Japan Employs cunning tricks bribed few pro Japanese. Shichunkyoins

---

[73] 현순이 3월 29일자로 호놀룰루에 있는 하와이 국민회에 보낸 전보의 원본이 현재 미국 UCLA 대학교 찰스 리 영 리서치 도서관(Charles Lee Young Research Library)에 소장된 「진희섭 컬렉션(Chin Hei Sop, Archival Collection)」에 있다.

[74] 현순이 하와이에 보낸 「영문전보의 원문」은 UCLA도서관 「Hei Sop Chin Archival Collection 367. Box 2 Folder 8」에 소장되어 있다.

Pushangs formed self government league intending demonstration against us. People are forced to sign against independence. (Period) On twentyfifth twentysixth grand demonstrations at Seoul. Hills decorated with our flags. 200 arrested casualties both sides. Samnam uprising everyday. 600 our troops crossed Tumankang Demonstrations in Siberia Manchuria. Provisional Government organised by Representatives. President Son Pyung Hi, Vice President Pak Young Hyo, Secretary State Rhee (S)yngman, Home Ahn Chang Ho, Finance Yun Hyun Jin, Justice Nam Hyung Woo, War Li Tong Whi, Commander Lyu Tong Yul, Delegate at Paris Kim Kyu Sik. Announcement follows, answer your opinion immediately. Seven hundred thousand yen confiscated by Japanese. Financial help urgent. [Money received. Kim Kyu Sik changed name Chin Chung Wen, Boite Postal 369 Paris.] Hyunsoon.

* [ ] 부분은 대한인국민회 중앙총회장 안창호 앞으로 보낸 영문전보에는 없는 내용임.
** ( ) 부분은 대한인국민회 중앙총회장 안창호 앞으로 보낸 영문전보에만 있음.

위의 영문전보의 내용은 영어문법에 맞게 손세일이 당시의 의미를 살려 다음과 같이 번역하였다.[75]

대한인국민회
호놀룰루

일본은 간계(奸計)를 쓰고 있소. 몇몇 친일파를 매수했소. 시천교인(侍天敎人)들과 부상(負商)들이 우리에 대항하는 시위를 하느라고 자치연맹(self government league)을 조직했소. 사람들은 독립반대 서명을 하도록 강압받고 있소. 25일과

75 손세일, 『이승만과 김구』 3, 조선뉴스프레스, 2015, 31~32쪽.

26일에 서울에서 대규모 시위가 있었소. 언덕들은 우리 국기로 덮였소. 200명이 체포되고 양쪽에서 희생자가 났소. 삼남(三南)에서 매일 봉기하오. 우리 군대 600명이 두만강을 건넜소. 시위는 시베리아와 만주에서 계속되고 있소. 대표자들에 의해 임시정부가 수립되었소. 대통령 손병희, 부통령 박영효, 국무장관 이승만, 내무장관 안창호, 재무장관 윤현진, 법무장관 남형우, 군무장관 이동휘, 참모총장 유동열, 파리대표 김규식. 곧 공표할 예정이오. 당신들의 의견을 급히 회신하시오. 70만 엔을 일본인들에게 몰수당했소. 재정지원이 시급하오. [(보내준) 돈은 받았소. 김규식은 이름을 진춘웬으로 바꾸었고, 그의 주소는 Boite Postal 369 Paris이오.] 현순.

* [ ]의 내용은 대한인국민회 중앙총회장 안창호 앞으로 보낸 영문전보에는 없다.

위와 같이 상하이에 있었던 현순은 1919년 3월 29일자로 미주지역 국민회에 임시정부가 조직되었다는 것을 알렸다. 현순이 미주에 알린 것이 우리 역사상 최초의 임시정부 조직안으로, 이후 미주에서는 주로 '대한공화국 정부조직안'이라고 명명되었다. 현순의 정부조직안이 미주지역에 도착하였을 때, 새로 조직된 임시정부를 하와이에서 발간되는 『국민보』는 '대한국민공화정부'라고 이름을 붙였으며, 샌프란시스코에 발간되는 『신한민보』에서는 '대한공화국 임시정부'라고 불렀다.

하와이 국민회는 현순의 전보를 받고, 3월 30일 오후 2시 30분 국민총회관에서 국민공동회를 소집하고 '대한임시정부 축하식'을 거행하였다. 이 축하식에는 국민회 임원들과 호놀룰루에 있는 교회 대표자, 그리고 남녀노유 600여 명이 참석하였다. 국민총회장 이종관의 대한반도애국가로 개회하고, 한인기독교회 윤계상 목사가 기도한 후, 총회장이 축하식의 취지를 간단히 설명하고 만세를 불렀다.[76] 하와이 현지에서 발행되었던 일본계 신문인 『하

---

76 『국민보』 1919년 4월 2일자, 「대한림시정부 축하식의 큰 성황」.

와이 호치』에 따르면, 3월 말 하와이에서는 임시정부가 수립되었다는 것이 전해졌다.

조선은 간도(間島)에 독립정부(獨立政府)를 수립하고 총리대신으로 손병희가 추천되었다는 것을 당지 조선자(朝鮮字) 신문사의 접수한 전보에 전한다.[77]

그래서 『국민보』 4월 5일자에는 '샌프란시스코 4월 4일 해군성을 경유한 연합통신사 특전'이라고 하여, "상해로부터 온 급보를 거한 즉 한국 전국 종교계에 인도자 손병희 군으로 임시대통령을 공선하고 8성 대신을 뽑아 내각을 조작하였다"라고 하였다.[78] 4월 9일자 『국민보』 제1면에는 '대한임시정부 국무경 겸 외무대신'이라고 하면서, 이승만을 사진도 함께 실었다. 그러나 현순은 4월 10일 다시 전보를 보내, 3월 29일자 임시정부 조직안은 잘못된 것이라고 하였다. 현순은 자신의 영문전보가 '착오'라고 통신했는데도, 미주 한인사회에서는 노령에서 조직한 임시정부로 인식하고 상당기간 유일정부로 존재했다는 것이다.[79]

3월 29일 현순이 보낸 정부조직안 전보는 잘못된 것이고, 4월 11일 상하이에서 임시정부가 수립되었다는 소식을 현순이 또 보내왔다. 하와이 시간으로 4월 10일 오전 3시 55분 상하이에서 대한민국임시정부가 성립되었다는 전보가 도착하였다. 다음은 현순이 4월 10일자로 하와이 국민회에 보낸 영문전보의 내용인데, 문장부호 등은 영문내용을 보아 필자가 붙인 것이다.[80]

---

77 『布哇報知』 1919년 3월 31일자, 「孫秉熙は信仰の中心點」.
78 『국민보』 1919년 4월 5일자, 「대한국민립시정부 조직에 후문」.
79 정병준, 「1919년 이승만의 임정 대통령 자임과 '한성정부' 법통론」, 『한국독립운동사연구』 13, 한국독립운동사연구소, 2001, 189~203쪽.
80 「현순이 하와이로 보낸 전보(1919. 4. 10)」(UCLA대학교 Charles Lee Young Research

Korean National Association, Honolulu.

Provisional government cabled before was wrong; our real one being under construction as follows: no Presidents, premier Rhee Syngman, home An Changho, foreign Kim Kyasik, finance Choi Chaiheng, war Lee Tongwhi, Commander Cho Sungwhan. Japanese sent six battalion, 400 gendarmes to Korea.

Hyunsoon.

3월 29일자로 전보로 알린 임시정부 조직안은 잘못된 것이고, 현재 임시정부를 조직중이라고 하였다. 그리고 정부조직안에 대통령은 없고, 국무총리에 이승만, 내무에 안창호, 외무에 김규식, 재정에 최재형, 군무에 이동휘, 참모총장에 조성환이 선출되었다고 하였다. 상하이 임시정부 조직체계와 관련하여 위의 전보에서 주목해 볼 만한 내용은, "no Presidents"이다. 즉, 대통령과 부통령이 없다는 것이다. 이 전보내용은 4월 12일자 『국민보』 제1면에 「대한국민공화정부를 다시 조직」이라고 하여, 다음과 같은 영문전보의 내용을 번역하여 다음과 같이 실렸다.

◎ 대한국민공화임시정부를 다시 조직
　　상해 국민대표원의 특전
　　상해 4월 10일 새벽 3시 30분 특전
　　대한인국민회 하와이지방총 각하
　　우리 국민대표원들은 현재(?) 임시정부를 다시 조직한 바 각부 대신의 명함이 좌와 같다.
　　총리대신 이승만　내부대신 안창호

Library의 「진희섭 컬렉션(Chin Hei Sop, Archival Collection)」소장자료).

외부대신 진정원   탁지대신 최재형

군부대신 이동휘   참모총장 조성환

총부통령은 없이 하였다.

일본정부는 포병 6개 대대와 헌병 400명을 한국으로 급파

상해국민대표원 현순.

그런데, 현순의 영문전보에는 4월 10일 오전 3시 55분에 하와이에 도달한 것으로 되어 있는데, 『국민보』에는 4월 10일 새벽 3시 30분 상하이에서 현순이 전보를 보낸 것으로 되어 있다. 이는 『국민보』측에서 전보 원본에 찍힌 도착시간을 발신시간으로 오해한 것같다. 아무튼, 4월 10일자 현순의 전보를 받은 이후, 4월 11일 상하이에서는 정식으로 '대한민국임시정부'가 수립되었다. 현순은 대한민국임시정부가 수립되었다는 소식을 4월 15일자 영문전보로 하와이 국민회 이종관 총회장에게 알렸다. 현순이 보낸 전보는 하와이 국민회에는 4월 16일 오전 11시 16분에 받았다. 현순이 보낸 상하이 대한민국임시정부 성립 전보 내용은 다음과 같다.[81]

> Real Provisional government of the Republic of Korea has been organized by Provisional Congress and officials announced as follows: premier Rhee Syngman, home An Changho, foreign Kim Kyusik, finance Choi Cheihyung, Justice Lee Siyoung, war Lee Tongwhi, Communication Moon Changbum. One thousand and letters received continual help necessary. Hyunsoon.[82]

---

81 「현순이 하와이지방총회장 이종관에게 보낸 전보(1919년 4월 16일)」(UCLA대학교 Charles Lee Young Research Library 「진희섭 컬렉션(Chin Hei Sop, Archival Collection)」).

82 「현순이 이승만에게 보낸 전보(1919년 4월 15일)」, 『The Syngman Rhee Telegrans』 vol I, 연세대학교 현대한국학연구소, 124쪽.

현순이 보낸 상하이 대한민국임시정부의 조직 소식은, 『국민보』 1919년 4월 19일자 제1면에 보도되었다. 이에 따르면, 상하이에서 현순이 4월 15일 새벽 2시 49분에 보낸 영문전보를 번역하여 게재하였다. 다음은 『국민보』 1919년 4월 19일자에 실린 현순이 보낸 영문전보를 번역한 내용이다.

> 我韓國民政府 上海代表員의 特電
>
> 大韓共和民國 臨時政府 組織 正式 公佈
>
> 上海 4월 15일 早朝 2시 49분 特電
>
> ◎ 我國民 臨時政府는 大韓共和政府를 完全히 組織하고 正式으로 公佈
>
> 국무총리 이승만   내무총장 안창호
>
> 외무총장 김규식   재무총장 崔致亨(최재형의 오기 – 필자)
>
> 법무총장 이시영   군무총장 이동휘
>
> 체신총장 문창범
>
> 돈 1천 원을 또 받고 공문도 접수하였소.
>
> 연속하여 도읍기를 요구
>
> 국민대표원 현순
>
> 대한독립정부 만세!!
>
> 이천만 국민 만세!!

위의 전보내용과 같이, 이승만을 국무총리로 하는 우리 역사상 최초의 공화제 정부인 '대한민국임시정부'의 수립을 알리는 전보였다. 이승만은 이종관 총회장에게 4월 30일 전보로, 상하이의 현순에게 하와이 대표자가 필요하면 사람을 보내겠다고 알렸다.[83]

국내에서 독립운동 소식이 매일 같이 하와이 지역신문에 보도되었고, 5월

---

83   『국민보』 1919년 5월 3일자, 「국무총장의 후전」.

7일자 『스타 뷰레틴』지에는 민족대표에게 6개월에서 2년의 형이 선고되었음이 보도되었다.[84] 이 즈음 미본토, 멕시코, 하와이에 거주하는 한국인들은 일본이 한국의 독립을 인정할 때까지 일본상품에 대한 보이코트를 결의하였다.[85] 특히 하와이에서는 한국인들이 대부분 일본제 식료품을 사먹고 있었는데, 국민회의 특별한 지시가 없었음에도 불구하고 일본상품에 대한 불매운동이 자연적으로 일어나고 있었다.[86] 예컨대 당시 「부인구제회」 일을 보던 차영옥은 당시를 회고하여 말하기를, "여기서 한국안에서는 못했지만은 우리는 일본배척을 해야겠다고 일본사람 간장도 안먹고 물건도 안먹고" 했다고 하였다.[87] 이에 따라 하와이 국민회에서 세부 계획을 마련하여 시행하고자 하였다.[88]

그해 6월에 들어 한국에서 3·1운동이 일제의 무력진압에 의해 진정되어 가고 있다는 보도와 함께 본국의 동포들이 일제의 무력진압에 의해 많은 사상자가 발생되었다고 보도되었다. 하와이에서 3·1운동의 지원과 그 선후책은 하와이 국민회에 위임하는 한편, 미주와 원동지역에서의 운동에 통일을 기하기 위해 미주 특파원으로 김호를, 중국 상하이에는 재미한인대표로 안창호를, 하와이 특파원으로는 강영소와 황사용을 파송하였다. 중앙총회의 특파위원 황사용과 강영소는 6월 2일 호놀룰루에 도착하였고,[89] 다음날인

---

84 『The Honolulu Star Bulletin』 1919년 5월 7일자, 「Korean leaders sent to prison」.
85 『The Pacific Commercial Advertiser』 1919년 4월 23일자, 「Koreans decide to boycott Japanese goods to force recognition」.
86 "하와이 호놀룰루 한인 및 하와이인 약 6천 명이 일본물화를 배척하기로 결의하였다더라"(『신한민보』 1919년 5월 1일자, 「하와이 6천 동포의 왜화 배척」) 및 當市 조선인의 조선독립운동으로써 그것에 의해 일절 일본인 상점 및 일본상품에 대해 보이코트를 시작하였다"(『日布時事』 1919년 4월 25일자, 「鮮人のボイコット何處迄影響する」).
87 姜信杓, 『檀山社會와 韓國移住民』, 24쪽.
88 『The Honolulu Star Bulletin』 1919년 4월 24일자, 「6000 Koreans start boycott against Japan」.
89 『국민보』 1919년 6월 4일자, 「중앙총회 하와이 특파위원 안착」.

6월 4일 한인기독학원에서 성대한 만찬회가 개최되었다.[90] 그리고 6월 4일 국민회관에서 황사용과 강영소 두 특파위원을 위한 환영회가 거행되었다.[91] 하와이의 모든 한인단체들이 참가한 가운데 오후 7시에 국민회 총회관에서 환영회가 열렸는데, 특파위원 두 사람의 시국에 대한 연설이 있었다. 환영식에서 특파위원 황사용과 강영소가 "재하와이 한인은 1인도 남김없이 규합하여 조선독립운동을 원조하기 위해 개인개인에 대해 그 서약(誓約)"하라고 하면서 독립의식을 고취하였다.[92]

또한 하와이 한인들은 하와이 원주민들의 행사에도 적극 참여하여 우리의 독립운동을 알리고자 하였다. 즉 6월 11일 하와이 왕조의「카메하메하(Kamehameha) 대왕(大王) 백년제(百年祭)」기념행렬 때 하와이의 한인단체들도 초청을 받았다.[93] 이에 중앙학원의 학생들은 행렬을 준비하였고, 국민회에서는 유희를 준비하였으며, 태평양시사에서는 국기행렬을 하였다.[94] 특히 문제가 된 것은 태평양시사가 행사에 '조선독립만세'라고 쓴 깃발을 가지고 퍼레이드에 참가한 것이 문제가 되었다. 즉 이에 대해 일본계 신문에서는 "행렬 주최자가 이것에 대하여 하등의 주의를 주지않은 것은 일본인으로서는 심히 불쾌한 처사"라고 하면서 주최측을 비난하였다.[95] 이에 대해 영자지인『스타 뷰레틴』지 6월 16일자에서는 도리어 "가미하미하 왕의 기념 경축식에 한인들이 그네들의 국기를 찬란히 휘황히 단장하여 기념행렬에 참가하여 일본의 노예속박을 항거하는 뜻을 표시하며 기뻐서 춤추며 뛰놀며 노래하는데 대하여 일인의 기관보『일포시사』는 방자된 광언망설을 기재하였

90 『국민보』1919년 6월 7일자,「중앙총회 특파위원을 위하야」.
91 『국민보』1919년 6월 7일자,「성대한 환영회」.
92 『日布時事』1919년 6월 5일자,「講和會議若し朝鮮獨立を承認せずば」.
93 하와이 왕조의 카메하메하(Kamehameha) 1세가 1819년 5월에 죽고, 그의 장남이 왕이 되었다. 따라서 1919년은 카메하메하 2세(1819 – 1824)가 즉위한지 100년이 되는 해이다.
94 『신한민보』1919년 6월 24일자,「가미하미아 백년 기념일」.
95 『日布時事』1919년 6월 12일자,「朝鮮獨立萬歲の旗カメハメハ百年祭當夜」.

더라"라고 하면서, "저『일포시사』의 망론만 보아도 일인들이 미국의 도덕을 일향 이해하지 못하는 증거다. 이는 미＝일 양국의 친밀한 정의를 방해함이다. 만일 이와같이 벌어진 골짝이에 다리를 놓기 전까지는 서로 갈려질 것이다"라고 하여 일본인들의 반대로 호놀룰루에서 한인들에게 동정을 표하는 자가 더욱 많아졌다고 한다.[96]

국내에서 대대적인 독립운동이 전개되고 있다는 소식이 전해진 것은 앞에서 본 바와 같이 3월 9일 현순이 상하이에서 하와이 국민회로 알려왔고, 이 것을 국민회 사람들이 현지의 각 신문에 알림으로써 하와이 지역사회 전체가 알게 되었다. 하지만 미 본토는 하와이와 달리 그 소식이 여러 곳에 흩어져 있어 동포들에게 즉각적으로 알려지지는 않았다. 미본토의 신문들이 한국에서 3·1운동이 발발하였다는 보도하기 시작하였고, 『뉴욕 타임즈』가 3월 13일자로 보도하면서 널리 알려지게 되었다. 그후 대한인국민회 중앙총회는 3월 15일에 재미동포 전체 대표자 대회를 열고 독립운동 응원 방침을 결의하였다. 이때 결의한 13조 가운데 하와이의 운동과 관련이 있는 것은 제6항과 제7항이었다.

> 6. 원동에 대표를 파송하여 대한민국 임시정부 수립에 봉사하게 하고, 미주와 하와이 각 지방에 특파원들을 파송하여 민중여론을 수습하며, 의사를 연락하여서 행동일치를 도모함.
> 7. 하와이에서 진행할 사무는 대한인국민회 하와이 지방총회에 위임함.[97]

하와이에서 3·1운동의 지원과 그 선후책은 하와이 국민회에 위임한다고

---

96 『Honolulu Star Bulletin』 1919년 6월 16일자, 「A tactless blunder」(이 기사에 대한 전문번역은 『신한민보』 1919년 7월 1일자, 「왜놈들이 한인의 독립행렬을 반대타가 쓴 망신」이라는 기사에 있다).
97 김원용, 『재미한인오십년사』, 364쪽.

하였다. 국내에서 3·1운동이 진정국면으로 들어가던 6월 중순 하와이에서는 임시정부의 설립소식에 고무되었다.

하와이 국민회에서는 6월 15일 중앙총회 특파위원들과 함께 대한독립 광복의 연합적 대활동을 위한 '국민대연설회'를 개최하기로 하였다.[98] 6월 15일 하와이국민회 총회관에서 각섬 대표자와「국민대회」를 개최하여 1,500명이 모였다. 여기서 독립운동의 세목(細目)을 계획하고, 아울러 일층 맹열한 배일적 보이코트를 고취하고자 하였다.[99] 이 모임의 연사로는 이종관 총회장을 비롯하여 샌프란시스코에서 파견된 황사용·강영소 등이 독립운동과 일본상품 불매에 대해 연설을 하였으며,[100] 그리고『니뮤지지』사의 편파적인 보도에 대해 "금후 만약 일포시사가 다시 조선독립운동에 관해 면백하지 않은 기사를 게재할 경우는 단호히 이를 허락하지 않는다"라는 것을 결의하였다.[101] 특히 이 대회에서는 재미, 재멕시코, 재하와이 한인들이 일치 협력하여 독립운동을 후원할 것이며, 파리강화회의가 이를 승인하지 않을 때는 해외 한인들이 제휴하여 최후의 1인까지 분투하기로 결의하였다. 그리고 6월 17일 밤에 또다시 대규모「공동회」를 개최하여 위의 사람들과 부인대표들이 연설을 하였다.[102] 이처럼 하와이에서는 3월 9일 3·1운동의 소식이 전해진 이래로 6월 중순까지 거의 하루도 쉬지 않고 각종 집회를 개최하여 우리의 독립운동을 선전하였으며, 국내외 독립운동을 지원하기 위한 모금활동을 전개하였다.

그러던 가운데 4월 23일 13도 대표가 국민대회를 열어 이른바 '한성정부'

---

98 『국민보』1919년 6월 14일자,「국민대연설회 소집설」.
99 『The Honolulu Star Bulletin』1919년 6월 14일자,「Koreans rally sunday to plan independence」(「朝鮮人의 獨立計劃 會議」, 國史編纂委員會,『韓國獨立運動史』, 212쪽 전문번역 所收).
100 『신한민보』1919년 6월 26일자,「왜화배적을 하냔가 매척하면 국민이오, 아니하면 원수니라」.
101 『日布時事』1919년 6월 16일자,「昨日の朝鮮人大會」.
102 『The Honolulu Star Bulletin』1919년 6월 14일자,「Koreans rally sunday to plan independence」.

가 선포되었고, 여기에서 이승만이 집정관 총재에, 박용만이 외무총장에 추대하였다는 소식이 하와이에 전해진 것은 6월 13일경 이었다. 한성정부에 대한 소식은 『국민보』6월 14일자 다음과 같이 실렸다.[103]

> 서울 6월 12일 연합통신사 특전. 대한전국 백성의 평화적 독립운동은 계속하는 모양이며, 서울 소집한 대한전국의회에서는 국무경 이승만 박사를 다시 대통령으로 공선한 후 세계에 공포. 기자왈 상해 우리 국민정부 본부에서 아직 소식이 없으나 이상 전보는 연합통신사에서 세계에 발포한 것이니, 진적한 소식으로 공인하거니와 만일 확실한 소식 같으면 불원간 상해 본부에서 통지가 있을 줄 믿으며, 또한 대한독립군은 계속 활동하는 줄로 믿을 뿐인져.

이승만이 국내 의회에서 대통령으로 선출되었다는 AP통신 기사를 알렸다. 또한 『애드버타이저』지에는 "한국 독립운동의 지도자들이 비밀리에 대통령을 이승만으로 하는 임시정부를 수립하였다"라는 보도를 하고 있다.[104] 이승만은 워싱턴에 외교부를 설립한 이후인 6월 19일 하와이 국민회에 "내가 대통령이 되었소"라는 전보를 보냈다.[105]

상하이 임시의정원에서는 「임시헌장」이 통과되어 4월 13일에는 이를 내외에 정식으로 공포하였고, 이 소식은 하와이 국민회에도 전해졌다.[106] 그리고 이승만이 한성정부에서 집정관총재에 임명되었다는 소식을 전해들은 국민회 중앙총회에서는 8월 16일 각지에서 축하식을 거행하라고 지시하였다. 그러나 하와이에서 그날(16일)이 토요일이기 때문에 몇 천명 동포가 모이기

---

103 『국민보』1919년 6월 14일자, 「대한독립당에 계속 대활동」.
104 『The Pacific Commercial Advertiser』1919년 6월 13일자, 「Koreans set up new rule with Dr. Rhee at head」.
105 『국민보』1919년 6월 21일자, 「내가 대통령 되었소」.
106 『The Pacific Commercial Advertiser』1919년 6월 17일자, 「Equal suffrage and abolition of titles provided by Koreans」.

힘들어, 그 이튿날인 17일 일요일날 개최하기로 하였다.[107] 8월 17일 오후 2시 누아누우(Nuanuu) 거리에 있는 자유연극장에서 1천 여 명의 한인들이 참석한 가운데 성대한 '대한민국 집정관 총재 선거 축하식'을 거행하였다.[108] 이 축하식은 모일이이리(Moiliili)에 있는 한인여자학원에서 이승만의 「대통령당선 축하회」를 열고 그를 지원하기로 결의하였다.

한편 필라델피아에 설치되었던 외교사무소는 4월 25일부터 「대한민국 통신부」로 개편하고, 인구세와 애국금을 모아 임시정부에 보내고 있었다. 임시정부가 정식으로 성립되면서 미주동포들에게 1만 달러의 자금을 요구하였으나 하와이에서는 한 푼도 보내지 않았다. 그 이유는 하와이에서 모인 운동자금은 그 대부분 워싱턴에 있는 이승만 앞으로 보내졌기 때문이다.[109] 앞에서도 잠시 언급한 바와 같이 국민회 중앙총회에서는 독립운동의 연락과 일치된 행동방침을 마련하기 위해 강영소와 황사용을 하와이에 파견하였다. 이들은 6월 2일 호놀룰루에 도착하여 하와이 한인동포들에게 연설을 하면서, 그동안 분열되어 있던 하와이 한인사회의 통일을 도모코자 하였다. 1910년대 후반기부터 이승만의 국민회측과 박용만의 대조선독립단측 간의 대립과 경쟁으로 하와이에서 독립운동 전선이 통일되지 못하였다. 국민회측과 그에 반대파인 독립단과의 합동을 통해 독립운동을 확대시킬 것을 강조하였다. 이러한 양인의 설득에 의해 양쪽 간에 합동에 합의가 이루어져 7월 18일 합동식을 거행하였다. 이에 따라 독립단에서는 각 지방단에 공문을 발송하여 단을 해소하고 단의 기관지인 『태평양시사』는 폐간되게 되었다.[110]

---

107 『신한민보』1919년 8월 21일자, 「집정관 총재의 축하식」.
108 『국민보』1919년 8월 20일자, 「대한민국 집정관총재 선거」; 『日布時事』1919년 6월 21일자, 「朝鮮大統領當選祝」; 「米國およびハワイにおける抗日獨立運動者狀況報告の件」金正明 編, 『朝鮮獨立運動』I 分冊, 原書房, 1967, 1920년 3월 25일 高警第9189號, 737~738쪽.
109 『신한민보』1919년 10월 11일자, 「하와이에서 인동청구를 거절」.
110 「ハワイにおける抗日獨立運動に關する件」金正明 編, 『朝鮮獨立運動』I 分冊, 734쪽, 1919년 10월 2일 高警第2763號.

하지만 국민회측과 독립단의 합동은 오래 지속되지 못하였다. 그 이유는 독립단의 박용만이 5월 19일 호놀룰루를 떠나 러시아 연해주로 감에 따라 하와이에서 그 세력이 점차 감퇴되었으며, 3·1운동의 열기가 식어가면서 독립단과 국민회파와의 충돌을 일으켜, 9월에 드디어 다시 분리하게 되었다. 모처럼 마련된 합동이 깨짐에 따라 독립단은 다시 지방조직을 부활하고 태평양시사를 부활시켰다. 이에 따라 중앙총회에서 파견된 중앙총회 재무 강영소는 10월 5일 미본토로 회환하였다.[111]

하와이에서 양파가 분열을 거듭하는 동안 9월 6일 상하이 임시의정원에서는 이승만을 정식으로 대통령으로 선출하고, 9월 11일 신내각 성립이 선포되면서 상하이 대한민국임시정부의 개조작업이 완성되었다.[112] 그리고 국민회 중앙총회는 9월 15일 중앙총회 총선거 결과를 발표하였는데, 총회장에 윤병구, 부회장에 백일규가 선출되었다.[113] 이승만은 앞에 잠시 본 바와 같이 3·1운동이 발발하기 전 파리강화회의에 참여하기 위해 1월 15일 호놀룰루를 떠나 샌프란시스코에 도착하여 시국문제를 토론하고, 26일에 로스앤젤레스를 경유하여 워싱턴으로 갔다. 그후 하와이에서는 이승만에 대한 소식이 국민회의 기관지인 『국민보』에 상세히 보도되었다. 또한 일본계 신문에서는 '박사(博士) 이모(李某) 파리(巴里)에 갔다'라는 기사를 싣고 있어 그에 대한 일은 상세히 보도되고 있었으며,[114] 심지어 이승만이 하와이 대표로서 파리강화회의에 참석하기 위해 미국여권을 신청하였지만 거절당한 것까지 자세히 보도하고 있었다.[115] 워싱턴에 있던 이승만은 5월 12일 임시정부

---

111 『신한민보』 1919년 9월 30일자, 「강영소 씨 회환 발정」; 『신한민보』 1919년 10월 9일자, 「강영소 씨 씨아틀 상륙」.
112 고정휴, 『이승만과 한국독립운동』, 95쪽.
113 「대한인국민회 중앙총회 총선거 결과」, 『신한민보』 1919년 9월 18일 1면.
114 "在布 鮮人 간에 學者로서 알려진 博士 李某는 윌슨 대통령이 표방하는 민족자결주의의 미명하에 조선독립운동를 할 목적으로 파리강화회에"(『日布時事』 1919년 3월 5일자).
115 『日布時事』 1919년 3월 18일자, 「李某의 旅券을 拒絶さる」.

의 국무총리로서 윌슨 대통령에게 파리강화회의에 임시정부의 대표가 참석할 수 있게 해 달라는 메시지를 보냈다.[116] 그후 6월 중순 이승만은 자신이 한성정부의 집정관 총재로 추대된 문건을 전달받고, 워싱턴에 집정관 총재 사무소를 개설하고 사무를 집행하였다. 그래서 그의 사무를 대행하기 위해 8월 25일 워싱턴에 「대한민국특파구미주찰위원부」를 조직하였는데, 그후 일반적으로 '구미위원부'라고 불렀다. 이 구미위원부는 구미 각지에 대한 정부 행정을 대행하며 구미의 외교사업을 진행한다고 하였다.[117] 이에 따라 하와이에서는 이승만을 지원하기 위해 송헌주가 9월 초 워싱턴에 가서 하와이 지방총회 대표로 지정되었다.[118]

국민회와 독립단 사이의 합동이 깨진 이후 하와이에는 국민회와 독립단 간에 독자적으로 독립운동을 전개하고 있었다. 독립단에서는 이미 5월에 박용만을 원동에 파견하였으며, 계속해서 하와이의 독립단계열 사람들은 그를 원조하였다. 당시 그의 부모들이 박용만파에 속했던 사람인 배정숙(권정숙, Margaret K. Pai)은 다음과 같이 증언하였다.

> 나의 양친(권도인과 이희경 - 필자)들은 계속해서 박용만을 지원하였으며, 그에게 정규적으로 당조직을 통해 그가 군사를 양성하는 곳으로 알려진 상하이에 자금을 보냈다.[119]

독립단 사람들은 변함없이 박용만의 군사활동을 지원하고 있었다. 그후

---

116 『The Pacific Commercial Advertiser』 1919년 5월 13일자, 「Rhee pleads for Korea; Big four is asked to act」.
117 김원용, 『재미한인오십년사』, 376쪽.
118 『신한민보』 1919년 9월 4일자, 「송헌주 씨의 노니」.
119 Margaret K. Pai, 『The Dreams of Two Yi-min』, University of Hawaii Press, Honolulu, 1989, 41쪽.

독립단에서는 이상호·김수성을 다시 상하이에 파송하였다.[120] 한편 국민회 측에서는 안현경을 상하이에 파송하여 임시정부와 각 단체와 협조하여 독립운동을 원조하였다.[121] 이처럼 1919년 10월 이후 3·1운동이 일단락되어 가면서, 국민회와 독립단이 각자의 노선과 방략에 따라 운동을 전개하고 있었다. 그런데 다음해인 1920년에 접어들어 양쪽 간에 분쟁이 재연되기 시작하여 결국 폭력사건으로까지 발전해 가게 되었다. 이렇게 양파 간에 치열한 분쟁이 진행되고 있을 때인 1920년 3월 상하이 임시의정원에서는 대통령 이승만에게 2개월 안으로 정부에 와서 정무를 정리하라는 초래장을 보냈다. 이에 이승만은 비서인 임병직을 대동하고 6월 29일 호놀룰루에 도착하였고, 상하이로 가는 선편을 기다리다가 11월에 출발하여 12월 8일 도착하였다.[122] 그후 그는 상하이에서 독립운동의 노선상의 차이 등으로 마찰을 빚다가 돌연히 1921년 5월 20일 소식없이 상하이를 떠나 6월 29일 다시 호놀룰루에 도착하였다. 그리고 7월 7일날 그의 개인 조직인 동지회를 결성하였던 것이다.

---

120 鄭斗玉,「在美韓族獨立運動實記」, 68쪽.
121 『신한민보』1919년 8월 28일자,「안·류 양씨의 동도설」.
122 이때의 자세한 상황은 林炳稷,『林炳稷回顧錄』, 女苑社, 1964이 참조된다.

3   3·1운동과 하와이 지역언론

　　　　　3·1운동은 제1차 대전이 끝난 후 식민지 약소국가가 자신의 독립을 부르짖은 대표적인 운동이었기 때문에 국제적 여론과 반향을 일으켰다. 이에 대해서는 그동안 몇 편의 논고를 통해 정리되었고, 미국 여론의 반응에 대해서는 상당히 밝혀져 있다.[123] 여기에서는 당시 하와이에서 발행된 영자신문과 일본계 신문을 통해 3·1운동에 대한 현지 여론과, 하와이 한인들의 독립운동에 대한 평가를 살피고자 한다.

　　국내에서 3·1운동의 발발은 그동안 침체되어 있던 하와이 한인들의 독립운동을 발흥시키는 계기가 되었으며, 한인들은 3·1운동을 지원하기 위해 백방의 노력을 경주하였다 것을 앞 장에서 살펴보았다. 하와이의 한인들이 독립운동에 자신들이 할 수 있는 최대한의 노력을 쏟은 이유는 그들이 민족독립에 대한 의지가 그만큼 강했기 때문이다. 초기에 하와이에 이민 온 사람들은 처음에는 자신의 나라가 있었으나, 일제에 국권을 빼앗기면서 국제사회의 미아가 되어, 온갖 멸시를 받았기 때문에 나라를 되찾겠다는 열망이 강했다는 것이 가장 큰 이유이다. 그와 더불어 하와이에서 3·1운동이 강력하게 일어날 수 있었던 것은 하와이 현지의 여론이 우리의 독립운동에 대해 매우 호의적이었던 것도 하나의 자극제가 되었다. 즉 국내에서 독립을 선언한 후 하와이의 대표적인 영자신문인 『애드버타이저』지에서는 한국의 독립선언을 대대적으로 보도하는 한편, 하

---

[123]　3·1운동에 대한 국제적 여론에 대해서는 다음의 논문이 참조된다. 馬三樂, 「3·1運動과 外國人宣敎師」, 『三·一運動 50周年紀念論集』, 1969; 孫寶基, 「三·一運動에 대한 美國의 反響」, 위의 책; 兪炳勇, 「3·1運動과 韓國獨立問題에 대한 美國言論의 反響」, 『金哲俊博士華甲紀念 史學論叢』, 知識産業社, 1983.

와이 국민회 지도자들의 투고를 적극적으로 게재하여 지역 여론을 선도하고 있었다. 앞에 본 것과 같이 한국에서 일어난 3·1운동에 대한 소식을 알리는 동시에, 3월 11일자 1면에는 2월 8일 도쿄[東京] YMCA 강당에서 한국유학생들이「독립선언」을 했고 그들 가운데 9명이 출판법 위반으로 체포되었다는 기사를 싣고 있었다.[124] 그후에도 하와이 현지의 언론들은 각종 채널을 통해 한국에서의 3·1운동 실상을 파악하려고 하였다. 예컨대『애드버타이저』지와『스타 뷰레틴』지는 3·1운동 발발 초기부터 중국 베이징발로 한국에서 만세시위가 확산되어 가고 있으며, 일제 당국이 이를 무자비하게 탄압을 가하여 수천명의 한국인들이 체포되었음을 보도하였다. 이에 덧붙여 한국에서의 독립만세운동은「독립선언서」에 따라 평화적 시위를 하고 있으며, 폭력을 사용하지 않고 있다고 보도하고 있었다.[125]

한편 당시 일본은 미국 및 국제연맹에 인종차별을 철폐할 것을 요구하고 있던 상황이었는데, 한국에서 3·1운동이 발발하여 한국인에 대한 차별과 비인도적인 폭압이 알려지게 되면서 국제적으로 입장이 난처한 상태에 놓여 있었다. 즉 3월 17일자『애드버타이저』와『스타 뷰레틴』지는 한국 국경에서 들어온 정보를 인용하여 한국에서의 독립운동의 상황은 일본신문 지상에 나타난 보도보다도 훨씬 심각하다고 보도하였다. 그리고 한국의 모든 계층의 사람들이 운동에 참가하고 있으며, 폭동과 무질서가 많은 지역에서 발생하여 많은 한국인들이 죽고 부상당하였으며, 1천명 이상의 한국인이 체포되어 비인도적인 처벌을 받고 있다고 하였다. 영문으로 표기되어 정확히 어느 지역인지는 몰라도 순고현(Sungohun) 이라는 데서는 3월 14일에 30명의 사

---

124 『The Pacific Commercial Advertiser』1919년 3월 11일자,「Japan frowns on Korean ambition, Students jailed」;『The Honolulu Star Bulletin』1919년 3월 22일자,「Korean student are imprisoned in Japan」.

125 『The Pacific Commercial Advertiser』1919년 3월 13일자,「Korean Christians force to bear crosses Japanese privilege of their dear master」;『Honolulu Star Bulletin』1919년 3월 13일자,「Japanese using harsh measures against Koreans」.

람들이 피살당하였고 40명이 부상을 입었다는 소식을 전하고 있고, 수원에 서는 일본헌병 4명이 독립선언을 하는 데서 불을 질러 41명의 한국인을 죽였다는 것을 보도하였다.[126] 또한 한국에서 온 미국인 선교사는 3·1운동을 역사상 가장 아름다운 무저항의 사례라고 하면서, 한국에서는 교회가 폐쇄되고 목사들이 감옥에 갔다는 것을 전하였다.[127] 그밖에 경남 삼가에서 10만의 사람들이 모여 전보선을 끊고, 면사무소를 불태웠다는 것이 『스타 뷰레틴』지에 게재되었다.[128] 이같이 하와이의 영자신문들은 일제관헌들이 무자비하게 진압한 것에 비판하면서 만세시위를 하다가 일본군에 붙잡혀 사형을 당하기 직전의 장면을 사진과 함께 싣기도 하였다.[129]

3·1운동 당시 미국의 언론들은 대체로 한국의 독립운동을 긍정적으로 평가하고 있었으며, 한국인들의 독립운동에 대한 열기에 많은 동정을 표하였다. 그 반면에 일본의 비인도적인 탄압과 만행에 대해서는 비판적인 태도를 취한 것으로 나타나고 있었다.[130] 하와이 및 미주지역 언론들이 일본을 비난하는 초점은 ① 무력으로 진압했다는 점과, ② 언론을 구속(拘束)했다는 것이다.[131] 그럼에도 불구하고 하와이에서 발행되었던 일본계 신문에서는 "당지(하와이 – 필자) 영자신문(英字新聞)은 일본이 극히 가혹한 조치를 취했던 것처럼 보도하고 있다. 이것은 상하이 및 미국 방면에서 제조된 허보(虛報)에 지나지 않는다"라고 하면서 현지의 언론들과 미국 본토의 언론을 비난하

---

126 『The Pacific Commercial Advertiser』 1919년 3월 17일자, 「Independence movement increase many dead and wounded in riots」; 『Honolulu Star Bulletin』 1919년 3월 17일자, 「Korean uprising against Japanese becomes general」.
127 『The Honolulu Star Bulletin』 1919년 3월 19일자, 「Americans in Korean beaten by Japanese」.
128 『The Honolulu Star Bulletin』 1919년 3월 31일자, 「Korean revolt is spreading」.
129 『The Honolulu Star Bulletin』 1919년 6월 18일자, 「How the Japanese executed Korean revolutionist」.
130 俞炳勇, 「3·1運動과 韓國獨立問題에 대한 美國言論의 反響」 참조.
131 『日布時事』 1919년 5월 6일자, 「外人の朝鮮觀」.

였다.¹³² 당시 하와이에는 10여종의 일본계 신문이 있었는데, 그 대표적인 것이 앞에서 본 『니퓨지지』이고, 그외에 『하와이 호치(The Hawaii Hochi, 布哇報知)』·『하와이 심포(The Hawaii Simpo, 布哇新報)』·『하와이 마이니치(The Hawaii Mainichi, 布哇每日)』 등이 있었다.¹³³

하와이의 일본계 신문들은 기본적으로 한국의 독립운동에 대해 비판적이었다. 3·1운동 이전에도 한국에서 일어난 독립운동을 모두 공산주의운동이라고 선전해 왔었다. 그런데 3·1운동이 발발하자 이에 대해서도 공산당 소수 분자가 일본의 치안을 방해하였다고 하였다. 앞에서 언급한 것과 같이 하와이의 영자지가 일본을 비판적으로 보도함에 따라 『니퓨지지』에서 조차도 "이들 의견의 대부분은 조선인에게 동정하고, 우리 관헌의 조처를 비난하는 것이 많다"고 하면서 하와이의 언론들이 한국의 독립운동을 지지 혹은 동정하고 있음을 시인하였다.

일본신문들은 하와이에 독립을 선언하였다는 소식이 전해지면서 하와이 한인들의 움직임이 활발해지자, "조선인 중 불평분자(不平分子)는 오랫동안 고국을 떠나 있어 목하(目下) 조선에 인정(人政)이 행해져 태평(太平)하다는 것을 알지 못하기 때문이다"라고 하면서 불평분자의 소행으로 단정하였다.¹³⁴ 『니퓨지지』의 이러한 보도태도에 대해 하와이의 한인들은 영자신문을 통해 그에 반론을 게재하여 그 부당성을 전하였다. 그럼에도 불구하고 계속해서 우리의 독립운동을 '폭동'이라고 하고, 우리의 독립운동자들을 '폭도'로 규정하는 등 하와이의 한인들을 자극하였다. 이에 김홍범이라는 사람이 『니퓨지지』사의 편파적인 보도에 불만을 품고 3월 15일 신문사를 습격하여 신문설비 등을 파괴하기도 하였다. 그는 『니퓨지지』사에 침입하여 창문을

132　『日布時事』1919년 5월 8일자, 「朝鮮問題の虛報製造」.
133　당시 하와이에서 발간되던 일본계 신문에 대해서는 Sakamaki Shunzo, 『A History of the Japanese Press in Hawaii』, M.A. Thesis University of Hawaii, 1928이 참조된다.
134　『日布時事』1919년 3월 12일자, 「ヘン! 野心家の腹を肥すのみだ」.

파괴하고 들어가 활자케이스를 뒤엎는 등의 행동을 하였다.[135] 이에 경찰에 체포된 그는 경찰법정에서 1천 달러의 보석금을 선고받고 3월 18일 경찰법정에서 재판을 받았다.[136] 그후 이 사건은 정식재판에 붙였으나 패소하고 말았다.[137]

특히, 하와이의 대표적인 일본신문인『니퓨지지』는 독립운동에 대해 비난을 하고 심지어 없는 말을 지어 영자신문에 보내는 등 하와이에서 나쁜 여론을 만들려고 노력하였다. 그래서 국민보사에서는 영자신문에『니퓨지지』에 대해 강경한 태도를 발표하게 하였더니, 그후 니퓨지지사에서 더 이상 하와이 한인들의 독립운동에 대한 비난을 하지 않았다. 그러다가『니퓨지지』8월 23일자 일본어 논설과 8월 25일자 영문논설에서, 한국문제를 미국의 흑백인 간의 인종적인 문제라고 하는 등 한국 독립운동을 비하하는 논설을 게재함으로써 하와이 여론을 호도하려고 하였다.[138]

주지하다시피 3·1운동이 처음 일어났을 때 일제는 그 사실을 숨기기에 급급하였으며, 국내외 언론에 대한 철저한 보도통제를 가함으로써 이 문제가 국제 여론화되는 것을 극력 저지하려 하였다.[139] 그러나 한국인들이 거족적으로 일제에 대항하여 독립선언을 하였다는 것이 외국인 선교사들에 의해 외부세계로 전해졌다. 3·1운동이 일어날 당시 한국에는 약 350명 이상의 외국선교사가 있었으며, 만세시위가 주로 외국인 선교사들이 세운 학교를 중심으로 전개됨에 따라 일제는 그 책임을 외국인 선교사에게 돌리고 있었다.[140] 일본 외무성은 "폭도의 대부분은 기독교 신자인 학생들과 무지한 불

---

135 『日布時事』1919년 3월 18일자,「朝鮮人暴漢裁判明日」.
136 『布蛙報知』1919년 3월 19일자,「新報社に對する事件は上告」.
137 鄭斗玉,「在美韓族獨立運動實記」, 70쪽.
138 『국민보』1919년 8월 27일자,「일포시사 사상 사하의 고약한 언론」.
139 고정휴,「3·1운동과 미국」, 447~448쪽.
140 『布蛙報知』1919년 3월 14일자,「朝鮮暴動外國宣教師の煽動」.

만자들 그리고 하층 노동자들이지만 그 배후에는 어떤 나라의 선교사가 있는 것으로 안다"라는 성명을 통신사를 통해 발표하였다.¹⁴¹ 이처럼 일제는 3·1운동의 배후에 선교사 즉 미국 선교사들이 선동을 하였음을 은근히 드러내고 있었다.

당시 한국에 있던 선교사인 스미스(Frank H. Smith)는 폭동을 사전에 알고 있던 자는 한 명도 없었고, 선교사 간에는 이 운동에 의해 조선의 독립을 실현할 수 있다고 생각하지 않는다고 하여 자신들이 무관계함을 극구 강조하였다.¹⁴² 그럼에도 불구하고 일제와 일본 언론들은 3·1운동의 배후 선동자로 선교사들을 지목하고 있었다. 이같은 주장에 대해 미국내 언론들도 충분한 근거를 가진 것이 아닌 것같다¹⁴³고 하면서 선교사들이 한국인들을 봉기하도록 선동하였다는 주장은 터무니 없는 사실임을 논평하였다. 일제와 일본 언론의 주장이 그대로 하와이 사회에도 전달되었고, 『니퓨지지』에서도 '조선의 폭동은 과연 외국 선교사의 선동'이라고 기사를 싣고 있었다.¹⁴⁴ 한국에서 미국인 선교사가 일본관헌에 의해 폭행을 당하고 한국 주재 미국영사가 감옥에 갇히고, 어린이들이 매를 맞고, 노인들이 내쫓기는 등의 만행이 선교사에 의해 폭로되었다. 그러자 『니퓨지지』는 "본 소란의 교사자(教唆者)가 그들 선교사 자신들임에 대해서는 하등 언급하고 있지 않고, 그들이 항상 선인(鮮人) 간에 우민(愚民)들을 선동하여 일본의 조선통치에 대해 모두 방해를 가해오고 있는 결과 드디어 금회의 대소란을 초래하기에 이르렀다"고 하면서 3·1운동의 배후조정자를 미국인 선교사들임을 지적하였다.¹⁴⁵

---

141 나카타 아키후미 지음, 박환무 옮김, 『일본의 조선통치와 국제관계』, 194쪽에서 재인용.
142 『日布時事』1919년 3월 31일자, 「在京城外國宣教師中の有力者スミス氏は曰く」.
143 『The Dispatch』1919년 4월 22일자, 「조선에 있어서의 선교사」(國史編纂委員會, 『韓國獨立運動史』, 130쪽 所收).
144 『日布時事』1919년 3월 14일자, 「朝鮮の暴動は果然外國宣教師の煽動」.
145 『日布時事』1919년 3월 19일자, 「米領事監禁:朝鮮京城に於て」.

그런데 시간이 지나면서 3·1운동의 실상이 점점 드러나기 시작하고, 거의 매일 하와이 현지 신문에서 한국 독립의 정당성과 일제의 가혹한 탄압이 보도됨에 따라 『니퓨지지』와 『하와이 호치』에서도 「조선독립 소요 후보」라 하여, 조선인들은 ① 언론의 자유, ② 학교에 있어서 조선어의 교수, ③ 조선 최후에 독립을 요구하고 있다고 하였다. 그러면서 독립운동은 자발적인 것으로 그것에 동반하여 일어난 소요는 전국에 미만(瀰蔓)하고 있다고 하여 현지 언론에 대한 입장을 일정 반영하고 있었다.[146] 이처럼 하와이에 있는 일본계 신문도 일본당국이 주장하는 바와 다르다는 것을 어느 정도 인식하고 있었는데, 즉 "조선국경 방면으로부터 당지에 도달한 정보에 의하면, 조선에 있어서 독립소요는 일본자(日本字) 신문(新聞) 지상(紙上)에 나타나는 보도보다도 사태가 훨씬 중대하다는 것이다"라고 하여 일본 본국신문의 보도를 의심하고 있었다.[147] 그럼에도 불구하고 일본계 신문의 3·1운동에 대한 보도태도는 여전히 매우 비판적이었다. 예컨대 샌프란시스코 국민회 중앙총회가 받은 보고에 의하면 3월 말 3·1운동으로 말미암아 총 10만 명의 조선인이 부상을 당하고, 3만 2,000명이 체포되었다는 보도에 대해 「부기(附記)」로 사실을 과장한 점이 있다고 촌평하였다.[148]

그러면 하와이 현지 언론이 우리의 3·1운동에 주목한 이유는 어디에 있겠는가?

하와이의 영자신문들은 대체로 3·1운동의 동향을 정확히 보도하고 있었으며, 일본이 사실을 은폐하는 데 대하여 그 진실을 폭로하는데 역점을 두었다. 예컨대 어떻게 한국이 일제에 강제병탄되었는지, 왜 한국인들이 독립선언을 하였는지, 일제의 한국통치 실상은 어떠한지를 알리고자 하였다. 6월

---

146 『日布時事』 1919년 3월 15일자, 「朝鮮獨立騷擾後報」; 『布蛙報知』 1919년 3월 15일자, 「朝鮮獨立の要求」.
147 『日布時事』 1919년 3월 17일자, 「騷亂尙續く」.
148 『日布時事』 1919년 3월 31일자, 「朝鮮暴徒負傷十萬餘」.

17일자 『스타 뷰레틴』지는 「조선의 진상」이라 하여 한국에 3·1운동의 진상을 조사하기 위해 파견되었던 코노수케 모리야(守屋此助)의 보고서를 게재하면서, 일본의 한국통치가 부당하며, 불가능하다는 것에 대해 5가지 이유를 들었다.

1. 조선인에 대한 차별적 대우
2. 번잡하고 실행하기 어려운 통치의 방법
3. 극단한 언론의 억압
4. 동화정책의 강제
5. 민족자결주의 보급[149]

일본은 한국통치는 그 정당성을 잃고 있다고 하면서, 결국 일본의 한국통치가 불가능하다는 것을 밝혔다. 이와 더불어 하와이 현지의 언론들은 일본이 비인도적이고, 가혹하게 진압하고 있다는 실상을 소개하고 있었다. 앞에서도 소개한 것처럼 일본의 잔학무도한 행위가 낱낱이 『애드버타이저』지에 보도되었으며,[150] 한국에서 독립시위로 인해 많은 한국인들이 부상을 당하였고 피살되었다고 보도하였다.[151] 예컨대 일본인들이 한국인 여학생에게 고문을 가하고 있다거나,[152] 심지어 어린이들까지 감옥에 보냈다는 것을 전하고

---

149 『Honolulu Star Bulletin』 1919년 6월 17일자, 「The truth about Korea」(國史編纂委員會, 『韓國獨立運動史』, 212~214쪽 所收).
150 『The Pacific Commercial Advertiser』 1919년 5월 18일자, 「Atrocities in Korea Rival tales of Huns」.
151 『The Honolulu Star Bulletin』 1919년 3월 13일자, 「Japanese using harsh measures against Koreans」.
152 『The Honolulu Star Bulletin』 1919년 3월 26일자, 「Japanese torture Koreans girls in suppressing riot」; 『Honolulu Star Bulletin』 1919년 4월 26일자, 「Assert Korean girls stripped and beaten by Japanese soldiers」.

있었다.[153] 또한 하와이 현지 한인사회와 한국인들의 동향에 대해서도 자세히 보도하면서 하와이 한인들은 자신들이 떠난 조국을 위해 많은 희생을 하고 있음을 전하였다. 4월 12일 개최된 「독립축하회」에 대해서는 자세히 그 과정을 보도하였으며, 일본상품 불매운동에 대해서도 그 배경과 그 파급효과까지 소개하고 하였으며, 부인구제회의 활동에 대해서도 자세히 보도하고 있었다.

이밖에 3·1운동이 발발하였을 때 미주지역 한인들의 운동목표는 미국정부와 시민들에 대해 한국독립의 정당성과 3·1운동에 대한 국제적 동정을 얻고자 하였다. 윌슨대통령에 대해 국제연맹에서 한국문제가 토론주제가 되도록 해달라는 탄원한 일이라든지, 파리강화회의에 한국대표가 참가할 수 있게 해 달라는 것 등 대미국정부 활동 등을 자세히 보도하였다.

---

[153] 『The Pacific Commercial Advertiser』 1919년 5월 26일자, 「Gendarmes jail Korean children」.

4 하와이 한인사회의 통일과 분열

1910년대 하와이 한인사회는 파쟁과 분쟁으로 얼룩진 역사였다. 주지하다시피 두 차례에 걸친 대풍파로 하와이 국민회의 주도권이 이승만계로 넘어가게 되었고, 반면에 독립운동사적 측면에서는 별다른 성과를 거두지는 못하던 시기였다. 또한 하와이의 한인교회도 여러 풍파를 겪으면서 1915년 이승만이 하와이 한인감리교회에서 기숙학교의 경영권 문제로 의견이 대립되자, 감리교의 조직에 불만을 가지고 설립한 것이 한인기독교회이다. 1918년 12월 평신도회에서 정식으로 '한인기독교회'로 명명되어 이승만의 감독과 지도를 받아왔다.[154] 이후 이승만의 전횡과 박용만의 반국민회 행동은 하와이 한인사회의 분열을 촉진시켰고, 1910년대 말에는 국민회와 박용만파의 갈리히연합회가 서로 대립하고 있었다.[155] 특히 앞에서 본 것처럼 박용만은 3·1운동의 소식이 전해지기 전인 3월 3일 '대조선독립단 하와이 지부'를 설립하여 하와이 국민회와 대립하고 있었다.

이처럼 3·1운동 이전 하와이 한인사회는 여러 차례의 분쟁과 갈등으로 인해 한인들 간에 서로 대립·반목하고 있었으며, 그로 인해 독립운동의 전개나 지원 등은 생각할 수조차 없었던 상황이었다. 이에 국민회 중앙총회의 윤병구는 3·1운동이 일어나자 3월 25일자 『신한민보』를 통해 「하와이 동포에게 경고함」이라 하여, "이런 때를 당한 우리 민족이 어찌 한결같은 정성과 힘을 다하지 아니하오리까. 엎대여 비는 바는 하눌님께서 인도하시와 하와

154　유동식, 『하와이의 한인과 교회』, 그리스도연합감리교회, Honolulu, 1985, 109쪽.
155　이에 대해서는 洪善杓, 「1910년대 후반 하와이 韓人社會의 動向과 大韓人國民會의 活動」 『한국독립운동사연구』 8, 1994이 참조된다.

이 한인 당국 두령을 통일하시와 서로 좋은 의견을 교환 참작하여 동일한 목적에 한 마음 한 뜻으로 나아가게 하여 주심을 비는 바이옵니다"라고 다음과 같은 방법을 제시하였다.[156]

1. 각 지방 소재 공공한 사업을 근근히 보존하여 갈힘을 남겨둔 이외에는 저력을 다하여 도우심이 좋을 듯하오며.
2. 서로 의견이 충돌되는 경우에는 서로 알아듣기를 애써되 외처(外處)와 외인(外人)이 아는 데까지 일어난 폐단이 없도록 하고 서로 간담을 기울려 화합하게 처리하심이 좋을 듯하며.
3. 국가 독립문제에 해결할 정략 등사에 대하여는 2천 5백만의 대표로 오는 제씨와 및 아메리카·하와이 등지의 두령들의 유일히 정하는 계책을 듣기까지 서로 내가 옳다 네가 옳다하고 충돌치 말고 오직 재력을 규취하여 진력을 하심이 좋을 듯하오니 깊이 연구하시고 힘쓰기를 바라나이다.

이밖에 『신한민보』에서는 다시 하와이 동포들에게 3·1운동을 맞이하여 "해내지(海內地)에 있는 우리 부형보매는 민족자결주의를 확실히 깨닫고 민주자치를 위하여 다수한 동포가 피를 흘리고 생명을 희생하는데 하와이서는 밤낮 집안싸움난 일삼아"라고 하여 하와이 한인사회의 분쟁상을 말하고 그동안의 분쟁을 종식시킬 것을 촉구하고 있었다.[157] 아무튼 위의 윤병구와 국민회 중앙총회의 고견을 받아들여졌는지 아닌지는 확인할 수는 없지만, 어쨌든 하와이 한인들은 3·1운동을 당하여 그동안의 대립과 반목을 접어두고 독립운동의 후원을 위해 통일된 모습을 보여 주게 되었다. 즉 국내에서 거족적인 독립운동의 발발은 민족독립이라는 대과제 앞에 서로 간의 대립 보다

---

156 윤병구, 「하와이 동포에게 경고함」, 『신한민보』 1919년 3월 29일자.
157 『신한민보』 1919년 4월 29일자, 「金門公園에서 하와이 시국담」.

는 단결과 통일이 절실히 필요한 때였다. 이에 두 파벌 간의 대립은 뒤로 두었으며, 독립운동에 대한 지원에 온 힘을 쏟게 되었다.

하와이에 3·1운동의 소식이 전해진 3월 9일부터 한인사회에는 국민회를 비롯한 사회단체와 학교 및 교회에서 독립운동 지원을 위한 활동이 활발히 전개되었다. 3·1운동의 소식을 접하고 곧바로 소집된 국민공동회에는 순식간에 600여 명이 모여 감격의 만세를 불렀다. 물론 여기에는 국민회를 지지하는 사람들만 모였는지 그렇지 않았는지를 알 수 없다. 하지만 순식간에 600명이 모였다는 것은 호놀룰루 주위에 거주하는 한인들이 거의 대부분 모였다고 할 수 있다. 그런데 그들이 모두 국민회파를 지지하는 사람들만은 아닐 것으로 보인다.[158] 그후 국내의 독립운동에 대한 대책을 강구하기 위해 매일 5시에 집회를 갖고 독립운동의 후속조치에 대해 협의를 계속해 나갔으며, 하와이 각 섬의 한국인들이 호놀룰루에 와서 국민회관 혹은 교회·공원 등에서 자주 연설회를 개최하였다. 이같이 하와이 한인사회는 3·1운동으로 그 동안의 분열상을 극복할 수 있는 기회로써 작용하고 있었다. 또한 4월 12일 카이무키 스트리트에 있는 한인기독학교에서 '독립축하회'를 개최하기로 하였을때 하와이에 사는 한인들 1천 여 명이 모였다. 축하회에 참가한 인사들에 대해 『애드버타이저』지 기사는 다음과 같다.

전 국민회 총회장 안현경이 연설을 하였다. 그리고 송박사(Dr. H. J. Song – 송헌주 목사? – 필자), 안원규(W. K. Ahn), 승룡환(Y. W. Seung) 주필, 방화중(W. C. Pang) 목사, 박박사(Dr. Y. M. Park – 박용만? – 필자), 어드버타이저 편집인 에드워드 어윈(Edward P. Irwin) 등이 연설하였다.[159]

---

158 1915년 하와이 한인사회의 분쟁으로 국민회의 회원 수가 급격히 감소하여 740명이었다는 것으로 보아(김원용, 『재미한인오십년사』, 149쪽), 1919년 당시에도 크게 회원수의 변동은 없을 것으로 보인다.
159 『The Pacific Commercial Advertiser』 1919년 4월 13일자, 「Koreans observe independence

기사를 볼 때 하와이 국민회 인사들 뿐만 아니라 '박(朴)박사'라는 사람이 연설한 것으로 되어 있다. 그가 '박용만'이라고 단정을 할 수는 없지만, 만일 그가 박용만이라고 한다면 이는 적어도 3·1운동을 기화로 표면상으로 하와이에서 한인들 사이의 대립을 뒤로 미루는 계기가 되었다는 것을 알 수 있다.

하와이 한인사회의 통일기운이 일어남에도 불구하고 국민회와 독립단과의 감정적 골은 여전히 깊어 근본적인 반목이 해소되지 않았다. 즉 독립운동의 지원을 위한 사업과 행사가 경쟁적으로 조직됨에 따라 정치헌이라는 사람이 5월 21일자 『신한민보』에 기고한 글에서 "현금 하와이에 거류하는 우리동포들 같이 극도에 달한 편협심은 전무후무하다"라고 하면서, "한맘 한뜻으로 일체 분발하여 일이 많은 시절에 다른 생각하지 말고 나라를 위하여 일합시다"고 충고하였다.[160] 이처럼 하와이 한인사회의 대립과 경쟁이 고조되자, 국민회 중앙총회에서는 1919년 6월 특파원으로 황사용과 강영소를 파견하여 양파 간에 합동을 주선하고자 하였다. 앞에서 본 바와 같이 이들이 하와이에 파견된 이래로 국민회파와 그에 반대파인 대조선독립단과의 합동을 통해 독립역량을 확대시킬 것을 강조하였다. 이러한 양인의 설득에 의해 7월 18일 합동식이 거행되었다.[161] 비록 양파 간에 형식적 합동이 이루어졌지만, 그동안의 감정적 골이 깊어 근본적인 통일이 이루어지지 않고 있었다. 그래서 『신한민보』 7월 31일자에는 "오늘날 하와이의 우리사회를 들여다보면 사랑은 조금도 없고 시기만 가득한 듯하도다. 그 반대당 사람이면 비록 사랑할만한 재능과 애국심이 있어도 덮어놓고 타격하며, 그 반대편에서 하는 일이면 비록 사랑할만한 가치와 공적이 있어도 분간 없이 공박하니 이는 시기가 사랑 보다 앞서는 연고라"고 하는 것으로 보아 하와이의 분쟁이 완전히 종식

day on every island」.
160 정치헌, 「하와이 동포들에게 충고」, 『신한민보』 1919년 6월 12일자.
161 「ハワイにおける抗日獨立運動に關する件」 金正明 編, 『朝鮮獨立運動』 I 分冊, 734쪽, 1919년 10월 2일 高警第2763號.

되지 않았음을 말하고 있다.[162]

그런데 대조선독립단의 박용만이 러시아 연해주로 감에 따라 하와이에서 이들의 세력이 점차 감퇴되었다. 3·1운동의 열기가 식어가면서 독립단과 지방총회파와의 충돌이 일어나, 9월에 드디어 다시 분리하게 되었다. 이에 따라 합동과 동시에 폐간된 독립단의 기관지 『태평양시사』가 재간되었다(종전에는 1주 2회이던 것을 1주 1회로).[163] 당시 대조선독립단의 단장이었던 정두옥은 그의 글에서 국민회측에 책임을 돌리고 있었다.[164]

> 진실로 대의에 견지에서 오직 통일의 한 생각으로 독립단의 해소와 통일을 결심하고 각 지방단에 공문을 발송하여 합동운동을 전개하였던 결과 투표의 가결을 얻어 가지고 국민회 하와이 지방총회에 제시하고 합동을 교섭하였으나 하와이 국민회 총회장 이종관 씨는 이것을 수약지 아니하고 거부하고 말았던 것이다.

양파의 합동이 깨짐에 따라 그해 말에 가서 양 세력 간에 대립은 현저해져 가기만 하였다. 즉 국민회 측에서는 워싱턴에 있는 이승만을 지원하는 활동에 주력하였으며, 독립단에서는 이에 불만을 가지고 하와이 국민회를 장악하려고 노리고 있었다. 그러던 가운데 1920년 1월 8일 하와이 국민회의 총회가 개최되어, 총회장에 이종관이 연임되었고, 부회장에는 김광재가 당선되었다.[165] 문제는 이 대의회에서 입법부와 행정부가 국민회 중앙총회에 불복을 공결 입안하였다. 즉 새로 성립된 하와이 지방총회의 대의회에서는 중앙총회에 예납금을 보내지 않기로 하고, 대표원도 뽑지 않기로 하고 중앙총

---

162 『신한민보』 1919년 7월 31일자, 「하와이 동포들에게」.
163 「米國およびハワイにおける抗日獨立運動者狀況報告」 金正明 編, 『朝鮮獨立運動』 I 分冊, 738쪽, 1920년 3월 25일 高警第9189號.
164 鄭斗玉, 「在美韓族獨立運動實記」, 68쪽.
165 『신한민보』 1920년 1월 29일자, 「하와이 총회선거 결과」.

회와 연락을 끊기로 결의하였다.[166] 이미 앞에서 본 바와 같이 하와이 국민회 측에서는 하와이에서 거두어들인 독립운동 자금을 대부분 임시정부나 중앙총회로 보내지 않고, 워싱턴의 이승만 앞으로 보내고 있었기 때문에 굳이 중앙총회에 관계될 필요가 없었다.

---

166 『신한민보』 1920년 3월 19일자, 「민찬호 목사에게」.

5 맺음말

　　미주지역 한인들은 제1차 대전 종전을 전후하여 윌슨의 민족자결주의에 영향을 받아 그 활동이 활발하게 전개되었다. 그동안 침체되어 있던 미주지역 한인들은 대한인국민회 중앙총회를 중심으로 활발히 움직이고 있었으며, 이들은 미국정부 및 국제연맹에 우리의 독립을 호소하는 운동을 벌이기 시작하였다. 북미와 하와이에는 1919년 3월 9일 중국 상하이의 현순으로부터 국내에서 민족 독립을 선언하였다는 소식이 전해졌다. 3·1운동 소식에 접한 하와이의 한인들은 국내의 독립운동을 지원하기 위해 매일 집회를 갖고 후속조치를 협의해 나갔다. 그후 6월 중순까지 거의 하루도 쉬지 않고 각종 집회를 개최하여 우리의 독립운동을 대외적으로 선전하였으며, 그것을 지원하기 위한 모금활동을 전개하였다.

　　하와이의 한인들은 위와 같은 선전활동을 하는 동시에 독립운동을 원조하기 위한 경제적 활동도 활발히 전개하였다. 그들은 각종 단체와 조직을 통해 많은 독립의연금을 거두어 국내외의 독립운동을 지원하고자 하였다. 그 결과 1919년 10월 말까지 모금한 독립의연금이 35,034달러 5센트였으며, 출연인은 2,907명이었다. 이는 하와이의 한인들 한 사람당 12달러 20센트를 독립운동자금으로 낸 셈이다. 이처럼 인구와 경제력이 탄탄하지 못한 하와이에서 이와 같이 많은 독립지원금이 모집되었다는 것은 다른 지역의 3·1운동과 비교하여 매우 특징적인 점이다.

　　또한 하와이 한인들은 미국정부와 미국민을 상대로 한국독립의 정당성과 3·1운동에 대한 국제적 동정을 얻고자 하였다. 그래서 하와이 지역사회와 주민에 대한 홍보와 선전을 통해 여론을 환기시키는데 역점을 두고 운동이 전개되었다. 그리고 하와이 3·1운동에서 주목되는 점은 하와이가 미국

본토와는 달리 한정된 지역에 많은 한인들이 국민회를 중심으로 독립운동을 지원하면서, 경제적 지원활동이 다른 지역 보다도 훨씬 활발하게 전개되었다는 점이다.

이같이 3·1운동 당시 하와이 한인들이 독립운동에 모든 노력을 경주할 수 있었던 배경은 무엇 보다도 하와이에 이민 온 사람들이 초기에 자신의 나라가 있었으나, 일제에 국권을 빼앗기면서 국제사회의 미아가 되면서 미주사회에서 온갖 멸시를 받았기 때문에 나라를 되찾겠다는 열망이 강했다는 것이 가장 큰 이유이다. 그와 더불어 하와이 현지의 여론이 우리의 독립운동에 대해 호의적이었던 것도 하나의 자극제가 되었다. 즉 3·1운동 발발후 하와이의 대표적인 영자신문인 『퍼시픽 콤머셜 애드버타이저』와 『호놀룰루 스타 뷰레틴』지에서는 한국의 독립선언에 대해서 대대적으로 보도하는 한편, 하와이 국민회 지도자들의 투고를 적극적으로 게재하며 지역 여론을 선도하고 있었다. 한인들은 이들 지역 언론을 통해 우리의 독립운동의 정당성을 선전하였고 일본의 반인도적인 탄압과 만행에 비판을 가하게 만들었다.

한편 3·1운동 이전 하와이 한인사회는 여러 차례의 분쟁과 갈등으로 한인들 간에 서로 대립·반목하고 있었으며, 그로 인해 민족운동의 전개나 지원 등은 생각할 수조차 없었던 상황이었다. 3·1운동을 당하여 하와이 한인사회는 그동안의 대립과 반목을 접어두고 독립운동을 후원하기 위한 통일된 모습을 보여 주게 되었다. 즉 국내에서 거족적인 독립운동의 발발은 민족독립이라는 대과제 앞에 서로 간의 대립 보다는 단결과 통일이 절실히 필요한 때였다. 이에 파벌 간의 대립은 뒤로 두었으며, 당면한 독립운동에 대한 지원에 온 힘을 쏟게 되었다. 또한 3·1운동 일어난 직후 대한인국민회 중앙총회에서도 황사용과 강영소를 파견하여 하와이 한인사회의 합동을 주선하였다. 이들의 노력과 설득으로 하와이의 국민회와 그에 반대하던 대조선독립단과의 합동이 이루어섰다. 국민회와 독립단은 7월 18일 합동식을 거행하여 양파의 합동을 이루어지면서 독립역량을 확대시킬 수 있었다. 그런데 대조선독립단의 박용만이 러시아 연해주로 감에 따라 하와이에서 이들의 세력이 점차 감퇴되었으며, 3·1운동의 열기가 식어가면서 독립단과 하와이 국민회와의 충돌이 일어나, 9월에 다시금 분리하게 되었다.

  3·1운동을 계기로 통일되었던 하와이 한인사회는 다시금 분열하게 되었으며, 국민회와 독립단 간에 대립은 현저해져 가기만 하였다. 1920년 1월 하와이 지방총회의 결정에 불만을 가진 독립단원들이 「한인 공동회」를 조직하고, 하와이 지방총회의 중앙총회 불복조건에 반대하였다. 공동회파는 자신들을 '국민회 개혁파'라고 하면서 그해 2월 2일 상오 7시 총회관을 접수하였다. 이 급보에 접한 국민회측 사람들이 달려와 양편 간에 폭행사건이 발생하였다. 이로 인해 서로 간에 고소·고발하는 사건이 벌어져, 드디어 국민회측과 공동회측 간에 자신들의 정당성을 둘러싸고 법정투쟁이 벌어졌다. 그후 중앙총회의 중재 결과 그해 4월 양쪽 간의 일체의 소송을 철회할 것을 결의하였다. 얼마간 양쪽에는 일시적인 휴전이 있었으나, 1921년 8월에 다시 양편 간에 다시 폭력사건이 발생하였다.

3장

3·1독립선언서의
국외 전파

1 머리말

　　3·1독립선언서는 1919년 3월 1일 서울 태화관에서 민족대표 33인의 이름으로, 우리 민족이 일제의 식민지배로부터 벗어나 독립국과 자주민임을 선포하고, 동양의 평화와 인류의 공영을 위해 반드시 독립이 되어야만 한다는 당위성을 밝힌 문서이다. 서울 탑골공원에서 독립선언서가 낭독되면서 역사적인 3·1운동의 막이 열렸고 전국적으로 만세시위에 돌입하게 되었다. 독립선언서는 중국·러시아·미주 등 국외 한인사회에도 전달되어 그곳에서도 민족 독립을 외치게 하였다. 그렇기 때문에 독립선언서는 3·1운동을 알리는 신호탄이며, 3·1운동의 사상과 정신이 오롯이 담겨 있다고 해도 과언이 아니다.

　　독립선언서의 문장은 전체적으로 기백이 넘치는 생동하는 필치로 한국민이 진정으로 독립을 갈망하고 있다는 것을 감동적으로 쓰여져 이것을 읽는 사람들은 모두 감명을 받게 된다. 독립선언서는 서두의 한국의 독립국임과 한국민의 자주민임을 선언하는 대목에서부터 마지막의 공약삼장에 이르기까지 이론이 매우 정연한 명문임에 틀림없다. 이같은 독립선언서는 우리 민족이 독립을 선언한 올바른 취지와 일제 식민지배의 부당성과 민족 독립의 정당성을 설파하고 있다. 그래서 전국적으로 일어난 만세시위 현장에서는 독립선언서가 배포되어 독립을 외치는 데 크게 기여하였던 것이다.

　　그런데 독립선언서는 국내뿐만 아니라 3·1운동이 일어날 당시 중국어·영어·프랑스어·스페인어 등 각국어로 번역되어 국제사회에도 한국민이 독립을 선언하였다는 것을 알렸다. 이처럼 외국어로 번역된 독립선언서는 한국민이 독립을 선언하였다는 사실을 알게 해주는 데에 커다란 역할을 하였다. 독립선언서가 외국어로 번역되어 외부세계에 전파되어 알려짐으로써,

한국민이 일제의 식민지 지배로부터 독립되어야만 한다는 분명한 의지가 국제사회에 전달되었던 것이다. 3·1독립선언서는 정의와 인도라는 인류의 보편적 가치로 독립 선언의 당위성을 호소하고 있기 때문에, 영어 등 외국어로 번역된 선언서를 읽는 세계인들이 한국민족이 반드시 독립이 되어야만 한다는 데에 공감하는 계기가 되었을 것이다. 독립선언서가 대내적으로 3·1운동의 대의를 표방하고 대중화에 기여하였다고 한다면, 외국어로 번역된 독립선언서는 대외적으로 한국민의 독립 의지를 세계 만방에 알리는 데에 상당한 공헌을 하였다고 할 수 있다.

그렇지만 지금까지 독립선언서가 영어를 비롯한 외국어로 번역되어 전파되는 과정에 대한 구체적인 연구가 진행된 바가 없다. 그 이유는 독립선언서의 국외 반출과 유통과정은 매우 비밀스럽게 이루어졌기 때문에, 이에 대한 자료는 매우 한정될 수밖에 없었다. 본고에서는 3·1독립선언서가 외국어로 어떻게 번역되어 국제사회에 전파되는가에 대해 그 과정을 세밀하게 추적하고자 한다. 그렇게 함으로써 거족적으로 일어난 3·1운동이 외부세계에 어떤 과정으로 알려지고, 어떻게 인식되었는지를 정확하게 파악할 수 있다. 그렇지만 외국어로 번역된 독립선언서가 국외에 전파되는 과정에 대한 자료가 극히 제한되어 있기 때문에 필자의 추정이 많을 수밖에 없다는 점을 미리 밝혀 둔다.

2 중국지역에 전달된 독립선언서

독립선언을 준비하는 과정에서 가장 중요한 것은 독립선언서를 작성하여 인쇄하는 것이 무엇보다도 중요하였다. 그래서 독립선언서의 집필은 당대 최고의 문장가인 최남선에게 의뢰를 하게 되었고, 탈고된 선언서는 천도교에서 운영하는 인쇄소인 보성사에서 인쇄되었다. 보성사 사장 이종일은 1919년 2월 27일 밤부터 인쇄한 독립선언서는, 그 다음날부터 천도교·기독교·불교의 종교계와 학생조직을 통해 전국 각지에 배포되었다. 그렇다면 국외에는 독립선언서가 어떻게 전달될 수 있었던 것인가. 이에 대해서는 3·1운동을 외부세계에 알리기 위해 중국으로 망명했던 현순이 후일 쓴 『현순자사(玄楯自史)』라는 자서전에 비교적 자세하게 기록되어 있기 때문에 이를 통해 알아보자. 현순은 1919년 2월 24일 서울 용산역을 출발하여, 25일 이른 아침 신의주역에 도착하였다. 그날 밤 만주 펑티엔[奉天]행 기차를 타고 26일 아침 펑티엔역에 도착하였다. 26일 밤 펑티엔에서 출발하여 다음날 오후에 텐진[天津]에 도착하였다. 27일 오후 최창식(崔昌植, 崔云丁)과 텐진에서 상하이[上海]로 향하였다. 최창식과 현순은 28일 상하이 포구에 도착하여 양자강을 건너 난징[南京]역에 하차하여 금릉대학(金陵大學)을 방문하였고, 그날 다시 출발하여 다음날인 3월 1일 오후 7시경에 상하이 북참(北站)에 도착하였다.

상하이에 도착한 현순은 그날로 장로교회 선교사 피치(George A. Fitch)를 찾아갔다. 다음날에는 남경로 대동여관으로 옮겼다. 3월 2일 밤 어느 음식점에서 신정(申檉, 신규식 – 필자)·이광수·선우혁·김철·신헌민 등이 회집하여 현순과 최창식을 접대하였다. 그런데 이들은 현순과 최창식이 왜 상하이에 왔냐고 물었다. 현순은 "국내 독립당을 대표하야 상하이에서 외교선전통신 등을 진행할 뜻으로 내호(內滬)"하였다고 하였다.¹ 최창식은 "최남선의 저작인 독립선언서를 국산지(國産紙)에 세서(細書)하야 할지작절(割紙作絕)하야 회중(懷中)에 품고 온 것을 다시 해절부합(解絕符合) 하였다"고 한다. 다시 말해 독립선언서를 '국산지' 즉 '한지(韓紙)'에 써서 그것을 잘라서 접어 가슴에 품고 왔고, 이것을 다시 펼쳐서 붙였다. 3월 4일 아침에 연합통신으로, 영문『대륙보(The China Press)에 국내에서 3·1운동이 일어났다는 기사가 실렸다. 현순의『현순자사』에, 당시 상황에 대해 다음과 같이 기록하고 있다.

> 당일에 동치서주(東馳西走) 하야 재호인사(在滬人事)들을 소집하야 협의한 후에 임시사무소를 법계(法界) 하비로(霞飛路)에 설치하고 현순이 총무가 되고, 통신서기에 이광수·여운홍, 서무에 신정·신헌민, 재무에 김철·선우혁 등이 분담하였다. 최선착(最先着)의 진행사(進行事)는 국내에서 맹기(猛起)한 독립운동을 영문장전(英文長電)으로 파리평화회의, 프랑스·이탈리아·영국·오스트리아·벨기에·중국 6개국 대표에게 발송하고, 재상항(샌프란시스코) 국민회, 재호항(호놀룰루) 국민회에 장전(長電)을 발송하였다. 조동호는 한문으로, 현순·이광수는 영문으로 독립선언서를 번역하야 한·영문(漢英文) 신문에 발포하다.²

『현순자사』에 기록된 내용을 통해 보면, 최창식이 베껴서 가져온 독립선언서는 중국어[漢文]와 영어로 번역을 하여 중국 신문사에 배포하였다고 한다. 그렇다면 독립선언서를 중문과 영문으로 번역하여 각 신문사에 보낸 것은 언제였는가에 대해서는 정확하게 나와 있지 않다. 그런데 독립선언서의

---

1   현순, 「현순사사」, 41쪽(Soon Hyun, 『My Autobiography』, 연세대학교 현대한국학연구소, 2003, 294쪽).
2   현순, 「현순자사」, 41쪽.

중국어 및 영어로 번역한 날짜에 대해서는 현순과 함께 상하이에 망명해 있던 이광수가 쓴「나의 고백」을 참조할 수가 있다.「나의 고백」에는 현순과 최창식이 상하이에 온 날짜가 다르기는 하지만 그의 기록을 통해서 살펴보면 다음과 같다.

이광수는 일본 고베[神戶]에서 배를 타고 1월 말 상하이에 도착하였다고 한다. 그런데 일제의 자료에는 1월 31일 고베 출범(出帆)의 기선 소창환(小倉丸)으로 다시 상하이로 향하였다고 한다.[3] 그는 2월 8일이 되기를 기다려서 2·8독립선언서와 그에 관한 기사를 써 가지고 영자신문『차이나 프레스』와『노드 차이나 데일리 뉴우스』에 갔다. 그후 이광수가 기억하기로는, 2월 20일경 상하이에서 현순과 최창식을 만났는데(현순의 기록에는 3월 1일 상하이 도착), 그들은 독립선언서 한 장을 가지고 왔다. 3월 3일 광무황제의 인산일을 기회로 독립운동을 일으킬 예정이란 것과, 자기들은 독립운동 본부의 대표로 온 것이란 말을 하였다고 한다. 이광수는 신한청년당 사람들과 의논하여 중국집 한 채를 얻어서 사무실을 차렸다. 타자기도 하나 장만하고 등사판도 하나 구하였다. 본국에서 독립운동에 관한 기별이 오기를 기다렸다. 평화회의와 중국, 영국, 미국 각 신문에 선전을 하고자 기다리며, 서울의 독립선언서를 다 번역하여서 복사해 놓았다.[4] 3월 3일 서울 소식이 없었다. 이광수는 3월 1일에 서울에서 독립운동이 났다는 기사가 통신으로 와서 신문에 실린 것이 3월 5일 경이라고 기억하고 있다.

현순과 이광수 두 사람의 기록에는 날짜는 차이가 있지만, 이를 내용적으로 종합하면 다음과 같다. 3월 1일 현순과 최창식은 상하이에 도착하여 이광수를 만나 독립선언서를 보여주었다. 독립선언서는 중국어로 조동호가 번역

---

3 「要視察人 朝鮮人 李光洙에 관한 건(1919. 2. 10)」,『不逞團關係雜件 – 朝鮮人의 部 – 在滿洲의 部 8』.
4 이광수,「나의 고백」,『이광수전집』7, 삼중당, 1971, 254쪽.

하였고, 영어로 현순과 이광수가 번역을 하여 이를 복사를 해두었다. 서울에서 3·1운동이 일어났다는 소식이 3월 4일에 왔고, 중국신문에는 3월 5일에 기사화되어 알려지게 되었다. 그래서 중국어와 영어로 번역된 독립선언서를 각 신문사에 배포하였다. 중국신문『시보』1919년 3월 9일자에는 "본보는 어제(8일 – 필자) 어떤 사람이 가져온 한국 독립선언서를 입수하였다. 그 내용을 싣는다"라고 하였다.[5] 이로 보아 임시독립사무소에서 번역된 독립선언서를 3월 8일 중국의 각 신문에 배포하였던 것은 분명하다.

중국신문에 국내에서 3·1운동이 일어났다는 기사는 『익세보』1919년 3월 5일자 제2판에, "천도교 교주 손병기(孫秉基, 손병희 – 필자)를 비롯하여 160여 명이 현장에서 체포되었다"라고 하였다.[6] 아무튼 3월 5일자 중국신문에 3·1운동 발발 소식이 실리자, 현순을 비롯한 임시독립사무소에서는 3월 8일부터 중국어와 영어로 번역된 선언서를 각 신문사로 보냈다. 그렇지만 이때 번역된 독립선언서는 최창식이 베껴온 것이지, 서울 보성사에서 인쇄된 독립선언서는 아니다. 그런데 문제는 최창식이 상하이로 가져온 독립선언서에는 민족대표 33인의 명단이 확정되기 전에 베껴온 것이기 때문에 33인의 명단이 없었다. 그래서, 앞에서 언급한『시보』3월 9일자에는 "조선독립국민단 대표 손병희·김선주(길선주 – 필자)"로 되어 있고, 『민국일보』3월 5일자에는 "조선독립국민단 대표 손병희·길선주",[7]『신문보』3월 10일자에는 "한국독립국민 대표 손병희·길선주"로 되어 있다.[8] 그리고 『태동일보』1919년

5 『時報』1919년 3월 9일자, 「조선독립선언서(朝鮮獨立宣言書)」(독립기념관 한국독립운동사연구소,『中國新聞 韓國獨立運動記事集(II)』, 2014, 210~211쪽).
6 『益世報』1919년 3월 5일자 제2판, 「조선인 거사 성과가 없어(朝鮮人擧事未畢)」(독립기념관 한국독립운동사연구소,『中國新聞 韓國獨立運動記事集(III)』, 2015, 41쪽);『民國日報』1919년 3월 5일 제1장 제2판, 「한황 장례식 대대적인 체포(韓王喪儀中之人逮捕)」(독립기념관 한국독립운동사연구소, 위의 책(II), 49쪽).
7 『民國日報』1919년 3월 5일자 제1장 제2판, 「조선인의 독립선언(朝鮮人之獨立宣言)」, (독립기념관 한국독립운동사연구소, 위의 책(II), 51쪽).
8 『新聞報』1919년 3월 10일자 제2장 제1판, 「조선독립선언서(朝鮮獨立宣言書)」(독립기념관

3월 14일자에도 "상하이에서 발행되는 중국어 신문에 의하면, 「조선독립선언서」는 손병희와 이상재가 서명하여 3월 1일에 발표하였다"고 하였고,[9] 『원동보』 1919년 3월 18일자에도 "조선독립국민단 대표 손병희·이상재·길선주"라고 하였다.[10] 이처럼 중국신문에 독립선언서의 내용을 소개할 때, 선언서의 대표자로 손병희·길선주·이상재 3인으로 게재되었다.

이것은 최창식이 필사해 온 독립선언서에는 민족대표 33인이 확정되기 전인 최종본이 아니었기 때문이다. 3·1운동의 발발소식은 미주 대한인국민회에 전한 현순의 영문 전보에도 대표자를 손병희·이상재·길선주 3인으로 되어 있다. 현순이 미주지역 시간으로 1919년 3월 9일 상오 11시경 대한인국민회 중앙총회장 안창호 앞으로 3·1운동이 일어났다는 소식을 전했다. 『신한민보』 3월 13일자 호외에 의하면 "대한독립을 선언하고 대표자는 손병희, 이상재, 길선주 3씨로 파송하였오"라고 하였고,[11] 하와이 국민회의 기관지 『국민보』 1919년 3월 12일자에도 "손병희, 이상재, 길선주 3인으로 국민대표를 정하였으니"라고 하였다.[12]

위와 같이, 최창식이 중국 상하이로 가져간 독립선언서는 민족대표 33인이 최종적으로 확정되지 않은 상태의 미완의 선언서였다. 그래서 이것을 중국어와 영어로 번역할 때, 독립선언서 민족대표를 '손병희·이상재·길선주' 3인이라고 하였다. 이광수의 「나의 고백」에도 "독립선언서에 서명한 사람들의 이름과 선언 당일의 실제적인 경과를 모르는 것이 유감이었다"고 하면서, 그는 현순에게 들은 대로 천도교 수령 손병희, 예수교 대수 이상재, 늙은 정

한국독립운동사연구소, 위의 책(II), 312쪽).
9 『泰東日報』 1919년 3월 14일자 제2판, 「조선인의 독립선언(鮮人之擧獨立宣言)」(독립기념관 한국독립운동사연구소, 앞의 책(III), 148쪽).
10 『遠東報』 1919년 3월 18일자 제3판, 「조선독립선언서(朝鮮獨立宣言書)」(독립기념관 한국독립운동사연구소, 위의 책(III), 245~247쪽).
11 『신한민보』 1919년 3월 13일자 호외, 「대한독립선언」.
12 『국민보』 1919년 3월 12일자, 「대한독립을 광포」.

치가요 귀족인 박영효 등이 서명하였다는 전보를 열국 대표에게 전보를 보냈다고 한다. 그리고 현순과 최창식도 "선언서에 서명할 인물에 대해서는 손병희·박영효·이상재·윤치호 등이 머리에 쓰일 것이란 것 밖에 자세한 것은 알지 못"한다고 하였다.[13] 독립선언서에 서명할 인물의 명단을 알지 못한 채 현순이 나름대로 생각한 바에 따라, 손병희·이상재·길선주를 독립선언서의 서명자로 하여 전보를 보냈던 것이다.

현순·최창식이 가지고 간 독립선언서 원문이 중국어로 번역된 것은 앞의 두 자료에서 확인이 되지만, 선언서의 최종본이 아니라는 것에 한계가 있다. 독립선언 인쇄본의 중국어 번역은 『익세보』 1919년 3월 11일자 제3판에 전문이 게재되었다.[14] 이 기사에 의하면, 독립선언서는 안중근의 동생 안정근(安定根)(『익세보』에는 安又根)[15]이 1919년 3월 4일에 중국의 언론사에 편지 한 통과 더불어 독립선언서를 동봉하여 보냈다고 한다. 그의 편지에 의하면, "감히 선언서를 중국어로 옮겨 보았으나 워낙 보잘 것 없는 실력이라 뜻이 제대로 전달되었는지 두렵기만 합니다"라고 하여, 안정근 자신이 중국어로 번역하였다고 한다.[16] 그런데 1919년 3월 4일 당시 안정근은 연해주의 니콜리스크에서 대규모 미곡농장을 경영하고 있었다.[17] 정말로 '안정근 혹은 안우근'이 중국어로 번역한 독립선언서를 보낸 것일까. 필자의 생각으로는

---

13 이광수, 「나의 고백」, 254쪽.
14 『益世報』 1919년 3월 11일 제3판, 「깃밟아도 죽지 않는 기자의 혼(摧殘不死之箕子魂)」(독립기념관 한국독립운동사연구소, 앞의 책(Ⅲ), 43~47쪽); 『北京日報』 1919년 3월 13일자 제3판, 「중국에 보낸 안우근의 편지(安又根致中國書)」(독립기념관 한국독립운동사연구소, 앞의 책(Ⅲ), 131~133쪽); 『大公報』 1919년 3월 15일자 제3판, 「조선독립선언(朝鮮獨立宣言書)」(독립기념관 한국독립운동사연구소, 앞의 책(Ⅲ), 215~219쪽).
15 『時報』 1919년 3월 14일 제3판, 「조선의 독립에 관한 서한(關於朝鮮獨立之書函)」; 『國民公報』 1919년 4월 1일자 「조선녹립선언서(朝鮮獨立宣言書)」에는 '안정근'으로 되어 있다(독립기념관 한국독립운동사연구소, 앞의 책(Ⅱ), 217쪽, 161쪽).
16 『益世報』 1919년 3월 11일자 제3판, 「깃밟이도 죽지 않는 기자의 혼(摧殘不死之箕子魂)」(독립기념관 한국독립운동사연구소, 위의 책(Ⅲ), 43~47쪽).
17 오영섭, 「일제시기 안정근의 항일독립운동」, 『안중근과 그 시대』, 경인문화사, 2009, 193~198쪽.

독립선언서를 중국어로 번역하여 중국신문사에 보낸 사람은, '안중근'의 동생 '안정근(안우근)'이라고 가탁한 것이 아닌가 추측된다. 왜냐하면, 자신의 본명을 밝힐 수도 없고, 안중근의 동생이 번역하였다고 하면 중국신문에서 쉽게 실어줄 수 있을 것으로 보았기 때문일 것이다.

3 미주지역에 전파된 독립선언서

　　3·1독립선언서가 어떻게 국외에 전달되었는가에 대해서는 지금까지 뚜렷한 정설이 없다. 다만 국내에 있었던 미국인 광산업자 앨버트 와일더 테일러(Albert Wilder Taylor)가 독립선언서를 외부에 전달하였다고 알려져 있다.[18] 1919년 1월 21일 광무황제가 승하하자 테일러가 AP통신사(만국연합통신사)의 서울 통신원으로 임명되었다. 그는 그의 부인이 입원한 세브란스병원에 숨겨진 독립선언서를 발견하고, 그것을 그의 동생 '윌리암 테일러(William W. Taylor)'에게 주었다. 윌리엄 테일러는 독립선언서를 구두 뒤축에 숨겨 도쿄[東京]로 가서 그것을 전신으로 미국에 보냈다고 한다. 그런데 이같은 이야기는 앨버트 테일러의 부인 메리 린리 테일러(Mary Linely Taylor)가 쓴 『호박 목걸이(Chain of Amber)』라는 자서전에 나오는 이야기이다. 이 책에 기록된 내용이 역사적 사실인가를 반드시 확인할 필요가 있다. 왜냐하면 이 부분은 3·1운동과 그것의 상징이라고 할 수 있는 독립선언서가 외부세계에 최초로 전달되었다고 알려진 이야기이기 때문이다.

　　『호박 목걸이』에 의하면, 저자 메리 린리 테일러는 아기를 낳기 위해 1919년 2월 말경 세브란스병원에 입원을 하고 있었다. 메리의 아들 브루스 티켈 테일러(Bruce Tickell Taylor)가 태어난 정확한 날짜가 기록되어 있지 않다. 그렇지만 1919년 3월 7일 앨버트 테일러가 장모에게 보낸 편지에 보면, 그의 아내 메리 테일러는 2월 26일 양수가 터져, 다음날인 27일 병원에 입원하였고, 28일 새벽 3시에 진통이 시작되어, 2월 28일 금요일 오전

---

[18] 『국민일보』 2015년 4월 27일자, 「한국을 사랑한 '미국인 3대' 역사 막 내려」.

11시 20분에 아들이 태어났다고 한다.[19] 그녀는 병원에 입원중 남편인 테일러가 'AP통신 미국 특별 통신원'으로 임명되어 광무황제의 장례식을 취재하는 일을 맡게 되었다. 그녀는 세브란스병원에서 아들을 낳고 의식이 돌아왔을 때, 간호사가 독립선언서 뭉치를 그녀의 침대 이불 밑에 집어 넣었다.[20] 그날 병원 밖에서는 비명소리와 총성이 들리고, '만세, 만세'를 외치는 커다란 함성도 들렸다. 그리고 그녀의 남편인 브루스(테일러)가 아기를 보려고 하다가 침대 속에 감추어진 종이 뭉치를 보았고, 그는 "대한독립선언문이군!"이라고 놀라서 소리쳤다. 3·1독립선언서가 국외사회로 전파되는 것은 이때부터였다. 매리의 남편 앨버트 테일러는 독립선언서를 발견하고 흥분이 되어, "바로 그날 밤, 동생 '빌(William W. Taylor)'이 독립선언문 사본(a copy of the proclamation)과 그에 관한 앨버트 테일러가 쓴 기사를 구두 뒤축에 감춘채 서울 떠나 도쿄로 갔다. 금지령이 떨어지기 전에 그것을 전신으로 미국에 보내기 위해서였다"라고 하였다.[21]

독립선언서를 발견한 앨버트 테일러는 3월 1일 밤 독립선언서와 3·1운동에 대한 기사를 작성한 문서를 그의 동생에게 주었다. 앞의 앨버트 테일러가 장모에게 보낸 편지에 보면, "지원한 것은 아니지만 미국 AP통신사의 한국 통신원으로 임명되었습니다. 최근까지도 이 일로 매우 바빠서 먼저는 정부 관료들에게 연락하고 또 최근 사망한 한국의 마지막 왕의 국장에 참석하였으며, 그리고 한국의 독립운동을 살피고 그에 대해 기사를 썼습니다"라고 하였다.[22] 이를 보아, 그는 AP통신사의 한국 통신원으로, 3·1운동 관련 기사를 작성한 것은 분명하다.

그런데 위의 『호박 목걸이』에서 알려진 것 외에 독립선언서를 미주지역

---

19 서울역사박물관, 『딜쿠샤와 호박목걸이』, 2018, 64쪽.
20 윤소영 편역, 『日本新聞 韓國獨立運動記事集(I)』, 한국독립운동사연구소, 2009, 107쪽.
21 메리 린리 테일러 지음, 송영달 옮김, 『호박 목걸이』, 책과함께, 2014, 225~227쪽.
22 서울역사박물관, 『딜쿠샤와 호박목걸이』, 68쪽.

에 전달한 또 다른 사람이 있었다. 3·1운동 당시 만세시위 사진을 찍었을 뿐만 아니라, 제암리 학살 현장을 사진으로 담아 일제의 학살만행을 전 세계에 알리는 데에 공헌한 캐나다인 스코필드(Frank William Schofield)이다. 스코필드는 1916년 한국 선교사로 와서, 세브란스의학전문학교에서 교수로 재직하고 있었다. 민족대표 33인 중 한 사람인 이갑성의 「신문조서」에 의하면, 1919년 2월 28일 세브란스의전 학생 이용설은 독립선언서를 세브란스의전 교수 스코필드에게 주었다고 한다.[23]

『재팬 애드버타이저(The Japan Advertiser)』 1919년 8월 2일자에 실린 「한국 민심의 파악: 일본의 가장 중대한 문제와 실패의 원인」이라는 글에서, 스코필드는 "독립을 요구하는 시위가 있기 하루 이틀 전날 밤에 한 한국인이 나를 찾아와 품 안에 깊숙이 숨겨 두었던 그 유명한 '대한민국 독립선언서'를 꺼냈던 것을 나는 기억한다"라고 하였다.[24] 이로 보아 3·1운동 발발 전날 스코필드는 이용설로부터 독립선언서를 전달받은 것은 분명하다. 해방 이후에도 스코필드 자신이 쓴 「1919년 3월 1일, 삼일절에 무슨 일이 일어났었는가」라는 글에서 이같은 사실이 자세히 기록되어 있다.[25] 2월 28일 저녁 한 학생이 집에 와서 독립선언서 한 장을 전해주면서, "독립선언문의 사본이 최대한 빨리 백악관에 보내질 수 있도록 해 주십시오"라고 부탁을 하였다. 그래서 스코필드는 그 학생에게 "다음날 미국으로 출발하는 내 친구가 있다며 신속한 전달을 약속했다"라고 한다. 스코필드가 회고한 바와 같이, 그는 세브란스의전 학생 이용설로부터 독립선언서를 받았던 것이다. 그렇지만 그의

---

23 「이갑성선생 청취서(1919. 4. 29)」(李炳憲, 『삼일운동비사』, 時事時報社出版局, 1959, 308쪽).
24 『The Japan Advertiser』 1919년 8월 2일자, 「Discovery of the Korean Mind」(김승태 편역, 『3·1독립운동과 기독교』 III, 한국기독교역사연구소, 2019, 309쪽).
25 스코필드, 「1919년 3월 1일, 삼일절에 무슨 일이 일어났었는가(What Happened on Sam Il Day March 1, 1919)」, 김승태·유진·이향, 『강한 자에는 호랑이처럼, 약한 자에는 비둘기처럼』, 서울대학교 출판문화원, 2012, 240~241쪽.

회고에는 전달받은 독립선언서를 어떻게 하였다는 것에 대해서 전혀 언급되어 있지 않다. 당시 스코필드의 활동상을 감안하면, 독립선언서를 어떠한 방법으로든지 외부세계에 전달하였을 것으로 판단된다.

그런데, 『호박 목걸이』에 나와 있는 이야기와, 스코필드의 회고는 모두 후대에 기록된 것이기 때문에 확실하게 자료로 규명되지 않는다는 문제가 있다. 스코필드는 이용설에게 받은 독립선언서를 다음날(3월 1일) 미국으로 가는 친구에게 전달했을까. 그리고 3월 1일 밤에 독립선언서 인쇄본을 발견한 AP통신원 앨버트 테일러의 동생은 그의 형이 작성한 3·1운동 관련 기사와 독립선언서를 도쿄로 가져가서 미국 AP통신사에 알렸을까? 나중에 다시 설명하겠지만, '윌리암 테일러'가 구두 뒤축에 감추어 간 독립선언서는, 당시 서울에서 미국으로 가기 위해 3월 4일 서울에서 일본을 들린 새크라멘토 비(Sacramento Bee)의 발행인 맥클래취(V. S. McClatchy)에게 전달하였을 것으로 추측된다. 이에 대해서는 뒤에서 다시 상술하고자 한다.

미주에 「독립선언서」가 언제 어떻게 전달되었는지에 대해서는 알 수가 없지만, 하와이 국민회의 기관지 『국민보』 1919년 3월 29일자 『애드버타이저』 도쿄 통신원이 보낸 특신에 의하면, 3월 24일 독립선언서를 도쿄에서 입수하였다고 한다.[26] 그리고 미주 최초로 독립선언서가 영문으로 번역된 것은, 하와이의 영자신문인 『퍼시픽 콤머셜 애드버타이저(The Pacific Commercial Advertiser)』(이하 『애드버타이저』로 줄임) 1919년 3월 28일자 제1면에 「한국 독립선언서 공개되다(Korean Independence Declaration Bared)」라는 제목하에 '선언서(Manifesto)'의 전문을 싣고 있다. 이 신문 기사에는 독립선언서에 대해 다음과 같이 간략하게 언급하고 있다.

---

[26] 『국민보』 1919년 3월 29일자, 「본항 애드버타이저 동경 통신원 3월 24일 특신」.

도쿄 3월 14일 (애드버타이저 특전)

여기에 수록된 선언서는 아마도 현재까지 일본에 건너간 한국 대표단에 의해 서울에서 발행된 독립선언서의 유일본이고, 여기에서 그것의 출판은 일본 내무성에 의해 금지되고 있다.

위의 기사 내용으로 보아, 「독립선언서」 인쇄본 한 장이 어떤 경로인지는 알지 못하지만 3월 14일 이전에 일본에 건너갔고, 그것을 입수한 애드버타이저 특파원(?)에 의해 영문으로 번역이 되어 하와이의 애드버타이저 신문사에 전달되었다. 그리고 이것을 다시 한국어로 번역하여 『국민보』 1919년 3월 29일자에 실었다. 그런데 애드버타이저 신문사에서 독립선언서를 입수하게 된 경위에 대해서, 『국민보』 3월 29일자에는 "이는 합중국 비밀 정탐원이 동양으로부터 와 애드버타이저 3월 28일호에 기재한 것"이라고 하였다.[27] 하와이의 영자신문 『애드버타이저』 3월 28일자에 실린 영문 독립선언서는, 국외에 알려진 최초의 완전한 영역본 독립선언서라고 할 수 있다. 『애드버타이저』 3월 28일자에 실린 영문 독립선언서는 3월 29일자 『국민보』에 한국어로 다시 번역하여 실었다. 독립선언서 영역본은 위의 기사 내용과 같이, '합중국 비밀 정탐원'이 가져온 것은 아니다. 『국민보』 6월 4일자에는 "『국민보』 3월 29일호의 발포한 대한독립선언서는 가주 새크라멘토 합성보사장 맥클래취 씨가 동양으로부터 본항에 상륙하였을 때에, 애드버타이저에 주어 기재한 것을 역재한 바"라고 분명히 말하고 있다.[28] 따라서, 3월 28일자 『애드버타이저』에 실린 독립선언서 영역본은 맥클래취가 제공한 것이 분명하다.

『신한민보』에는 1919년 4월 5일자에 영문으로 된 것을 번역하여 게재하

---

27 『국민보』 1919년 3월 29일자, 「대한독립 광복의 선언문이 세계에 현출」.
28 『국민보』 1919년 6월 4일자, 「대한독립선언서」.

였고, 4월 8일자에 영문 독립선언서를 게재하였다. 연합통신사에서는 4월 3일 독립선언서를 공식으로 받아 이를 정식으로 전 세계에 알렸다.『국민보』 1919년 4월 5일자 기사에 의하면, "연합통신사에서 대한국민의 독립선언문을 공식으로 받아 세계에 광포한 고로 전국안에 있는 모든 신문들은 대서 특필로 이 선언문을 다 기재하였는데, 이는 연합통신사원(Scramento Bee의 발행인 - 필자) 맥클래취(V. S. McClatchy)가 동양으로부터 가져온 큰 소식이더라"라고 보도하고 있다.[29] 『신한민보』 1919년 4월 8일자 기사에 의하면, 맥클래취는 독립선언서를 서울에서 입수하여 구두 속에 숨겨서 '만국연합통신사' 즉, AP통신에 알렸다고 한다.[30] 맥클래취는 어떠한 경로를 통해 독립선언서를 입수하게 되었을까에 대한 의문이 있다. 맥클래취는 1918년 가을 원동특별통신원의 책임을 가지고 극동으로 갔고, 1919년 2월 25일 러시아 블라디보스토크에서 서울로 들어와 일주일간 있었고 3월 4일 서울을 떠났다. 맥클래취 부부가 미국으로 귀환하는 도중에 그는 일본 도쿄를 들렸고, 3월 27일 춘향환 선편으로 호놀룰루에 들리게 되었을 때 국민보 기자 승룡환이 3월 28일 오후 4시 45분에 그를 찾아가서 35분 가량 면담을 하였다.[31] 일제의 기록에도 "시위 때 조선호텔에 체재중이던 미국 『새크라멘토 프레스』사의 사장 V. S. 맥클래취도 당일 자동차를 몰아 소요 상황을 시찰하고 있었"다고 한다.[32] 미국 상원의원 기록에도 "맥클래취는 이 시위가 일어났을 당시 서울에 가 있었는데, 그는 독립선언서의 사본을 미국으로 가지고 돌아온 많은 전령(傳令) 가운데 한 사람이다. 그는 돌아오자 마자 그의 신문에 「세계사에서 이상을 위해 조직화된 수동적 저항의 가장 위대한 사례(Great Example in World History of Passive Resistance for an Ideal)」라는 제하에 이

---

29 『국민보』1919년 4월 5일자, 「연합통신사에서는 한국민의 독립선언서를 세계에 발포」.
30 『신한민보』1919년 4월 8일자, 「대한독립선언서」.
31 『국민보』1919년 3월 29일자, 「왜놈의 말은 한인 령수들을 다잡았다 하고」.
32 독립운동사편찬위원회, 『독립운동사 자료집』6, 1973, 914쪽.

시위운동을 생생하게 그린 기사를 발표하였다.³³

그렇다면 맥클래취는 3월 4일 서울에서 일본을 거쳐 호놀룰루에서 다시 미본토로 와서 독립선언서를 AP통신사에 전달한 것이다. 그가 미국으로 가지고 온 독립선언서는 어디에서 입수하게 되었을까. 『신한민보』 기사에 의하면, 맥클래취는 독립선언서를 서울에서 입수하여 구두 속에 숨겨서 가져왔다고 했다. 앞의 매리 테일러의 자서전 『호박 목걸이』에 나오는 이야기를 다시 검토해 보자. 메리의 남편인 앨버트 테일러가 그의 동생에게 3·1운동 관련 기사와 함께 독립선언서를 주었다고 하였고, 그의 동생은 그것을 구두 뒤축에 감추어 도쿄에서 전신으로 알렸다고 하였다. 『국민보』와 『호박 목걸이』의 공통점은 독립선언서를 '구두 속에 숨겨서' 가져갔다는 것이다. 정말로 앨버트 테일러의 동생 '윌리엄 테일러'가 독립선언서를 구두 뒤축에 숨겨서 도쿄에 가서 전신으로 AP통신에 알렸을까. 그것보다는 당시 서울에 온 『새크라멘토 비』의 발행인 맥클래취에게 독립선언서를 주었을 가능성이 더 높다.

서울에서 AP통신 통신원 앨버트 테일러는 3·1운동과 독립선언서에 대한 기사를 작성하여 미국에 있는 AP통신사에 보냈다. 그는 1919년 3월 12일자로 기사를 작성하여 서울에서 보냈는데, 3월 13일자 뉴욕타임즈 (New York Times)에 그 내용의 일부가 실렸다.³⁴ 이 기사의 앞부분에 "우리는 분명히 독립국가로서 4,300년의 역사를 가지고 있다"고 하여, 일본 유학생들이 발표한 '2·8독립선언서'의 내용과 동일하다. 그러나 전체적으로는 3·1독립선언서의 주요한 내용을 요약하고 있다. 이 기사의 앞부분에 왜 '2·8독립선언서'의 내용이 들어갔는지는 알 수가 없다. "3월 12일 서울 AP통신"이라고 한 것으로 보아, 서울 AP통신원 앨버트 테일러가 독립선언서

33 독립운동사편찬위원회, 『독립운동사 자료집』 4, 1972, 208쪽.
34 『New York Times』 1919년 3월 13일자, 「Koreans Declare for Independence」.

전문을 번역한 것이 아니라, 일부만 영역하여 보낸 것이라고 추측된다. 그렇다면, 테일러는 독립선언서를 어떻게 영어로 번역을 할 수 있었을까. 물론 테일러도 한국에서 오랜 동안 살았기 때문에 한국어와 일본어에 능통하지만, 한문이 많고 난해한 3·1독립선언서를 영어로 번역할 정도로 한국어 실력이 뛰어나지는 않았다. 앨버트 테일러는 분명히 한국어와 한문에 조예가 깊은 사람의 도움을 받았을 것이다. 『호박 목걸이』에 보면, 테일러의 집사로서 영어를 잘 구사하였던 '김주사'라는 인물이 있었다. 아마도 테일러는 영어를 정확하게 이해하고 한학에 상당한 소양을 가지고 있었던 '김주사'의 도움을 받아 독립선언서를 영어로 번역했을 가능성이 있다고 생각된다. '김주사'의 본명은 '김상언'이며, 테일러 부부의 집안일과 사업을 도와주던 사람이다. '주사'는 그가 한말 역관으로 활동할 때 관직명이며, 개화파로 영어에 능숙하여 미국에도 파견되었다고 한다.[35]

필자는 『새크라멘토 비』의 발행인 맥클래취가 미국으로 가져간 독립선언서는 분명히 서울에서 앨버트 테일러나 그의 동생 '윌리엄 테일러'로부터 받은 것이라고 판단된다. 왜냐하면 독립선언서를 미국으로 가져간 맥클래취는 그것을 자신이 발행인으로 있는 『새크라멘토 비』 신문에 실어야만 하는 것이 너무나 당연하다. 그런데 맥클래취는 독립선언서를 AP통신사에 주었고, AP통신사에서는 이것을 각 언론사에 알려서 미국 신문에 실리게 하였다. AP통신 서울 통신원 테일러는 맥클래취에게 독립선언서를 미국에 가면 AP통신사에 전해 달라고 부탁하였고, 그 부탁을 받은 맥클래취는 그것을 구두 속에 숨겨서 미국에 가져가서 AP통신사에 전달한 것이다. AP통신 서울 통신원 앨버트 테일러의 동생과 맥클래취 두 사람이 똑같이 독립선언서를 구두 속에 숨겨 가져갔다는 이야기는 성립할 수가 있는가. 필자의 과도한 추측일지는 모르겠지만, 위와 같이 설명이 되어야만 독립선언서가 미국에 전달

---

35 서울역사박물관, 『딜쿠샤와 호박목걸이』, 109쪽.

되는 것이 자연스럽다고 생각된다.

그래서 『신한민보』 1919년 4월 5일자에는 "연합통신사를 경유하야 미국신문에 게재된 바를 이에 번역"이라고 하였다. 그리고 4월 8일자에는 "독립선언 당시에 독립선언서는 국문과 영문과 한문 세 가지로 인쇄하여 전국에 돌렸으나, 일인의 엄밀한 단속으로 새크라멘토 신문 기자 맥클래취 씨가 한국 서울서 떠날 때에, 구두 속에서 넣어가지고 와서 만국연합통신사에 알려 세계 각국에 전한 결과로 각 영문보에 된 우리 독립선언서가 기대 되었더라. 이제 연합통신의 보도한 영문 독립선언서를 우리 신문에 옮겨 기재하노라"라고 하였다.[36] 『신한민보』 1919년 4월 8일자에 실린 영문 독립선언서는 "연합통신의 보도한 영문 독립선언서를 우리 신문에 옮겨 기재한다"고 하였다. 대한인국민회 중앙총회에서는 4월 5일 파리강화회의의 미국, 영국, 프랑스, 이탈리아 대사들에게 3월 1일에 반포한 독립선언서」 영문본을 보냈다.[37]

---

36 『신한민보』 1919년 4월 8일자, 「대한독립선언서」.
37 『신한민보』 1919년 4월 10일자, 「중앙총회에서 4대국 정부에 발한 공첩」.

4 영어로 번역된 독립선언서

국외로 전달된 3·1독립선언서는 각국어로 번역되어 국제사회에 알려지게 되었다. 최초의 영역본 독립선언서는 현순과 이광수가 중국 상하이에서 번역한 것이라고 할 수 있다. 이 영문 독립선언서는 중국에서 발간되는 영자신문인 『The China Press(大陸報)』와 『North China Daily News(字林西報)』에 그 내용이 소개되었다. 최초로 영역된 독립선언서는 현순과 이광수가 중국 상하이에서 번역한 것이지만, 이것은 아직 민족대표 33인이 확정되기 이전에 가져간 것이라서 완전한 형태의 독립선언서라고는 할 수 없다. 그렇다면 33인이 포함된 완전한 형태의 독립선언서의 영역본은 언제, 누가, 어디서 번역을 하였을까? 이에 대한 확실한 자료는 현재 발견되지 않는다. 그렇지만 이를 추측할 수 있는 하나의 단서는 있다.

3월 1일 서울을 비롯한 전국 각지에서 민족의 독립을 고하는 독립선언서가 살포되었고, 만세시위에 돌입하면서 독립선언서는 서울에 있었던 모든 각국 영사관에도 배포되었다. 독립선언서를 전달받은 서울 주재 각국 영사관에서는 국한문으로 작성된 선언서를 이해할 수 없기 때문에, 이를 자국어로 번역을 하였다. 이같은 사실은 독립선언서를 받은 서울주재 러시아영사관에서 1919년 3월 31일자로 본국에 보낸 문서에서 확인이 된다. 야콥 류트샤(Yakov Rytshi) 서울주재 러시아 총영사가 3·1운동의 시위 양상에 관한 자세한 보고서와 함께 독립선언서 번역본을 첨부하여 바실리 니콜라예비치(Vasilli Nikolaevichi)에게 보냈다.[38]

---

[38] 「서울주재 러시아총영사 야콥 류트샤의 3·1운동에 관한 보고(1919년 3월 31일)」(러시아국립문서보관소(가르프) 폰드번호 200, 오피시 1, 델로 535, 리스트 42~85).

그리고 미국영사관에도 독립선언서와 각종 편지들이 전달되었다.[39] 이로 보아 서울주재 각국 영사관에서는 독립선언서를 자국어로 번역하여 본국에 보냈을 것으로 추측된다. 그렇다면, 서울에 있었던 미국과 영국 영사관에서도 독립선언서를 전달받자 마자 곧바로 영어로 번역하였을 가능성이 높다. 이들 두 영사관에서 영어로 번역한 독립선언서를 본국에 보냈을 것으로 추측되지만, 아직까지 자료로 확인되지 않는다. 위와 같이 서울에 주재하는 각국 영사관에서 독립선언서를 자국어로 번역하였다고 하면, 또 한국에 주재하는 외국인 선교사들도 분명히 독립선언서를 영어로 번역하였을 개연성이 높다. 3월 1일 오후 서울에 있었던 선교사가 미국 장로회 본부에 보낸 보고서에 보면, "독립선언서는 아주 어려운 글로 되어 있어서 우리의 가장 훌륭한 통역자 가운데 한 사람이 말하기를 자기가 다뤘던 것 중 가장 번역하기 힘든 것이었다고 했다"라고 하였던 것으로 보아 알 수가 있다.[40]

필자는 현재까지 3·1독립선언서의 영역본 5개 종류를 발견하였다. 앞에서 언급한 최창식이 상하이로 가지고 간 독립선언서를 현순과 이광수가 영어로 번역한 것이다. 이 영역본은 현재 남아있지 않지만, 선언서의 내용이 『The China Press』 1919년 3월 15일자 기사에 요약되어 있다.[41]

필자가 지금까지 발굴한 첫 번째 영역본은 하와이의 영자신문 『애드버타이저』에 게재되었고, 그리고 AP통신을 통해 전 세계 언론에 소개된 것이다. 그런데, 여기에 실린 영어 번역본에는 '병자수호조규(丙子修護條規)'를 '1636년'의 '병자호란'으로 잘못 번역하였다. 『애드버타이저』에 독립선

---

39 「오웬스(H. T. Owens)가 작성한 보고서(1919. 3. 24)」, 『재한선교사보고문건』(독립기념관 소장자료번호 007630-02-0010).
40 「John H. Youso Brown 박사에게 보낸 편지(1919. 3. 15)」, 『재한선교사보고서』(독립기념관 소장자료번호 007630-02-0076).
41 『The China Press』 1919년 3월 15일자, 「Koreans well Organised for Independence Revolt」. 『The China Press』에 실린 3·1운동 기사는 단국대학교 한시준 교수님이 발굴하여 필자에게 제공해 주었다. 지면을 빌어 감사를 드린다.

언서의 전문이 실렸고, AP통신사에서 그대로 받아서, 미국의 각 언론에 게재되었다. 독립선언서를 영어로 'Manifesto'라고 명명하였다. 3·1독립선언서의 제목이 아무런 명칭이 없이 '선언서'라고 되어 있기 때문에 영어로도 'Manifesto'라고 번역하였다. 이 영역본은 "We herewith proclaim the independence of Korea and the liberty of the Korean people"로 시작하였고, '공약삼장'을 'Three Items of Agreement'라고 번역하고 있다. 그런데 동일한 내용의 영문 독립선언서가 연합통신 보도에는 그 제목이 'Korean Proclamation of Independence'라고 하였다. 즉, 연합통신사에는 3·1독립선언서의 명칭을 '한국인의 독립 선언서'라고 하였다. 그리고 연합통신의 보도를 받은 대부분의 미국의 신문에서도 이같은 제목을 썼다. 이것은 『신한민보』 1919년 4월 8일자 영문 독립선언서 앞부분에, "By Associated Press and printed in American Papers"라고 부기하고 있는 데에서 알 수가 있다.

두 번째 영역 독립선언서는 3·1운동 당시 평북 선천에서 활동하던 미국 장로교 선교사들이 영역한 번역본이다.[42] 평북 선천에서 활동하던 선교사들이 미국 장로교회(Presbyterian Church) 해외선교부(Board of Foreign Missions)에 보낸 독립선언서는 "We now proclaim to all nations of world, the independence of Korea, and the liberty of the people"로 시작되는 영역본이다. '공약삼장'을 'A Threefold Public Agreement'라고 번역하였다. 이 독립선언서는 아마도 한국어와 한문에 능통한 선교사가 번역하였을 것으로 추측된다.[43] 1919년 3월 11일자로 미국 북장로교 선천선교부에서 활동을 하던 스티븐스(Blanche Iona Stevens) 선교사는 장로교 해외선교본부(A.

---

42 김승태, 「3·1독립운동과 선교사들의 대응에 관한 연구」, 『한국독립운동사연구』 54, 2013, 105~106쪽.
43 재한선교사들은 독립선언서 원본을 입수하여 이를 영어로 번역하여 한국어를 이해하지 못하는 다른 선교사들에게 보여주고, 이를 미국이나 영국·캐나다 등에 있는 선교본부에도 보고하였던 것이다. 3·1운동 때 미국 장로교의 해외선교본부에 보낸 재한선교사들의 보고문건이 현재 미국 필라델피아 장로교 역사회(Presbyterian Historical Society)에 소장되어 있다.

J. Brown)에 독립선언서를 거칠게 번역하여 보낸다고 하였고, 좀 더 부드러운 번역본을 다시 보내겠다고 하였다.⁴⁴ 3월 12일자로 같은 선천선교부에서 활동을 하고 있는 헨리 램프(Henry Willard Lampe) 선교사도 장로교 해외선교본부에 편지를 보내면서, 한국 독립선언서(The Korean Declaration of Independence)의 영어 번역문을 동봉하였다.⁴⁵ 그러나 당시 일제가 3·1독립 선언의 소식을 해외에 전달하지 못하게 선교사들에 대한 감시가 심하여, 헨리 램프 선교사는 이 편지를 중국에서 선교활동을 하고 있는 아일랜드인 허드슨(Miss Hudson)이 휴가차 캐나다로 갈 때 보냈다. 그러면 이 선언서는 누가 영어로 번역을 하였던 것일까. 앞에서 언급한 바와 같이, 1919년 3월 12일자로 선천선교부 램프 선교사가 미국장로교 해외선교본부에 보낸 편지에 의하면, 램프 선교사가 보낸 독립선언서의 번역자는 평양에서 활동하는 번하이슬(Charles Francis Bernheisel, 片夏薛, 1874~1958)과 트윙(Twing) 두 사람이라고 분명히 밝히고 있다.

> 한국어 독립선언서의 영문 번역본을 동봉합니다. 여기 한인 청년들(boys)은 귀하께서 이 독립선언서를 보길 원하고 있으며, 어떤 신문사라도 이것을 게재할 의사가 있다면 적극 환영할 것입니다. 지금 이 번역본이 도착하기 전에 틀림없이 다른 번역본이 미국에 도착할 겁니다. 아마도 더 나은 번역본이겠지요. 평양에 있는 번하이슬(Bernheisel)씨와 트윙(Twing)씨가 독립선언서를 번역하며 꽤나 어려움을 겪었습니다.

---

44 「스티븐슨(Blavche L. Steven)이 브라운(A. J. Brown) 박사에게 보내는 편지(1919. 3. 11)」, 『재한선교사보고문건』(독립기념관 소장자료번호 007630-02-0091).
45 「헨리 램프(Henry Lampe)가 아버지에게 보낸 편지(1919. 3. 12)」, 『새한신교사보고문건』(독립기념관 소장자료번호 007630-02-0019). 원본은 장로교역사회 홈페이지(https://digital.history.pcusa.org/islandora/object/islandora:43417#page/57/mode/1up).

번하이슬은 1900년 10월 미국 북장로교 선교사로 파견되어 산정현교회 초대 목사, 숭실대학 교수 등으로 주로 평양에서 선교활동을 하였다.[46] 그는 한국에 와서 선교활동을 하면서 한국어로 설교를 하는 등 한국어에 상당한 실력이 있었다. 번하이슬과 같이 번역을 한 트윙도 선교사일 것으로 추측되고 독립선언서를 번역할 정도로 한국어에 능통하였던 것만은 틀림이 없었던 것같다.

또한 3월 15일자로 미국 북장로교 젠소(John F. Genso, 金昭) 선교사도 미국의 북장로교 본부에 독립선언서 영역본(the Declaration of Independence)을 보냈다.[47] 평북 선천에서 영어로 번역된 '독립선언서'는 모두 민족대표 33인의 명단이 없고, 제목을 'Korea's Declaration of Independence'[48] 혹은 'Korea's Proclamation of Independence'라고 제목을 달았고, 공약삼장을 'Three Items of Agreement'라고 번역하였다.[49]

세 번째로, 영어로 번역된 독립선언서는 평양에서 활동하던 선교사들이 작성하여 미국 장로교 본부에 보낸 「삼일운동 발발 보고서(Korean Independence Outbreak March 1st, 1919)」라는 문건에 수록된 독립선언서이다. 이 독립선언서는 'A Proclamation'이라는 제목으로, "We proclaim hereby, Korea an independent state and her people free"로 시작되는 영역본이다.[50] '공약삼장'을 'Three Items of Agreement'라고 번역을 하고 있다.

---

[46] 김승태·박혜진 엮음, 『내한 선교사 총람, 1884-1984』, 한국기독교역사연구소, 1994, 125~126쪽.

[47] 「존 F. Yeoso가 브라운(A. J. Brown) 박사에게 보내는 편지)(1919. 3. 15)」, 『재한선교사보고문건』(독립기념관 소장자료번호 007630-02-0076).

[48] 「한국 독립선언서(Korea's Declaration of Independence)(1919. 3. 12)」, 『재한선교사보고문건』(독립기념관 소장자료번호 007630-02-0021).

[49] 「한국 독립선언문(Korea's Declaration of Independence)(1919. 3. 12)」, 『재한선교사보고문건』(독립기념관 소장자료번호 007630-02-0096).

[50] 『재한선교사보고문건』에는 같은 버전의 영역본 독립선언서가 있는데, "We proclaim herewith Korea an independent state and her people free"라고 하여 앞 부분만 조금 다르다.

이 문건에는 두 번에 걸쳐 독립선언서를 싣고 있는데, 제1부(partI)는 중간까지만 내용이 실렸고, 제2부(part II)에는 공약삼장까지 싣고 민족대표 33인은 앞에 나오기 때문에 생략하였다. 아무튼, 「삼일운동 발발 보고서」라는 문건에 수록되어 있는 영문 독립선언서는, 평양에서 활동하던 선교사 가운데 한국어와 한문에 능통한 선교사가 번역을 하였을 것으로 추측된다.

네 번째로, 영어로 번역된 독립선언서는 앞의 미국 장로교 해외선교본부에 보낸 보고문건에 속에 있는 것이다. 이 독립선언서는 'Manifesto'라는 제목으로, "We hereby declare independence of Korea and the freedom of the Korean people"로 시작되는 영역본이다. '공약삼장'을 'Three Provisions of our Covenant'라고 번역하고 있다. 이 영역본 또한 미국 북장로교 계열의 선교사가 보낸 것이지만, 어디에서 누가 번역하여 보낸 것인지는 확인되지 않는다. 다만 이 선언서의 앞면에 '1919년 4월 10일' 접수되었다는 도장이 찍힌 것으로 보아, 3월 초중순경에 한국에서 보낸 것만은 확실하다.

다섯 번째로, 영역된 독립선언서는 최남선이 기초한 선언서를 영어로 직역한 것으로, 앞의 미국 장로교 해외선교본부에 보낸 보고문건에 있는 것이다. 이 독립선언서는 'The Independence Declaration'이라는 제목으로, 난해한 선언서를 내용 그대로 직역하여 표현하고 있다. "We hereby solemnly declare that Korea is and independent nation and Koreans are free people"로 시작하고, '공약삼장'을 'Three Terms to be Observed'라고 번역하고 있다. 그런데, 이것은 누가 어디서 번역을 하였는지는 알 수가 없지만, 독립선언서 원문을 가장 충실하게 표현하려고 것만은 분명하다. 그래서 그런지 번역문 마지막에 굳이 "한국어 원문을 번역하였다"라고 부기하고 있다.

또한 하와이의 대조선독립단(Korean National Independence League)에서는 1919년 4월 25일자로, 3·1독립선언서를 비롯하여, 2·8독립선언서, 대한독립선언서를 영문 번역한 『True Facts of the Korean Uprising and the Text of the Declaration of Independence, etc.』라는 팜플렛을 발간하였다.[51]

여기에 실린 3·1독립선언서는 제목은 'Declaration'이라고 하고, 내용은 애드버타이저 3월 28일자에 실린 영문 번역본을 그대로 게재하였기 때문에 제목을 'Manifesto'라고 하였다.

또한 3·1운동 발발 소식을 들은 오하이오주 한인 학생들은 영문 잡지를 간행하게 되었다. 이들이 발간한 영문 월간잡지의 제목은 『Young Korea』이고, 이것은 미국 한인학생회에서 편찬한 것이다. 1919년 5월에 발간된 영문 잡지 『Young Korea』 제1호에 「Korean Proclamation of Independence」라는 제목으로 영문으로 번역된 독립선언서를 실었다.[52] 그런데, 여기에 실린 영문도 앞의 『애드버타이저』에 실린 영문과 같은 번역본을 게재하였다.

그 외 미주에서 발행된 영문 독립선언서가 독립기념관에 소장되어 있는데, 도산 안창호 자료와 함께 들어온 한 장으로 된 독립선언서가 있다. 이것은 독립선언서를 영문으로 발행하여 미국에서 배포한 것으로 추정된다. 이 영문 번역문은 『애드버타이저』에 실린 영문과 같은 것을 사용하였고, 영문 선언서의 제목은 'The Proclamation of Korean Independence'라고 하였다.[53]

지금까지 살펴본 바와 같이, 3·1독립선언서 영문 번역본 제목은 다섯 가지가 사용되었다는 것을 확인할 수가 있다.

① Manifesto,

② A Proclamation,

③ Korea's Declaration of Independence 혹은 Korea's Proclamation of Independence,

④ Korean Proclamation of Independence 혹은 Korean Declaration of

---

51 Korean National Independence League, 『True Facts of the Korean Uprising and the Text of the Declaration of Independence, etc.』, 1919년 4월 25일(독립기념관 자료번호 1-014677-000).

52 「Korean Proclamation of Independence」, 『Young Korea』 vol.1, May 1919, p.86.

53 독립기념관 소장자료번호 1-A00028-035.

Independence,

⑤ Proclamation of Korean Independence.

그렇지만,『재한선교사보고문건』에 있는 영역본 독립선언서와 평양에서 선교사들이 번역한 독립선언서를 제외하고는, 다른 영문 번역은 모두『애드버타이저』번역본을 그대로 게재하고 있다.

AP통신과 미국 신문에 영문 독립선언서가 게재되면서, 영국지역에도 한국의 독립문제와 관련하여 적지 않은 관심을 표명하였다. 영국에서 한국 독립운동을 널리 소개한 사람은 맥켄지(Frederick A. McKenzie, 1869~1931)였다. 맥켄지는 상하이 대한민국임시정부나 스코필드(Frank. W. Schofield) 등 친한·반일적 선교사들이 제공하는 자료를 바탕으로『한국의 자유를 위한 투쟁(Korea's Fight for Freedom)』을 1920년에 출간하였다. 이 책은 당시 영국사회에서 급속히 팽배하던 반일적인 분위기에 편승하여 영국의회내에서 극동문제를 논의하는 데 상당한 영향을 미치게 되었다.[54] 맥켄지의 이 책에도 'The Proclamation of Korean Independence'라는 제목으로 영문 독립선언서 전문을 실었다.[55] 그리고 영문 독립선언서는 1921년에 발간된 정한경(Henry Chung)의『The Case of Korea』에도 실렸고,[56] 신흥우(Hung Heung-wo Cynn)의『The Rebirth of Korea』에는 'The Declaration of Korean Independence of Korea'라는 제목으로 실렸다.[57]

3·1독립선언서 영역본 다섯 종류 가운데, 번역자를 정확하게 알 수 있는 것은 두 번째 영역본이다. 이것은 헨리 램프 선교사의 편지에서, 평양에서 선교활동을 하였던 번하이슬과 트윙 두 사람이 번역하였다고 분명히 언급되

---

54 구내열,「영국과 한국독립운동」,『한민족독립운동사』6, 국사편찬위원회, 1989, 388쪽.
55 Frederick A. McKenzie,『Korea's Fight for Freedom』, Fleming H. Revell Company, 1920, pp.247~249.
56 Henry Chung,『The Case of Korea』, Fleming H. Revell Company, 1921, pp.199~203.
57 Hung Heung-wo Cynn,『The Rebirth of Korea』, The Abingdon Press, 1920, pp.19~23.

어 있기 때문이다. 그런데, 최남선이 기초한 독립선언서는 한자가 많아 외국인 선교사들이 이해하기가 쉽지 않았을 것이다. 독립선언서를 본 선교사는 이를 읽고 이해하기 어렵기 때문인지, "이 문서는 놀랠만한 것이라고 생각된다. 한자로 된 원문은 문장과 문체에서 정치하고 아름답다. 그리고 많은 사상(思想)의 그림자는 영어로는 표현할 수 없는 것이다"라고 하고 있다.[58] 아무튼, 외국인 선교사가 3·1독립선언서를 영어로 번역하는 것은 쉽지는 않았을 것이라고 보인다. 그래서 그런지, 서울 경신학교 교장 쿤스(Rev. Edwin Wade Koons, 君芮彬)가 미국 장로교 해외선교부 브라운(Dr. Brown) 총무에게 보낸 '영어본 독립선언서'는 '한국인'이 번역하였다고 하였다. 쿤스는 영어로 번역된 독립선언서에 대해 "이것은 3월 1일 발행된 한국 독립선언서의 번역이다. 이 번역은 한국인에 의한 것이고, 내가 생각하기에는 이것은 아주 정확하지만 물론 이런 문건의 번역은 비평의 대상은 아니다"라고 하였다.[59] 경신학교 교장인 쿤스 자신도 한국어에 능숙하지만, 한문이 많아 쉽게 이해할 수 없는 독립선언서를 한국인이 번역하였다고 한다. 3·1운동 당시 한국에 있었던 외국인 선교사들이 대부분 한국어를 잘 이해하고 있었지만, 한문이 많아 난해한 독립선언서를 영어로 번역하기에는 힘들었다고 생각된다. 필자의 추측이지만 아마도 재한 선교사들이 미국 해외선교본부에 보낸 독립선언서 영역본은 한국인이 초벌 번역을 하고, 이를 영어로 정확하게 이해할 수 있게 교열을 보았을 가능성이 높다.

한편, 영문학자이며 시인인 변영로(卞榮魯)가 3·1운동 당시 자신이 독립선언서를 영문으로 번역하였다고 한다.[60] 1953년 2월 24일 변영로를 비롯

---

58 「한국 독립선언서(Korea's Declaration of Independence)(1919. 3. 12)」, 『재한선교사보고문건』(독립기념관 소장자료번호 007630-02-0021).
59 「쿤스(Rev. Edwin Wade Koons)가 브라운(Brown) 박사에게 보내는 편지)(1919. 3)」, 『재한선교사보고문건』(독립기념관 소장자료번호 007630-05-0048).
60 변영로의 『명정사십년』, 「연보」에 "1919년 YMCA에서 독립선언서를 英文으로 번역"하였다고 한다(변영로, 『酩酊四十年』, 범우사, 1984, 180쪽).

하여 공초 오상순, 횡보 염상섭, 월탄 박종화 등 일제시대에 활동하였던 문인들이 모여, 전쟁 피난지 부산에서 「40년 문단 회고 좌담회」가 열렸다. 이때 변영로는 "우리의 3·1독립선언서를 영문으로 번역한 것은 나와 지금 유엔총회에 가 있는 우리 일석[一石(逸石의 오식 – 필자)] 형님과 둘이서 했습니다. 청년회관에서 밤 늦도록 타이프라이터를 찍는데, 그 타이프 소리가 어찌나 요란스럽게 들리던지 밖에는 기마순사(騎馬巡查)들이 오고 가는데 참 땀을 함빡 흘린 일이 있습니다. 그때 그것이 외국인 또는 외국기관을 통해서 해외로 나갔는데"라고 말하였다.[61] 변영로가 말한 바와 같이 3·1운동 당시에 YMCA회관은 일제의 경찰 등이 순찰을 돌고 있었다. 당시 YMCA 총무였던 윤치호의 1919년 3월 9일자 영문일기에 의하면, "(YMCA 회관 – 필자) 수위는 회관에는 아무도 없으며, 경찰·헌병·형사들이 종로를 물샐 틈 없이 지키면서 순찰을 돌고" 있었다고 하였다.[62] 그럼에도 불구하고 변영로는 당시 그의 형 변영태와 함께 서울 종로에 있는 YMCA에서 독립선언서를 영어로 번역하고, 이것을 그곳에 있는 영문 타자기로 타자를 했다고 한다. 그리고 그는 영역한 독립선언서를 외국인과 외국기관을 통해 해외로 전달되었다고 하였다. 변영태·변영로 형제는 한문에도 상당한 식견을 가지고 뿐만 아니라, 영어에도 탁월한 실력을 가지고 있다. 그렇기 때문에 1953년 2월 문인들의 '좌담회'에서 당당하게 변영로 자신과 그의 형인 변영태가 독립선언서를 영문으로 번역하였다고 자랑을 하였다.

  아무튼 3·1운동 기간에 변영태·변영로 형제가 독립선언서를 영문으로 번역한 것만은 분명하다. 그렇다면, 이들 형제가 영문으로 번역하여 타자한 독립선언서는 어떻게 되었는가 하는 점이다. 그는 분명히 "외국인 또는 외국기관을 통해서 해외"로 보냈다고 한다. 당시 국내에 있는 외국인과 외국기관

---

61 「40년 문단 회고 좌담회」, 『신천지』 제80권 제1호, 1953년 4월, 210쪽.
62 국사편찬위원회, 『국역 윤치호 영문일기』 6, 2015, 1919년 3월 9일자.

은 개신교 선교사와 선교기관이 될 수밖에 없다. 따라서, 변영로가 번역한 독립선언서는 선교사를 통해 해외에 선교기관에 전달되었을 가능성 매우 높다. 그러면 어떤 선교사에게 전달되었겠는가. 필자는 앞에서 서울 경신학교 교장 쿤스가 미국 장로교 해외선교부에 보낸 '영문 독립선언서'는 '한국인'이 번역하였다고 하였다. 아마도 이것과 변영태·변영로 형제가 번역한 독립선언서와의 관련이 있지 않은가 하는 추측이 든다.

  필자는 현재까지 발견된 영문 독립선언서가 다섯 종류가 있다고 하였다. 그 가운데 다섯 번째의 영문 독립선언서는 외국인이 번역하였다고 보기 어려울 정도로 선언문 본래의 내용을 충실하게 직역하고 있다. 다섯 번째의 영문 독립선언서는 최남선이 쓴 3·1독립선언서의 본래 내용을 충분하게 이해하지 못하면, 도저히 영어로 번역이 불가능할 정도에 세밀한 내용까지 번역을 하고 있다. 필자의 과도한 억측인지 모르지만, 변영태·변영로 형제가 영역한 독립선언서는 쿤스 선교사에게 전달되었고, 쿤스 선교사는 이를 미국에 있는 장로교 해외선교본부로 보낸 것은 아닌지 모르겠다.

5 각국어로 번역된 독립선언서

미주에서는 독립선언서가 영문으로 번역되어 널리 알려지게 되었지만, 파리 평화회의에 파견된 김규식은 국내에서 독립을 선언하였다는 것을 어떻게 알 수 있었을까. 중국 상하이의 신한청년당 대표로 파견된 김규식은 1919년 3월 13일 파리에 도착하였기 때문에, 그가 파리에 정착하고 주소가 확인된 이후에야 3·1운동 발발 소식을 받을 수가 있었다. 정확한 날짜는 알 수 없지만, 현순은 미주에 보낸 영문전보와 같이, 3·1운동 발발 소식을 파리에 있는 김규식에게도 보냈다. 그런데 이때 상하이에서 보낸 전문의 내용은 현재, 국사편찬위원회에서 1975년 발간한 『한국독립운동사 자료』(3·1운동편) 제5권 제2편에 프랑스어로 번역이 된 원본 자료가 활자로 인쇄되어 수록되어 있다.[63] 이 자료는 김규식이 독립운동을 선전하기 위해 설치한 '한국통신국'에서 1919년 4월 10일자로 발행된 것으로, 다음의 전보 내용은 프랑스어로 된 것을 번역하였다.[64]

한국통신국
파리 중앙 우체국 사서함 369호
1919년 4월 10일, 파리
한국민대표관 김규식 씨에 의해 수령된 한국 사건에 관한 다음의 전보를 전해드

---

63 『한국독립운동사 자료』(3·1운동편), 국사편찬위원회, 1975, 469~470쪽.
64 중국 상하이에서 현순은 김규식에게 영문으로 전보를 보냈다. 그런데, 이것은 받은 파리의 한국통신국에서는 이를 프랑스어로 번역을 하여 대외적으로 홍보하였다. 「프랑스어 전보 원문」은 프랑스 파리디드로대학 박사과정에 재학하고 있는 이장규 선생님이 한국어로 번역을 해주었다. 지면을 빌어 감사를 드린다.

립니다.

4월 10일에 도착된, 상하이 1호.

3월 1일부터 현재까지, 30만 명의 기독교인, 2백만 명의 천도교인(정치적 신흥 종파), 1백만 명의 불교도인, 모든 학생들과 젊은 지식인들이 참가한 독립을 위한 시위 행동들이 한국 전체에서 성공적으로 이루어졌습니다. 소극적 혁명을 선호하는 우리 대표자들은 태극기와 함께 시위를 준비하였고, '대한독립 만세'를 외치면서 연설을 하고 시위를 배치했습니다. 여성들은 매우 적극적입니다. 공장들과 상점들, 일본 행정관청들에서 파업이 터져 나왔고 우리 교회, 학교, 상점들은 폐쇄되었습니다. 손병희(Son Pyung Hi), 길선주(Kil Sun hu), 한용운(Han Yung Woon)은 우리 대표자들의 수장입니다. 3만 2천명의 남녀가 감옥에 갇혔고, 아이들과 여성, 노인네들을 포함하여 10만여 명이 부상당하고 사망했습니다. 시내 교통과 통신들은 두절되었습니다. 적들(일제 - 필자)은 무시무시한 탄압과 인권 유린을 자행했습니다. 우리의 동기를 설명하고 우리의 주장을 알리기 위하여, 대표자 회의로부터 파리 대표단의 수장에게 전보하여 현순(Hyun-Soon)에게 권한을 위임하였습니다. 선교사들은 전 세계에 진상을 알리면서 우리의 지지를 위하여 들고 일어났습니다. 반드시 독립을 요청하기 위해 힘을 내주십시오.

서명: 현순 (HYUN-SOON)

한국통신국

서명: Chin Cheng Wen (김규식)

중국 상하이에서 현순이 김규식에게 보낸 영문전보의 내용은 앞에서도 언급한『신한민보』1919년 3월 13일자「호외」에 실린 내용과 거의 동일하다.[65] 그렇지만 현순이 김규식에게 보낸 전보는, 미주에 대한인국민회에 보

---

65 『신한민보』1919년 3월 13일자 호외,「대한독립선언」.

낸 전보 내용과 약간의 차이가 있다. 미주에 보낸 전보에는 독립선언의 대표자를 "손병희, 이상재, 길선주" 3명을 거론하였는데, 프랑스어 번역 전보문에는 "손병희, 길선주, 한용운" 3명이라고 하였다. 김규식이 현순의 전보를 받고 프랑스어로 번역을 할 때 '이상재'를 '한용운'으로 수정한 것으로 보아야만 한다. 왜냐하면 현순이 보낸 전보에는 독립선언의 대표자를 "손병희, 이상재, 길선주" 3명으로 되어 있었기 때문이다. 현순은 독립선언서의 대표자로 손병희, 이상재, 길선주 3인으로 알고 있었다. 그래서, 미주의 안창호는 파리의 김규식에게 보낸 전보에는 위의 3인이 대표자라고 하였다. 그런데, 나중에 김규식이 현순이나 미주의 대한인국민회 등으로부터 다시 전보를 받고 대표자 명단을 수정한 것으로 보아야만 한다.

그리고 위의 4월 10일자 전보에는 "3월 1일 이후로 독립시위운동은 한국 전역에서 성공적으로 이루어졌다. 대표들은 연설과 선언문을 통한 수동적인 혁명을 선호한다"[66]라는 내용이 있다고 하였다. 이같은 내용으로 보아, 김규식은 중국이나 미주로부터 3·1운동의 발발과 전개양상에 대한 정보를 전보로 계속 받고 있었다고 판단된다.

국내에서 독립을 선언하였다는 전보를 받은 이후, 김규식은 파리평화회의에 한국 독립의 당위성을 알리기 「독립청원서(Pétition)」를 작성하여 제출하였다. 이 청원서에는 '1919년 4월'이라고만 기재되어 있고, 작성한 정확한 일자가 없다. 그런데 청원서 내용 가운데 4월 17일자 『타임스』 기사를 인용하는 것으로 보아, 4월 17일 이후에 작성되어 파리평화회의에 제출된 것만은 분명하다. 그렇다면, 김규식은 파리에 도착한 어느 시점에서 3·1운동이 발발하였다는 소식을 접하게 되었고, 4월 17일 이전까지의 전개양상에 대해서도 어느 정도 알았다고 할 수 있다. 김규식은 3·1독립선언서가 발표된 것은 알고 있었지만, 선언서를 직접 전달받지는 못한 것같다. 왜냐하면,

---

66 국사편찬위원회, 『대한민국임시정부 자료집』 23, 2008, 14쪽.

「청원서」에는 「독립선언서」가 국내와 국외의 대한독립단이 작성하였다고 하고, 민족대표와 선언문의 내용에 대해 구체적으로 언급되어 있지 않기 때문이다. 이로 보아, 김규식은 3·독립선언서 원문을 보지는 못했고, 전보나 신문기사를 통해 간접적으로 선언서의 내용을 알게 되었던 것으로 판단된다. 아마도 미국신문에 실린 영문으로 번역된 독립선언서를 보았을 가능성이 매우 높다. 그리고 그것도 4월 말이나 5월 초 정도에 보았을 것이다.

한편, 미주의 한인사회 가운데 가장 작은 규모였던 멕시코에서도, 국내에서 독립을 선언하였다는 소식을 접하게 되었다. 중국 상하이에서 현순은 미주시간으로 1919년 3월 9일 상오 11시경 대한인국민회 중앙총회장 안창호 앞으로 전보를 보냈다.[67] 전보를 받은 중앙총회에서는 곧바로 독립선언에 대한 후원방침을 협의하고, 각처 지방총회에 소식을 전하였다. 아마도 멕시코의 메리다지방회에도 3월 9일 오후 정도에 3·1운동 소식이 알려졌을 것으로 판단되며, 메리다지방회에서는 멕시코의 각 지역에 전보로 독립선언 소식이 전해졌을 것이다. 3·1운동의 소식을 전해들은 멕시코의 한인들은 거의 매일 국민회관에 모여 3·1운동 이후의 운동방향에 대해 토의를 계속해 왔고 그것을 지원하고자 하였다.

탐피코의 한인들도 독립선언 전보를 받은 후, 곧 모여 경건한 마음으로 경축하며 앞으로의 독립운동 방향을 협의하였다.[68] 메리다지방회는 북미지방총회 훈시를 받아 4월 15일 하오 7시 반에 대한공화국의 건설과 신정부의 조직을 축하하는 경축식을 거행하였다.[69] 경축식 당시에는 국내에서 선포된 독립선언서 원문을 입수하지 못하였지만, 그후 신한민보사에서 필사하여 인쇄한 독립선언서가 멕시코지역 국민회에서 보내졌다.[70] 『신한민보』

---

67 『신한민보』 1919년 3월 13일자 호외, 「대한독립선언」.
68 『신한민보』 1919년 3월 29일자, 「탐피코지방 동포의 열성」.
69 『신한민보』 1919년 5월 10일자, 「메리다지방회의 경축식」.
70 국가보훈처·독립기념관, 『국외독립운동사적지 실태조사보고서(멕시코·쿠바 속편)』 V, 2006,

1919년 5월 20일자에 의하면, 멕시코 프론테라 지방에 보내진 독립선언서는, 스페인어로 번역하여 멕시코 각처의 교회에 보내 우리의 독립의지를 널리 알렸다고 한다.[71] 이 기사로 보아 적어도 5월 초에는 독립선언서의 원문이 멕시코지역 국민회에 전달된 것으로 보인다. 그런데 프론테라지방회에서 스페인어로 번역한 독립선언서의 원본은 찾을 수 없다. 현재 스페인어로 번역된 독립선언서는 메리다 한인회에서 소장하고 있다. 이 독립선언서는 이순녀(Ricardo Lee)가 번역한 것으로, 스페인어로 'Proclamacion De La Independencia De Corea'라고 하여 3·1절 기념식에서 사용하였다.[72] 그렇지만 이순녀가 언제 이 독립선언서를 스페인어로 번역하였는지는 알 수가 없다.

독립선언서 프랑스어 번역본은 1919년 9월 파리위원부 통신국에서 발행한 선전책자『한국의 독립과 평화(L'indépendance de la Corée et la Paix)』부록에 전문을 실었고,[73] 또 월간잡지『자유한국(la Corée Libre)』제2호(1920. 6)에도 게재되었다.[74] 프랑스어본 독립선언서를 정확하게 언제, 누가 번역을 하였는가는 알 수가 없다. 독립선언서 프랑스어본의 제목은「한국공화국의 독립선언서(Declation d'Indépendance de la République de Corée)」라고 하였다. 번역본의 내용으로 보아, 한국어 원본을 가지고 번역을 한 것이 아니라, 영어본을 다시 프랑스어로 중역(重譯)한 것같다. 아마도 AP통신을 통해 전 세계 알려진 영어본 독립선언서를 파리위원부에서 받아서, 파리위원

252~253쪽.
71 『신한민보』1919년 5월 20일자,「프론테라지방회」.
72 국가보훈처·독립기념관,『국외독립운동사적지 실태조사보고서(멕시코·쿠바 속편)』V, 391쪽.
73 프랑스어본 독립선언서는 현재 파리디드로대학 박사과정에 재학중인 이장규 선생님께서 필자에게 제공해 주었다.
74 『자유한국』제2호, 1920년 6월(국사편찬위원회,『대한민국임시정부 자료집』21, 2007, 58~59쪽).

부에서 일을 하는 프랑스인 직원 마티안 부인(Mme. Mathian)이나 람브레흐 양(Mlle Lambrecht) 가운데 한 사람이 번역을 하였을 수도 있다. 그렇지만 영어를 잘 이해하고 그것을 프랑스어로 번역하기 위해서는 상당한 지식이 있어야만 할 것으로 판단된다. 그렇다면 파리위원부에 많은 협조를 했던 친한파 인사인 파리대학 철학교수 펠리씨앙 로베르 샬레(Félicien Robert Challaye)와 법학박사 사동발(謝東發, Scié Ton Sa)이 프랑스어로 번역을 하였을 수도 있을 것이다.

프랑스본 독립선언서는 그후 대한민국임시정부 주불특파위원 서영해가 그의 책에 실었다. 서영해는 한국의 역사 문화와 독립운동을 알리기 위해 『어느 한국인의 삶과 주변(Autour d'une vie coreenne)』이라는 자전적 소설을 썼다. 한국역사소설 『어느 한국인의 삶과 주변』은 1929년 간행되어 프랑스 언론의 뜨거운 관심을 받았는데, 이 책에 파리위원부에서 번역한 독립선언서를 그대로 게재하였다.[75]

위에 언급한 프랑스어본 독립선언서외에 더욱 이른 시기에, 독립선언서가 프랑스어로 번역되었을 수도 있다. 현재 필자가 확인하지는 못하였지만, 러시아공산당 기관지 『프라우다』 1919년 5월 17일자 「한국에서의 혁명 운동」이라는 제하에 3·1운동에 대해 보고하였다. 이에 따르면, "프랑스 신문 『베이징 저널(Le Journal De Pékin)』이 얼마 전 이 2천 만 민족의 이름으로 장문의 (독립)선언문을 게재했다"면서, "선언문은 조선이 일본 압제에서 벗어나 찬란한 해방의 길로 나아가야 한다고 적고 있다"고 설명되어 있다.[76]

마지막으로 독립선언서의 일본어 번역본에 대해 언급하고자 한다. 일본

---

[75] 장석흥, 「대한민국임시정부 주불특파위원, 서영해의 독립운동」, 『한국근현대사연구』 84, 2018, 225쪽; 『조선일보』 2019년 2월 11일자, 「90년 前 프랑스어로 쓴 소설, 韓 독립운동 알렸다」. 서영해 저, 김성혜 역, 『어느 한국인의 삶』, 역사공간, 2019.

[76] 『연합뉴스』 1919년 2월 19일자, 「[외신속 3·1 운동] ⑧ 러 프라우다·이즈베스티야도 주목 … "조선여성 영웅적 항쟁"」.

어로 번역된 독립선언서는 임규에 의해 작성되었다. 임규는 1919년 2월 26일 최남선으로부터 일본정부와 귀족원·중의원에 제출할 통고서를 전달받고 일본어 가나로 번역하고, 또 독립선언서는 일어로 주를 달았다. 그는 독립선언서 등 문서를 소지하고 27일 오후 8시 남대문역을 출발하여 3월 1일 도쿄에 도착하였다.[77] 그렇지만 임규가 독립선언서에 일본어로 주를 단 것은 엄격하게 말해 번역본이라고 볼 수는 없을 것같다. 독립선언서의 최초의 일본어 번역본은 인쇄본을 입수한 일제경찰에 의해 이루어졌다. 2월 28일 밤에 독립선언서를 발견한 일제경찰은 이를 일본어로 번역하여 다음날 3월 1일 상부에 보고하였던 것이다.[78] 일제경찰이 번역한 일본어본 독립선언서 외에 개인적으로 혹은 언론기관 등에서 번역을 하였을 것으로 추측된다. 그렇지만 일본어 번역본은 자유롭게 배포되는 것이 불가능하였기 때문에 선언서의 내용이 널리 전파되지는 못하였던 것같다.

---

[77] 독립운동사편찬위원회,『독립운동사자료집』6, 1973, 1177쪽.
[78] 金正明 編,『朝鮮獨立運動』1, 原書房, 1967, 305~306쪽.

6 맺음말

       3·1독립선언서는 일제의 식민지 지배로부터 우리 민족의 독립을 대외 선포한 문서이다. 한국 민족이 독립을 선언하였다는 것을 증명하는 유일한 문서는 '독립선언서'뿐이다. 그렇기 때문에 이 독립선언서는 한국 독립운동의 역사에서 가장 중요한 문서라고 할 수 있다. 독립선언서가 서울 탑골공원에서 낭독되면서 세 달 동안 전국적으로 만세시위가 일어나게 하였고, 중국·러시아·미주 등 국외 한인사회도 전달되어 그곳에서도 민족 독립을 외쳤다. 그리고 한국 독립을 증명하는 유일한 문서인 '독립선언서'가 국외로 전달되어, 중국어·영어·러시아어·프랑스어·스페인어 등으로 번역되어 각국의 언론에 게재되었다. 독립선언서를 통해 국제사회에서는 일제의 부당한 식민지배로부터 한국민이 독립을 선언하였다는 알게 되었다.

   그런데 한국 독립의 상징이라고 할 수 있는 독립선언서가 어떠한 경로를 통해 국외에 반출되어 국제사회에 전달되었는지에 대해서는 별로 알려진 바가 없었다. 국외로 반출된 최초의 독립선언서는 필사본이 중국 상하이로 가져가 중국어와 영어로 번역되어 중국신문에 알려지게 되었고, 그후 중국어 번역본이 여러 신문에 게재되었다. 국내에서 인쇄된 독립선언서는 한국내의 각국 외교기관과 외국인 선교사 등이 이를 번역하여 국외로 전달되었다. 특히, 영문으로 번역된 독립선언서는 AP통신을 통해 미주의 각 신문에 실리게 되었고, 팜플렛 등으로 인쇄되어 보급되기도 하였다. 그리고 한국 독립운동을 선전하는 책자에는 반드시 독립선언서 전문이 그대로 실려, 국제사회에 한국민의 독립의지를 표방하고 확산시키는데 크게 일조를 하였던 것이다.

   독립선언서는 일제 식민지배의 부당성, 세계적 사조의 변화 등 한국민족이 독립을 주장할 수밖에 없는 합당한 사유가 자세히 언급되어 있다. 이같은 독립선언서가 외부 세계에 전파되어 알려짐으로써, 한국민이 일제의 식민지 지배로부터 독립이 되어야만 한다는 분명한 의지가 국제사회에 알려지게 되었다. 더군다나 3·1운동이 일어나면서 일제가 무자비한 탄압을 자행함으로써, 국제사회에서는 일본인의 야만성에 대해 비판을 하고 한국민에 대해 무한한 동정을 표하였다.

독립선언서는 정의와 인도라는 인류의 보편적 가치로 독립 선언의 당위성을 호소하고 있기 때문에, 영어 등 외국어로 번역된 선언서를 읽는 세계인들이 한국민족이 반드시 독립이 되어야만 한다는 데에 공감하는 계기가 되었을 것이다. 독립선언서가 대내적으로 3·1운동의 대의를 표방하고 대중화에 기여하였다고 한다면, 영역된 선언서는 대외적으로 한국민의 독립 의지를 세계 만방에 알리는 데에 상당한 공헌을 하였다고 할 수 있다.

이 글에서는 독립선언서가 국외로 전파되는 과정과 경로에 대해, 다양한 자료를 통해 세밀하게 추적해 보았다. 국외에 전달된 독립선언서는 중국어, 영어 등으로 번역되어 각국 신문에 게재됨으로써 한국독립의 실상을 그대로 전파해 주는 역할을 수행하였던 것이다. 필자는 영어로 번역된 독립선언서 가운데 가장 널리 알려진 영어본의 경우에도 다섯 종류만 발굴하였을 뿐이다. 향후 더 많은 영역본과 다양한 종류의 외국어 번역본이 발굴되기를 기대한다.

3부

미주의 독립외교 활동

1장

안창호와
위임통치청원

1 머리말

　　한국 독립운동의 역사에서 가장 많은 논란과 논쟁을 불러일으킨 사건을 들라고 하면 단연 '위임통치청원' 문제일 것이다. 이로 인해 독립운동계는 분열과 갈등에 휩싸여 운동 전열 전체에 막대한 피해를 주었기 때문이다. 독립운동에 커다란 영향을 끼친 위임통치청원 문제는 역사적으로 매우 중대한 사건임에 분명하지만, 기존의 연구에서는 그것의 역사적 사실관계를 정확하게 밝히는 것보다 그 평가에 치중된 측면이 매우 강하였다.

　　그런데 위임통치청원 문제의 관련자료를 살펴보면 이례적인 사실들이 발견된다. 그 가운데 매우 흥미로운 점은 위임통치청원의 직접 당사자들인 이승만과 정한경의 독단에 의해 진행된 사건이 아니라, 대한인국민회 중앙총회의 승인을 받았을 뿐만 아니라 당시 총회장이었던 안창호가 개입되어 진행되었다는 주장이 발견된다. 대한인국민회와 총회장 안창호가 위임통치청원에 깊이 연루되어 있다고 하면 기존에 이에 대한 이해에도 일정정도 수정되어야만 할 필요가 있다고 생각된다. 왜냐하면, 위임통치청원서를 제출할 당시 안창호는 미주지역 한인사회를 대표하고 나아가 해외 독립운동의 총본산적인 역할을 수행하던 대한인국민회 중앙총회의 총회장을 맡고 있었기 때문이다. 다시 말해 이승만·정한경의 위임통치청원은 이들 두 사람에 의해 결정되어 진행된 것이 아니라, 미주지역 독립운동계의 일정한 합의하에 추진된 사업이었다고 봐야만 한다는 것이다. 이렇게 보았을 경우, 위임통치 청원은 미주지역 한인사회의 합의가 담겨있다고 할 수 있고, 더 나아가서는 해외 독립운동자들의 의사도 일정하게 반영된 것으로 봐야하기 때문이다.

　　이에 대해 오영섭 박사는 위임통치청원은 이승만·정한경의 단독 작품이 아니라 안창호를 비롯한 여러 인사들의 합작품이며, 신한청년당 대표로 파리에서 활동한 김규식도 이승만·정한경의 청원서와 거의 동일한 내용의 청원서를 제출하였다는 논문을 발표한 바 있다. 그러면서 그는 위임통치청원론은 이승만 외교독립운동의 정수에 해당하며 근대기에 한국인들이 구사한 외교구국방략의 완결판이라고 평가하기도 하였다.[1] 오영섭 박사의 위임통치청원 제출에 대한 안창호의 연루에 대한 문제제기는 다시금 위임통치청원 문제에 대해 역사적 사실을 되짚어 볼 수 있는 좋은 기회가 되었음에 분명하다.

필자도 오영섭 박사의 문제제기에 대해 일정 동의하면서 위임통치청원 제출에 대한인국민회와 안창호의 연루관계, 그리고 안창호의 입장에 대해 보다 분명한 의견을 제시하고자 한다. 제1차 세계대전 직후 위임통치론은 이승만이 가지고 있었던 독립운동론이기도 하지만 그것은 그의 고유한 견해만이 아니라, 미국과 일정 관계된 독립운동계의 지도적인 인사들이 공유하고 있었던 생각이었다는 점이다. 안창호는 실력배양을 통한 점진적인 독립운동 노선을 가지고 있었다. 이승만과 정한경이 작성한 '위임통치청원'은 1919년 2월 25일자로 3·1운동이 일어나기 전의 시점에서, "우리는 일본의 지배로부터 한국을 해방하기 위해 장래 한국의 완전한 독립이 보장된다는 전제하에 한국을 국제연맹의 위임통치하에 둘 것을 죽기를 각오하며 청원합니다"라고 하였다.[2] 위임통치청원론을 누가 먼저 제의했는지는 분명하지 않지만, 안창호도 이승만과 거의 같은 시기에 비슷한 견해의 위임통치론을 가졌던 것으로 판단된다. 그리고 이승만과 정한경은 대한인국민회의 대표로 미국의 윌슨 대통령에게 위임통치청원서를 제출하였기 때문에 그 과정에는 안창호의 의사가 충분히 반영되었던 것으로 봐야 한다.

---

1 오영섭, 「대한민국임시정부 초기 위임통치 청원논쟁」, 『한국독립운동사연구』 41, 2012, 83~84쪽.
2 방선주, 「이승만과 위임통치안」, 『재미한인의 독립운동』, 한림대학교 아시아문화연구소, 1993, 243쪽에서 재인용.

이 글에서는 위임통치청원 제출과정과 그후 논쟁과정을 통해 이 문제의 역사적 사실 관계를 규명하고자 한다. '위임통치'란 윌슨 미국대통령의 제창에 근거한 것으로 제1차 대전 직후 패전국의 식민지 혹은 영토 일부를 승전국의 한 나라가 맡고 국제연맹에서 감독하는 형태였다. 이런 위임통치론은 제1차 대전 직후 국제정치계에서 깊이 논의되던 사항이었다. 이같은 분위기에서 우리 독립문제의 해결을 위한 하나의 방안으로서 '위임통치론'은, 당시 이승만·정한경·김규식만의 의견이 아니라 독립운동의 지도자들 사이에서는 일정한 함의가 있었던 견해였다. 따라서 방선주·오영섭 양 연구자가 이미 지적한 바와 같이,[3] 위임통치론은 3·1운동 이전 한국독립을 위한 하나의 방안이었고 안창호도 예외가 아니었다는 점을 밝히려고 한다.

---

3 방선주, 「이승만과 위임통치안」, 1993, 226쪽.

2　이승만측 관련자료

　　　　　　　　제1차 세계대전이 종결되자 미주지역 한인사회를 대표하는 대한인국민회(이하 국민회로 약칭)에서는 1918년 11월 11일 뉴욕의 소약속국동맹회로부터 대표를 파송해 달라는 연락을 받았다. 그래서 북미대륙에 있던 민찬호와 정한경을 대표자로 선정하였다. 그 후 1918년 11월 25일 하오 8시 샌프란시스코에서 개최된 대한인국민회 중앙총회 제1차 임시협의회에서, 총회장 안창호가 주재하고 20여 명이 참석한 가운데 뉴욕의 소약속국민동맹회의 대표자로 이승만·민찬호·정한경 3명을 선출하였다.[4] 또한 파리강화회의 대표자 파견문제가 겹치면서 외교사무와 관련하여 많은 논의와 여론이 비등하여 처음에는 정한경 한 명을 파견할 것으로 하였다가, 12월 24일 중앙총회 임시위원회에서 이승만을 추가하여 2명을 파견하기로 하였던 것이다.[5] 이에 따라 뉴욕 소약속국동맹회의 국민회 대표인 민찬호와 정한경은 뉴욕으로 가서 그곳에서 외교활동을 펼쳤다.[6]

　　또한 1918년 한 해동안 파쟁을 일삼았던 하와이에서도 국제정세의 변화를 모를 리가 없었다. 비록 정치적 쟁투로 만신창이가 되었지만 우리민족이 독립할 기회가 찾아왔고 이같은 호기를 이용해야만 한다는데 대해서는 하와이 한인들도 모두 공감하고 있었다. 1918년 11월 19일자 오후 6시에 호놀룰루 누우아누(Nuuanu Street)에 있는 기독교청년회관에서 하와이 한인사

---

[4] 도산안창호선생기념사업회·도산학회,『미주 국민회 자료집』6, 경인문화사, 2005, 269~271쪽.
[5] 도산안창호선생기념사업회 도산학회,『미주 국민회 자료집』6, 282~283쪽.
[6] 민찬호는 1918년 11월 30일 로스앤젤레스를 출발하여 시카고로 가서 정한경과 만나 뉴욕으로 향하였다(『신한민보』1918년 12월 5일자 호외).

회의 지도자들의 모임이 있었다.⁷

국민회 중앙총회로부터 파리평화회의 대표로 선임된 이승만은 1919년 1월 6일 하와이를 떠나 미본토로 향하였고 1월 15일 엔터프라이스호로 샌프란시스코에 도착하여 저녁에 한인예배당에서 성대한 환영회가 개최되었다.⁸ 그 후 그는 다시 필라델피아로 가서 정한경과 서재필을 만났다. 그리고 이들 3인은 당시 정세로 보아 한인 대표자들이 파리평화회의에 참석할 수도 없고 설령 출석한다 하여도 뾰족한 해결방법이 없을 것으로 인식하고 있었다.⁹

이승만과 정한경은 현실적으로 파리로 갈 여행권(여권)을 받지 못할 상황에서 미국정부를 통한 단계적 독립을 달성할 수 있는 점진적 방략이, 국제연맹에 위임통치를 청원하는 방법이라고 생각하였던 것이다. 이승만과 정한경은 파리행이 좌절되고 민족자결주의 원칙이 적용되기 어려울 것이라는 점이 보다 분명해지자 국제연맹에 '위임통치론'과 '자치론'을 각각 들고 나왔다. 이승만과 정한경이 제출한 「위임독립청원서」의 요지는 한국을 제3국의 보호하에 두고 국제연맹이 한국자치의 기운이 성숙되었다고 인정될 때 나라를 독립시켜 달라는 것이었다. 즉, 열강이 한국의 완전 독립을 보증하고 당분간 국제연맹의 통치 밑에 두게 하여 달라는 것이었다. 이승만과 정한경은 한국이 국제연맹의 위임통치를 받기 위해서 우선 미국의 협조가 필요한데 이에 대해 미국은 적극적으로 협조해 줄 것이고, 이같은 전략은 워싱턴에 있는 정객들의 의견을 참조하였다고 한다. 이에 따라 이승만과 정한경은 1919년 2월 25일자로 윌슨 미대통령과 파리평화회의에 이른바 '위임통치청원서'를 보냈다. 양인이 서명해 보낸 위임통치청원서는 다음과 같은 문장으로 시작한다.¹⁰

---

7 「송헌주 → 이승만(1918. 11. 18)」, 『이승만 동문 서한집』 중, 연세대학교 출판부, 2009, 346쪽.
8 『신한민보』 1919년 1월 16일자, 「리박사 도미」.
9 방선주, 「이승만과 위임통치안」, 1993, 213~214쪽.
10 방선주, 「이승만과 위임통치안」, 1993, 235쪽.

워싱턴 D.C.

1919년 2월 25일

미국 대통령 각하께.

아래 청원서를 각하께 제출하기 위해 서명인들은 미국, 하와이, 멕시코, 중국 및 러시아에 거주한 150만 한국인들 대변하는 대한인국민회 집행위원회의 승인을 받았습니다.

위와 같이 위임통치청원서에는 먼저 해외 한인들을 대변하는 '대한인국민회 집행위원회'의 승인을 받았다고 하였다. 그리고, 청원서의 맨 마지막에는 '대한인국민회 대표 이승만, 정한경'의 서명이 있다. 그럼에도 불구하고, 기존에는 여기에 대해서는 전혀 주목을 하지 않았다. 그러면, 이승만과 정한경이 보냈다는 「위임통치청원서」에 대한 검토가 가장 먼저 선결되어야만 한다. 이승만과 정한경이 보낸 「위임통치청원서」는 미국대통령에게 보낸 것과 파리평화회의에 보낸 것 두 종류가 있다. 그러나, 역사적으로 문제가 된 것은 1919년 2월 25일자로 미국대통령에게 보낸 「위임통치청원서」이다. 당시 이승만·정한경이 보낸 청원서는 현재 두 종류가 남아있는데, 하나는 백악관에서 미국무부로 보낸 것으로 이승만과 정한경의 서명이 있는 5장으로 된 타자본이다. 또 하나는 두 사람의 서명이 없는 2장으로 된 타자본이다. 전자는 방선주 박사가 1986년에 발굴하여 그의 논문 「이승만과 위임통치안」 부록으로 실었다.[11] 후자는 이승만 자료집에 실려 있다.[12] 그런데, 미대통령에게 보낸 청원서 원문과 내용이 약간 다르다는 점이다. 물론 내용적으로는 크게 다를 것이 없지만, 청원서의 핵심적인 내용이라고 할 수 있는 위임통치청원 부

11   방선주, 「이승만과 위임통치안」, 240·244쪽.
12   『우남이승만문서』 1, 64쪽; 『이승만 영문 서한집』 1, 연세대학교 현대한국학연구소, 2009, 64~65쪽.

분의 문장이 다르기 때문에 살펴보지 않을 수 없다.

(A) 우리는 각하에게 자유를 사랑하는 1천 5백만 한국 국민의 이름으로 동봉한 청원서를 평화회의에 제출하여 주시옵고, 그리고 평화회의 탁상에서 자유에 대한 우리의 대의를 지지해 줄 것을 진심으로 청원합니다. 평화화의에 모인 연합군 측이 한국의 장래의 완전한 독립을 보장하는 조건하에 한국을 국제연맹의 위임통치하에 두고 현 일본의 통치하에서 해방하는 조치를 취할 수 있도록 저희들의 자유 원망을 평화회의 탁상에서 지지하여 주시기를 간절히 청원하는 바입니다. 이것이 성취되면 한반도는 중립적인 상업지역으로 변하고 모든 나라가 혜택을 받을 것입니다. 이것은 또한 극동에 하나의 완충국을 창립하는 것이 되어 이것은 어떤 특수국가의 확장을 방지하고 동양에 있어서의 평화를 유지할 것으로 알고 있습니다.[13]

(B) 우리는 각하에게 자유를 사랑하는 2천 만 한국 국민의 이름으로 평화회의 탁상에서 자유에 대한 우리의 대의를 지지해 줄 것을 진심으로 청원합니다. 그리하여 평화회의에 모인 연합국들이 한국이 현재 일본의 지배하에서 해방되고, 가까운 장래에 완전한 독립에 대한 확실한 보장하에 국제연맹의 위임통치 아래 한국이 놓일 수 있는 그와 같은 조치를 취할 수 있을 것입니다. 이것이 성취되면 한반도는 모든 국가가 혜택을 받는 중립적 상업지역으로 변하게 될 것입니다. 또한 그것은 어떤 단일 열강에 의한 세력 확장을 방지하고 동양의 평화를 유지하는 데 일조할 극동에서 하나의 완충국을 창설하는것입니다.[14]

(A)는 이승만과 정한경이 서명하여 백악관에 제출하고 그 문서가 다시 미국무부로 보내진 원본이다. 따라서 지금까지 알려진 「위임통치청원서」라

---

13 번역문은 방선주, 「이승만과 위임통치안」, 221쪽에서 재인용.
14 번역문은 『대한민국임시정부 자료집』 43, 국사편찬위원회, 2011, 9쪽에서 재인용.

고 할 수가 있다. 그러나 (B)는 이승만의 소장자료에 있던 것으로 「위임통치청원서」의 초안인지 아니면 후에 약간 수정한 것인지는 알 수가 없지만, 내용적으로 볼 때 초안은 아닌 것같고, 「위임통치청원서」를 보낸 이후 다시 내용을 정리하고 문장을 다듬어 대외적으로 배포한 것이 아닌가 한다. 왜냐하면, (A)의 청원서는 구성면에서 짜임새가 없이 배열된 느낌이 있지만, (B)는 청원서로서의 문장구성이 잘 갖추진 것같다. 또한 (A)의 청원서 문장에는 빠진 부분이 있어 (B)의 청원서 보다 내용이 확실하지 않은 부분이 있었다. 예를 들면, (B)의 청원서에는 '평화회의에 모인 연합국들이'라는 문장이 삽입되어 평화회의에 참석한 연합국들에게 한국을 국제연맹의 위임통치 하에 놓이게 해달라는 내용을 명확하게 했다. 그밖에 (A)에는 없는 '확실한 (definite)'이라는 단어가 첨가되는 등 (B)의 청원서는 내용적으로나 문장적으로 완성된 느낌이 든다.

이같은 차이에도 불구하고 핵심적인 내용의 차이는 없다고 보아도 될 것 같다. 이승만과 정한경이 서명한 (A)의 청원서는 1919년 2월 25일자로 미국대통령에게 제출되었으나, 실제로 언제 제출되었는지는 알 수가 없다. 방선주 박사는 이승만이 백악관 튜멀티(Joseph P. Tumulty) 비서실장에게 쓴 편지를 통해 3월 3일 제출하였을 것으로 추정하였다.[15] 그러나, 이승만의 『영문 여행일기』에 의하면, 정한경이 2월 26일 뉴욕에서 왔고, 그날 이승만은 진료소에서 호텔로 옮겼다고 하였다. 그리고는 윌라드 호텔(Willard Hotel)에서 정한경을 만났다고 한다. 이승만의 『영문 여행일기』 1919년 3월 1일자에 보면, "대통령 비서실장 투멀티에게 편지를 썼다. 그의 대답이 그 문제(the matter, 위임통치청원서을 의미하는 듯함 – 필자)는 대통령의 지시로 국무부로 전달되었다"라고 적고 있다. 이를 통해 볼 때, 3월 1일 이전에 「위임통치청원서」를 백악관으로 보냈고, 그것이 국무부에 전달되었다는 것을 알

---

15 방선주, 「이승만과 위임통치안」, 220쪽.

수가 있다.

그리고, 3월 9일 국내에서 독립선언을 하였다는 소식이 미주에 전해지고, 3월 10일 이승만도 독립을 선언하였다는 사실을 알게 되었다. 이에 그는 보다 적극적으로 자신이 활동을 펼쳐야만 한다고 보았다. 이승만은 3월 16일 워싱턴에서 기자회견을 자청하고, 윌슨 대통령에게 위임통치청원서를 보냈다는 사실을 공식적으로 밝혔다.

지금까지 연구와 이승만 자신의 주장은 다음과 같다. 이승만은 당시 피부병으로 워싱턴 요양소에 입원한 상태였는데, 정한경이 찾아와 서명만을 하였다고 한다. 그런데 이승만의 『영문 여행일기』에 보면, 그런 내용에 대한 언급은 전혀 없다. 그의 일지에 따르면, 그는 1919년 2월 21일 워싱턴을 떠나 메릴랜드주 우스터 카운티(Worcester County)에 있는 포코모크(Pocomoke)라는 곳에서 크로케트(Crockett)라는 사람을 만나 그곳에서 머물렀다. 그리고는 2월 24일 포코모크를 떠나 오후 11시에 워싱턴에 도착하였고, 24일 포드(Ford)가 플랭클린 래인(Franklin Lane) 내무장관에게 편지를 썼다는 것을 들었다고 한다. 2월 25일 래인 장관의 사무실을 방문하였으나 그는 윌슨 대통령과 백악관에 있었기 때문에 만나지 못하고, 다음날에도 찾아 갔으나 만나지 못하였고, 2월 27일에야 만날 수가 있었다. 이승만의 『영문 여행일기』 1919년 2월 26일자에는 다음과 같이 기록되어 있다.

> 나는 오후 12시 30분 내무부 장관과 약속 때문에 내무부에 갔다. 그러나 그는 워싱턴으로 불려갔기 때문에 다음 날에 그를 볼 수 있었다. 정한경(Henry Chung)이 뉴욕에서 왔다. 워싱턴에 있는 월컴 퍼레이드(Welcome Parade)가 있었다. 나는 요양소(Sanitorium)에서 워싱턴 호텔로 옮겼고, 뉴 윌라드 호텔(New Willard Hotel)에서 정한경을 만나 래인(Frnaklin Lane) 장관과 인터뷰를 하였다. 그는 윌슨 대통령이 하우스(House) 대령과 클레망소(Georges Clemenceau)에게 소개장을 줄 수 없을 것이라고 하였다. 래인 장관은 나에게 국무부 차관보 폴크(Frank L.

Polk)에게 소개장을 써주어 그를 면담하였다. 폴크는 우리가 파리에 갈 수 있는지를 묻는 전보를 보냈다.

이승만의 『영문 여행일기』에는 분명히 2월 26일 정한경이 찾아왔다고 하였다. 그렇다면, 정한경과 이승만은 2월 26일 만나서 「위임통치청원서」에 대해 협의를 했을 것이다. 그렇지만 이승만의 『영문 여행일기』에는 위임통치청원서에 대해 아무런 언급이 없다. 다만, 래인 장관과 폴크 차관에게 계속해서 프랑스 파리로 갈 수 있게 해달라는 요청을 하였다는 내용이 있다.

그러면 이승만은 위임통치청원과 같은 중요한 문제를 그의 『영문 여행일기』에 기록하지 않았다. 그리고 그가 중요하게 생각하는 3월 16일 『뉴욕 타임즈』와의 기자회견 내용도 기록되어 있지 않다. 3월 13일자에 필라델피아에서 오후 6시 45분 워싱턴에 도착하였다는 것과 『레저(the Ledger)』 기자와 인터뷰를 하였다고 기록되어 있다. 3월 17일 이승만은 오후 1시 민규식과 함께 워싱턴을 떠나 오후 4시 10분에 필라델피아에 도착하였고, 18일 이들 두 사람은 오후 2시 필라델피아를 떠나 뉴욕으로 향했으며 다음날 새벽 12시 45분 뉴욕을 떠나 4시에 필라델피아에 도착하였던 것이다. 앞에서 언급한 바와 같이, 이승만의 『영문 여행일기』에는 위임통치청원과 관련하여, 3월 1일자에 "그 문제(the matter, 위임통치청원서 – 필자)는 대통령의 지시로 국무부로 전달되었다"라는 것 밖에 기록되어 있지 않다.

왜 이승만의 『여행일지』에는 위임통치청원서 문제가 언급되어 있지 않은 것일까. 위임통치청원 문제는 자신의 구상이 아니었기 때문은 아닐까. 다시 말해, 이승만은 위임통치청원서 제출에 크게 비중을 두고 있지는 않았던 것 같다. 그래서, 그의 『영문 여행일기』에도 자세한 언급이 없었던 것으로 봐야 하는 것은 아닌가 하는 의심이 있다.

그런데 문제는 이승만·정한경이 미국의 윌슨대통령에게 위임통치청원서를 제출한 것이 이들 두 사람의 독단적인 판단과 결정에 따라 추진되었다고 하여 비난이 집중되었다는 점이다. 주지하다시피, 하와이에서 이승만과 대립각을 세웠던 박용만의 대조선독립단에서는 위임통치청원의 사실이 알려진 직후 기관지인 『태평양시사』를 통해, 이승만에게 위임통치안을 소환하라는 요구를 하였다. 『태평양시사』 1919년 3월 19일자에는 이승만의 위임통치청원 사실을 보도하였으며, 3월 22일자에는 다음과 같이 맹공을 가하였다.

> 우(右)와 같은 의탁주의(依託主義)는 개인인 이승만이 아니면 국민회 회원 수인(數人)의 주의에 귀(歸)할 것으로서 결코 기(其) 이외(以外)의 조선민족의 주의가 아니다. 여사(如斯)한 주의는 속히 박멸하지 않으면 안된다. 즉 조선민족의 주의는 순연(純然)한 독립(獨立)에 있다.[16]

박용만측의 이승만에 대한 공격은 즉시 해외 한인사회에 전해졌을 것이다. 그리고 1919년 8월 29일 국치일에 태평양시사 주필 조용하는 「탄고문」을 발포하여 일반국민에게 발포하였다.[17] 대조선독립단 단원 일동의 이름으로 발포된 「탄고문」은 조용하가 순한문으로 작성한 것인데, 그 내용을 보면 "지금 이승만의 전후 외교시말(外交始末)을 보면 그것을 반복(反復)하고 항상됨이 없다. 2월에 국민회를 대신하여 열강에 상국보호(上國保護)를 구걸하고, 3월에 국무경이 되어서는 그것을 바꾸어 세계에 절대독립을 부르짖는다. 대저 '보호'란 나라를 잃은 것을 증명하는 것이며, '독립'은 나라를 되찾는 것의 시작"이고 하면서 이승만의 위임통치 청원을 비난하였다.[18]

그러나 이승만에 대한 공격은 3·1운동 이전의 일이기 때문에 크게 문제

---

16 『한국독립운동사 자료(5)』(삼일운동 I), 국사편찬위원회, 1975, 56쪽.
17 鄭斗玉, 『在美韓族獨立運動實記』(『한국학연구』 3(별집), 인하대학교 한국학연구소, 1991 所收), 68쪽.
18 「탄고문」, 『우남이승만문서』 8, 중앙일보사·연세대학교 현대한국학연구소, 1998, 256쪽.

를 삼지는 않았고 이 문제는 수면 밑으로 가라 앉아 있었다. 그후 1921년 3월 26일자 『독립신문』 제100호에 실린 「대통령담(大統領談)」이라는 제하의 위임통치에 관한 기사가 다시금 이 문제에 불을 붙이게 되었다. 이 기사가 『독립신문』에 게재된 배경은 1921년 1월 29일자로 당시 독립신문 사장 이광수가 "각하 방문기를 본지에 게재하야 동포로 하여곰 우리 원수의 기거와 국민에게 대한 정을 알게"하기 위해 독립신문 기자 차리석을 이승만 임시대통령과 인터뷰를 하게 한 것이다.[19] 위임통치청원에 대해 『독립신문』 기자 차리석이 이승만을 찾아가서 이에 대한 해명을 듣게 되었고, 이를 기사로 작성하여 신문에 실었던 것이다. 이를 보면, 이승만이 병원에 입원하고 있을 때 정한경이 위임통치청원서를 작성해 가지고 와서 자신은 서명하였다고 한다. 그러나 이승만은 독립신문 기자에게 위임통치청원과 관련하여 안창호가 연루되어 있다는 것을 밝히지는 않았다. 왜 이승만이 위임통치청원에 국민회와 안창호가 관련되어 있다는 점에 대해서는 말하지 않았다. 그 이유에 대해서는 후술하겠다.

『독립신문』에 게재된 「대통령담」이라는 기사를 보고 위임통치청원의 당사자인 정한경이 이에 정확한 실상을 밝히고자 하였다. 정한경은 『독립신문』에 게재된 「대통령담」의 기사는 "미분명(未分明)과 약간의 시비(是非)가 있는 듯함을 알고 장래의 심(甚)한 오해와 분규가 있을까 염려하여" 글을 보냈다.[20] 정한경은 1921년 6월 13일자로 전 노동총판 안창호와 독립신문 주필 이광수에게 보냈던 편지 사본, 그리고 위임통치청원서 원문과 한국어 번역문을 동봉하여 보냈고, 임시정부에서는 7월 11일자에 받았다. 정한경이 안창호에게 보낸 편지에는 "위임통치 문제 제출하기를 문의하온 바, 선생(안

---

19 「이광수가 이승만에게 보낸 서한(1921. 1. 29)」, 『대한민국임시정부 자료집』 41, 국사편찬위원회, 2011, 183쪽.
20 「야릇하게 떠오러 오는 맨대토리 문제의 내용」, 『우남이승만문서』 8, 321쪽.

창호 - 필자)은 대한인국민회 임원회에 차(此)를 제출하야 가결(可決)하고 달라할 수 무(無)하면 차(此)를 행(行)하라는 인가장(認可狀)을 생(生)에게 송치(送致)함"이라고 하였다.²¹ 또한 이광수에게 보낸 편지에는 정한경 자신이 위임통치청원서를 제출한 것은 국민회 중앙총회와 총회장 안창호와의 협의를 거쳐 추진된 일이라고 하였다.

> 위임통치건을 대한인국민회 중앙총회장 안창호씨에게 치서(致書) 문의(問議)한 바, 안창호씨 동회(仝會) 임원회의를 개(開)하고 차(此)를 협의한 결과 차(此) 문제제출을 의회에서 인가하는 안회장(安會長)의 공함(公函)과 해(該) 위임통치건(委任統治件)의 원문(原文)이 방금 본인의 수중(手中)에 재(在)한 즉 해시(該時) 행동이 결코 개인적 행동이 아니오. 즉(卽) 대한인국민회 중앙총회와 해회장(該會長)의 의(意)에 의(依)하야 차(此)를 대표한 행동이외다. 차(此)는 결코 책임도월(責任渡越)코자 하는 변명(辨明)이 아니오.²²

정한경은『독립신문』게재된「대통령담」의 기사내용에는 사실이 충분히 밝혀져 있지 않다고 보고 안창호·이광수에게 보낸 편지를 동봉한 것이다. 정한경은 분명히 위임통치청원 제출은 이승만·정한경 두 사람의 결정에 의해 단행된 것은 아니고, 당시 중앙총회의 결정에 따라 결행되었다고 주장하고 있다. 또한 정한경의 1921년 5월 28일자 편지에서도 정한경은 분명히 위

---

21 『우남이승만문서』 8, 322쪽.『한국독립운동사』(자료 2), 국사편찬위원회, 1973, 249쪽에 실린 번역본은 다음과 같다. "선생(안창호 - 필자)에게 문의하였던 바 선생은 대한인국민회 役員會에 此를 제출하여 가결하라고 말할 수 없으므로써 그대로 실행하라고 인가장을 生(정한경 - 필자)에게 송치하여 왔다."
22 『우남이승만문서』 8, 324~325쪽. 국사편찬위원회, 1973, 250쪽에 실린 일본어를 한국어로 번역한 것은 다음과 같다. "본 문제 제출을 가결하였다는 旨의 인가공문서를 안회장의 名으로써 송부하여 왔다. 그 원문은 본인의 手中에 있다. 그러므로 該時의 행동은 결코 個의 행동이 아니라. 즉, 대한인국민회 중앙총회와 該會長의 意에 의하여 此를 대표한 행동이라고 말할 것으로 결코 월권행위의 변명이 아니다."

임통치 사안에 대해 중앙총회장 안창호에게 보고를 했으며, 국민회 임원회의 승인을 받은 공함을 받았다고 주장하고 있다.

> 또 나는 기시(其時)에 국민회 회장 안창호씨에게 편지를 하였소이다. 각하(이승만-필자)와 내가 일체로 국민회 대표원이 된 고로 하와이 지회까지 포함된 바, 우리가 무슨 일을 시작하기 전에 두령되는 주임자와 의론하는 것이 마땅하겠는 고로 내가 어떻게 할 것과 미국 친우들의 의향이 포함된 회답을 받은 중 안씨가 행정위원회를 소집하여 이 사건을 결처(決處)한지라. 국민회 임원회에서 내가 어떻게 할 것을 작정하였으니 곧 <u>한국이 현금 일본 관할에서 벗어나서 불원간 완전 독립을 확실히 담보함으로 국제연맹회 위임통치하에 두기를 청원하라는 공함이 온지라. 나는 즉시 가서 청원서를 준비하였으니 기록된 일자와 같이 이는 독립운동이 개시되기 전이라. 청원서를 보는 이들은 그 관계를 다 판단할 수 있사이다.</u>[23]

다시 말해 정한경은 국민회로부터 "독립을 확실히 담보함으로 국제연맹회 위임통치하에 두기를 청원하라는 공함이 왔다"고 주장하고 있다. 어쨌든 정한경은 위임통치청원에 대한 중앙총회의 공식 문건을 받았다고 한다. 정한경외에 하와이 이승만계의 인사들인 민찬호·안현경·이종관은 1921년에 작성한 「위임통치에 관한 사실」이라는 문건에서도 정한경이 중앙총회 임원회의 결의를 얻었고 그같은 공문을 정식으로 수령하였다고 한다.

> 정한경씨가 상항(桑港, 샌프란시스코-필자) 국민회 중앙총회장 안창호씨에게 문의하야 안창호씨가 임원회에 들여놓아 결의하야 공함으로 정씨에게 지휘하야 그대로 하라 함으로 한 것이니, 공의를 모르고 자의로 하였다 할 수도 없고, 또한 기시 국민중앙총회는 외양에 모든 국민지방회의 총부로 인증하던 때라. 그 총부 임

---

23 「정한경씨 편지」, 『우남이승만문서』 8, 317~318쪽.

원회는 즉 그 모든 단체의 공론을 대표한 기관이니 어찌 개인의 실수로 돌려 보내리오. 국민회에서 정씨에게 보낸 공문은 장차 얻어서 우리가 또 발간하려니와 정씨가 그 공함을 받고 그대로 행한 것은 지금에 드러난 사실이라.[24]

위임통치청원 사건으로 인해 정치적으로 가장 심한 타격을 받은 이승만은 이 문제에 대해 어떻게 인식하고 있었가 하는 점에 대해 살펴보자. 이승만은 3월 10일 국내에서 3·1운동이 발발한 사실을 알았다. 이에 그는 보다 적극적으로 자신이 활동을 펼쳐야만 한다고 보았다. 이승만은 3월 16일 워싱턴에서 기자회견을 자청하고, 윌슨대통령에게 위임통치청원서를 보냈다는 것을 밝혔다. 이승만의 기자회견은 곧 바로 1919년 3월 17일자 『The New York Times』에 「Koreans Petition Wilson」이라는 제목으로 게재되었다.

윌슨대통령은 대한인국민회로부터 평화회의에서 한국의 독립을 전제로 국제연맹에서 완전한 자치능력을 갖추었다고 판단될 때까지 위임통치로 지도될 수 있는 나라가 될 수 있게 해 달라는 요청을 받았다. 오늘 여기에서 미국에 있는 대한인국민회의 대표인 이승만과 정한경에 의해 윌슨대통령에게 보낸 사본이 공개되었다. 이승만 씨는 또한 오늘 해외의 모든 한인을 대표하는 대한인국민회의 대표로서 미국과 영국정부에 대해 일본정부가 이번 달 독립시위로 체포된 한국인들을 잔혹하게 다루지 않게 간여(good offices)를 해달라고 선언했다.

위와 같이 이승만은 기자회견에서 분명히 대한인국민회의 대표로서 윌슨대통령에게 위임통치청원서를 보낸 사실을 당당하게 밝혔다. 당시까지만 해도 그는 이같은 행동이 독립운동을 위한 정당한 행위라고 보았기 때문에, 크

---

24 「위임통치에 대한 사실」, 『우남이승만문서』 8, 314쪽; 손세일, 『이승만과 김구』 1부 3권, 나남, 2008, 418쪽.

게 문제될 것이 없는 일이라고 보았던 것이다. 그렇기 때문에 자청해서 기자회견을 열었던 것이다. 그러나, 그의 기자회견 내용은 뉴욕타임즈에 게재되면서 미주 각 지역에 널리 알려졌으며, 3월 27일 연합통신사 전보를 통해 전 세계에 보도되었다.

이승만의 위임통치청원 사실은 그에게 정치적으로 반대하는 측으로부터 좋은 비판의 재료로 활용될 수가 있었다. 이승만에게 가장 적대적이었던 하와이의 박용만측에서 위임통치청원에 대해 문제를 제기하였고 정치적 문제로 비화되자, 1919년 4월 27일자로 이승만이 현순에게 보낸 다음의 편지를 보면 그의 인식의 일단을 알 수가 있다.

> 맨데토리로 언(言)하오면 제(弟)가 병원에 체류할 시에 정우한경(鄭友漢京[翰景])이 (미국 – 필자)대통령계와 법경(法京)에 보내는 청원서(請願書)를 지어가지고 와서 보라 하는 바, 기시(其時) 형편(形便)으로는 독립(獨立)을 달라하면 세인(世人)이 비소(鼻笑)할만하게 되었으나, 미국정부(美國政府)의 맨데토리로 얼마두었다가 독립을 완전히 하겠다 하는 것이 미인(美人)의 동정도 얻을 것이오. 개구(開口)하기도 교이(較易)하다 하기로 제(弟) 역(亦) 기연(其然)히 사(思)하고 서명(署名)하여 일장(一章)을 미통령(美統領)께 송교(送交)러니 통령(統領) 발행(發行) 후(后)에 서도백궁(書到白宮)이라 하여 회래(回來)하였고 평화회(平和會)에 소거서(所去書)는 미국무부(美國務部)로 달(達)하여 부송(付送)하였으나 차(此)가 법경에 갔는지도 미상(未詳)이오.[25]

'위임통치청원서'를 정한경이 작성하였으며, 당시에는 외국인들에게 한국의 즉각적인 독립을 요구할 분위기가 아니었다고 해명하고 있다. 이때까

---

25 「이승만 → 현순(1919. 4. 27)」, 『이승만 동문 서한집』 상, 연세대학교 출판부, 2009, 170~171쪽.

지도 이승만은 위임통치청원 행위가 심각한 정치적으로 문제로 비화될 것으로 보지 않았다.

1919년 4월 초까지 이승만은 위임통치청원 문제가 대한인국민회로부터 정식으로 재가를 걸쳤다는 사실을 알지 못했던 것같다. 이승만이 위임통치청원이 이루어지게 된 배경에 대해 정확하게 인지한 것은 아주 뒷 날의 일이다. 왜냐하면, 위임통치문제로 상하이[上海] 임시정부의 정국이 매우 심각한 상황을 연출하고 있을 무렵인 1921년 3월까지도 이승만은『독립신문』에 실린「대통령담」에서와 같이 안창호와 국민회 중앙총회의가 연루된 사실을 언급하지 않았다.「대통령담」기사 이후 이승만은 정한경으로부터 정확한 정보를 입수하게 되었고 그와 같은 견해를 공식적으로 내놓을 수가 있었던 것이다. 즉, 1921년 7월 16일자로 이승만이 장붕에게 보낸 편지에 보면, "맨데토리 문제로는 금(今)에 정한경 군에 상세기사(詳細記事)를 수(受)하였는데 제(弟)가 도미(渡美)하기 전에 정(鄭)이 발론(發論)하였고 국민회 중앙총회에서 의결하여 정에게 허락하였고, 안(安)군도 개(皆) 지지사(知之事)이라. 제(弟)는 최후서자(最後書字)를 송(送)할 시(時)에 서명(署名)한 것 뿐"[26]이라고 하였다. 이를 보아 정한경은 처음부터 이승만에게 위임통치청원이 국민회 중앙총회의 인가사항이라는 것을 밝히지 않았던 것이다. 이승만에게 그런 사실을 숨겨야만 할 이유가 있었는지는 알 수 없지만, 정한경은 중앙총회와 안창호의 연루관계에 대해서 이승만에게 말하지 않았던 것이다.

이승만은 위임통치청원을 할 당시 중앙총회장이었던 안창호의 지시와 협의가 있었다는 것을 전혀 몰랐다고 한다.『안창호 일기』1921년 2월 23일자에 보면, 구미위원부 수정안을 토의하였다. 이때 "대통령(이승만 – 필자)이 전일(前日)의 사(事)의 다 설명하자 하며 자기가 위임통치청원하던 시말(始末)을 다 명언(明言)하며, 자기는 그때 중앙총회장에게 문의한 사(事)도 없

---

[26]「이승만 → 장붕(창남)(1921. 7. 16)」,『이승만 동문 서한집』상, 145쪽.

고, 또 중앙총회장이 여하한 언(言)도 없었다. 단, 기시(期時) 한국문제가 미국신보 상에는 기재가 없는 까닭으로 여차(如此)한 것이라도 하여서 신문재료라도 작(作)하려 하였노라, 고(故)로 차(此)를 위하여 여(余)는 사직하겠노라"라고 하였다고 한다.[27]

그런데, 위의 장붕에게 보낸 편지에서 확인되는 바와 같이, 이승만이 정한경에게 받은 보고서(위의 편지에서 말하는 '상세기사')에서 위임통치안은 국민회 중앙총회의 의결을 거쳐 정한경에게 허락하였고, 이에 대해서는 안창호도 다 알고 있다는 것이다. 다시 말해, 정한경이 이승만에게 중앙총회의 인가를 받은 사실을 후에 보고하여 알게 되었던 것이다. 이같은 사정에 대해 앞에서도 본「위임통치 사실」이라는 글에, "이 사건에 대하여 이통령께서는 알으시고도 말씀아니 하신 것도 있으려니와 실로 몰라서 설명치 못하신 것도 없지 않을지라"라고 하였다.[28] 이 말은 이승만 자신이 실제로 위임통치안이 나오기까지의 과정에 대해 자세한 과정을 인지하지 못하였을 가능성도 있고, 또 나중에 그 과정을 알고도 말하지 않고 있다는 점을 은연중에 나타낸 것이라고 볼 수가 있다.

또한『태평양잡지』1924년 10월에 실린 문순익의「정부와 주권자의 구별」이라는 글에서도, "위임통치 문제로 말하면 더구나 어불성설(語不成說)이라. 이것을 누가 하였고 누가 시킨 것인지 세상이 다 알게 된 것이라. 이박사는 당초에 국민회의 제출된 것과 국민회 중앙총회장의 이름으로 공함하여 이것을 하라고 말한 것도 모르고 있다가 급기 이 사실이 다 드러난 후에야 비로소 안 것이"라고 하였다.[29]

---

27 「안창호일기」,『도산 안창호 전집』4, 2000, 984쪽.
28 「위임통치에 대한 사실」,『우남이승만문서』8, 313쪽.
29 문순익,「정부와 주권자의 구별」,『태평양잡지』1924년 10월호, 27쪽.

3 안창호측 관련자료

위임통치청원 관련하여 이승만측 자료를 살펴보면, 분명히 국민회 중앙총회장 안창호가 깊이 관여되어 있다고 하였다. 이같은 이승만측의 주장에 대해 안창호 자신은 공식적으로 위임통치청원 사건에 자신이 연루되어 있다는 것을 밝힌 적은 없다. 다만, 간접적인 자료에 안창호 자신이 위임통치청원의 연루자임을 밝힌 바가 있다. 오영섭 박사의 연구에 따르면, 그는 연해주에서 발간되는 주간신문인 1921년 5월 22일자 『자유보(自由報)』 제13호의 기사를 근거로 안창호가 위임통치청원의 연루자임을 밝혔다고 한다.[30]

> 제3일에 또 다시 모였는데 두 신군(신규식, 신익희) 외에는 상해정부 유지상 하는 수 없이 이승만을 축출하는 것일 옳다하고, 선후책을 의론하는데 회중이 안창호군으로 내각 조직을 전하매 안군은 "나도 위임통치의 연루자인즉 축출하라 하였다." 노백린군은 안군의 그 말에 대하여 "그렇거든 축출함도 가하다" 하였다. 그리고 결과없이 또 산회하였다.[31]

상하이 임시정부에서 위임통치청원 문제가 다시 불거졌을 때 이승만을 추출하고 안창호로 하여금 내각을 조직케 하려 했으나, 안창호는 자신도 '위임통치 연루자'이니 축출해 달라 말함에 따라 회의가 성과 없이 끝났다고 한

30　오영섭, 「대한민국임시정부 초기 위임통치 청원논쟁」, 119쪽.
31　「수라장인 상해정국」, 『자유보』 제13호, 1922년 5월 22일자 (국사편찬위원회, 『한국독립운동사 자료』 37, 2001, 69쪽 所收).

다. 그렇지만, 이 자료는 안창호에 대한 직접적인 자료가 아니기 때문에 그가 정말로 자신이 위임통치청원에 직접 연루되어 있었다고 언급하였는지에 대한 의문이 있다. 따라서 여기에서는 정한경이 주장하는 것처럼 안창호가 위임통치청원을 해도 좋다는 것을 국민회 중앙총회의 공식 공문으로 보냈는가 하는 점에 대해 사실을 확인할 필요가 있다. 왜냐하면, 정한경은 안창호가 보낸 공함을 가지고 있다고 말하고 있지만, 공개를 하고 있지 않기 때문에 이 문제를 확인해야만 된다.

이승만은 프랑스 파리로 가려고 워싱턴에 머물면서 미국정부로부터 여행권을 발급받을 방안을 모색하였다. 그렇지만 이승만은 파리행이 불가능하다고 인식하고 국민회 중앙총회에 세 가지의 방안을 제출하여 허가를 요청하였다. 그가 대한인국민회에 공식으로 제출한 세 가지 방안은 ① 한국이 각국과 체결한 조약집을 간행하는 일, ② 영문잡지를 간행하는 일, ③ 뉴욕에 머물러 있으면서 외교하는 것이었다. 이에 대해 중앙총회 위원회에서는 이 안건을 가결하여 공문으로 보낸 것이, 안창호가 1919년 3월 13일자로 이승만에게 보낸 편지에서 확인된다.[32] 이에 따르면, "인형(仁兄)이 뉴욕에 더 머물러 있어 외교할 것 세 가지를 위원회에 제출하여 가결된대로 공함으로 대답하였사오니"라고 언급하고 있다. 이를 통해 분명히 중앙총회에서는 공식적으로 이승만에게 문서를 보낸 것은 사실이다. 그러나 이때 보낸 공함속에 위임통치청원을 해도 좋다는 내용이 포함되어 있는 지는 확인할 수가 없다.

대한인국민회 파리 대표원으로 지명된 정한경은 여러 방면으로 프랑스행 여행권을 받으려고 노력하였다. 정한경은 『신한민보』 통신원 명의로 파리에 가기 위해 통신원 위임장을 발급받기도 하였다. 그후 그는 미국정부의 각 방면과 열강의 공사에게 파리에 갈 수 있는 방법을 모색하였으나 여행권을 얻을 수가 없었다. 여행권을 얻는 것이 불가능하게 되자 정한경은 중앙총회에

---

[32] 「안창호 → 이승만(1919. 3. 13)」, 『이승만 동문 서한집』 하, 2009, 3쪽.

세 가지의 건의안을 제출하여 공결을 요청하였다.

정한경이 제출한 방안은 ① 대표자가 미국정부에 여행권을 요청하였지만 불가능하기 때문에 캐나다를 경유하여 파리로 가는 방법, ② 대표자들이 파리에 가지 못할 경우 미국인 헐버트를 한국대표로 대리로 파견하는 방법, ③ 이상의 방법이 안될 때는 정한경 등이 2월 26일 파리에서 오는 윌슨대통령과 회견하여 한국사정을 진달(進達)하는 방법이다. 정한경은 중앙총회에 대해 위의 세 가지 방책 가운데 하나를 정하여 줄 것을 청원하였다. 정한경의 요청에 대해 당시 부회장 백일규가 단독으로 제1, 2안은 불가하고, 제3안은 가용(可用)이라고 회서(回書)하였던 것이다. 그러나 이같이 중요한 문제를 부회장 백일규가 독단으로 결정할 수 없고, 또 정식 절차를 거쳐야 하기 때문에 1919년 2월 12일자로 중앙총회 각 위원들에게 통신으로 의결을 하게 하였다. 그래서 중앙총회장 안창호는 ①과 ②의 방법은 불가하다고 하였으나, ③의 방법에 대해서는 "가용이다"라고 하였다. 한승곤·김정은·최진하·이범녕·홍언 위원은 ①·②는 불가, ③은 가라고 의결하였다. 그리고 임정구·황사선 위원은 ①은 가, ②·③은 불가로 투표하였다.[33] 투표결과는 위원 7명 중 5명이 ①·②는 불가, ③은 가라고 하여 윌슨대통령과 회견하여 한국문제를 진달하는 것으로 결정되었다.

대한인국민회 대표원 정한경과 이승만은 계속해서 자신의 활동내용을 중앙총회에 보고하였다. 중앙총회 제3차 임시위원회 회의록에 있는 정한경의 보고내용에는, "대표자 이승만·정한경 양씨는 일간 미국으로 귀래(歸來)하는 윌슨통령을 회견할 시(時)에 한국문제를 국제연맹회에 부속(附屬)하여 한국으로 하여금 중립국 자격을 향유케 함을 청원할지니 차(此)를 위원회의 공결을 경유함을 요구"하였다.[34] 한편, 이승만도 자신이 병으로 입원으로 하

---

[33] 「中央總會 通信紀事(1919. 2. 12)」, 『미주지역 한국민족운동사자료집』 5, 국학자료원, 2004, 513~516쪽.
[34] 「대한인국민회 중앙총회 제4차 임시위원회 1919년 2월 24일 회록」, 『미주지역 한국민족운동

여 대표원으로서의 중임을 맡을 수가 없어서 그 직책을 그만두겠다고 요청하였다.

첫 번째의 영문잡지 발행 요구는 부결되었고, 이승만의 사임안에 대해서는 윌슨대통령과의 회견을 하기 전에는 변경하지 않는다고 결정하였다. 그런데 한국문제를 국제연맹에 부속할 것을 청원하는 건에 대해서는 안창호가 회의에 참석한 위원들에게 다음과 같이 설명하였다.

> 향자(向者) 대표자의 출경(出境)이 절폐(?)되어서 오직 윌슨통령 회견을 허락할 시(時)에 계획을 정(定)하여 주기를, 윌슨통령을 회견하거든 한국 독립에 원조를 간청하다가 만일 성공치 못할 것같거든 <u>한국문제를 국제연맹회에 부속(附屬)하여 한국으로 하여금 중립국(中立國) 자격(資格)을 향유할 것을 청원하여 보라</u> 하였노라.[35]

안창호의 설명을 들은 위원들은 모두 "그러면 다시 위원회 공결에 부(付)할 것이 아니라"고 하였다. 또한 이날 회의의 회의록 초안이라고 보이는 또 다른 회의록에는 다음과 같이 기록되어 있다.

> 한국문제를 국제연맹 중 부속하기로 청원하겠는 것은 중앙총회장이 일찍이 대표자 정한경씨에게 지령(指令)한 것이니 위원회로서 다시 의결할 것이 아니라 하였고, 하기를 <u>한국독립을 극력 운동하다가 난망</u>(밑줄 부분은 부기되어 있는 글자임).[36]

위의 회의록 초안에는 중앙총회장 안창호가 정한경에게 이미 국제연맹에

사자료집』 5, 국학자료원, 2004, 523쪽.
35 「대한인국민회 중앙총회 제4차 임시위원회 1919년 2월 24일 회록」, 527쪽.
36 「대한인국민회 중앙총회 제4차 임시위원회 1919년 2월 24일 회록」, 552쪽.

부속시키는 문제를 '지령'하였기 때문에, 위원회에서 의결할 사항이 아니라고 하였다. 국제연맹에 부속시키는 문제는 안창호가 정한경에게 계획단계에서 통보된 일이라는 것이다. 즉, 이승만·정한경 대한인국민회 대표들이 윌슨대통령과 회견할 때 우선 그에게 한국독립을 원조해 달라고 부탁을 하고 성공하지 못할 것같으면, 국제연맹에 부속시켜 중립국이 되게 하여 달라는 청원을 하라는 안창호의 지시가 있었던 것이다.

이처럼 안창호는 대한인국민회 파리대표원인 정한경과 이승만에게 한국문제를 국제연맹에 부속시키는 청원에 대해 지령을 내려두었던 것이다. 여기에서 말하는 한국문제를 국제연맹에 부속시키는 청원이란 한국을 국제연맹에서 위임통치를 해달라는 것임에 틀림이 없다. 그런데, 위임통치 청원문제는 사안이 대단히 중요하기 때문에, 1919년 3월 5일에 개최된 제4차 대한인국민회 중앙총회 임시위원회에서 정한경의 제15호 보고를 회장이 다음과 같이 낭독하였다.

> 이박사 승만씨는 수일 전 퇴원하야 워싱턴에 전왕(前往)하야 출경(出境)을 주선하는 중이라. 본원(本員)도 불일(不日)에 워싱턴으로 향할 터이올시다. 전자(前者)에 건의한 바 한국을 국제연맹회(League of Nations) 관할하에 부속하야 중립국 자격으로 향유케 하여 달라고 미국에 청원하면 미국은 반듯이 비난(非難)히 협조할 것이오. 만일 한국이 중립국 자격을 향유케 되면 독립은 자재기중(自在其中)이라. 차(此)는 본 대표원의 의견뿐만 아니라 워싱턴 정객의 의견이 모두 여차(如此)합니다. 그러니 국제연맹에 부속을 청원하겠고.[37]

위의 내용으로 보아 정한경은 중앙총회에 국제연맹에 위임통치를 청원할 것이라고 정식으로 보고한 것은 틀림이 없다. 이에 대해 중앙총회에서는 제

---

[37] 「대한인국민회 중앙총회 제4차 임시위원회 1919년 2월 24일 회록」, 530쪽.

4차 임시위원회 회의에서 정한경이 제출한 5개 안건이 의안으로 제출되었다. 그 가운데 제1안인 "한국문제를 국제연맹 중에 부속할 것을 윌슨통령에게 청원한 사(事)", "제1안은 2월 24일 위원회를 경유한 사안이니, 다시 의논없이 퇴각(退却)하고"라고 결정하였다.[38] 이 문제는 2월 24일 회의에서도 의안으로 올라 온 바와 같이, 안창호가 이승만·정한경 국민회 대표자들에게 지시한 사안이라는 점을 강조하였다.

위와 같이 정한경과 이승만이 중앙총회 의결을 요청한 위의 사항들은 공식 회의를 거쳐 결의된 사안들로 정식 공문으로 송부되었다. 중앙총회 임시위원회에서는 이 안건을 가결하여 공문으로 보낸 사실이, 안창호가 이승만에게 보낸 1919년 3월 13일자 편지에서 확인된다.[39] 이 편지에 의하면, "인형(仁兄, 이승만 – 필자)이 뉴욕에 더 머물러 있어 외교할 것 세 가지를 위원회에 제출하여 가결된대로 공함으로 대답하였사오니"라고 언급하고 있는 것에서 분명히 중앙총회에서는 공식적으로 정한경과 이승만에게 문서를 보낸 것은 명백하다.

3·1운동 발발한 소식이 미주에 전해진 후 이승만은 필라델피아에서 제1차 한인회의 개최를 준비하느라고 분주하게 움직이고 있을 무렵, 그의 위임통치청원에 대해 하와이의 박용만측에서 심각하게 문제를 제기하였다. 1919년 3월 3일 하와이에서 조직된 대조선독립단에서는 국민회 중앙총회에 단체를 정식으로 인가해 줄 것을 청원하였다. 그러나 안창호는 하와이에서 국민회 외에 또 다른 단체가 조직되는 것은 분열을 초래하는 일이므로 허가를 하지 않았다. 그후 대조선독립단에서는 이승만의 위임통치청원 문제로 두 차례에 걸쳐 전보로 질문을 하였는데, 이에 대해 안창호는 "안위(安慰)한 말로 답전하였더니"라고 하였다고 한다. 그리고 하와이지방총회에서도 "내

---

38 「대한인국민회 중앙총회 제4차 임시위원회 1919년 2월 24일 회록」, 536쪽.
39 「안창호 → 이승만(1919. 3. 13)」, 『이승만 동문 서한집』 하, 2009, 3쪽.

용을 모르고 의혹(疑惑)한 뜻으로 전보하였"다고 하였다.[40] 여기서 '안위'라는 단어의 사전상 의미처럼 "몸을 편안하게 하고 마음을 위로"한다는 것이 무엇을 뜻하는지는 알 수가 없지만, 별일 아니라는 뜻인 것만은 분명하다. 아무튼 안창호는 이승만의 위임통치청원은 별 문제가 되지 않는 일이라고 생각하고 있었다.

40 「안창호 → 이승만(1919. 4. 1)」, 『이승만 동문 서한집』 하, 2009, 5쪽.

4   위임통치청원에 대한 논쟁

이승만의 위임통치청원에 대해 하와이 대조선독립단의 문제 제기가 있었지만, 3·1운동 이전의 일이기 때문에 크게 문제를 삼지 않았고 이 문제는 수면 밑으로 가라 앉아 있었다. 그후 1921년 3월 26일자 『독립신문』 제100호에 실린 「대통령담」이라는 제하의 위임통치청원 문제에 관한 기사가 다시금 이 문제에 불을 붙이게 되었다. 위임통치 청원문제가 다시 부상하기 시작하면서 반이승만의 기치를 들고 나온 측은 역시 박용만과 그의 추종자들이었다.[41] 이승만이 중국에 와서 대통령으로 시무할 때 다시 위임통치청원 문제가 발생하였고, 중국의 반이승만측에서는 위임통치청원에 대해 비난하며 1921년 4월 19일자로 「성토문」을 발표하였다. 1921년 5월 「성토문」 1,500권을 인쇄하여 상하이에 있는 임시정부 요인 및 전미, 블라디보스토크, 북만주, 기타 각국 단체 요인에게 발송하였다. 그런데 이 문건에서도 국민회 총회장 안창호와의 연루관계에 대해 다음과 같이 말하고 있다.

> 위임통치 청원에 대하야 재미(在美) 국민회(國民會) 중앙총회장 안창호는 동의(同意)던지 묵인(黙認)이던지 해회(該會)의 주간자(主幹者)로서 이정(李鄭) 등을 대표로 보내여 해청원(該請願)을 올리었으니 그 죄책(罪責)도 또한 용서할 수 없으며 상해(上海) 의정원(議政院)이 소위 임시정부(臨時政府)를 조직할 때 전파(傳播)된 위임통치 청원 운운(云云)의 설(說)을 이등(李等)과 사감(私憾)있는 자(者)의 주출(做出)이라 하야 철저히 사핵(查核)하지 않고 이승만을 국무총리로 추정(推定)함도 천만(千萬)의 경거(輕擧)어니와 제2차 소위 각원(閣員)을 개조(改造)

---

41   「위임통치에 대한 사실」, 『우남이승만문서』 8, 312~314쪽.

할 때에는 환하게 해청원(該請願)의 제출이 사실(事實)됨을 알었는데 마침내 이승만을 대통령으로 선거(選擧)한 죄(罪)는 더 중대(重大)하며,[42]

위의「성토문」을 통해 볼 때, 당시 상하이를 중심으로 하는 독립운동계에서는 위임통치청원의 실상에 대해 어느 정도 인지하고 있었던 것같다. 위임통치청원과 관계없는 이동휘측에서도 안창호가 깊이 연루되었다는 사실을 알고 있었던 것같다. 예를 들면, 1919년 7월 17일자로 김립이 이동휘에게 보낸 편지 가운데, 안창호가 이승만을 옹호하는 그 첫 번째 이유로 "위임통치의 동모자(同謀者)임으로 승만(承晚)의 죄를 성토함은 곧 제(弟)의 죄를 성토함이다"고 하였다.[43] 즉, 이승만과 안창호 두 사람은 위임통치의 '동모자'이기 때문에 이승만을 옹호할 수밖에 없다는 것이다.

또 다른 한편, 이승만을 반대하는 측에서는 안창호도 위임통치청원 문제에 일정정도 책임이 있다는 것을 말하고 있었던 것이다. 북경의 군사통일회가 1921년 5월 발표한「대미위임통치청원(對美委任統治請願)에 대하야 이승만 등을 성토」라는 문서에 의하면, 안창호가 국민회 중앙총회장으로서 이승만의 위임통치청원을 반대하지 않는 것은 묵인이며 동의한 것으로 간주하고 있다.

위임통치 청원의 죄악은 원래 이승만이 주창하고, (정)한경이 찬지(贊之)하고, (민)찬호가 종지(從之)하였지만는 개중(箇中)에는 안창호도 사실상 기책(其責)을 난극(難克)이라. 당시 (안)창호는 북미 한인국민회 총회장으로 (이)승만 등을 기(其) 대표(代表)로 파선(派選)할 시(時)에 (이)승만의 제출한 바 위임통치 사건에 대하야 자기가 가부(可否)는 단언(斷言)치 못하였다 하나, 차(此)는 기(其) 묵

---

42 「성토문」,『우남이승만문서』8, 264쪽.
43 「김립 → 이동휘(1919. 7. 17)」,『이승만 동문 서한집』중, 2009, 17쪽.

인(默認)의 책임을 극난이오. 차(且) (이)승만 등이 해(該) 청원서(請願書)를 미국 정부에 진정(進呈)하였다는 소식을 신문상 폭로된 후에도 (이)승만 등을 소환(召還)하거나 해청원(該請願)을 취소(取消)한 사(事)ㅣ 도무(都無)하였으니, 차(此)는 기(其) 동의(同意)의 정적(情跡)이 조연(照然)한 바 라. 연즉(然則) (안)창호도 물론 묵인이거나 동의(同意)거나 위임통치 사건에 관하여 불가(不可) 엄익(掩匿)의 죄책(罪責)이 자재(自在)하도다.⁴⁴

반이승만을 외치던 현순도 1921년 7월경 그를 규탄하는「성명서」에서 위임통치 청원하였다는 것을 듣고 이 문제에 대해, "안창호를 만난 후 안씨(安氏)가 공회(公會)나 사석(私席)에서 성명하기를 위임통치는 독립운동 일어나기 전에 된 일이오. 또한 우리 독립운동에 큰 방해가 없다"라고 말을 하였다고 한다.⁴⁵ 아무튼 상하이에서 임시정부를 통합하는 과정에 있던 안창호는 이승만의 위임통치청원 문제에 대해 이 문제가 확대되는 것을 막고자 하였던 것만은 틀림이 없다.

그후 1923년 1월 3일 국민대표회의가 프랑스조계 미국인 침례교 예배당에서 개막되어 안창호가 임시의장으로 선출되었다. 국민대표회의의 두 번째 회의는 1월 9일 대표자격 심사보고 때에 분란이 발생하였다. 대표 자격을 심사한 결과, 결격사유 없이 자격을 인정받은 대표가 45명, 절차상의 결함은 있으나 대표자격을 인정하기에 충분한 대표가 14명, 절차상의 결함 및 그밖의 약점 때문에 회의의 의결에 부쳐야 할 대표가 9명이었다. 그런데, 미주 국민대표 안창호는 세 번째 9명에 포함되어 있었다. 『독립신문』 1923년 1월 24일자「국민대표회의 기사」에 따르면, 자격심사위원인 북간도 대한국민회 대표 강구우는 다음과 같은 의견서를 제출하였다.

44 「對美委任統治請願에 對하야 李承晚 等을 聲討」, 『우남이승만문서』 8, 304~305쪽.
45 「성명서」, 『우남이승만문서』 8, 336쪽

북미 국민회는 과거의 문제되는 위임통치청원의 혐의를 받는 북미 대한인국민회 중앙총회와의 관계를 단절한 후에 국민대표회에 참가함이 가(피)할줄로 인(認)함.[46]

위와 같이 강구우의 반대 의견서에 따라, 안창호는 의장을 사임하고 회의 불참을 통고하였다. 그 이튿날 회의에서 그의 자격인정 문제에 대한 토의는 세 가지의 방향에서 논의되었다. 첫 번째는 본 대표회의에서 상세히 조사하고 완전히 판명된 후에 대표자격을 결정하자는 유보론이다. 두 번째는 안창호가 위임통치에 청원 혐의가 있어도 3·1운동 이전이니 대표자격을 인정하는 주장이다. 세 번째는 안창호가 위임통치와 관계가 있어도 본 회의에 부치고 우선 대표자격을 인정하자는 주장이다. 그러나, 신숙은 안창호가 위임통치청원 관계자이기 때문에 완전히 판명되기 전까지 그의 자격인정을 유보하여야만 한다고 하였다. 그래서 회의 4일째인 1월 11일 회의에서도 안창호의 자격문제 대한 논란이 거듭되었는데, 토론이 분분하자 논의를 중지하기로 표결에 부쳐 안창호의 대표자격을 인정하기로 의결하고 그의 임시의장 사면청원서도 반려하였다. 이처럼 독립운동계에서는 안창호와 국민회 중앙총회가 위임통치청원 사건에 깊이 연루되어 있음을 알고 있었다. 그럼에도 불구하고 안창호는 위임통치청원에 그가 직접 연루되어 있음을 공식적으로 밝히지 못하고 있는가 하는 점이다. 여기에서는 위임통치청원 문제에 대해 안창호가 가진 입장을 그대로 밝혀보고자 한다.

안창호도 처음에는 위임통치청원이 크게 문제가 될 것으로 생각하지는 않았다. 그렇기 때문에 1919년 4월 1일자로 그가 이승만에게 보낸 편지에서, 하와이에서 의혹을 제기하는 전보에 대해 '안위(安慰)'한 말로 무마하였다고 하였다. 그런데 중국 상하이에서 현순이 위임통치청원을 한 사실이 있는

---

46 『독립신문』 1923년 1월 24일자, 「국민대표회의 기사」.

가를 계속해서 질문하였고, 임시정부에서도 문제가 일어나자 이에 대해 다시금 생각하지 않을 수가 없었던 것이다. 안창호는 3·1운동이 발발하자 4월 2일 샌프란시스코에서 배를 타고 하와이 호놀룰루항을 거쳐, 29일 필리핀의 마닐라항에 도착하였고 홍콩을 거쳐 상하이로 들어갔다.[47] 마닐라에서 안창호는 중국으로 들어가는 배를 기다리며 2주간 머물면서 필리핀 총독과 미국 영사를 만나 홍콩과 상하이로 들어가는 안전문제를 협의하였다. 그리고 그는 홍콩에 도착하여 현순을 만나 무사히 5월 25일 상하이로 들어갈 수가 있었다.[48]

이승만과 그의 측근들은 위임통치청원이 안창호와 국민회 중앙총회의 정식 승인을 받았다고 계속적으로 주장함에도 불구하고, 안창호와 그의 측근들은 아무런 답변도 없고 방관자적 입장을 취하고 있었다. 위임통치청원 제출이 중앙총회의 승인을 받았는가 하는 것은 매우 중대한 문제이다. 1919년 2월 25일로 이승만과 정한경이 윌슨대통령에게 보낸 위임통치청원서에는 분명히 "아래 청원서를 각하께 제출하기 위해 서명인들은 미국, 하와이, 멕시코, 중국 및 러시아에 거주하는 150만 한인을 대변하는 대한인국민회의 집행위원회의 승인을 받았습니다"라고 하였다.[49] 청원서는 분명히 '대한인국민회 대표'의 이름으로 제출되었던 것이다. 그리고 3월 17일자 『뉴욕타임즈』 기사에도 윌슨대통령은 '대한인국민회'로부터 위임통치청원을 받았다고 하였으며, 이승만과 정한경은 분명히 대한인국민회를 대신하여 위임통치청원을 하였다고 하였다.

'위임통치청원' 문제는 어느 특정 계파의 정치적 성향에 따라 제출할 수

---

47 이같은 경로는 그가 4월 29일 마닐라에 도착하여 샌프란시스코의 대한인국민회에 전보를 보냈기 때문에 확인이 된다(「안창호가 대한인국민회로 보낸 전보 기록(1919. 4. 29)」).
48 「안창호, 정인과가 이대위에게 보낸 편지(1919. 6. 1)」, 이규집, 「한성임시정부수립의 전말」, 『신동아』 1969년 4월호, 185쪽.
49 국사편찬위원회, 『대한민국임시정부자료집』 43, 2011, 8쪽.

있는 가벼운 문제가 아니기 때문이다. 국민회 중앙총회는 임시정부가 설립되기 전까지 미주뿐만 아니라 해외 한인을 대표하는 기관이었다. 따라서 중앙총회의 정식 승인을 받은 경우와 그렇지 않은 경우 그것의 의미는 천양지차라고 할 수 있다. 만일 중앙총회의 정식승인을 받은 경우는 적어도 미주 한인사회의 합의가 담겨있다고 할 수 있고, 더 나아가서는 해외 한인과 독립운동자들의 의사도 일정하게 반영된 것으로 봐야 한다. 왜냐하면, 당시 「위임통치청원서」의 첫 문장에 "대한인국민회는 미국, 하와이, 멕시코, 중국 및 러시아에 거주하는 150만 한인을 대변" 한다고 언급한 바와 같이, 당시 대한인국민회는 해외 한인과 독립운동자들을 대표하는 기관이었기 때문이다.

그런데 안창호가 상하이에 도착하자 위임통치청원이 임시정부에서 크게 문제가 되면서, 그 자신도 이 문제에 대해서는 일정정도 거리를 두어야만 한다고 판단한 것같다. 그렇지만 이에 대해 안창호 본인의 직접적인 견해를 담은 자료를 현재 찾을 수가 없다. 그래서 안창호에 대한 주요한 전기나 기록을 통해 간접적으로 그의 입장을 살펴보고자 한다. 우선 안창호에 대한 가장 대표적인 전기인 주요한의 『안도산전서』에 의하면, 안창호가 3·1운동 이후 상하이에 갔을 때인 1919년 6월 25일 교민친목회 사무소에서 위임통치청원 문제에 대해 그의 의견을 밝혔다고 한다. 안창호는 "한번 맨데토리를 요구한 인물을 국무총리로 선정함은 안한 것보다 못하겠지요마는, 이미 선정한 그가 국무총리로 절대독립을 청원한 이때에 그이를 배척함을 대단히 이롭지 못한 일이외다"라고 말하였다.[50] 『안도산전서』는 안창호가 남긴 직접적인 자료가 아니기 때문에 그의 정확한 입장 표명이라고 할 수가 없지만, 이를 통해 간접적으로 추측해 볼 수 있는 점은, 안창호측에서는 위임통치청원 문제에 대해 자신은 무관한 듯한 태도를 취하고 있다는 점이다.

위임통치청원에는 안창호가 깊이 개입되어 있었다는 것이 확실함에도 불

---

50 주요한, 『안도산전서』, 삼중당, 1963, 217쪽.

구하고, 안창호는 이에 대해 분명한 입장을 밝히지 않고 있다. 안창호의 측근 중의 한 사람인 곽림대는 『안도산』의 글에서, 안창호가 이승만의 위임통치 청원에 대해 다음과 같이 말하였다고 한다.

이승만은 국민회에서 지정한 외교원의 한 사람으로 이제 이같이 용허할 수 없는 정견을 발표하였은 즉 이것이 비록 이승만 자의로 된 일이나 국민회 당국이 그 책임을 지는 것이라.[51]

곽림대는 위임통치청원이 이승만의 자의로 된 일이라고 하면서도 '국민회 당국이 그 책임을 지는 것'이고 하였다고 한다. 당시 국민회 사업에 깊숙이 관여하고 있던 곽림대는 안창호 위임통치청원과의 관계에 대해 일정하게 숙지하고 있었을 가능성이 매우 높다. 그렇기 때문에 그의 글에서 이와 같이 표현한 것은 아닌가 의심이 된다.

또한 한승인의 『민족의 빛 도산 안창호』라는 전기에서 "도산의 입에서, 또는 그의 글에서 이승만을 비난하는 말을 듣거나 읽은 적이 없다"고 하였다.[52] 그래서 안창호는 이승만의 위임통치청원에 대해, 이승만을 반대하는 임시정부 국무회의에서 도산은 이 문제만으로써 대통령을 반대하는 것은 너무 지나친 일이니, 지나간 일을 가지고 시비할 때가 아니라는 점을 강조하여 그 문제를 일단락 지은 일도 있다고 서술하고 있다.[53] 이는 안창호가 이승만의 위임통치청원 문제에 대해 언급하지 않은 것은 그것과 깊이 연루되어 있기 때문이다.

그러나 문제는 안창호와 그의 측근들이 이승만 측근들의 계속적인 해명

---

51 곽림대, 『안도산』, 1968, 88쪽(『도산 안창호 전집』 11, 544쪽).
52 한승인, 『민족의 빛 도산 안창호』, 1980, 176쪽(『도산 안창호 전집』 11, 851쪽).
53 한승인, 『민족의 빛 도산 안창호』, 177쪽(『도산 안창호 전집』 11, 852쪽).

요구에 대해 분명한 답변을 해주지 않았다는 점이다. 그 이유는 두 가지 점에서 보아야만 한다. 첫 번째는 안창호가 정한경이 주장하는 것처럼 그에게 한국문제를 국제연맹에 부속시키는 문제를 지시하였다는 것을 공표한다면, 안창호와 대한인국민회측에서는 '반이승만계'로부터 엄청난 비난을 받을 수 있기 때문에 묵묵부답으로 일관한 것으로 볼 수밖에 없었다는 것이다. 두 번째로 이승만측의 주장에 대해, 안창호측에서 아무 반응을 보이지 않았던 이유는, 안창호와 그의 편에서 이승만측을 견제하는 유효한 수단이 되었기 때문이다. 이를 테면, 위임통치청원안에 대해 미주 한인들은 그것에 동조하는 쪽과 그에 반대하는 쪽으로 나뉘어 맹렬히 대립되었다. 무장독립론을 주장하던 박용만계에서는 계속해서 이승만의 위임통치청원에 대해 문제를 삼았다. 따라서, 박용만계의 공격을 그대로 용인함으로써 이승만측을 견제하는 효과가 있었던 것이다.

안창호와 그의 측근에서는 자신이 위임통치청원에 연루되어 있다는 것을 공식적으로 표명한 바가 없다. 그러면 왜 안창호는 우리 독립운동계의 가장 뜨거운 논쟁의 대상이었던 '위임통치청원' 연루관계에 대해 언급하지 않은 것일까. 그것은 안창호 자신이 분명히 말한 것과 같이, 3·1운동 이전에 일어난 일이라는 점이다. 다시 말해, 제1차 세계대전 이후 독립운동을 모색하는 과정에서 '위임통치' 문제가 자연스럽게 제기된 것이고 이것은 있을 수 있는 일이라는 입장이다. 그렇기 때문에 이승만의 위임통치청원도 문제될 것이 없다고 보았던 것이다. 그래서, 안창호는 공식적으로 이승만의 위임통치청원에 대해 문제를 삼지 않았고 그것을 제기하지 말도록 하였던 것이다. 제3자의 말이지만, 안창호에 대해 잘 알고 있었던 장리욱은, 안창호가 이승만에 대해 다음과 같이 말하였다.

파란과 곡절이 중첩한 우리 독립운동사에 있어서 언제고 대의명분이 요구할 때마다 도산같이 이박사를 두호한 독립운동자는 거의 없었다. "이혼할 수 없는 아내

라면 분(紛)을 사다가 발라 주면서라도 같이 살아야 한다." 이것은 이승만 대통령을 한사코 반대하는 임정 요인들에게 호소한 도산의 말이다. 혹은 이것이야말로 이박사에 대한 도산 개인의 심경을 덧붙여 표현한 것이라고 해석해도 무방할 것 같다.[54]

안창호가 이승만을 두호한 이유는 위임통치청원 때문이 아니라, 이승만과 우리 독립운동계 전체를 보고 대국적으로 활동하였던 것이다. 제1차 대전을 전후하여 패전국의 식민지 혹은 영토의 일부에 대해 '위임통치론'은 국제사회에서 심각하게 논의되고 있었던 하나의 새로운 제도였다. 그리고, 윌슨 대통령의 주장이었기 때문에 미주지역 독립운동계 지도자들 사이에서는 일정도 공감하는 면이 있었던 것이다. 그래서 국민회 중앙총회장이었던 안창호도 이 계획에 적극적으로 지시를 내렸다고 판단된다.

그런데, 방선주·오영섭 박사는 위임통치청원서가 작성되는 과정에서 이승만이 결정적으로 중요한 역할을 수행했다고 하였다. 즉, 이승만은 정한경이 작성한 초안을 다듬고 수정한 다음 자신의 지론을 가미하여 위임통치청원서를 최종 완결지었다고 하였다.[55] 위에서도 여러번 언급한 바와 같이 당시 위임통치론은 국제사회에서 널리 논의되었던 사항이었고, 이를 우리의 민족독립에 원용하려는 견해는 이승만 만의 고유한 외교독립운동론이라고 볼 수는 없다. 오히려, 이승만이 현순과 장붕에게 보낸 편지와, 『독립신문』 1921년 3월 26일자에 실린 「대통령담」에서 말한 바와 같이, 그가 병원에 입원하고 있을 때 정한경이 위임통치청원서를 작성해 가지고 와서 자신은 서명만 했다고 하였다. 이는 이승만 자신이 위임통치청원에 대한 비난을 피하

54 상리욱, 「도산의 인격과 생애(7)」, 『기러기』 제35호(『도산 안창호 전집』 11, 362쪽).
55 방선주, 「이승만과 위임통치안」, 219쪽; 오영섭, 「대한민국임시정부 초기 위임통치 청원논쟁」, 92쪽.

기 위한 보신책이나 임기응변에서 나온 것은 아니다. 왜냐하면, 이승만은 그 후에도 이와 똑같은 주장을 일관되게 하고 있기 때문이다. 이승만은 정한경이 써 온 위임통치청원서를 읽어 보고 별다른 내용을 첨가하지 않고 서명만 했을 뿐이라고 여러 차례에 걸쳐 일관되게 말했던 것이다.

이승만의 주장은 일관성이 있고, 지금까지 윌슨대통령에게 보낸 청원서를 작성한 정한경의 어떤 글에서도 이승만이 청원서에 별다른 내용을 넣었다고 말을 한 적은 없다. 그러면, 한국문제의 중립국화를 통한 국제연맹으로부터의 위임통치론은 이승만만의 견해는 아니었고, 앞의 안창호측 관련자료 검토에 본 바와 같이 안창호와 정한경이 긴밀하게 협의하고 지시한 것으로 보는 것이 맞다.

5 맺음말

위임통치청원 문제는 우리 독립운동계를 분란과 분쟁으로 몰아넣었던 대표적인 사건이었다. 그럼에도 불구하고 이 문제에 대한 관련 자료들이 면밀히 검토되지 못하고, 이에 대한 평가에 치중된 측면이 강하였다. 실제로 위임통치청원 관련 자료를 검토해 보면, 국민회 중앙총회와 당시 총회장이었던 안창호가 깊이 개입되어 있었다는 것을 확인할 수가 있다.

위임통치청원은 이승만과 정한경 두 사람의 독단에 의한 결정이 아니라, 대한인국민회 중앙총회의 협의를 거쳤다는 점과 안창호의 일정한 지시가 있었다. 위임청원서 제출의 당사자인 이승만 측의 관련 자료를 검토하고, 또 안창호측 관련 자료를 검토한 결과, 위임통치청원은 정한경·이승만 두 사람의 독단에 의해 이루어진 것이 아니라 안창호와 국민회 중앙총회에서 논의된 사항이라는 것을 확인할 수가 있었다. 오영섭 박사의 논문에서 지적된 바와 같이, 위임통치청원안은 이승만·정한경과 안창호를 비롯한 여러 인사들의 합작품임에 틀림이 없다.

그렇지만 오영섭 박사의 연구에서는 이승만·정한경이 위임통치청원서를 제출하는 과정에서 안창호와 국민회 중앙총회의 인가가 있었다는 사실을 관련자료로 확정하지는 못하였다. 그러나 본고에서는 안창호 측이 생산한 국민회 중앙총회 회의록을 통해 위임통치청원 제출은 안창호의 지령이 있었고 중앙총회에서도 충분히 논의되었다는 것을 확인할 수가 있었다.

이승만의 위임통치청원 문제가 불거졌을 때, 이승만과 그의 측근들이 받아왔던 비판과 비난은 '반이승만계'의 정치적 공격의 주요한 수단이었다. 이승만이 위임통치청원 문세로 정치적으로 매우 곤란에 빠져있을 때도, 안창호는 자신이 연루되어 있다는 사실을 거의 밝히지 않았다. 그 이유는 위임통치청원에 자신이 연루된 사실이 알려질 경우, 이승만 못지않게 정치적으로 타격을 받을 수밖에 없다는 현실적인 입장이 있었을 것이다.

또 한편으로는 독립운동계가 이승만의 위임통치청원 문제로 말미암아 혼돈과 분열에 빠져 있는데 안창호도 이에 직접적으로 연루되어 있었다는 것이 밝혀질 경우, 독립운동계 전체가 타격을 받을 수 있다는 대국적인 입장도 있었을 것이다. 그렇기 때문에 이승만도 1921년 7월경에 가서야 비로소 위임통치청원서 제출이 추진된 과정에서 안창호가 깊게 개입되어 있었음을 인지하게 되었지만 국민회 중앙총회와 안창호가 연루된 사건이었다는 것을 적극적으로 설명하지는 않았다.

기존 연구에서는 한국문제의 중립국화를 통한 국제연맹 위임통치론은 이승만의 외교독립론으로 주목을 받았고, 이승만과 정한경을 비롯한 이승만 측 인사들의 견해로 인정되어왔던 것이 사실이다. 그러나 위임통치청원 관련 자료를 검토해 볼 때 위임통치론은 이승만의 견해라기보다는 제1차 세계대전 직후에 친미적이었던 지도적 인사들의 견해였다. 또한 위임통치청원서의 주요한 내용인 한국문제의 중립국화를 통한 국제연맹 위임통치론은 이승만의 견해만은 아니었고, 안창호 측 관련 자료에서 확인되는 바와 같이 안창호가 정한경과의 협의를 거쳐 지시하였다고 보는 것이 필자의 주장이다.

2장

현순의
주미공사관 설립

1 머리말

1921년 4월 구미위원장 대리 현순이 미국의 수도 워싱턴의 매사추세츠가(Massachusetts Avenue) 1325번지에 한국공사관(한국대사관)을 설립하였다. 1905년 11월 을사늑약으로 일제로부터 대한제국의 외교권이 박탈당한 이후 주미공사관이 폐쇄된 지 16년 만에 현순에 의해 워싱턴에 다시 주미공사관이 설치되었던 것이다.

1919년 3월 1일 서울에서 민족대표 33인의 명의로 독립국임과 자주민임을 선언하고, 중국 상하이[上海]에 대한민국임시정부를 성립시켜 자주국가로서 면모를 갖추고자 하였다. 이승만은 이른바 '한성정부'의 집정관총재로 선출되었다는 문건을 받은 이후 곧바로 대한공화국의 대통령을 자임하면서 대한제국과 국교를 맺은 나라와의 외교관계 회복을 공표하고, 정식 정부로서의 국제적 승인을 얻고자 외교활동을 전개하였다. 그래서 그는 8월 25일 「집정관총재 공포문」 제2호를 발하여, 집정관총재 직권으로 '대한민국 특파 구미주차위원부' 즉 '구미위원부'를 출범시켰다. 이 공포문 제2조에 "본 위원부의 책임은 대한민국임시정부를 구미 각국에 대표하여 임시정부 지휘를 수(受)함"[1]이라고 규정하였다. 이에 따라 워싱턴의 구미위원부가 미주와 유럽지역 외교 및 재무 등을 관할하게 되었다. '구미위원부'는 유럽과 미국 지역에서 외교선전활동을 담당하였지만, 주로는 미국정부와 미국민들에게 한국독립의 정당성을 알리고 그들로부터 동정과 협조를 얻기 위해 노력하였다.

---

1 「집정관총재 공포서 제2호(1919. 8. 25)」, 『梨花莊所藏 雩南李承晚文書(東文篇)』(이하 『우남이승만문서(동문편)』) 9, 연세대학교 현대한국학연구소·중앙일보사, 1998, 1쪽.

구미위원부는 임시정부의 국무회의나 임시의정원의 동의 절차를 받은 공식 외교기관은 아니지만, 대통령 이승만의 직접적인 관할하에 미주지역의 자금을 모집하여 중국 상하이에 있는 대한민국임시정부를 재정적으로 지원하는 중추적인 역할을 수행하였다. 그런데, 문제는 구미위원부가 대미외교를 담당하고 있기는 하였지만, 임시정부의 공식 외교기관은 아니라는 점이다. 그래서 초창기부터 그 존재의 불법성에 대해 논급이 되어 왔지만, 실제적으로 임시정부의 자금을 구미위원부에서 보내오기 때문에 묵시적으로 인정하고 있었다.

1921년 3월 4일 윌슨(Woodrow Wilson) 미국 대통령이 퇴임하고 하딩(Warren G. Harding) 대통령이 취임하는 것을 기화로, 구미위원부 임시위원장 현순이 미국의 영향력 있는 정치인들의 의견을 청취하여 대한민국임시정부의 주미공사관을 워싱턴에 설치하였다. 주미공사관 설립은 독립운동계 전체에 커다란 파문을 일으키면서, 상하이 임시정부 성립의 실질적인 주역이라고 할 수 있는 '현순'이 이를 계기로 임시정부와 결별을 하고 반이승만으로 돌아서게 되었다. 필자는 오래 전부터 유럽과 미주지역 외교선전활동을 전담하는 구미위원부 위원장 현순이, 대통령 이승만의 동의 없이 주미공사관 설립이라는 엄청난 일을 추진할 수 있었겠는가에 대한 의문을 가지고 있었다. 왜냐하면, 현순이 미국으로 갈 수 있었던 것도 이승만의 도움을 받았고, 구미위원장으로 임명될 수 있었던 것도 순전히 이승만의 배려가 있었기 때문이다. 다시 말해, 그가 주미공사관을 설립하려는 강력한 의지가 있었다고 해도, 이승만의 동의나 승인을 얻지 못하고는 도저히 불가능한 일이다.

그런데 기존의 연구에 의하면, 현순의 주미공사관 설립은 대미외교의 주도권과 이에 필요한 자금 관할을 둘러싼 구미위원부의 내부 알력으로 일어났던 사건으로 보고 있다.[2] 그렇지만 구미위원부 내부적으로 대미외교의 주

---

2 고정휴,『이승만과 한국독립운동』, 연세대학교 출판부, 2004, 133쪽; 고정휴,『3·1운동과 임

도권 및 자금 관할권 문제만으로 볼 수 없는 측면도 분명히 있었다. 현순은 대미외교의 최고 책임자인 구미위원장으로서, 내부적으로는 미주지역에서 독립운동 자금 모집을 획기적으로 활성화시키고, 미국의 새 대통령 취임에 따른 국제정세의 변화에 선제적으로 대응해야만 한다는 구상도 있었다는 점이다. 다시 말해 현순은 아시아·태평양지역에서 일본의 세력 팽창을 저지하려는 미국의 정책과 미·일 간의 충돌이 일어날 수 있다는 국제적 정세 변화와, 미주 동포들로부터 독립운동 자금 모집과 외국인들로부터 공채 모집을 위한 새로운 전략으로 주미공사관 설립을 추진하게 되었다는 것이다.

필자는 현순의 주미공사관 설립이 당시 국제정세의 변화와 독립운동 자금 모금 활성화라는 두 가지 목적을 가지고 추진되었다는 측면에서, 주미공사관 설립 및 논의에 대한 자료를 면밀히 검토하고자 한다. 이승만의 뜻에 전적으로 따르는 현순이 순전히 자신의 독단으로 주미공사관 설립을 추진했다는 것은 도저히 이해가 되지 않는 사건이다. 현순의 주미공사관 설립에 대해 지금까지 연구에서 풀리지 않는 큰 의문점이 있다.

첫 번째는 왜 구미위원장 현순이 왜 '공사관'을 설치하게 되었는가에 대한 이유가 현재까지 분명하게 드러나지 않다는 점이다. 두 번째는 공사관 설립 당시 대통령 이승만의 동의 없이 현순이 독단적으로 추진할 수가 있었는가 하는 점이다. 세 번째로는 이승만이 처음 공사관 설립에 동의한 이유와 갑자기 자신의 결정을 번복 결정을 하게 된 사유가 정확하게 밝혀져 있지 않다. 네 번째로는 현순의 공사관 설립에 대해 서재필·정한경·돌프 등 구미위원부 관련자들의 반대 이유가 분명하지 않다는 점 등이다.

현순의 주미공사관 설립과 관련된 자료가 매우 한정적이고 또 비밀스럽게 주고받은 '전보문'이기 때문에 역사적 실체에 접근하는 데에는 여러 가지 점에서 한계가 있을 수밖에 없다는 점을 미리 밝혀둔다.

시정부 수립의 숨은 주역, 현순』, 독립기념관 한국독립운동사연구소, 2016, 114쪽.

2   주미공사관 설립의 배경

       현순은 1919년 4월 중국 상하이에서 대한민국임시정부의 성립과 상하이와 노령의 대한인국민의회를 대한민국임시정부로 통합하는 데에 크게 공헌하였다. 현순은 이승만의 부름을 받고 1920년 6월 25일 상하이에서 배를 타고, 안현경과 함께 유럽을 경유하여 미국 워싱턴으로 가려고 하였다. 그런데 그는 프랑스 파리에서 미국에 가기 위한 비자를 받아야만 했다. 현순은 8월 6일 밤 12시에 파리에 도착하여, 다음날인 7일에 파리위원부 사무실로 가서 황기환을 만났다. 황기환은 현순이 프랑스에 머물 수 있도록 파리주재 중국공사관에 주선을 해주었고, 미국에 입국할 수 있는 비자 신청을 도와주었다. 현순과 안현경은 8월 14일 파리를 떠나 미국으로 향하게 되었다.[3]

    미국 워싱턴에 도착한 현순은 1920년 9월 김규식의 뒤를 이어 구미위원부 위원장 대리를 맡게 되었다. 1920년 미국에 있던 이승만이 상하이 임시정부로 가기 전 현순에게 자신이 부재할 동안 구미위원부가 다른 어떤 새로운 일도 벌이지 못하도록 하였다.[4] 그는 임시정부의 재정난을 타개하고자 미주 대한인국민회의 후원을 받아 서부 지역 곳곳을 돌아다니며 모금 운동을 벌였다. 그런데, 1921년 4월 14일 워싱턴에 주미공사관을 설립하면서 미주 지역 독립운동에 커다란 파문을 일으키게 되었다.

    현순이 주미공사관 설립을 시작하게 된 배후에는 워싱턴 한국친우회 부회

---

3   Soon Hyun, 「玄楯自史」, 『My Autography』, Yonsei University Press, 2003, 145~146쪽.
4   고정휴, 『이승만과 한국독립운동』, 130쪽; 고정휴, 『3·1운동과 임시정부 수립의 숨은 주역, 현순』, 96쪽.

장인 조지 스턴(George W. Stearn)이라는 사람이 있었다. 조지 스턴이 어떤 사람인지에 대해 정확하게 알려진 바는 없다. 다만, 조지 스턴과 구미위원부 및 임시정부와 관계에 대해서는, 손세일의 연구에 약간 언급되었기 때문에 이에 의거한다.[5] 손세일에 의하면, 구미위원부는 한 가지 특이한 사업을 시도하고 있었다고 한다. 임시정부의 수익사업으로 어떤 미국인이 기선회사를 설립하여 운영하려는 일에 참여한 것이었다. 그것은 이승만의 주동으로 추진되었다. 제1차 세계대전 동안 미국에 나포된 독일 선박이 많이 있었는데, 조지 스턴이 발기하여 상선회사를 설립하고 미국정부와 교섭 후 나포된 선박을 불하받아 상당한 보조금까지 지원받기로 승인을 받았다. 미국의 각 항구로부터 한국, 러시아, 중국의 각 항구를 왕래하며 화물과 사람을 일본 항구를 거치지 않고 운반하는 선박 회사를 설립하는데, 그러한 상선회사에 한인 단체나 상회를 참여하게 한다는 것이었다. 구미위원부는 위원장 김규식 명의로 1920년 8월 30일에 임시정부에 보낸 업무보고서에서 이 사실을 보고하면서 임시정부의 처리를 요망했고,[6] 임시정부는 10월에 이르러 이 안건을 승인했다.[7]

아무튼, 조지 스턴 부부는 새로 구미위원장으로 부임한 현순과 매우 가까이 지내면서 그에게 많은 자문을 해주고 있었다. 그러면서 자연스럽게 주미공사관 설립에 조지 스턴이 깊이 관여되어 있었음에 틀림이 없다. 『현순자사(玄楯自史)』에도 "여(余)는 스턴(George W. Stearn) 부처(夫妻)를 상봉(相逢)하게 되었으며, 그들은 나[余]에게 극히 친절했다. 특히 스턴 씨는 워싱턴[華盛頓] 정계(政界)의 요인(要人)들에게 큰 영향을 갖고 있던 인물"이었다고 표

---

5 손세일, 『이승만과 김구』 제3권, 조선뉴스프레스, 2015, 302~303쪽.
6 「구미위원부 공문」 제244호(1920. 8. 30), 『대한민국임시정부 자료집』 17, 국사편찬위원회, 2007, 143쪽.
7 외무부, 「공문」 제35호(1920. 10. 26), 『대한민국임시정부 자료집』 16, 국사편찬위원회, 2007, 108쪽.

현하고 있다. 현순의 주미공사관 설립 계획을 들은 조지 스턴은 1921년 3월 6일자로 상하이에 있는 이승만에게 직접 전보를 보내기도 하였다. 조지 스턴은 워싱턴 한국친우회 부회장이었기 때문에 이승만과는 이미 잘 알고 있었던 사이였다.[8] 조지 스턴이 이승만에게 전보를 보냈고, 그것을 영문으로 번역하여 붙였다.[9]

〈한글 전보〉
외교기회 매우 좋소. 공관 급히 설립. 외교대표 선정하오. 현(순 – 필자) 전권 대표로 추천하오. 다른 사람 안되겠소. 전보로 임명장 보내시오. 필(必) 비밀히 하오. 현(순)에게 답전. Stearn.

〈영문 번역〉
상황이 공사관 설립과 외교 대표의 임명을 요구합니다. 이 자리에 현순을 천거합니다. 현순 외에 다른 사람은 안됩니다. 전보로 임명하고, 반드시 비밀로 하고, 현순에게 답하십시오. Stearn.

한글 전보는 아마도 현순이 번역을 한 것으로 보인다. 스턴은 이승만에게 주미공사관을 설립하고 전권 대표로 현순을 추천하였다. 위의 1921년 3월 6일자 전보로 보아, 아직까지 주미공사관 설립에 대한 구상 단계였기 때문에 '비밀'로 하라고 하였던 것 같다. 스턴이 이승만에게 전보를 보낸 이후 주미공사관 설립계획은 매우 빠르게 진행되었다. 이에 대해서는 3월 9일자로 구미위원장 현순이 대통령 이승만에게 「업무보고」를 하였다.[10] 이 「업무보고」

---

8 우남이승만문서편찬위원회, 『우남이승만문서(동문편)』 9, 1998, 285~286쪽.
9 「George Stearn → Kocoa[이승만]에 보낸 전보(1921. 3. 6)」, 『The Syngman Rhee Telegrams』 vol Ⅳ, 연세대학교 현대한국학연구소, 2000, 36쪽.
10 현순, 「업무보고」, 『대한민국임시정부 자료집』 17, 33~37쪽.

에 의하면, 3월 6일 스턴이 이승만에게 전보를 보낸 다음날인 7일 아침 법률고문 돌프(F. A. Dolph)가 구미위원부 사무실로 현순을 찾아 왔다. 돌프는 갑자기 현순에게 '임명장'이 어디에 있는가를 물었다. 현순은 무슨 '임명장'이냐고 물으니, 돌프가 '공사 임명장'이라고 하였다. 찾아보니 이승만 대통령이 현순을 주미공사로 임명한 '임명장'을 발견하게 되었다. 현순은 너무나 황공하여 생각하고 또 생각하다가[熟思熟慮], 크게 생각하고 중직(重職)을 효능 있게 진행하기로 결심을 하게 되었다는 것이다. 『현순자사』에 의하면, 그는 구미위원부 위원장 대리로 취임한 이후인 1921년 2월에 사무실 서랍에서 "한국대통령 이승만이 서명(署名)한 주미특명전권공사(駐美特命全權公使)(大使) 현순의 신임장(信任狀)이었다"라고 한다.[11] 「업무보고」와 『현순자사』에는 '임명장' 혹은 '신임장'의 발견 시점과 발견한 상황에서 차이가 난다.

　「업무보고」에 의하면, 현순은 3월 7일부터 9일까지 3일 간 조지 스턴과 상의하여 주미공사관 설립계획을 수립하게 되었다고 한다. 이 계획에 의하면 첫 번째로 공관(公館)을 설립하여 외교적 방식을 정식으로 진행하게 한다는 것이다. 돌프에게는 법률상 문식(文式)만 주관하고, 정략 및 외교적 방식은 스턴과 상의하여 진행하겠다고 하였다. 정한경은 문장 작성에 장기가 있기 때문에 선전사무를 주관케 하고, 서재필을 외교고문으로 선정하여 대외적인 연설 등을 맡게 하였다. 공사관 설립에 대한 구체적인 계획은 다음과 같다.

1. 직원조직
　　공사　　　　　　현순
　　비서관(韓文)　　이용직

11　Soon Hyun, 「玄楯自史」, 316쪽.

비서관(英文)	미정, 선택중
외교고문	서재필
외교고문	G. W. Stearn
법률	F. A. Dolph
선전위원	정한경

2. 사무분담

사무주간 및 재정처리	현순
외교공식 사무	G. W. Stearn
법률부	F. A. Dolph
선전부	정한경
연설회 주간	서재필

3. 예산

◎ 봉급

공사	200달러
비서관 2인	200달러
법률고문	200달러
외교고문 2인	200달러
선전위원	150달러
타자인	125달러
타자인	100달러
합계	1,175달러

◎ 경상비

공관가옥세	300달러
여하인	50달러

남하인	50달러
법률고문	200달러
외교고문 2인	200달러
선전위원	150달러
타자인	125달러
타자인	100달러
합계	1,175달러

◎ 불항비(不項費)

도합	3,150달러

  주미공사관 설립계획에서 가장 중요한 부분은 차지하는 것은 공사관 설립과 운영에 필요한 재정을 확보하는 것이었다. 주미공사관을 운영하기 위해서는 매월 3,150달러 정도가 필요하다. 이에 소용되는 예산을 확보하기 위해서 현순은, 필라델피아의 한국통신부를 폐지하고 그 비용 800달러를 공관비에 사용한다는 것이었다. 그래도 부족한 재정은 공사관 설립이라는 새로운 일을 하면서 미국·멕시코·하와이 동포들에게 자금을 더 거두어 들인다는 계획이었다. 정말로 필요한 거액의 재정을 모집하려면 미국에 사는 중국인과 미국인들에게 공채를 발매하여 자금을 마련하고자 하였다. 중국인에게는 미국에 있는 중국 광동정부(廣東政府) 주미대표 마소(馬素)와 협의하였는데, 중국인에게 공채를 발매하여 실시하자고 하였다. 그리고 미국인에게는 스턴과 상의하여 미국인에게도 공채를 발매하기로 하였다.

  현순은 이같은 구체적인 주미공사관 설립계획을 1921년 3월 9일자로 이승만에게「업무보고」를 하였다. 그러나 이 업무보고는 공문으로 작성되어 우편으로 발송되기 때문에, 상하이에서 이승만이 즉각적으로 받아 볼 수는 없었다. 그래서 3월 10일 현순은 이와 관련하여, 이승만에게 전보를 보냈다. 이 전보도 한글로 보내고 영문으로 번역을 하였다.[12]

〈한글 전보〉

3백 원 전송. 외교기회 시급하오. 임명장 찾았소. 전보로 confirm. 김(규식 - 필자)으로 외무부장 곧 선정. 현순.

〈영문 번역〉

300달러 보냄. 즉시 외교 문제를 협상할 기회. 여기에 신임장(credentials)을 가지고 있음. 전보로 나의 임명을 확정할 것. 김(규식 - 필자)을 외무총장으로 즉시 임명할 것. 현순.

현순은 「업무보고」에서 밝힌 바와 같이 '임명장'을 찾았다고 하였다. 한글 전보에서는 '임명장'을 찾았다고 하였고, 영문번역에는 '신임장'을 가지고 있다고 하였다. 『현순자사』에서 말한 것처럼, '임명장'을 구미위원부 사무실 서랍에서 우연히 발견한 것인지, 아니면 누구 혹은 어디에 맡겨놓은 것을 찾아온 것인지는 정확하지 않다. 아무튼, 이로 보아 현순은 이승만에게 '전보'로라도 자신을 '공사'로 임명해 달라고 요구하고 있다. 공사관 설립에 대해 매우 다급하게 일이 진행되어 가고 있기 때문에, 현순은 같은 날(3월 10일) 다시 한번 이승만에게 다음과 같은 내용의 전보를 보냈다.[13]

〈한글 전보〉

외교기회 시급하오. 외제우(外諸友)들 소망있소. 합심하야 일 되겠소. 현순.

12 「현순 → Kocoa[이승만]에 보낸 전보(1921. 3. 10)」, 『The Syngman Rhee Telegrams』 vol Ⅳ, 38쪽.
13 「현순 → Kocoa[이승만]에 보낸 전보(1921. 3. 10)」, 『The Syngman Rhee Telegrams』 vol Ⅳ, 39쪽.

〈영문 번역〉
상황이 전개됨. 외국인 자금(foreign loan) 확보할 수 있음. 절대적 협조 필요함. 그렇지 않으면 우리는 실패할 것임. 현순.

한글 전보에는 '외국인 친구들[外諸友]이 공사관 설립을 서둘러야만 한다고 하고 있으나, 영문 번역은 '외국인 자금'을 확보할 수 있다고 한다. 한글과 영문번역 전보의 내용이 다르다. 한글전보에서는 분명히 외국인 즉, 미국인 친구들이 공사관 설립을 빨리 서둘러야만 한다는 뜻이고, 영문번역은 공사관 설립할 '자금'이 확보된 것으로 볼 수 있다. 외국인 자금은 앞의 「업무보고」에서 언급된 중국인과 미국인들로부터 공채 발매하여 확보할 수 있는 자금을 말한다. 한글전보와 영문번역을 합쳐서 이해해 보면, 미국인 친구들이 주미공사관 설립을 도와줄 것이며, 필요한 자금도 지원해 줄 수 있다는 것이다. 따라서, 1921년 3월 10일 단계에서 현순은 스턴과 의논하여 주미공사관을 설립하고 운영할 준비를 갖추고 있다고 판단하였다. 그래서 상하이에 있는 대통령 이승만으로부터 공사관 설립 승인을 해달라고 정식으로 요청을 한 것이다. 그러나, 현순의 전보를 받은 이승만은 3월 12일 다음과 같은 한글 전보를 보냈다.[14]

현순. Koric 워싱턴 DC.
임명장 돌프 가졌소. 공관할 돈 없소. 주선하니 그기 잘 하오. 이승만.

이승만은 전권공사 임명장(신임장)을 아마도 법률고문인 돌프에게 맡겼던 것같다. 그런데, 「업무보고」에서와 같이, 돌프는 임명장을 구미위원부 사무실에 두었는데 그것을 현순이 찾았던 것으로 이해해 볼 수 있다. 현순이

---

[14] 「이승만 → 현순에게 보낸 전보(1921. 3. 12)」, 『The Syngman Rhee Telegrams』 vol IV, 42쪽.

3월 10일자 전보에서 '임명장'을 찾았다고 하니, 이승만은 '임명장'을 돌프가 가지고 있는 것으로 알고 있었다. 그런데, 이 한글 전보만으로 그 상황을 정확하게 알 수가 없다. 왜냐하면 "임명장 돌프 가졌소"라는 것은 두 가지 뜻으로 해석이 가능하기 때문이다. 하나는 "임명장을 돌프가 가지고 있다"라고 하여, 돌프가 임명장을 가지고 있기 때문에 바로 공사관 설립을 할 수 없을 것이라는 의미로 해석될 수 있다. 둘째로는 "임명장을 돌프가 가지고 있느냐?"라고 물어볼 수도 있다. 앞의 3월 10일자 전보에서 "임명장 찾았소"라고 하니, 임명장을 돌프가 가지고 있는지, 아니면 현순이 가지고 있는지를 묻는 것일 수도 있다. 두 가지 모두 해석이 가능하지만, 이승만은 현실적으로 주미 공사관을 설립하고 운영할 자금이 없으니, 현재의 구미위원부 일이나 잘 하라고 충고하고 있다.

3 주미공사관 설립 추진 과정

현순은 미국인 조지 스턴과 협의하여 주미공사관을 설치하여 정상적인 외교를 펼쳐야만 된다는 구상을 가지고 있었던 것같다. 그래서 상하이에 있는 이승만에게 공사관 설립의 구체적인 계획을 알리고, 자신을 주미공사로 임명해 달라고 요청하였다. 그렇지만 이승만은 1921년 3월 12일자 전보에서 주미공사관을 설립하지 말라고 분명하게 지시를 하였다. 그럼에도 불구하고, 현순은 3월 13일 한글전보로 "외교기회 시급하오. 임명장 찾았소, 전보로 confirm"해 달라고 재차 요청을 하였다.[15] 3월 14일 현순은 재정이 없어, 상하이에 자금을 당장 보낼 수 없다고 전보를 보냈다.[16] 그후에도 이승만으로부터 공사관 설립에 대한 승인 답장이 없자, 현순은 3월 19일에 "당신 속히 오시오. 회답보고 여비 제출"하겠다고 전보를 하였다.[17] 이는 당신(이승만)이 주미공사관 설립에 대한 승인 전보를 보내주지 않으면, 미국으로 오는 여비를 절대 보내지 않겠다는 협박성 전보이기도 하다. 그리고 임시정부에도 "중대한 사건 많으니, 대통령 도미케 하오"라고 전보를 보냈다.[18] 3월 19일 전보로 이승만을 위협한 후, 다음날인 20일에 현순은 이승만에게 결연한 한글 전보를 보냈다.[19]

---

15 「현순 → Kocoa에 보낸 전보(1921. 3. 13)」, 『The Syngman Rhee Telegrams』 vol IV, 43쪽.
16 「현순 → Kocoa[이승만]에 보낸 전보(1921. 3. 14)」, 『The Syngman Rhee Telegrams』 vol IV, 44쪽.
17 「현순 → Kocoa[이승만]에 보낸 전보(1921. 3. 19)」, 『The Syngman Rhee Telegrams』 vol IV, 48쪽.
18 「현순 → Kopogo[임시정부]에 보낸 전보(1921. 3. 19)」, 『The Syngman Rhee Telegrams』 vol IV, 50쪽.
19 「현순 → Kocoa[이승만]에 보낸 전보(1921. 3. 21)」, 『The Syngman Rhee Telegrams』 vol IV, 53쪽; 「현순 → Kocoa[이승만]에 보낸 전보(1921. 3. 20)」(『현순자료』, USC 동아시아도서

공관할 돈과 계책 있소. 주춤말고 필라델피아 닫히고, 공관 하라고 전보하시오. 불연즉(不然卽). 나도 사직(辭職). 현순.

현순은 공사관 설립할 자금과 계획을 가지고 있으니, 허락을 하지 않으면 자신도 구미위원장 직책을 사퇴할 것이라고 으름장을 놓고 있다. 사실상 현순은 이승만에게 바로 결정을 할 것을 강요한 것이다. 그럼에도 불구하고 이승만은 "염려 말고 그기만 잘 하시오. 제이슨(서재필 – 필자) 믿게 하오"라고 하여,[20] 공사관 설립 문제는 서재필의 동의가 필요하니 그를 잘 설득하라는 뜻으로 전보를 보냈다.

현순은 이승만에게 주미공사관 설립을 허락하든지, 아니면 자신이 사직하든지를 선택하라는 최후의 통첩을 보냈다. 현순은 애가 타게 이승만의 전보를 기다렸지만, 아무런 답장이 없었다. 전보를 보낸 지 10일이 지났지만 답장이 없자, 현순은 3월 31일 다음과 같은 내용의 한글 전보를 보냈다.[21]

3월 20일자 전보 회답 왜 안하오. 4월 11일 미국회 개최되오. 시기 절박. 나 공사 수임을 Kopogo(임시정부 – 필자)에서 confirmatiom 하는 전보 급히 보내오. 돈 있으니 걱정마오. 공관 설립되면 미국사람 우리에게 서포트(support) 없겠소.

현순이 3월 20일 보낸 전보에 대해 이승만은 아무런 답장을 하지 않았다. 미국 의회가 4월 11일 개회되니, 그 이전에 공관을 설립하여 의회에 알리려고 한다는 뜻이다. 그러자면 상하이 임시정부의 공식적인 승인이 필요하고, 설립되면 미국인들도 반드시 도움을 줄 것이라고 하였다. 3월 20일자 전보

관 소장).
20 「이승만 → Koric에 보낸 전보(1921. 3. 20)」(『현순자료』, USC 동아시아도서관 소장).
21 「현순 → Kocoa[이승만]에 보낸 전보(1921. 3. 31)」, 『The Syngman Rhee Telegrams』 vol IV, 59쪽.

가 협박이었다고 하면, 위의 전보는 그래도 자신의 요구를 들어달라고 호소하고 있다.

그런데, 문제는 주미공사관을 설립하고 운영을 하려면, 앞의 「업무보고」에 나와 있는 것과 같이 매달 3,150달러의 예산이 필요하다는 점이다. 자금을 마련하기 위해 현순은 우선 필라델피아 통신부를 폐지하면 800달러가 확보된다고 보았다. 구미위원부(워싱턴사무소) 산하에는 필라델피아통신부, 파리사무소, 런던사무소를 두었다. 현순은 이승만에게 서재필이 운영하는 필라델피아 통신부를 폐지해야 한다고 주장하였다. 만약 필라델피아 통신부의 문을 닫는다고 하여도 800달러밖에 확보를 하지 못한다.

그렇다면, 나머지 비용은 어떻게 마련할 것인가에 대해 고민을 하지 않을 수가 없다. 현순은 필라델피아와 더불어 구미위원부의 재정을 많이 사용하는 런던사무소를 폐지하고자 하였다. 런던사무소는 파리위원부의 서기장 황기환이 1920년 9월 임시정부 「임시주외외교위원부규정(臨時駐外外交委員部規程)」에 따라 겸장하고 있었다. 구미위원부에서는 런던사무소 운영자금으로 1920년 6월 327달러, 7월 331달러, 8월 308달러, 11월 128달러, 12월 205달러를 지급하고 있었다.[22] 「구미위원부 통신」 제32호에 실린 구미위원부 재정보고에서도 1921년 4월부터 8월 15일까지 런던사무소에 1,200달러를 지출하였다고 한다.[23] 런던사무소를 폐지한다면 매달 200~300달러의 자금을 확보할 수 있다고 보았다. 그래서 현순은 황기환에게 재정이 어려우니 런던사무소를 폐지할 것을 요구하였다.[24]

현순은 3월 31일 이승만에게 전보를 하고, 또 같은 내용의 전보를 4월

---

22 고정휴, 「대한민국임시정부 미주지역 독립운동 - 재정문제를 중심으로 - 」, 『대한민국임시정부 수립 80주년기념논문집』 상, 국가보훈처, 1999, 520쪽 재인용.
23 「구미위원부 통신」 제32호(『신한민보』 1921년 10월 20일 및 27일자)(국사편찬위원회, 『대한민국임시정부 자료집』 17, 226~227쪽).
24 「현순→황기환(1921. 4. 1)」, 『The Syngman Rhee Telegrams』 vol IV, 61쪽.

1일자로 다시 보냈다.²⁵ 4월 2일 이승만에게 "300원 전송. 이전 전보 다호 다호"라고 300달러를 보내면서 애절하게 답전을 달라고 요청하였다. 현순이 필라델피아 통신부를 폐지하려고 한다는 것을 알게 된 서재필은 이승만에게 구미위원부 전체 구조가 망가지고 있으니, 현순을 소환하고, 정한경을 해고하라고 전보를 보냈다.²⁶

현순이 3월 20일자로 보낸 전보를 받은 이승만은 매우 당황스러웠을 것임에 틀림이 없다. 왜냐하면, 자신이 분명하게 주미공사관 설립은 안된다고 하였는데도, 공사로 임명해 달라는 협박을 받았기 때문이다. 3월 20일자 전보를 받은 이승만은 3월 23일자로 현순에게 답전을 보냈다. 그가 3월 23일자로 보낸 한글 전보의 내용은 다음과 같다.²⁷

> 23일 답전했소. confirmation 공관일 공전가오. 필라델피아 닫칠 일 제이슨(서재필 – 필자)과 의논하오. 이승만.

위의 전보 내용으로 보아, 이승만은 현순의 3월 20일자 전보를 받고, 매우 위기의식을 느꼈음에 분명하다. 그래서, 주미공사관 설립에 대한 'confirmation' 즉 승인하는 공전이 갈 것이라고 답변을 하고, 필라델피아 통신부를 폐지하는 일은 서재필과 상의를 하라고 하였다. 이를 보아, 이승만은 3월 23일 현순이 요청한 주미공사관 설치를 동의한 것으로 볼 수 있다. 그래서, 이승만은 4월 4일 현순을 전권공사로 임명하고 공사관 설립을 승인하는 다음과 같은 영문전보를 보냈다.²⁸

26 「현순 → Kocoa[이승만]에 보낸 전보(1921. 4. 1)」, 『The Syngman Rhee Telegrams』 vol IV, 62쪽.
26 「서재필 → Kocoa[이승만]에 보낸 전보(1921. 4. 2)」, 『The Syngman Rhee Telegrams』 vol IV, 64쪽.
27 「이승만 → 현순에게 보낸 전보(1921. 4. 4)」, 『The Syngman Rhee Telegrams』 vol IV, 65쪽.
28 「이승만 → 현순에게 보낸 전보(1921. 4. 4)」(『현순자료』, USC 동아시아도서관 소장).

〈영문 전보〉
이것은 당신을 주미 전권공사로 임명함과, 그리고 공사관 설립에 동의함을 공식적으로 확인하는 것입니다. 이승만, 대한민국임시정부 대통령.
(This will officially confirm your appointment as minister plenipotentiary to the United States of America and will approve establishment of legation. Syngman Rhee, President of the Republic of Korea)

이승만은 현순에게 주미공사관 설립에 동의한다는 것을 다시 확인하고, 또 자신이 미국으로 갈 수 있는 여행경비를 보내달라는 내용의 한글전보와 영문전보를 다음과 같이 보냈다.

〈한글 전보〉
(3월 – 필자) 24일에 답전하오. confirmation. 공관일 공준하오. 필라델피아 닫치일 제이슨(서재필 – 필자)과 의논하오. 비밀운동비 있어야 노국(露國)에 사람 보내겠소. 내 여비도 보내오. 비밀히 안하면 못가오. 여행권 얻을 수 있으면, 전보로 알려주오. 임병직 도미하면 일백원 곧 주시오.[29]

〈영문 전보〉
3월 24일자 당신의 전보에 동의하오. 이것으로 공사관 설립에 대한 공식적으로 확인하는 것임. 필라델피아 사무소 폐지는 제이슨(서재필 – 필자)과 협의하시오. 러시아에 사람을 보내기 위한 특별 자금이 필요하오. 나의 여행경비를 비밀리에 보내시오. 아니면, 내가 여기를 떠나는 것이 불가능하게 될 것이오. 당신이 나를 위해 비밀리에 여권을 만들 수 있다면, 전보로 나에게 알려주시오. 임병직이 미국

---

29 「이승만 → 현순에게 보낸 전보(1921. 4. 4)」(『현순자료』, USC 동아시아도서관 소장).

에 도착하면 100달러를 지불하시오. 이승만.[30]

이승만이 주미공사관 설립을 찬성한다는 내용의 전보들은 현재 「현순자료」로 미국 남가주대학(USC) 동아시아도서관에 소장되어 있는 것을 필자가 확인하였다. 이승만이 현순에게 보낸 1921년 4월 4일자 전보를 보지 못한 기존의 연구에서는, 이승만이 현순의 전보를 받고 공사관 설립 계획을 승인하는 듯한 답전을 보냈다가 곧 취소하였다고 하였다고 추측하고 있다.[31] 4월 4일자 전보로 임시정부 대통령 이승만이 현순을 주미공사관의 전권공사로 임명하고, 공사관 설립에 찬동한다는 의사를 공식적으로 표명하였다는 것이 확인된다. 4월 4일자 전보를 받은 현순은 이승만에 대한 고마움으로 매우 감격을 하고 있었다. 그래서, 곧 바로 상하이의 이승만에게 다음과 같은 내용의 답전을 보냈다.

〈한글 전보〉

confirmation 전보 왔소. 공관 설립하오. 필라델피아 런던 일 다 중지하오. 노국(露國) 일 당신 도미 후 하오. 중국 여행권 가지고 하와이로 먼저 오시오. 아무일 없소. 무서마오. 일천원 여비 전송. 부족하면 전보하오. Koric.

〈영문 번역〉

전보로 확인 받았습니다. 필라델피아와 런던 사무소는 중지하라고 지시하였습니다. 당신이 미국에 도착한 후, 러시아에 외교관 파견 검토하십시오. 중국 여권으로 하와이로 먼저 오십시오. 위험은 없습니다. 여행 비용으로 당신에게 1,000달러를 송금합니다. 만약에 부족하면 연락하십시오. 구미위원부.

30 「이승만 → 현순에게 보낸 전보(1921. 4. 4)」(『현순자료』, USC 동아시아도서관 소장).
31 고정휴, 『이승만과 한국독립운동』, 131쪽.

전권공사 임명과 공사관 설립 승인 전보를 받은 현순은, 이승만에 대한 고마움에 미국으로 올 수 있는 여비와 모든 것을 다 보장한다고 하였다. 이와 같이 이승만은 현순의 주미공사관 설립 요구사항을 들어주었던 것이다. 3월 16일자 전보에서 이승만은 공사관 설립에 분명히 반대를 하였지만, 3월 20일자 현순의 전보를 받고는 자신의 생각을 바꾸었다. 그리고 4월 4일에는 전권공사 임명과 공사관 설립을 승인해 주었다. 왜 이승만은 생각을 바꾸게 된 것일까. 3월 20일자 현순의 협박성 전보 때문일 수도 있다. 그렇지만, 이승만도 언젠가는 미국 워싱턴에 대한민국임시정부의 정식 주미공사관을 설립하는 것을 분명히 염두에 두고 있었던 것같다. 그래서, 그가 중국 상하이로 가기 전에, 자신이 직접 서명하고 인장이 찍힌 '현순의 전권특명공사 임명장'을 만들어 두었던 것이다. 물론 주미공사관 설립 시기에 대해서는 아무 것도 결정된 바가 없었다. 그런데, 현순이 미국인 조지 스턴과 협의하여 공사관 설립에 아무런 문제가 없다고 하니 일단 찬동을 하였다.

4월 4일자 이승만의 전보를 받은 현순은 아마도 주변의 모든 사람들에게 알렸을 것이다. 가깝게는 법률고문 돌프, 서재필, 정한경 등 구미위원부와 관련된 인사들에게 분명하게 이승만의 메시지를 전하였음에 틀림이 없다. 이승만의 승인 전보를 받은 다음날 현순은 주미공사관 설립을 위해 이승만에게, "공관 설립하오. 필라델피아, 런던 일 다 정지하오"라고 전보를 보냈다.[32] 그런데, 같은날 이승만은 서재필에게 "필라델피아 일 정지하지 마시오"라는 전보를 보냈고,[33] 4월 7일 돌프에게도 "필라델피아와 런던 일을 중단하지 마오. 우리가 현재 공사관을 설립해야만 할지" 조언을 달라고 하였다.[34] 이승만은 현순에게 주미공사관 설립을 승인한다고 하면서, 또 서재필과 돌프에게

---

[32] 「현순 → Kocoa[이승만]에 보낸 전보(1921. 4. 5)」, 『The Syngman Rhee Telegrams』 vol Ⅳ, 68쪽.
[33] 「이승만 → 서재필에게 보낸 전보(1921. 4. 5)」, 『The Syngman Rhee Telegrams』 vol Ⅳ, 67쪽.
[34] 「이승만 → Dolph에게 보낸 전보(1921. 4. 7)」, 『The Syngman Rhee Telegrams』 vol Ⅳ, 72쪽.

는 필라델피아 통신부와 런던사무소 사업을 중단하지 말라고 지시를 하고 있다. 이렇게 되자, 현순은 이승만에게 "돌프에 필라델피아 계속하라 전보한 일 할 수 없소"라고 반발하였다.

서재필과 돌프에게 전보한 내용으로 보아, 이승만은 주미공사관을 하고 싶은 생각도 있지만, 그렇다고 필라델피아 통신부와 런던사무소를 폐지하고 싶지도 않았던 것같다. 이때까지도 이승만은 주미공사관 설치와 필라델피아·런던사무소 사업 두 가지 생각을 함께 가지고 있었다. 그런데, 이승만은 4월 7일 주미공사관 설립을 중지시키게 된다. 다음은 4월 7일 이승만이 구미위원부에 보낸 한글 전보이다.[35]

공사와 공관일 국무원이 불찬(不贊)이오. 공사는 급할 때 내 명으로 시행하오. Kopogo(임시정부 – 필자)서 confirm 아니했소. 필라델피아, 런던일 중지마오, 형(兄)에게 담책(擔責)되리다. Kopoko 경비로 1천원 보내오. 아조 시급. 이승만.

이승만은 공사관 설립을 찬동하지만, 임시정부의 국무원에서 반대한다는 것이다. 그래서 자신은 찬성을 하지만, 임시정부에서 반대하기 때문에 어쩔 수 없이 승인을 취소할 수밖에 없다고 하였다. 그리고 '임명장'은 급할 때 사용하라고 미리 만들어 둔 것이라고 하였다. 그와 더불어 필라델피아와 런던사무소는 계속 일을 하라고 하였다. 그러면서, 마지막에 "형에게 담책되리다"라고 하여, 만일 주미공사관을 설립하면 모든 책임은 현순이 져야만 한다고 확실하게 못을 박았다. 이승만은 위의 전보를 현순에게 전보를 보내고, 또 서재필에게도 "공사관 설립은 내가 불찬성"한다고 분명하게 말하였다.[36]

이승만의 전보를 받은 현순은 너무나 황당하였다. 사흘 전에는 주미공사

35 「이승만 → Koric에게 보낸 전보(1921. 4. 7)」, 『The Syngman Rhee Telegrams』 vol IV, 74쪽.
36 「이승만 → 서재필에게 보낸 전보(1921. 4. 7)」, 『The Syngman Rhee Telegrams』 vol IV, 76쪽.

관 설립에 찬동한다고 하고, 바로 반대를 하니 분노가 머리 끝까지 치밀었다. 그래서, 4월 9일 임시정부에 다음과 같은 내용의 전보를 보냈다.[37]

> 당신들 정말로 일 안하오. 쌈질만 함으로 돈 안들어오. 공사 수임한 것, 공관 설립한 일, Kopogo(임시정부 – 필자)에서 속히 confirmation 전보하면 돈 빚두두 보내리다. 오해마오. 공사를 광고 않소. 외교 준비 목적이오. 필라델피아, 런던 닫치고 Kopogo 매삭에 돈 좀 더 보내겠소. 제이슨(서재필 – 필자) 믿지 마오. 돈만 아오. 황(황기환 – 필자) 믿지 마오. 하는 일 없이 돈만 요구. 내 말 믿지 않고 시행하면 정부, 위원부 다 없어지오. 대통령 사사로 내정일 제이슨·돌프에게 전보질 못하게 하오. 현순.

이승만의 4월 7일자 전보에 의하면, 임시정부의 국무원에서 주미공사관 설립을 반대하기 때문에 어쩔 수 없이 찬성할 수 없다는 것이다. 그래서 현순은 주미공사관을 설립하지 못한 책임이 임시정부에 있다고 보고, 임시정부에 대해 불만을 토로하고, 현재 필라델피아 통신부와 런던사무소를 폐지하고 그 비용으로 임시정부에 자금을 보낼 것을 약속하고, 또 서재필·황기환·돌프에 대해서도 비난을 하고 있다.

주미공사관 설립이 좌절되자, 함께 이 일을 주도하였던 미국인 조지 스턴도 크게 실망을 하게 되었다. 그래서, 그는 4월 9일 임시의정원 의장 손정도에게 전보를 보내, 주미공사관 설립을 승인하고 현순을 전권공사로 임명해 달라고 청하였다.[38] 이 전보를 받은 이승만은 조지 스턴에게 "지금은 시기가 좋지 않기 때문에 기다려야만 합니다. 만약 고집하면 그를 떠나게 해야만 합

---

37 「현순 → Kopogo[임시정부]에 보낸 전보(1921. 4. 9)」, 『The Syngman Rhee Telegrams』 vol IV, 83쪽.

38 「George Stearn → 손정도에게 보낸 전보(1921. 4. 9)」, 『The Syngman Rhee Telegrams』 vol IV, 84쪽.

니다. 그에게 실수를 하지 않도록 해주십시오"라고 전보를 보냈다.[39] 그렇지만 현순은 공사관 설립이 되지 못한 것이, 모두 서재필과 돌프가 대통령 이승만에게 전보를 하여 그의 생각을 바뀌게 하였다고 판단하였다. 그래서 임시정부로 하여금 이승만이 서재필과 돌프에게 직접 전보하지 말라고 충고하였다.[40] 또한 찰스 니콜스(Charles Nichols)라는 미국인도 이승만에게 주미공사관 설립을 승인해 줄 것을 요청하는 전보를 보냈다.[41]

4월 7일자 이승만의 전보를 받은 현순은 미국인 친구들과 의논을 계속한 것같다. 그러자 조지 스턴을 비롯한 미국인들은 현순에게 대통령이 서명한 전권공사 임명장이 있고, 4월 4일자 이승만이 보낸 주미공사관 설립을 승인한다는 전보를 근거로 공사관 설립을 추진할 것을 주장하였다. 그러자 이승만은 4월 10일자로 현순에게 다음과 같은 한글전보를 보냈다.

> 형(兄)을 믿난데 이렇게 할 수 없소. instruction대로 아니하면 해임할 수밖에 없소. 심량(深量) 후(後) 곧 전보. 이승만.[42]

이승만은 앞의 4월 7일자 전보를 통해 주미공사관 설립을 중지시켰으나, 현순이 계속 이것을 추진하고 있기 때문에 지시에 따르지 않으면 해임하겠다는 경고성 전보를 보냈던 것이다. 그럼에도 불구하고 현순은 4월 11일 하와이 국민회 총회장 이종관에게 주미공사관을 설립할 것이니, 무슨 돈이던지 속히 보내라고 전보를 보냈다.[43] 이승만은 4월 12일에도 "내 말대로 작정

---

39 「이승만 → George Stern에게 보낸 전보(1921. 4. 12)」(『현순자료』, USC 동아시아도서관 소장).
40 「구미위원부 → 이승만에게 보낸 전보(1921. 4. 10)」, 『The Syngman Rhee Telegrams』 vol IV, 85쪽.
41 「Charles Nichols → Kocoa[이승만]에 보낸 전보(1921. 4. 11)」, 『The Syngman Rhee Telegrams』 vol IV, 87쪽.
42 「이승만 → 현순에게 보낸 전보(1921. 4. 10)」(『현순자료』, USC 동아시아도서관 소장).
43 「현순 → 이종관에게 보낸 전보(1921. 4. 11)」, 『The Syngman Rhee Telegrams』 vol IV, 90쪽.

후 곧 알게 하오. 불연(不然)이면 해임 공보"라는 전보를 보냈다.⁴⁴

조지 스턴 등 미국인들의 권고를 받은 현순은 4월 14일 한국 워싱턴 DC 매사추세츠 애비뉴 1325번지에 주미공사관을 설치하였다. 그날 오후 8시 구미위원부에서는 제26차 통상회의가 개최되었다. 이날 회의에는 위원장 현순, 위원 정한경, 사무원 이용직이 있었고, 남궁염·김장호가 방청을 하였다. 이 회의에서 현순은 자신이 전권공사로 임명되었기 때문에, 공사가 있어야 할 곳이 필요해서 공사관을 설립하였다. 그리고 공사관 건물은 매월 300달러로 계약을 하였다고 하였다. 그런데, 정한경이 반대할 것을 예상하고, 그에게 알리지 않고 구미위원부의 재정을 사용하였다고 말하였다.

정한경은 현순에게 누구의 명령과 권리로 주미공사관을 설립하였냐고 추궁하였다. 이에 대해 현순은 설립 근거는 대통령이 어느 때던지 기회 있는 대로 쓰라고 만들어 둔 '전권공사 임명장'이라고 하였다. 그러자 정한경은 그 임명장은 "미국이 한국독립을 꼭 승인할 기회가 온 때에 쓰라고 법률고문 돌 프씨에게 맡겨 둔 것"이라고 하였다.⁴⁵ 김규식 구미위원장 때도 그의 이름으로 임명장을 만들어 두었다고 하였다. 정한경은 현순이 주미공사관 설립을 위해 구미위원부 재정 1천 달러를 위원회의 가결없이 사용한 것은 위법이라고 하면서 자신은 결단코 반대한다고 하였다. 이날 통상회의에서 두 사람의 날 선 대립이 있었으나 결론을 내지 못하였다. 그래서, 대통령과 임시정부에 전보를 하여, 명령을 기다리기로 하고 이날 회의는 폐회되었다.⁴⁶

주미공사관을 설치한 다음날인 4월 15일 현순은 이승만 대통령과 임시정부 내각원에 다음과 같은 한글 전보를 보냈다.⁴⁷

---

44 「이승만 → 현순에게 보낸 전보(1921. 4. 12)」(『현순자료』, USC 동아시아도서관 소장).
45 「현순씨의 공관 설립 시작과 결국」, 『구미위원부 통신』 제29호(1921. 6. 16·23)(『대한민국임시정부 자료집』 17, 216쪽 所收).
46 「현순씨의 공관 설립 시작과 결국」, 『구미위원부 통신』 제29호(1921. 6. 16·23)(『대한민국임시정부 자료집』 17, 216~217쪽 所收).
47 「현순 → 대통령, 내각원에 보낸 전보(1921. 4. 15)」, 『The Syngman Rhee Telegrams』 vol IV,

공관은 대통령 신임장과 4월 4일 confimation 공준(公準)에 의지하야 4월 14일에 설립하고 한인에게 공포하오. 미국정부 통지하기 준비하오. 런던, 필라델피아, 하와이에서 돈 오면 계속하기 힘쓰겠소. 당신은 급히 오셔야 일도 계속. 이왕 설립한 것을 그대로 하야 일 잘되오. 위원부 사무소는 공관에 두겠소. 만일 Kopogo(임시정부 - 필자)와 대통령 승인이면 정(한경 - 필자) 위원도 합력한다 하오. 이 전보를 믿으시오. 현순.

현순은 4월 4일자 이승만의 주미공사관 설치를 찬동하는 전보를 'confirmation 공준'으로 인정하고, 이에 의거하여 4월 14일 공사관을 설립하고 한인들에게 공포하고, 미국정부에 정식으로 통지할 준비를 하고 있다고 하였다. 이승만이 필라델피아 통신부와 런던사무소 사업을 계속하기를 원하면, 하와이 국민회로부터 돈을 받아 지속하겠으며, 주미공사관 설립을 대통령과 임시정부가 승인하면 정한경도 따른다고 말하였다고 한다. 그리고 현순은 4월 15일 샌프란시스코에 있는 신한민보사에 대통령의 승인을 받아 워싱턴에 주미공사관을 설치하였다는 것을 알렸다.[48] 그런데 주미공사관이 설치되자, 이른바 '친구들(friends)'은 현순이 공사관을 설립하였다는 사실을 이승만에게 바로 알렸다.[49] 정한경은 4월 15일 이승만 대통령, 임시정부 내각원에 다음과 같은 한글 전보를 보냈다.[50]

현(순)이 공관 설립하였소. 인정합니까. 나는 찬성 아니하오. 현(순) 공사가 공관 경비 달라하오. 위원부에서 지출하리까. 가부간 지시하오. 공관을 설립해도 위원

97쪽;「현순 → 대통령, 내각원에 보낸 전보(1921. 4. 15)」(『현순자료』, USC 동아시아도서관 소장).
48 『신한민보』 1921년 4월 21일자, 「위원부는 공사관됨」.
49 「Friend → 이승만에게 보낸 전보(1921. 4. 14)」, 『The Syngman Rhee Telegrams』 vol IV, 93쪽.
50 「정한경 → 대통령, 내각원에 보낸 전보(1921. 4. 15)」, 『The Syngman Rhee Telegrams』 vol IV, 95쪽.

부 사무소는 따로 어찌 하야하겠소. 이대로 전보하오. 제3위원 속히 선(選)하오. 아니하면 만사 와해. 대통령 속히 도미. 사세 위급. 공관 설립과 유지를 정부와 대통령 승인하면 나는 순종. 즉답. 구미위원부 위원 정한경.

정한경은 이승만이 4월 4일자로 공사관 설립에 동의한 전보를 분명히 보았다는 것을 알 수 있다. 그리고 4월 7일자 공사관 설립을 반대하는 전보도 보았다. 그래서, 이승만의 진정한 의도와 임시정부의 정확한 결정이 무엇인가를 알고자 하였던 것이다. 만일, 대통령과 임시정부가 공사관 설립을 승인한다면, 자신은 반대하지만 따를 수밖에 없다는 뜻도 함께 알렸다. 주미공사관 설립 문제로 구미위원부에서는 현순과 정한경이 날카롭게 대립을 하고 있었다. 왜냐하면 공사관의 설립에 필요한 예산은 구미위원부의 자금을 사용하지 않을 수 없기 때문이다. 그런데 재정문제는 정한경이 가지고 있었기 때문에, 현순은 공사관 설립에 필요한 자금을 정한경에게 달라고 하였다. 이에 대해 위의 전보에서 대통령에게 질의를 하고 있다. 그렇지만 현순은 4월 4일 전보에 의거하여 정한경에게 구미위원부의 자금을 달라고 강력하게 요구하자, 정한경도 어쩔 수 없이 현순에게 돈을 내주었던 것이다. 그러자, 4월 16일 법률고문 돌프는 이승만에게 전보를 하여 자신이 보관하고 있었던 '임명장'을 현순이 가지고 갔고, 전권공사라고 자임하면서 정한경으로부터 자금을 가지고 갔다고 하였다.[51] 현순과 정한경 두 사람의 갈등과 대립에 대해 위의 '친구들(friends)'은 이승만에게 그같은 사실을 다음과 같은 한글 전보를 보냈다.[52]

---

51 「Dolph → Kocoa[이승만]에 보낸 전보(1921. 4. 16)」, 『The Syngman Rhee Telegrams』 vol Ⅳ, 101쪽.
52 「Friend → 이승만[Kocoa]에 보낸 전보(1921. 4. 16)」, 『The Syngman Rhee Telegrams』 vol Ⅳ, 100쪽.

공관일 두 위원 싸움하기에 대사 위태. 공사장 환수하고 위원들 사면케 하오. 제이슨(서재필 – 필자) 믿지 마시오. 친구들(Friends).

주미공사관을 설립한 현순은 정한경에게 구미위원부의 돈을 달라고 했고, 결국 필요한 자금을 가지고 갔다. 이승만은 4월 17일 구미위원부로 보낸 전보에서 "공관비 지출마오"라고 지시를 하였고,[53] 현순에게도 "허락없이 공관 왜 했소. 사직하시오"라고 강력하게 명령을 내렸다.[54] 정한경은 이승만에게 현순이 구미위원부 돈 1천 달러를 가지고 갔다는 것을 알렸다.[55] 그러자 이승만은 4월 18일 현순에게 다음과 같은 한글 전보를 보냈다.[56]

당신의 위원(구미위원부 위원 – 필자) 해임. 공사 위임 취소하니 사무와 재정 제이슨(서재필 – 필자)께 전장하오. 위임장은 급할 때 쓰라는 것이오. 공관 하란 말 없었소. 4월 4일 전보도 공전 기다리라는 것이오. 공관일 허락 없소. 4월 9일 Kopogo(임시정부 – 필자)에 보낸 전보도 대실수. 돌프의 신임장 도로 주시오. 대통령 이승만.

이승만은 이와 같은 전보를 통해 구미위원장 현순을 해임하고, 서재필을 구미위원부 위원장으로 임명을 하였다. 그런데, 4월 4일자로 이승만이 현순에게 보낸 전보는 주미공사관 설립을 승인한 것이 아니라 '공전 기다리라는

---

53 「이승만 → Koric에 보낸 전보(1921. 4. 17)」, 『The Syngman Rhee Telegrams』 vol Ⅳ, 102쪽.
54 「이승만 → Koric에게 보낸 전보(1921. 4. 17)」, 『The Syngman Rhee Telegrams』 vol Ⅳ, 103쪽; 「이승만 → 현슌에게 보낸 전보(1921. 4. 17)」(『현순자료』, USC 동아시아도서관 소장).
55 「정한경 → 이승만에게 보낸 전보(1921. 4. 17)」, 『The Syngman Rhee Telegrams』 vol Ⅳ, 109쪽.
56 「이승만 → 현순에게 보낸 전보(1921. 4. 18)」, 『The Syngman Rhee Telegrams』 vol Ⅳ, 106쪽.

것'이라고 변명하였다. 앞에서 본 바와 같이, 이승만은 4월 4일자로 현순과 구미위원부에 공사관 설립에 동의한다는 전보를 보냈다. 그래서 현순은 화가 나서 4월 9일자로 임시정부를 맹비난하는 전보를 보냈던 것인데, 이에 대해 이승만은 이러한 전보도 '대실수'라고 현순을 책망하였다. 이승만은 현순의 해임과 동시에 서재필을 구미위원장에 임명한 영문전보를 서재필에게 보냈다.[57] 그런데 그가 보낸 영문 전보는 『구미위원부 통신』 제29호(1921. 6. 16·23)에 한글로 번역되어 실렸기 때문에, 여기서는 이것을 인용하였다.[58]

> 서재필 필라델피아. 당신으로 임시 위원장 택정하니 워싱턴으로 곧 가서 공사관 닫고 나의 명령 좇아 위원부 일 정돈하오. 현순 파면시켰소. 위원 정한경과 법률고문 돌프가 당신과 협동할 터이오. 공식 보고하오. 대통령 이승만.

이승만은 서재필을 임시 구미위원장으로 임명하고, 돌프에게 그를 도와 재정을 회복하라는 전보를 보냈다.[59] 4월 18일 이승만과 국무총리 대리 이동녕으로부터 현순의 잘못을 확인하고, 또 그의 공사 임명장을 취소하는 공문을 보냈다.[60] 대통령 이승만으로부터 구미위원장 해임과 공사 위임 취소 전보를 받은 현순은, 4월 18일 이승만에게 "이왕 설립한 것을 그대로 하야 일 잘되오. 위원부 사무소는 공관내에 두겠소. 만일 Kopogo와 대통령 승인이면 정(한경 – 필자) 위원도 합류 한다 하오. 이 전보를 믿으시오"라고 전보를 하였다.[61] 그리고는 4월 18일 이후부터 '대한민국 대사'라고 자칭하고 미국

---

57 「이승만 → 서재필에게 보낸 전보(1921. 4. 18)」, 『The Syngman Rhee Telegrams』 vol IV, 105쪽.
58 「현순씨의 공관 설립 시작과 결국」, 『구미위원부 통신』 제29호(1921. 6. 16·23)(『대한민국임시정부 자료집』 17, 217쪽 所收).
59 「이승만 → Dolph에게 보낸 전보(1921. 4. 18)」, 『The Syngman Rhee Telegrams』 vol IV, 108쪽.
60 「서재필, 돌프 → 대한인국민회에 보낸 전보(1921. 5. 27)」, 『The Syngman Rhee Telegrams』 vol IV, 139쪽.

국무부와 상·하의원 500여 명에게 통첩을 보냈다.[62]

4월 18일 전보에서 공관을 계속하겠다는 전보를 보낸 다음날인 4월 19일 현순은, 자신을 해임한 이승만에게 강하게 반발하면서 "4월 18일 미국 외무경, 상의원 회원에게 독립 승인을 강경히 요구하였소. 나는 이천만 위하야 죽기로 작정"하였다는 군건한 의지를 담은 전보를 보냈다.[63] 그리고 이같은 내용의 전보는 『구미위원부 통신』제29호에 다음과 같이 실렸다.[64]

> **나라와 2천 만을 위하야 해임 안 받소. 나는 33인 대표자됨을 생각할 것이오. 서재필과 돌프는 외국인인 고로 내가 죽어도 외교 안 맡기오. 당신 전보 받기 전에 외교 시작하였으니 대통령이라도 고치면 대역부도(大逆不道). 현순. 워싱턴. 4월 19일.(현순씨는 이날 항거를 선언한 후로부터 스스로 전권공사라 칭함)**

현순이 이승만의 해임에 항거하는 이유는 자신이 나라와 민족을 위해 공사관을 설립하였으며, 자신이 3·1독립선언의 주역이었고, 서재필과 돌프는 미국인이기 때문에 외교를 맡길 수가 없다는 것이다. 그리고, 대통령의 해임 전보를 받기 전에 외교활동을 시작하였기 때문에, 대통령도 그것을 고칠 수 없다고 하였다. 새로 구미위원장에 임명된 서재필은 4월 21일 현순이 구미위원장에 해임되었다는 사실을 신한민보사에 알렸다.[65] 대한민국임시정부에서는 4월 24일자로 현순을 구미위원장에서 면직하고, 서재필을 신임 위원

---

61 「현순 → 이승만에게 보낸 전보(1921. 4. 18)」, 『The Syngman Rhee Telegrams』 vol IV, 107쪽.
62 『大韓民國大使館公報』제2호(1921. 5. 12), 『우남이승만문서(동문편)』11, 1998, 528쪽; 국회도서관, 『韓國民族運動史料(3·1 운동편)』1, 1979, 543쪽.
63 「현순 → 이승만에게 보낸 전보(1921. 4. 19)」(『현순자료』, USC 농아시아노서관 소장).
64 「현순씨의 공관 설립 시작과 결국」, 『구미위원부 통신』제29호(1921. 6. 16·23)(『대한민국임시정부 자료집』17, 217쪽 所收).
65 『신한민보』1921년 4월 28일자, 「구미위원부 또 변경」.

장으로 선정하였다.[66] 신임 구미위원장 서재필은 돌프의 도움을 받아, 위원부를 장악하고 4월 20일자로 이승만에게 영문 전보를 보냈는데,[67] 이는 앞의 『구미위원부 통신』 제29호에 다음과 같이 한글로 번역 게재되었다.[68]

> 대통령 이승만. 상해. 서재필·정한경 양인이 위원부 재정을 다 정돈하였으나 현순이 은취(隱取)한 돈 1천 1백원은 아직도 찾지 못하였소. 현(순-필자)이 법률 어기는 일을 많이 하고, 당신의 명령 불복하며 사직도 아니 한다 하오. 사직하라는 전보 받은 후에 자기가 전권공사라고 미국 국무원에 편지하였소. 법률상으로 조처하여야 하겠소. 서재필·돌프 워싱턴, 4월 20일.

현순은 이승만의 해임 통고에 불복하고 구미위원장 사직을 하지 않고, 미국 국무부에 자신이 전권공사가 되었다는 것을 통보하였다는 것을 알 수 있다. 이같이 현순은 주미공사관을 설립하고 전권공사로서 외교활동을 펼치고 있었다. 현순은 이승만에게 4월 21일 "영향력 있는 미국인, 한국 기관과 사람들은 나를 지지하고, 제이슨과 돌프·정한경을 지지하지는 않는다. 제이슨, 돌프, 정한경은 조국에 반역자로서 처벌을 받은 여러 이유가 있다"라는 영문전보를 보냈다.[69] 현순은 4월 23일자로 다시 이승만에게 영문으로 전보를 보내, 자신은 대통령의 서명과 인장이 있는 임명장을 받았기 때문에, 어떤 명령이나 전보도 취소할 수 없다고 하면서 크게 반발하고 있다.[70] 이승만이 구미위원부에 보낸 영문전보는 앞의 『구미위원부 통신』 제29호에 다음과 같

---

66 「臨時大統領函」 제4호(1921. 4. 24), 『우남이승만문서(동문편)』 9, 36~37쪽.
67 「서재필, 돌프 → 이승만[Kocoa]에 보낸 전보(1921. 4. 20)」, 『The Syngman Rhee Telegrams』 vol IV, 117쪽.
68 「현순씨의 공관 설립 시작과 결국」, 217쪽.
69 「현순 → 이승만에게 보낸 전보(1921. 4. 21)」(『현순자료』, USC 동아시아도서관 소장).
70 「현순 → 이승만에게 보낸 전보(1921. 4. 23)」, 『The Syngman Rhee Telegrams』 vol IV, 124쪽.

이 한글로 번역되어 실렸다.[71]

구미위원부. 워싱턴. 돈찾고 미국에 해임장과 임명장 다 보내였소. 현순 전보의 말이 서명한 임명장 가졌으니 미국법에 권리 양여치 아니 할지며, 뽀엘을 법률고문으로 고빙한다 하오. 원동정부와 미·포·묵에 있는 동포들이 서재필·돌프·정한경을 후원하겠소. 현(순)과 스턴에게 나의 전보 전하오. 나 전보비 아주 없소. 정부에도 돈 보내오. 이승만.

현순은 주미공사 취소에 반발하여 '뽀엘'이라는 법률고문을 고용하여 이승만에 대항하고 있었다. 현순이 고용한 법률고문은 '뽀엘'이 아니라, 실상은 보일(G. L. Boyle)이다.[72] 현순이 가지고 있는 대통령의 서명과 인장이 찍힌 임명장이 합법적임을 증명하기 위해 보일 장군의 법률 자문을 받았다. 그리고 그는 주미공사관의 전권공사라고 미국 국무부에 편지를 보냈다.[73] 그러자 구미위원부에서는 현순이 불법을 저질렀기 때문에 법률상 조치를 취하라고 이승만에게 요청하였다.[74] 서재필은 임시정부로부터 면직된 관원인 현순이 감히 한국정부를 대표하여 미국 국무부에 글을 보낸 것은 위법한 행위를 하는 것이라고 주장하였다.[75] 그렇지만, 이승만은 다음과 같이 답변을 하였다.[76]

---

71 「하와이 국민회 해전 약호를 가지고 위협 전보」, 『구미위원부 통신』 제29호(1921. 6. 16·23) (『대한민국임시정부 자료집』 17, 217쪽 所收).
72 『현순자사』 317쪽에는 '뽀엘'이 아니라, '핀켈'이라고 기록하고 있다. 그러나 '핀켈'이 아니라 '보일'임에 틀림이 없다. 보일은 미국 상원의원으로 워싱턴 한국친우회의 회장이었다.
73 「현순씨의 공관 설립 시작과 결국」, 『구미위원부 통신』 제29호(1921. 6. 16·23)(『대한민국임시정부 자료집』 17, 217쪽 所收).
74 「현순씨의 공관 설립 시작과 결국」, 217쪽.
75 「임시정부의 사과하란 전보」, 『구미위원부 통신』 제29호(1921. 6. 16·23)(『대한민국임시정부 자료집』 17, 220쪽 所收).
76 「하와이 국민회 해전 약호를 가지고 위협 전보」, 『구미위원부 통신』 제29호(1921. 6. 16·23)

현(순)과 재판하는 것. 우리 민족에게 수치되오. 거저 두고 미·포·묵 반포하면 자연 물시(勿施). 일에 대해 없겠으면 아직 거저 두는 것이 제일 좋소. 대통령 이승만.

서재필 등 구미위원부측에서는 현순이 불법적으로 자금을 사용하였기 때문에 법률적 책임을 물을 것을 요청하였던 것이다. 그럼에도 불구하고 이승만은 위의 전보 내용과 같이 법률적으로 다투는 것을 피하였다. 왜 이승만은 현순에게 법률적 책임을 묻지 않았던 것일까. 그 이유는 1921년 4월 4일자 전보로 이승만은 분명히 현순의 주미공사관 설립 요청을 승인하였기 때문일 것이다. 사실 현순이 공사관을 설립하게 된 배경은, 이승만이 보낸 4월 4일자 전보가 결정적이라고 할 수 있다. 현순의 주미공사관 설립에 대한 책임의 반 이상은 이승만도 있었다. 따라서 이승만은 구미위원부의 요청에도 불구하고 원만하게 처리할 것을 지시하였던 것이다. 그리고 현순이 강력하게 반발하였지만, 임명권을 가진 대통령 이승만이 공식적으로 해임하고, 전권공사 위임을 취소하였기 때문에 사건이 더 이상 확대되지 않을 것이라는 추측도 있었다고 보인다.

현순은 4월 23일 다시 이승만에게 전보를 보내 새로 구미위원부를 맡은 서재필·정한경·돌프를 '민족반역자'라고 비방하고, 주미공사관 설립은 대통령과 임시정부를 위해 한 것이라고 주장하였다.[77] 현순은 대통령의 해임을 절대 받아들이지 않았고, 이승만의 도미와 관련된 여비를 보낸 것에 대해 임시정부에 알렸고,[78] 이승만은 현순에게 구미위원부 재정을 다 돌려주고 하와

(『대한민국임시정부 자료집』17, 217쪽 所收).

77 「현순 → 이승만에게 보낸 전보(1921. 4. 23)」, 『The Syngman Rhee Telegrams』 vol IV, 124쪽; 「현순 → 이승만에게 보낸 전보(1921. 4. 23)」(『현순자료』, USC 동아시아도서관 소장).

78 「정한경 → 이승만에게 보낸 전보(1921. 4. 23)」, 『The Syngman Rhee Telegrams』 vol IV, 125쪽.

이로 가라고 권고하는 전보를 보냈다.[79] 5월 4일에는 주미대사 겸 구미위원장이라 하면서, 법률고문 돌프와 정한경 양씨에게 "그대 네가 연고 없이 나의 공사 임명장을 위원부에 두고도 몇 달 동안 나에게 알리지 아니한 죄를 인하야 그대 네들을 파면시키노라"는 글을 보냈다.

워싱턴에 정식으로 주미공사관을 설치한 현순은 5월 6일 미국 국무부를 방문하여 한·미 국교 회복을 요청하였다.[80] 『현순자사』에 의하면, 미국 "국무부 장관 찰스 에반스 휴스(Charles Evans Hughes)에게 한국독립의 승인을 공식 요청"하였다고 한다.[81] 그가 휴스 국무장관에게 보낸 문건은 『뉴욕 타임즈』1921년 5월 12일자에 그 내용이 비교적 자세히 실렸다. 이에 따르면 5월 11일 대한민국임시정부와 대통령이 신임하는 문서를 들고 온 현순이 한국 독립을 인정해 달라는 서면 요청을 제출하였다. 그 요청은 한국의 완전한 독립이 미국정부와 대통령에게 공식적으로 인정받고, 또 하딩 대통령이 그러한 취지의 선언을 모든 국가들에게 보낼 것을 요청하였다.[82] 현순은 이 공문에서 '대한민국임시정부 주미대표(the representative in the United States of the provisional government)'라는 직함을 사용하였다. 그는 휴즈 국무장관에게, 미국 대통령 및 정부가 한국의 전면적이고 완전한 독립을 공식적으로 인정할 것, 그와 같은 취지의 선언문을 미국 대통령의 명의로 각국 정부에 보낼 것, 미국정부는 1882년 체결된 양국 간의 조약에 의거하여 한국과의 직접적인 외교적·상업적 관계를 즉시 재개할 것 요구하였다.[83] 그러자 5월

---

79 「이승만 → 현순에게 보낸 전보(1921. 4. 23)」(『현순자료』, USC 동아시아도서관 소장).
80 『대한민국대사관공보』제2호(1921. 5. 12), 『우남이승만문서(동문편)』11, 528쪽; 『韓國民族運動史料(3·1 운동편)』1, 543쪽.
81 『현순자사』, 317쪽.
82 『The New York Times』1921년 5월 12일자, 「Appeal to Hughes to recognize Korea」(국사편찬위원회, 『대한민국임시정부 자료집』41, 2011, 156~158쪽).
83 「美國在留韓人의 獨立運動에 關한 件」(1921. 5. 16); 국회도서관, 『韓國民族運動史料(중국편)』, 1976, 332~333쪽.

14일 임시정부에서는 구미위원부에 전보를 보내, "우리 명령을 따라 현순의 망령된 일을 위하여 미국정부에 사죄하며 현순이 공사와 구미위원 파면된 것을 반포하라"고 명령하였다. 임시정부의 명령을 받은 그날 구미위원부에서는 미국 국무부에 다음과 같은 내용의 전보를 보냈다.[84]

> 폐국인 현순이 귀국 정부에 보낸 글은 폐국 정부의 허락 없이 한 글이라. 폐국 대통령과 정부는 어느 때에던지 귀국 정부로서 공식 승인할 뜻이 있을 때에 비로소 승인을 청할 것이여늘 현순이 이와 같이 무례 망동하였으니 폐국 정부는 이로써 귀국 정부에 향하야 사과하노라. 이제 현순의 행한 일은 모다 파면된 후에 한 일이라. 다른 날 폐국이 귀국과 공식으로 한국 독립 승인을 교섭할 때에 이날 영향이 도모지 없기를 믿고 바라나이다.

구미위원부는 미국정부에 현순의 주미공사관 설립과 전권공사로서의 활동에 대해 사죄하였다. 이에 따라 사실상 현순의 주미공사관 설립과 전권공사로서의 활동은 불가능하게 되었던 것이다. 현순은 마침내 5월 26일자로 이승만에게 사임청원서를 보내고,[85] 워싱턴을 떠나 하와이로 향했다.

---

84 「임시정부의 사과하란 전보」, 『구미위원부 통신』 제29호(1921. 6. 16 · 23)(『대한민국임시정부 자료집』17, 218~219쪽 所收).
85 「사임청원서 등본」, 『우남이승만문서(동문편)』9, 125쪽.

4   주미공사관 설립 관련 논의

1921년 4월 구미위원장 대리 현순이 왜 갑자기 주미공사관을 설립하게 되었는가에 대해 반드시 살펴볼 필요가 있다. 첫 번째는 미국의 새 대통령 하딩이 취임한 뒤에 미일관계가 악화되어 개전할 가능성이 있어, 한국은 이 기회에 미국정부로부터 정식으로 독립승인을 요청해야만 한다고 판단하였다는 것이다. 이에 대한 근거는 앞의 구미위원부 「업무보고」와 현순이 발간한 『대한민국대사관공보』 제2호에 게재된 현순 자신의 글에 잘 나타나고 있다. 우선 「업무보고」에 "미일관계는 얍(Yap) 문제로 (미국)정부 유력자들이 공개연설로 미일전쟁을 선동합니다. 하딩 시정(施政)은 윌슨과 다르게 되겠습니다"라고 하여,[86] 미일전쟁이 발생하기 전에 미국으로부터 독립을 승인받아야만 한다는 것이다. 그리고, 『대한민국대사관공보』 제2호에도, 현순 스스로가 그 이유를 다음과 같이 설명하고 있다.[87]

> 우리 대한 민족이 세계 열방에 독립을 선언하고 임시정부를 설립한 지 3년이 되었으나 아직도 한 나라에서도 독립승인을 받지 못하였는데, 마침 미국 신 대통령 하딩씨 취임 후 미·일의 관계가 점점 험악하여 그 형세는 전쟁을 재촉하난지라, 이 기회를 이용하여 우리는 미국정부에 정식으로 독립 승인을 요구치 않을 수 없음으로, 대통령 이승만 각하께 외교 시급함을 전보로 보고하였더니, 대통령께서 답전하시기를 "벌써 대사(大使) 서임(敍任)한 사령장이 위원부에 있다 하시고 여기

---

86 「업무보고」, 37쪽.
87 『大韓民國大使館公報』 제2호(1921. 5. 12), 『우남이승만문서(동문편)』 11, 528쪽; 국회도서관, 『韓國民族運動史料(3·1 운동편)』 1, 543쪽.

서 주선하니 그곳에서 잘 하라" 하셨기로, 즉시 대사 임명장을 찾아 가지고 또 대통령께 공관 설립할 일을 확인하시라 하였더니 4월 4일에 내도한 대통령 공전에 "공관일 확인한 공전가오. 여비 보내시오. 비밀히 미국에 가겠소" 하신 고로 즉시 답전하기를 "공관 확인하신 공전 받았소. 여비 일천원 보내니 속히 도미하시오."

현순은 자신을 대한민국임시정부의 '주미 대사'라고 칭하고, '대한민국임시정부 대사관(Representative in America of the Provisional Government of the Republic of Korea)'을 매사추세츠 1325번지에 설치하였고, 『대한민국대사관공보』를 발간하였다. 현순이 설립한 '주미공사관'은 한국어로는 '대한민국 대사관'이라고 하였고, 영어로는 '대한민국임시정부의 주미대표(Representative in America of the Provisional Government of the Republic of Korea)'라고 표기하였다. 영문으로 '공사관(legation)'이나 '대사관(embassy)'이라고 하지 않고, '주미대표'라고 한 것은 현실적으로 외교적 문제를 피하기 위해서였을 것이다.

위의 『대한민국대사관공보』 제2호에서 현순은 자신이 주미공사관을 설치한 이유에 대해, 하딩 대통령이 취임하면서 미·일 관계가 악화되는 기회에 미국정부로부터 정식으로 독립을 요구할 절호의 기회라고 말하고 있다. 그가 당시의 국제정세를 위와 같이 판단한 것에 대해, 고정휴 교수는 현순 자신이 인정했듯이 외교에 암매(暗昧)한 데서 비롯된 오판이었다고 하였다. 왜냐하면 하딩 대통령 취임 이후 얍섬 문제로 약간의 외교분쟁이 있었지만 미일전쟁으로 확대될 심각한 상황은 아니었다는 점이다.[88] 현순이 「업무보고」에서 자신이 외교에 '암매'하다고 한 것은 대통령 이승만에게 자세를 낮추어 겸손하게 표현한 것이지 정말로 '암매'하다는 뜻은 아니다. 그리고 고정휴 교수가 현순에 대해 당시 국제정세에 '암매'하였다는 것은 지금에 와서의

---

88 고정휴, 『이승만과 한국독립운동』, 130쪽.

결과론적인 판단이라고 할 수 있다. 하딩이 미국대통령으로 취임할 당시에는 미·일 관계는 좋지 않았다. 미국은 제1차 세계대전 이후 일본에 지나치게 유리해진 동아시아의 세력판도에 균형을 회복시키려고 하였다. 그래서 하딩 대통령은 급속도로 팽창하는 일본의 침략정책을 봉쇄하는 방안을 마련하기 위해 워싱턴회의를 제안하게 되었고, 이 회의에서 일본의 군비를 축소시킴으로써 미·일간 갈등의 소지는 어느 정도 해소되었다. 따라서 현순이 주미공사관 설립을 추진할 당시 미·일 관계가 악화되어 가는 것으로 판단할 충분한 근거가 있었던 것이다.

현순이 주미공사관 설립을 추진하게 된 두 번째 이유는 미주 동포들의 독립운동 자금 모집을 활성화하고, 또 외국인(중국인과 미국인)에게도 공채금을 모집할 기회와 방책이 생길 것으로 기대되기 때문이라고 보았다. 그 근거는 앞의 「업무보고」에서 현순은 "새 일을 시작하면 동포 열심히 다시 분기(奮起)할 터이오. 기외(其外)에 재정의 거액을 모집하랴면 중국인과 미국인에게 공채금을 모집할 기회와 방책이 생기겠습니다"라고 하였다.[89]

아무튼, 현순이 주미공사관을 설립한 이유를, 국제적 정세 변화와 미주 동포의 독립자금 모집 열기를 고취하기 위한 것이었다고 하였다. 물론 이같은 사유도 분명히 있겠지만, 근본적인 이유가 되지 못한다고 보인다. 이승만을 비롯한 대부분의 임시정부 관계자들은 임시정부가 국제사회로부터 승인을 받지 못한 상황에서, 미국 워싱턴에 주미공사관 혹은 주미대사관을 설치하는 것은 아직까지 시기상조라고 보았다. 그래서 미주와 유럽지역의 외교를 전담하고 독립운동 자금을 모을 수 있는 정부의 외교기관으로 구미위원부를 설립하였던 것이다. 그렇지만 언젠가는 구미위원부를 정식 외교활동을 펼칠 수 있는 주미공사관 혹은 주미대사관으로 개편하는 것을 목표로 하고 있었다. 그런데 문제는 미국이 임시정부를 승인하지 않을 것이기 때문에, 결

---

89 「업무보고」, 36쪽.

정적인 기회를 기다려 미국정부의 승인을 받고자 하였다. 현순이 갑자기 주미공사관 설립문제를 들고 나온 것은, 어차피 상하이의 대한민국임시정부도 국제사회로부터 승인을 받지 못했기 때문에, 미국에 임시정부의 정식 외교공관으로 대외적 명칭으로 '대표부'를 설치하는 것도 크게 문제가 되지 않을 것으로 판단하였다. 현순은 침체에 빠진 미주지역에서 독립운동을 활성화시키기 위해, 일단 주미공사관을 설립하면 미·일 간의 악화된 상황을 선제적으로 대응할 수 있다는 것과 독립운동 자금모금을 고취시킬 수 있다는 구상이 있었던 것으로 보아야만 한다.

그리고, 주미공사관 설립문제는 현순만의 '견해'라고 볼 수가 없다. 왜냐하면 1921년 4월 4일 이승만이 현순에게 보낸 전보에서, 분명히 공사관 설립과 전권공사 임명을 승인하고 있기 때문이다. 이승만도 현순의 주미공사관 설립에는 근본적으로 동의하였기 때문에 4월 4일자 전보를 보냈고, 현순은 이에 근거하여 주미공사관을 설립하였던 것이다. 이승만은 한성정부 문건을 받은 이후인 1919년 7월 14일 상하이 임시의정원에 편지를 보내, 워싱턴에 '임시공사관 본부(temporary legation headquarters)'를 개설했으며 '항구적(permanent)'인 공사관 설치를 준비하고 있다고 보고하였다.[90] 이처럼 이승만은 구미위원부를 설치할 당시부터 구미위원부를 '항구적인 공사관'으로 개조해야만 한다는 구상을 가지고 있었다. 그래서 이승만은 김규식이 구미위원장으로 있을 당시에도 그의 명의로 '전권특명공사 임명장'을 만들어 두고 있었고, 중국 상하이로 가기 전에 새로운 임시 위원장 현순을 위해서도 '임명장'을 만들어 법률고문 돌프에게 맡겨 두었던 것이다. 이를 보아, 이승만도 국제적 정세변화나 미국과의 관계가 매우 호전적으로 발전되면, 주미공사관을 설립할 수 있다는 입장을 가지고 있었던 것이다. 1921년 3월 25일자로 이승만이 현순에게 보낸 영문편지에 보면 그의 생각이 어떠하였는지를

---

90 고정휴, 『이승만과 한국독립운동』, 102~103쪽.

정확하게 알 수 있다. 이승만은 현순이 3월 24일자로 보낸 전보를 받았고, 이에 대해 다음과 같은 답신을 보냈다.

> 나는 정한경에게 편지와 전보로 여러 번 모든 일에서 당신(현순 – 필자)에게 협조를 하라고 지시를 했습니다. 나는 그가 나의 지시에 따라 당신을 도울 것을 바랍니다. 공사관의 설립에 관해서, 나는 극히 그것을 좋아합니다. 이같은 제의에 대해 반대할 이유는 없습니다. 그러나 단지 문제는 임시정부가 집세도 내지 못하고, 직원들의 월급도 주지 못하는 재정적으로 압박을 받고 있다는 점입니다. 그래서 임시정부에서는 상하이 밖에서 모든 자금을 구할 여러 방도를 강구하고 있습니다. 내가 생각하기에 구미위원부도 어려운 처지에 놓여있고, 나 또한 고립되어 있으며, 모든 방면으로부터 공격을 받고 있습니다. 그래서, 나는 당신이 현재 밖과 여기의 상황을 잘 이해하리라고 믿습니다. 당신이 가능하다면, 당신 스스로 적당한 특별 자금을 마련하여 공사관을 설립하고, 우리에게 이것의 영향을 알려주면, 그러면 좋겠습니다. 현재 이 문제를 국무원 회의(Cabinet meeting)에 제출할 때는 아닙니다. 만일 내가 그렇게 하면, 그것으로부터 어떤 득실을 가져오리라 기대하는 대신에 일에 악영향만 미칠 것입니다.[91]

이승만은 현순의 공사관 설립을 요구하는 3월 24일자 전보를 받고, 이에 대해 찬성하였던 것이다. 그렇지만 당시 상황에서는 자금이 부족하기 때문에, 현순 스스로 공사관 설립과 운영 자금을 마련하면 고려해 볼 수 있다고 하였다. 그리고 현재 이 문제를 국무원 회의에 제출하면 반드시 반대할 것이기 때문에 의안으로 제출할 수 없다고 하였다. 위와 같이 이승만은 처음부터 주미공사관 설립을 반대한 것은 아니었다.

---

[91] 「Extract from Letter of Dr. Syngman Rhee to me Mr. Hyun, Dated March 25, 1921, Mailed at Shanghai」(『현순자료』, USC 동아시아도서관 소장).

그럼 왜 이승만은 4월 4일 전보에서는 공사관 설립을 허락하고, 4월 7일 에서는 이를 취소했을까 하는 점이다. 이승만은 4월 7일자 전보에서 취소 이 유는 임시정부 '국무원'에서 찬동하지 않기 때문이라고 하였다. 중국에서 이 승만은 계속해서 임시정부와 대립하고 있었기 때문에, 임시정부에서 주미공 사관 설립을 반대하였을 가능성이 있다. 그리고 위의 편지에서 언급된 바와 같이, "현재 이 문제를 국무원 회의에 제출할 때는 아닙니다. 만일 내가 그렇 게 하면, 그것으로부터 어떤 득실을 가져오리라 기대하는 대신에 일에 악영 향만 미칠 것입니다"라고 한 것으로 보아, 이승만은 주미공사관 설립 문제를 국무원 회의에 제출하지 않았을 것으로 판단된다.

이승만이 현순의 공사관 설립 요청을 취소한 이유는, 미국의 서재필과 정 한경·돌프가 이에 절대적으로 반대하기 때문이었다. 이승만은 구미위원장 을 현순으로 임명을 하였지만, 모든 중대사는 서재필과 협의하라고 지시를 하였다. 그만큼 서재필에 대한 신뢰가 대단했다. 그리고 정한경과 돌프도 이 승만에 대해서는 절대적으로 지지하기 때문에, 이 두 사람의 의견은 그에 게 크게 영향력을 미칠 수밖에 없다. 이승만은 현순의 주미공사관 설립에 대 해 근본적으로 동의를 하지만, 서재필과 정한경이 현실적으로 국제적 문제 가 발생할 수 있다는 주장에 의견을 같이하였던 것이다. 그래서 처음에는 현 순의 요청을 허락하였고, 두 번째는 서재필과 정한경의 의견에 따랐던 것이 다. 이는 당시 신형호가 이승만에게 보낸 편지에서도 다음과 같이 비판하고 있다.[92]

일변(一邊)으로는 이박사께서도 책임이 아주 없다 할 수 없습니다. 불호(不好)한 결과가 있을 줄 알고도 인정(人情)에 끌리어 거절치 못하고 금지치도 못하시는 것

---

[92] 「申衡浩(天阿) → 이승만(1921. 4. 21)」, 『이승만 동문 서한집』 중, 연세대학교 출판부, 2009, 362~363쪽.

은 박사의 박애인후(博愛仁厚)하신 천성(天性)에 인(因)하심이매 찬성하올 바이로대, 이는 사정(私情)에 불과(不過)하고 공사(公事)를 주장하는 일이 가(可)하지 아니 하옴있가.

그렇다면, 정한경과 서재필이 주미공사관 설립을 찬성하지 않는 이유에 대해서 살펴볼 필요가 있다. 현순이 주미공사관을 설립에 대해 구미위원부 위원 정한경은 처음부터 반대를 하였다. 그 이유는 아직 공사관을 설립할 시기가 안되었다는 것이다. 그의 논리는 "공관 설립사가 결단코 불가하다는 것은 법률상 관계와 미국정부의 거절은 고사하고 일본이 이 기회를 이용하여 국제상 문제로 우리를 해롭게 할 것"이라고 하였다.[93] 다시 말해, 주미공사관 설립은 미국정부가 거절할 것이고, 일본이 이를 알게 되면 국제문제를 삼아 구미위원부 자체를 위협하게 된다는 것이다.

현순의 공사관 설립을 반대한 서재필의 논리도 국제법상 승인을 받지 못한 나라로 공사를 보내면 공식상 거절을 받는다는 것이다. 주미공사관을 설립하고 전권공사를 임명하면, 반드시 미국의 거절을 당할 것이오. 이를 기화로 일본인의 음해를 받으면, 구미위원부 설립 초기와 같이 항의를 받게 된다. 그러면 구미위원부 설립 때는 그냥 넘어갔지만, 이번에는 반드시 구미위원부까지 없애고자 할 것이다. 이번 현순의 주미공사관 설립 문제는 미국 국무부에서 공식 발표를 하지 않았기 때문에 연합통신사에서 알지 못하여 언론에 공표가 되지 않았다고 하였다. 그러면서, 서재필은 현순의 잘못에 대해 ① 국가 외교의 기밀을 누설한 것, ② 면직 후 국서를 미국 국무부에 보내여 국가의 체면을 욕되게 한 것, ③ 대통령과 정부의 명령을 거역한 것, ④ 구미위원부 재정과 문건을 몰래 가져 간 것, ⑤ 우체체신과 은행거래를 농락하여

93 「현순씨의 공관 설립 시작과 결국」,『구미위원부 통신』제29호(1921. 6. 16·23)(『대한민국임시정부 자료집』17, 216쪽 所收).

정부와 각처 통신기관을 끊으며 금융기관을 막아 놓은 것이라고 지적하였다.[94] 7월 9일자로 신한민보사에 보낸 편지에서도 "총괄적으로 말하자면 현순 씨는 한국민족과 한국정부와 또한 그간 노력하여 이 나라의 동정을 얻은 이에게 수치와 명예 손상을 주었소이다"라고 하였다.[95] 그는 자칭 한국대사라고 하여 임시정부의 법과 규약을 범하였고 국제공법과 외교상 관례도 어겼다고 비난하였다.

그러면, 현순의 주미공사관 설립을 역사적으로 어떻게 평가해야만 하는 것인가 하는 점이다. 고정휴 교수는 "현순의 한국대사관 설립 파동은 대미외교의 주도권과 이에 필요한 자금 관할을 둘러싼 내부 알력에서 촉발된 사건이었고, 현순은 그 경쟁에서 밀려났던 것"이라고 하였다.[96] 이 사건이 구미위원부 내부의 세력과 '금전' 문제라는 평가의 근거 자료는, 1921년 7월 1일 조선총독부 경무국장이 외무차관에게 보낸 일제의 정보자료에 의거하고 있다.[97] 이처럼 이 사건은 구미위원부 내부적으로 주도권과 자금 관할권이 문제가 있었다는 것은 부인할 수는 없다. 그렇지만, 현순이 주미공사관을 설립한 근본 이유는 첫 번째로 미국과 일본의 충돌로 양국 간의 관계가 악화되고 또 하딩 대통령이 취임하면서 아시아·태평양지역에서 일본의 세력 팽창을 억제하려는 정책을 실시하게 될 것이라는 전망이 있었기 때문이다. 미국이 일본을 견제하고 또 나아가 미·일 간의 상황이 나빠질 것이라는 예상을 가지고, 미국정부에 대해 한국의 독립 승인을 강력하게 요청하고 그에 적극 대응하려는 수단으로 '주미 대표부'를 설립하려고 하였던 것이다. 두 번째로

---

[94] 「임시정부의 사과하란 전보」, 『구미위원부 통신』 제29호(1921. 6. 16·23)(『대한민국임시정부 자료집』17, 220~221쪽 所收).
[95] 『신한민보』 1921년 7월 21일자, 「현씨사에 대한 서박사의 편지」.
[96] 고정휴, 『3·1운동과 임시정부 수립의 숨은 주역 현순』, 114쪽.
[97] 「조선총독부 경무국장 → 외무차관(1921. 7. 1)」, 국회도서관, 『韓國民族運動史料(중국편)』, 1976, 333~334쪽.

는 당시 침체되어 있던 구미위원부와 미주지역에서 독립운동 자금 모금을 획기적으로 확대시킬 수 있는 새로운 전략으로, 지금까지와는 다른 적극적으로 대미외교를 펼칠 수 있는 '주미공사관 설립'이라는 카드를 들고 나왔던 것이다.

현순은 미국의 일본에 대한 세력 억제정책이라는 국제적 정세변화에 선제적으로 대응하려는 목적과 또 독립운동 자금 모집을 고취시킬 수 있는 새로운 방략으로 주미공사관 설립을 추진하게 되었다. 그래서 임시정부 대통령 이승만의 승인이 필요하였고, 그에 대한 승인을 요청하여 1921년 4월 4일자 이승만의 전보를 근거로 주미공사관 설립을 하게 되었다. 그렇지만 이승만의 승인 취소와 구미위원부 내부의 반발에 인해, 현순의 주미공사관 설립은 하나의 해프닝으로 끝나고 말았던 것이다.

5 맺음말

우리 민족은 1919년 3월 1일 독립국임과 자주민임을 선언하고 중국 상하이에 한국민족을 대표하는 대한민국임시정부를 성립시켰다. 현순은 3·1운동이 일어나기 전 국내에서 거족적인 독립운동이 일어날 것이라는 사실을 국외 동포와 열강들에게 알리는 외교 임무를 띠고 중국에 파견되었다. 그는 상하이에서 국내외에서 모인 독립운동가들과 함께 대한민국임시정부를 성립시켰고, 여러 지역에서 발표된 정부들을 통합시켜 임시정부를 한국민의 대표기관이자 국내외 독립운동을 총괄 지도하는 최고기관으로 만드는 데에 커다란 역할을 하였다.

그러다가 현순은 1920년 9월 미국 워싱턴으로 와서 구미위원부 위원장 대리를 맡아 미주지역 독립운동을 활성화시키는 데에 노력하고 있었다. 그런데 하딩이 제29대 대통령으로 취임할 무렵 미국은 동아시아에서 일본의 세력 확장을 저지하고자 하면서, 미·일 간의 관계가 악화되어 가고 있었다. 이러한 정세 변화를 감지한 현순은 미·일 간의 벌어진 틈새를 포착하여 '주미공사관'을 설립하여 미국정부에 한국독립 승인을 정식으로 요청할 수 있는 절호의 기회라고 판단하였다.

그렇지만 미국 워싱턴에 주미공사관을 설립하는 문제는 임시정부의 공식 외교기관이기 때문에 대통령과 정부의 승인을 받지 않으면 안되는 사항이었다. 현순은 당시 외교적 시급함을 들어, 1921년 3월 20일 상하이에 있던 대통령 이승만에게 공사관 설립을 요청하였고, 4월 4일자로 이승만은 주미공사관 설립과 전권공사 임명을 허락하는 전보를 보내왔다. 그러나 4월 7일 이승만은 이같은 결정을 취소하는 전보를 현순에게 보냈다. 처음에 이승만은 현순의 주미공사관 설립을 허가했으나, 임시정부 국무원에서 찬동하지 않는다는 이유를 들어, 그같은 결정을 취소하였다.

현순이 주미공사관 설립을 추진할 당시 이승만은 중국 상하이에서 정치적으로 매우 고립되어 있었기 때문에, 구미위원장 현순의 도움을 받아 다시 미국으로 돌아가야만 하는 절박한 상태였다. 그런 상황에서 현순의 주미공사관 설립 요청에 대해 전보로 승인을 하였지만, 서재필 등 구미위원부 측근들이 반대하기 때문에 곧바로 주미공사관 설립 승인을 취소할 수밖에 없었다.

이승만이 공사관 설립을 취소하였음에도 불구하고, 현순은 4월 4일자 이승만의 주미공사관 설립 승인 전보를 근거로 4월 14일 워싱턴 매사추세츠가 1325호에 주미공사관을 설립하고, 전권공사(대사)로 자임하였다. 그렇지만 공사관 설립을 취소한 이승만은 현순을 구미위원장 직에서 해임하고 서재필을 그 자리에 임명하였다. 그리고 서재필로 하여금 구미위원부를 장악하게 하였으며, 정한경과 돌프에게 서재필을 도우라고 하였다. 주미공사관을 설립한 현순은 이승만의 조처에 크게 반발하면서 자신은 대통령으로부터 전권공사로 임명을 받았고, 3·1독립선언을 주도한 33현(賢)의 대표라고 주장하면서, 5월 11일 미국 국무부장관에게 한국독립을 청원하는 공문을 보냈다. 현순이 미국정부를 상대로 외교활동을 펼치자, 신임 구미위원장 서재필은 미국정부에 현순의 행위는 독단에 의한 것이고, 임시정부의 승인을 받지 않았다고 하면서 공식 사과를 하였다.

현순의 주미공사관 설립을 기존의 연구에서는 대미외교의 주도권과 자금 관할을 둘러싼 구미위원부의 내부 알력 때문에 일어났던 사건으로만 보려는 경향이 있다. 하지만 필자는 현순이 주미공사관을 설립한 의도는 미국의 새 대통령 취임에 따른 국제정세의 변화에 선제적으로 대응하고, 또 미주지역에서 독립운동 자금 모집을 활성화시키려는 전략에서 나온 것으로 보았다. 다시 말해 현순은 아시아·태평양지역에서 일본의 세력 팽창을 저지하려는 미국의 정책과 미·일 간의 충돌이 일어날 수 있다는 국제석 정세 변화와, 미주 동포들로부터 독립운동 자금 모집과 외국인들로부터 공채 모집을 위한 새로운 전략으로 주미공사관 설립을 추진하게 되었다는 것이다.

현순의 주미공사관 설립 추진은 처음부터 순전한 자신만의 구상이라고 볼 수는 없다. 왜냐하면 대통령 이승만의 승인 없이 자신의 판단으로만 주미공사관 설립하는 것은 도저히 불가능하기 때문이다. 현순이 미국에 정식 공사관을 설립해야만 한다는 생각은, 이승만도 1919년 구미위원부를 설치할 당시부터 가지고 있다. 국제적 정세변화나 미국과의 관계가 아주 좋게 발전되면 주미공사관을 설립할 수 있다고 판단하였기 때문에, 이승만도 1921년 4월 4일자 전보로 주미공사관 설립을 승인하였던 것이다. 그리고 현순이 주미공사관 설립을 추진한 가장 근본적인 의도는, 대한민국임시정부가 대한제국 시기부터 외교관계를 맺은 미국 워싱턴에 정식 외교공관을 설치하여 주권국가로서의 정당한 외교활동을 추진하는 것이 맞다고 보았기 때문이다.

4부

태평양전쟁과 미주 독립운동

1장

태평양전쟁기 재미한인의 동향

1 머리말

        1903년 공식적으로 미주지역에 발을 디딘 이후 한인들은 조국의 국권회복과 민족독립을 위해 계속적인 투쟁을 해왔다. 한인들은 힘든 노동을 통해 생활을 유지하면서도 푼푼이 모은 돈을 독립운동자금으로 내놓았으며, 조국의 독립을 위해 미국과 미국민을 상대로 선전활동을 전개하였다. 그러나 미국은 1905년 이후 일제의 한국 통치를 승인해 왔기 때문에 재미한인을 일본인으로 취급하였으며, 한국의 독립운동을 원조해 주지 않았을 뿐만 아니라 원조해 줄 생각조차 갖지 않았다.[1]

        그런데 미국은 1941년 12월 태평양전쟁이 발발하면서 재미한인과 한국의 독립에 대해 재인식하게 되었다는 점에서 태평양전쟁은 재미한인이민사와 독립운동사에 중요한 계기가 되었다. 미국은 일제의 진주만 기습으로 미·일 간에 전쟁이 발발하면서 재미한인 및 대한정책 전반을 재검토하게 되었던 것이다. 태평양전쟁은 재미한인들에게 미국인과 미국사회에 그들의 존재를 재인식시킬 수 있는 기회를 제공하였을 뿐만 아니라, 자신들의 행동 여하에 따라 미국의 대한정책도 영향을 미칠 수 있는 중요한 기회였다. 다시 말해 태평양전쟁기 재미한인의 '전시행동'과 지원활동은 태평양전쟁에서 연합국이 승리하는데 영향을 미치며, 조국이 일제의 쇠사슬에서 해방시킬 수 있는 중요한 기로였다. 그렇기 때문에 태평양전쟁기 재미한인의 독립운동과 관련하여 기존에 많은 연구가 있었지만 이에 대한 종합적 정리가 없었다.

        미주지역 한인이민사는 이들이 이주민이라는 것을 전제로 하여야 하며, 이민사회인 미주지역의 상황과 조건이 가장 우선 고려되어야 할 것이다. 따

---

1   한철호 역, 『미국의 대한정책 1834~1950』, 한림대학교 아시아문화연구소, 1998, 49쪽.

라서 필자는 우리 독립운동의 발전양상과 재미 한인사회의 변화라는 것을 두 축으로 미주지역 한인사회를 보고자 한다. 그렇기 때문에 이 글에서는 재미한인들의 태평양전쟁기 한인들의 생활상의 변화, 재미한인들의 전시행동을 구체적으로 보면서, 전쟁으로 인한 한인들의 경제적 양상의 변화까지도 살펴보고자 한다.

2 태평양전쟁의 발발과 재미한인

1939년 9월 독일의 폴란드 침입으로 제2차 세계대전이 시작되었으며, 1940년 6월 독일이 파리를 점령하자 프랑스는 미국에 대해 참전을 요구하게 되었다. 미국은 구주전쟁이 점차 확대되면서 이에 대비하여 국방비를 증액하고 병력을 늘리고 있었으며, 루스벨트(Franklin D. Roosevelt) 대통령은 1939년 9월 민간 기업들에 특정 전쟁물자를 일본에 수출하지 못하도록 하였다. 1940년 6월 14일 프랑스의 파리가 독일군에 점령되면서 유럽의 전황이 점점 위기국면으로 접어들었다. 이에 미국의 루스벨트 대통령은 그해 6월 14일 미국의 정책이 중립에서 비교전국(non-belligerency)으로 바뀌었다고 선언하였다. 그리고 그해 7월 해군증강법과 9월에는 징병법이 제정되었다.

일본은 독일 히틀러의 승리에 편승하여 북부 베트남으로 진격하였고, 독일·이탈리아·일본은 3국동맹을 체결하였다. 1940년 8월 27일부터 미국에 거주하는 모든 외국인들의 등록과 지문신고를 의무화하는 외국인등록법(the Alien Registration Act)을 실시하였다. 그리고 10월 26일부터 미국정부는 하와이에 대해 징병을 실시하고 민병대를 조직하게 하였다.

1940년 11월 미국 대통령선거에서 루스벨트가 3선으로 당선되고, 12월 20일에는 군수산업을 총괄할 생산관리국을 신설하였다. 미국이 조만간 세계대전에 참전할 것이라는 것이 현실화되어 가고, 하와이의 한인들도 미·일전쟁이 일어날 것으로 보고 이에 대응해 나아가야 한다는 분위기가 형성되어 가고 있었다. 또한 독일이 소련을 침략하자 미국은 1941년 3월에 무기구입 자금이 바닥이 난 영국에 무기를 공급하기 위해 무기대여법(Lend-lease

Act)을 통과시켰고, 그해 11월 소련에 대해서도 무기대여법을 적용하는 등 미국도 조만간 세계대전에 참전할 것이라고 여겨졌다.

미국은 진주만을 기습공격 이전부터 일본의 침략적 동향에 대해 예의주시하며, 1941년 7월 25일 루스벨트 대통령은 미국내 모든 일본자산의 동결을 명령하였고, 일주일 후 석유 수출금지 지시가 내려졌다. 11월 27일 하와이의 육군은 일체의 공공사업과 정부기관·교량에 군대를 주둔시켜 두고 있었다.[2] 일본이 미국을 침범할지도 모른다는 우려속에 경계를 늦추지 않고 있던 10일만에 하와이 진주만에 기습공격을 감행하였던 것이다. 이날은 일요일이라 하와이에 재류하던 대부분의 한인들은 교회에 갈 채비를 서두르고 있을 때였다. 하와이의 동지회를 맡고 있던 이원순도 교회에 가려고 하던 중 라디오에서 정규방송을 중단하고 적기가 공습한다는 방송을 들었다.[3] 일본이 진주만을 기습하던 그날 현순 목사의 장남 피터 현(Peter Hyun)은 그의 책에 다음과 같이 기록하고 있다.

> 1941년 12월 7일 일요일, 일이 없다. 나는 아침내내 잠을 자고 있었다. 그러나 시끄러운 라디오 소리가 나를 깨웠다. 화가 나서 "야 저 라디오 좀 꺼"라고 말했다. 누군가 "피터 일어나서 들어봐"라고 소리쳤다. "무슨 일이야"하고 침대에 앉았다. "진주만이 폭격을 받고 있어!" 멀리서 폭격소리와 기관총 소리가 들려왔다.[4]

전쟁지대로 변한 하와이에서는 그날 오후 계엄령이 선포되었고 곧바로 군정이 실시되었다. 피터 현과 같이 태평양전쟁이 시작된 것을 가장 먼저 알았던 사람들은 하와이 재류한인들이었다. 하와이의 한인들은 직접 일본의 기

---

2 『신한민보』 1941년 12월 4일자, 「태평양 각국의 전쟁준비」.
3 李元淳, 『世紀를 넘어서: 海史李元淳自傳』, 新太陽社, 1989, 239쪽.
4 Peter Hyun, 『In The New World』, University of Hawaii Press, Honolulu, 1995, p.180.

습공격을 목도하였으며, 그로 인해 일차적으로 전쟁의 공포를 느껴야만 했고 이어서 곧바로 일상생활에 제약을 받아야만 했다. 전쟁이 일어나자 당시 하와이 거류하던 한인 사업가 권도인은 트럭운전사로 자원하여 회사트럭을 가지고 이올라니궁(Iolani Palace)에 설치된 민방위 사령부에 가서 육군에서 내려올 명령을 기다렸다. 그리고 하와이대학 ROTC였던 그의 장남 권영만(당시 18세)은 병기고 앞으로 집합하라는 라디오 방송을 듣고 뛰쳐 나갔으며, 차남 권영철(당시 15세)도 보이스카웃 11대대에 소집되어 '들것 운반자'로 로얄 하와이안 호텔(Royal Hawaiian Hotel)로 떠났다.[5]

일본군이 기습공격이 일어나자 하와이의 이민 1세들은 12월 7일 아침 "우리가 일어나기를 기도했던 일이 실현되었던 것이다"라고 하면서 축제 분위기였다. 그러나 2세들은 일본이 침략하기를 결코 바라지 않았으며, 진주만의 기습공격으로 충격을 받아 어안이 벙벙해 했다. 진주만 공습과 동시에 12월 7일 오후부터 하와이에는 계엄령이 발동되었으며, 하와이 영내의 모든 민간 업무, 입법·사법·행정은 군정사령관이 관장하게 되었다. 이같은 계엄령에 따라 통행금지, 등화관제, 배급, 언론검열, 직장통제 등이 시작되었다. 특히 계엄령은 적국(일본인) 국민들에 대한 제약을 가하였다. 하와이의 군법무관과 이민국에서는 한인 1세들은 '일본 신민(Japanese Subjects)'이기 때문에 적국국민(enemy alien)으로 분류된다고 결정하였다.[6] 미국 국적을 취득하지 못한 한인 이민 1세들은 자동적으로 '일본인'으로 분류되어 적국민의 대우를 받아야만 하였다. 그리고 전쟁으로 인해 일생생활에도 제약이 가해졌다.

미국정부는 1939년 9월 유럽에서 제2차 세계대전이 발발한 이후 외국인

---

5   Margaret K. Pai, 『The Dreams of Two Yi-min』, University of Hawaii Press, Honolulu, 1989, p.123.
6   Wayne Patterson, 『The Ilse: The First Generation Korean immigrants in Hawaii, 1903-1973』, Honolulu, University of Hawaii Press, Honolulu, 2000, p.182.

관리문제를 신중하게 취급하였다. 그래서 1940년 초부터 이민사무가 이제까지 노동부에서 담당하였으나 법무부로 이관되었다. 1940년 6월 22일에 성립된 외국인등록법(스미스 법)은 모든 외국인에게 등록과 지문 날인을 하게 하였다. 외국인 등록에는 국제법상 국적이 문제가 되었기 때문에, 한국인도 일본국민으로 취급되었다. 이에 대해 중한민중동맹 하와이 대표 한길수를 비롯한 재미 한인 지도자들은 미국정부와 교섭을 하여, 외국인등록의 실시에 앞서 1940년 8월에 법무부 외국인등록과장 알 G. 해리슨은 한국인은 일본국민은 아니고 한국인으로 등록이 된다는 뜻의 연락을 한길수에게 보냈다.[7] 하와이에서는 1940년 8월 28일부터 오아후섬의 9개소 우편국에서 외국인등록이 시작되었다.

일제가 진주만을 기습공격하면서, 하와이에서는 계엄령하에서 군정이 실시되었다. 다음날인 12월 8일 일반명령 제5호에 의해 적성 외국인의 행동이 제한을 당하게 되었고, 적성 외국인은 무기·단파라디오의 소지를 못하게 하였다. 또한 행정명령 8389호는 적성 외국인의 예금을 동결하고, 1인 1개월 200달러의 인출을 제한하게 하였다. 12월 18일에는 일반명령 제32호로 소지 금지품목이 확대되었고, 야간 외출금지의 시간도 일반 주민 이상으로 엄격하게 하였다. 이러한 명령은 일본인 1세와 같이 한국인 1세에 대해서도 적용되었다. 하와이 군정당국은 국제법상 일본에 합병된 한국인은 일본국민이라는 견해를 가지고 있었다. 그렇지만 미본토에서는 적성 외국인에 대한 제한이 한국인에게는 일반적으로 적용되지 않았다.[8]

그런데 1942년 1월 26일 미국 법무부는 오스트리아인, 오스트리아-헝가리인, 한국인 등과 같이 모국이 식민지 상태에 있기 때문에 모두 적국민이

---

7 『Honolulu Star Bulletine』 1940년 8월 21일자 및 『日布時事』 1940년 8월 27일자(稻葉强, 「太平洋戰爭中の在美朝鮮人運動」, 『朝鮮民族運動史硏究』 7, 1991, 50쪽에서 재인용).

8 稻葉强, 「太平洋戰爭中の在美朝鮮人運動」, 51쪽.

된다고 발표하였다. 그러나 2월 9일 비들(Biddle) 법무부장관은 주축국(樞軸國) 국민에 대한 제한조치를 발표하면서, 1940년 외국인등록을 한 한국인들에게는 적용되지 않았다고 하였다. 그렇지만 하와이는 계엄상황하에 있기 때문에 한국인들은 일본인들과 똑같은 통제를 받게 되었던 것이다. 하와이 육군사령관인 월트 숏트(Walter C. Short) 중장은 일반명령 제5호로 적국민으로서 행동을 제한하는 조치를 발표하였다. 적국민으로 하와이의 한인들은 재산을 동결당하였으며, 행동에 감시받고, 각 단체도 또한 활동을 정지당하였다. 이렇게 되자 하와이의 재미한족연합위원회 의사부는 군정부 총독에게 한인은 한국의 국적대로 모든 방면에 자유롭게 하여 달라고 청원하였고, 군정부에서 이 청원을 수령하여 중앙정부에 품처하였다.[9] 하와이 한인들은 그들이 일본인들과 같이 통행금지 위반을 적용하는 것에 부당함을 제소하기도 하였다. 하와이는 군정이 실시되고 있었기 때문에 미본토와 달리 군정당국의 조치를 받아야만 했다. 하와이의 한인들 대부분은 이민 1세들이기 때문에, 일상생활에서 여러 제약을 당할 수밖에 없었다.

일본이 진주만을 기습공격하였다는 소식은 미 본토의 한인들에게도 전해졌다. 대한인국민회 총회관이 있었던 로스앤젤레스에서는 이날이 일요일이었기 때문에 한인들은 대부분 교회에 갔다. 하와이와는 달리 전쟁발발 소식을 간접적으로 접하였지만, 미본토 한인들은 조국의 독립이 가까워 졌다고 모두들 기뻐하였다.[10] 마치 1919년 3·1운동이 일어났을 때와 매우 흡사한 상황이었다. 3·1운동 발발 소식을 들은 미주한인들이 교회에 모여 "미친 듯 만세를 부르는 소리가 천지를 진동하였"[11]던 것과 같이 흥분하였다. 12월 7일 재미한인들은 자신들이 기도했던 무엇인가 일어났다는 것에 대해 기쁨

9 『신한민보』1942년 2월 5일자, 「이제야 듣고 반기는 하와이 소식」.
10 『나성한인연합장로교회 70년사』, 1976, 77쪽.
11 『신한민보』1919년 3월 13일자 호외, 「중앙총회의 독립선언 전보를 받은 후 활동」.

의 눈물을 흘렸다. 그러나 그러한 기쁨도 잠시 뿐 이었고 재미한인들이 상상도 못한 일이 발생하였다. 그것은 재미한인들이 자신들의 원수인 '일본신민'으로 간주된다는 점이다. 이 점이 재미한인들을 가장 괴롭힌 것이다.

> 전쟁이 발작된 이후에는 더욱 심한 어려움이 있던 문제는 곧 한인의 국적문제이었다. 한인 자기들은 일인으로 대우하는 것을 무엇보다 더 싫어하는 것이요, 더구나 원수인 외국인이라는 이름을 가지게 되는 것은 본정(本情)에 어기어지는 지목이라 하여 심리상 많은 고초를 지낸 것이다.[12]

태평양전쟁 당시 미주 본토 및 하와이의 한인은 모두 약 1만여 명에 이르고 있었는데, 그들은 전쟁이 발발하면서 자신들이 '일본신민'으로 처우되고 있다는 점에 심한 수치감과 모멸감을 느끼고 있었다. 그에 따라 재미한인 단체는 최우선적으로 '적국 국민'이라는 오명을 벗기 위해 자구책을 강구하지 않을 수 없었다. 미주 한인의 최고기관인 재미한족연합위원회에서는 1941년 12월 7일부터 '비상시국회의'를 개최하여 한인들의 신분문제를 논의하게 되었다. 재미한인들의 안녕을 위해 우선 일본인이 아닌 한국인임을 나타내는 것이 시급하였기 때문이다. 이에 재미한족연합위원회에서는 한인증명을 발급하여 동포들의 안녕을 보장케 하고자 하였다.[13] 전시하에 모든 한인들에게 4종의 증명이 발급되었는데, ① 사진이 붙어 있는 증명권(identification), ② 옷깃에 달고 다니는 증명패(button), ③ 자동차에 붙이는 증명지(sticker), ④ 집과 가계의 창문에 붙이는 증명표(poster)가 발급되었다.

미주 한인을 대표하는 재미한족연합위원회에서 발행한 증명에는 "We are Koreans"라고 쓰여져 있었고, 집과 가게에 포스터와 사인을 걸었다. 이것으

---

12 『국민보』1942년 3월 25일자,「국적문제 일부 정리」.
13 『신한민보』1941년 12월 11일자,「재미한족연합위원회의 결의」.

로 인해 한인들은 모든 곳에서 보호되었고, 포스터를 집에 붙인 이후 지나가는 사람들이 "Oh! little Korean house"라고 하면서 일본인으로 취급하지 않았다.[14] 이처럼 한인 증명표는 재미한인들의 생활에 안녕을 도모하는데 지대한 영향을 미쳤다.

실제로 전쟁 이후 재미한인들 가운데는 일본인으로 잘못 알고 체포되는 일이 많았는데,[15] 미국정부와 교섭해서 한·미 두 나라 국기를 교체한 도형으로 작성한 배지를 옷깃에 달게 하여 일본인이 아님을 표시하게 되었다.[16] 배지 때문에 일본인으로 오해를 받지 않았고, 많은 한인들은 배지의 도움을 받았다고 한다.[17] 그럼에도 불구하고 미국인들은 한인들을 보고 일본인이냐고 묻는 사람들이 많았다. 이 때문에 한인들 가운데는 사업장에 아예 미국 성조기와 태극기를 걸어두는 경우도 있었다.[18] 하지만 이것에도 약간의 폐단이 있었으니, 이민초기 한인들 가운데는 일본인으로 행세하는 경우가 종종 있었다. 그러나 태평양전쟁기에는 도리어 일본인들 가운데 한국인으로 행세하는 경우도 발생하였다. 왜냐하면 재미한족연합위원회에서 발급한 증명을 잃어버리거나, 몰래 일본인에게 파는 사람도 생겼기 때문이었다.[19] 예컨대 샌프란시스코에 사는 요시다(吉田)라는 일본인은 한인 행세를 하다가 붙들려 이민국에 갇혔다.[20]

전쟁이 일어난 하와이 군도 전역은 기습을 받은 12월 7일 오후 6시부터

---

14 Sonia Shinn Sunwoo, 『초기이민; Korea Kaleidoscope』(Korean Oral History Project No.1, Sierra Mission Area United Presbyterian Church, USA, 1982, p.282.
15 『신한민보』1941년 12월 18일자, 「동포 박해수 강관식 양씨의 피포와 석방」.
16 郭林大, 『못 잊어 華麗江山』, 大成文化社, 1973, 203쪽.
17 신성려, 『하와이이민약사 - 인맥을 통해 본 삶의 현장기』, 고려대학교 민족문화연구소, 1988, 183쪽.
18 Sonia Shinn Sunoo, 『Korean Picture Brides - A Collection of Oral Histories -』, Xlibris Corporation, 2002, p.289.
19 『신한민보』1941년 12월 18일자, 「일이이 한인으로 행세하다 붙잡혀」.
20 『신한민보』1942년 11월 5일자, 「한인이라는 일인을 잡아」.

다음날 아침 6시까지 등화관제(blackout)와 통행금지(curfew hour)가 실시되었다. 또한 하와이 전역에는 진주만 공격을 받은 몇 일 후부터 적국의 방조자(幇助者)를 가려내고 그들이 소지한 무기를 색출하기 위한 대대적인 수색작전이 벌어졌다.[21] 이로 인해 한인들의 개인생활까지 위축시키게 되었다. 미국정부는 식량, 연료, 기타 각종 물품에 대한 통제령을 발동하여 긴축 절약정책으로 전환하였다. 모든 일상 생활용품은 철저한 배급제가 실시되었으며,[22] 온갖 식품제한, 가격제한과 표를 얻어야 고기와 모든 식품을 살 수 있고 신발도 스탬프를 가지고 가야만 살 수 있었다.[23] 또 미국 사법부에서는 도매(wholesale)로 일본인에게 물건을 팔면 500달러에서 1,000달러까지 벌금에 처할 것이라 명령이 내려졌다.[24] 이와 더불어 워싱턴에 있었던 주미외교위원부에서는 12월 9일 일제가 진주만을 기습한 것에 대한 응징으로 일본인에 대해 전면적인 보이코트를 하라는 훈령을 내렸다.[25] 한인들은 일본인과의 관계를 전부 단절하게 되었으며, 일본인 농장에서 일을 하던 사람들과 일본인 여관에 투숙하고 있었던 사람들을 모두 철수하게 하였다.[26]

    일본인들은 적민·비적민을 막론하고 지정한 군사구역에서 오후 8시부터 다음날 6시까지 통행이 금지되었기 때문에 피부색이 같은 한국인들도 이 시간에 거리로 다니는 것은 매우 위험한 일이었다. 하와이에서는 1942년 2월부터 통행금지 시간이 오후 6시에서 9시로 변경되었고, 5월부터는 10시로 바뀌었다. 그러나 등화관제는 일몰에 따라 매달 시간이 달랐다. 그렇기 때문에 등화관제 위반으로 체포되는 한인들도 있었다. 또한 북미에서도 사업을

---

21 李元淳, 『世紀를 넘어서』, 247쪽.
22 李元淳, 『世紀를 넘어서』, 252쪽.
23 방사겸, 「방사겸 평생일기」, 독립기념관 한국독립운동사연구소, 2006, 126쪽.
24 『신한민보』 1941년 12월 11일자, 「미국 사법부의 엄려한 명령」.
25 『신한민보』 1941년 12월 11일자, 「주미외교위원부의 긴급 훈령」.
26 『신한민보』 1941년 12월 18일자, 「델라노 지방회의 보이코트」.

하는 한인들에게는 경찰 2~3명이 늘 사업장에 와서 지키고 있다가 밤이 되면 열쇠를 빼앗고 사업처소에서 다 뒤져보고 한국어와 영어로 온 편지나 문자가 있는 종이는 다 가져다 내용을 알아보고 다시 갖다 주었다.[27]

1942년 말 적국민인 일본인들이 집단수용소(relocation camp)에 갇힌 후에도, 인종이나 피부색으로만 국적을 식별할 수 없었던 미국인들은 일본인이 아닌 동양인들에 대해 폭력을 행사하였다. 모든 동양인들이 '일본인'으로 보였기 때문에, 미국인들은 일본인들을 'Jap' 혹은 'dirty Japs'라고 불렀다. 외모로 한국인과 일본인을 구별할 수 없었던 미국인들의 입장에서 한인들도 모두 '일본놈(Jap)'으로 보였던 것이다. 학교에서도 한인 학생들은 'Jap, Jap, Jap'이라고 놀림을 당하였으며, 교사들도 한인 학생들을 "더러운 일본놈 자식들(You dirty Jap kids)"이라고 멸시하였다. 1919년 사진신부로 온 박계열(김계열)은 전쟁기간 동안 자신의 자녀들이 이같은 처우를 받을 때 "진정으로 우리가족들이 이곳에서 모두 죽고 싶다고 생각하였다"라고 한다.[28]

전시하에 한인들은 밤에 나돌아 다닐 수도 없었으며 이유 없이 맞기도 하였다.[29] 그래서 태평양전쟁기 재미한인들은 호텔에 들어갈 수도 없었고, 식당에서 음식을 사먹을 수도 없었고, 이발소에서 이발도 할 수 없었다.[30] 한인들이 호텔에 숙박하려고 하면 일본인 줄 알고 매니저가 투숙을 거부하였다.[31] 또한 전시하에 있었기 때문에 술을 사려면 티켓이 있어야만 했으며, 설령 술을 살 수 있어도 평시와 같이 술을 마시고 돌아다닐 수가 없었다. 술에 취해 나돌아 다니던 한인들 가운데 경찰에 붙잡힌 일도 있었다.[32] 심지어 전

---

27 방사겸, 『방사겸 평생일기』, 2006, 125쪽.
28 Sonia Shinn Sunwoo, 『초기이민; Korea Kaleidoscope』, p.282.
29 Mary Palk Lee/Sucheng Chan(ed.), 『Quiet Odyssey - A Pioneer Korean Women in America』, University of Washington, 1990, 95쪽.
30 鮮于學源, 『아리랑 그 슬픈 가락이여』, 大興企劃, 1984, 59쪽.
31 Sonia Shinn Sunwoo, 『초기이민; Korea Kaleidoscope』, p.292.
32 『신한민보』 1941년 12월 18일자, 「술이 취해서 잡혔다 놓여」.

쟁 발발 이후 반일감정 때문에 샌프란시스코의 차이나타운에 살았던 염만석은 일본인으로 오인되어 폭행을 당하기도 하였다.³³ 이처럼 전시하에서 한인들의 일상생활을 옥죄는 일이 한두 가지가 아니었다.

하와이에서는 1943년 3월 10일 손승운이 자동차 고장으로 릴리하 거리(Liliha Street)에서 통행금지 위반으로 체포되었다. 그는 단지 저녁 8시 15분이었기 때문에 통행금지 위반도 아니고 아무런 법을 위반하지 않았지만 7시 45분 등화관제 시간 후에 체포되었다. 그는 적국민이기 때문에 통행금지 위반으로 10달러의 벌금형을 선고받았다. 미 본토에서는 한인들에게 1942년 2월 법무장관 비들의 제한 예외령에 따라 제한규정이 적용되지 않았다. 이 사건을 계기로 하와이의 한인들은 자신들이 적국민으로 대우를 받는 것에 대해 부당함을 호소하였다. 주미외교위원장 이승만은 1943년 3월 17일 스팀슨(Henry L. Stimson) 전쟁부 장관에게 "하와이를 포함한 미국에 있는 한국민의 법적 신분에 빨리 주목해달라"는 편지를 보냈다.³⁴ 그럼에도 미국 정보당국은 한국인들이 일본을 위한 간첩 활동에 이용될 수 있는 이유로 적국민의 지위에서 해방시켜 주지 않았다. 하와이 군정장관 로버트 리차드슨(Robert C. Richardson Jr.)도 한국인의 적국민 지위는 국내 안보에 도움이 되기 때문에 그대로 유지시킬 수밖에 없다고 보았다. 1943년 12월 4일 하와이 군정당국은 일반명령 제45호로 한인들에게 적국민이라는 지위의 상징인 통행금지 규정을 폐기하였다. 그리고 6개월 후인 1944년 5월 6일 군정장관 리차든슨은 일반명령 제59호를 통해 공식적으로 한인들이 적국민이 아니라는 것을 선포하였다.³⁵

---

33 Soo-young Chin, 『Doing what had to be done - The Life Narrative of Dora Yum Kim -』, Temple University Press, Philadelphia, 1999, p.54.
34 『The Honolulu Advertiser』 1943년 5월 6일자, 「Korean Status Ruling Reversal Sought Here」.
35 Wayne Patterson, 『The Ilse』, p.203.

3 재미한족연합위원회의 활동

1903년 미주에 첫 발을 내디딘 이후부터 한인들은 조국의 국권회복과 독립을 위해 계속적인 투쟁을 해왔다. 미주의 한인들은 힘든 노동을 통해 생활을 유지하면서도 푼푼이 모은 돈을 독립운동자금으로 내놓았으며, 조국의 독립을 위해 미국과 미국민을 상대로 선전활동을 게을리 하지 않았다. 태평양전쟁 발발을 전후한 시기 미국에는 약 1만 명의 한인들이 살고 있었는데, 그 가운데 이민 1세들은 노년에 접어들었고 미국에서 태어난 2세들이 다수를 차지하고 있었던 시기였다.

〈표 3〉은 미국정부에서 파악한 재미한인들의 인구이기 때문에 여기에 누락된 인구도 꽤 있었다. 아무튼 일본의 진주만 공격이 있기 전인 1940년 현재 재미한인 총수는 8,562명이며, 한인들의 80%는 하와이에 거주하였으며, 북미에 20%가 거주하고 있었다. 국적별로는 한국적이 37%, 미국적이 63%를 차지하여 한인사회 내부에 2세인 미국 시민들이 다수를 점하고 있었다. 그리고 1940년 현재 하와이에는 한국 출생의 80%가 45세 이상이고, 미국 출생의 1% 미만이 45세 이상이다.

태평양전쟁은 재미한인들의 일상생활에 여러 가지 어려움을 주었다. 그러나 그와 반대로 재미한인들에게는 미국인과 미국사회에 한인들의 존재를 재인식시킬 수 있는 기회를 제공하였을 뿐만 아니라, 자신들의 행동 여하에 따라 미국의 대한정책에도 영향을 미칠 수 있는 중요한 기회이기도 하였다. 다시 말해 태평양전쟁기 재미한인의 '전시행동'과 지원활동은 태평양전쟁에서 연합국이 승리하는데 영향을 미치며, 조국을 일제의 쇠사슬에서 해방시킬 수 있는 중요한 역할을 수행할 수 있는 기회이기도 하였다.[36] 이에 따라 태평양전쟁이 발발하자 재미한인들은 미일전쟁을 곧 '우리전쟁'이라고 하면

〈표 3〉 1940년 북미와 하와이 한인의 인구

지역	출생지 구별	남	여	합계
북미		1,053	658	1,711
	미국태생(시민)	501	461	962
	외국태생(외국인)	552	197	749
하와이		3,966	2,886	6,851
	미국태생(시민)	2,267	2,194	4,461
	외국태생(외국인)	1,698	692	2,390

* 출전: 국가보훈처, 『OSS(Office of Strategic Service) 재미한인자료』, 2005, 635쪽.

서, "Korea for Victory with US"라고 쓴 동그란 배지를 달고 다니며 전시지원에 총력을 기울였다. 가능한 한 재미한인들은 자신들이 일본에 대항하여 싸우고 있다는 사실을 미국을 비롯한 연합국에 알릴 필요가 있었다. 재미한인들은 미일전쟁을 일본패망의 시초이며, 일본의 패망은 우리민족의 해방인 까닭에 전쟁 중에서도 희망이 크고 운동이 활발하게 전개되었다.[37]

하지만 한인들이 미주지역에 발을 디딘 이후 끊임없이 계속되는 파벌투쟁으로 인해 한인사회는 분열과 통일이 지속적으로 반복되었다. 이같은 재미 한인사회의 뿌리 깊은 파벌싸움이 엷어지면서 새로운 독립운동 방안을 모색되기 시작하였는데 그때가 1930년대 후반부터 1940년대 초반 경이었다. 즉, 1940년에 들어 재미한인사회는 어떤 식으로든지 한인단체가 통합되지 않으면 안되겠다는 위기의식이 깔려 있었다. 하와이에서는 1940년 10월 13일 6개의 한인단체 대표들이 모여 미국의 국방 준비를 조직적으로 후원하기 위한 연합한인위원회가 결성되었다.[38] 이와 같이 미주지역 한인단체의 통

---

36 필자는 태평양전쟁기 재미한인의 활동과 전시지원 전반을 '전시행동'이라는 용어로 정리한 바 있다(김도형, 「태평양전쟁기 재미한인의 '전시행동'」, 『역사문화연구』 21, 한국외국어대학교 역사문화연구소, 2004 참조).
37 김원용, 『재미한인오십년사』, Reedley, 1959, 413쪽.
38 홍선표, 『재미한인의 꿈과 도전』, 연세대학교 출판부, 2011, 177~178쪽.

합운동의 결과 일본의 진주만 공습이 있기 8개월 전에 해외한족대회를 통해 재미한인의 최고 독립운동기관으로 재미한족연합위원회가 결성되었다. 그동안의 갈등과 분열을 청산하고 화합과 단결을 추구해 오던 재미 한인단체들은 민족운동의 통일과 강화를 위해 호놀룰루에 모여 해외한족대회를 열어 1941년 4월 29일 재미한족연합위원회를 결성하였다.[39] 재미한족연합위원회는 미주 한인들의 역량을 독립운동에 집중시키기 위해 기존의 파벌과 기득권적 이해를 인정한 위에 통합된 단체였다. 재미한족연합위원회는 기존 단체들의 연합으로 독립운동상의 혼란을 초래하기도 하였지만, 재미 독립운동사상 최대 성과로 인정될 정도로 재미한인들을 단결시키고 독립운동에 전념케 하였다는데 의의가 있다.

재미 한인사회의 최고기관인 재미한족연합위원회에는 크게 세 그룹의 한인단체들이 존재하고 있었다고 볼 수 있다. 첫째로 김호·김형순·한시대 등의 재미한족연합위원회의 지도층들이다. 이들은 비교적 보수적 인사들이지만 민주적 지도력과 막강한 경제력을 가진 그룹이다. 둘째로 재미한족연합회에 형식적으로 참가하면서 조선혁명당미주후원회에 참여한 이경선·김강·권도인 등의 진보적 인사들이다. 이들은 재미한족연합위원회에 몸을 담고 있지만 적극적인 군사운동을 통해 독립운동을 추진하고자 하는 그룹들이었다. 셋째로 이승만을 중심으로 한 동지회 인사들로 재미한족연합위원회와 주미외교위원부의 핵심인물들이었다. 이들 세 부류는 태평양전쟁을 전후한 시기 이합집산을 거듭하면서 미국의 전시지원과 독립운동을 추진하고 있었다.

1941년 4월 재미한인의 최고기관으로 재미한족연합위원회가 성립되었지만 파벌적 양상은 상존하고 있었다. 그런데 일본의 진주만 폭격으로 전쟁이 터지자 한인사회는 더 이상 시끄러운 문제가 일어나지 않았다. 일본과의 전쟁에 모든 관심이 쏠렸기 때문에 재미한인단체들은 곧바로 전쟁지원에 총

---

[39] 홍선표, 『재미한인의 꿈과 도전』, 184~197쪽.

력을 기울이기 시작하였기 때문이다. 로스앤젤레스에 있는 재미한족연합위원회 집행부는 전쟁이 발발한 1941년 12월 7일부터 9일 사이에 매일같이 회의를 열어 재미한인의 안녕 보장을 위한 일과 미국 국방을 협조할 사항을 결의하였다.[40]

로스앤젤레스에 있는 재미한족연합위원회 집행부는 광복사업을 비롯하여 재미동포의 안녕보장과 미국국방에 대한 협조를 현 단계의 시급한 과제로 삼았다.[41] 이에 따라 연합회 집행부는 조직을 보완하여 6명의 임시위원을 선정한 뒤, 사무처·재무과·국방과·선전과 등 4과로 업무를 세분하였다. 국방과는 과장에 송헌주, 과원으로는 김호·김성락을 임명하고, 미국방 후원을 위한 국방공채 및 스탬프 구입, 미적십자사 모금활동을 후원하였다.[42] 전쟁이 일어남에 따라 우선 동포들의 안녕을 유지하는 것이 시급하였기 때문에 재미한인의 최고기관으로서 재미한족연합위원회에서는 한인증명을 발급하였으며, 미국정부와 교섭하여 한인이 적국인 대우를 받지 않게 하였다. 뿐만 아니라 부분적으로 한인의 재산동결도 해제되었으며, 늦게나마 한인은 적성 외국인이 아닌 '우호적 외국인(friendly alien)'의 대우를 받게 되었다.

또한 재미한인단체 가운데 가장 긴 역사와 지방조직을 가진 대한인국민회도「미일전쟁 중 우리의 급무」라는 포고를 국민회 관하 미주·멕시코·쿠바 각 지방회 당국과 일반회원에게 발송하였다.[43] 그리고 12월 14일 오후 3시 로스앤젤레스의 대한인국민회 총회관에서 민중대회를 개최하여 전시지원에 총력을 기울일 것을 결의하였다.[44]

외교를 담당하고 있던 워싱턴의 주미외교위원부도 12월 9일 전화로 미

---

40 『신한민보』1941년 12월 11일자,「재미한족연합위원회 집행부 공녹」.
41 『신한민보』1941년 12월 11일자,「재미한족연합위원회 집행부 공독」.
42 홍선표,『재미한인의 꿈과 도전』, 220~221쪽.
43 『신한민보』1941년 12월 11일자,「특별포고」.
44 『신한민보』1941년 12월 11일자,「민중대회 광고」.

국의 전시법률을 복종하고 일본인에 대한 보이코트를 급히 단행할 것을 긴급 훈령하였다.⁴⁵ 외교위원장 이승만은 한미협회(The Korean-American Council)와 재미한족연합위원회가 주최하는 대중집회를 열었다. 3·1절을 앞둔 1942년 2월 27일부터 3월 1일까지 3일간 백악관 근처에 있는 라파예트(Lafayette)호텔에서 '한인자유대회'를 개최하였다. 이 대회에는 미주 각 지방에서 온 한인 100여 명과 워싱턴의 저명한 정객들이 참석하였는데, 여기서 ① 한국의 자유와 해방을 성취할 때까지 계속하여 투쟁할 것, ② 한국임시정부를 모든 정성을 다하여 지원하고 유지해 나갈 것, ③ 한국임시정부가 연합국의 일원이 될 수 있도록 미국무부에 요청할 것, ④ 한국임시정부의 승인을 요구하는 청원서를 미국대통령과 의회에 제출할 것 등이 채택되었다.⁴⁶

한편, 재미한족연합위원회에 참가하고 있지 않았던 단체들도 전시하에서 한인의 단결된 모습을 보여주기 위해 적극적으로 연합위원회에 참가하기 시작하였다. 하와이 카우아이(Kauai)섬의 단합회는 1942년 5월 2일 로스앤젤레스 재미한족연합위원회 전체회의에서 참가가 결정되었다.⁴⁷

태평양전쟁이 발발하면서 재미 한인단체들은 동포들의 안녕과 동시에 미국을 도와 전쟁을 지원하지 않을 수 없었다. 전시지원 활동은 재미한인의 위상과 관련되는 것이며 나아가 조국의 독립과 직결되는 문제이기도 하였기 때문이다. 태평양전쟁기 재미 한인단체 대부분은 중국 충칭(重慶)의 대한민국임시정부 승인을 지속적으로 요구하였다. 한인들의 이같은 요구는 미국으로부터 받아들여지지 않았으며 가시적으로 조국 독립의 전망도 보이지 않았다. 그러나 1943년 12월 1일 「카이로선언」이 발표되면서 재미한인의 운동에 큰 힘이 주어졌다. 「카이로선언」에서 한국은 '적절한 절차(in due course)'

---

45 『신한민보』 1941년 12월 11일자, 「주미외교위원부의 긴급 훈령」.
46 고정휴, 『이승만과 한국독립운동』, 연세대학교 출판부, 2004, 435~436쪽.
47 『국민보』 1942년 5월 13일자, 「단합회 참가 절차 완료」.

에 의해 독립을 준다는 조건이 명시되면서, 비로소 군정법령의 한인에 대한 제재는 해소되고 '적국 국민'이라는 오명을 벗게 되었다.[48] 물론 「카이로선언」에서 '적절한 절차'라는 조건부의 결정이 재미한인들의 의심을 일으켰지만, 이때가 전시이고 이 선언이 전시정책이던 까닭에 그 내용에 포함된 의사를 알 길이 없었다.[49] 다만 '적절한 절차'라는 문구가 "일본의 무조건 항복을 받은 후에 한국강토를 한국인에게 돌리는 절차가 되기를 희망할 것"[50] 뿐이었다. 이제부터 재미독립운동의 방향도 임시정부 지원에서 벗어나 본격적인 군사운동으로 전환하여야 할 시기에 도달한 것이다.

　재미한족연합위원회 집행부는 1943년 12월 3일 시국문제를 협의하기 위해 대한인국민회·조선민족혁명당 미주총지부·대한여자애국단·동지회 대표들이 모인 가운데 군사운동을 강화하기로 의견을 모으기 시작하였다. 또한 「카이로선언」 직후인 12월 4일 하와이 군정장관 리차드슨이 「계엄령 제45호」로 야간통행금지령을 해제하고, 한인들을 더 이상 적성외국인으로 취급되지 않는다고 발표하였다.[51] 이어서 1943년 12월 12일 샌프란시스코에서 열린 '북가주대한인시국대회'에서 향후 독립운동의 방침을 적극적인 군사운동 후원에 두고, 1차로 군사비 100만 달러 모금을 계획하여 즉석에서 2,000달러의 예약금을 모금하였다. 그후 군사운동비 모금활동은 포틀랜드·시애틀 재류동포합동회의에서 3,000달러, 로스앤젤레스시국문제토론회서 2,000달러를 모금하였다.[52]

48　鄭斗玉, 『在美韓族獨立運動實記』(『한국학연구』 3 별집, 인하대학교 한국학연구소, 1991 所收), 90쪽.
49　「카이토신언」의 'in due course'를 『신한민보』에서는 '당연한 순서'로 번역하였으며, "우리가 오래 기다리던 소식이다. 한국의 독립은 바야흐로 '당연한 순서'에 따라 오고야 말 것이다"라고 하였다(「Korea shall Become Free and Independence」, 『신한민보』 1943년 12월 2일자 別報).
50　김원용, 『재미한인오십년사』, 436쪽.
51　홍선표, 『재미한인의 꿈과 도전』, 303쪽.
52　홍선표, 『재미한인의 꿈과 도전』, 246쪽.

4   재미한인의 전시행동

1) 재미한인의 전쟁지원 활동

태평양전쟁이 일어나면서 재미한인이 미국의 전쟁수행을 후원하는 일이 무엇보다 중요하였다. 왜냐하면 전시행동 여하에 따라 재미한인들의 위상이 달라질 뿐만 아니라, 독립운동 전반에 대한 미국의 지원을 이끌어낼 수 있기 때문이다. 앞에서도 언급한 바와 같이 재미한인들은 일본과 미국 사이에 전쟁이 일어나게 되면, 일제는 그 종말을 고하게 될 것이고, 오랫동안 기대하여 왔던 조국의 독립을 가져오게 될 것이라고 굳게 믿고 있었다.[53]

1만 명 이상의 우리 조선민족이 미주와 이 영토 안에 있어서 이 전쟁을 치루어 가는 온갖 부분에 소용되는 대로 무슨 일이든지 이 나라를 돕게 되는 지위에 놓여 있는 것만을 우리와 전 조선민족은 최대한 영광이요, 끝없는 기쁨이다.[54]

재미한인들은 전시지원 활동이 대일항전의 승리를 도모하는 것이며, 미국에 거류하는 한인의 의무 이행이라고 생각하고 있었다. 일반 한인들은 자발적으로 민병대의 조직에 참가하였다. 예컨대, 로스앤젤레스에서는 미국 국방에 협조하기 위해 안창호의 아들인 안필립·안필선을 비롯하여 김낙, 유

---

53 『신한민보』 1941년 12월 11일자, 「특별포고」; 崔鳳潤, 『미국 속의 한국인』, 종로서적, 1983, 175쪽.
54 이원순, 「전시의 한인의 사명」, 『국민보』 1942년 1월 21일자.

조, 유필립, 윤헨리, 윤레이몬, 김피터 등이 민병대에 참여하였다.[55] 몇몇 한인들은 미해군에 에 입대하여 솔로몬 군도나 뉴기니아 정글에서 목숨을 걸고 싸웠다.[56]

또한 재미한인들은 승전금의 헌납 또는 국방공채의 구입 등 그들이 힘닿는 범위내에서 미국의 전쟁수행에 협력하였다. 재미한족연합위원회 집행부는 1941년 12월 28일부터 29일까지 개최한 회의에서 '독립금'을 일시 정지시키고, 전시부담금을 신설하는 안을 마련하였다. 이 문제는 재미한족연합위원회 의사부의 동의를 얻어 실시되었다.[57]

재미한인들은 미국의 전시지원을 위해 대한인국민회 총회관의 현판을 영문으로 번역하여 붙이고, 현판 왼쪽에 '한인의 미국 국방공작 중앙부', 오른쪽에 '한인의 미국적십자회 후원의 중앙부'라는 현판을 붙여 전시지원의 의지를 나타냈다.[58] 그리고 한인 2세들로 조직된 '한인미국시민클럽'에서는 12월 19일 ① 백퍼센트 미국 시민이 될 일, ② 국방 위기에 정부를 옹호할 일, ③ 정당한 인도자를 옹호할 일, ④ 침략국가를 타도함에 헌신할 일, ⑤ 민주국 원칙을 항상 발전할 일 등의 결의안을 채택하여 통과시켰다.[59]

태평양전쟁기 재미한인 대부분이 참가한 전시활동으로는 미국의 전시공채를 매입하였다. 재미한인들은 제1차 세계대전 당시에도 미국정부가 발행하는 전시공채와 전시저축표를 구입하였으며, 그 외 적십자회와 기타 전쟁에 관한 보조금을 낸 적이 있었다.[60] 태평양전쟁 발발과 동시에 전비를 마련하기 위해 미정부에서는 국방공채를 발행하게 되었다. 미 재무부 '국방공채'

---

55 『신한민보』1941년 12월 18일자, 「한인 청년 지원자」.
56 Kingsley K. Lyu, 「Korean Nationalist Activities in Hawaii and Continental United States, 1900-1945」 Part II, 『Amerasia Journal』 4:2, University of California, 1977, p.76.
57 홍선표, 『재미한인의 꿈과 도전』, 243쪽.
58 『신한민보』1941년 12월 25일자, 「국민총회관의 전시 색채」.
59 『신한민보』1941년 12월 25일자, 「한인 미국 시민 클럽의 전시 중요 결정」.
60 『신한민보』1919년 2월 6일자, 「전시 미주 한인의 금력 찬조」.

라는 이름으로 처음 발행하였으나 이를 '전시공채'라고 개정하였다.[61] 미국은 전쟁수행을 위해 1943년에 450억 달러의 예산이 필요할 것으로 예상하고 그 가운데 약 25%인 180억 달러를 전시채권을 판매하여 충당하기로 하였다.[62] 그렇기 때문에 1943년에 미국인들은 소득의 25% 가량 전시공채를 구입하여야만 했다.

미국정부에서 한인들에게도 전시공채(war bond)를 판매하고 있었다. 이 때 미공채국 캘리포니아지국에서는 한인에게 공채와 전시우표(stamp)를 판매하는 사무를 재미한족연합위원회 국방과에 위임하였다.[63] 그래서 재미한족연합위원회에서는 공채를 개인적으로 구입하는 것보다는 모아서 구입하는 하고자 하였는데, 그 이유는 한인들이 미국의 대일전 수행을 위해 경제적으로 공헌하고 있다는 것을 보여주고, 또 한인들이 얼마만큼의 공채를 구입하였는가를 정확하게 파악하기 위해서였다.[64]

태평양전쟁 발발 직후 『신한민보』 1942년 1월 15일자 기사에는 시카고 한인들이 국방공채를 매입한 사실을 『시카고 타임즈』에서 보도하였고 한다. 이에 따르면 당시 시카고에 거류하는 한인은 남녀노소 합쳐 100명으로 공채를 1만 달러나 매입하여 한 명당 평균 100달러에 달하였다.[65] 그리고 한인들이 미국의 국방공채를 구입한 의미는 "국방공채의 몽둥이로 (일본인들이) 한대 마져 보라는 것이"라고 해석하고 있었던 것이다.[66] 이는 경제력이 빈약하고 1만여 명에 불과한 재미한인들이 얼마나 전시 후방공작에 열성을 보였는지를 단적으로 드러내 주는 것이라 할 수 있다. 하와이에서 발행되던 『국민

---

61 『국민보』 1942년 4월 15일자, 「독립은 언제 승인되나」.
62 『신한민보』 1943년 6월 24일자, 「미국 재무경은 전시공채 장려」.
63 『신한민보』 1942년 1월 1일자, 「국방 공채 발매를 국방과에 위임」.
64 『신한민보』 1942년 1월 15일자, 「국방공채를 사는데 주의」.
65 『신한민보』 1942년 1월 22일자, 「한인의 국방공채」.
66 『신한민보』 1942년 1월 15일자, 「백명이 6천원, 치카고 한인의 국방공채」.

보』에는 다음과 같이 전시공채를 구입하자는 표어가 실어 한인들의 공채 구입을 독려하였다.[67]

> 싸우자 이기자
> 내 힘과 돈으로
> 적을 다 부시자
> 공채를 많이 사자
> 최후 승리를 얻을 때까지

하와이 국민회에서는 1942년 3월 대의원회의를 개최하여 호상부 재정으로 미국 국방공채 5,000달러 이상 구입하기로 결의하였다.[68] 하와이의 재미한족연합위원회 의사부는 '한미전시공채위원회'를 설치하여 한인들의 공채 매입을 독려하고 있었다.[69] 하와이 재류 한인들이 공채를 구입한 내역을 조사하여 한인사회가 미국의 대일전쟁에 얼마나 협조하고 있는가를 보여 주고자 하였던 것이다. 이리하여 1943년 1월 11일까지 보고된 한인의 공채매입 총액은 15만 1,250달러였다.[70] 그리고 1943년도 태평양전쟁이 본격화되어 가면서 한인들의 전시공채 매입은 더욱 늘어만 갔는데, 1943년 2월 1일까지 보고된 공채 매일 총 누계는 31만 1,910달러로 단지 두 달 사이에 무려 두 배 이상의 전시공채를 구입하였다.[71] 그리고 4월 초에는 47만 9,925달러,[72] 5월 초에는 53만 3,000달러로 늘었다.[73]

67 『국민보』 1942년 9월 16일자, 「전시공채」.
68 『국민보』 1942년 3월 18일자, 「국민회 내의회」.
69 『국민보』 1942년 12월 16일자, 「전시공채」.
70 『국민보』 1943년 1월 13일자, 「공채 매입 총액」.
71 『국민보』 1943년 2월 3일자, 「공채 매입 총액」.
72 『국민보』 1943년 4월 7일자, 「공채 매입 총액」.
73 『국민보』 1943년 5월 12일자, 「공채 매입 총액」.

미본토의 재미한족연합위원회 집행부에서도 공채 발매에 대한 집계를 하고 있었는데, 1943년 4월에 13만 3,000여 달러를 한인들이 구입하게 하였고,[74] 9월 30일까지 230,130.75달러의 공채가 구매하였다.[75] 제3차 공채 모집 때 연합회 국방과에서 3만 7천 달러를 발매하여 미국 전시재정위원회에 보고되었는데, 남가주 전시재정위원장 어빙 예 워커가 국방과 송헌주 과장에게 공채 발매의 우수한 성적에 다음과 같은 감사하는 편지를 보냈다.[76]

송헌주씨 전

당신이 오늘 오후에 재무국 사무소를 심방하여 주심을 감사합니다. 나는 남가주 지방 한인들이 제3차 전시공채 3만 7천여 원어치를 매매하여 비상한 성적을 얻었음을 충심으로 축하합니다. 각 단체의 정한 액수에 비하여 보면 찬상할 만한 성적입니다. 대한여자애국단의 박노라씨 1만 1천 8백원 공채 방매와 동지회의 송철씨 1만 8백 75원 공채 발매에 대하여는 그들의 노력을 재무국에서는 존경의 표로 기록하여 두겠습니다. 전시공채를 방매하는데 시간상 관계로 저마다 그런 기회를 얻지 못하는 것이 사실이나, 그러나 한인이 다시 현저한 기록을 지음에 대하여 감사를 표하지 아니할 수 없습니다. 부디 당신과 같이 노력하시는 이들과 또는 전체 한인에게 미국 재무국이 충심으로 축하를 드림을 전하여 주기 바랍니다. 당신들의 협동의 정신을 감사합니다.

1943년 10월 18일

남가자주 전시재정위원장 어빙 엠 워커

서기 토마스 떠블류 길쇼

---

74 『신한민보』 1943년 4월 29일자, 「한인의 후방공작」.
75 『신한민보』 1943년 10월 7일자, 「한인 승리 공채 총계」.
76 『신한민보』 1943년 10월 28일자, 「한인 제3차 전시공채」.

미국정부에서는 제3차 전시공채를 미 전역에 걸쳐 150억 달러를 1943년 10월 3일로 끝내려고 하였고,[77] 제4차 전시공채 모집은 1944년 1월 18일부터 2월 15일까지 140억 달러를 모집하였다.[78] 전시공채의 판매는 주로 한인 부인들이 매우 열성적이었다. 하와이에서는 1942년 2월 한인부인호상회에서 국방공채를 구입하였고,[79] 3월 8일 부인구제회 중앙·지방 임원회에서는 적립금 1,500달러로 국방공채 1,150달러를 사고 그 나머지는 독립금으로 사용하기로 하였다.[80] 미본토의 대한여자애국단 총부에서도 각 지부의 결의를 경유하여 총부의 명의로 국방공채 2천 달러어치를 구입하였다.[81] 그 가운데에 대한여자애국단 단장 차경신(박경신)은 로스앤젤레스의 헐리우드(Hollywood), 패사디나(Pasadena), 퍼싱스퀘어(Pershing Square) 등지를 돌아다니며 50만 달러 가량의 공채를 팔아 그 공적으로 전후 미국 재무성으로부터 감사장과 메달을 받았다.[82] 하와이에서도 이희경(이금례)이 전시공채를 팔기 위해 이집 저집을 다녔고, 자신들의 자녀들도 각자 25달러의 공채를 샀으며 그녀의 부부도 많은 돈을 주고 공채를 구입하였다.[83] 전기부속품을 판매하는 송승균과 신을노는 각각 6,000달러의 전시공채를 구입하기도 하였고,[84] 델라노에서 수박농사를 하는 강익두는 2,000달러의 전시공채를 구입하였다.[85]

또한 미국정부는 제2차 대전의 전비를 마련하기 위해 전시우표(stamp)

---

77 『국민보』1943년 9월 29일자,「제3차 전시공채」.
78 『국민보』1944년 1월 19일자,「제4차 전시공채」.
79 『국민보』1942년 2월 25일자,「부인호상회 특지」.
80 『국민보』1942년 3월 25일자,「중앙지방 합석회의」.
81 『신한민보』1942년 2월 19일자,「대한여자애국단의 국방공 2천원」.
82 차경수,『호바꽃 나라사랑』, 기독교문사, 1988, 131쪽 및 137쪽.
83 Margaret K. Pai, 『The Dreams of Two Yi-min』, pp.126~127.
84 高珽烋,「하와이 中韓民衆同盟(1938-1945) 연구」,『한국근현대사연구』34, 2005, 171쪽.
85 『신한민보』1943년 9월 30일자, 1945년 7월 12일자,「한인승리공채」.

를 발행하여 발매하고 있었다. 25센트짜리 우표를 물건사고 거스름돈으로 주었던 것이다. 이때 한인들은 미국이 발행한 전시우표 구입에도 매우 열성적이었다. 재미한인의 공채와 스탬프 구입액수는 한인의 인구와 재산 비례상 적은 액수는 아니다. 한인들이 공채와 스탬프를 사는 것은 일종의 전시 의무요, 전시 의무는 재미한인이면 누구나 지는 것으로 보았던 것이다.[86] 태평양전쟁기 재미한인이 어느 정도의 공채와 스탬프를 구입하였는지에 대한 정확한 통계는 없다. 다만, 『신한민보』와 『국민보』에 실린 기사를 참조하여 보면 대략 어느 정도의 공채를 구입하였는지를 가늠할 수는 있다. 예를 들면, 북미지역의 경우 1943년까지 대략 약 30만 달러 정도의 공채를 구입하였을 것으로 판단된다. 따라서 당시 한인 인구 1천 명으로 보았을 경우, 1인당 약 300달러의 공채를 구입한 것이 된다. 그리고 하와이의 경우에도 1943년까지 대략 100만 달러의 공채를 구입한 것으로 추정되기 때문에, 하와이 재류한인 전체 6,000명으로 보았을 때, 1인당 170달러를 구입한 것이 된다.

  재미한인들의 전시공채 구입만이 아니라, 공채 판매에 대해서도 살펴보아야만 한다. 한인들은 미국인들에 비해 경제적으로 비교가 되지 않았다. 따라서 재미한인들은 경제적 여건 때문에 공채를 구입할 수가 없는 경우, 미국인을 상대로 공채를 판매함으로써 미국의 대일전 승리에 공헌하고자 하였던 것이다. 앞에서 언급한 바와 같이 차경신은 공채를 판매하기 위해, 여자 혼자 50만 달러의 공채를 판매하였던 것이다. 이와 같이 재미한인들 가운데에는 미국의 전시공채를 판매하기 위해 엄청나게 노력하였다. 이들이 판매한 공채까지 합한다면, 적어도 500만 달러 이상의 전시공채를 구매 혹은 판매한 것으로 판단된다.

  또한 한인들의 후방전시지원 활동으로 주목할 수 있는 것은 적십자 활동이었다. 로스앤젤레스 대한인국민회 총회관에 한인의 미국적십자회 후원

---

[86] 『신한민보』 1942년 3월 26일자, 「국방공채와 스탬을 삽시다」.

의 중앙부를 설치하고 적십자 기부금을 내게 하였다. 적십자 지원사업은 주로 대한여자애국단 등 부인들이 담당하였는데, 태평양전쟁 발발 7일째 되는 날 회의를 열어 미국의 전시후원을 적극 지원하기로 하고 미국 적십자 패와 우표를 발매하여 1942년 2월 16일 적십자 본부에 485달러 89센트의 성금을 보냈다. 차경신은 전시에 구제품을 모아 적십자를 도왔고,[87] 적십자 패를 25개 중 21개나 판매하였다.[88] 여자애국단 로스앤젤레스지부에서는 1942년 9월부터 적십자대 수용품 제조를 돕기 위해 대한인국민회 총회관에 모여 매주일 3시간씩 침선과 편물 일을 하였는데,[89] 이를 위해 백인 재봉사에게 재봉법을 배워 저녁 7시부터 10시까지 병상에 있는 군인을 위한 방석과 이불을 만들었다.[90] 하와이에서는 한인기독교회 부인들이 적십자를 결성하여 전선에서 싸우는 미군병들을 후원하였다.

구체적인 전시지원을 위해 하와이의 재미한족연합위원회 의사부는 국방부를 조직하고 전시행정을 후원하는데 남녀동포를 지도하며 다음과 같은 활동을 하였다.[91] ① 청년 남자로 하여금 국방경위군에 참가, ② 여성들로 하여금 적십자대의 수용품 제조, ③ 장년동포로 하여금 순행경찰대에 참가 등 육해군 국방공사에 봉사, ④ 남녀동포로 하여금 전시공채 발매에 봉사하게 하였다. 또한 로스앤젤레스 집행부에서도 국방과를 조직하고, ① 가주의 국방경위군 한인부대를 편성, ② 남녀동포로 하여금 전시공채 발매에 봉사, ③ 태평양 군도와 원동전선의 특무공작과 통역으로 복무할 인원을 공급, ④ 정보사무에 기능있는 동포들로 하여금 정보국 사무를 협조 등을 하게 하였다. 하와이의 재미한족연합위원회 의사부에서는 1942년 9월 회장 양유찬, 부회장

---

87 Sonia Shinn Sunoo, 『Korean Picture Brides – A Collection of Oral Histories –』, p.150.
88 『신한민보』1942년 1월 22일자, 「적십지패 발매 성적」.
89 『신한민보』1943년 9월 9일자, 「나성 여자애국단의 적십자 사업」.
90 『신한민보』1942년 8월 27일자.
91 김원용, 『재미한인오십년사』, 416쪽.

권도인, 총무 김창수, 서기 정봉관, 스탬프위원 이태성으로 구성한 국방공채위원회를 설립하여, 국방공채 매입활동을 추진하였다. 이후 국방공채위원회는 1943년 1월 초 한미공채위원회로 이름을 바꾸었다.[92]

한편, 전쟁이 시작되자 재미유학생들도 미국정부에 일본어 통역관으로 활동하였다. 일본과의 전쟁이 일어나면서 필연적으로 일본어에 대한 수요가 급증하였다. 그렇지만 재미 일본인들이 모두 집단수용소에 들어갔기 때문에, 미국내에서 일본어를 아는 한국 유학생들이 번역과 통역을 맡게 되었다. 예컨대 최봉윤은 미군들에게 일본어를 가르쳤으며, 선우학원도 미국연방중앙정부에 통역으로 취직을 하였다.[93]

「카이로선언」 이후 체계적인 전시지원과 전후 문제를 연구하기 위해 재미한족연합위원회에서는 별도로 1943년 7월 15일 전후계획연구부를 설립하였다.[94] 설립목적은 현 태평양전쟁시기 전시공작을 연구하여 일본의 패망과 연합국의 전쟁승리에 협조하며, 한국의 독립과 전후 한국의 국가재건을 위한 정보수집과 연구에 목적을 두었다.[95] 조직은 유일한을 위원장으로 하여, 부위원장 김용성, 서기 김성락, 부원 송헌주·김병연 등으로 구성하였다.[96] 재정은 재미한족연합위원회 의사부와 집행부에서 결정한 매월 300달러 이내로 해서 연 3,600달러의 예산을 책정하였다. 그리고 여기서 1943년 11월 『한국과 태평양전쟁(Korean and Pacific War)』이라는 책자를 발간하였다.

92　홍선표, 『재미한인의 꿈과 도전』, 299쪽.
93　鮮于學源, 『아리랑 그 슬픈 가락이여』, 28쪽.
94　『신한민보』 1943년 7월 22일자, 「연합회 연구부 위원조직」.
95　재미한족연합위원회 기획연구부, 『한국과 태평양전쟁(Korean and Pacific War)』, 981쪽.
96　홍선표, 『재미한인의 꿈과 도전』, 224쪽.

2) 재미한인의 전쟁 참가

태평양전쟁이 일어나면서 재미한인이 미국의 전쟁수행을 후원하는 일이 무엇보다 중요하였다. 왜냐하면 전시행동 여하에 따라 재미한인들의 위상이 달라질 뿐만 아니라, 독립운동 전반에 대한 미국의 지원을 이끌어낼 수 있기 때문이다. 앞에서도 언급한 바와 같이 재미한인들은 일본과 미국 사이에 전쟁이 일어나게 되면, 일제는 그 종말을 고하게 될 것이고, 오랫동안 기대하여 왔던 조국의 독립을 가져오게 될 것이라고 굳게 믿고 있었다.[97] 그런 가운데 일제가 1941년 12월 7일 진주만을 공격하고 태평양전쟁이 발발함에 따라, 재미한족연합위원회 의사부 위원장 이원순은 재미한인들의 자세를 다음과 같이 표현하였다.

> 1만 명 이상의 우리 조선민족이 미주와 이 영토 안에 있어서 이 전쟁을 치루어 가는 온갖 부분에 소용되는 대로 무슨 일이든지 이 나라를 돕게 되는 지위에 놓여 있는 것만을 우리와 전 조선민족은 최대한 영광이요, 끝없는 기쁨이다.[98]

재미한인들은 전시지원 활동이 대일항전의 승리를 도모하는 것이며, 미국에 거류하는 한인의 의무 이행이라고 생각하고 있었다. 1930년 이후 한인사회에서 2세들의 자기 정체성은 한인계 미국인(Korean American)이라는 것이다. 제1세대 한인들이 일제가 진주만을 공습하였을 때 이 전쟁을 조국광복의 기회로 생각했던 것과는 달리, 2세들은 '미일전쟁'으로 인식하였을 뿐만 아니라 부모들이 미워하는 일본과의 전쟁이라고 인식하였다. 따라서 태

---

[97] 『신한민보』 1941년 12월 11일자, 「특별포고」; 崔鳳潤, 『미국 속의 한국인』, 종로서적, 1983, 175쪽.
[98] 이원순, 「전시의 한인의 사명」, 『국민보』 1942년 1월 21일자.

평양전쟁이 시작되면서 미일전쟁은 곧 우리 전쟁으로 인정하고 한인 청년들은 미군에 입대하였다.[99] 전쟁이 일어나자 미국에서 나서 자란 한인 1.5세와 2세 청년들은 미군에 입대하여 직접 전쟁터에 나가 싸우기를 원하였던 것이다.

태평양이 발발하기 전에도 한인 2세들 가운데 미군에 복무하기도 하였다. 1941년 7월 박충섭의 둘째 아들 박운용이 징병에 뽑혀 미군에 입대하였으며,[100] 김윤필도 로스앤젤레스에서 신체검사를 받고 산타바바라의 병영에서 훈련을 받았고,[101] 샌프란시스코에 거주하던 권투선수 신리차드도 1941년 12월 4일 입대하였다.[102] 리들리에 사는 주치삼의 장남 주쪼는 19세인데 캘리포니아 가드군에 입대하였으며,[103] 맥스웰에 거주하는 이재수의 장남 이해리도 공군에 입대하였으며,[104] 백일규의 아들 백조지도 징병으로 입대하였다.[105]

1940년 9월 미국은 징병법을 개정하여 징병등록을 21세에서 36세까지 하였으나,[106] 태평양전쟁 발발 이후 병력 부족이 발생하자 다시 징병법을 개정하여 연령을 18세 이상 65세 이하의 남자는 모두 등록하고, 45세 이하의 남자는 군사훈련을 받게 하였다. 징병법 개정으로 미국은 적어도 700만 명 이상의 병력을 증강할 수 있을 것으로 예상하였다.[107]

태평양전쟁 발발과 동시에 한인단체들은 미군에 입대하라는 캠페인을 벌

---

99 鄭斗玉,「在美韓族獨立運動實記」, 89쪽.
100 『신한민보』1941년 7월 10일자,「박운용군의 징병 복무」.
101 『신한민보』1941년 7월 10일자,「김윤필군은 산타바바라에」.
102 『신한민보』1941년 12월 11일자,「신으리취군의 종군」.
103 『신한민보』1942년 2월 12일자,「주쪼군의 종군」.
104 『신한민보』1942년 11월 26일자,「이해리군은 공군에 합격」.
105 『신한민보』1943년 6월 3일자,「백조지군의 귀성」.
106 『신한민보』1940년 9월 19일자,「수정집영안의 통과」.
107 『신한민보』1941년 12월 25일자,「미국 징병법의 개정안」.

여 한인 1.5세 및 2세들이 이에 적극 호응하였다. 미국에서 태어난 한인 2세들은 본토에만 200명 가까이 미군으로 복무하고 있었고, 하와이에서는 훨씬 많은 2세들이 미군에 종군하였다. 진주만 폭격 이후로 한인 청년들이 미군에 자원한 이도 적지 않았으며 징병으로 복무하는 청년들도 많았다. 태평양전쟁 발발 이후 미국정부는 징병제를 실시하였는데 징병 등록을 한 인원을 대상으로 추첨으로 입대를 하였다. 추첨은 21세 이상 31세 이하 남자 가운데 내외국인을 불문하고 추첨하였는데 한국·중국·일본인 청년들도 선발되었다. 그리고 일본군에게 진주만 폭격을 당한 하와이에서도 국내방어와 노동봉사를 위하여 군사복역의 연령을 넘은 45세에서 65세까지의 남자들을 등록하게 하고 징병을 실시하였다.[108] 이에 따라 하와이의 한인청년들도 징병으로 미군에 들어갔다.[109]

전쟁 발발 직후 미본토 샌프란시스코에서는 사진술을 전공하는 이한근이 징병으로 미군에 입대하였으며,[110] 황법성도 징병으로 뽑혀 워싱턴주로 갔으며,[111] 윤영희도 징병으로 산페드로로 갔다.[112] 캘리포니아대학 의대를 우수한 성적으로 졸업하고 의학박사를 받은 최정익의 아들 최프랭크도 징병으로 미군 낙하산부대의 대위로 참전하였다. 최프랭크 대위는 1941년 9월 말에 영국으로 갔고, 1944년 6월 연합국이 프랑스의 노르망디 상륙작전을 개시할 때 최프랭크 소속 부대가 가장 먼저 프랑스에 상륙을 하였다.[113] 또한 최프랭크의 형 최피터도 종군하여 태평양 전선에서 복무하였다. 하와이 호우나지방에서는 거류하는 한인 16명이 모두 다 자원병으로 등록하고 국방공

---

108 『국민보』 1942년 4월 15일자, 「노년 등록의 주의」.
109 『신한민보』 1943년 8월 5일자, 「하와이 한인 청년의 종군」.
110 『신한민보』 1941년 12월 25일자, 「이한근의 징병 복무」.
111 『신한민보』 1942년 2월 12일자, 「황법성군의 종군」.
112 『신한민보』 1942년 2월 12일자, 「윤영희군의 징병 복무」.
113 『신한민보』 1940년 5월 30일자, 「최푸랭크군의 영예적 박사위, 동양인 가운데 처음있는 성적」; 『신한민보』 1945년 7월 19일자, 「한인청년 영웅록, 최푸랭크 대위의 전적」.

채 400달러를 사기로 하였다.[114] 1942년 상항한인교회의 청년 중 6명이 군대에 입대하였고, 1944년 10월 현재까지 17명이 참전하였다.[115] 그리고 안창호의 자녀들인 안수산과 안필립, 안랄프 등도 미군에 입대하였다.[116]

당시 하와이에 거주하던 권정숙(Margaret K. Pai)에 따르면, 1944년 그녀의 남편 필립 배(Philip Pai)도 전투에 불려 나갔고, 1945년 2월 그녀의 동생 권영철(당시 18세)도 군대에 입대하였다고 한다.[117] 또한 현순의 장남 피터 현도 1944년 38살의 늦은 나이로 미군에 입대하여, 오클라호마에서 6주간 군사훈련을 마치고 군사어학교에서 일본어 과정을 3개월만에 졸업하였다. 그후 그는 일본군 전쟁포로가 수용되어 있는 위스콘신주 맥코이수용소(Camp McCoy)의 통역으로 가라는 명령을 받았다.[118] 또한 미본토에서도 김영철은 44세에 입대하여 미국 육군정보부에 종사하고 솔로몬섬에서 부상을 당하였다.[119] 하와이에서도 한인감리교회에서만 58명이 종군하였는데,[120] 그중에 최제성과 칼강(Karl Kang)은 고사포 병사로 미드웨이해전에서 무수한 비행기를 격추하였다.[121] 그리고 현도명의 아들인 John K. Hyun,[122] 전경무의 종제 잭전(Jack Dunn), 정두옥의 아들 정남선 등도 참전하였다.[123]

---

114 『국민보』 1942년 4월 8일자, 「호우나지방 자원병」.
115 유동식 감수, 성백걸 지음, 『샌프란시스코의 한인과 교회』, 상항한국인연합감리교회100년사편찬위원회, 2003, 464~465쪽.
116 존차 지음, 문형렬 옮김, 『버드나무 그늘 아래-도산 안창호의 딸 안수산 이야기』, 문학세계사, 2003.
117 Margaret K. Pai, 『The Dreams of Two Yi-min』, p.143.
118 Peter Hyun, 『In The New World』, pp.189~190. 맥코이수용소는 위스콘신주 스파르타(Sparta)와 토마(Tomah) 근처에 있었으며, 38개 포로수용소 가운데 가장 큰 곳이며 주로 독일군들이 수용되어 있었다.
119 鮮于㷰源, 『아리랑 그 슬픈 가락이여』, 78쪽.
120 Alice Appenzeller, 「A Generation of Koreans in Hawaii」, 『Old Korea-The Land of Morning Calm』, Hutchinson, 1946, p.61.
121 鄭斗玉, 「在美韓族獨立運動實記」, 94쪽.
122 John K. 玄, 『國民會略史』, 高大民族問題硏究所, 1986, 28쪽.
123 鄭斗玉, 「在美韓族獨立運動實記」, 89쪽.

이와 같이 징병으로 미군에 입대하는 한인 청년들도 있었지만, 징병이 아닌 자원병도 많았다. 굳이 군대에 가지 않아도 되는데 목숨을 걸고 위험한 전쟁터에 자원하여 미국에 입대하는 경우도 많았던 것이다. 태평양전쟁이 일어나고 매일 신문과 라디오 방송에서 전쟁 소식을 들은 한인청년들은 "피가 끓어 집에서 뛰쳐나와 지원병으로 종군하는 자가 늘어"갔고, "미국이 반드시 승리를 얻고 동시 우리 조국을 광복할 날이 멀지 아니"하였다고 하여 미군에 자원 입대를 신청한 것이다.[124]

로스앤젤레스에 재류하는 윤혁은 둘째 아들 윤영희가 징병으로, 셋째 아들 윤영준은 지원병으로 미군에 입대하였던 것이다. 태평양전쟁이 발발하자 아들 5명이 모두 자원 입대한 경우도 있었다. 휘티어(Whitter)에 거주하는 백신구의 둘째 아들 에드워드, 셋째 아들 아더, 넷째 아들 스탠포드, 다섯째 아들 라우드가 전쟁 발발과 동시에 자원 입대하였다. 그런데 맏아들 랄프는 이미 결혼을 하여 부모를 봉양하고 있었는데, 동생들이 "한미 양국의 충성을 다하는 것을 보고 형이 되어서 집에 편히 있을 수 없다 하여" 일본군과 싸우기 위해 자원 입대하였다.[125] 이밖에 비웃에 거주하던 한인청년들 다수가 자원 입대하였고, 고춘학의 장남 고헨리, 이인교의 아들 이제임스도 자원하여 미군에 입대하였다.[126]

필자는 태평양전쟁기에 많은 한인청년들이 미군에 입대하였다는 것을 당시 미주에서 발간되었던 『신한민보』나 『국민보』에서 수많은 기사를 확인할 수가 있었다. 그렇지만 미국에서 생장한 청년들이 왜 목숨을 걸고 전쟁터에 나가기를 자원하였는가에 대해서 그 이유를 확실하게 알지 못하였다. 『신한민보』에는 '박찬세'라는 청년이 미군에 지원 입대한 내역에 대해 자세히 기

---

124 『신한민보』 1942년 1월 1일자, 「비웃 한인 청년의 지원 종군」.
125 『신한민보』 1941년 12월 25일자, 「백씨 5형제 전부가 종군」.
126 『신한민보』 1942년 1월 1일자, 「비웃 한인 청년의 지원 종군」.

재되어 있는데, 이를 통해 재미 한인 2세 청년들이 왜 목숨을 걸고 미군에 들어갔는지를 이해할 수가 있다. 그래서 좀 장황하지만 '박찬세'라는 청년이 미군에 지원 입대하게 된 사연을 자세히 소개하면 다음과 같다.

> 박찬세의 아버지 박술이는 일찍이 세상을 떠났고 그의 미망인이 여러 자녀들을 양육하였다. 태평양전쟁이 발발하자 장남 박광세는 지원병으로 미군에 입대하였고, 둘째 아들 박찬세 또한 군대에 가고자 하였던 것이다. 이에 어머니는 큰 아들이 이미 미군에 입대하였기 때문에 굳이 둘째 아들마저 지원병으로 종군하는 것을 허락하지 않았다. 그러나 둘째 아들 박찬세는 홀어머니의 만류에도 불구하고 어머니에게 군대에 입대하고 싶다고 간청을 하였다. 그러자 어머니는 "찬세야. 네 형도 지원병으로 갔고, 너마저 지원병으로 가면 네 어린 동생들과는 어떻게 살라는 말이냐"라고 하면서 입대를 만류하였던 것이다. 그러자 박찬세는 어머니에게 "아버지 어머니도 왜놈을 미워하지 않습니까. 왜놈이 한국을 침략하고 또 우리나라를 침범하니 내가 나가 우리나라를 위하여 싸워 왜놈을 다 때려잡고, 미국이 승리를 얻으면 한국도 찾을 수 있지요"라고 하면서 미군에 입대하게 해달라고 애원하였던 것이다.[127] 이같은 둘째 아들의 간절한 요청에 그의 어머니도 기꺼이 입대를 허락하였다.

『신한민보』에 실린 이 기사만 보고, 박찬세가 입대할 때 정확한 나이는 알 수 없지만 20세를 약간 넘은 청년이 아닌가 짐작이 된다. 미국에서 태어나 미국식 교육을 받은 청년이 어떻게 이같은 생각을 갖게 되었을까? 그것은 어려서부터 부모들의 교육이 있었기 때문일 것이다. 박찬세의 부모는 자녀들에게 일본의 침략상에 대해 누누이 말을 하였고, 이것을 듣고 자란 자녀들은 그것이 완전히 뇌리에 박혔기 때문에, 두 아들이 자원 종군하게 되었던 것이

---

127 『신한민보』 1942년 1월 1일자, 「비웃 한인 청년의 지원 종군」.

라고 할 수가 있다.

이와 같이 태평양전쟁이 일어나면서 재미 한인청년들이 미군에 자원 입대하는 경우가 엄청나게 많았다. 심지어 50세가 다 된 나이에도 다시 미군에 자원 입대하는 경우도 있었다. 서정묵은 1943년 49세의 나이에 입대를 자원하여 산페드로항 근처에서 훈련받았는데, 그는 1920년 시카고에서 지원하여 1926년까지 미육군 제14연대와 함께 파나마에서 복무하였다.[128] 그런데 1943년에 다시 미군에 지원하여 복무를 하였던 것이다.

신한민보사에서는 북미대륙에서 한인청년들이 어느 정도 미군에 입대하였는가에 대해서 알기 위해 「청년용사록」을 만들고자 하였다. 1942년 4월 2일 현재 북미에서 미군에 종군한 한인청년들은 33명에 불과하였지만,[129] 1943년 3월에는 129명에 달하였고,[130] 1944년 1월에는 181명에 달하였다.[131] 참전한 한인들 가운데는 여러 전역에서 혁혁한 공을 세운 사람들도 많았다. 그 가운데 가장 두드러진 활약상을 보인 재미한인은 김영옥이었다. 그는 대학생이던 22살 때 미육군 사병으로 입대하였으나, 그후 전쟁이 발발하자 일본인 2세들로 구성된 니세이(Nisei)부대 제100보병대(The 100th Infantry Battalion, 후에 the 442nd Regimental Combat Team)를 지휘하여 이태리와 북프랑스의 치열했던 7곳 전투에서 모두 전승을 거두었다.[132] 그는 탁월한 전공으로 인해 1944년 9월 소령으로 진급하였으며,[133] 나아가 미육군과 프랑스·이탈리아 정부가 주는 군최고의 훈장을 받기에 이르렀던 것이다.

---

128 『신한민보』1943년 8월 26일자,「서정묵씨 다시 자원 종군」.
129 『신한민보』1942년 4월 2일사,「종군한 한인 청년」.
130 『신한민보』1943년 3월 4일자,「종군 한인 청년」.
131 『신한민보』1944년 1월 6일지,「종군 한인 청년」.
132 閔丙用,「2차대전의 英雄 한인 2세, 김영옥 大領」,『美州移民100年: 初期人脈을 캔다』, 한국일보사, 1986, 102~103쪽.
133 『신한민보』1944년 9월 28일자,「김영옥 대위 소좌에 승격」.

이처럼 한인 2세들이 종군하면서 한인들이 미국사회에 필요한 사람들이라는 인식을 각인시켜 주었다. 이에 재미한족연합위원회 집행부 사무과에서는 미군에 종군한 한인 2세들을 위해 「종군기」를 만들어 대한인국민총회관 벽상에 걸고 용사 스타를 붙여 종군을 표시하였다. 또한 한인교회에서도 교회안의 전면에는 미국기와 태극기 외에 써비스기(Flag of Service)를 걸었다. 써비스기에는 출전자의 인원수에 따라 별을 붙였으며, 전사자는 금색 별로 표시하였다.[134]

태평양전쟁이 발발한 후 미군에 입대한 한인청년들은 대개가 대일전에 종군하기를 원하였다. 예를 들면 이병억의 둘째 아들 이존스는 미군 해군부에 근무하면서 남태평양에서 종군하다가 병으로 퇴역하였다.[135] 한인청년들 가운데에는 유럽전선에 배치되는 경우도 있었는데, 박상하의 셋째 아들 박윌슨은 이탈리아 전선에서 부교로 종군하다가 독일군에 포로가 되었다가 해방 후에 풀려났다.[136] 신달윤의 둘째 아들 신리차드는 이탈리아 전선에 있다가 다시 벨기에 전선에서 중상을 입고 병원에 입원하였다.[137]

미군에 입대한 한인 청년들 가운데에는 전쟁에 나가 미국의 대일전 승리에 도움을 주었지만 희생자도 적지 않았다. 남태평양에서 전사한 김성용,[138] 이태리에서 전사한 김제춘,[139] 영국서 전사한 이원규,[140] 레이테전선에서 전사한 전정교,[141] 필리핀에서 전사한 장이삭,[142] 한로벗명교,[143] 양윌리암[144] 등

---

134 『나성한인연합장로교회 70년사』, 78쪽.
135 『북미시보』 1944년 6월 15일자, 「이존스군 귀성」.
136 『국민보』 1945년 8월 8일자, 「박상하씨 자제 귀향」.
137 『신한민보』 1945년 2월 8일자, 「신리차드군 피상 치료 중」.
138 John K. 玄, 『國民會略史』, 28쪽.
139 『신한민보』 1944년 6월 1일자, 「김제춘 소위 전사」.
140 『신한민보』 1944년 9월 14일자, 「이원규 중위 영국서 전사」.
141 『국민보』 1945년 1월 10일자, 「한계병사들의 소식」.
142 『국민보』 1945년 2월 28일자, 「장군의 전사」.
143 『국민보』 1945년 3월 14일자, 「추도회」.

한인청년들이 전쟁에 희생되었다. 나성한인장로교회의 교인들로 전사한 한인들만 7명이나 되었다.[145]

하와이 출신의 한인청년들도 전쟁에 참가하여 많은 희생을 당하였다. 호놀룰루에 거주하는 양재형의 둘째 아들 양윌리암은 23세인데 일본군을 상대로 맹렬하게 전투하여 그 공로가 많아서 일등병이 되었다가, 1944년 4월 24일 필리핀 루손섬에서 일본군과 전투중 전사하고 말았다.[146] 또한 호놀룰루에 거류하는 박승균의 아들 박존은 1944년 7월 13일 프랑스 노르망디 전장에서 미군 소대를 지휘하였으나 총상으로 인해 입원 치료하다가 병상에서 죽었다.[147] 또한 이원규 중위는 영국전장에서 복무하던 중 독일군 소탕전에 참전하였다가 1944년 8월 26일 전사하였다.[148]

태평양전쟁기간 중 무엇보다도 가장 두드러진 활동이었다고 할 수 있는 것은 캘리포니아주 경위군(California State Guard)에 한인중대가 별도로 편성되어 활동하였다는 점이다. 캘리포니아주 경위군에서 재미한족연합위원회 집행부 국방과에 100명 이상의 캘리포니아 경위군 한인중대를 편성해 달라고 통고해 왔다. 이같은 요청을 받은 집행부 국방과에서는 제1차로 1941년 12월 22일 포고 제2호로 한인경위대의 모집을 공포하였다.[149] 캘리포니아주 경위군에 들어갈 수 있는 연령은 18세에서 64세까지였고, 몸이 쇠약하거나 나이가 많아도 괜찮다고 하였다. 군복과 군기는 주정부에서 제공하고, 경위대가 되면 매주 하루 동안 군사훈련을 받아야만 했다. 경위대(Guard Reserves)는 현역(active duty)에 복무하는 것이 아니라, 현재 주경위

---

144 『국민보』 1945년 5월 24일자, 「일반회원께」.
145 『나성한인연합장로교회 70년사』, 78쪽.
146 『국민보』 1945년 5월 30일지, 「양재형씨 자제 전사」.
147 『국민보』 1945년 8월 22일자, 「박부교의 전사 훈장」.
148 『신한민보』 1944년 9월 14일자, 「이원규 중위 영국서 전사」.
149 『신한민보』 1941년 12월 25일자, 「재미한족연합위원회 집행부 국방과 포고 제2호」.

대(State Guard)에 근무하는 퇴역 육군이나 경위대 장교의 지휘하에 매주 훈련을 받는 것이다. 그리고 경위대는 신체적·연령적으로 육군 기준 보다도 아래 있고, 연방군에 복무할 수 없는 미미한 신체적 장애를 가진 남성들이 주(state)에서 복무할 수 있게 하는 것이다.[150]

군복과 군기는 미국정부에서 공급하고, 매주 하루 군사훈련을 받아야만 했다.[151] 한인경위대 모집이 시작된 이후 2개월만에 100명이 넘게 참여를 신청하였다. 신청자의 평균 연령은 45세이며, 그 가운데 20% 이상이 60세 내지 69세의 고령자가 차지하고 있었다. 고령자들은 대개 광무군인 출신으로 나라를 잃음 설음에 경위군을 모집한다는 광고를 보고 응모하게 되었던 것이다.[152]

한인경위대가 편성된 후 국적문제 때문에 미육군에 부속되지 않고 캘리포니아 민병대에 부속시키기로 합의를 보았고 한다.[153] 한인경위대를 일반적으로 '맹호군(Tiger Battalion)'이 되었던 것이다. 우리나라 지도가 호랑이의 형상과 같고, 그 지리 형승을 타고난 우리 용사가, 여우와 같은 일본을 박멸하고자 하는 뜻에서 견장에 호랑이 문양을 넣었던 것이다.[154] 한인경위대의 목적은 재미한인도 미군과 같이 항일전쟁에 참가하여 연합국의 승전에 이바지하는 동시에 조국의 독립을 위하여 생명을 내놓고 싸우겠다는 것이었다. 한인경위대는 처음에 18세에서 64세에 이르는 한인 남자들 50명이 병적에 등록되었고, 나중에는 로스앤젤레스 지구에서만 109명으로 늘어났다. 대부분이 군대 징집 연령을 넘었지만, 매주 토요일과 일요일 오후에 로스앤젤레스의 박람공원(Exposition Park)에서 훈련을 실시하였다.[155]

---

150 『Madera Tribune』 1942년 12월 28일자, 「Seeking Recruits for State Guard」.
151 『신한민보』 1941년 12월 25일자, 「재미한족연합위원회 집행부 국방과 포고 제2호」.
152 추신, 「가주 나성 한인의 경위군」, 『신한민보』 1942년 2월 5일자.
153 李元淳, 『世紀를 넘어서』, 249쪽.
154 『신한민보』 1942년 3월 5일자, 「나성 한인의 3월 1일, 독립선언 제23년 기념식」.
155 崔鳳潤, 『떠도는 영혼의 노래 - 民族統一의 꿈을 안고 -』, 東光出版社, 1986, 177~178쪽.

또한 샌프란시스코에서도 1942년 6월에 주방위군 제1연대 K중대로 창설되었으며,[156] 30여 명의 한인들이 매주 토요일 오후 아모리홀(밋손가)에서 훈련을 받았다.[157] 한인들이 가장 많이 살고 있었던 하와이에서도 호놀룰루와 각 농장에서 경위대를 조직하여 조련을 배우며 사격연습을 하였다. 하와이 경위대에는 한인들과 함께 미국인·중국인·필리핀인이 합동으로 훈련을 실시하였다.[158]

3) 재미한인의 외교활동

태평양전쟁 발발 이전부터 재미한인들과 한인단체는 워싱턴에서 로비활동을 강화해 가고 미국무부의 문을 여는데 외교적 역량을 집중하였다. 재미 한인단체들은 미국무부의 태도를 변화시키는 길은 미국 의회에서 한국문제가 토론되고 미국 국민과 언론으로부터 동정을 얻는 것이라고 생각하였다. 이같은 생각 때문에 중국 충칭의 임시정부도 미국의 이승만과 연락하여 중국·미국에 대한 정부 승인외교를 적극적으로 펼칠 것을 요구하였다. 앞에서 언급한 바와 같이 1941년 4월 조국의 독립운동과 동포사회의 통일을 위해 재미한족연합위원회가 결성되면서 독립운동 역량을 결집시킬 수 있었다. 재미한족연합위원회에는 외교를 담당할 주미외교위원부를 두고 그 책임자로 이승만을, 한길수를 국방공작봉사원에 임명하여 외교활동을 뒷받침하게 하였다. 1941년 6월 충칭의 임시정부는 이승만을 주미외교위원장으로 임명하고 그에게 대미교섭의 전권을 위임하였다. 이승만 대미외교를

---

156 「February 20, 1943, (To) Colonel Truman M. Martin (From) C. S. Kim」, 국가보훈처, 『OSS(Office of Strategic Service) 재미한인자료』, 2005, 152쪽.
157 『신한민보』 1942년 8월 13일자, 「상옥 경위대 완전 조직」; 崔鳳潤, 『떠도는 영혼의 노래 – 民族統一의 꿈을 안고 –』, 79쪽.
158 『태평양주보』 1942년 7월 15일자, 「전시생활과 공채」; 『국민보』 1942년 7월 22일자, 「하와이 경위군 모집」.

관장하고 있을 무렵 일본이 진주만을 기습공격하자, 그는 12월 9일 미국무부 정치고문 혼백(Stanley K. Hornbeck)에게 다음과 같이 편지를 썼다.

> **마침내 피할 수 없는 (운명의) 충돌이 일어났으나 이때가 바로 우리가 일본을 쳐부수기 위해 가능한 한 모든 일을 해야 할 때이다. 한국인들은 미국의 대의(大義)에 도움이 될 모든 기회를 모색하고 있다.**[159]

이승만은 임시정부에 대한 미국의 승인 획득과 군사적 지원을 확보하는데 총력을 기울였다. 그는 1942년 2월 27일부터 3월 1일까지 워싱턴에서 개최된 한인자유대회에서 대한민국임시정부를 모든 정성을 다하여 지원하고 유지해 나갈 것, 임시정부가 연합국의 일원이 될 수 있도록 미국무부에 요청할 것, 한국임시정부의 승인을 요구하는 청원서를 미국대통령과 의회에 제출할 것 등을 결의하게 하였다.[160]

이후 이승만은 미국의 정계, 언론계, 학계 및 종교계 인사들로 구성된 한미협회와 기독교인친한회 등을 통해 임시정부를 승인해 줄 것을 요청하였으며, 미국의회를 통하여 행정부, 특히 대통령과 국무부에 압력을 넣는 등 가능한 모든 방법을 동원하여 임시정부의 승인을 받고자 하였다. 그는 대미외교에 있어 임시정부 승인 획득을 무엇보다 우선시하였으며 주미외교위원부와 한미협회는 미국무부와 대통령을 상대로 끈질기게 임시정부 승인을 요구하였다. 그럼에도 불구하고 태평양전쟁기 미국은 충칭에 있는 대한민국임시정부에 대한 불승인정책으로 일관하였다.[161]

미국이 임시정부를 승인하지 않는 첫 번째 이유는 추축국 점령하에 있는

---

159 한철호 역, 『미국의 대한정책 1834~1950』, 51쪽.
160 고정휴, 『이승만과 한국독립운동』, 435~436쪽.
161 고정휴, 『이승만과 한국독립운동』, 435~441쪽.

나라들의 망명정부를 인정하지 않는다는 것이고, 두 번째로 임시정부는 한국을 대표하는 정부가 아니라 경쟁적인 한인그룹들 가운데 하나일 뿐이라는 점에 있었다.[162] 하지만 이 보다 미국이 임시정부를 승인하지 않는 현실적 문제는 ① 한국독립운동 단체 간의 통합이 결여되어 있고, ② 한국 국외의 단체들이 국내 주민들과 거의 연계되어 있지 않았다는 이유로 임시정부의 승인을 거부하였다.[163] 미국 정보기관들도 재미한족연합위원회 대표들에게 임시정부의 법적 승인문제는 당분간 유보하고 승인이 필요 없는 프로그램을 마련할 것을 촉구하였다.[164]

한편, 태평양전쟁기 외교활동에서는 대미교섭에 혼선이 초래되기도 하였는데, 한길수는 태양전쟁 직후부터 중한민중동맹단, 조선의용대 미주후원회, 조선민족전선연맹의 워싱턴 대표임을 내세우며 사사건건 이승만의 활동에 제동을 걸었다. 1942년 충칭의 김원봉은 한길수를 조선민족전선연맹 미국 전권대표로 임명했고, 1943년에는 조선민족혁명당 미주지부 워싱턴 대표로 임명하였다. 한길수는 이승만과 충돌한 결과 재미한족연합위원회로부터 면직되었고, 이후 중한민중동맹단은 재미한족연합위원회에서 탈퇴하였지만, 한길수는 중한민중동맹단을 중심으로 미국의 조야에 한국의 독립운동을 지원해 줄 것을 요구하고 있었다.

이승만은 계속해서 미국의 정부와 의회를 상대로 임시정부 승인을 위한 외교활동을 전개하였으나 별다른 성과를 거두지 못하였다. 이에 북미 대한인국민회에서는 1943년 1월 외교실패, 권리남용, 인심소란의 이유로 이승만의 주미외교위원장 직임에 대한 소환을 임시정부에 품청할 것을 재미한족연합위원회에 요구하는 등 이승만에 대해 노골적으로 대항하였다.[165] 재미

162　고정휴, 『이승만과 한국독립운동』, 479쪽.
163　한철호 역, 『미국의 대한정책 1834~1950』, 62쪽.
164　국가보훈처, 『OSS(Office of Strategic Service) 재미한인자료』, 30쪽.
165　홍선표, 『재미한인의 꿈과 도전』, 359쪽.

한족연합위원회와 이승만과의 분열이 표출된 것은 이른바 '중경특파원 사건'이었다. 연합회에서는 중경에 특파원을 파견하기로 하고 주미외교위원부의 도움을 요청하였으나 이승만이 이에 반대하였다. 이로 인해 연합회와 외교부 사이에 분쟁이 발생하여 재미한족연합위원회를 분열로 몰아갔고, 동지회가 1943년 12월 23일 재미한족연합위원회에서 탈퇴하게 되었다.[166] 재미한족연합위원회는 동지회가 탈퇴한 후 국민회 단독으로 운영해 갔다. 「카이로선언」이 발표된 후 재미한족연합위원회는 워싱턴에 외교사무소 개설에 박차를 가하고 있었고, 의사부는 이승만과의 공식 단절을 선언함과 동시에 워싱턴사무소의 설립을 위해 1944년 1월 16일 민중대회를 개최하고, 그해 6월 10일 워싱턴에 재미한족연합위원회의 사무소를 개소하였다.

  1943년 들어 미국 정보기관들도 재미한인들 간 외교활동의 혼선이 초래되자 하나의 채널로 통합될 필요성이 있다는 것을 인정하였다. 그래서 그해 6월경 미국의 정보기관들은 한국문제에 대해 준비할 시간이 별로 없다는 점을 강조하면서, 재미한인을 이용하는데 우선 통일될 필요가 있다고 보았다. 그 방법으로 ① 한길수를 고립시킨다. ② 비공식적으로 망명정부와 같은 '한인투쟁위원회(Fighting Korean Committee)'를 조직하여 한인들을 전시에 동참시킨다. ③ 그같은 한인조직은 미국의 통제하에 둔다는 방침을 정하였다.[167]

  1943년 12월 1일 「카이로선언」을 통해 연합국이 한국의 독립을 확인해주었기때문에 재미한인들에게는 자신감을 심어주었다. 재미한인들은 전쟁이 발발하자, 전쟁의 결과 일본이 패하면 조국이 해방될 것으로 믿고 있었다. 대부분의 재미한인들은 어떻게 하면 연합군의 혜택으로 우리민족이 해방되고 「카이로선언」에 따라 민족의 자주권을 얻을 수 있을 것으로 생각하고 있

---

166 홍선표, 『재미한인의 꿈과 도전』, 390~392쪽.
167 국가보훈처, 『OSS(Office of Strategic Service) 재미한인자료』, 12~13쪽.

었다. 한국의 독립이 열강들에 의해 보장된 이후부터 미주 한인사회에는 군사운동에 대한 관심이 고조되었다. 이에 따라 1943년 12월 12일 샌프란시스코에서 열린 북가주대한인시국대회에서 한인들은 향후 독립운동의 방침을 적극적인 군사운동 후원에 두고 군사운동비 모금활동을 시작하였다.[168]

태평양전쟁기 미주지역 한인들의 마지막 외교활동은 샌프란시스코에서 전개되었다. 1945년 4월 25일부터 샌프란시스코에서는 연합국가들이 전후 세계평화와 전후 처리문제를 논의하기 위해 모였으며 연합국회의가 개최되었다. 재미한인들과 충칭 임시정부는 샌프란시스코회의에 비상한 관심을 기울였다. 이승만은 그해 2월 23일 임시정부의 훈령에 따라 샌프란시스코회의에 출석할 한국대표단을 구성하였다. 연합국들이 국제연합을 조직하기 위한 회의가 열린 4월 25일 상항한인감리교회에서 한인들과 대표들이 모였다. 이 회의에 한국의 참가를 요청하였지만 거부되고 말았다.

샌프란시스코회의에 참석하려는 노력이 좌절되자 이승만은 1945년 2월 얄타회담에서 미·영·소 3국 정상이 "전후 한반도를 소련의 세력 범위하에 두기로 했다"는 밀약설을 제기하였다.[169] 이승만은 얄타회담에서 전후 한반도에 대한 이같은 밀약이 있었다는 것을 언론에 흘렸고, 얄타밀약설이 세상에 공개됨으로써 회담의 당사국들을 매우 당황스럽게 만들었다. 이승만이 이 시점에서 얄타밀약설을 내놓은 이유는 한국의 독립을 약속했던 「카이로선언」을 재확인하고 소련에 대한 미국의 정책변화를 유도해내며, 소련과 중국 영내에서 활동하고 있던 일단의 한인 공산주의세력을 견제하려고 하였던 것이다.[170]

---

[168] 홍선표, 『재미한인의 꿈과 도전』, 246쪽.
[169] 고정휴, 『이승만과 한국독립운동』, 456쪽.
[170] 고정휴, 『이승만과 한국독립운동』, 467쪽.

4) 재미한인의 전시공작 참여

미국은 충칭 대한민국임시정부에 대한 불승인정책을 고수하면서도 대일전쟁에 한인 무장조직을 활용하는 문제에 대해 전쟁 초기부터 호의적인 반응을 보였다. 미군부와 정보기관에서는 국외 한인들을 이용한 소규모의 첩보 및 침투공작에서부터 한반도 내 무장봉기에 이르기까지 그 가능성에 대하여 폭넓게 검토하였다.

태평양전쟁 초기부터 이승만의 복안은 미국내 한인들을 비밀리에 모집하여 특수훈련을 시켜 전쟁에 참여하는 것이었다. 1942년 7월 28일 이승만은 재미한족연합위원회 부위원장 김병연에게 한인 적임자를 물색하여 지원서를 작성케 한 후 워싱턴으로 보내줄 것을 요청하였다. 10월 경 이승만은 50명의 명단을 전략첩보국(Office of Strategic Service, OSS)에 통보하였다.[171] 이 계획은 「FE-6 Project」라고 불렸는데, 1942년 10월 10일자로 이승만의 제안서인 한인 '군사적 자원(Military Resources)'과 '게릴라 훈련' 참여를 요청한 50명의 신청서가 굿펠로우(Preston M. Goodfellow)에게 제출되었다. 이 프로젝트는 1942년 11월 17일 전략첩보국 극동과 책임자인 찰스 레머(Charles Remer)의 승인을 받아 이승만이 승인한 한인 24명의 명단을 OSS특별작전과(Special Operation Branch)로 발송되었다. 프랜시스 데블린(Francis T. Devlin) 대위는 이들 가운데서 다시 12명을 선별하였는데, 이들은 "Korean Project의 핵"으로서 특수작전훈련을 받은 후 중국 충칭으로 배치하기로 되어 있었다.[172] 그곳에서 'FE-4' 및 극동 OSS 국장의 지휘 아래 궁극적으로는 한국으로 진입할 그 기관의 교관 겸 핵심 역할을 하게 한다

---

171 고정휴, 『이승만과 한국독립운동』, 446쪽.
172 Robert Fahs 저·반병률 역, "American Intelligence on Koreans in the United States, 1941–1945", 국가보훈처, 『OSS(Office of Strategic Service) 재미한인자료』, 28쪽.

는 것이었다. 이들은 오랫동안 이승만의 비서로 활동해 온 장기영을 비롯하여 로스앤젤레스의 피터 현, 이순용, 이상문, 조종익, 현승엽, 황득일 등 이승만이 신뢰하는 사람들이었다.[173] 이 계획은 미국과 한국 간의 역사적인 첫 군사협력활동이었다. 선발된 12명이 워싱턴으로 차출되어 군사훈련을 받고, 1943년 1월 6일에 기초훈련을 마쳤다. 훈련을 마친 11명 가운데 3명이 탈락하고 나머지 8명은 계속해서 고급반 훈련을 받았다. 고급반 과정에 1명이 추가되어 9명이 2월 6일에 소정의 훈련을 완료하였다.[174] 그러나 그해 4월 15일 시설부족을 이유로 해외로 갈 수 없다는 통보를 받았다. 한 사람은 이때 시민의 신분으로 돌아가고 나머지 8명은 육군에 등록하였다.[175]

미국도 당면한 전시의 필요성과 대일전 수행을 위해 재미한인 활용방안을 모색하였고, 또 한인사회와 한인 정치세력들에 관한 정보수집을 강화하였다.[176] 이를 토대로 미국의 3부조정위원회(SWNCC) 국무부 대표는 정치적 관점에서 볼 때 한국군의 조직이 바람직하다는 견해를 밝혔다.[177] 미국 군부에서도 한인들을 대일전쟁에 동원하는 문제를 다각도로 검토하였다. 1943년 들어 태평양전쟁의 전황이 자신에게 유리해지자, 1944년 후반 한인들을 이용한 직접행동에 관심을 보이기 시작하였다. 1945년 전반 OSS는 해외 한인사회의 분포양상과 각각의 사회·정치적 조건, 활동성 등을 토대로 한인을 이용할 수 있는 공작분야를 구체적으로 검토하였다.[178]

173　張基永, 「OSS의 韓國人」, 『신동아』 1967년 9월호, 263~264쪽.
174　국가보훈처, 『OSS(Office of Strategic Service) 재미한인자료』, 559쪽.
175　고정휴, 『이승만과 한국독립운동』, 446~447쪽.
176　정용욱, 『해방 전후 미국의 대한정책』, 서울대학교 출판부, 2003, 63쪽.
177　한철호 역, 『미국의 대한정책 1834~1950』, 91쪽. 미국에 기주하는 한국인과 일본이 위임통치를 받고 있는 섬에서 체포된 한국인 전쟁포로 및 민간인 억류자들 가운데 자원자로 한국군을 구성하여 태평양에서 한국의 깃발아래 전투임무를 수행하고, 해방 후에는 한국에서 군사정부가 이를 활용할 수 있도록 한다는 것이었다. 또한 이 군대는 미육군 소속의 한국계 미국인 장교에 의해 지휘를 받으며, 미국 현지 사령관의 포괄적인 명령아래 놓이게 된다는 것이다.
178　정용욱, 『해방 전후 미국의 대한정책』, 86쪽.

한편, 태평양전쟁이 확대되면서 남태평양 지역의 한인들이 미군 포로가 되어 미 본토 및 하와이로 들어왔다. 하와이 포로수용소의 경우 통역으로 온 한인 2세들과 한인목사들에 의해 한인 전쟁포로의 실체가 외부에 알려지게 되었다.[179] 1943년 12월경 재미한족연합위원회에서도 이에 대한 정보를 갖고 전경무는 직접 호놀룰루로 가서 확인하고, 한인 전쟁포로들이 일본군 군인·군속 출신의 청년들이라는 사실에 놀랐다.[180] 또한 맥코이수용소에도 미군이 사이판 등의 섬을 점령하면서 포로가 된 한인 110명 가량 수용되어 있었다.[181]

이에 재미한족연합위원회에서는 한인포로들을 활용할 방법을 미국당국과 협의하였다. 전경무는 1944년 2월 길버트·마샬 군도에서 미군 포로가 된 한인들이 하와이에 있다는 것을 확인하고, 하와이 군정(Office of the Military Governor of Hawaii) 당국과 구체적으로 협의하였다.[182] 그는 군정당국에 대해 "한국인들이 일본정부에 전혀 동조하지 않고 한인으로서 충성심을 증명할 수 있도록 신중히 고려해 줄 것과, 그 사람들이 태평양 전역에서 연합군의 병력에 도움이 되고자"하는 의지와 희망에 따라 일종의 군사작전에 참여하게 해 줄 것을 제안하였다. 그리고 그는 미국 전쟁부 맥클로이(John J. McCloy) 차관보에게 「미군수용소에 있는 한국인과 그들의 노동력 이용」이라는 보고서를 작성하여 한인 전쟁포로를 이용하자고 제안하

---

179 하와이 한인 전쟁포로에 대해서는 김도형, 「태평양전쟁기 하와이 포로수용소의 한인 전쟁포로 연구」, 『한국독립운동사연구』 22, 독립기념관 한국독립운동사연구소, 2004 참조.
180 피터 현도 비슷한 경험을 하였는데, 그는 미군에 입대하여 군사언어학교를 졸업하고, 맥코이수용소에 배치되었다. 그는 그곳에서 "내가 내 인생에서 가장 놀란 것은 포로들이 일본인이 아닌 한국인이라는 것이다. 오, 얼마나 감격스러운 일인가. 한인 포로는 거의 멀리 떨어진 한국에서 왔다는 것과, 재미한인 병사가 그들을 돌본다는 것은 거의 믿을 수 없는 일이었다"라고 하고 있다(Peter Hyun, 『In The New World』, p.198).
181 『신한민보』 1944년 12월 28일자, 「한인 전쟁포로들을 위문코저 경애하는 동포들게 고함」; 『신한민보』 1945년 1월 18일자, 「한인포로자를 위문 지성지방회」.
182 「전경무(J. K. Dunn)가 맥클로이(McCloy)에게 보낸 편지(1944. 6. 5)」(독립기념관 소장, 도산자료 A01402).

였다.[183]

　1944년 중반에 들면서 미국당국도 재미한인들과 한인포로를 전쟁에 동원하려는 적극적인 모습을 보여주게 된다. 연합국의 점령지가 확대되면서 한인포로들의 숫자가 늘어감에 따라 조기에 훈련되고 조직화된 한인포로들을 이용하여 대일전쟁을 원조할 수 있을 것으로 판단하게 되었다. 그러나 문제는 하와이에 있는 한인들이 전쟁포로의 신분이라는 것이다. 전쟁포로의 이용은 현실적으로 제네바 협정(Geneva Convention)과 헤이그협정(Hague Convention)과 같은 국제조약을 위반할 수 있기 때문이었다. 이같은 국제 규약 때문에 한인 포로들이 직접적으로 태평양전쟁에 참여하기는 힘들었다.

　미국 전쟁부에서는 재미한족연합위원회의 제안에 대해 "미국과 일본 간의 협약에 근거해 일본의 동의 없이는 불가능하다"는 것을 통보하였다.[184] 그리고 1945년 1월 미 전쟁부에서도 한인포로의 활용에 대한 재미한족연합위원회의 제안을 긍정적으로 검토하였으나 전투에 복무시킬 수 없다는 답변을 받았다.[185] 이에 따라 하와이 한인 전쟁포로들이 태평양전선에서 일본군과 대항할 수 있는 기회를 놓치게 되었다.

　한편, 이승만도 1944년 7월 18일 다시 합동참모본부에 편지를 써서 태평양 근역 섬에서 포로가 된 한인 노무자나 군인들을 훈련하여 일본과 한국침투공작에 사용하자고 제안하였다. 그리고 자신과 주미외교위원부가 포로 중에서 적당한 인원을 선별하겠다고 나섰다.[186] 이에 대하여 OSS에서는 이승만을 통하는 것이 현명하지 못하고 OSS가 직접 중국에서 한인들을 훈련할

183 「전경무(J. K. Dunn)가 맥클로이(McCloy)에게 보낸 편지(1944. 6. 5)」(독립기념관 소장, 도산자료 A01402).
184 「전경무가 한시대에게 보낸 편지(1944. 8. 29)」(독립기념관 소장, 도산자료 A00931).
185 「John Weckerling이 전경무에게 보낸 편지(1945. 1. 8)」(독립기념관 소장, 도산자료 A01017); 「전경무가 전쟁부 웨컬링(Weckerling)장군에게 보낸 편지(1945. 1. 25)」(독립기념관 소장, 도산자료 A01016).
186 방선주, 「美洲地域에서 韓國獨立運動의 特性」, 『한국독립운동사연구』 7, 1997, 505쪽.

계획이라고 내부 문서를 돌렸다. 미국은 이승만과 한길수 계열이 아닌 재미 한인을 이용하여 한국내에 침투시키려는 냅코작전(Napko Project)을 계획한 것이다.[187]

위와 같이 미국당국은 1944년 후반부터 한인들을 이용한 직접행동에 관심을 보이기 시작하면서, 냅코작전은 1944년 하반기에 확정되었다. 이 시기 조선민족혁명당 미주총지부의 진보적 인사들도 무장부대를 통한 보다 적극적인 항일투쟁 전략을 수립하였다. 그래서 1945년 1월 4일 변준호와 김강은 OSS의 민간인 요원으로 참가하였고, 이경선·이창희는 OSS요원으로 미군에 입대하였고, 황사용·최봉윤·신두식 등은 샌프란시스코의 전시 정보기관의 미국선전방송 등에 관계하게 되었다.[188] 특히 한인들 가운데 미국의 정보기관에서 일을 하는 사람들이 많아졌다. 미국 전쟁부는 일본어에 능통한 한인들을 다수 채용하였는데 이들은 대부분 통역으로 배치되었다. 이때 채용된 인물로는 이정근·박용학·노아 조(趙光元) 신부 등이다.[189] 나성한인감리교회의 이진묵 목사는 1944년 샌프란시스코의 전시정보국(Office of War Information)에서 황성수, 김태묵 이동진(Samuel Lee), 유경상(Kingsley K. Lyu) 등과 함께 단파 일본어방송으로 미국의 일본과의 심리전에 가담하였으며,[190] 여성으로는 박마타도 샌프란시스코 정보국에서 근무하였다.[191] 일본인이 수용소에 갇히면서 번역하는 사람이 많이 필요해서 장기형과 선우학원

---

187 냅코작전에 대해서는 鄭秉峻, 「NAPKO PROJECT OF OSS 해제」, 『NAPKO PROJECT OF OSS』, 국가보훈처, 2001 참조.
188 최기영, 「1930~40년대 미주 기독교인의 민족운동과 사회주의: 李慶善을 중심으로」, 『한국기독교와 역사』 20, 2004, 50쪽.
189 李元淳, 『世紀를 넘어서』, 251쪽.
190 김신행, 『새하늘과 새땅을 향하여-LA연합감리교회의 100년 역사』, LA연합감리교회, 2004, 198쪽; Kingsley K. Lyu, 「Korean Nationalist Activities in Hawaii and Continental United States, 1900 – 1945」 Part Ⅱ, Amerasia 4:2, p.78.
191 『신한민보』 1945년 1월 25일자, 「박마타여사 정보국 취직」.

은 함께 FBI에서 일본어 번역 일을 하였다.[192]

또한 냅코작전에는 맥코이수용소의 전쟁포로들과, 버마전선에서 투항한 학병출신자들도 참가하였다. 특히 일본군 출신의 한국인 군인·군속들은 일제에 의해 강제동원된 사람들이 많아서 반일 증오감정이 극단적이었다. 훈련소는 남가주의 산타 카탈리나(Santa Catalina)라는 큰 섬의 Howland's Landing과 Fourth of July Cove라는 곳에서 훈련을 받았다. 공작교육생들은 무기, 비무장전투법, 지도읽기, 파괴, 무전, 촬영, 낙하산훈련, 비밀먹사용법 등 강도 높은 훈련을 받으며 대일전선에 투입되기 기다렸다.[193] 하지만 일제가 패전하는 바람에 이들이 실질적으로 전시공작에 참여할 기회는 제공되지 못하였다.

---

192 김신행, 『새하늘과 새땅을 향하여 – LA연합감리교회의 100년 역사』, 198~199쪽.
193 방선주, 「美洲地域에서 韓國獨立運動의 特性」, 507쪽.

5 전쟁특수와 재미한인의 경제

태평양전쟁은 재미한인들에게 정치적·경제적·사회적·문화적으로는 고통을 주었지만, 전쟁특수로 경제적 안정을 이룰 수 있게 하였다는 점에서는 긍정적으로 작용하였다. 제1세대 한인들은 태평양전쟁기 노년에 접어들어 실질적으로 경제활동의 일선에서 물러나 있었다. 그러나 1.5세 및 2세들은 왕성한 경제활동을 할 시기에 접어들었다. 따라서 제1세 한인들은 자신들의 희생을 통해 후세들 교육에 온 정성을 기울였고 이들의 노력에 의해 그 후세들은 본격적인 경제활동 시기가 되었을 때 태평양전쟁이 발발하였던 것이다.

이민 초기 한인들은 대부분 노동을 통해 생활을 유지하였지만 중년 이후 신체적·체력적 제한으로 인해 노동으로 생활하기가 힘들었기 때문에 자영활동을 하고 있었다. 태평양전쟁 발발 이전까지 한인들이 주로 하던 자영업으로는 세탁업·양복점·이용업·식료품상·음식점업 등이었으나, 이들 사업을 통해 경제적으로 부를 축적하기는 힘들었고 대부분 자녀교육과 생활비를 충당하기에 급급하였다. 그럼에도 불구하고 부모세대의 교육열에 힘입은 1.5세와 2세들의 경우에는 전문직으로 진출하는 경우도 많았다.

1920년대 이후 하와이 한인들의 경제 중심지는 와히아와(Wahiawa)였다. 와히아와에는 1920년대 초반부터 미국 육군 3만 명이 주둔할 수 있게 스코필드 군영을 증축하였다. 이 때문에 한인들은 이곳으로 몰려왔고, 미군들을 상대로 하는 사업을 하였다. 1920년대 후반에는 호놀룰루에 한인들이 약 2,000명 정도 살았고, 와히아와에는 약 400명(122세대)이 살았다. 와히아와에서 한인들은 집단을 이루고 살면서 작은 도시인 와히아와는 첫 하와이 코리아타운을 형성하였다. 와히아와에 사는 한인들의 절반은 파인애플농장에서 일을 하였고, 나머지는 군인들을 상대로 노동집약적 자영업인 세탁업, 양복점, 구두수선업, 잡화상, 택시업 등을 하였다.[194]

　　태평양전쟁기 한인들이 가장 많이 살고 있었던 하와이에서는 1930년대 초에 이르러 이민 초창기의 사업인 세탁업·양복점·이용업·식료품상 등의 단계를 벗어나 중류급 사업에 손을 대기 시작하였다. 그중에서도 가장 성행한 사업이 카네이션 재배와 여관업이었다. 카네이션은 하와이의 상징처럼 되어 있는 레이(Lei)를 제작하는 재료로 사용되었기 때문에 이것을 통해 성공한 사람이 많았다. 그래서 한 때는 카네이션 재배를 한인들이 독점하다시피 한 시절도 있을 정도였다. 한편 당시 여관업이라 해도 거창한 규모가 아니고 여인숙처럼 방 한두 개만 갖추면 개업한 것이었다. 호텔이 한둘 밖에 없었기 때문에 이런 숙박업이 각광을 받았던 것이다. 한인들은 처음부터 집을 사서 개업한 것은 아니고 우선 전세를 얻어 영업을 하다가, 돈을 벌게 되면 사는 것이 보통이었다.[195] 그밖에 라디오 애플라이안스 회사(Radio Appliance Company)를 경영하였던 최선주, 외장적 가구를 제조하는 대왕가구상점을 경영하였던 권도인, 라디오·세탁기·전기부속품 등을 판매하는 고상성음법회사를 경영하였던 송승균, 군복상회를 경영하였던 최두욱 등은 사업적으로도 성공한 사람들이었다.[196]

　　1930년대에 있었던 경제공황이 한인사회에 큰 타격을 주기는 했지만 태평양전쟁의 발발로 한인들에게 보다 많은 기회를 제공하였다. 즉, 많은 군인들이 하와이로 들어오고 국방산업이 팽창하고 적국 거류민이라는 불이익에도 불구하고 한인들의 임금이 꽤 높았기 때문에 한인들의 경제적 향상에 도움이 되었다. 한인사회는 전쟁 이전에 비해 경제적으로 보다 나은 지위를 획

194　안형주 편저, 『죽사 안창호선생 자료집』, 죽산안씨문화연구회, 2012, 24~25쪽.
195　李元淳, 『世紀를 넘어서』, 200쪽.
196　高珽烋, 「하와이 中韓民衆同盟(1938-1945) 연구」, 『한국근현대사연구』 34, 2005, 171쪽.

득하게 되었다.[197] 태평양전쟁 당시 진주만에 해군기지가 건설되었을 때에 도 세탁과 옷 수선, 구두 수선 등으로 많은 돈을 벌었다. 전시중에 한인들은 스코필드막사(Schofield Army Barracks), 휠러기지(Wheeler Air Force Base), 제13보충대 혹은 다른 군부대에서 주야로 일을 하였다.[198] 스코필드 육군기지와 휠러 공군기지는 1913년 와이하와에 건설되었는데 한인들이 이곳 군인들을 상대로 세탁업과 봉제업을 독점해 왔었다. 특히, 하와이 미국 군영에는 많은 한인들이 잡역을 담당하고 있었는데 1940년 당시 한인청년 45%를 비롯하여 국민회 간부 65%, 동지회 간부 40%가 군영에서 근무하고 있었다.[199] 한인들이 특수지역인 군영에서 근무한다는 것은 일본인이 아니라는 것을 증명하는 동시에 미국의 국방에 일익을 담당하고 있다는 의미이기도 하였다. 그런데 전쟁이 나면서 한인들은 시간외의 근무(overtime)를 하는 경우가 많았으며 이로 인해 한인들의 수입은 증대될 수밖에 없었다.

 태평양전쟁과 관련하여 재미한인들에게 가장 큰 변화는 경제적 상승이라고 할 수 있다. 정치적·사회적으로는 어려움을 겪어야 했지만, 미주사회에서 한인들이 경제적으로 자립할 수 있었던 시기는 태평양전쟁기라고 할 수 있다. 비록 전쟁발발 초기 한인의 재산은 적산취급을 받아 재산동결을 면하지는 못하였지만,[200] 워싱턴의 주미외교위원부에서 미재무부와 교섭하여 전쟁발발 8일만에 한인의 현금 동결을 해제하게 하였다.[201] 또한 1942년 중반 일본인들이 격리 수용된 이후에도 나머지 모든 동양인들은 직업이나 일을 계속하려면 허가를 받아야만 했다.

---

197 Wayne Patterson, 『The Ilse』, p.215.
198 Barbra Kim Yamashita 저, 최영석 역, 『와히아와 한인교회 역사 1919–1987년』, 1987, 13쪽.
199 홍선표, 『재미한인의 꿈과 도전』, 296~297쪽.
200 김원용, 『재미한인오십년사』, 414쪽. 미 본토에서는 1945년 12월 15일자로 한인의 현금동결을 해제하였다(『신한민보』 1945년 12월 18일자, 「미국 재무부의 한인 현금 동결을 해제명령」).
201 『신한민보』 1941년 12월 18일자, 「미국 재무부의 한인 현금 동결을 해제 명령」.

반면에 태평양전쟁이 발발하면서 한인들에게는 많은 기회가 찾아왔다. 전쟁이 일어나기 직전에는 경기가 좋지 않아 취업하기가 매우 힘들었다. 하와이는 1936년, 1937년, 1938년 계속된 공황으로 경제상황이 좋지 않았다. 그런데 태평양전쟁이 발발하면서 일자리가 생기면서 일거리가 많이 생겼다. 앞에서도 언급한 바와 같이 미국 군영에서 근무하는 한인들이 늘어나면서 경제적으로 수입도 증대되었다. 구술자료에 의하면, "전쟁동안에는 여기서 군인을 밥을 해서 먹이는데 그곳에서 정원에 정원하는 일을 했습니다. 재니터(janitor)라고 부르지요"[202]라고 하여 전쟁으로 인한 각종 직업이 생겼다. 태평양전쟁 기간 동안 하와이의 한인사회는 경제적인 측면에서 그 이전보다 훨씬 더 나아졌다는 것은 틀림이 없다.[203]

미본토에서도 한인들이 모여 살던 미국 서부지역의 로스앤젤레스와 샌프란시스코 등에는 경제가 활황을 이루었다. 캘리포니아 지역은 전쟁의 최전선을 형성하면서 전시경제체제 아래서 군수산업의 번창이란 특수를 맞이하게 되었다.[204] 전쟁 초기 전선에 있었던 하와이에는 군정이 실시되면서 각종 식품상점, 음식점, 도매상은 매월 말에 적치한 식품 등을 군정부에 반드시 보고하라 하였으며, 자동차 타이어 등도 정부허가 없이는 못 팔게 되었다.[205] 군정부는 각종 식품가격을 통제 조정하여서 정액이상 이익을 못 얻게 하였다.[206]

태평양전쟁 발발과 더불어 미국사회의 가장 큰 변화는 미서부 태평양 연안에 있는 일본인들과 미국적 일본인들이 1942년 5월부터 내륙으로 강제

---

202 姜信杓, 『檀山社會와 韓國移住民』, 韓國研究院, 1980, 「사례」, 129쪽.
203 『신한민보』 1942년 5월 21일자, 「하와이 재류동포의 생활정형」.
204 유동식 감수, 성백걸 지음, 『샌프란시스코의 한인과 교회』, 상항한국인연합감리교회100년사편찬위원회, 2003, 457쪽.
205 『국민보』 1942년 2월 4일자, 「식물통제법」.
206 『태평양주보』 1942년 4월 1일자, 「전시생활」.

이주되어 격리당하였다는 점이다. 따라서 태평양 연안 특히 캘리포니아주 등에 일본인들이 경영하던 농장은 멕시코인과 필리핀인 등 타인종들이 가지게 되었다.[207] 일본인들이 격리 수용되었기 때문에 일본인 농장에서는 야채를 재배할 수 없어 가격이 상승할 수밖에 없었고, 그에 따라 한국인들이 경영하는 농장에서는 높은 가격에 야채를 팔 수 있었다.[208] 그리고 일본인들이 경영하던 음식점이나 식료품점·목욕탕·여관 등은 거의 낮은 가격으로 판매되고 있었다.

한편, 1942년 중반부터 한인들은 일본인 소유의 사업체들을 인수하기 시작하였으며 사업은 번창하여 갔다.[209] 또한 일본인들이 농장에서 내륙으로 감에 따라 노동력 결핍이 초래되면서 캘리포니아 각 지역에는 노동자가 부족하게 되었으며, 특히 북가주지역의 과일농장에는 "과실 성숙시기에 있어 노동자가 결핍하여 때맞추어 따지 못하고 또 일기가 몹시 더워 과실을 썩혀 버릴 염려가 있다"고 할 정도로 노동력의 부족은 심각하였다. 따라서 한인노동자들은 어디서나 노동일감을 구할 수 있었으며, 노임도 전쟁 이전 보다는 훨씬 상승되었다.

전쟁이 일어나면서 군인들이 들어오고 미군들과 관련된 전쟁특수가 생기게 되었다. 한인들과 직접적으로 관련된 것은 군인들이 하와이에 들어오면서 군기지 주변에는 세탁업이 활황을 이루었다. 한인들 가운데 세탁업에 종사하는 사람들이 많았기 때문에 이것을 통해 경제적 부를 축적할 수 있었다. 또한 한인들의 일자리가 늘어나고 노동력이 부족해지면서 자연히 임금도 상승될 수밖에 없었다. 예컨대 힉캄비행장(Hickam Air Force Base)에서 세탁소를 운영하던 최선주는 군복을 다리는 사람을 구하기 위해, 1942년 7월에

---

207 『신한민보』 1942년 4월 10일자, 「태평양 연안의 일인을 옮겨」.
208 Mary Palk Lee/Sucheng Chan(ed.), 『Quiet Odyssey – A Pioneer Korean Women in America』, p.96.
209 1942년 7월부터 『신한민보』 기사에는 한인들의 새로운 사업 착수에 대한 기사가 자주 산견된다.

는 월급 90달러를 110달러로, 9월 9일에는 120달러, 9월 23일에는 150달러로 인상할 정도로 사람 구하기가 힘들었다.[210] 또한 미본토에서도 『신한민보』 이면식의 「노동광고」에는 1942년 11월 1시간에 임금이 45센트였으나 1943년 5월에는 60센트로 인상되었고,[211] 1943년 4월 김주택의 「노동광고」에는 1시간당 75센트~1달러,[212] 1943년 9월 이테디의 「노동광고」에는 시간당 80~85센트가 보통이었다.[213]

하지만 서부 연안 각주에 거주하였던 일본인을 전부 대륙 안으로 격리 수용시킨 지 3년만인 1944년 12월 16일 미 전쟁부에서는 일본인의 회환령이 내려졌다. 태평양지역에서 일본군의 전쟁 위협이 사라지면서 나온 미국정부의 조치였다. 한인들은 그동안 일본인들이 강제 이주를 당함으로써 얻어졌던 반사이익이 사라질 수밖에 있었다. 일본인 회환령은 "서부 연안 특별히 가주에 재류하는 한인에게 심리적 공황에 빠지게 할 바가" 있었다.[214] 그럼에도 불구하고 한인들은 태평양전쟁기 사업적 성공으로 부를 축적한 사람들이 많았다. 한인들에게 태평양전쟁은 번영을 가져다 주었던 것이다. 당시 샌프란시스코에 살았던 염만석의 딸 도라(Dora Yum Kim)는 "그때 모든 사람들은 돈이 있었다. 나는 실제로 매일 밤 시내에서 우연히 만난 누구하고도 나이트클럽에 갔었다"고 회고하고 있다.[215]

태평양전쟁기 전쟁특수를 통해 대부분의 한인들은 이때 자신들의 주택과 사업장을 소유할 수 있을 정도로 부를 축적하였다. 1917년 사진신부로 온

---

210 『국민보』1942년 7월 29일자, 9월 9일자, 9월 23일자, 「돈벌이 좋소」.
211 『신한민보』1942년 11월 26일자, 「노동광고」;『신한민보』1943년 5월 20일자, 「딸기 따러 오시오」.
212 『신한민보』1943년 4월 22일자, 「노동주선」.
213 『신한민보』1943년 9월 23일자, 「노동주선」.
214 『신한민보』1944년 12월 21일자, 「서부 연안에 일인 회환에 관하여 재류동포에게 고함」.
215 Soo-young Chin, 『Doing what had to be done - The Life Narrative of Dora Yum Kim -』, p.55.

정호택의 회고에 의하면, "제2차대전 동안 한국사람들은 돈을 벌었고, 그리고 가정을 꾸렸다"고 하였다.[216] 로스앤젤레스 잉글우드라는 곳에서 양식당을 경영하였던 김경보는 사업이 번창하여 매달 수천 달러의 수입을 올렸고, 가옥 2채와 아파트 3채를 사서 완전한 자기 소유가 되어 그 임대수입이 1천여 달러에 달하였다.[217] 또한 강경수는 1942년 오클랜드에서 일본인들이 수용소로 갈 때 그들이 가지고 있던 목욕탕 건물을 딸의 이름으로 사서, 그것을 잘 경영하여 1945년 한 달에 2천 달러를 벌어 경제적으로 안정되었다고 한다.[218]

태평양전쟁기 재미한인의 경제적 상승은 곧바로 독립운동 단체 및 미국의 전시지원으로 나타났다. 재미한인들의 경제적 상승은 미주에 있는 독립운동 여러 단체에 독립운동 자금을 낼 수 있게 하였다. 그리고 미국의 전쟁수행을 도울 전시공채를 대량으로 구입할 수 있는 데까지 여유를 낼 수 있었다.

---

[216] Sonia Shinn Sunoo, 『초기이민; Korea Kaleidoscope』, p.202.
[217] 『신한민보』 1945년 4월 12일자, 「김경보씨 사업의 번영」.
[218] Sonia Shinn Sunoo, 『초기이민; Korea Kaleidoscope』, pp.83~84.

6 맺음말

　　미주 한인사회는 다른 지역보다 분파투쟁이 격심했음에도 불구하고 1941년 4월 재미한족연합위원회라는 미주지역의 한인사회를 통합하는 조직을 결성하였다는 것은 매우 의미 있는 일이었다. 재미한족연합위원회는 집행부와 의사부가 미주 본토와 하와이로 나누어 있다는 조직상의 문제점, 각각 성향이 다른 기존의 단체들이 연합함에 따른 내부적 결속력의 부족 등의 한계점이 내포하고 있었다. 그렇지만 조국의 독립과 미주지역 한인사회의 발전을 위해 하나의 통합된 조직을 결성하였다는 점에서는 역사적 의의가 있다. 재미한족연합위원회 발족 8개월만에 일본의 진주만 기습공격이 발발함으로써 위원회는 전시체제하 조국의 독립을 위한 활동과, 재미한인의 안전과 미국의 전쟁 지원 등 다양한 활동을 전개하였던 것이다.

　　1945년 7월 26일 일본의 항복조건을 규정한 「포츠담선언」이 발표되었고, 일본은 포츠담선언을 받아들이면서 태평양전쟁은 연합국의 승리로 끝이 났다. 재미 한인들은 조국 독립의 희망을 안고 미국의 전시지원과 독립운동에 모든 성의와 열의를 다하였다. 1945년 8월 14일 일본이 무조건 항복한 그 시간에 미주 한인의 최고기관인 재미한족연합위원회와 대한인국민회·대한여자애국단에서는 미국·영국·중국·소련 4개국 최고 지도자들에게 다음과 같은 내용의 축전을 보냈다.

> **축심세력을 완전 파멸하고 승리를 성공하였사오니 이제로부터 이 지구상에서 평화로 관리하며 살게 되었습니다. 한국은 당신네들의 승리를 얻었고, 한국의 자유가 속히 올 것을 위하여 축하합니다.**[219]

태평양전쟁 기간 중 재미한인들은 자신들의 재산과 일상생활을 구속당하였으며, '일본인'으로 대접받았다. 태평양전쟁은 재미한인들에게 정치적·경제적·사회적·문화적으로 고통을 감내해야만 했다. 그렇지만 태평양전쟁기 재미한인들의 동향은 전쟁에서의 승리 못지않게 중요하였기 때문에, 한인들은 개인과 각 단체를 불문하고 미국의 전시공작에 참여하여 강도 높은 훈련을 받았으며, 심지어 미군에 참전하여 귀중한 목숨을 바치기도 하였다. 비록 1만여 명의 작은 수이지만 재미한인들은 통일된 행동으로 미국의 대일전 승리와 대한정책에 영향을 미치고자 하였다.

태평양전쟁의 발발로 미국은 재미한인 및 대한정책 전반을 재검토하게 되었으며, 재미한인들에게는 미국인과 미국사회에 그들의 존재를 재인식시킬 수 있는 기회를 제공하였다. 재미한인들은 미일전쟁을 곧 '우리전쟁'이라고 하면서, "한국은 미국의 승리를 위해" 전시지원에 총력을 기울였다. 전쟁이 시작되면서 재미한인들은 전쟁지원, 전쟁참가, 외교활동, 전시공작 등을 펼쳤다. 특히, 1943년 12월 「카이로선언」은 재미한인들에게 새로운 희망과 추진력을 가져다주었고, 이에 따라 재미한인들이 일본에 대항하여 싸우고 있다는 사실을 미국을 비롯한 연합국에 알렸다. 그래서 「카이로선언」 직후인 12월 4일 일반명령 제45호로 하와이의 한인들은 적국민의 상징인 통행금지 제한에서 해제되었다. 그러나 하와이 한인들이 완전히 적민국민에서 우호적인 외국인(friendly aliens)이 된 것은 1944년 3월 6일 일반명령 제59호가 발표된 이후부터였다고 할 수 있다.

이처럼 태평양전쟁은 재미한인들을 통일시키고 전쟁의 승리를 위해 모든 고통을 감내하였지만, 태평양전쟁기 재미한인들에게 전쟁특수로 경제적 안정을 이룰 수 있게 하였다는 것을 매우 긍정적이었다. 전쟁으로 인해 많은 군인들이 하와이로 들어오고 국방산업이 팽창하고 적국 거류민이라는 불이익

---

219 『신한민보』 1945년 8월 16일자, 「四국에 보낸 축전」.

에도 불구하고 한인들의 임금이 꽤 높았기 때문에 한인들의 경제적 향상에 도움이 되었다. 이로 인해 한인사회는 전쟁 이전에 비해 경제적으로 보다 나은 지위를 획득할 수 있었으며, 태평양전쟁기 재미한인의 경제적 상승은 곧바로 독립운동 단체 및 미국의 전시지원으로 나타났던 것이다.

2장

하와이 포로수용소의 한인 전쟁포로

1 머리말

　　태평양전쟁기 지상의 낙원 하와이에는 2,700명의 한인 청년들이 미군의 전쟁포로가 되어 길게는 2년 짧게는 6개월 정도 생활하다가 귀국하였다. 이들은 자신의 의도와 상관없이 일제에 의해 강제동원을 당해 주로 태평양지역에서 미군이나 연합군의 포로가 되어 하와이의 포로수용소에 왔다. 한인 청년들은 대부분 일본군과 함께 생활을 하던 군속(노무자)·군인들로, 이른바 '남양군도'의 마킨(Makin), 타라와(Tarawa), 트럭(Truk), 라바울(Rabaul), 사이판(Saipan), 티니안(Tinian), 오키나와[沖繩] 등지에서 일본군이 전멸할 때 구사일생으로 목숨을 건져 미군의 포로가 되었다.[1]

　　일제는 1941년 12월 태평양전쟁을 도발하고 동남아와 태평양지역으로 전선을 확대하면서 병력과 노동력의 부족은 심각한 수준에 이르렀다. 전쟁이 장기화되고, 전쟁지역이 확대되면서 일본인만으로 그것을 채울 수 없었고, 한국인을 군속(노무자)·군인으로 강제로 동원하게 되었다. 태평양 전선에 끌려온 한인 청년들은 군속(노무자)으로 일본군을 위해 비행장·도로·항만 등을 건설하기도 하고, 또는 일본군과 함께 전투에 참여하기도 하였다. 일제에 의해 끌려온 한인청년들은 미군이 태평양지역에서 대일전에 승리하면서 전쟁포로가 되거나 미군에 투항하여, 하와이의 포로수용소로 오게 되었던 것이다.

　　태평양지역에서 미군의 전쟁포로가 된 한인들은 초기에는 일본인으로 간주되어 하와이에서 임시 수용되었다가 미 본토로 이송되었다. 그러나 한인

1　하와이 한인포로에 대해 처음으로 주목한 학자는 趙東杰 교수이다(「자유한인보와 한인포로명부」, 『한국학논총』 13, 국민대학교 한국학연구소, 1990).

은 미군의 적대적인 민족이 아니라는 것이 판명되면서, 대부분의 한인포로들은 미군의 보호하에 하와이의 포로수용소에서 편안하게 생활을 하다가 해방 이후 고국으로 돌아갔다.

하와이에서 한인 전쟁포로들은 호놀룰루공항 근처에 위치한 샌드 아일랜드(Sand Island) 포로수용소와 호놀룰루시 외곽에 있는 호노울리울리(Honouliuli) 포로수용소 두 곳에서 생활하였다.[2] 하와이 포로수용소에 있었던 한인들은 미군과 하와이 교민들의 보호를 받으며 비교적 안정된 생활을 영위하였으며, 자치조직을 만들어『자유한인보』라는 주간 잡지를 발간하기도 하였다.[3] 포로수용소에서 미군들이 제공하는 의식주로 좋은 대우를 받았으며, 간단한 노동 외에 여가에는 영어강습을 받아 영어에 능통한 사람도 있었다.

하와이 한인포로들은 일제의 간혹한 착취를 당하고 숫한 죽음의 고비를 넘기고 다행히 미군에게 포로가 된 사람들이었다. 이들 대부분이 일본 육군과 해군에서 소속된 군속(노무자)으로 혹심한 노역을 당하였다. 비록 전쟁포로이기는 하지만 미국이 대일전에서 승리하고 염원하고, 조국이 일제의 지배로부터 해방되어 자유롭고 민주적인 독립국가가 되기를 갈망하였다. 그래서 미국 당국자들도 한인포로들을 '믿을 수 있다(trustworthy)'는 평가를 하였으며, 다른 나라의 포로와 달리 모범적으로 생활하여 칭찬을 받았다.

1945년 8월 일제가 패망하자 하와이의 한인포로들도 고국으로 돌아갈 수 있게 되었다. 한인포로들은 미군의 도움으로 두 차례에 걸쳐 귀환하였다. 이 글에서는 하와이 한인들이 미군 포로가 되는 과정, 포로수용소에서의 생활,

---

2 호노울리울리(Honouliuli)에 있는 포로수용소의 주소는 올드 포트 위버(Old Fort Weaver Rd.) 2295번지이다(문화관광부·독립기념관·한국근현대사학회,『국외항일유적(지)조사보고서』II, 2002, 270~271쪽 참조).
3 『자유한인보』(독립기념관 소장)에 대해서는 다음의 글이 참조된다.
趙東杰,「자유한인보와 한인포로명부」,『한국학논총』13, 국민대학교 한국학연구소, 1990.

그리고 귀환과정을 중심으로 살펴보고자 한다. 그리고 태평양전쟁이 발발하면서 독립운동을 활발하게 전개하던 재미한인들의 동향과 이들의 한인포로 이용 계획도 함께 검토해 보았다.

2   미군포로가 된 한인

일제가 하와이 진주만을 기습 공습하면서 시작된 태평양전쟁은, 일본군들이 태평양의 여러 지역으로 침략을 하면서 전선이 확대되어 갔다. 특히 일본인들이 '남양군도'라고 불렸던 태평양지역에서 전쟁이 시작되면서, 일본군과 더불어 군속·노무자·위안부 등도 함께 배치되었다. 남양군도는 적도 이북의 태평양상 동경 130도부터 170도, 북위 22도까지의 바다에 산재한 섬들을 지칭한다. 오가사하라[小笠原] 군도의 남으로 연결되어 북에서 남으로 있는 마리아나(Mariana) 제도, 적도에 병행해서 동남에 연한 캐롤린(Caroline) 제도, 그 동쪽에 있는 마샬(Marshal) 제도 등 크게 세 개의 제도로 이루어져 있다.[4] 남양군도라는 말은 현재 사용하지 않는 용어이고, 이곳은 지금의 미크로네시아(Micronesia)지역과 거의 일치한다. 태평양전쟁기 남양군도에 있던 한인들에 대한 정확한 숫자는 확인할 수 없지만, 1941년 현재 "조선(朝鮮)·대만(臺灣)·화태(樺太)에 적(籍)을 두고 있는 자가 6천 명에 달한다"[5]는 것으로 보아 태평양전쟁 이전에도 상당수의 한인들이 거주하고 있었다.

남양군도는 제1차 세계대전이 발발하자 1914년 10월 일본해군 남견지대(南遣支隊)가 연합국과 공동작전으로 남양군도를 점령하였다. 그리고 그해 12월 「남양군도방비대조령(南洋群島防備隊條令)」을 발포하고, 사령부를 트럭(Truk)섬에 설치하고 전 군도를 나누어 5개의 민정구(民政區)로 나누었

---

4   大藏省管理局, 『日本人の海外活動に關する歷史的調査(通卷 第20冊 南洋群島篇 第1分冊)』7, 高麗書林, 1985, 1쪽.
5   大藏省管理局, 『日本人の海外活動に關する歷史的調査(通卷 第20冊 南洋群島篇 第1分冊)』7, 32쪽.

다. 각 민정구에는 수비대를 배치하여 각 수비대장을 군정청장으로 민정사무를 겸하게 하였다. 1922년 3월 「남양군도방비대조령」을 폐지하고 군대를 철퇴하는 동시에 새로이 남양청(南洋廳)을 설치하였다. 1937년 중일전쟁이 발발하면서 남양군도의 자원개발이 이루어져 종래 주요산업이었던 당업, 인광, 수산업, 코프라(야자유, 비누원료)사업, 임업, 보크사이드광업 기타 산업이 일어났다.

태평양전쟁이 발발하면서 일본군의 전략거점인 라바울(뉴브리튼섬의 州都)에 육군 제8방면군 사령부, 해군 남동방면함대사령부가 설치되었다. 하지만 1942년 6월 미드웨이 해전의 패배와 그해 8월부터 다음해 2월까지 전개된 과달카날 쟁탈전의 패배는 일제에게 병력을 증강할 필요를 더욱 절감하게 하였다. 그래서 1942년 11월 뉴기니아 지역을 담당할 제18방면군을 창설하여, 제18군사령부 산하에 제20사단, 제41사단, 제51사단, 남양 제6지대를 두고 있었다. 일본군은 계속해서 연합군에 밀리며 1944년 2월 일본군 연합함대의 근거지인 트럭섬이 무력화되고, 라바울의 전략적 가치를 잃었다.

미군은 태평양방면군(POA)에 의한 중부 태평양 섬에 대한 진공작전을 개시하였다. 그래서 1943년 11월 21일 길버트(Gilbert)제도의 마킨·타라와 두 섬에 미군의 상륙이 개시되었고, 1944년 2월 1일 마샬군도 캐셸린 환초의 캐셸린, 루옷트, 나우루 3섬에 상륙하면서 일본군 수비대는 수일 만에 궤멸되고 말았다. 이로써 일본군은 마샬제도를 연합군에 빼앗기면서 이곳의 군인·군속들도 미군의 포로가 되었다. 1944년 2월 일제는 마샬제도를 잃고, 나아가 미국 기동부대의 대공습에 의해 태평양 최대의 기지인 트럭섬이 파괴되었다. 그래서 일제는 그해 2월 25일 종래부터 배치된 부대 외에 관동군과 조선군에서 선발된 정예의 현역부대인 제29사단, 제1~제8파견대를 보냈다. 물론 새로 증파된 군대에는 한국인 청년들이 많이 포함되어 있었다.

1944년 여름 미군은 마리아나제도로 향하였고, 6월 15일에 사이판섬, 7월 21일에 괌섬, 7월 24일에 티니안섬에 상륙하였다. 1944년 9월 15일에는 팔라우제도의 펠레리우(Peleliu)섬, 17일에는 같은 구안가울섬에 상륙하였다.[6] 1945년 전쟁이 최종단계에 들어가자 미군은 필리핀의 루손섬에 상륙하고, 그해 2월 하순에 마닐라에 돌입하였다. 이어서 이오우섬[硫黃島] 공격을 개시하고, 그해 4월에 오키나와에 상륙하여 비행기로 일본본토의 공습을 시작하였던 것이다.

태평양전쟁 당시 남양군도에서는 미군과 격렬한 전투가 벌어졌을 뿐만 아니라, 대부분의 섬들이 미군에 의해 고립되었다. 미군은 미드웨이해전과 솔로몬제도 과달카날전투에서 승기를 잡은 이후 태평상의 전략적으로 중요한 섬들을 점령하였으며, 일본군의 군사기지를 무력화하고 고립화시켰다. 그 과정에서 미군과 일본군이 치열한 전투가 벌어진 곳에서는 강제동원되었던 많은 한인 노무자들이 전투중 사망하거나 혹은 행방불명이 되는 등 많은 피해를 당하였다.

태평양지역에서 한국인 군인·군속·노무자 일본군에 소속되어 있었는데, 이들은 전황에 따라 상시 이동하다가 일본군이 궤멸하면 함께 전멸될 수밖에 없었다. 그러나 다행히 미군이 상륙하여 전쟁포로가 되거나, 선무공작에 항복하여 미군의 포로가 되었다. 태평양지역에서 미군의 전쟁포로가 된 한인들은 대부분 하와이에 있는 포로수용소로 가게 되었다. 하와이에 온 한인 전쟁포로들은 "전부가 징병, 지원병, 학병, 징용 등으로 전쟁에 강제 참가를 받은 청년들"[7]이었다. 하와이의 포로수용소에는 한국인 뿐만 아니라, 일본인, 오카나와인, 중국인, 안남인(Annamites), 만주인, 이태리인, 흰두인

6　藤原彰,『餓死した英靈たち』, 青木書店, 2001.
7　『조선일보』1946년 1월 12일자,「强制徵兵되어 生死不明이던 2천 동포가 仁川에 歸港하다」.

(Hindus), 독일인, 튀니지인(Tunisians) 포로들이 있었다.⁸

하와이 포로수용소에 온 한인포로들이 어느 지역에서 미군에 포로가 되었는지에 대한 정확한 자료는 없다. 하지만 현재 남아있는 『부로명표』를 일부 축출하여 분석한 결과를 통해 대략적인 경향성을 파악할 수는 있을 것 같다. 기존의 연구에 의하면, 하와이 한인포로들이 미군의 포로가 된 지역은 일본(이오지마, 미야코지마) 1.5%, 오키나와 20.1%, 사이판 39.9%, 남양군도 38.1%, 기타 0.4%라고 한다.⁹ 이를 통해 볼 때, 하와이 한인포로의 대다수는 사이판과 남양군도 지역에서 미군의 포로가 된 것으로 봐야만 한다. 그외 오키나와가 미군에 의해 점령되면서, 그곳에 있었던 한국인 군인·군속·노무자들도 하와이로 오게 되었던 것이다.

그러면 하와이 포로수용소에 있었던 한인포로들을 신분상으로 구분해 볼 때, 군인·군속·노무자 세 부류로 나누어 볼 수 있다. 위에 언급한 『부로명표』를 분석한 결과에 의하면, 군인이 0.2%, 군속이 81.5%, 노무자가 18.2%라고 한다.¹⁰ 따라서 한인포로의 대다수는 신분상으로는 일본군의 군속이었다고 할 수 있다. 그러나 남양군도의 경우 지역적 특수성으로 인하여 노무자들 가운데 동원된 후 현지에서 군속이 되기도 하였다.¹¹

하와이 포로수용소 한인포로 가운데 우선 군인의 경우를 살펴보자. 혜화전문에 다니다가 학병으로 일본 중부 41부대에 입대한 유지석은 훈련이 끝난 후 오키나와의 나하[那覇]지역에 배치되었다. 1944년 10월부터 연합군은 오키나와를 공격하였고, 1945년 4월 1일부터 미국 해병대가 상륙하였

---

8 『Honolulu Advertiser』1945년 12월 15일자, 「Korean POWs here are being sent Home」.
9 이세일, 『하와이 포로수용소 한인포로에 관한 조사』, 일제강점하강제동원피해진상규명위원회, 2008, 39~40쪽.
10 이세일, 『하와이 포로수용소 한인포로에 관한 조사』, 38~39쪽.
11 김명환, 「일제말기 남양군도 지역 한인 노무자 강제동원 연구』, 건국대학교 박사논문, 2021, 140~145쪽.

다. 그는 이때 연합군의 포로가 되어 야전병원에 입원하였는데, 퇴원 후 미군 중위가 "너는 한인 포로대장으로 3천명의 한국포로를 데리고 호놀룰루에 가게 되었다"는 것이다.[12] 하와이 포로수용소에는 유지석의 경우와 같이 학병으로 끌려나온 군인출신도 적지 않았다.

두 번째로 군속 출신의 한인포로들에 대해 살펴보자. 하와이 한인포로들은 미군의 포로가 될 당시 군속인지 노무자인지 분명하게 구분되지 않는 경우가 많았다. 일본군이 작성한 해군군속자명부와 유수명부에서 군속이라고 기재되어 있지만, 실상은 민간노무자인 경우도 적지 않았다. 군속 신분으로 하와이 한인포로가 된 경우에 대해 살펴보자. 전남 장흥 출신의 이인신(李仁申)은 시바우라[芝浦] 해군시설보급부 소속으로, 1942년 6월 마샬군도 밀리(Mili)섬에서 의무조수로 근무하였다. 미군의 공습이 심해지면서 밀리환초의 루코노루섬에서 의무조수로 있다가, 1945년 6월 28일 섬을 탈출하여 미군 선박에 구조되어 하와이에서 포로생활을 하였다.[13] 또한 필자가 만난 전남 순천 출신의 김한옥[14]은 해군군속으로 요코스카[橫須賀]에서 트럭섬으로 장안환(長安丸)을 타고 가다가 괌과 사이판 사이에서 포격을 받아 괌으로 다시 돌아왔다고 한다. 폭격으로 허리를 다쳐 3개월간 해군병원에 입원한 후 기브스를 풀고 다시 사이판으로 갔고, 사이판에서 3~4개월 방공호를 파다가 다시 편성되어 일조환(日鳥丸)을 타고 가다가 미군 포로가 되어 하와이에 오게 되었다.[15] 위에서 본 이인신과 김한옥의 경우에는 확실하게 자신들이 해군군속이라고 인식하고 있고, 또 일제의 명부자료에도 해군군속으로 기재되어 있다.

12　柳志晳,「오키나와(沖繩) 戰場」,『1·20學兵史記』제2권, 1·20同志會中央本部, 1987.
13　이인신,「일제강제연행 태평양전쟁 참전 체험 수난기」,『남방기행』, 일제감점하강제동원피해진상규명위원회, 2008 참조.
14　1927년 2월 18일생, 전남 순천군 순천읍 장철리 206번지, 2003년 8월 사망.
15　「김한옥과의 인터뷰(2003. 3. 10)」.

위의 두 부류와 달리 특이한 경로를 통해 하와이 포로수용소에 온 경우도 있었다. 박순동(Soon Dong Pak, 창씨명: 朴田順東, 포로번호 #M-1354. 1920년 5월 2일 전남 순천군 출생), 이종실(Chong Sil Rhee, 창씨명: 安村鍾實, 포로번호 #M-1353. 1915년 1월 9일 전남 영암군 출생), 박형무(Hyng Mu Pak, 창씨명: 廣瀨亨武, 포로번호 #M-1371. 1922년 5월 5일 전북 금산군 출생)의 경우이다. 이들은 일제에 의해 학병으로 징집되었는데, 1945년 3월 미얀마 주둔 일본군을 탈출하여 영국군에 투항하였다. 그리고 그해 5월 22일 미국 전략첩보국(Office of Strategic Service, OSS) 인도지대가 신병을 인수하였다. 일본군 탈출병 출신인 이들은 영국군 사단사령부에 도착하여 미국에 귀화한 일본인 군속의 간단한 심문을 받았으며, 거기서 2일간 머물렀다. 다시 인도 뉴델리에 있는 CBI(China, Burma, India)에서 심문을 받은 후, 1945년 4월 25일 미국 워싱턴을 경유하여 4월 28일 로스앤젤레스에 도착하였다. 일본군을 탈출한 학병 출신자들은 로스앤젤레스 앞의 작은 섬 산타 카탈리나(Santa Catalina)에서 한국에 침투하기 위해 강도 높은 군사훈련을 받던 중, 일제가 항복하였다는 통지와 함께 훈련이 중단되어 하와이 포로수용소로 오게 되었다.[16]

또한 일본군 노무자 출신으로 OSS훈련을 받은 사람들도 하와이 포로수용소로 왔다. 사이판에서 노무자로 있다가 미군에 포로가 된 김필영(Pil Young Kim, 포로번호 #9WJ-14072)은 1944년 6월 미군의 포로가 되었다. 특수임무를 위해 OSS가 석방하여 1945년 5월부터 9월까지 특수 훈련을 받았으나, 일제의 항복과 동시에 하와이 포로수용소에 수감되었다.[17] 김현일

---

16 이들의 활동에 대해서는 다음의 글이 참조된다.
李佳炯, 「버마戰線敗殘記」, 『新東亞』 1964년 11월호; 朴順東, 「俘虜의 時代」, 金相賢 편, 『實錄 民族의 抵抗 3; 俘虜의 時代·學兵手記集』, 한샘文化社, 1977; 이가형, 『분노의 강: 나의 버마전쟁 1944-45』, 慶雲出版社, 1993.
17 국가보훈처, 『Napko Project of OSS - 재미한인들의 조국 정진 계획 -』, 2001, 757쪽.

(Hen Il Kim)도 1944년 노무자로 사이판에서 미군의 포로가 되어 김필영과 마찬가지로 군사훈련을 받았고, 해방 후 하와이 포로수용소에 수용되었다.[18]

제2차 세계대전이 발발하고 미군이 참전을 하면서 적군의 포로들이 발생하게 되었다. 그래서 하와이에는 1943년부터 오아후섬 진주만 서쪽의 호놀룰루 굴치(Gulch)와 오아후섬 북쪽의 와히아와(Wahiawa) 두 곳에 포로수용소가 설치되었다. 이들 수용소는 전쟁포로들을 잠시 수용하였다가 미 본토로 보내기 위해 임시로 작은 규모로 만들었다. 1944년 일본인 포로를 위해서가 아니고, 이탈리아인과 한국인 포로를 위해 다섯 곳에 포로수용소를 새로 지었다. 그리고 이탈리아인 포로들을 위해 샌드 아일랜드(Sand Island), 스코필드 기지(Schofield Barracks), 포트 해스(Fort Hase), 포트 샤프터(Fort Shafter) 근처의 칼리히 계곡(Kalihi Valley) 네 곳에 포로수용소를 지었다.[19] 그런데 이탈리아가 연합국에 항복하면서 미 본토로 보내졌던 이탈리아 포로들이 1944년 6월 1,000명이 하와이로 이송되었다.

하와이 포로수용소에서는 믿을 수 있는(trustworthy) 포로와, 믿을 수 없는(untrustworthy) 포로 두 종류로 구분하였다. 일본인 포로들은 대부분 그들 상관들의 결정에 의해 좌우되기 때문에 믿을 수 없는 포로로 구분되었다. 그러나 한인포로들은 일본군에 의해 강제동원된 사람들이고 또 대부분 비전투요원인 육군과 해군의 군속들이었기 때문에 '적'으로 간주되지 않았다.

1944년 7월 28일 현재 하와이에 온 한인포로는 488명이었다.[20] 그러다가 점차 태평양 방면에서 일본군이 미군에게 패퇴하면서 그곳에 있던 일본군과 한인들이 미군의 포로가 되어 하와이로 오게 되었다. 하와이에는 한국

18　국가보훈처, 『Napko Project of OSS - 재미한인들의 조국 정진 계획 - 』, 756쪽.
19　Erwin N. Thompson, 『Pacific Ocean Engineers' History of the U.S. Army Corps of Engineers in Pacific, 1905 - 1980』, U.S. Government Printing Office, 1985, p.133.
20　「스웨덴 공사관 이등 서기관 Fredrik Wachtmeister가 스웨덴 외무장관에서 보낸 보고서(1944. 7. 17)」.

〈표 4〉 하와이 전쟁포로 수용소(Prison of War Compound)

번호	지역	수용 인원	타입	수용율(%)
1	NN Schofield	2,000	A	100
2	Kalihi	1,000	A	100
3	Sand Island	1,000	A	100
4	Kaneohe	650	A	100
5	Ft. Hase	350	A	100
6	Honouliuli	2,000	A	100
7	Sand Island	750	B	100
합계		8,700		

* 출전: U.S. Army Museum of Hawaii, folder "Hawaii World War Ⅱ, POW Camps".

인만이 아니라, 일본인, 오키나와인, 중국인, 베트남, 만주인, 이태리인, 힌두인, 독일인, 튀니지인 등 여러 민족의 포로들이 여러 곳에 포로수용소에 수용되어 있었다. 1945년 4월 미국 전쟁부의 태평양지역 전쟁포로 조사 보고서에 의하면, 오아후섬에 1,105명의 포로가 수용되어 있었다고 한다. 그 가운데 1,073명이 한국인이고, 17명이 일본인과 대만인이었으며, 나머지 15명은 일본인 소유의 민간인이었다.

미군 당국에서는 1944년 이탈리아인과 한국인 포로들을 위해 다섯 지역에 포로수용소를 지었다. 그러나 계속해서 포로들이 증가하면서, 〈표 4〉와 같이 하와이에는 포로수용소가 모두 7곳이 되었다.

한인 전쟁포로들은 호놀룰루공항 근처에 위치한 샌드 아일랜드와 호놀룰루시 외곽에 있는 호노울리울리의 포로수용소에 수용되어 있었다. 한인들은 샌드 아일랜드를 제1 포로수용소(compound Ⅰ)라고 불렀고, 호노울리울리를 제2 포로수용소(compound Ⅱ)라고 불렀다. 한인포로 수가 증가하면서 대부분의 한인들은 호노울리울리 수용소에 있었다.

3 하와이 포로수용소의 생활

하와이 포로수용소에서 한인 전쟁포로들이 구체적으로 어떠한 생활을 하였는지에 대해서는 알려진 바가 없었다. 그런데 「하와이 억류소시찰기(抑留所視察記)」라는 자료에는 당시 포로들의 생활상이 구체적으로 기록되어 있다.[21] 이 자료는 호놀룰루 주재 스웨덴 부영사 에릭 데 라바이(Erik de Lavai) 대령이 1943년 9월 2일, 10월 3일 2회에 걸쳐 호노울리울리에 있는 포로수용소를 시찰하고 조사한 내용을 보고한 것이다. 그가 방문한 곳은 호놀룰루 시내에서 북쪽으로 25마일 정도 떨어진 호노울리울리 지역에 있었던 포로수용소였다. 라바이 부영사가 방문했을 때 한인포로는 1,000여 명이 있었고, 한인포로들은 수용소의 시설 및 대우에 만족하고 있다고 보고하고 있다.

그리고 샌드 아일랜드 포로수용소 막사에는 일본인 포로 28명, 한국인 군속·노동자 204명이 있었다. 수용소는 철선으로 둘러져 있고, 각 8명 내지 9명을 수용할 수 있는 군표준(軍標準)의 천막 내에서 거주하게 하였다. 천막의 높이는 15미터의 수직 연식(軟式) 벽으로 높은 피라미드식 기둥이 세워져 있다. 일본인 포로의 천막은 목제상(木製床)이고, 한국인 포로의 것은 사상(砂床)이며 세면기, 샤워시설 등이 있어 편리하고 청결하였다. 또한 피복은 제복 외의 2벌, 하의 4벌, 양말 4족, 구두 1벌, 모자 1개가 지급되었다.

포로는 모두 월 3달러의 수당을 받았고, 억류소 외의 임시노동 또는 세탁소에서 일을 하면 1일 80센트의 수당을 받았다고 한다. 일본인에게는 임시노역 희망자 명부에 기명된 자민 노동을 시켰고, 한인들은 노역을 희망하는

---

21 「ハワイ抑留所視察記」(アジア歴史資料センター, B02032520700).

자에 대해 노동을 시켰다. 그리고 노역으로 받은 돈은 자유로이 사용하거나 저축할 수 있었다. 김한옥의 증언에 따르면, 포로수용소에는 간이식당(酒保)이 있어 커피를 즐길 수 있었고, 자비로 사먹을 수 있었다. 그래서 포로들은 매일 자진해서 취역(就役)에 나오기도 하였다고 한다.

식량은 미군과 같이 1일 3식을 급식을 받았으며, 식사는 미국 하사관의 감독 하에 한인 주방장이 취사하는 현대식 취사소가 있었고, 취사소와 연결된 노천 식당이 있었다. 포로의 각 조에는 일본어 및 한국어로 된 20책 정도의 서적이 있고, 일본인 포로는 하와이에서 발간되는 일간신문(『日布時事』였을 것으로 추측됨)을, 한인은 대개 한국어 주간(『국민보』였을 것으로 추측됨)을 구독하였다. 영어를 배우기 희망하면 한국인 측에는 1주 2시간 영어를 배울 수 있었다. 영화는 넓은 공간을 이용하여 주 1회 내지 2회 상영하였다. 야구 및 배구는 각지에 있어서 할 수 있었으나, 탁구는 할 수 없었다. 서신 및 소포에 대해서는 수신은 제한이 없었으나, 답신은 주 편지 2통 1매에 한정되어 있었다.

하와이 포로수용소에 한인포로들이 자치적으로 발간한 주간잡지『자유한인보』에 보면, 1945년 11월 11일 일요일에 이탈리아 포로들과 축구시합이 벌어져 5대 3으로 패하였다는 기사가 실려 있다.[22] 이로 보아 한인포로들은 일요일 여가시간에 다른 나라 포로들과 더불어 축구 등의 스포츠를 즐긴 것으로 보인다.

한인포로들의 생활에 대해서는, 하와이로 온 이인신의 수기가 매우 자세하다. 앞에서도 언급한 바와 같이 이인신은 해군군속으로 있다가 미군에 투항하여 1945년 8월 4일 50~60명의 한인들과 함께 하와이 포로수용소에 도착하였다. 천막으로 된 수용소에 도착하자마자 여러 가지 예방주사를 맞았고, 신상카드를 작성하고 상반신 앞뒤와 좌우로 사진도 찍었다고 한다. 이인

---

22 『자유한인보』제3호, 1945년 11월 15일.

신 등 한인포로들이 처음 수용된 것은 샌드 아일랜드에 있는 수용소였던 것 같다. 그는 천막 수용소에서 있다가 5일 후에 평지에 있는 포로수용소에 갔다고 하였다. 샌드 아일랜드에서 호노울리울리 수용소로 이송되었던 것으로 추측된다. 그가 옮겨간 포로수용소는 2중 철조망이 설치되어 있었고, 3층 건물의 숙사가 여러 동 있었으며 큰 식당도 있었고, 축구장·배구장·탁구장 등 각종 운동 설비가 구비되어 있었다.

천막 수용소에서의 식사는 식빵 두 쪽, 계란 한 개, 우유 한 컵만 주었기 때문에 배가 고팠다. 그런데, 호노울리울리 포로수용소에서의 식사는 쌀을 배당받아 포로들이 손수 취사반이 되어 음식물을 만들어 먹었는데 부족함이 없이 충분하였다. 간혹 하와이 한인감리교회의 현순(玄楯) 목사가 와서 위로 겸 민주주의에 대한 강론을 하였는데 매우 유익하였다고 한다.[23]

한편, 1943년 12월 미국 전쟁부에서는 전쟁중 노동력 부족을 완화시키기 위해 이탈리아와 독일 포로들에게 작업에 투입하자는 계획을 세웠었다. 그래서 1944년 6월 호의적인 이탈리아 포로 1,000명을 하와이로 보내 작업에 투입하였다. 그후 하와이의 미군 사령부에서도 한인포로들을 노동 작업에 사용하고자 하였다. 한인포로들은 포로수용소 바깥에서 일을 하는 것을 매우 좋아했고 또 적극적으로 노동에 참여하였다. 하와이 포로였던 김한옥의 증언에 따르면, 그는 약 1년 6개월 동안 포로수용소에 있었는데 한인포로는 전부 3천여 명 정도였고, 하루 8시간 노동을 하였으며, 주로 자동차 공장, 해수욕장 청소, 세탁 일을 하였다고 한다. 임금으로는 1시간당 10전씩 받았으며, 가슴에는 둥근 'POW Korea'라는 명패를 차고 있었다고 한다.[24] 이인신의 수기에 의하면, 포로들은 헌병들의 인솔하에 작업에도 나갔다. 작업분야는 매우 다양했는데, 군 막사나 상관 숙소, 공동 화장실 등을 청소하거나,

---

23 이인신, 「일제강제연행 태평양전쟁 참전 체험 수난기」, 190~192쪽.
24 김한옥의 포로 번호는 786번이었다(김한옥과의 인터뷰).

군복 창고 정리, 나무 심기, 말뚝을 박아 울타리 만들기 등을 하였다. 매일 광장에 정열하고 있으면 작업분야에 따라 담당 미군 헌병들이 필요한 인원을 앞 줄에서부터 데리고 가서 작업을 시켰다. 포로들의 작업시간은 8시간이고 토요일은 12시까지이며, 일요일은 휴식이다. 작업이라고 해도 힘이 든 것은 아니고, 건강을 위해 운동할 정도였다. 작업은 휴식시간이 많고 하루 종일 쉬기도 하였다. 쉬고 있다고 누가 간섭하는 사람도 없었다. 그리고 일을 하였기 때문에, 소액이나마 노임을 받았는데, 돈은 현지에서 수령하는 것이 아니고 귀국해서 전표하고 교환해 준다고 하였다.[25] 미군 당국에 의하면, "한인포로들은 감시원(guard)도 없이 노동하는 것이 허락되었다"고 한다.[26]

하와이 포로들은 수용소내에서 영어를 배울 수도 있었다. 박순동 등 학병 출신들이 포로수용소 당국과 교섭하여 한인포로들에게 영어를 교육하려고 하였다. 한인포로들은 대부분 20대 초반이었으나 형편상 모든 한인들에게 영어를 가르칠 수는 없었다. 그래서 20세 미만의 200명만을 소집해서 작업에 나가지 않고 별도 수용소를 선정하여, 박순동이 이들에게 영어를 교습하였다.[27]

하와이 포로수용소의 생활에 대해서 또 다른 증언이 있다. 포로수용소의 통역으로 있었던 한인 2세인 조나 리(Jonah Lee, 1914년생)의 증언이다.

그는 태평양전쟁이 발발하면서 1942년 미군에 징집되어 호놀룰루 샌드 아일랜드에 있는 2,000명의 한국인 캠프에서 통역으로 근무하였다. 포로수용소에는 약 20명의 통역이 있었고, 그는 한인포로들이 돌아갈 때까지 포로를 감시하였다. 한국인 전쟁포로들은 대부분 노무자 출신들이고, 그들의 옷에 칠해진 'POW'라는

---

25 이인신, 「일제강제연행 태평양전쟁 참전 체험 수난기」, 195~196쪽.
26 『Honolulu Advertiser』 1945년 12월 16일자, 「Korean PWs to return soon」.
27 이인신, 「일제강제연행 태평양전쟁 참전 체험 수난기」, 197~198쪽.

글자가 쓰여 있었다. 미군들은 한인포로들을 일본시민으로 간주했고, 그들은 건설 노무자로 불러줄 것을 원하였다. 그들은 어떤 일을 맡아도 예의바르고 매우 좋은 노동자들이었다고 생각된다.[28]

한인들은 쌀을 주식으로 하였기 때문에, 조나 리는 쌀을 가지고 있는 해군이나 해안경비대 혹은 다른 곳에서 쌀을 구해 감자와 교환해 주었다. 한번은 쌀이 떨어졌는데, 한인포로들이 파업을 하면서 작업을 거부했다고 한다. 또한 한국인 포로들은 김치를 먹었기 때문에 김치를 담그라고 Head cabbage를 지급했지만, 가장 큰 문제는 김치를 담그기 위한 마늘과 고추 등 양념이 없었다는 점이다. 미 육군에는 마늘과 고추가 지급되지 않았기 때문이다. 그래서 조나 리는 한인포로들이 김치를 담글 수 있게 마늘과 고추를 구해주었다. 그런데 몇몇 포로들은 효모를 구해 쌀에다 설탕과 효모를 넣어 술을 빚어 마시는 이들도 있었다.

당시 포로수용소의 생활에 대해서는 이곳에서 생활했던 박순동의 수기가 있다.[29] 그는 1945년 이곳에 도착하였는데, 하와이에는 일본인, 이탈리아 포로가 있었고, 한국인 포로 2,700명이 두 군데로 갈라져서 수용되어 있었다고 한다. 한 군데 2,400명, 그리고 나머지 300명이 딴 곳에 있었다. 그는 인원이 적은 곳에 수용되었다. 포로수용소 사령관은 하웰(Col. H. K. Howell) 대령이었으며, 그는 키가 작고 아주 정력적인 얼굴이었다. 그리고 한국인 2세 신영순(그녀는 자기 성명을 한자로는 모르고 있었다)을 통역으로 쓰고 있었는데, 신여사는 한국어가 아주 서툴러서 가끔 이상스런 통역을 하곤 했다고 한다.

28 Daisy Chun Rhodes, 『Passages to Paradise – Warly Korean Jmmigrant Narratives from Hawaii』, Academia Koreana Keimyung University, 1998, p.133.
29 朴順東, 「侮蔑의 時代」, 金相賢 편, 『實錄 民族의 抵抗 3; 侮蔑의 時代·學兵手記集』, 한샘문화사, 1977.

포로들의 생활은 석축 쌓기, 미군 식당의 그릇 씻기, 페인트 칠하기, 꽃밭 가꾸기 등이 있어서 순번을 정해서 일정기간씩 작업을 바꾸기로 되어 있었다. 그리고 그가 도착하면서 포로수용소에서 한인들은 『자유한인보』라는 자신들의 잡지를 만들어 서로 돌려보았다. 『자유한인보』는 주보(週報)로 발간되었는데, 현재 제3호와 제7호, 그리고 제7호 부록(주소록)이 남아 있다. 이 잡지는 포로수용소의 주보계(週報係)에서 맡아서 발간하였는데, 이종실·박순동·박형무 세 사람이 담당하였다. 주보계의 세 사람은 앞에서 언급한 바와 같이, 학병 출신으로 버마전선에 일본군을 탈출하여 영국군에 투항하여 군사훈련을 받았던 사람들이다.

『자유한인보』 제3호는 1945년 11월 15일자로 발간되었으며, 제7호는 12월 12일자로 발간되었으며, 제7호의 부록인 한인포로 주소록은 12월 15일자로 발간되었다. 『자유한인보』는 제7호까지 발간되었는데, 60쪽 정도의 주간행물로 하월 대령이 주는 미국사회생활 소개물, 독자들의 투고, 그리고 한국에 관한 신문소식을 게재하여 2명 앞에 1권씩 배포하였다. 백색 마닐라 보르의 표지에 『자유한인보』라는 표제 아래 태극기와 무궁화가 3색 인쇄되었으며, 내용은 모조지로 되어 있다. 이 책자의 편집은 학병 출신인 이종실과 박형무·박순동 3인이 맡아, 1주일마다 1,350부를 만들었다. 그리고 인쇄는 전원에게 배포할 종이가 없어 매주 방문하는 목사가 전원분을 인쇄하여 왔다고 한다.[30] 그러나 포로의 대부분이 노무자들이어서 내용을 해득하지 못하는 사람도 있었다. 계몽문을 등사하여 회람시키는 등 한인포로들이 단결하여 방자한 행동이나 수치스런 짓을 자제하려고 노력하였다. 미군들이 이같은 모습을 보고 감동하여 찬양도 하고 신망도 얻어 호평을 받았다.

『자유한인보』는 제7호로 종간되었는데 종간호 「정간의 말」에 의하면, 주보를 발간한 목적은 "우리들의 단결을 촉진하고 그 단결의 기관지가 되자는

---

30 『국민보』1946년 1월 16일자, 「국민총회 대의회록」.

것이었다"라고 하였다.³¹ 이로 보아 당시 한인포로들 사이에는 갈등이 있었음을 알 수 있다. 즉, 포로수용소에는 각종 모임이 있었는데, 도민회·군민회·각 성씨의 종문회 등 생활 활동 범위가 제한되어 있는 수용소에서 이런 단체를 구성했다고 한다.³²

당시 하와이에는 7,000명 정도의 한인 교포들이 있었는데, 박순동이 만난 사람은 도진호(都鎭鎬) 뿐이다. 하지만 실제로 하와이 국민회에서는 한인포로들에게 등사판(謄寫版)·유성기판(留聲機版)·한국통사 500권과 그 외 각종 서적을 기부하였고, 『국민보』를 무료로 300장씩 공급하였다.

한인포로들이 고국에 돌아가기 전에 포로수용소 하월 대령이 출발 직전, 포로 전원의 주소록을 만들라고 지시하였다. 그래서 한인포로들은 전원이 한 부씩 주소록을 갖게 되었다.³³ 그리고 귀국을 앞두고 생존한 사람들이 귀국 후에 연락을 취하기 위해 포로전원으로부터 이름을 쓴 카드를 제출받아 명부를 만들었던 것이다.³⁴

하와이의 한인포로들이 귀환하기 전에 포로수용소장 하월은 영자신문 『호놀룰루 애드버타이저』 1945년 12월 15일자 기사에, "각국 포로병이 가령 1만여 명에서 한인이 2,607명이더라. 한인포로들은 복종도 잘하고 신분상으로도 청결하고 양순한 마음으로 군법을 복종하니 한인의 대대로 내려오는 특성이라 하였고, 또는 조직체로 생활하는 특성이 있고 이 사람들이 한추당이라는 단체를 조직하여 모든 한인포로들은 다 회원이 되었고 회비는 무

31 『자유한인보』 제7호, 1945년 12월 12일.
32 朴順東, 「俘虜의 時代」, 89~90쪽.
33 『하와이 포로명부』는 2본이 있었던 것 같다. 왜냐하면 독립기념관 소장본에는 金漢玉의 명단이 있으나, 재일본조선인총연합회 강제련행신상조사단에서 독립기념관에 보내온 냉부에는 김한옥의 이름이 빠져 있다.
34 「朝鮮人捕虜의 名簿確認」, 『朝日新聞』 1993년 7월 31일자(金英達·飛田雄 ·編, 『1994 朝鮮人·中國人 強制連行·強制勞動 資料集』, 神戸學生青年センター出版部, 1994, 67쪽).

료로 실행한다 하였다. 이 회의 목적은 민주주의 단체로 민주주의 사상으로 되었다"³⁵고 하였다. 그런데 하와이 한인포로들이 조직하였다는 한추당의 실체는 잘 알 수 없다. 이인신의 수기에는, '한추당'이 아니고 '한취당(韓鷲黨)'이라고 하였다. 그러나 『호놀룰루 스타 뷰레틴』 1945년 12월 16일자에 '한추당(Han Chu Dang)'이라고 한 것으로 보아, '한추당'이 맞는 것같다.³⁶ 한추당은 한인포로 가운데서 지식이 있는 학병 출신들이 주동이 되어 결성한 것은 틀림이 없다. 박순동 등의 학병출신들이 중심이 되어 조직체를 만들고, 이들을 중심으로 '당지(黨誌)' 즉 기관지로 『자유한인보』를 발간한 것이 아닌가 추측된다. 이인신의 회고와 같이, 한인포로들을 단결시키고 좋은 의견을 규합하기 위해서 자치조직을 만들었던 것이이라고 하였다.³⁷

한인포로들이 하와이 포로수용소에서 매우 원만한 생활을 한 것만은 아닌 것같다. 왜냐하면, 하와이에 온 대부분의 한인포로들은 자신들의 의사로 이 곳에 온 것이 아니었기 때문이다. 이들은 모두 일제에 강제동원이 되어 전쟁터로 끌려왔다가 미군의 포로가 되어 하와이로 오게 되었던 것이다. 그래서 하와이 한인포로들은 자신들이 '전쟁포로(prisoner of war)'로 대우받는 것에 대해 매우 불만을 가지고 있었다. 앞에서도 언급한 바와 같이, 수용소에서 한인들은, 군복을 입고 있었다. '전쟁포로'라는 것을 나타내기 위해 모자와 상하복에 'POW'라는 글자를 페인트로 표식을 하였다. 대부분의 한인들은 일본민족이 아니고 억지로 끌려와 비전투원으로 사역만 하였을 뿐인데, '전쟁포로'라고 하는 것은 매우 부당하다고 하였다. 그래서 미군들에게 'POW'라는 표식을 없애 달라고 요구하였다. 그러나 미군에서는 이에 대해 단호히 거절을 하였고, 이에 한인포로들은 출역을 거부하며 단식농성을 벌였다. 그러

35 『Honolulu Advertiser』 1945년 12월 15일자, 「Korean POWs here are being sent Home」(『국민보』 1945년 10월 10일자, 「한인포로 칭찬」이라고 하여 번역하여 실렸다).
36 『Honolulu Star Bulletin』 1945년 12월 16일자, 「Korean PWs to return soon」.
37 이인신, 「일제강제연행 태평양전쟁 참전 체험 수난기」, 192쪽.

자 미군들은 배식을 중단하고 식수마저 끊었기 때문에, 6~7일 간 단식을 하고 농성을 풀었다.[38]

---

[38] 이인신, 「일제강제연행 태평양전쟁 참전 체험 수난기」, 193쪽.

4 한인 전쟁포로 이용계획

　　　　재미 한인들은 미국과 일본 사이에 전쟁이 일어나게 되면 결국 일제는 그 종말을 고하게 될 것이고, 오랫동안 기대하여 왔던 조국의 독립을 가져오게 될 것이라고 믿고 있었다.[39] 그래서 미주 한인들은 언젠가는 미국과 일본과의 전쟁이 일어날 것으로 보고 이를 준비하고 있었다. 그런 가운데 일제가 1941년 12월 7일 진주만을 기습 공격하면서 태평양전쟁이 발발하자, 대부분의 한인들은 일제에 맞서 싸울 수 있는 기회가 왔다고 기뻐하였다.

　　재미한인들이 전쟁기간 중 가장 두드러진 활동이었다고 할 수 있는 것은 캘리포니아 민병대의 부속으로 한인경위대(Korean Brigade)를 창설한 일이다. 이 한인경위대를 일반적으로 '맹호군'이라고 불렀는데, 1941년 12월 29일부터 로스앤젤레스에서 훈련을 시작하였다.[40] 처음에는 18세에서 65세에 이르는 남성들 50명이 병적에 등록되었고, 나중에는 로스앤젤레스 지구에서만 109명으로 늘어났다. 대부분이 군대 징집 연령을 넘어 있었지만, 그들은 애국심을 나타내는 뜻에서 스스로 군사훈련을 받았다.

　　또한 일제의 진주만 공습이 있기 8개월 전 재미한인의 최대 독립운동기관으로 재미한족연합위원회를 결성하였다. 재미한족연합위원회에서는 태평양전쟁이 발발하자 미국정부에 대해 대한민국임시정부를 승인하고 연합군으로 참가하는 것을 승인하여 달라고 루스벨트 대통령에게 청원하였다. 그리고 주미외교위원장 이승만도 미국정부에 호소와 협박을 번갈아 하면서 임

---

[39] 崔鳳潤, 『미국 속의 한국인』, 종로서적, 1983, 175쪽.
[40] 崔鳳潤, 『미국 속의 한국인』, 177~178쪽.

시정부 승인을 획득하려고 노력하였다.[41]

앞에서 본 것과 같이 전쟁이 확대되면서 남태평양 지역의 한인들이 미군 포로가 되어 미 본토 및 하와이로 들어왔다. 하와이 포로수용소에 통역으로 온 한인 2세들과 한인동포 목사들에 의해 이곳에 한인들이 수용되어 있다는 것이 외부에 알려지게 되었다. 1943년 12월경 재미한족연합위원회에서도 이에 대한 정보를 갖고 있었다. 그리고 그들은 한인포로들이 일본군 군인·군속 출신의 청년들이라는 사실에 자못 놀라게 되었다. 재미한족연합위원회의 전경무는 호놀룰루로 가서 한인포로들이 있다는 것을 직접 확인하였다. 그리고 재미한족연합위원회에서는 한인포로들을 활용할 방법을 미국당국과 협의하였다. 전경무는 1944년 2월 길버트·마샬 군도에서 미군 포로가 된 한인들이 하와이에 있다는 것을 알고 이를 하와이 군정(Office of the Military Governor of Hawaii) 당국과 구체적으로 협의하였다.[42] 그는 군정당국에 대해 "한국인들이 일본 정부에 전혀 동조하지 않고 한인으로서 충성심을 증명할 수 있도록 신중히 고려해 줄 것과, 그 사람들이 태평양 전역에서 연합군의 병력에 도움이 되고자 하는 의지와 희망에 따라 일종의 군사 작전에 참여하게 해 줄 것을 제안했다." 그리고 그는 미국 전쟁부(War Department) 맥클로이(McCloy)에게 「미군수용소에 있는 한국인과 그들의 노동력 이용」이라는 보고서에서 다음의 두 가지 점을 제안하였다.[43]

1. 하와이에 '전쟁포로'로 수용되어 있는 한인들을 이용하는 것은, 일본과 그 동맹국에 대항하는 전쟁에서 연합국에 기여하기 위한 바람직한 수단으로서, 미국의 전쟁 노력을 돕기 위해 미국의 지도하에 전쟁부(War Department)가 초

---

[41] 한철호 역, 『미국의 대한정책 1834~1850』, 한림대학교 아시아문화연구소, 1988, 69쪽.
[42] 「전경무(J. K. Dunn)가 맥클로이(McCloy)에게 보낸 편지(1944. 6. 5)」(독립기념관 소장, 도산자료 A01402).
[43] 위와 같음.

기에 검토한다. 이들 한인들은 미국이 점령한 지역에서 노동력을 제공하거나, 군사정보 업무를 돕거나, 적군 지역에 침투하거나, 일본에 징용된 다른 한국인들에 관하여 접촉 업무를 맡는다.

2. 이들 한인들은 상술한 목적이나 기타 적용 가능한 목적을 위해 필요한 자격을 갖추도록 교육을 받고 군의 승인을 받으며, 현재 미군이 점령하고 있는 태평양 지역으로 돌아가 그곳에서 미국의 보호 아래 있지 않은 다른 한인들을 돕는다. 처음에 훈련을 받은 한인들은 적군 지역의 미국 점령을 촉진시켜서 확보되는 새로운 한인들로부터 협력을 받을 수도 있을 것이며, 그렇게 해서 한인들이 원하는 해방을 위한 근거를 탄탄하게 세울 수도 있을 것이다.

재미한족연합위원회의 이같은 제안에 대해 미국당국에서도 검토를 하기 시작하였는데, 맥클로이는 하와이군사령부 당국과 접촉하여 한인 전쟁포로들이 일본정부에 복종하지 않고 한인으로서 애국심을 잃지 않도록 이끌어 주라고 하였다. 그리고 그들이 원하고 의지하는 대로 태평양 지역에서 연합군을 원조할 수 있도록 군무에 채용해 주시도록 건의하였다.[44]

또한 재미한족연합위원회에서 1944년 6월 현재 미군의 관할 아래 있는 한인들과 그 노동력의 활용 방안에 대해 다음과 같은 내용의 비망록을 전달하였다.

첫째, 하와이에 억류되어 있는 한인 '전쟁포로'들의 실제적인 활용 방안이 미군의 지도 아래 전쟁부에 의해 시급히 마련되어 미군의 전쟁 수행을 지원하고, 일본과 그 연합국에 대항하고 있는 연합국(United Nations)을 위해 한국인들이 바람직한 기여를 할 수 있도록 한다. 이들 한인포로들은 미국 점령지의 노무자로서, 군 정보국의 보조원으로서, 적지의 무장 침투 요원으로서, 일제에 강제 징용된 한인들과

---

44 위와 같음.

의 접선책으로서 제 역할을 다한다.

둘째, 이러한 목적뿐만 아니라 개인의 능력에 따라 군 당국의 승인 아래 다양한 훈련과 조직화가 이루어진 한국 포로들은 이제 미군 관할의 태평양 지역에 배치되어 미국의 관리를 받고 있는 한인들의 임무를 돕는다.[45]

재미한족연합위원회에서는 한인포로들을 미국의 대일전 수행을 위한 노무자, 정보보조원 등 다양한 분야에서 활용할 것을 요청하였다. 한인 전쟁포로를 대일전에 활용하자는 재미한인들의 요구에 대해, 1944년 중반에 들면서 미국당국도 포로들을 전쟁에 동원하려는 적극적인 모습을 보여주게 된다. 연합국의 점령지가 확대되면서 한인포로들의 숫자가 늘어감에 따라 조기에 훈련되고 조직화된 포로들을 이용하여 대일전쟁을 원조할 수 있을 것으로 판단하게 되었다.

그러나 문제는 하와이에 있는 한인들이 전쟁포로의 신분이라는 것이다. 전쟁포로의 이용은 현실적으로 제네바협정(Geneva Convention)과 헤이그조약(Hague Convention)과 같은 국제조약을 위반할 수 있기 때문이었다. 「헤이그조약」 제5조에 따르면 "전쟁포로는 안정을 위한 것을 제외하고, 그리고 단지 생존을 지속시키기 위한 조치가 필요할 환경이 되었을 때 외에는 모든 것에 제한 받지 않는다"고 하였고, 제6조에 "포로를 잡은 국가에서는 전쟁포로의 계급과 소질에 따라 노동을 시킬 수 있다. 하지만 장교들은 제외된다. 그리고 작업은 과도하지 않아야만 하고, 전쟁의 작전과 관계가 있어서는 안된다. 포로는 공공부문, 개인 혹은 자기 자신의 일을 위해 노동을 하여야만 한다"고 하였다. 이 같은 규정 때문에 한인포로들을 전쟁에 동원하는 데에는 많은 제약이 따랐다.

미국 전쟁부에서는 재미한족연합위원회의 제안에 대해 "미국과 일본 간

---

[45] 「전경무가 한시대에게 보낸 기밀 편지(1944. 8. 23)」(독립기념관 소장, 도산자료 A00986).

의 협약에 근거해 일본의 동의 없이는 불가능하다"는 것을 통보하였다.⁴⁶ 하지만 "현재의 상황에서는 전쟁 수행에 필수적인 노무를 부여하는 것은 가능하며, 이를 통해 전쟁부로서도 전쟁 수행을 위해 전투와 마찬가지로 중요한 작업의 노동력을 얻을 수 있다"고 덧붙였다.⁴⁷ 다시 말해 재미한족연합위원회가 제시한 방안은 미·일 정부 간의 조약에 위배되고, 한인포로를 모두 석방하여 지원자를 현역으로 편입시킬 경우 이들이 일본군에 다시 잡힐 때 처형될 위험성이 너무 크다는 점이었다.⁴⁸ 이렇게 되자 재미한족연합위원회에서는 한인포로들이 다양한 능력을 가졌기 때문에 전쟁수행에 도움을 줄 수 있는 방안에 대해 다시 제안하였다.⁴⁹ 현실적 문제 때문에 재미한족연합위원회에서는 실질적으로 한인포로들에게 도움을 주고, 이들을 전쟁에 활용할 수 있는 방법을 모색하지 않을 수 없었다. 그래서 1944년 12월 다시 다음과 같은 제안을 하게 된다.⁵⁰

1. 전쟁포로들의 교육 및 종교 복지에 대한 건의 사항을 접수하여 포로들의 상황을 파악하고, 경우에 따라 요구 사항이 관철될 수 있도록 한다.
2. 전쟁포로들이 자립할 수 있는 수단과 관련한 정보를 확보하고, 미국측에도 이익이 될 수 있는 노동을 유도하며, 그 외에 제네바협약의 취지와 내용에 부합하는 한도에서 군에 복무할 수 있도록 한다. 전쟁 기간 중 미국 관할 구역으로 들어온 한인들에게는 농장 근무 등 가치 있는 직업을 할당함이 좋을 듯하다. 그렇게 되면 이들은 직업을 갖게 됨과 동시에 미국 내에 합법적인 주거지를 소유

---

46 「전경무가 한시대에게 보낸 편지(1944. 8. 29)」(독립기념관 소장, 도산자료 A00931).
47 「전경무가 한시대에게 보낸 기밀 편지(1944. 8. 23)」(독립기념관 소장, 도산자료 A00986).
48 「전경무가 맥클로이(J. J. McCloy)에게 보낸 편지(1944. 8. 16)」(독립기념관 소장, 도산자료 A01025).
49 「전경무가 부케넌(Daniel C. Buchanan)에게 보낸 편지(1944. 10. 27)」(독립기념관 소장, 도산자료 A01019).
50 「전경무가 힐드링(John H. Hilldring)에게 보낸 편지(1944. 12. 21)」.

하게 되며, 직업 경력도 쌓게 된다. 또한 원하는 포로는 군에 복무하게 할 수도 있다.
3. 한국 독립을 위한 연합국의 노력과 연계하여 현재의 전쟁포로 및 앞으로 발생할 포로들이 한국 민간단체에서 일할 수 있는 가능성이 있는지 정보를 수집할 수 있도록 한다. 현재 재미한인 민간단체에서 일하고 있는 한국인들은 다수이며, 이들은 연락책 등의 적절한 임무를 수행하면서 한국 영토를 점령하고 있는 일본을 격파하고 무력화시키기 위해 자원하여 미군의 활동을 돕고 있다. 이 자원자들의 조기 훈련은 전쟁부의 전후 처리 관련 계획과 연계된 필수적인 사안으로 보인다.

하와이의 한인포로들은 미군에 의해 포로가 되었지만, 반일의식이 워낙 강하여 포로수용소 생활 초기부터, "포로들이 일본인의 압제와 한족 학대를 생각하여 자기들에게 허락하면 미국을 위하여 총을 메고 전쟁터에 가서 싸우겠다고 몇 번 군무부로 청원한 것을 보면, 다른 나라 사람보다 충성심과 애국성이 특히 있는 것을 보았다"고 하였다. 이로 보아 하와이의 한인포로들 내부에서도 미군에 참여하여 일제와 싸울 의사를 가지고 있었고 미군 당국에 청원하는 등 이를 실현하기 위해 조직적으로 활동하였다. 『호놀룰루 스타 뷰레틴』에 한인포로들의 귀환에 대한 보도에, 포로수용소에 있는 한인 청년들의 생활을 설명하면서 다음과 같이 전쟁 참여를 요구하였다.

한인들은 일본 압제자들을 너무나 미워해서 일본을 직접적으로 패퇴시킬 수 있는 일에 종사하고 싶다고 요청하였고, 그리고 이것을 지속적으로 미국 육군 당국에 청원하였다. 그들은 일본에 대항하여 최전선 싸우려고 요구하였지만 허가되지 않았다. 이것은 제네바 협정이 허락하지 않기 때문이다.[51]

---

51   『Honolulu Star Bulletin』 1945년 12월 15일자, 「Korean POWs here are being sent home」.

한인포로들은 미군이 대일전에 승리를 위한 일반적인 작업에도 종사하고, 또 직접적으로는 일본군에 대항하여 전쟁에 참여하기를 희망하였던 것이다. 그러나 현실적으로 포로이기 때문에 전쟁에 직접 동원될 수는 없었다. 1945년 1월 미국 전쟁부에서 한인포로의 활용에 대한 재미한족연합위원회의 제안을 긍정적으로 검토하였으나 전투에 복무시킬 수 없다고 하였다.[52] 이에 따라 하와이에 있는 한인포로들이 태평양전선에서 일본군과 대항할 수 있는 기회를 놓치게 되었다.

이승만도 1944년 7월 18일 다시 합동참모본부에 편지를 써서 태평양 섬에서 포로가 된 한인 노무자나 군인들을 훈련하여 일본과 한국침투공작에 사용하자고 제안하였다. 그리고 자신과 주미외교위원부(Korean Commission)가 포로 중에서 적당한 인원들을 선별하겠다고 나섰다.[53] 이에 대하여 미국 전략첩보국(OSS)에서는 다시 이승만을 통하는 것이 현명하지 못하고, OSS는 직접 중국에서 한인들을 훈련할 계획이라고 내부 문서를 돌렸다. 이승만(동지회)과 한길수(중한민중동맹) 계열이 아닌 재미한인을 이용하여 한국내에 침투시키려는 냅코작전(Napko Project)을 계획한 것이다.

이 프로젝트는 1944년 하반기에 확정되었다. 공작원침투는 인천 앞바다 섬들을 통한 서울침투, 진남포 경우 평양침투, 평남 농촌침투, 충남 서산 침투, 진남포 경우 황해도침투, 전남 목포 앞바다에서의 목포침투 등 여러 조를 계획하고 있었다. 여기에 동원될 한인은 한국 내에 친척, 사업 등 끈이 있는 유학생 출신과 사이판·괌 등 섬에서 포로가 된 군인·군속들이었다. 특히 일본군 출신의 한인 군인·군속들은 1944년에 한국에서 이들 섬에 강제로 끌려온 사람들이 많아서 반일 증오감정이 극단적이었다고 했다. 훈련소는 남

---

52 「John Weckerling이 전경무에게 보낸 편지(1945. 1. 8)」(도산자료 A01017);「전경무가 미국 방성 웨컬링(Weckerling)장군에게 보낸 편지(1945. 1. 25)」(도산자료 A01016).
53 방선주,「美洲地域에서 韓國獨立運動의 特性」,『한국독립운동사연구』제7집, 1997, 505쪽.

가주의 산타 카탈리나(Santa Catalina)라는 큰 섬의 Howland's Landing과 Fourth of July Cove라는 곳에서 2조를 훈련 중이고 다시 8군데를 확정하였다. 공작교육생들은 무기, 비무장전투법, 지도읽기, 파괴, 무전, 촬영, 낙하산훈련, 비밀먹사용법, 선전, 일본인의 특성 등에 대하여 배우게 되었다.

또한 하와이의 한인포로들은 1945년 3월 약 3천 달러를 자발적으로 거두어 미국 적십자사에 기부하였다. 한인 포로수용소 두 곳 가운데 한 캠프에서 2,295.85달러, 또 다른 캠프에서 533.23달러를 거두었다.[54] 이 돈은 미국 전쟁부에서 받아 적십자사에 전달하였다.

---

54 『Honolulu Advertiser』 1945년 5월 17일자, 「Korean POWs Buy Many War Bonds」.

5 하와이 포로의 귀환

　　　태평양전쟁 당시 연합군의 전쟁포로가 되어 하와이에 온 한인들은 약 2,700명 정도였던 것으로 파악된다. 하와이 한인포로들의 정확한 인원을 포로수용소장 하월 대령이 『호놀룰루 애드버타이저』 1945년 12월 15일자에 밝힌 바와 같이 2,607명이었다고 보는 것이 맞을 것같다. 이인신의 수기에는 2,670명이라고 하였지만,[55] 2,607명을 잘못 기록한 것같다. 아무튼 하와이 포로수용소에 한인포로가 언제부터 들어오게 되었는지는 알 수 없지만, 태평양전쟁 초기에 미군의 포로가 되어 하와이에 온 한인포로들은 일본인으로 취급되어 미 본토로 이송되었다.[56]

　　하와이 포로수용소에 있던 한인포로들은 태평양전쟁이 끝이 나면서 고국으로 귀환하려는 준비를 시작하였다. 전쟁은 끝이 났지만 아직 전쟁포로의 신분이었기 때문에 미군당국의 허락을 받아야만 했다. 이때 재미한족연합위원회와 하와이 교민들은 전쟁포로들을 귀환시키고자 하와이 의원 패링톤(Joseph R. Farrington)과 교섭하여 전쟁부에 한인포로들의 귀환을 청원하였다.[57]

　　고국으로 돌아가진 전에 포로수용소 소장 하월 대령이 포로 전원의 주소록을 만들라고 지시하였다.[58] 주소록은 한인포로들이 귀국 후에 서로 간에 연락을 취하게 하기 위한 것이다. 한인포로들은 출발시에 POW가 찍히지

---

[55] 이인신, 「일제강제연행 태평양전쟁 참전 체험 수난기」, 192쪽.
[56] George G. Lewis and John Mewha, 『History of Prisoner of War Utilization by the United States Army 1776 – 1945』, Department of the Army, June 1955, p.248.
[57] 『국민보』 1945년 12월 26일자, 「한인포로 작별서」.
[58] 朴順東, 「侮蔑의 時代」, 91쪽.

않은 카키색 군복을 입혀주고, 도중에 추워진다고 모직 동복과 외투까지 신품으로 나누어 주었다. 또한 그것이 불법 소지품이 아니라는 증명서까지 작성해 주었다.

한인포로들의 귀환은 두 차례에 걸쳐 이루어졌다. 1945년 12월 15일 중부태평양사령부에서는 한인포로들을 귀환시킬 것이라고 발표하였다.[59] 우선 하와이 군무부 총사령장 에니장관은 한인포로 2,614인이 1945년 12월 22일 아침 8시에 한국으로 향하여 갔다고 반포하였다.[60] 제1진은 제네럴 언스트호(General O. Ernst)를 타고 태평양을 건너 고국으로 향하였다. 이들이 타고 온 배에는 한인포로들 뿐만 아니라, 오키나와인 포로 19명과 극동에서 일할 85명의 미국 전쟁부 종사자들이 함께 타고 왔다.[61]

『조선일보』 1946년 1월 12일자 기사에 의하면, "지난 7일 인천항구에는 한 척의 미국배가 수많은 조선 청년들을 실고 입항하여 10일 오전 10시경 상륙하였다. 배는 제네럴 언스트호로서 하와이로부터 조선청년 2,531명을 실고 태평양을 건너 일본 동경만을 거쳐 호놀룰루를 떠난 지 열일해만에 그리운 고국에 도착하였다"라고 하였다.[62] 이인신의 수기에 의하면, 하와이 한인포로들이 탄 배는 인천항으로 바로 직행하지 않았다고 한다. 하와이 한인포로들은 한국내에 악성 전염병이 만연하여 직행하지 않고, 1946년 1월 2일 일본 우라가[浦賀] 항구에 도착하였다. 우라가 항구는 수심이 얕아 전마선으로 선창에 상륙하였고, 미군의 지시에 의해 군 수용소에 들어가서 기다렸다. 그리고 1월 4일 미군 선박에 승선하려고 하였으나 파도가 너무 심해 전마선을 탈 수가 없었고, 다음날 아침 한인포로 전원이 승선하고 인천항에 도착하

---

59 『Honolulu Advertiser』 1945년 12월 16일자, 「Korean PWs to Return soon」.
60 『Honolulu Advertiser』 1945년 12월 23일자, 「2,614 Korean Prisoners sail on transport」; 『국민보』 1945년 12월 26일자, 「하와이에 수용중이던 한인포로 귀국」.
61 『Honolulu Advertiser』 1945년 12월 24일자, 「Transport leaves with Korean POWs」.
62 『조선일보』 1946년 1월 12일자, 「布蛙俘虜收容所 있던 二千五百 同胞」.

였다.⁶³ 고국으로 귀환한 하와이 한인포로들은 인천 부두에 있는 포로수용소에서 하루 밤을 지내고, 다음날인 1월 11일 각자의 소지품을 챙겨서 고향으로 돌아갔다.⁶⁴ 인천항의 포로수용소에서는 헌병들이 미국 물품을 모두 압수하고, 일본에서 받아온 좋지 않는 군복 한 벌과 군화만 주었다.

하와이 한인포로 제2진 105명도 미국선 멕시코 빅토리호(Mexico Victoria)를 타고 1946년 8월 8일 고국의 땅 인천에 도착하였는데, 이들은 곧 기차를 타고 서울에 왔다가 각각 지방으로 돌아갔다.⁶⁵

태평양전쟁 초기에 미군에 포로가 되어 미 본토로 보내진 한인포로들은 위스콘신주에 있는 맥코이수용소(Camp McCoy)에 수용되었다. 『신한민보』 기사에 따르면, 맥코이수용소에는 사이판 등의 섬을 점령하면서 포로가 된 한인 110명 가량 수용되어 있었다.⁶⁶ 그러나 맥코이수용소에 있었던 한인포로 지윤오(池允伍)은 140명 정도의 한인들이 있었다고 한다. 맥코이수용소에서 한인포로들의 통역을 하였던 현순 목사의 장남 피터 현(Peter Hyun)은 "내가 내 인생에서 가장 놀란 것은 포로들이 일본인이 아닌 한국인이라는 것이다. 오, 얼마나 감격스러운 일인가. 한인포로는 거의 멀리 떨어진 한국에서 왔다는 것과, 재미한인 병사가 그들을 돌본다는 것은 거의 믿을 수 없는 일이었다"라고 하였다.⁶⁷ 일본이 패망한 이후 맥코이수용소에 있던 한인포로 140명 가운데 40명이 1946년 1월 초순에 부산으로 상륙하였고, 나머지 100명은 시카고에서 귀국 준비를 하였다.⁶⁸

63 이인신, 「일제강제연행 태평양전쟁 참전 체험 수난기」, 199~202쪽. 이인신의 수기에는 날짜가 2월 4일로 잘못 표기되어 있다.
64 『자유신문』 1946년 1월 12일자, 「布蛙收容所서 歸國한 同胞들」.
65 『조선일보』 1946년 8월 10일자, 「하와이에 재류하던 동포(징병) 포로 105인이 귀환하다」.
66 『신한민보』 1944년 12월 28일자, 「한인 전쟁포로들을 위문코저 경애하는 동포들게 고함」; 『신한민보』 1945년 1월 18일자, 「한인포로자를 위문 지싱지방회」.
67 Peter Hyun, 『In The New World』, University of Hawaii Press, Honolulu, 1995, p.198.
68 『자유신문』 1946년 1월 12일자, 「布蛙收容所서 歸國한 同胞들」.

이처럼 한인포로들은 고국을 떠난 지 길게는 2년, 짧게는 6개월 정도 하와이에서 포로생활을 하다가 귀환하였다. 이들은 비록 일제에 강제동원 당해 생사의 고비를 넘겼지만, 비교적 운이 좋은 편에 속했다. 언어와 풍토가 달랐지만 포로생활은 안락하게 지냈으며, 그중 몇몇은 미군들로부터 영어를 배워 귀국하는 사람도 있었다. 귀환과정도 비교적 편안하게 이루어진 편에 속하였다.

6 맺음말

　　일제가 1941년 12월 7일 하와이 진주만을 기습 공격하면서 태평양전쟁이 시작되었다. 미주의 한인들은 미·일 간에 전쟁이 일어나면 일본이 반드시 패망할 것이고, 일제의 압제를 받고 있는 한국도 독립이 될 것으로 기대하고 있었다. 그래서 1910년대부터 재미한인들은 미국과 일본이 맞붙어 싸울 것이라는 이른바 '미일전쟁설'이 끊임없이 있었기 때문에, 미·일 간의 전쟁을 '독립전쟁'의 기회로 생각하였다. 그러던 것이 일본의 진주만 공격으로 미일전쟁이 발발하였던 것이다.

　　전쟁이 일어나면서 태평양지역에서 미국과 일본의 격렬한 전투가 벌어졌다. 이같은 전투에는 일본군의 부족한 병력과 노동력을 보충하기 위해 강제로 끌려온 한인 군인과 군속(노무자)들이 다수 포함되어 있었다. 일제에 의해 전쟁터에 끌려온 한인들은 군인으로 혹은 노무자로서 태평양지역에서 일본군과 함께 전투에 참여하고 있었다. 미군이 태평양지역에서 일본군을 패퇴시키거나 혹은 점령한 지역에서는 반드시 전쟁포로가 발생하였다. 미군의 전쟁포로에는 일본인만 있는 것이 아니라, 일제에 의해 강제동원되었던 한국인·대만인들도 포함되어 있었다. 태평양지역에서 미군의 전쟁포로들은 대부분 하와이로 이송되어, 그곳에 있는 포로수용소에서 생활하게 되었다.

　　하와이 포로수용소에는 1943년 말부터 미군의 포로가 된 2,700명의 한인 청년들이 이곳에서 생활을 하였다. 포로가 된 한인들은 처음에는 일본인으로 분류되어 미국 본토의 포로수용소로 이송되었다. 그러나 한인들은 연합국의 '적'이 아니라는 것이 밝혀지면서, 대부분의 한인포로들은 미군의 보호하에 하와이 포로수용소에서 생활을 하게 되었다.

　　하와이 포로수용소의 한인들은 미국 당국자들로부터 '신뢰'할 수 있는 포로라고 평가되어 모범적이라는 칭찬도 받았다. 그래서 한인포로들은 미군을 위한 작업에도 동원되었으며, 자치적인 조직을 만들어 자율적으로 생활하고 영어교육도 받았다. 하와이 포로수용소에 있었던 한인들은 길게는 2년 짧게는 6개월의 포로생활을 마치고 무사히 귀환할 수가 있었다.

필자는 하와이 한인포로들이 만든 주간 잡지 『자유한인보』와 『포로 주소록』을 보고, 하와이의 한인 전쟁포로에 대해 관심을 가지게 되었다. 그러나 하와이 한인포로에 대한 직접적인 자료를 찾지 못해 애를 태우다가 2002년 하와이지역 독립운동유적지 실태조사를 갔을 때, 하와이대학의 최영호 교수에게 포로수용소 자리를 찾아달라고 부탁을 드렸다. 그때 포로수용소가 있었던 호노울리울리 지역을 찾아보았으나, 전혀 그 흔적은 남아있지 않았다. 그 후 2003년 3월 하와이에서 포로로 있었던 김한옥이라는 노인을 우연히 만나 포로생활 당시의 이야기를 듣게 되었고, 그해 5월 다시 만나 1시간 정도 인터뷰를 하고 헤어졌다(김한옥도 『포로 주소록』 원본을 가지고 있었다). 그리고 다시 만나기로 약속하고 전화를 드렸을 때는 이미 고인이 되었다. 그래서 이 문제에 대해서 포기를 하고 있다가 「하와이 억류소시찰기」라는 자료를 발견하고, 당시의 신문기사와 단편적인 자료와 사진자료도 함께 수집하였다.

또한 하와이 현지에서도 한인포로에 대한 직접적인 자료를 수집하려고 하였다. 그러나 하와이대학의 'Hawaii War Records Depository'에 한인포로에 대한 기록은 전혀 없고, 다만 포로수용소 소장 하월 대령이 쓴 기록이 있었는데, 불행히도 1996년에 누군가 가져가 버렸다고 한다.[69] 향후 미국정부의 포로관련 문서와 하와이 현지에서 한인포로에 대한 귀중한 자료들이 발굴될 것으로 기대해 본다.

---

[69] 미국 코스털 캐롤라이나 대학(Coastal Carolina University) 브랜든 팔머(Brandon Palmer) 교수에 의하면, 하와이대학에는 한국인 포로 사진이 한 장 있다고 한다(picture #3669).

참고문헌

신문류

『황성신문』, 『대한매일신보』, 『제국신문』, 『동아일보』, 『시대일보』, 『조선중앙일보』, 『매일신보』, 『공립신보』, 『신한민보』, 『국민보』, 『태평양주보』, 『단산시보』, 『독립』, 『연합회보』, 『동지별보』, 『한인협회공보』, 『우라키』, 『조선의용대통신』, 『日布時事』, 『布蛙報知』, 『The Pacific Commercial Advertiser』, 『The Honolulu Star Bulletin』, 『San Francisco Chronicle』, 『San Francisco Call』.

자료

『고종실록』, 『각사등록』, 『주한공사관기록』, 『조선총독부관보』.
姜德相 編, 『現代史資料』 25(三一運動編 一), みすず書房, 1970.
국가보훈처, 『미주한인민족운동자료』, 1998.
국가보훈처, 『Napko Project of OSS – 재미한인들의 조국 정진 계획 –』, 2001.
국가보훈처, 『OSS(Office of Strategic Service) 재미한인자료』, 2005.
국가보훈처, 『장인환·전명운의 샌프란시스코의거 자료집』 I·II, 2008.
국가보훈처, 『태평양잡지』 I·II, 2013.
국가보훈처, 『미주한인 기독교잡지 – 포와한인교보·한인교회보·한인기독교보 –』, 2014.
국가보훈처, 『미주한인 민족운동 잡지』, 2019.
국가보훈처·독립기념관, 『국외독립운동사적지 실태조사보고서(멕시코·쿠바 속편)』 V, 2006.
국사편찬위원회, 『統監府文書』 5권, 1999.
국사편찬위원회, 『대한인국민회와 이승만(1915~36년간 하와이 법정자료)』, 1999.
국사편찬위원회, 『국역 윤치호 영문일기』 6, 2015.
국사편찬위원회, 『대한민국임시정부 자료집』 1~45, 2005~2011.
국사편찬위원회, 『한국독립운동사 자료』(3·1운동편), 1975.
국사편찬위원회, 『한국독립운동사』 자료 4(임정편 IV), 1974.
국사편찬위원회, 『한민족독립운동사자료집』 13, 1990.

국회도서관, 『韓國民族運動史料(3·1운동편)』 3, 1979.

국회도서관, 『韓國民族運動史料(중국편)』, 1976.

金正明 編, 『朝鮮獨立運動』 1 分冊, 原書房, 1967.

대한민국임시정부기념사업회, 『프랑스 소재 한국독립운동 자료집』 I, 2006.

도산안창호선생기념사업회·도산학회, 『도산 안창호 전집』, 2000.

도산안창호선생기념사업회·도산학회, 『미주 국민회 자료집』, 경인문화사, 2005.

독립기념관 한국독립운동사연구소, 『中國新聞 韓國獨立運動記事集』 (I)·(II)(III), 2013·2014·2015.

독립운동사편찬위원회, 『독립운동사』 2·4·5·6, 1971·1972·1972·1973.

연세대학교 현대한국학연구소, 『The Syngman Rhee Telegrams』 vol.IV, 2000.

연세대학교 현대한국학연구소, 『이승만 동문 서한집』 상·중·하, 연세대학교출판부, 2009.

우남이승만문서편찬위원회 편, 『雩南李承晩文書』 東文篇, 연세대학교 현대한국학연구소, 1998.

윤소영 편역, 『日本新聞 韓國獨立運動記事集(I)』, 독립기념관 한국독립운동사연구소, 2009.

日本外務省 編, 『日本外交文書』 제41권 제1책, 日本國際連合協會, 1980.

중앙일보사·연세대학교 현대한국학연구소, 『우남이승만문서(동문편)』, 1998.

홍선표 편, 『재미한족연합위원회 회의록』, 연세대학교출판부, 2005.

단행본

姜信杓, 『檀山社會와 韓國移住民』, 韓國研究院, 1980.

구대열, 『한국국제관계사연구』 2, 역사비평사, 1995.

高承濟, 『韓國移民史研究』, 章文閣, 1973.

고정휴, 『이승만과 독립운동』, 연세대학교출판부, 2004.

고정휴, 『3·1운동과 임시정부 수립의 숨은 주역, 현순』, 독립기념관 한국독립운동사연구소, 2016.

고정휴, 『태평양의 발견, 대한민국의 탄생』, 국학자료원, 2021.

곽림대, 『못잊어 화려강산』, 대성문화사, 1973.

김구, 도진순 주해, 『백범일지』, 돌베개, 1997.

김도훈, 『미 대륙의 항일무장투쟁론자, 박용만』, 독립기념관 한국독립운동사연구소, 2010.

김성은 외, 『한국근대여성의 미주지역 이주와 유학』, 한국학중앙연구원출판부, 2018.

김승태 편역, 『3·1독립운동과 기독교』 III, 한국기독교역사연구소, 2019

김승태·박혜진 엮음, 『내한 선교사 총람, 1884-1984』, 한국기독교역사연구소, 1994.

김승태·유진·이항, 『강한 자에는 호랑이처럼, 약한 자에는 비둘기처럼』, 서울대학교출판문화원, 2012.

김신행, 『새하늘과 새땅을 향하여-LA연합감리교회의 100년 역사』, LA연합감리교회, 2004.

金源模 역, 『알렌의 日記』, 단국대학교출판부, 1991.

김원용, 『재미한인오십년사』, Reedley, 1959.

김정인·이정은, 『국내 3·1운동』 I, 독립기념관 한국독립운동사연구소, 2009.

李炳憲, 『三一運動秘史』, 時事時報社出版局, 1959.

나카타 아키후미 지음, 박환무 옮김, 『일본의 조선통치와 국제관계』, 일조각, 2008.

매티 윌콕스 노블 지음, 손현선 옮김, 『매티 노블의 조선회상』, 좋은씨앗, 2010.

메리 린리 테일러 지음, 송영달 옮김, 『호박 목걸이』, 책과함께, 2014.

문옥표·이덕희·함한희·김점숙·김순주 외, 『천연희 사진신부 이야기』, 일조각, 2017.

문충한, 『의사 장인환』, 청조사, 2008.

미하일 알레산드로비치 포지오 저, 이재훈 역, 『러시아 외교관이 바라본 근대 한국』, 동북아역사재단, 2010.

閔丙用, 『美州移民100年: 初期人脈을 캔다』, 한국일보사, 1986.

민홍기 편, 이민수 역, 『閔忠正公遺稿』, 일조각, 2000.

박보리스 드미트리예비치 지음, 민경현 옮김, 『러시아와 한국』, 동북아역사재단, 2010.

박재섭.김형찬 편저, 『나의 사랑 혜련에게』, 小花, 1999.

방사겸, 『평생일기』, 독립기념관 한국독립운동사연구소, 2006.

方善柱, 『在美韓人의 獨立運動』, 한림대학교 아시아문화연구소, 1989.

방선주선생님저작집간행위원회 편, 『재미한인의 독립운동』, 선인, 2018.

변영로, 『酩酊四十年』, 범우사, 1984.

북미주한인이민100주년 기념화보 편찬위원회, 『태평양을 가로지른 무지개』, 크리스천 헤럴드, 2006.

서영해 저, 김성혜 역, 『어느 한국인의 삶』, 역사공간, 2019.

서울역사박물관, 『딜쿠샤와 호박목걸이』, 2018.

鮮于學源, 『아리랑 그 슬픈 가락이여』, 大興企劃, 1984.

손세일, 『이승만과 김구』 제3권, 조선뉴스프레스, 2015.

신성려, 『하와이 移民略史』, 고려대학교 민족문화연구소, 1988.

안형주, 『박용만과 한인소년병학교』, 지식산업사, 2007.

안형주 편저, 『죽사 안창호선생 자료집』, 죽산안씨문화연구회, 2012.

안형주, 『천안만세운동과 미주민족운동』 상·하, 성서와교회연구원, 2018.

오영섭·홍선표 외, 『이승만과 하와이 한인사회』, 연세대학교 대학출판문화원, 2012.

오일환·공정자, 『구한말 한인 하와이 이민』, 인하대학교 출판부, 2004.

와닌 유리 바실리예비치 외 엮음, 이영준 옮김, 『러시아 시선에 비친 근대 한국: 을미사변에서 광복까지』, 한국학중앙연구원출판부, 2016.

유동식 감수, 성백걸 지음, 『샌프란시스코의 한인과 교회』, 상항한국인연합감리교회100년사 편찬위원회, 2003.

유동식, 『하와이의 한인과 교회』, 그리스도연합감리교회, Honolulu, 1985.

유영익, 『이승만의 삶과 꿈』, 중앙일보사, 1996.

윤병석, 『국외한인사회와 민족운동』, 일조각, 1990.

윤병욱, 『나라 밖에서 나라 찾았네』, 박영사, 2006.

이경원·김익창·김그레이스, 장태환 옮김, 『외로운 여정』, 고려대학교 출판문화원, 2016.

이광수, 『島山 安昌浩』, 島山安昌浩先生記念事業會, 1947.

이덕희, 『하와이 이민 100년: 그들은 어떻게 살았나?』, 중앙M&B, 2003.

이덕희, 『한인기독교회, 한인기독학원, 대한인동지회』, 한인기독교회·동지회, 2008.

이덕희, 『하와이 대한인국민회 100년사』, 연세대학교 대학출판문화원, 2013.

이덕희, 『이승만의 하와이 30년』, 북앤피플, 2015.

이명화, 『신대한 건설의 비전, 무실역행의 독립운동가, 송종익』, 독립기념관 한국독립운동사연구소, 2016.

이상수, 『송철회고록』, Keys Ad.&Printing Co, 1985.

이선주·로버타 장, 『하와이 한인사회의 성장사 1903-1940: 초창기 이민자들과 인터뷰』, 이화여자대학교출판부, 2014.

李元淳, 『人間 李承晩』, 新太陽社, 1965.

李元淳, 『世紀를 넘어서: 海史李元淳自傳』, 新太陽社, 1989.

李求弘, 『韓國移民史』, 中央新書, 1979.

林炳稷, 『林炳稷回顧錄』, 女苑社, 1964.

張伯逸, 『義士 田明雲』, 集文堂, 1997.

鄭斗玉, 「在美韓族獨立運動實記」(『한국학연구』 3 별집, 인하대학교 한국학연구소, 1991, 소수).

정병준, 『우남 이승만 연구』, 역사비평사, 2005.

정용욱, 『해방 전후 미국의 대한정책』, 서울대학교출판부, 2003.

정한경 저, 김재현 역, 『한국의 사정 – 일본의 한국지배와 한국독립운동의 발전에 대한 증거자료 모음집』, 키아츠, 2019.

존차 지음, 문형렬 옮김, 『버드나무 그늘아래』, 문학세계사, 2003.

주요한, 『안도산전서』, 삼중당, 1963.

주요한, 『秋丁 李甲』, 대성문화사, 1964.

차경수, 『호박꽃 나라사랑』, 기독교문사, 1988.

최기영, 『한국근대계몽운동연구』, 일조각, 1997.

최봉윤, 『미국속의 한국인』, 종로서적, 1983.

최봉윤, 『떠도는 영혼의 노래 – 民族統一의 꿈을 안고 –』, 동광출판사, 1986.

한국이민사박물관, 『한국이민사박물관 도록』, 2010.

한시준, 『한국광복군연구』, 일조각, 1993.

한우성·장태한, 『1920, 대한민국 하늘을 열다』, 21세기북스, 2013.

한철호 역, 『미국의 대한정책 1834~1950』, 한림대학교 아시아문화연구소, 1998.

한철호, 『한국근대 주일한국공사의 파견과 활동』, 푸른역사, 2009.

허정, 『우남 이승만』, 태극출판사, 1970.

허정, 『내일을 위한 證言』, 샘터사, 1979.

玄圭煥, 『韓國流移民史』 下, 語文閣, 1967.

玄楯, 『布哇遊覽記』, 日韓印刷株式會社, 1909.

홍선표, 『재미한인의 꿈과 도전』, 연세대학교출판부, 2011.

홍선표, 『재미한인 독립운동의 표상, 김호』, 독립기념관 한국독립운동사연구소, 2013.

홍선표, 『재미한인 독립운동을 이끈 항일 언론인, 백일규』, 독립기념관 한국독립운동사연구소, 2018.

『나성한인연합장로교회 70년사』, 1976.

『샌프란시스코지역과 한인들 – 샌프란시스코 한인이민100년사』 I, 미주한인이민100주년기념사업 샌프란시스코지역사업회 샌프란시스코편찬위원회, 2004.

Jhon K. 玄, 洪性傑 譯, 『國民會 略史』, 고려대학교 민족문화연구소, 1986.

Barbra Kim Yamashita 저, 최영석 역, 『와히아와 한인교회 역사 1919-1987년』, 1987.

Dae-Sook Suh(ed), 『The Writings of Henry Cu Kim』, University of Hawaii Center for Korean Studies, Honolulu, 1987.

Easurk Emsen Charr, 『The Golden Mountain』, University of Illinois Press, 1996.

Erwin N. Thompson, 『Pacific Ocean Engineers: History of the U.S. Army Corps of Engineers in Pacific, 1905-1980』, U.S. Government Printing Office, 1985.

Hye Seung Chung, 『Hollywood Asian: Philip Ahn and the Politics of Cross-Ethnic Performance』, Temple University Press, 2006.

Hyung-chan Kim and Wayne Patterson(ed.), 『The Koreans in America, 1882-1974』, Dobbs Ferry, New York: Oceana Publications Inc., 1974.

Lee Kyung Won, Lule & Grace Kim, 『Lonesome Journey: The Korean American Century』, UC Riverside Press, 2016.

Margaret K. Pai, 『The Dreams of Two Yi-min』, University of Hawaii Press, Honolulu, 1989.

Marn J. Cha, 『Koreans in Central California(1903-1957)』, University Press of America, 2010.

Mary Palk Lee·Sucheng Chan(ed.), 『Quiet Odyssey-A Pioneer Korean Women in America』, University of Washington, 1990.

Oliver Robert, 『Syngman Rhee, the man behind the myth』, New York, Dodd Mead, 1954.

Peter Hyun, 『In The New World』, University of Hawaii Press, Honolulu, 1995.

Roger Daniels, 『Coming to America-A History of Immigration and Ethnicity in American Life-』, Harper Perennial, 2002.

Sonia Shinn Sunoo, 『Korean Picture Brides-A Collection of Oral Histories-』, Xlibris Corporation, 2002.

Sonia Shinn Sunwoo, 『초기이민; Korea Kaleidoscope』(Korean Oral History Project No.1, Sierra Mission Area United Presbyterian Church, USA, 1982.

Soon Hyun, 『My Autobiography』, 연세대학교 현대한국학연구소, 2003.

Soo-young Chin, 『Doing what had to be done-The Life Narrative of Dora Yum Kim-』, Temple University Press, Philadelphia, 1999.

Wayne Patterson, 『Korena Frontier: Immigration to Hawaii, 1896-1910』, Honolulu, University of Hawaii Press, 1988.

Wayne Patterson, 『The Ilse: The First Generation Korean immigrants in Hawaii, 1903-1973』, University of Hawaii Press, Honolulu, 2000.

Yong-ho Choe(ed), 『From the Land of Hibiscus』, University of Hawaii Press, 2007.

논문·논설류

고정휴, 「3·1운동과 미국」, 『3·1민족해방운동 연구』, 청년사, 1989.

고정휴, 「대한민국임시정부 미주지역 독립운동 - 재정문제를 중심으로 - 」, 『대한민국임시정부 수립 80주년기념논문집』 상, 국가보훈처, 1999.

고정휴, 「第2次 世界大戰期 在美韓人社會의 動向과 駐美外交委員部의 活動」, 『國史館論叢』 49, 1993.

고정휴, 「대한인동지회 회원 분석」, 『한국민족운동사연구』 40, 2004.

고정휴, 「하와이 中韓民衆同盟(1938-1945) 연구」, 『한국근현대사연구』 34, 2005.

구대열, 「영국과 한국독립운동」, 『한민족독립운동사』 6, 1989.

김원모, 「韓國의 對美 依存政策과 民族運動」, 『開化期 韓美 交涉關係史』, 단국대학교출판부, 2003.

김도형, 「1930년대 초반 하와이 한인사회의 동향」, 『한국근현대사연구』 9, 1998.

김도형, 「하와이 3·1운동과 한인사회의 동향」, 『한국근현대사연구』 21, 2002.

김도형, 「김형순의 생애와 독립운동」(『미주 한인과 독립운동』, 한국근현대사학회 제80회 월례발표회 발표문, 2003. 12. 12).

김도형, 「태평양전쟁기 재미한인의 '전시행동'」, 『역사문화연구』 21, 한국외국어대학교 역사문화연구소, 2004.

김도형, 「태평양전쟁기 하와이 포로수용소의 한인 전쟁포로 연구」, 『한국독립운동사연구』 22, 독립기념관 한국독립운동사연구소, 2004.

김도형, 「멕시코 이민과 독립운동」, 『멕시코 移民 100년의 回想』, 인천광역시 역사자료관 역사문화연구실, 2005.

김도형, 「태평양전쟁기 한인사회의 동향」, 『북미주 한인의 역사』(상), 국사편찬위원회, 2007.

김도형, 「전명운의 생애와 스티븐스 처단의거」, 『한국독립운동사연구』 31, 독립기념관 한국독립운동사연구소, 2009.

김도형, 「3·1운동기 미주 한인사회의 동향과 대응」, 『한국근현대사연구』 50, 2009.

김도형, 「하와이 대조선독립단의 조직과 활동」, 『한국독립운동사연구』 37, 독립기념관 한국독립운동사연구소, 2010.

김도형, 「도산 안창호의 멕시코 순행과 그 업적」, 『도산학연구』 13, 도산학회, 2010.

김도형, 「여행권(집조)을 통해 본 초기 하와이 이민의 재검토」, 『한국독립운동사연구』 44, 독립기념관 한국독립운동사연구소, 2013.

김도형, 「이봉창의거의 역사적 성격과 그 평가」, 『백범과 민족운동 연구』 10, 2013.

김도형, 「안창호의 위임통치청원 관련 자료 검토」, 『한국근현대사연구』 68, 2014.

김도형, 「도산 안창호의 '여행권'을 통해 본 독립운동 행적」, 『한국독립운동사연구』 52, 독립기념관 한국독립운동사연구소, 2015.

김도형, 「한국 근대 旅行券(旅券) 제도의 성립과 추이」, 『한국근현대사연구』 77, 2016.

김도형, 「홍언의 미주지역 독립운동자금 모금활동」, 『동북아연사논총』 54, 2016.

김도형, 「3·1독립선언서 영역본의 국외 전파 연구」, 『국학연구』 40, 2019.

김도훈, 「공립협회(1905~1909)의 민족운동 연구」, 『한국민족운동사연구』 4, 1989.

김도훈, 「1910년대 박용만의 정치사상」, 『한국민족학연구』 4, 단국대학교 한국민족학연구소, 1999.

김도훈, 「1910년 전후 미주지역 공립협회·대한인국민회의 민족운동연구」, 국민대학교 박사논문, 2019.

金東煥, 「興士團과 同志會」, 『平和와 自由』, 三千里社, 1932.

김명환, 「일제말기 남양군도 지역 한인 노무자 강제동원 연구」, 건국대 박사논문, 2021.

김승태, 「3·1독립운동과 선교사들의 대응에 관한 연구」, 『한국독립운동사연구』 54, 독립기념관 한국독립운동사연구소, 2013.

김운하, 「한국 첫 미주 이민단의 지도자: 김형순 선생의 요약된 생애」, 『중가주 한인역사의 재조명』, 2003.

김원모, 「장인환의 스티븐즈 사살사건 연구」, 『동양학』 18, 1988.

김지원, 「미국의 일본인 배척운동과 한인 사진신부의 이주, 1910~1924」, 『미국사연구』 44, 2016.

김희곤, 「하와이 노동이민자의 삶과 민족운동」, 『안동학연구』 3, 2004.

稻葉强, 「太平洋戰爭中의 在美朝鮮人運動」, 『朝鮮民族運動史硏究』 7, 1991.

朴順東, 「侮蔑의 時代」, 金相賢 편, 『實錄 民族의 抵抗 3; 侮蔑의 時代.學兵手記集』, 한샘文化社, 1977.

박용옥, 「미주 한인여성단체의 광복운동 지원 연구 - 대한여자애국단을 중심으로」, 『진단학보』 78, 1994.

朴津觀, 「田明雲傳(논 횏손)」, 『新東亞』 1968년 10월호.

박현환 편, 『續篇 島山 安昌浩』, 三協文化社, 1954.

반병률, 「노령에서 3·1운동」, 『국외 3·1운동』, 독립기념관 한국독립운동사연구소, 2009.

방선주, 「3·1운동과 재미한인」, 『한민족독립운동사』 3, 국사편찬위원회, 1988.

방선주, 「金憲植과 3·1운동」, 『在美韓人의 獨立運動』, 한림대학교 아시아문화연구소, 1989.

방선주, 「在美 3·1運動 總司令官 白一圭의 鬪爭一生」, 『수촌 박영석교수 화갑기념 한국민족운동사론』, 탐구당, 1992.

방선주, 「1930-40년대 歐美에서의 獨立運動과 列强의 反應」, 『梅軒尹奉吉義士義擧第60周年紀念 國際學術大會, 韓國獨立運動과 尹奉吉義士』, 1992.

방선주, 「李承晩과 委任統治案」, 『在美韓人의 獨立運動』, 한림대학교 아시아문화연구소, 1993.

방선주, 「美洲地域에서 韓國獨立運動의 特性」, 『한국독립운동사연구』 7, 독립기념관 한국독립운동사연구소, 1997.

방선주, 「한길수와 이승만」, 『이승만연구 – 독립운동과 대한민국 건국 –』, 연세대학교출판부, 2000.

孫寶基, 「三·一運動에 대한 美國의 反響」, 『三·一運動 50周年紀念論集』, 동아일보사, 1969.

오영섭, 「대한민국임시정부 초기 위임통치 청원논쟁」, 『한국독립운동사연구』 41, 독립기념관 한국독립운동사연구소, 2012.

오영섭, 「일제시기 안정근의 항일독립운동」, 『안중근과 그 시대』, 경인문화사, 2009.

兪炳勇, 「3·1運動과 韓國獨立問題에 대한 美國言論의 反響」, 『金哲俊博士華甲紀念 史學論叢』, 知識産業社, 1983.

陸定洙, 「開發會社進出史, 四十年前 옛 時代의 南方進出秘話」, 『大東亞』 제14권 제3호, 1942년 3월호.

윤병석, 「미주지역 한인사회의 동향과 조국독립운동」, 『두계 이병도박사 구순기념 한국사학논총』, 1987.

李剛, 「桑港에서 海參威」, 『東光』 1931년 10월호.

이광수, 「나의 고백」, 『이광수전집』 7, 삼중당, 1971.

이규갑, 「한성임시정부수립의 전말」, 『신동아』 1969년 4월호.

이덕희, 「하와이 한인 여성단체들의 활동, 1903-1945」, 『근대의 이민과 인천』, 인천역사자료관 역사문화연구실, 2004.

이덕희, 「이승만과 하와이섬의 동지촌」, 『북미주한인의 역사(하)』, 국사편찬위원회, 2007.

이덕희, 「초기 하와이 한인들에 대한 견해」, 『한국기독교와 역사』 30, 2009.

이덕희, 「이민동포의 『양의사 합전』과 『대동위인 안중근전』」 (미발표 원고), 2020.

이명화, 「재미 실업가 김종림의 생애와 독립운동」, 『한국독립운동사연구』 43, 독립기념관 한국독립운동사연구소, 1013.

이은선, 「하와이 최초의 독립운동 단체 신민회의 조직과 영향」, 『신학연구』 63, 2013.

이인신, 「일제강제연행 태평양전쟁 참전 체험 수난기」, 『남방기행』, 일제강점하강제동원피해 진상규명위원회, 2008.

이현주, 「재미한족연합위원회 대표단의 귀국과 정치활동」, 『한국독립운동사연구』 20, 독립기념관 한국독립운동사연구소, 2003.

차만재, 「美 본토 첫 한인타운: 리들리와 다이뉴바」, 『중가주 한인역사의 재조명』, 2003. 2. 1.

張基永, 「OSS의 韓國人」, 『신동아』 1967년 9월호.

장석흥, 「대한민국임시정부 주불특파위원, 서영해의 독립운동」, 『한국근현대사연구』 84, 2018.

정병준, 「1919년 이승만의 임정 대통령 자임과 '한성정부' 법통론」, 『한국독립운동사연구』 16, 독립기념관 한국독립운동사연구소, 2001.

鄭濟愚, 「竹嵓 田明雲 硏究」, 『한국독립운동사연구』 10, 독립기념관 한국독립운동사연구소, 1996.

趙東杰, 「臨時政府 樹立을 위한 1917년의 〈大同團結宣言〉」, 『韓國民族主義의 成立과 獨立運動史硏究』, 지식산업사, 1989.

趙東杰, 「자유한인보와 한인포로명부」, 『한국학논총』 13, 국민대학교 한국학연구소, 1990.

최기영, 「조선의용대와 미주한인사회」, 『한국근현대사연구』 11, 1999.

최기영, 「1930~40년대 미주기독교인의 민족운동과 사회주의 - 이경선을 중심으로 - 」, 『한국기독교와 역사』 20, 2004.

최기영, 「미주지역 민족운동과 흥언」, 『한국근현대사연구』 60, 2012.

崔永浩, 「韓國人 初期 하와이 移民 - 始作과 終末의 動機 - 」, 『全海宗博士 華甲紀念 史學論叢』, 일조각, 1979.

崔昌熙, 「韓國人의 하와이 移民」, 『국사관논총』 9, 국사편찬위원회, 1988.

홍선표, 「1910년대 후반 하와이 한인사회의 동향과 대한인국민회의 활동」, 『한국독립운동사연구』 8, 독립기념관 한국독립운동사연구소, 1994.

홍선표, 「1930년대 在美韓人의 統一運動」, 『한국독립운동사연구』 10, 독립기념관 한국독립운동사연구소, 1996.

홍선표, 「李承晩의 統一運動 - 1930년 하와이 同志美布大會를 前後로 - 」, 『한국독립운동사연구』 11, 독립기념관 한국독립운동사연구소, 1997.

홍선표, 「하와이 해외한족대회 연구」, 『한국독립운동사연구』 13, 독립기념관 한국독립운동사연구소, 1999.

홍선표, 「미주에서의 활동과 군사활동」, 『노백린의 생애와 독립운동』, 독립기념관 한국독립운동사연구소, 2003.

홍선표, 「해방 이전 대한인동지회의 조직과 활동」, 『한국독립운동사연구』 33, 독립기념관 한국독립운동사연구소, 2009.

홍선표, 「1900~1930년대 하와이 한인사회의 선전·외교 활동」, 『한국민족운동사연구』 89, 2016.

홍윤정, 「독립운동과 비행사 양성」, 『국사관논총』 107, 2005.

Do-hyung Kim & Yong-ho Choe, 「The March First Movement of 1919 and Koreans in Hawaii」, 『From the Land of Hibiscus』, University of Hawaii Press, 2007.

Kim Bernice Bong Hee, 「The Koreans in Hawaii」, 『Social Science』 Vol.9, No.4, October 1934.

George Heber Jones, 「The Koreans in Hawaii」, 『The Korean Review』 1906년 11월호(RAS Korea Reprinting Series, Kyung-in Publishing Co.).

Kingsley K. Lyu, Korean Nationalist Activities in Hawaii and Continental United States, 1900-1945, Part I · Part II, Amerasia, 4:1 · 4:2, 1977.

Yong-ho Choe, 「Early Korean Immigration」, 『From the Land of Hibiscus: Koreans in Hawaii』, University of Hawaii Press, 2007.

원제목 및 게재지

1부 하와이 이민과 한인사회
- 「여행권(집조)을 통해 본 초기 하와이 이민의 재검토」, 『한국독립운동사연구』 44, 2013.
- 「하와이 대조선독립단의 조직과 활동」, 『한국독립운동사연구』 37, 2010(『이승만과 하와이 한인사회』, 연세대학교 대학출판문화원, 2012 수록).
- 「1930년대 초반 하와이 한인사회의 동향」, 『한국근현대사연구』 9, 1998.

2부 3·1운동과 미주 한인사회
- 「3·1운동기 미주 한인사회의 동향과 대응」, 『한국근현대사연구』 50, 2009.
- 「하와이 3·1운동과 한인사회의 동향」, 『한국근현대사연구』 21, 2002(영문논문 게재, Do-hyung Kim & Yong-ho Choe, 「The March First Movement of 1919 and Koreans in Hawaii」, 『From the Land of Hibiscus』, University of Hawaii Press, 2007).
- 「3·1독립선언서 영역본의 국외 전파 연구」, 『국학연구』 40, 2019.

3부 미주의 독립외교 활동
- 「안창호의 위임통치청원 관련자료 검토」, 『한국근현대사연구』 46, 2014.
- 「현순의 주미공사관 설립 추진과 논의」, 『한국근현대사연구』 93, 2020.

4부 태평양전쟁과 미주 독립운동
- 「태평양전쟁기 재미한인의 '전시행동'」, 『역사문화연구』 21, 한국외국어대학교 역사문화연구소, 2004(수정 보완 논문 게재, 「태평양전쟁기 한인사회의 동향」, 『북미주 한인의 역사』 (상), 국사편찬위원회, 2007).
- 「태평양전쟁기 하와이 포로수용소의 한인 전쟁포로 연구」, 『한국독립운동사연구』 22, 2004.

찾아보기

ㄱ

가와이 대한인단합회 172
강구우 415, 416
강상호 182, 190
강순종 123
강영각 161, 241
강영대 38
강영소 29, 30, 138~140, 320, 323, 325
강영효 123, 137, 138, 140, 157, 159, 161, 172, 179, 180, 244
강원신 276
강익두 497
강재우 161
고덕화 97
고영휴 97, 99, 100
고춘학 505
고헨리 505
공립협회 30, 31, 39, 42, 43, 251
공한만 123
곽림대 39, 57, 419
광주학생운동 169, 173
교민단 13, 53, 112, 155~161, 166, 168~170, 173~178, 182, 190, 193, 196, 197, 201, 206~208, 210, 212~219, 223~237, 242~244

구미위원부 52, 53, 55, 156~158, 176, 178, 209, 223, 229, 327, 404, 426~430, 432, 435~437, 440, 443, 450, 451, 454~461, 465~468
국민보안공동회 123
국민회 39, 43, 44
국방공채위원회 500
군사통일주비회 157
군사통일촉성회 154
권도인 63, 184, 327, 478, 488, 500, 523
권성재 98
권승근 154
권영만 478
기독교인친한회 66, 512
길버트 정(Gilbert Chung) 145
길선주 261, 262, 299, 353~355, 378, 379
김강 57, 63, 488, 520
김거근 159
김경문 123
김경보 528
김경수 182
김경순 121
김경옥 170, 181
김경준 166, 230, 234, 236

김경하 123
김공도 307
김광연 219
김광옥 114, 116
김광재 131, 146, 224, 229, 296, 342
김교연 219, 222, 223
김구 59~61, 73, 119, 185
김규섭 128, 161
김규식 180, 315, 317, 319, 377~380,
　　　 389, 390, 429, 430, 448, 462
김낙 492
김난수 128
김대근 98
김도삼 98
김란수 123
김립 414
김마줄 275, 305
김만수 98, 182
김바니스 241
김백수 179, 181, 244
김병달 98
김병연 500, 516
김보배 306
김복술 306
김봉기 97
김봉서 151
김봉희(Bernice Bong Hee Kim) 203
김상언 364
김상호 172
김석률 118, 120~122
김석은 276

김석호 91
김선균 241
김성권 32, 269
김성기 119, 143, 220
김성락 64, 489, 500
김성무 30
김성옥 183
김성용 508
김성운 98
김성재 219
김성진 86
김성칠 241
김세준 154
김수영 123
김순건 97, 99, 100
김순기 120, 121
김순성 119
김신일 307
김양수 162
김연구 119
김연규 219, 221, 223
김영기 164, 166, 167
김영성 228
김영옥 507
김영우 131, 145, 146, 296
김영철 504
김영희 241
김용성 500
김원봉 59, 513
김원삼 161
김원용 118, 179, 184, 191, 208~212,

222, 229, 242, 243
김유실 166, 275, 305, 306
김유택 166
김유희 307
김윤배 137, 150, 159, 161, 165~167, 170, 173, 175, 180~184
김윤필 502
김이제 184, 186, 188
김이후 227
김인규 219
김일만 219, 221, 223
김장호 448
김정숙 307
김정은 408
김정집 145, 146
김정현 218, 221~224, 231, 232, 236
김제춘 508
김종림 49
김종철 162
김종학 119
김주택 527
김중수 38
김진호 119, 123, 126, 128, 143, 144, 157, 170, 171, 173, 175, 182, 186, 226
김차득 151
김창수 119, 500
김천호 154
김철 350, 351
김치욱 123
김태묵 520

김피터 493
김필영 542
김하진 161
김한경 120, 121, 122, 151
김한근 123, 128
김한옥 546
김해나 151
김헌식 253, 254, 294
김현구 118, 128, 154, 173~179, 184, 186, 208, 209, 213, 217, 222, 224, 225, 229, 230, 234, 242~244, 295
김현옥 241
김현일 542
김형순 56, 63, 488
김혜원 276
김호 56, 63, 64, 274, 320, 488, 489
김흡 241
김홍범 332
김홍집 16, 17
김활란 166

ㄴ

나성한인공동회 242
남궁염 448
남마티 241
남형우 315
냅코작전(Napko Project) 520, 521, 560
노동공립학교 38
노명식 123
노백린 406
노병식 128

노아 조(趙光元) 520
노정일 295
노중현 145
노필규 182

ㄷ

다뉴바부인회 276
단합회 242, 490
대동교육회 31, 38
대동보국회 31, 38, 42~44, 251
대일전선통일동맹 180
대조선국민군단 46, 47, 72, 125, 290
대조선독립단(Korean National Independence League) 13, 61, 112, 131, 133~136, 154, 171, 181, 182, 190, 191, 201, 247, 260, 301, 325, 342, 371, 398, 411, 413
대한민족통일촉성회 166, 167, 169
대한부인구제회 273, 305, 306, 308
대한여자애국단 275, 276, 491, 497, 499
대한인국민의회 429
대한인국민회 13, 44, 45, 49, 50, 55, 56, 62, 65, 72, 115, 129, 155, 156, 187, 191, 200, 242, 244, 251, 286, 294, 296, 297, 322, 354, 380, 388, 389, 391, 393, 400, 402, 404, 407, 410, 416~418, 429, 493
데라우치 마사다케[寺內正毅] 24
데쉴러(Daivid W. Deshler) 21, 84
데쉴러은행(Deshler Bank) 22, 84
도진호 551

돌프(F. A. Dolph) 428, 432~437, 444, 447, 451~457, 462, 464, 469
동명학교 38
동생회 179
동서개발회사(East and West Development Company) 22, 37, 83, 85, 100~102, 105, 106
동지식산회사 165, 173, 174, 177, 202, 214
동지회 13, 53, 62, 63, 159, 164, 167, 169, 171~180, 183~186, 188~191, 193, 197, 201, 202, 209, 211~214, 217, 219, 223~231, 233~237, 243, 328, 477, 488, 491, 524, 560
동지회미포대표회 175, 208, 209, 211
동회 112

ㅁ

마준영 128
맥켄지(Frederick A. McKenzie) 373
맥클래취(V. S. McClatchy) 310, 360~365
맹정호 123
맹호군(Tiger Battalion) 68, 510, 554
묵경자경단 242
문도라 150
문또라 166, 167
문순의 121
문양목 42
문창범 319
『미속습유』 18
미주한인연합회 242

미주한인학생단(The Korean Students' League of America) 295
민규식 397
민근호 227
민상호 79
민영익 17
민영환 79, 96
민찬호 37, 59, 147, 160, 164, 166, 186, 201, 206, 207, 253, 254, 294, 391, 401
민한옥 147, 151, 219

ㅂ

박건병 154
박계열 484
박광세 506
박규수 16
박규임 229
박기오 98
박남수 98
박래선 121
박마타 520
박병원 97
박보광 307
박봉집 182, 184
박상하 166, 167, 170, 173, 174, 181~184, 212, 234, 508
박선 276
박성군 231, 234, 236
박성달 182
박성조 241

박순동 542, 548~551
박술이 506
박승균 509
박승선 154
박승준 116, 181
박여규 128
박연호 230
박영순 30, 31
박영호 234, 236
박영효 315, 355
박용만 45~48, 59, 61, 112, 116, 117, 119, 125~133, 137, 139, 154~159, 162~169, 177, 179, 190~192, 200~202, 211, 247, 253~260, 290, 295, 296, 300, 301, 324~327, 338, 340~342, 398, 413
박용학 520
박운용 502
박원걸 116, 119
박월슨 508
박유권 119
박윤섭 37
박은식 164
박인양 166
박정양(朴定陽) 18
박존 509
박종수 180, 182, 183, 184
박종화 375
박진섭 295
박찬세 506
박춘식 38

박충섭 502
박태권 182
박형무 542, 550
박희성 49
방사겸 240
방화중 38, 44, 143, 312, 340
배일진 219, 222, 229
백관수 166
백명서 123
백신구 98, 505
105인 사건 25
백운택 116
백인수 306
백인숙 151
백일규 263, 326, 408, 502
백조지 502
버클리학생양성소 39
번하이슬 369, 370
변영로 239, 374~376
변영태 375, 376
변준호 520
보성사 353
보일(G. L. Boyle) 455
부인친애회 276
북미애국동지대표회 43
비숍(Eden Faxon Bishop) 21, 81

ㅅ
사동발(謝東發, Scié Ton Sa) 382
사진신부 32~34
사탕수수경작자협회 87, 104

3·1운동 13, 48~51, 131, 133, 138, 142, 191, 250, 251, 255, 259, 262~268, 270~275, 277~280, 284~291, 296, 298, 301~307, 311, 320, 322, 329, 330~342, 345~350, 353, 363, 374~379, 385, 396, 398, 402, 413, 417, 418, 420, 480
새크라멘토부인회 276
서병규 79
서병호 150
서봉기 227
서상홍 131, 296
서영해 382
서예순 38
서재필 162, 255, 263, 264, 267, 283, 428, 433, 439~447, 451~456, 464, 465, 469
서진수 179, 218, 243
서태호 123
선우학원 500, 520
선우혁 350, 351
소약속국동맹회(the Conference of Small Nations) 49, 118, 120, 252~254, 294, 391
손덕신 151
손덕인 131, 166, 174~178, 206, 219, 221~225, 229~236, 241, 243, 296, 306
손병희 261, 262, 299, 308, 315, 316, 353~355, 378, 379
손승운 485

손정도 446
손창하 229
손창희 114, 116, 131, 143~147, 258
송공선 119
송마다 306
송매리 275, 305, 312
송세인 295
송승균 497, 523
송아더 241
송언용 105
송영걸 145
송종익 56
송진언 128
송진우 162
송진중 179, 243
송진헌 123
송진홍 182
송필만 234
송헌주 37, 40, 64, 117, 254, 312, 340, 489, 496, 500
숭무학교 72
슈펠트(Robert W. Shufeldt) 17
스코필드(Frank William Schofield) 359, 360, 373
스턴 436, 455
스티븐스(Blanche Iona Stevens) 368
스티븐스(Durham White Stevens) 19, 42, 43
승룡환 114, 143~145, 147, 179, 181, 242, 244, 261, 297, 312, 340, 362
신국겸 166

신규식 156, 406
신달윤 31, 508
신두식 57, 520
신리차드 502, 508
신미야요 16
신민회 30
신성구 253
신성일 131, 214, 296
신숙 157, 416
신용문 118
신용희 229
신을노 497
신익희 406
신정(申檉, 신규식) 350, 351
신중현 218, 222, 227
신한부인회 276
신한청년당 352, 377, 388
신한회 253, 294
신헌 17
신헌민 350, 351
신형호 157, 158, 295, 464
신흥균 123, 128, 137, 138, 150, 157, 174
신흥우 162, 284, 373
신흥학교 38

ㅇ

안득은 306
안랄프 504
안수산 504
안영찬 178, 206, 222, 224, 229, 230,

234, 236, 243
안영칠 118, 119, 128, 143, 144
안우근 355
안원규 144, 146, 164, 166, 182~184, 312, 340
안정근 355, 356
안정수 105, 295
안중근 355, 356
안창호 30, 31, 52, 56, 60, 61, 101, 102, 129, 132, 167, 183, 201, 211, 254, 260, 263, 266, 267, 276, 297, 300, 315, 317~320, 354, 372, 379, 380, 388~391, 399~401, 404~424, 492, 504
안필립 492, 504
안필선 492
안현경 116~127, 131, 166, 167, 174, 178, 184, 201, 224, 296, 401, 429
알렌(Horace N. Allen) 17, 81, 83, 87
야콥 류트샤(Yakov Rytshi) 366
얄타회담 515
양기준 137
양문서 182
양윌리암 508, 509
양유찬 166, 183, 184, 499
양의서 123
양의성 219
양재준 151
양재형 509
양주은 86
양홍엽 147

어재연 16
엄시운 98
여운홍 295, 351
연합운동학교 38
염만석 485, 527
염상섭 375
『영환지략』 15
오계상 166
오상순 375
오아후 전도연합회 119
오운 116, 167
오웅택 161
옥종경 295
완충국 394
「외부관제분과규칙」 91
우성학교 190
워드만(John W. Wadman) 37
워싱턴회의 53, 155, 461
월터 최(Walter Choy) 145
위임통치청원 141, 255~257, 388~390, 393, 397~407, 411~424
유경상(Kingsley K. Lyu) 520
유동면 119~124, 126, 128, 161, 181, 183, 184
유명옥 179, 234, 244
유민원 22, 77~81, 89~94, 96, 99~102, 105, 107, 109
「유민원규칙」 80, 81, 90
유상기 118, 120, 121, 131, 296
유서기 220
유서화 97

유억겸 162, 166
유일한 500
유조 492
유지석 540
유필립 493
육정수 83, 105, 106
윤계상 114, 117, 124, 131, 143~145, 296, 312, 315
윤레이몬 493
윤병구 29, 30, 45, 147, 253, 264, 326, 339
윤봉길 59
윤영선 295
윤영준 505
윤영희 503, 505
윤치호 25, 90, 95, 355, 375
윤한명 145
윤헨리 493
윤혁 505
윤현진 315
융희학교 38
이갑성 359
이강 31
이강렬 123
이강열 128
이경도 97
이경선 57, 63, 488, 520
이경호 123, 128
이광수 350~354, 366, 367, 399, 400
이내수 118, 123, 128, 143~146
이대위 30, 253, 258, 282

이동녕 283, 452
이동진 520
이동휘 315, 317~319, 414
이명우 207, 213, 214
「이민보호규칙」 81, 82
「이민보호법」 93
이범녕 408
이범영 279
이병억 508
이복기 166~168
이봉창 59
이상문 517
이상설 44
이상재 261, 262, 299, 354, 355, 379
이상호 150, 151, 157~161, 166~175, 178
이선명 161
이선의 307
이선일 98
이성신 166
이성호 123
이순기 38
이순녀 381
이순용 517
이순화 128
이승만 39, 40, 49, 53, 54, 59, 63, 65, 112, 114~118, 120, 122, 124, 129, 131, 140~152, 155~158, 160, 164~168, 173~178, 182, 183, 190~193, 198, 200~202, 205~213, 220, 233~237, 247, 253~258, 261, 263, 264, 267, 268, 283~286, 294~296, 315~

319, 324~326, 338, 342, 343, 388~
424, 426~429, 431~456, 460, 462~
470, 485, 488, 490, 511~517, 519,
554, 560
이승무 98
이시영 319
이애라 97
이영선 123
이용근 49, 274
이용로 207
이용선 274
이용설 359, 360
이용익 92
이용직 174, 176, 208~209, 212, 213,
234, 241, 242, 432, 448
이원규 508, 509
이원순 161, 166, 170, 171, 175, 178,
184, 186, 190, 198, 223, 224, 237,
477, 501
이원희 119
이은구 219, 223
이인교 505
이인신(李仁申) 541, 546, 563
이자도 123
이재면 219
이재수 31, 502
이재수(李在洙) 97
이점순 151
이정건 178~180, 184, 227, 231, 236,
243, 244
이정근 119, 123, 128, 161, 184, 520

이정두 172
이제임스 505
이존스 508
이종관 119, 131, 143~146, 173, 184,
186, 206, 219, 221, 224, 258, 261,
263, 297, 300, 315, 318, 319, 323,
342, 401, 447
이종실 542, 550
이종흥 114~117, 123, 128, 140, 144~
146
이찬숙 120, 122
이창규 155, 157, 158
이창훈 146, 147
이창희 520
이철연 128
이초 274
이춘길 97~99
이춘서 124, 128
이춘호 295
이태성 166, 500
이태수 30
이테디 527
이토 히로부미 19, 24
이학현 42
이한근 503
이해리 502
이헨리 241
이혜련 101
이호직 180, 181
이홍기 105, 172
이희경 327, 497

인건신 145
인봉규 182
인봉주 234
임규 383
임두화 38, 295
임병직 328, 442
임성우 60, 61, 181, 183, 242
임성의 123
임시정부후원회 161, 164, 179
임원덕 276
임정구 38, 258, 408
임준기 31
임준호 161
임창진 123, 128
임춘호 157

ㅈ

자조회 29
장경 30
장경백 123
장경화 105
장기영 517
장기형 520
장리욱 420
장봉희 123
장붕 404, 405, 421
장성욱 119
장원여 151
장이삭 508
장인환 42, 43
재미한족연합위원회 63, 64, 73, 480, 482,
488~491, 494~496, 499~501, 509,
511~519, 529, 556, 557, 560
재임스 신(James S. Shin) 145
전경무 504, 518
전략첩보국(OSS) 516, 542
전명운 42, 43
전익주 179, 243
전정교 508
전후계획연구부 500
정국선 128, 151
정극선 123, 124
정남선 504
정달수 227
정덕중 181
정도원 119, 219, 222, 223
정두옥 86, 116, 123, 128, 179~182,
242~244, 300, 342, 504
정마태 306
정몽룡 123
정병선 123
정병섭 123, 128
정봉관 161, 184, 500
정성구 123
정시준 151
정완서 146, 147
정운서 114, 166, 229
정운수 167
정원명 29, 43, 144~147, 161, 166, 172
정원현 38
정윤필 131, 151, 296
정인 264

정인수 114, 117, 166, 173, 182~186, 219, 224, 229
정재관 42~44
정칠래 143~146
정태성 97
정태영 182
정태화 218~221, 224, 229
정한경 49, 141, 253~258, 263~267, 294, 295, 373, 388~411, 420~423, 428, 433, 441, 444, 448~457, 464, 465, 469
정함내 307
정혜린 306
정호영 172
제너럴셔먼호 16
제2차 태평양회의 165
제1차 태평양회의 162
제1차 한인회의(First Korean Congress) 51, 268
젠소(John F. Genso, 金昭) 370
조갑용 145
조광원 166, 241
조나 리(Jonah Lee) 548
조동호 351, 352
조매륜 151
조문질 231, 236
조미구락부 179
조병식 91
조병요 61, 123, 140, 157, 166, 181~186, 189
조석진 184

조선민족전선연맹 513
조선민족전선연맹 미주지부 59
조선민족혁명당 미주지부 513
조선민족혁명당 미주총지부(North America Branch of the Korean National Revolutionary Party) 58, 491
조선민족혁명당 하와이 총지부 59
조선소년동맹단(Federation of Young Korean) 241
조선의용대 미주후원회 513
조선의용대 미주후원회연합회(The League to aid Korean Volunteers in China) 58, 62
조선의용대후원회(The Korean Volunteers Corps Aid Society in China) 58
『조선책략』 16, 18
조선혁명당 58
조선혁명당 미주지부 58, 59
조선혁명당미주후원회 63
조성환 318
조세은 184
조용하 137, 140~145, 154, 166, 170, 172, 398
조익주 98
조제근 38
조종익 517
조지 스턴(George W. Stearn) 430~433, 438, 444~448
존스(George Heber Jones) 22, 95
주명건 145
주미공사관 427~429, 431~448, 451,

454~470
주미외교위원부 63, 66, 73, 483, 489, 511, 512, 524, 560
주상빈 213
주요한 418
주원여 124, 128
주자문 219, 222, 229
주치삼 502
중가주한인공동회 242
중경특파원 514
중국후원회(The China Aid Society) 57, 58
중한민중동맹단 58, 59, 479, 513, 560
지윤오 564
진진포 123

ㅊ

차경신 497, 498
차병수 119, 123, 128, 157, 161
차신호 178, 179, 184, 186, 222, 231, 236, 242~244
차영근 145
차영옥 320
차용근 182
차윤종 161, 181
차의석 98, 104, 279
찰스 니콜스(Charles Nichols) 447
찰스 에반스 휴스(Charles Evans Hughes) 457
천진화 161, 170
청년혈성단 274
최남선 350, 351, 371

최능익 57
최동순(崔東順) 89
최두욱 523
최백렬 224, 229, 231~235
최봉래 161
최봉윤 57, 500, 520
최봉조 219, 222, 229
최선주 183, 186, 523, 526
최순오 145
최순주 146
최안나 33
최영기 175, 234
최유근 219, 223, 224, 227
최윤민 123
최재형 317~319
최정익 42, 503
최제성 504
최진하 408
최창덕 166, 167, 186, 206
최창식 350~355, 367
최춘근 98
최춘근 97
최프랭크 503
최피터 503
최학선 279
최홍수 161
최홍위 119
출운호 127
출운호 125
친목회 29, 30

ㅋ

칼강(Karl Kang) 504

코나한인소학교 38

쿤스(Rev. Edwin Wade Koons, 君芮彬) 374, 376

클래어몬트 학생양성소 39

ㅌ

태병선 172, 180, 181, 182

태평양교육대회 165

『태평양시사』 134, 139~141, 144, 149~156, 321, 325, 342

테일러(Albert Wilder Taylor) 85, 357, 358, 360, 363, 364

튜멀티(Joseph P. Tumulty) 395

트윙(Twing) 369

ㅍ

파리위원부 381, 429, 440

펠리씨앙 로베르 샬레(Félicien Robert Challaye) 382

편성원 172

포로수용소 534, 535, 539, 540~552, 555, 559, 562, 564~567

표상옥 161

프라이(William Henry Fry) 40

프란체스카(Francesca Donner) 182

피터 현(Peter Hyun) 477, 504, 517, 518, 564

필립 배(Philip Pai) 504

ㅎ

하상기 91

하여장 16

하와이 사탕수수농장주협회(The Hawaii Sugar Planters' Association) 21

하와이 애국단 242

하와이애국단 59, 60

하월 551, 562, 567

하월(Col. H. K. Howell) 549

한국독립당 하와이지부 59~61

한국친우회 53, 431, 455

한국통신부 434

한기갑 38

한기룡 123

한길수 58, 179, 241, 242, 479, 511~514, 560

한로벗명교 508

한미경 172

한미공채위원회 500

한미협회 66, 490, 512

한성신 276

한승곤 408

한승인 419

한시대 56, 63, 488

한영숙 121, 276

한영순 119

한용운 379

한용운 378

한인감리교회 37, 144, 158, 206, 338, 504

한인경위대 68, 509, 510, 554

한인기독교회 176, 206, 208, 210, 212, 227, 233, 237, 315, 338, 499
한인기독학원 40, 174
한인기숙학교 39, 145
한인비행가양성사 49
한인비행가양성소 48, 49
한인소년병학교 46, 72
한인여자학원 40, 325
한인연합협의회 179
한인자유대회 490, 512
한인중앙학원 39, 40
한인합성협회 13, 32, 39, 43, 129, 167, 251
한인협회 169~173
한재명 138
한추당 552
함삼여 151, 159
함호용 161
『해국도지』 15, 18
「해외여권규칙」 76
해외한족대회 62, 63, 182, 190, 193, 488
허용 151
허정 168
헐버트 408
헨리 김 236
헨리 램프(Henry Willard Lampe) 369, 373
현도명 504
현순 29, 30, 59, 82, 105, 106, 132, 157, 158, 161, 164, 250, 256, 260~263, 267, 280~282, 296~300, 303, 313~319, 322, 350~355, 366, 367, 377~380, 403, 415~417, 421, 426~436, 438~448, 450~470, 477, 547
현승엽 517
혼백(Stanley K. Hornbeck) 512
홍매리 241
홍승국 295
홍승하 30
홍언 45, 408
홍진표 218, 223, 224
홍한식 114, 116, 166, 167, 241
황기환 429, 440, 446
황득일 517
황법성 503
황사선 408
황사용 44, 138, 143~146, 157, 164, 320, 323, 325, 520
황성수 520
황용익 151
황인환 165, 181, 184, 185
황준헌 16
황혜수 166, 167
흥사단 13, 57, 158
힐로한인소학교 38

미주 한인사회의
한국독립운동

초판 1쇄 인쇄   2021년 10월 20일
초판 1쇄 발행   2021년 10월 30일

지은이   김도형

펴낸이   주혜숙
펴낸곳   역사공간
등록   2003년 7월 22일 제6-510호
주소   04000 서울특별시 마포구 동교로 19길 52-7 PS빌딩 4층
전화   02-725-8806
팩스   02-725-8801
이메일   jhs8807@hanmail.net

ISBN   979-11-5707-444-0 93910

• 책값은 뒤표지에 있습니다. 잘못된 책은 바꾸어 드립니다.